KB073593

문재인의
정체

촛불혁명과
문재인 정권의
실체를 밝힌다

문재인의 정체

촛불혁명과 문재인 정권의 실체를 밝힌다

펴낸날	2022년 12월 20일 초판
	2022년 12월 28일 초판 2쇄

저자	장삼
감수	고영주 변호사
펴낸이	이석우
펴낸곳	자유민주아카데미
	서울시 마포구 큰우물로75 성지빌딩 405호
	대표전화 02-717-1948 팩스 070-4185-7319
	홈페이지 www.korea21.kr
	블로그 https://blog.naver.com/freedompartyk
	트위터 https://twitter.com/fdparty2022
	유튜브 https://www.youtube.com/channel/UCn6TWxCgiPT2Teqlc0KA5Lg

등록	2022년 8월 1일 (제2022-000208호)
진행	편집위원장 이석우
	편집위원 이종복
	디자인·제작 (주) 하양인 (02) 6013-5383

문재인
흑서

문재인의
정체

촛불혁명과
문재인 정권의
실체를 밝힌다

장삼 저
고영주 감수

자유민주아카데미

(((감수를 마치고)))

이 책의 저자 장삼 씨는 제가 대표로 있는 자유민주당의 당원입니다. 늘 나라의 미래를 걱정하고 당의 일에도 적극적인 그에게 당직을 제안했으나 자신은 기업가라며 극구 사양하여 아직 저의 뜻을 이루지 못하고 있습니다. 그래서 장삼 씨는 저희 당의 평당원으로 있습니다.

중국에서 오래 기업을 경영해온 장삼 씨는 적어도 경제의 영역에서는 대한민국이 중국보다 더 사회주의적이라고 늘 말해 왔습니다. 특히 북한과 내통하는 주사파 운동권이 장악한 대한민국의 현재와 미래를 늘 걱정했습니다. 그래서 문재인과 주사파에 대해 관심이 많은 그에게 이땅의 종북좌파 세력의 실상을 알리는 책을 저술해 보시라고 권유한 적이 있습니다. 그런데 2년이 더 지나 갑자기 원고를 들고 나타나 감수를 부탁했습니다. 원고를 다 읽고 깜짝 놀랐습니다.

우선 기업가인 그의 탁월한 정치적 식견에 놀랐습니다. 스스로 일개 국민이라는 그가 어떻게 이런 대작을 쓸 수 있는지 놀라울 뿐입니다. 문재인 한 사람의 정체를 알아내기 위해 파헤친 방대한 내용에도 놀랐으며 심각한 정치적 주제를 알기 쉬우면서도 명쾌하게 서술한 그의 문장도 감탄스럽습니다. 그리고 대한민국의 존립과 자유민주주의를 지켜내야 한다는 그의 강한 의지를 밝히고 있어 감동을 받았습니다.

저자는 문재인과 그의 주사와 동지들이 대한민국의 자유민주주의를 무너뜨리고 북한과 같은 사회주의 국가로 만들어간 일을 가득 고발하고 있습니다. 청년들의 미래를 가불하여 나라빚을 크게 늘여놓고, 집값을 올리고, 좋은 일자리를 대폭 줄이는 정책을 쓰고, 서민들의 가계소득을 낮추고 나서는 현금살포식 재정정책을 펼친 것은 문재인 세력의 무지나 무능이 아니라 우리 국민을 정부 보조금에 의지하는 사회주의 국가의 가난한 인민으로 만들기 위한 고의적이고 계획적인 통치였다는 저자의 주장을 적극 지지합니다. 문재인 정권 5년은 대한민국의 흑역사였습니다.

문재인이 공산주의자인 10가지 이유, 더불어민주당이 조선로동당 서울지부인 10가지 이유, 문재인의 자해적 국방정책으로 우리의 안보가 위험해진 증거와 북한이 다시 남침을 감행하면 우리가 어떻게 될지를 설명하는 부분은 저자가 문재인 세력의 정체를 밝히기 위해 얼마나 과학적으로 접근했는지를 대번에 알 수 있습니다.

박근혜 대통령 탄핵과 문재인의 혁명적 정권 장악이 거짓과 조작과 선전 선동을 앞세운 좌익혁명이었다는 사실에 대해서도 탄핵 당시의 일을 복기하며 명쾌하게 설명하고 있습니다. 우리는 박근혜 대통령의 명예회복과 문재인에 대한 심판에 적극 나서야 합니다. 그래야 대한민국과 자유민주주의를 지킬 수 있습니다. 주사파 세력은 대한민국을 지키려는 우리와 공존할 수 없으며, 그래서 박멸하고 소멸시켜야 한다는 저자의 주장을 적극 지지합니다.

많은 우리 국민이 이 책을 읽고 문재인 정권의 실체와 그들의 국가통치의 방향성과 국정운영의 결과에 대해 알았으면 좋겠습니다. 대한민국의 존립이 위험하고 대한민국의 자유민주주의가 위험하다고 믿는 국민, 그리고 우리가 흔히 종북좌파라고 부르는 공산주의자와 김일성주의자들에게 대한민국이 장악된 것이 아닌가 하고 의심하는 분들이 이 책을 꼭 읽으면 좋겠습니다. 이 책을 읽은 후 의심을 확신으로 바꾸고 주위에 있는 분들에게 우리나라가 종북세력에게 장악되었다고 자신있게 말해주면 좋겠습니다. 저자의 말대로 대한민국은 이미 위험합니다.

이 책은 무엇보다 문재인 씨가 읽으면 좋겠습니다. 자신이 정권을 잡기 전과 잡은 후에 무엇을 어떻게 했으며, 그것이 어떤 결과를 낳았는지 알았으면 좋겠습니다. 저자는 그것을 세밀하게 설명하고 있습니다. 문재인 씨가 퇴임 후 낙향해서 내놓는 말과 행동을 보면 그는 자신이 한 일을 모르는 듯합니다. 안다면 그렇게 태평스러울 수가 없을 것입니다. 그가 이 책을 읽는다면 자신이 어떤 사람인지, 자신의 정체가 무엇인지 제대로 알 수 있을 것입니다. 그가 자신을 잘 모르는 듯해서 하는 말입니다. 이 책이 나오기까지 수고하신 분들의 노고에 경의를 표합니다.

2022. 11. 15
자유민주당 대표 고영주

새로운 시대

"새로운 시대를 연 정부로 평가되고 기억되길 바란다." 퇴임을 불과 6일 앞두고 퇴임 후 수사와 처벌이 예상되는 자신의 여러가지 범죄혐의에 대해 스스로 선제적 사면권을 행사한 것으로 비판받은 소위 검수완박법을 공포하며 문재인 스스로 한 말이다. "합법적인 정권교체를 이루고 민주주의를 되살렸다." 퇴임 20일 전 자신의 정권에서 일했던 장관급 인사들을 불러놓고 그는 이렇게 자랑했다. 국민은 그의 말에 냉소를 보냈다. 그러나 김정은은 떠나는 그에게 "고뇌와 노고에 대해 높이 평가한다"는 친서를 보냈다. 《조선중앙통신》이 전한 이 친서를 청와대는 부인하지 않았다. 문재인의 말과 김정은의 말은 서로 어울렸으나 국민의 말과는 부딪쳤다. 그는 북한과는 통했고 대한민국 국민과는 꽉 막혀 있었다. 그의 통치 5년은 늘 그랬다.

"자신의 지지자 관리만 하다 떠났다." 원로 정치인 이부영이 문재인을 두고 한 말이다. 정확히 말하면 그는 자신의 지지자와 좌익의 동지들, 자신과 부인과 가족, 무엇보다 북한과 김정은을 위해 일하다 떠난 사람이다. 그는 대한민국을 위해서는 아무것도 하지 않았다. 자신과 그의 정권이 무엇을 잘했다며 선전하고 광고하고 자화자찬하는 그런 일만 했고 잘못한 일에 대해 변명만 했으며 무엇을 하는 척 흉내만 냈다. 탈원전 같은 나라를 망치는 일만 하고 퇴임 직전에는 탈원전을 한 적이 없다며 오리발을 내미는 그런 식이었다. 대한민국 70년의 역사에서 누적액 660조였던 국가부채를 자신의 집권 단 5년 간 421조 원을 늘여 미래세대를 빚더미에 올려놓았고 퇴임이 다가오자 다음 정부를 향해 긴축재정을 하라고 훈수하는 그런 식이었다. 이런 그를 향해 국민은 "문재인이 대체 나라를 위해 한 일이 뭐냐, 하나만이라도 말해 보라"고 물었다. "그 사람 대한민국 사람 맞느냐, 북한 편 아니냐, 역시 공산주의자가 맞다."고 말하는 사람도 많았다.

문재인에 대한 국민의 평가는 그 스스로의 자랑과는 극단적으로 충돌했다. 그에 대한 국민의 비판과 그에 대한 김정은의 치하 역시 늘 어긋났다. 빈번한 말뒤집기와 잦은 거짓말, 하나마나한 말만 했던 취임 초기의 문재인을 두고 국민들은 달나라 말을 하는 달나라 사람이라고 했다. 그러나 그의 임기 절반을 넘길 무렵부터는 더 이상 그를 달나라 대통령이라고 부르는 국민은 없었다. 그의 인간성이나 도덕성 혹은 논리 모순의 문제가 아니라 그의 이념 정체성의 문제라는 것을 알았기 때문이다. 그를 달나라 사람이라 말하지 않는 대신 김정은의 대리인, 북한이 보낸 남쪽 도독都督이라 불렀다. 이렇게 말하는 사람들의 의도에는 공통적으로 그를 김일성주의자 공산주의자로 여기는 뜻이 들어 있었다. 말을 짧게 하는 사람들은 그를 '북한 사람'으로 간단히 규정했는데 그런 국민도 결코 적은 수는 아니었다. 그가 통치한 5년은 그 자신의 말대로 '새로운 시대'가 분명했다. 자유민주주가 아닌 공산주의 이념을 가진 대통령이 통치한 시대였고 대한민국 대통령이 북한을 위해 일하는 그런 시대였다. 문재인은 자유민주주의 국가 대한민국의 공산주의자 대통령이었다.

그는 어느 쪽인가

2016년 고영주 변호사와 문재인이 공산주의자 명예훼손 문제를 두고 벌이는 법정공방을 지켜보던 우익단체 '국민행동본부'는 의견 광고를 냈다. "유권자들은 차기 대통령 후보들의 이념적 정체성을 파악할 권리와 의무가 있다. 문재인 씨가 자유민주주의 신봉자라면 법리 공방이 아니라 공개토론으로 자신의 정체성을 국민들에게 설명하고 심판받아야 한다"고 주장했다. 그들은 국민의 당연한 권리를 말하고 있었다. 그러나 문재인은 대답하지 않았다. 대한민국 제19대 대통령 문재인이 자유민주주의자인가 아니면 인민민주주의자인가, 남한 사람인가 북한 사람인가. 그는 어느 쪽인가. 그는 북한에 가서는 대한민국을 '남쪽'으로 칭했고 자신과 뜻이 다른 국민을 말할 때는 '이쪽과 저쪽'으로 말했다. 그렇다면 그 자신은 어느 쪽인가. 그는 남쪽인가 북쪽인가, 그는 이쪽인가 저쪽인가. 엄중한 질문이다.

문재인은 대한민국 대통령이 되어 한 번도 경험하지 못한 나라를 만들겠다고 말하고는 자유민주주의를 신봉하는 국민들이 도무지 이해할 수 없는 방식으로 국가를 통치했다. 그가 대통령 직에서 물러난 후에도 그와 뜻을 같이했던 정치적 동지와 수하들은 여전히 대한민국 정치판과 사회 곳곳을 장악하고 있다. 그래서 문재인과 그의 동지들의 이념 정체성을 알아내는 일은 지금도 여전히 중요한 일이다. 문재인과 그의 주사파 수하들의 정체를 탐색하고 추적하는 이유다.

정권을 잡은 문재인이 대통령의 권한으로 행한 국정운영과 통치를 회고하면 국민인 우리는 그가 대통령이 되기 전에 그의 사상과 이념적 정체성을 충분히 검증했어야 했다. 그때 이미 고영주 변호사는 그를 공산주의자라고 말하였고 어떤 이는 문재인의 집권이 '대한민국 최후의 날'을 여는 시작이 될 것이라는 경고를 보냈다. 그러나 문재인은 늘 뒤에 숨으며 자신의 본 모습을 감추었고, 자신의 이념 정체성을 묻는 질문에는 답을 회피했다. 그리고 자신을 공산주의자로 규정하는 국민을 고소 고발하며 본색을 위장했다. 결국 우리는 그에 대해 충분히 알지 못한 채 투표장으로 향했고 그 대가는 컸다.

문재인이 통치한 5년은 대한민국이 총체적으로 쇠퇴한 시간이었다. 안보는 더 위험해졌고 국민도 국가도 빚더미에 올라 앉았으며 사회의 공정성과 법치주의는 크게 훼손되었다. 자유민주주의는 후퇴하고 사회주의적 성격은 크게 강화되었다. 문재인의 통치가 낳은 모든 부정적 결과물들은 그들의 무능이나 미숙이 초래한 것이 아니라 그들 세력이 계획한 것인 듯했다. 그들의 통치는 남한을 총체적으로 후퇴시키는 것인 동시에 북한과 김정은의 이익을 도모하는 것이었고 그것은 그들 세력이 오랫동안 쫓아온 대남혁명과업의 수행으로 보였다. 충분한 근거를 대고 이유를 설명하며 그것을 증명할 것이다.

국민은 기억하고 있다

"임기 후 잊혀진 사람으로 돌아가고 싶다. 대통령 이후는 생각하지 않는다. 그냥 대통령으로 끝나고 싶다. 현실 정치와 계속 연관을 가지거나 그런 일을 일체 하고싶지 않다." 문재인은 2020년 1월 신년회견에서 이렇게 말했다. "텃밭 가꾸고 개 고양이 닭 키우며 살겠다." 그가 퇴임을 20일 앞두고 한 말이다. 가능한 일일까. 문재인은 18대 대선에서 자신에게 패배를 안긴 전임 대통령과 다시 그 전임까지 둘을 감옥에 보냈다. 무슨 대역죄를 지었길래 70이 넘고 80이 넘은 그들에게 22년, 17년 형을 내리고 자신의 임기 대부분의 시간 동안 감옥에 가두어 놓았을까. 그렇게 많은 원한을 심어 놓고 자신은 퇴임 후에 잊혀진 대통령이 되고 싶다고? 그는 대한민국 국민 모두를 자신을 숭배하는 대깨문 쯤으로 여기는 것일까. 어림없는 일이다.

잊혀진 사람이 되고 싶다는 그의 말은 그가 했던 수많은 과오와 위법과 죄악을 그 스스로 잊고 싶다는 마음일 것이고, 국민도 그것을 모두 잊어 주길 바라는 마음일 것이다. 그러나 그를 잊을 수 없는 것은 그가 감옥으로 보냈던 두 명의 전직 대통령과 몇 백 명의 고위 공직자 뿐이 아니다. 그가 뿌린 피와 원한은 국민도 모두 기억하고 있다. 원한이 깊은 기억이 잊혀질 수 있겠는가. 그의 잘못된 통치로 갖가지 고통을 겪은 국민이 그를 잊을 수 있겠는가. 퇴임한 문재인은 수시로 신문 지면에 등장했다. 잊혀진 사람이 되겠다고 한 그의 말은 또 거짓말이었다. 국민인 우리는 그를 잊고 싶어도 잊을 수가 없다. 문재인 그를 잊는다면 망가진 대한민국의 자유민주주의는 결코 회복되지 않을 것이다.

문재인은 2022년 3월 차기 대통령이 결정되고 며칠 후 "통합과 협력이 시대정신"이라는 아름다운 말씀을 내놓았다. 집권 5년 내내 국민을 나누고 쪼개며 갈등을 조장하고 싸움을 붙여 자신은 무슨 짓을 해도 40% 내외의 확고한 지지율을 유지하는 분열의 정치로 일관했던 그가, 야당은 철저하게 무시하고 배제하고 압살하며 모든 국정을 독단적으로 운영했던 그가 권력을 상실하게 되자 이제서야 통합과 협력이 시대정신이라고 말했다. 국민을 바보로 여기지 않는다면 할 수 없는 말이었다. 국민은 바보가 아니다. 당신이 한 일을 모두 기억하고 있다.

문재인의 퇴임 후는 그가 선택할 수 있는 일이 아니다. 그는 이명박과 박근혜를 처벌한 것과 똑같은 잣대로 평가받고 심판받고 단죄되어야 한다. 근거없이 문재인 정권에 대한 적폐청산을 주장하거나 정치보복을 하자는 것이 아니다. 그가 두 전임 대통령에게 했던 것처럼 없는 죄를 만들어 처벌하는 것이 정치 보복이다. 실체가 분명한 죄를 처벌하는 것은 정치 보복이 아니라 정의고 법치며 민주주의 그 자체다. 두 우익정부에 대한 적폐청산은 문재인 자신의 1호 공약이었다. 이제는 그의 적폐를 청산해야 한다. 문재인 세력이 우익세력을 붕괴시키기 위해 사용했던 '적폐'라는 프레임 언어를 내걸지 않아도 된다. 그들의 부정과 부패와 불법과 국가반역을 심판하자는 말이다. 자유민주주의 대한민국을 지키고 자식들에게 물려주어야 할 대한민국의 미래를 위해 결코 물러설 수 없는 심판이다. 국민이 잊지 않고 기억하는 한 이 심판은 피할 수 없다.

거짓말과 기록

　문재인은 참으로 많은 거짓말을 했다. 그의 말은 대통령이 되기 전과 후가 달랐고, 여기서 한 말과 저기서 한 말이 달랐으며 말과 행동은 엄중히 달랐다. 논객 진중권은그의 대통령 취임사 내용을 조목조목 나누어 "29가지는 거짓말이고, '한번도 경험하지 못한 나라'를 만들겠다는 딱 한 가지의 약속만 지켰다"고 했다. 한번도 경험하지 못한 나라라는 것도 그 내용이 국민이 상상하고 기대한 것과 문재인이 만들어 놓은 결과물이 완전히 다른 것이었다. 그렇다면 취임사는 30가지 모두 거짓말이 된다. 진중권은 문재인의 취임사 제목이야말로 가장 지독한 거짓말이라고 말하고 있는 것이다. 노 정치인 김종인은 문재인과 대화를 할 때면 녹음기를 켜놓아야 한다고 말했다. 한때 정치적 동지였던 안철수도 문재인에 대해 김종인과 똑같은 말을 했다. 이 정도면 문재인은 거짓말쟁이가 분명할 것이다.

　문재인 치하에서 일개 국민으로 산 저자의 눈에는 그의 거짓말이 너무 잦고 태연해서 거짓말이라기 보다는 그의 기억력을 의심했다. 그러나 그가 펼치는 대부분의 정책과 통치행위는 사회주의 공산주의 이념에 기반을 둔 것이었고 또한 늘 대한민국보다는 북한을 우선시하는 방향성과 일관성을 보며 그의 거짓말이 기억력의 문제가 아니라는 결론을 내렸다. 문재인은 거짓말을 100번 하면 참말이 되고, 거짓말을 잘 해야 혁명가가 될 수 있다고 가르치는 좌익혁명의 바이블을 따르는 듯했다. 늘 거짓말을 하는 문재인은 공산주의 혁명가로 보였다. 확실히 그랬다.

문재인의 반복되는 거짓말에는 깊은 의도가 숨겨진 듯했고, 그들 세력의 특정한 지향점을 감추고 있는 듯했다. 한 번도 경험하지 못한 나라를 만들겠다며 국민이 이해할 수 없는 통치를 반복한 결과 대한민국에는 사회주의적 성격이 크게 강화되었고 이로 인해 발전을 지속하던 대한민국 70년의 흐름은 끊어지고 쇠퇴의 길로 들어섰다. '남쪽'의 쇠퇴는 그 자신과 그의 동지들의 거대한 계획의 한 부분으로 보였다. 공약을 지키지 않는 역대 통치자는 많았으나 공약과 거꾸로 간 대통령은 없었다. 공약과는 반대로 간 문재인의 통치는 헌법이 정한 대한민국의 정치체제인 자유민주주의와 헌법이 정한 경제체제인 자유시장 자본주의를 뿌리째 흔드는 것이었다. 그래서 거짓말로 포장된 그의 체제 변경적 통치의 영향은 오래 갈 것이다. 그의 거짓말이 대한민국의 국체를 자유민주주의에서 사회주의로 변경하기 위한 것이었다면, 혹은 북한의 이익을 위한 것이었다면 그것은 국가에 대한 반역이다. 그의 거짓말을 꼼꼼하게 관찰하고 기록해 두기로 한 이유다.

　　대한민국의 국가체제를 변경시키려 한 문재인의 통치는 그의 퇴임 후 수많은 시비와 논란을 예고하고 있다. 자유민주주의를 후퇴시키고 사회주의를 강화하는 과정에서 이미 수많은 갈등을 야기했듯 그것을 다시 바로잡는 과정에서 또 그만큼의 갈등은 피할 수 없을 것이다. 이 과정에서 사실관계의 참과 거짓을 가리기 위해 문재인 세력의 집권 전 혁명투쟁과 집권 후 통치행위에 대한 기록은 꼭 필요할 것이다. 해석의 영역은 물론 사실의 영역까지 왜곡을 일삼는 그들에 맞서기 위해 정확하고 세밀한 기록은 더욱 필요하다. 문재인과 그 수하들의 앞으로의 거짓말을 반박하기 위해 그들의 과거의 행적과 과거의 거짓말을 기록하려 한다.

투표의 힘

요즘 세상에 간첩이 어디 있냐며 간첩을 잡지 않고, 빨갱이를 빨갱이라 부르지 않으며, 북한 정권의 사악함에 대해서는 말하지 않는 풍조는 이미 20여 년 전부터였다. 그것을 말하는 것은 종북몰이, 빨갱이타령, 철지난 이념공세로 치부되었고 그래도 소신을 말하는 사람은 수구꼴통이라 불려졌다. 결국 북한이 쏘는 미사일조차 미사일로 부르지 않는 세상이 왔고, 간첩 빨갱이 공산주의 미사일 모두 제 이름을 감추며 그 존재는 희미해졌다. 좌익의 위장과 은폐 전술의 성취였다. 마침내 문재인의 시대에는 태극기를 든 국민을 '태극기 세력'이라 불러 태극기라는 이름도 절반 쯤은 덮혀졌다. 남은 것은 대한민국이라는 이름이다. 그러나 대한민국과 애국을 말하는 것도 '국뽕'이라 불리며 마약에 빠진 것과 동격이 된 후에는 가슴 뛰는 이 이름조차 눈치를 보며 부르게 되었다. 이제 태극기도 대한민국도 시대에 뒤진 이름이 되거나 사라진 이름이 될지도 모른다. 그것이 사라진 자리에는 무엇이 채워질까. 좌익 인사가 교육감으로 있던 경기도 지역의 학교 교실 정면 중앙에 붙어있던 태극기는 이미 다 철거되었다.

북한은 김일성 이후 3대에 이르기까지 남한을 흡수하여 한반도를 단일 공산주의 국가로 만드는 꿈을 포기한 적이 없다. 해방 이후 문재인 정권에 이르기까지 남한 내의 모든 좌익세력은 이에 동조했고 그들은 '대남혁명노선'이라는 그들의 언어를 쓰며 그것을 위해 투쟁해 왔다. 강력한 반공정책을 전개한 박정희가 사라진 1980년대부터 좌익세력은 급속히 남한을 장악했고 김대중 노무현 두 좌익정권을 거치며 이땅의 주류집단이 되었다. 노무현 이후 이명박 박근혜 정부에서도 그들은 정국의 주도권을 잃지 않고 혁명과업을 위해 맹렬히 투쟁한다. 그리고 결국 박근혜 정부를 무너뜨리고 우익 진영을 붕괴시키는 데 성공한다. 여기에는 문재인과 주사파 운동권 집단이 중심에 있었고 이 땅에 존재하는 모든 종북단체가 함께했다. 그들은 마침내 촛불혁명이라는 이름으로 대통령 박근혜를 청와대에서 끌어내고 정권을 잡는다. 문재인 정권은 그렇게 탄생했다. 문재인 스스로 말한 새로운 시대가 열린 것이다.

문재인과 그의 주사파 수하들이 대한민국을 통치한 5년 동안 그들이 펼친 국정운영과 국가경영은 모두 그들의 혁명이었다. 분단 이후 70여 년간 중단된 적이 없었던 대남혁명노선, 즉 대한민국을 북한에 흡수시키는 혁명 말이다. 문재인 세력은 100년 집권을 말하며 혁명의 완성을 도모했으나 자유민주주의를 지키려는 국민의 선택으로 정권연장에 실패하며 그것은 일단 저지되었다. 그러나 이미 대한민국의 중요 영역마다 진지를 구축한 그들은 재집권을 도모하고 있으며, 특히 절대적 우위를 점하고 있는 국회를 교두보로 그들의 투쟁은 여전히 맹렬하다. 새로운 우익정부가 출범하기도 전부터 더불어민주당과 민노총이 연합하여 '선제 탄핵'을 외치는 그들에게서 다시 정권을 탈환하고 대남혁명과업을 기어이 완성하겠다는 결기가 느껴진다. 무서운 결기다.

문재인과 그의 주사파 동지들, 그리고 이 땅의 모든 종북세력의 바람대로 대한민국이 완전한 좌익의 나라가 된다면 자유민주주의 국가에서 통용되는 상식과 옳고 그름의 가치 기준은 완전히 뒤바뀔 것이다. 그리고 수백 년 이전의 전제주의 시대의 비문명과 빈곤과 야만으로 되돌아갈 것이다. 인간 세상을 천국으로 만들겠다며 등장한 공산주의 이념이 그것을 선택한 모든 나라를 지옥으로 만들어 놓는다는 사실은 지난 20세기에 이미 증명되었다. 명백한 증거가 있다. 북한이다.

좌익세력의 공격을 막아내고 반격하고 그들을 물리치고 소멸시켜야 한다. 자유민주주의를 지키고 대한민국을 지키기 위해서다. 우리의 자식들이 북한과 같은 지옥에서 살지 않도록 하기 위해서다. 이를 위해 좌익의 실체를 이해하고 그들이 세상을 뒤집는 기술, 전술, 전략을 알아야 한다. 그들 세력의 속성과 머릿수와 힘의 크기를 알고 그들과 북한정권 사이의 내통의 관계를 알아야 한다. 그러나 국민인 우리는 물론 우익세력이라 불리는 사람들조차 좌익을 단지 종북좌파로 규정하고 그것으로 끝이다. 대한민국을 파괴하려는 그들 세력을 기피 대상쯤으로 여기고 외면한다. 국민의 무관심과 게으름은 좌익이 번창할 수 있는 비옥한 토양이다. 그들을 직접 상대하는 우익 정치인들조차 좌익세력을 권력의 자리를 다투는 경쟁 상대 정도로만 여길뿐 제거해야 할 악으로 보지는 않는다. 이런 안일함으로는 유토피아적 허구의 내용물을 달콤한 언어로 포장한 좌익이념과 이에 더하여 전투력 강한 주체사상으로 무장하고 거짓 조작 선전 선동의 기술까지 익힌 그들을 이길 수는 없다. 이 일개 국민이 이땅의 좌익세력의 실체와 특히 약 10여 년간 좌익의 수장이었던 문재인의 정체를 추적하고 그것을 널리 알리기 위해 직접 나선 이유다.

국민인 우리는, 꼬박꼬박 세금을 내는 국민인 우리는, 우리가 낸 세금으로 호의호식하고 영예를 누리면서도 우리를 북한과 같은 지옥으로 이끌어 가려고 하는 이 땅의 좌익 정치세력과 종북 단체를 방치해서는 안 된다. 먼저 그들의 실체와 정체를 제대로 인식해야 한다. 그들은 대한민국의 존속을 위협하는 존재다. 그들은 궁극적으로 대한민국을 공산국가화하려는 거대한 계획을 가지고 있다. 문재인과 그의 주사파 수하들과 정치적 동지들이 그렇게 계획하고 있다. 그것을 말하려 한다. 그리고 국민인 우리의 손으로 그들의 계획을 저지시켜야 한다는 것을 말하려 한다. 국민인 우리에게는 '투표권'이라는 강력한 무기가있지 않는가. 철벽같은 그들의 주체사상을 이겨낼 수 있는 것은 국민인 우리의 투표권뿐이다. 오직 그것 뿐이다.

문재인에게 묻는다. 당신의 정체는 무엇인가. 당신은 당신의 정체를 아는가. 당신이 답하지 않고 침묵하니, 당신의 대답을 들을 수 없으니, 일개 국민이 그것을 대신 말하려 한다.

목차

● 감수를 마치고 · 4

● 들어가는 글 · 7   새로운 시대 / 그는 어느 쪽인가
                  국민은 기억하고 있다 / 거짓말과 기록 / 투표의 힘

제1장 문재인 그 사람

1절 의문   누구의 반역인가 / 혁명이라니 / 두려움
                  의문과 해답

2절 인간 문재인   **1. 누가 그를 인권변호사라 했는가** · 46
                  근로자 퇴직금 120억 원 / 오토 웜비어
                  피해자에 대한 침묵 / 속았습니다

                  2. 당신이 민주화 유공자라니 · 55
                  태국과 홍콩의 착각 / 염동연과 장기표의 분통
                  노무현이 쏜 빛인가 / 또 속았습니다

                  3. 좀스럽고 민망하고 비겁한 반칙왕 · 63

3절 세월호   **1. 유병언과 문재인** · 68
     유병언 그리고   무엇이 미안하고 고마웠나 / 그들의 인연
     문재인   왜 돈을 받아내지 않았을까 / 특혜 또 특혜

                  2. 이 참사의 책임은 · 78
                  그들의 관계 / 참사의 씨앗 / 문재인의 책임
                  박근혜가 책임질 일인가

4절 문재인의
      좌익본색

1. 문재인의 정체를 의심한 사람들·88
국민을 직접 고소하는 대통령 / 고영주의 전쟁
그의 이념 정체성을 뚫어본 두 지성

2. 문재인을 공산주의자로 보는 10가지 이유·97
하나, 신영복과 리영희로부터 배운 사람
둘, 베트남 공산화에 희열을 / 셋, 선택적 참배
넷, 자유를 말하지 않는 사람
다섯, 대한민국의 정통성을 부정하는 대한민국 대통령
여섯, 평양 부역자 / 일곱, 동지들의 정체성
여덟, 자유민주주의 정부 공격의 총지휘자
아홉, 거짓과 조작의 촛불혁명, 그 최종 수혜자
열, 대남 혁명과업을 수행하는 사람들의 꼭대기

제2장 북한주의자들과 그들의 혁명

1절 사라진
      공룡을
      살리는 혁명

1. 북한주의자 그들의 꿈·124
북쪽으로 가는 사람들 / 주체사상이란
남한 흡수, 그 포기되지 않는 꿈

2. 뜨거운 이름, 혁명과업·132
주한미군을 철수하라!! / 국가보안법을 철폐하라!!
고려연방제가 답이다!!

3. 공룡이 살아났다·135
김일성주의자들의 혁명 / 공룡의 화석이 살아났다
마지막 좌익혁명

2절 혁명 동지들

1. 지하에서 온 동지들·143
문재인의 사람들 / 김일성이 만든 남한의 지하조직
통혁당의 잔당 / 막후의 종북 원로들

2. 주사파 동지들 · 156
내가 누군지 아느냐 / 학생 김일성주의자
그들이 투쟁한 것은 민주화운동이 아니다
정치판의 최대 파벌이 되다 / 학교로 간 주사파 전교조
산업 현장의 주사파 민노총 / 문재인의 동지 이석기

3. 주사파는 죽지 않는다 · 172
먼저 떨어진 북한의 핵폭탄 전대협
주사파의 새로운 시대 한총련 / 주사파는 사라지지 않는다
올 것이 왔다, 주사파 어벤져스

**3절 북한 정권과
내통하는
사람들**

1. 그들은 이렇게 내통했다 · 183
지하 혁명조직의 내통 / 북한과 내통한 주사파들
직접 내통한 통진당

2. 조선로동당 서울지부 · 190
통진당의 역할을 계승한 더불어민주당
더불어민주당을 조선로동당 서울지부로 보는 10가지 이유

3. 문재인은 이렇게 내통했다 · 202
송민순과 천영우의 증언 / 내통이 의심되는 통진당과의 연대
엄중한, 그러나 감춰진

제3장 자유민주주의 정부 뒤집기

**1절 훔치거나
발목을 잡거나
마비시키거나**

1. 훔친 정권 · 214
전설의 선거 절도범, 설훈 / 짜고 친 고스톱
진화하는 정권 절도 기술

2. 광우병에 걸린 사람을 찾습니다 · 221
MBC PD수첩의 거짓과 선동 / 뇌 송송 구멍 탁
그들의 정체

3. 이명박의 실수 · 227
광우병 사태, 그 후 / 거짓을 방치한 결과

2절　**뒤집기 한 판**　　1. 박근혜의 치적과 과오·234

　　　　　　　　　　　2. 드루킹의 조족지혈 국정원 댓글·238
　　　　　　　　　　　숙청과 죽음 / 바늘과 태산

　　　　　　　　　　　3. 세월호에 꽂은 강철 빨대·242
　　　　　　　　　　　9 번 째 조사 / 720억짜리 거짓말 / 혹세무민하는 민주당
　　　　　　　　　　　음모론과 직립 / 애들아 고맙다 / 문재인의 승리
　　　　　　　　　　　진실을 찾는 법

　　　　　　　　　　　4. 역사교과서 전쟁·257
　　　　　　　　　　　역사교과서를 왜 / 교학사 교과서 학살사건
　　　　　　　　　　　국정교과서 대전 / 좌익이 승리한 전쟁

　　　　　　　　　　　5. 북핵 아래서 우리는 사드조차·265
　　　　　　　　　　　데모꾼들 / 사드는 안 된다 / 문재인은 대답하라

3절　**마녀 사냥**　　　1. 최순실이라는 허깨비·275

　　　　　　　　　　　2. 손석희가 쏘아올린 거짓 풍선·277
　　　　　　　　　　　거짓 분노, 그리고 촛불 / 오늘 처음 봤어요
　　　　　　　　　　　가짜 태블릿, 거짓말, 가짜 대통령

　　　　　　　　　　　3. 고영태의 음모·283
　　　　　　　　　　　곶감 빼 먹기 / 감춰진 핵심 증거

　　　　　　　　　　　4. 모두 제정신이 아니었던 시간·286
　　　　　　　　　　　거짓 뉴스를 쏟아 낸 언론 / 공산당식 저질 선동술을
　　　　　　　　　　　구사한 민주당 / 네티즌이냐 간첩이냐, 조작하는 사람들
　　　　　　　　　　　주진우라는 인간

제4장 촛불 탄핵 그리고 혁명

1절 촛불의 진실

1. 공산주의자들이 주도한 촛불집회 · 300
시민인가 간첩인가 / 원희룡은 맞고 추미애는 틀렸다
종북세력 다 모이다

2. 촛불, 현장의 진실 · 310
이런 현장 / 동원된 사람들 / 조작된 머릿수 / 유령의 광장

3. 유령에 홀린 언론 · 321
당신들도 혁명에 동참했는가 / 권순활의 물음
대한민국 기자를 위로함

4. 민주당 안민석 그리고 문재인 · 328
지휘본부 더불어민주당 / 원흉 안민석의 세 치 혀가
발행한 화폐 / 선동가 문재인

**2절 탄핵인가
인민재판인가**

1. 협잡꾼 무법자 부역자 · 341
9인의 원로는 이렇게 말했다 / 협잡꾼들의 탄핵소추
무법자와 부역자들이 내린 탄핵결정
친절한 일원 씨, 뜬금 없는 정미 씨

2. 국정농단이라는 유령 · 348
이런 판결문 / 단 한 푼도 증명되지 않은 경제공동체
국정개입과 태블릿 PC / 대한민국 헌법재판소

3절 국민이 당한
       사기혁명

1. 김명수가 벼락 출세한 까닭·363

2. 별건 수사·365
별건 하나, 국정원 특수활동비 / 별건 둘, 새누리당 공천개입
별건 셋, 삼성 뇌물수수

3. 자유민주주의 국가에서 벌어진 인민재판·376

4. 기획된 탄핵, 국민이 당한 사기 혁명·380
모사 어벤져스의 작품 / 북한의 지령이었나
사기혁명, 국민이 당한 혁명 / 다시 뒤집기 한판을

5. 심판의 시간·392
방어적 민주주의와 심판
자유 대한민국의 새로운 시작, 문재인 심판

제5장 문재인은 공산주의자인가

1절 문재인이
       만든 나라

1. 국정의 명령서 촛불·404
종북단체들이 내민 청구서, 촛불개혁 / 중간 정산

2. 대한민국을 쇠망케 하다·410
무슨 일이 벌어진 건가요 / 문재인의 성공은 국민의 지옥
대한민국은 없었다

3. 조선인민공화국을 위한 남쪽 정권·422
북한을 위하여, 김정은을 위하여 / 이미 점령된 것인가
이런 짝사랑 이런 충성

2절　19대 대통령　　**1. 공산당식 기술을 구사하다** · 434
　　　문재인이　　　단벌신사 문재인 / 공산당의 모든 기술을
　　　공산주의자인
　　　10가지　　　**2. 효도하는 정부와 사회주의 국가** · 436
　　　이유와 근거　　나라 만능 바이러스와 큰 정부 / 법치국가에서 인치국가로

　　　　　　　　　　3. 북한 정통성의 확정 · 441
　　　　　　　　　　북한 정통론과 토착 왜구 / 문재인은 이렇게 했다
　　　　　　　　　　통일운동으로 둔갑한 폭동

　　　　　　　　　　4. 국민을 인민으로 만드는 약탈적 경제정책 · 447
　　　　　　　　　　빈곤한 국민을 만드는 계획 / 가난한 인민이 된 국민 /
　　　　　　　　　　우리 편을 찍으면 100% 드립니다

　　　　　　　　　　5. 새로운 계급사회 · 456
　　　　　　　　　　그들은 잡범이 아니다 / 좌익이 특권을 가지는 공정 /
　　　　　　　　　　우리가 특권계급이 되는 우리의 혁명

　　　　　　　　　　6. 저질화와 북한 평준화라는 혁명 · 461
　　　　　　　　　　이 망국적 저질화의 시작은
　　　　　　　　　　저질화와 하향 평준화의 시대 / 저질화라는 혁명

　　　　　　　　　　7. 공산진영으로 이동하는 고립 외교 · 470
　　　　　　　　　　만절필공 / 왕따 외교 / 중국과 고난을 함께했다고?

　　　　　　　　　　8. 조선인민공화국에 충성한 대한민국 대통령 · 477
　　　　　　　　　　김관진 구속은 북한의 지령이었나 / 이적행위와 자해행위
　　　　　　　　　　당신도 간첩인가

　　　　　　　　　　9. 대한민국의 국가체제를 변경하려 한 사람 · 484
　　　　　　　　　　이래진 씨의 오해 / 사회주의 체제로 변경한 증거들
　　　　　　　　　　명백한 증거 1. 약탈적 조세정책
　　　　　　　　　　명백한 증거 2. 신헌법개정안

　　　　　　　　　　10. 대한민국의 해체와 소멸이 그의 목표였을까 · 494
　　　　　　　　　　소멸의 징조 / 명백한 실패, 반복된 자랑질
　　　　　　　　　　대한민국의 실패, 문재인의 성공
　　　　　　　　　　자본주의자 이재용의 점심을 가로챈 공산주의자 문재인
　　　　　　　　　　·민족 반역

제6장 그들과 공존할 수 있는가

1절 **김정은의 시간**

1. 남북 군사력의 역전·510
군사력 6위라는 거짓말 / 거꾸로 간 국방
자해적 안보정책들 / 고개 숙이는 국방장관
맞고 당하는 평화, 우기는 대통령
그는 아직도 잠꼬대를 하고 있는가

2. 김정은이 쳐내려 오면·531
7일 전쟁 / 싸울 것인가 항복할 것인가
우리는 이길수 있을까 / 김정은의 자비에 달린 우리의 운명

2절 **다시 뒤집기
한 판을**

1. 우리는 이미 점령된 것인지도 모른다·546
박정희가 영웅이 아닌 곳 / 노무현이 1위라니
민노총의 세상

2. 우리는 그들과 공존할 수 있는가·554
끝나지 않은 그들의 혁명 / 인민민주주의도 괜찮으신가
유령을 무덤으로 돌려 보내야 할 시간

● 에필로그·565

문재인 그 사람

문재인은 퇴임 한 달 전 언론인 손석희와의 대담에서 그의 정권에서 검찰총장을 지낸 윤석열이 야당 후보로 나와 대통령이 된 데 대한 질문을 받고 "그 분을 우리 편으로 잘 했어야 됐나 모르겠다"고 말했다. 그의 첫 번째 특기인 내로남불에 대한 질문에는 "저쪽이 항상 더 문제인데 가볍게 넘어가고, 이쪽보다 적은 문제가 더 부각되는 이중 잣대가 문제"라고 했다. 국민인 우리는 대체 어떤 사람을 대통령으로 뽑아 대한민국을 통치하게 했는가. 그의 의식 속에 있는 대한민국 국민은 이쪽과 저쪽, 우리 편과 저쪽 편으로 선명하게 나뉘어져 있다. 그는 자신을 대한민국 대통령으로 생각하기나 했을까. 그는 '이쪽'의 수령쯤 되는 사람이었을까. 그는 '저쪽'을 궤멸시켜 '이쪽의 나라'로 만들려 했던 '이쪽' 사람이었을까. 대체 이쪽은 어디고, 저쪽은 어딘가. 대한민국 제19대 대통령 문재인, 그의 정체가 궁금하다.

문재인은 박근혜 정권을 붕괴시키고 자신이 정권을 잡는 상황을 '혁명'이라고 말했다. 그도 자신의 집권을 '공정한 선거를 통한 합법적인 국민의 선택'을 받고 정권을 담당하게 된 것으로 생각하지 않았다는 의미다. 그는 국민과 영토와 주권을 지키며 정부와 국가의 영속성을 유지하는 것을 자신의 대통령으로서의 임무로 생각하는 것 같지도 않았다. 그는 처음부터 대한민국의 기존체제와 질서를 뒤집어 엎으려 했던 것으로 보인다. 그래서 '혁명'을 말하고 또 말했을 것이다. 그의 정체가 더 궁금하다.

의문

　"나도 모르게 눈물이 흘렀다. 대한민국이 병들어 가고 있다는 슬픔이었는지 모르겠다." (조선일보, 2021. 1. 9) 100세가 넘은 원로 철학자 김형석은 이렇게 말했다. 일제강점기에 태어나 해방정국과 6·25를 몸소 겪으며 젊은 시절을 보내고 대한민국 70년을 살아온 그는 왜 문재인의 시대를 건너며 슬픔으로 눈물이 흐른다고 했을까.

　"세상이 갑자기 왜 이렇게 가고 있는지 답답하죠. 문 대통령이 나라를 어디로 이끌어 가고 있는지 잘 모르겠어요. 언론에서 아무리 지적하고 의문을 제기해도 대통령의 답을 들을 수 없어요. 국민은 그걸 알 권리가 있잖아요. 대통령이 겨우 답변을 내놓을 때도 있지만 그게 무슨 뜻이고, 무슨 의도가 담겼는지를 모르겠어요. 지도자의 뜻을 알아야 국민이 따라 가잖아요. 국민에게 납득이 안 되는 전략을 쓰니 불안한 거죠. 지금 모든 국민이 불안하게 대통령을 바라보고 있잖아요. 요즘 시국을 보면 너무 답답합니다." (조선일보 2020. 12. 22) 어느덧 80이 넘은 노 배우 최불암도 대통령 문재인이 나라를 어디로 끌고 가는지 몰라 답답하다고 했다.

촛불혁명이라는 깃발을 내걸고 시작된 문재인의 시대을 건너며 김형석은 슬프다고 했고, 최불암은 답답하다고 했다. 슬프고 답답하기는 국민들도 마찬가지였다. 문재인의 모든 통치행위는 갈등과 혼란, 질서의 붕괴, 경제적 쇠퇴와 사회적 퇴보를 낳았고 그것은 힘 없는 국민들에겐 참으로 모진 현실이어서 서민이나 경제적 약자일수록 고통은 더 크고 더 깊었다. 그리고 자유민주적 의식을 가진 보통사람들에게는 대통령의 반복되는 자화자찬과 말 뒤집기, 거짓말과 오직 북한과 김정은만 쳐다보는 통치를 지켜보는 것도 참으로 절망스러운 일이었다. 대체 문재인은 대한민국을 어디로 이끌어 가려고 했을까.

누구의 반역인가

대한민국 제18대 대통령 박근혜는 재임 중 확정된 헌법과 법률 위반의 범죄혐의 없이, 그리고 헌법이 규정하는 절차를 무시한 채 탄핵되었다. 현직 대통령이던 그의 탄핵은 탄핵요건에 대한 시비를 말하지 않더라도 20세기 이후 문명화된 법치주의 국가에서는 유례가 없는 일이었다. 탄핵된 그는 문재인이 취임하기도 전에 감옥으로 보내졌고, 1년 후에는 이명박도 감옥으로 보내졌다. 두 명의 전직 대통령은 문재인의 퇴임을 약 1년 여를 남기고 22년과 17년의 형이 확정되었다. 대법원장 양승태는 문재인이 집권하는 동안 재판만 200번을 넘게 받았다. 그러나 국민은 그가 왜 재판을 받는지, 대체 뭐가 죄가 된다는 말인지 알 수 없었다. 대부분 지식 수준이 낮은 문재인의 수하들은 자꾸 '사법농단'을 들먹였는데, 그들은 마치 법전에 그런 죄목이 있기나 한 듯 그것을 되풀이해서 말했다. 그러나 판결이 자꾸 미뤄지는 것을 보면 재판관들도 양승태의 죄목을 아는 것 같지는 않았다.

문재인 정권은 두 명의 대통령과 양승태 김기춘 최경환 등 대부분의 전 정부 고위 공무원과 4명의 국정원장 등 수백 명을 구속시켰다. 반대로 수백 명의 좌익 진영의 반국가 범죄자들을 풀어 주거나 사면 복권시켰다. 우익정권 인사들을 감옥으로 보낸 것은 그들이 함께 작당해서 국가반역이라도 꾸몄기 때문인가. 종북좌익의 범죄자들을 풀어 주고 죄를 면해 준 것은 그들이 대한민국을 위해 일하다 억울하게 감옥에 갔기 때문인가. 감옥에 보내진 우익 사람들은 반역을 한 사람들이고, 풀려난 좌익 사람들은 애국을 한 사람들인가. 대체 어느 쪽이 죄를 지은 자들이고, 어느 쪽이 억울한 자들인가. 이명박 박근혜 세력이 반역을 도모하다 감옥에 보내진 것인가, 아니면 한명숙 이석기 임종석 문재인 쪽이 반역을 꾀하고 애국자들을 감옥에 묶어 놓은 것인가. 어느 쪽인가. 나라의 국민이자 주권자인 우리는 이 물음에 대한 답을 찾아내야 한다. 대체 어느 쪽이 반역을 했는가.

공산주의자들이 혁명에 성공한 후 가장 먼저 시작하는 일은 기존세력을 대대적으로 숙청하는 것이다. 예외는 없었다. 공산당이 국가를 장악한 소련 중국 북한 베트남 캄보디아 등 모든 곳에서 피냄새부터 퍼뜨렸다. 그것이 공산주의 혁명의 정석이다. 문재인과 그의 좌익 동지들도 촛불로 정권을 잡은 후 어용언론을 앞세워 선전 선동전을 펼치고 인민재판으로 피냄새부터 퍼뜨린 것은 아니었던가. 문재인이 적폐청산이란 이름으로 전 정권 인사들을 대거 구속시킨 일의 본질은 인민재판에 의한 숙청이 아니었나. 처음부터 그런 의심이 들기는 했다. 그러나 문빠들의 악취나는 행태에 지레 겁을 먹고 몸을 사리는 우익 국회의원들은 정곡을 피하며 겉도는 말만 했고, 주사파 권력자들의 힘 있는 막무가내 앞에 굴복한 지식인들의 비겁한 침묵은 답을 찾으려는 국민들을 더욱 답답하게 했다. 대체 어느 쪽이 반역을 작당하고 상대 진영을 숙청한 것인지, 박근혜 이명박 쪽인지 아니면 문재인 쪽인지, 그것을 알아내는 것은 결국 국민 스스로의 일이 되었다.

혁명이라니

이인호는 김대중 정부에서 러시아 대사를 지낸 역사학자다. 그는 2018년 한 세미나에서 이미 문재인 정권의 본질을 뚫어보고 그들의 통치가 혁명적인 것임을 말해주었다.

"촛불정신이라는 명분과 적폐청산이라는 미명하에 공공연히 진행되는 구속과 위협, 언론통제와 여론조성, 그리고 유례없는 공직 독점은 1917년 러시아 레닌혁명 이후 자행된 정권장악, 공산숙청과 유사하다."고 이인호는 말했다. 이어 문재인 정권의 혁명적 통치에 대해 국민들이 심각하게 받아들이지 않는 것은 대한민국이 공중납치된 항공기와 같은 상태이기 때문이라고 하며 "기장이 납치범으로 바뀔 때 승무원들은 선한 웃음과 안심시키는 목소리로 승객들을 평안하게 해주어서 비행기가 납치된 사실조차 인지하지 못하고 있다." (동아일보, 2020.12.30, 김순덕 기자)고 했다. 선한 웃음과 안심시키는 목소리, 상상해 보면 익숙한 장면이고 누군가의 얼굴이 떠오르지 않는가.

기자 김순덕은 이 기사에서 문재인의 혁명을 다음과 같이 정의했다. "2016년 12월 9일 박근혜 대통령 탄핵안이 국회를 통과했다. 이틀 뒤 제1야당의 유력한 대선주자였던 문재인은 다음과 같은 발표를 했다. '대통령 탄핵은 촛불혁명의 시작입니다. 그리고 이 촛불혁명의 끝은 새로운 대한민국입니다.' 이를 위해 우선적으로 청산해야 할 과제로 밝힌 것이 비리와 부패에 관련된 공범자 청산이고, 재산몰수와 지위박탈이었다. 그때는 너무나 혁명적인 발언이어서 주목받지 못했지만 이제 알 것 같다. 문 정권은 단순한 정권교체가 아니라 혁명을 꾀했다는 것을." 김순덕은 문재인의 집권이 단순한 권력이동이 아닌 혁명이라는 것을 말하고 있다. 그는 좌익혁명이라고 말하지는 않았으나 그런 뜻으로 들렸다.

김문수는 주사파 출신의 정치인이다. 학생 시절 10여 년간 공산주의 혁명을 꿈꾸며 비밀 지하조직에서 활동하다 공산주의의 비현실성과 김일성사상의 허구성을 깨닫고 전향하여 보수정당 소속으로 경기도 지사를 지냈다. 2019년 7월 그는 말했다. "현 대한민국 상황은 주사파들이 세계 어떤 공산혁명보다 더 완벽하게 국가권력을 장악했다. 주사파들의 혁명 교과서에는 대한민국을 전복하기 위한 전략과 전술이 이미 정립되어 있으며 운동가들은 이것을 달달 외워서 조직적으로 시행하고 있다." 그는 후에 다시 말했다. "주사파가 어디 있냐고요? 청와대에 꽉 찼습니다." 문재인 정권의 초대 교육부 장관 김상곤으로부터 주체사상을 교육받고 또 후배들에게 그것을 교육시킨 김문수는 문재인 정권의 요직을 모조리 차지하고 있던 주사파들의 면면과 이념과 본색을 누구보다 잘 아는 사람이다. 그래서 그가 하는 말은 틀리지 않을 것이다.

국무총리를 지낸 원로 정치학자 노재봉도 같은 진단을 했다. "지금 대한민국은 체제를 전복하면서 그 존재를 해체해 가는 위험한 혁명이 진행되고 있다. 이 혁명이 성공하면 대한민국은 없어진다." (신동아, 2019년 10월호) 언론인 송평인의 진단도 같다. "우리는 지금 개혁이라는 이름으로 포장된 혁명을 당하고 있으면서 그것이 혁명인 줄도 모르는 것일 수도 있다. 그것은 개혁이 아니라 사악한 혁명이다." (동아일보, 2020. 11. 4)

대통령 문재인 스스로도 일찍부터 혁명을 입에 올렸다. 그는 박근혜 탄핵을 앞두고 "헌재가 탄핵안을 기각하면 혁명밖에 없다"고 했으며, 박근혜를 구속시킨 후에도 계속 혁명을 말했다. 그는 2017년 봄 대통령 선거 유세 현장을 누비면서 "촛불혁명을 완성할 문재인과 함께해 달라"고 외쳤다. 그때까지만 해도 그의 말의 속뜻을 제대로 알아차린 국민은 많지 않았다. 국민은 그가 말하는 촛불혁명을 부패와 불법이 징벌되고 공정과 정의가 구현되어 자유민주주의가 제대로 실현되는 혁명쯤으로 생각했다. 문빠들로부터 우주미남으로 불리는 그가 늘 웃는 얼굴로 공정과 정의를 말했기 때문에 그렇게 여긴 국민을 탓할 수는 없다. 그가 말한 혁명이 그런 혁명이 아니었음을, 그것은 사회주의 공산주의로 가는 혁명이었음을, 그것은 북한을 닮아가는 혁명이었음을, 그래서 그가 웃는 얼굴로 했던 말과 약속에 속았음을 알게 된 것은 그의 통치 기간 절반을 지날 무렵부터였다. "문재인을 찍은 내 손가락을 자르고 싶다"는 말이 여기저기서 나왔으나 이미 어쩔 수 있는 일이 아니었다. 문재인은 그가 마음먹은 대로 혁명을 하고 있었다. '우리이니 마음대로'였다.

두려움

전 세계를 공산주의 유토피아로 만드는 것은 마르크스·레닌 이래 모든 공산주의자들의 최종목표다. 그래서 20세기에 일어난 모든 이념전쟁은 공산진영의 공격전쟁이었고, 자유진영의 방어전쟁이었다. 한국전쟁도 베트남전쟁도 다 그랬다. 남한을 공산화하여 한반도 전체를 공산당이 통치하는 단일국가로 만드는 것은 김일성과 그의 손자까지 3대를 잇는 불변의 목표이며, 북한이 인민을 굶겨가며 그렇게 많은 핵무기와 미사일과 방사포를 만드는 이유다. 북한 정권이 자신들의 안전을 방어하기 위해 핵과 미사일을 만든다는 말을 믿는다면 종북좌파들의 선전에 속은 것이다. 자유진영 국가가 공산진영 국가를 먼저 공격한 적은 없다. 남북 간의 모든 무력충돌 역시 북한의 선제 도발을 우리가 방어하는 것이었다. 그래서 방어 운운하는 북한과 종북세력의 말은 새빨간 거짓말이다. 김정은 스스로도 언제든 핵 버튼을 누를 수 있다고 말했으니 그것은 공격용 무기가 분명하다. 그렇다면 북한이 보유한 핵과 미사일은 누구를 겨냥한 것인가. 당연히 우리가 사는 이 대한민국이다.

1%의 가능성이 한순간에 100%가 되고, 설마가 현실이 되는 것이 전쟁이다. 70년 전의 전쟁도 그렇게 시작되어 500만 명 이상의 사상자를 내고 끝났다. 500만 명은 지금의 대구 광주 대전 시민을 다 합한 숫자로서 그 당시 한반도 전체 인구의 약 20%였다. 문재인 세력이 별거 아니라고 하는 말을 믿고, 탄도미사일을 펑펑 쏘아대는 데도 평화가 실현되었다는 말을 믿고, 김정은과 김여정의 협박을 귓등으로 흘리며 종전선언에 서명하고 평화협정을 맺은 후 미군을 철수시키는 상황이 된다면 김정은

은 바로 쳐내려 올 것이다. 그러면 이미 종북세력이 주도권을 장악한 대한민국은 스스로 성문을 열어 주고 바로 점령될 것이다. 이것은 현존하는 위험이자 상시적 위협이다. 그럼에도 북한이 지금 우리에게 위험도 위협도 아니라고 말하며 평화를 선전하고 종전 선언을 추진한 문재인과 그의 주사파 수하들과 종북세력이 대한민국을 사실상 점령하고 있는 현실이 두렵다. 우리의 군사력이 세계 6위라는 그들의 거짓말을 믿고 있는 대한민국 국민인 우리의 안일함은 더 두렵다.

레이몽 아롱 등의 서구 지식인들이 공산주의의 종언을 고한 지 이미 수십 년이 지났다. 공산국가 동독과 공산주의 종주국 소련은 사라졌으며, 북한은 전제왕조 체제의 성격이 더해진 극단적 공산주의 국가로 변질되어 극빈국이 되고 세계 최악의 인권침해 국가가 되었다. 남미의 모든 사회주의 국가 역시 독재와 빈곤과 혼란에 시달리고 있다. 반면 베트남은 친미국가가 되어 빈곤을 극복하고 있으며, 중국은 경제의 영역에서는 공산주의를 포기하고 자본주의를 도입하여 경제대국이 되었다. 그럼에도 2차대전 이후 건국한 신생국 중 자유민주주의 체제를 수용하여 발전에 성공한 첫 번째 국가로 꼽히는 대한민국에서 사회주의 공산주의 세력이 나라의 주도권을 잡고 실패한 좌익 체제의 부활을 도모하고 있다니 이게 대체 말이 되는가. 이것이 사실이라면 우리 모두가 분연히 나서야 할 일이다. 지금이야말로 대한민국의 자유민주주의를 회복하기 위한 민주화 운동을 해야 할 때가 분명하다.

문재인 정권 5년간의 이해되지 않는 수많은 통치행위들을 대통령 문재인의 국정 실패와 운동권 세력의 무지로 간단히 규정한다면 그것은 치명적 착오일 것이다. 그들 세력을 민주화운동가 혹은 진보진영이라는 이름으로 공존을 계속 허용한다면 그들은 다시 정권을 잡고 이 나라를 완전한 좌익의 나라로 만들거나 북한 김씨 일가에 바칠 것이다. 이 사실을 간과하면 대한민국의 미래는 지금과는 완전히 다른 것이 될 것이다. 우리는 보트피플이 되어 태평양을 떠도는 망국의 유민이 되거나 김정은의 인민으로 살게 될지도 모른다. 두려운 일이다.

이 땅의 좌우 대립은 치열하고 질긴 것이어서 어느 한 쪽이 완전히 승리하고 다른 쪽이 완전히 패배할 때에야 끝이 날 것이다. 북한을 완벽하게 장악하고 있으며, 남한에서도 언론계 법조계 문화예술계 국회 등 사회 핵심 영역에 튼튼한 진지를 구축하여 주도권을 잡고 북한 정권과 협력하고 내통하는 좌익이 절대적으로 유리한 상황이다. 남북 좌익 공통의 '철천지 원쑤'인 미군을 이 땅에서 철수시키려는 그들의 노력이 성공하는 순간 이 대립은 바로 끝날 것이다. 문재인은 평양에 가서 김정은과 북한 인민들 앞에서 자신을 '남쪽 대통령'이라고 스스로를 소개했다. 우리가 사는 이 땅이 미래 세대에도 여전히 대한민국일까. '조선민주주의인민공화국의 남쪽'이 되어 있지는 않을까. 두렵다.

의문과 해답

민주화운동가 혹은 진보세력을 자처하는 그들의 위장술에 속은 대부분의 우리 국민이 긴가민가 하는 일이지만 문재인 정권의 핵심세력이었던 주사파 출신의 정치인들은 젊은 시절 김일성의 초상화 앞에서 충성을 맹세했던 사람들이다. 30여 년이 지난 지금, 변할 법도 하지만 그들은 아니다. 장년이 된 지금 그들은 김일성의 손자인 김정은에 대해 여전한 충성심을 보이고 있다. 그들은 북한이 활동자금과 함께 내려보낸 혁명과업의 지령을 아직도 잊지 않은 사람들이며, 지금도 남한을 북한에 흡수시키는 통일을 꿈꾸고 있다. 정권을 잡은 문재인은 북한 김씨 일가에게 변함 없는 충성심을 보이는 이들을 수하로 거느리고 남한을 통치했다. 그들은 대한민국의 자유민주주의를 후퇴시키고 시장자본주의 경제질서를 무너뜨렸다. 그리고 북한 정권의 이익을 위한 국정운영으로 일관했다. 그들은 젊은 시절부터 쫓아온 혁명과업을 수행하고 있었다.

대남혁명과업이란 한마디로 남한을 북한에 흡수시키기 위한 전략과 전술이다. 주사파를 비롯한 이 땅의 종북세력들은 그것을 성경처럼 외우고 그것을 실현하기 위해 투쟁해 왔으며 지금도 투쟁하고 있다. 그들이 민주화니 진보니 하는 용어로 미화하고 위장하여 우리가 속고 있을 뿐 문재인 세력의 모든 투쟁의 본질은 대한민국을 사회주의 국가로 만드는 좌익혁명이다. 동시에 남한을 북한화하는 대남혁명노선의 실천이다. 이것을 인정하면 이해할 수 없었던 문재인 정권의 국정운영은 대부분 해답을 찾을 수 있다. 반면 이 사실의 인정을 유보하거나 부인한다면 그들의 이해되지 않는 통치행위들은 고스란히 의문으로 남게 된다.

이 책은 문재인 정권의 이해할 수 없는 통치에 대한 의문과 문재인은 공산주의자인가 혹은 북한주의자인가 하는 의문에서 시작한다. 그들의 통치를 사회주의 혁명의 수행 혹은 대남혁명과업의 실천이라 규정하지 않는다면, 그리고 문재인을 공산주의자로 규정하지 않는다면 다음 열

가지의 질문에 대해 어떻게 대답 할 것인가.

하나, 문재인은 일자리 정부를 약속하고 국민의 선택을 받았으나 집권기간 내내 기업과 기업주를 적대시하며 일자리를 없애는 정책으로 일관했다. 주 52시간제의 시행과 최저임금을 급격히 인상하는 등의 정책이 일자리를 줄인다는 사실을 확인하고도 그의 정권은 그것을 바꾸지 않았다. 그러고는 정부 주도형 단기 일자리의 확대에만 골몰했다. 집권 5년간 200만 개의 풀타임 일자리는 사라지고, 세금으로 만든 240만 개의 초단기 알바가 그것을 대신했다. 민간기업의 양질의 일자리는 줄이고, 대신 정부가 저임금의 질 나쁜 일자리를 만드는 것은 명백한 공산주의의 빈민화 정책이며 국민의 인민화 정책이 아닌가.

둘, 집값을 잡겠다며 28번 이상의 대책을 내놓는 과정에서 보통 국민조차 집값이 오르는 원인을 훤히 아는 정도가 되었는데도 공급 부족을 방치하고 거래세 보유세 가리지 않고 대한민국에 존재하는 모든 부동산 세금을 모조리 올렸다. 이것은 임대차 3법과 상승작용을 하며 집값을 폭등시켰다. 정책의 실패가 아니라 집값을 올리려는 목적이 분명한 부동산 정책들이었다. 대체 왜일까. 노무현 정부에서 이미 집값을 폭등시키는 정책을 주도했던 좌익 학자 김수현을 다시 기용한 것은 애초부터 집값을 올려 서민들이 자기집을 가지기 어렵게 만들고, 결국 집 없고 가난한 국민을 정부 의존적인 인민으로 만드는 사회주의 정책이 아니었나.

셋, 삼성 롯데 한진 등의 세계적 기업의 총수를 줄줄이 검찰의 포토라인에 세우거나 감옥에 보내고 기업 3법과 노동 3법을 만들어 노동자의 경영개입과 사업장 점거를 합법화했다. 또한 중대재해처벌법을 만들어 모든 기업주를 잠재적인 범죄자로 만들었다. 이로써 국내기업은 해외로 나가 공장을 짓게 되었고, 해외기업이 국내에 투자하여 공장을 짓는 것을 원천적으로 막아 버렸다. 기업들을 옭아매는 이러한 명백한 반기업정책은 생산수단의 공유화 혹은 국유화라는 고전적 공산주의 경제정책을 실현하려는 목적이 아니었나.

넷, 문재인 자신이 야당 대표일 때는 국가부채가 40%가 넘으면 나라가 망할 듯 말하더니, 정권을 잡고 나서는 미래산업의 육성과 교육의 질적 개선 등 미래 발전을 위한 투자는 외면한 채 오직 매표용 현금살포에만 몰두하여 청년세대와 나라를 빚더미에 올려놓은 것은 미래세대를 일찍부터 가난한 인민으로 만들고, 동시에 대한민국의 경제력을 북한과 같이 하향 평준화하여 북한에 쉽게 흡수되도록 하기 위한 사전 준비가 아닌가. 문재인의 임기가 끝날 무렵 국가부채는 폭증했고 가계부채와 기업부채 모두 GDP를 초과하는 OECD 유일의 국가가 되었다. 빚 많은 국가와 가난한 국민을 만드는 것은 전형적인 사회주의 혁명의 과정이고 결과다. 그의 정권이 처음부터 계획한 것이 아닌가.

다섯, 검찰개혁이란 이름으로 검찰의 수사권을 축소하고 조직을 붕괴시켜 국가의 범죄대응 능력을 급속히 약화시켰으며, 위헌이라는 비판에도 공수처를 만들어 권력 비리와 불법에 대한 수사는 원천적으로 불가능하게 했다. 그리고 사법개혁의 이름으로 법관들을 좌익 성향으로 대거 교체하여 모든 형사사법 기구들에 대해 우익유죄 좌익무죄의 기준을 고착시켰다. 문재인의 통치가 '법이 지배하는 시간이 아닌 촛불이 지배하는 시간'이라 불린 이유며, 그것은 곧 법치주의의 훼손을 의미한다. 이는 대한민국을 법과 정의에 의해 다스려지는 법치국가가 아닌 이념과 최고 통치자의 의사와 권력자 각각의 권력의 크기에 의해 통치되는 사회주의 국가로 변경하기 위한 것이 아닌가.

여섯, 문재인은 임기의 앞 절반을 온통 남북회담과 북미회담에 매달리더니, 김정은이 판을 걷어차고 대화를 단절한 후에도 북한 추종적 자세를 바꾸지 않았다. 김여정의 한마디에 전 세계인의 비난을 감수하며 부랴부랴 법을 만들어 대북전단을 봉쇄하였고 개성 연락사무소를 폭파하여 우리 재산 700억 원이 먼지가 되었는데도 책임을 묻거나 배상을 요구하지 않았다. 우리 국민이 서해에서 북한군의 총구 앞에 6시간이나 노출되어 있을 때 구조 요청을 하지 않아 결국 죽음에 이르게 하고, 북한에는 아무런 책임도 묻지 않았다. 오히려 국정원장 박지원이 들고 온 출처도 수상한 김정은의 사과문이라는 것을 대신 읽고는 민주당의 주사파 의원들이 모두 나서서 황감한 듯 호들갑을 떨었다. 이것은 문재인과 그의 주사파 수하들이 여전히 북한을 추종하고 있다는 증거가 분명하다. 그들은 여전히 북한에 충성하는 북한 추종자들이 아닌가.

김정은은 비핵화에 대해 어떠한 말도, 어떠한 조치도 취하지 않았고 오히려 핵무기의 숫자를 늘이고 미사일을 끊임없이 쏘아댔다. 그럼에도 문재인은 국민과 세계를 향해 김정은이 비핵화를 약속했다고 말했다. 그리고는 대한민국의 예산으로 부지런히 외국으로 나가 대북 경제제재를 먼저 풀어 주자고 설득했다. 김정은의 비핵화 약속은 김정은의 거짓말인가, 아니면 거간꾼 문재인의 거짓말인가. 문재인은 대한민국 대통령이었을까, 아니면 김정은의 대리인이거나 수하였을까.

일곱, 우리를 침략하여 나라를 잿더미로 만든 북한과 중국에는 굴종적인 자세로 일관하면서도 우리를 구해준 미국에 대해서는 노골적으로 적대적 입장을 취한 것은 대한민국을 자유민주주의 진영에서 공산주의 진영으로 이동하려는 외교정책이었다. 이것은 우리 내부의 정치 경제 사회 등 모든 영역에 걸친 사회주의 정책의 강화와 함께 대한민국의 사회주의 국가화 혹은 북한화를 기도하였다는 증거다. 그것이 아니라면 그들의 반 자유진영과 친 공산진영의 외교를 대체 어떻게 이해할 것인가.

여덟, 문재인은 자신이 통치하는 동안 일체의 간첩을 잡지 않아 국가보안법을 사문화시키고, 국정원의 간첩 잡는 기능을 삭제했다. 문재인으로부터 정권을 넘겨 받은 신 정부가 "문 정부의 국정원은 안보를 철저히 망가뜨렸다. 용납 못 할 수준이다"라며 분노했을 정도로 그들은 자해적 안보정책으로 일관했다. 그것은 곧 북한의 공격에 대비한 우리의 방어능력을 고의로 약화시켰다는 의미다.

자해안보는 군사부문에서도 분명했다. 북한은 미사일과 방사포를 개량하고 핵무기를 늘리면서 공격능력 강화를 지속하는 데도 우리 군인들은 훈련조차 제대로 시키지 않았고, 한미연합훈련도 중단하는 등 남한의 방어능력을 의도적으로 약화시키는 자해적 안보정책으로 일관했다. 그리고 대통령 자신은 미국 중국은 물론 북한까지 모든 당사국들은 관심도 없는 평화협정과 종전선언에만 매달렸다. 이것은 군사력의 북한 우위를 확고하게 방조하는 것인 동시에 우리의 안보를 위험하게 만드는 행위였다. 자해적 안보정책으로 일관한 문재인 정권은 스스로 조선인민공화국의 대남혁명노선을 수행했던 것이 아닌가.

아홉, 세계의 모든 자유민주주의 국가는 작은 정부를 지향하고 세금을 적게 거두는데 문재인은 이미 인구 감소국이 된 나라에 공무원을 13만 명이나 늘리는 등 큰 정부를 지향했다. 이것은 정부의 역할을 확장 강화하는 사회주의 국가화 정책이다. 그리고 큰 정부를 유지하기 위해 민간은 경기침체로 고통을 겪고 있는데도 보유세 거래세 법인세 상속세 등 모든 세금을 폭탄 수준으로 올려 세금을 예상보다 크게 초과하여 더 거둬 들였다. 큰 정부 정책은 20세기의 국가주의와 전체주의의 부활이며 사회주의 공산주의로 가는 정책이 아닌가.

열, 문재인의 통치 5년간 대한민국의 연평균 경제성장율은 2.3%로 역대 정권 최저이며, 국가부채 증가속도는 OECD 국가 중 가장 빨랐다. 그리고 2030년 이후의 잠재 GDP 성장율 예측도 2% 수준으로 최하위다. 향후의 우리 경제는 국가부채는 폭발적으로 증가하는 반면 성장율은 급격히 꺾이게 된다는 의미다. 이것이 소득주도성장 정책을 기본으로 하는 문재인 정권의 사회주의적 경제 운용의 진정한 성적표다.

돈을 먼저 뿌려 경제를 성장시킨다는 소득주도성장론은 국가경제의 비상상태에서만 사용하는 응급조치적 정책임에도 문재인은 이것을 상시적 경제정책으로 사용하며 현금살포 위주의 재정정책을 합리화하는 이론으로 삼았다. 거시적 국가경제를 희생시키며 소주성 정책을 지속한 것은 결국 포퓰리즘적 현금 살포를 합리화하는 것이었다. 그렇다면 소주성은 사실상 사회주의 배급제를 도입하기 위한 이론적 기초가 아닌가.

문재인이 통치한 5년의 시간 동안 일개 국민으로 살며 도무지 이해할 수 없었던 그의 여러 정책과 국정운영에 대한 의문은 한두 가지가 아니었다. 그러나 그 이해할 수 없음과 의문의 뿌리는 생각보다 쉽게 찾아졌다. 그것은 모두 문재인 정권의 국가통치를 70여 년전 대한민국을 건국할 때 선택한 국가 정체성인 자유민주주의와 시장자본주의의 시각에서 보았기 때문에 생긴 의문이었다. 문재인 세력은 집권 초기부터 대한민국을 사회주의 국가, 혹은 북한을 닮은 국가로 만들려고 했던 것이 분명하다. 그것을 알게 되고 그들의 통치를 사회주의화와 북한화로 시각을 바꾸어 고찰하자 모든 의문은 단숨에 풀렸다. 자유민주주의와 자본주의의 시각에서는 도무지 이해되지 않았던 그들의 통치를 사회주의 공산주의의 시각으로 바꾸어 보는 순간 간단히 이해되었다는 뜻이다. 문재인과 그의 주사파 수하들과 더불어민주당 동지들은 대한민국을 사회주의화하고 북한화하고 있었다. 이 책은 그것을 입증하기 위한 것이다. 이를 위해 먼저 그들 세력의 수장이었던 '인간 문재인'에서부터 이야기를 시작한다.

2절 인간 문재인

대한민국 제19대 대통령 문재인은 마치 대한민국을 약탈하기로 작정한 듯 국가의 현재적 자원은 물론 미래세대의 자산까지 가불하여 자신과 정권의 지지율 유지를 위해 소모적으로 쏟아부었다. 반면에 교육과 과학기술과 미래산업 등 국가의 발전과 번영을 위해서는 아무 것도 하지 않았다. 지금 우리의 선도적 먹거리인 반도체와 자동차가 40~50년 전에 준비한 결과이듯 국민을 수탈할 뿐 미래를 준비하지 않은 문재인의 통치는 대한민국의 앞길에 오랜 기간 영향을 미칠 것이다.

문재인이 통치한 5년의 대한민국은 모든 영역에서 후퇴하고 훼손되고 쇠락한 시간이었다. 그런데 국가의 총체적 쇠락보다 더욱 엄중한 일이 있다. 문재인이 그의 주사파 수하들과 함께 국가의 정체성을 바꾸려 했다는 점이다. 그들의 국정운영과 정책수행에는 일정한 방향성이 있었다. 대한민국의 자유민주주의를 후퇴시키고 사회주의로 향하는 방향성이 그것이다. 이 방향성은 경제적 쇠퇴를 비롯한 국가의 모든 영역을 쇠락시키는 근본적 원인이었다. 대한민국의 국가 정체성을 자유민주주의에서 사회주의로 변경한 일은 엄중한 일이다. 그들은 왜 지난 세기에 이미 분명한 실패로 끝난 정치실험인 사회주의의 길로 이 나라를 이끌어가려 했을까. 이를 이해하기 위해 먼저 문재인의 과거 행적을 통해 자유와 인권 등 자유민주주의의 핵심 가치에 대한 그의 의식을 추적한다.

1. 누가 그를 인권변호사라 했는가

'우리 이니 마음대로'와 '대가리가 깨져도 대통령은 문재인'은 문재인이 양념이라고 미화했던 그의 맹신적 지지자들이 스스로 사용한 구호다. 들을 때마다 대한민국이 온전한 문명국가가 맞는지, 대한민국 정치판이 사이비 종교집단에 장악된 것은 아닌지 싶어 마음이 불편했다. 그들은 문재인을 어떤 사람이라고 여겼기에 스스로 합리적 사유는 포기하고 이성이 마비된 행태를 불사하며 '우리 이니'를 무조건적으로 숭배했던 것일까. 그들의 정서적 바탕에는 '착한 사람 문재인' '착한 대통령 문재인'이라는 이미지가 견고하게 자리잡고 있었다. 그런데 문재인이 착하다고? 문재인을 오래 관찰한 사람으로서는 전혀 동의할 수 없는 이런 이미지와 정서는 대체 어디에 근거한 것일까. 그것은 우선 '인권변호사 문재인'이라는 그의 변호사 시절 영업용 광고 문구에 뿌리가 있는 듯했다. 그렇다면 그는 과연 인권변호사였을까.

2020년 5월 홍콩의 민주화 시위를 주도하고 있던 조슈아 웡은 "지금 홍콩에선 1980년 광주보다 더한 인권탄압이 자행되고 있다. 대만과 일본정부 모두 우려를 표시했다. 한국은 인권변호사 출신 대통령이 어떻게 침묵할 수 있느냐"고 개탄했다. 조슈아 윙은 문재인을 잘못 알고 있었다. 그는 문재인에 대해 착각하고 있는 것이 분명했다.

1988년 12월 10일자 국민일보 창간호는 '노동현장의 인권 유린 참을 수 없어'라는 제목의 기사에서 '참다운 근로자의 동반자를 자칭하며 정의 실현에 앞장선 35세의 인권변호사 문재인'을 소개했다. 문재인은 최소한 이때부터 인권변호사로 불려진 듯하다. 그로부터 딱 30년 후인 2018년 12월 10일에 열린 '세계인권의 날' 기념식에서 대통령이 된 65세의 문재인은 "인권의 가치를 최우선에 두면서 결코 포기하지 않고 한 발 한 발 앞으로 나아가겠습니다."라고 말했다. 이를 본 전 경기도지사 김문수는 자신의 SNS에서 "문재인은 사이비 인권변호사"라고 일갈했다.

민주화운동의 대부 장기표는 "1987년 6월항쟁 이후 그 이전의 시국 사건에 대한 재심이 많았는데, 문재인은 부산에서 그런 사건 몇 건을 맡은 경험은 있지만 전혀 인권변호사로서 역할을 한 것은 아니다. 1981년 부림사건의 변호도 맡지 않았는데, 무슨 인권변호사냐."라고 했다. (월간조선, 2020년 12월호) 장기표와 김문수는 모두 1970년대의 좌익 운동가들이고, 후에 우익으로 전향한 사람들이다. 인권은 자유민주주의 정치체제를 선택한 나라에서는 보편적이면서도 핵심적인 최고의 가치다. 문재인은 대통령이 되기 전 오랫동안 '인권변호사'라는 아름다운 이름표를 달고 있었다. 그러나 '문재인이 인권변호사인가'라는 물음에는 우파 인사들보다 오히려 좌파에 몸을 담았다 전향한 사람들과 문재인 가까이에 있었던 사람들이 더 강하게 부정한다. 왜 그럴까.

근로자 퇴직금 120억 원

1997년 '경남종합금융'이 파산했다. 퇴직금을 받지 못한 이 회사 근로자들은 1998년 3월 변호사 문재인에게 사건을 의뢰했고, 그해 7월 1심에서 패소했다. 근로자들은 문 변호사와 상의해 다시 항소했다. 그러나 1999년 8월 10일 항소기간이 지나버려 항소가 기각됐다. 단 하루 차이였다. 이 어이없는 실수로 항소권은 박탈되고, 근로자들의 퇴직금 120억 원은 날아갔다. 문재인의 본색은 여기서부터 시작된다. 근로자 95명은 문재인 변호사와 '법무법인 부산'에 손해배상을 요구했다. 문 변호사와 법인은 사무장의 실수로 생긴 일이라 도덕적 책임은 있지만 법적 책임은 없다며 수임료를 돌려 주지 않았다. 그리고는 1인당 100만 원씩 총 1억 원의 배상을 제안했다. 합의조건에는 만일 합의금을 받고 나서 민·형사상 이의를 제기하면 1인의 소 제기는 200만 원, 2인의 소 제기는 400만 원... 이런 식으로 조합장과 연대상환해야 한다는 조건을 걸었다. 근로자들은 마치 조폭이나 악덕 사채업자 같은 조건이라며 거부했고 결국 합의는 무산되었다. 근로자들은 문재인 변호사와 경남종합금융 측의 결탁을 의심했다. 그러나 그들에게는 그것을 밝혀낼 수 있는 법적 지식도 시간도 힘도 없었다.

그 후 이 사건은 노무현이라는 국회의원과 대통령을 배출한 '법무법인 부산'의 영향력으로 덮이고 유야무야되다 문재인이 대선에 출마한 2012년 다시 주목을 받는다. 전직 국회의원 이종혁은 기자회견을 열어 경남종금 근로자들의 퇴직금 120억 원 사건의 개요를 설명한 후 "문재인은 노동·인권 변호사의 탈을 벗어야 한다. 문재인은 '사람이 먼저다'라고 말할 수 없다. 이것이 서민을 위하고 노동자의 권익을 보호한다는 노동

변호사인가. 기본 업무도 제대로 처리 못 하는 사람이 어떻게 대통령 역할을 한다는 말인가" 라고 주장했다. (뉴데일리, 2012. 12. 13) 우리는 그때 그의 말에 귀를 기울였어야 했다.

인권변호사, 문재인에게 갖다 붙여도 되는 수식어인가. 사람이 먼저다, 문재인의 입에서 나올 수 있는 말인가. 오히려 '대통령 문재인'을 경험한 지금 '기본 업무도 제대로 처리 못 하는 사람'이라고 한 이종혁의 말이 공감되지 않으시는가. 항소기간을 단 하루 넘겨 항소권이 박탈된 이유가 근로자들의 주장대로 변호사 문재인과 경남종금 사이의 뒷거래 때문이든 아니면 문재인의 주장대로 사무장의 실수든 근로자들의 퇴직금 120억 원은 그 무게를 헤아릴 수 없는 가치를 가진 것이다. 인권변호사와 노동변호사의 명찰을 달고 그 힘으로 국회의원에다 대통령까지 된 문재인이 그 후 경남종금 근로자들에게 어떠한 배상이나 배려를 해 주었는지에 대한 정보는 전혀 없다. 대통령의 공식 연봉은 2억 2천만 원이 넘는다. 그의 통치기간 나라 경제가 엉망이 되었다는 사실과는 상관없이 그 자신의 경제 형편은 많이 좋아졌을 것이다. 그러나 그가 이 억울한 근로자들의 손실에 대해 무엇을 어떻게 했다는 소식은 알려진 것이 없다. 그를 인권변호사로 생각하시는가.

오토 웜비어

미국 대학생 오토 웜비어는 2015년 12월 북한에 들어갔고, 17개월 동안 억류되었다 풀려났다. 풀려날 때 이미 고문에 의해 혼수상태였고, 6일

만에 사망했다. 미국 각계를 찾아 진상조사와 책임 요구를 주장하던 그의 부모는 2019년 11월 '북한의 납치 및 억류 피해자들의 법적 대응을 위한 국제결의대회' 참석차 서울에 들어와 "청와대의 문 대통령에게 드리고 싶은 말씀이 많아 면담을 요청하니 꼭 만나 주시기 바란다"는 서신을 보냈다. 청와대는 '국정운영 일정상 면담이 어려운 점이 있다'는 답변으로 거절했다. 이에 모든 언론이 나서서 이를 비판하자 청와대는 다시 "해당 단체행사의 참석 요청에 불참 의사를 밝혔다. 웜비어 부모에게 별도로 전달한 내용은 없다"며 행사를 주관한 단체와 언론의 보도와는 다른 취지의 해명을 내놓았다. 문재인 다운 그게그거인 말이었고 하나마나한 말이었으며 눈가리고 아웅하는 말이었다.

문재인이 누군가. 오랫동안 인권변호사 행세를 한 사람이 아닌가. 그가 진짜 인권변호사였다면 미국 태국 일본 등 여러 국가의 피해자 가족들이 모이는 국제인권 행사에 참석했어야 했다. 더구나 북한의 극악한 인권유린의 한 사례로 전 세계에 알려져 미국은 물론 세계가 주목하는 웜비어 사건 당사자 가족인 그의 부모들에 대해서는 그들의 요청이 없었다 해도 인권 변호사라는 간판으로 대통령까지 된 문재인은 스스로 그들을 찾아 만났어야 했다. 그러나 그는 그 회의에 참석하지 않았고 웜비어 부모를 만나 주지도 않았다. 그를 인권변호사로 생각하시는가.

피해자에 대한 침묵

2020년 7월 9일 서울시장 박원순은 스스로 생을 마감했다. 서울시청 여직원을 4년간 성추행하다 피해자가 경찰에 고소했고, 피소 사실이 정식으로 본인에게 통보되기도 전에 미리 알고 그는 산으로 올라갔다. 그리고 흰 천에 덮혀 내려왔다. 문재인 정권의 당 정 청은 삼위일체가 되어 일제히 나섰다. 늘 하던 그들의 방식대로 촛점을 흐리고 본질을 감추려는 의도를 담은 온갖 잡설을 늘어놓았다. 심지어 박원순을 미화하고 칭송하기까지 했다. 그들의 말이 옳다면 그렇게 훌륭한 분이 대체 왜 자살을 했는지 의아할 정도였다. 민주당의 낯 두꺼운 의원들은 모두 나서서 한마디씩 보탰다. 박범계는 박원순을 '맑은 분'이라 미화했고, 진성준은 '박원순을 가해자로 기정사실화 하면 명예훼손'이라고 했다. 당 대표 이해찬은 많은 기자들에 둘러싸인 곳에서 당 차원의 대응을 묻는 기자에게 '후레자식'이라는 욕설을 뱉어내며 자신의 참담한 인격을 감추지 않았다. 성추행범 박원순을 찬미하고 칭송하는 민주당 의원들은 모두 제정신을 가진 사람들일까, 더불어민주당은 정신병동이 아닐까 생각하는 사이에도 민주당 지지자들은 성추행 피해자에게 온갖 잡설과 욕설을 퍼부으며 2차 가해를 불사했다.

이 정국에서도 인권변호사 출신이라는 국가원수 문재인은 입을 다물고 있었다. 자신과 같은 정당 소속의 정치인으로 자신이 수반으로 있는 정권 하의 대한민국 수도이자 세계적 대도시 서울의 최고 수장이 성범죄를 저지르고 스스로 감당이 안 되자 자살을 선택한 것은 그 자체만으로도 온 국민에게 죄스럽고 세계인에게 부끄러운 일인데 대통령 문재인은 철저히 침묵했다. 그러다 다음날 그가 말한 것은 '너무 충격적'이라는 한마디였다. 동네 가게의 연세 든 주인이 하면 어울릴 만한 말이었다. 그의 말 속에 성범죄 피해자인 한 여성의 인권은 어디에도 찾아볼 수 없었다. 문재인이 인권변호사라고? 이 말을 믿으시는가.

속았습니다

2020년 6월 초 북한 김여정은 대북 전단지 발송을 비난하는 담화를 발표했고 민주당은 김여정의 지령이라도 받은 것처럼 즉각 움직였다. 그들은 전단지 발송을 막기 위해 여론전부터 시작했으며 8월 들어 통일부 등의 정부기관은 국내 탈북인 인권단체 25곳에 대한 사무감사와 비영리 민간단체 64곳의 등록조건 점검에 나서는 등 탈북민 단체에 대한 압박에 나섰다. 이를 본 미국의 여야 및 정부의 전직 고위 당국자 10여 명은 북한 인권단체에 대한 탄압을 중단해 달라는 항의서한을 대통령 문재인에게 발송하기도 했다. 이 항의서한에 의하면 "(한국정부의 이러한 행위는) 북한 인권 관련 일을 하는 북한 인권단체에 대한 냉혹한 협박이다. 이들 단체에 대한 공격 대신 지지를 촉구한다"고 했다. 인권변호사 출신이라는 문재인이 대북한 인권운동까지 위축시키고 있다는 워싱턴 정계의 폭넓은 인식을 보여 주고 있었다. (동아일보, 2020. 8. 12)

이 뿐이 아니다. 문재인 정권은 유엔 총회에서 매년 채택하는 '북한 인권결의안'에도 2019년부터는 참여하지 않는 등 북한 동포의 인권문제를 거론하거나 규탄하는 대부분의 국제적 행동에 대한 동참을 거부했다. 이것은 국내에서도 마찬가지여서 북한의 인권침해 현황을 수집 기록하는 등 북한정권에 의한 북한 주민의 인권침해를 제지하기 위해 2016년 설립된 '북한인권기록보존소'를 과천 법무부 청사에서 퇴출시키고 역할을 사실상 정지시켰다. (매일경제신문, 2022. 1. 5) 남한은 동물학대에 대해서도 처벌하는 나라가 되었으나 북한에서는 아직도 세계 최악의 인권 침해가 자행되고 있다. 그럼에도 문재인은 북한동포의 인권에는 외면했다. 그것은 무관심의 차원을 넘어 북한 정권의 인권 범죄를 고의적으로 은폐하고 적극적으로 방조한 것이 분명하다.

대통령 문재인은 그의 통치기간 북한 동포와 남한 국민 가리지 않고 수많은 인권유린 행위를 자행했다. 인권 변호사는 커녕 이 양반이 대체 인권에 대한 기본적인 개념이나 갖춘 사람인가 하는 의심이 드는 일이 한두 가지가 아니었다. 자신의 통치에 항의하는 광화문 집회 시위자들을 향해 코로나를 핑계로 "공권력이 살아 있다는 걸 보여 줘야 한다"며 위협하고 철제펜스와 500여 대의 버스로 만든 차벽으로 서울의 심장부를 봉쇄하는 것은 공산국가에서나 있을 법한 일로서 인권 개념을 가진 대통령이 할 수 있는 일이 아니었다. 우리 국민이 서해에서 사살되어 불태워지고 유해조차 찾지 못하는데 그의 사생활을 이유로 들이대며 월북자로 몰아 버렸고, 그 후 관심조차 보이지 않은 것도 국민을 보호해야한다는 헌법상의 국가원수의 의무를 거론하지 않더라도 인권에 대해 조금이라도 가치를 두는 사람이라면 할 수 있는 행동이 아니었다.

왜소한 체격의 두 어린 북한 청년이 작은 배 위에서 선원 16명을 살해하고 남으로 도주했다는 믿을 수 없는 북한의 주장을 그대로 수용하여 제대로 된 조사도 수사도 없이, 북으로 돌아가면 총살형이 뻔히 예상되는데도 5일 만에 서둘러 강제 북송한 것은 인권 개념을 들먹이지 않더라도 인간으로서 할 수 있는 짓이 아니었다. 북한 땅의 동포들은 여전히 김씨 왕조의 독재 치하에서 세계 최악의 인권유린과 노예상태로 살아가고 있다. 그럼에도 문재인은 김정은에게 말 한마디 하지 않았고, 오히려 북한의 인권법을 사문화시키고 북한 동포들의 인권을 위해 활동하는 단체를 탄압했다. 이것은 문재인을 인권의식이 없는 사람 정도가 아니라 '반인권적 의식을 가진 사람'이라고 규정해야 마땅한 일이다.

부산 지역의 대표적 인권운동가로 문재인을 잘 안다고 말하는 원형은 목사는 변호사 문재인은 인권에 대해 관심도 철학도 없고, 인권을 담을 그릇이 안 되며 '당신이 인권변호사냐'고 욕을 해주고 싶다고 했다. (신동아, 2017년 3월호) 그러나 문재인은 오랫동안 인권변호사라는 간판을 앞세워 인지도를 높이고 국민의 호감을 얻어 결국 대통령까지 되었다. 그와 반대 편에 있었던 사람들 뿐만 아니라 그와 가까웠던 사람들조차 그의 인권변호사 호칭을 강하게 부정했다. 대통령이 되고 난 후 인권과 관련된 문제에 문재인이 보여 준 모든 것은 그들의 주장을 뒷받침하고 있다. 문재인은 인권에 대해 관심도 철학도 없는 사람이 분명했다. 오히려 모든 독재자들이 그러하듯 '인권 따위는 권력을 편하게 운용하는 데 방해가 되는 무엇' 정도로 생각하는 것이 분명해 보였다.

인권은 인류의 보편적 가치로서 문명화와 근대화의 역사는 곧 인권 발전의 역사다. 인권 없는 국가, 인권 없는 이념이 대체 무슨 가치가 있는가. 대한민국 헌법정신을 무시한 문재인 정권의 모든 통치행위가 재평가되고 심판되어야 할 일이지만 그 중에서도 국민의 인권을 침범했던 통치는 결코 용서해서는 안 될 일이다.

이제 와서 생각해 보면 문재인에게 붙어다니던 '인권변호사'라는 아름다운 별칭은 시골 장터에서 검증 안 된 사제약을 팔면서 '만병통치약'이라는 수식어를 갖다 붙이듯 변호사 문재인이 스스로에게 갖다 붙인 영업용 광고문구 정도였던 듯하다. 홍콩의 조슈아 웡도 대한민국 국민도 이 문구에 깜박 속았던 것이다. 이미 속은 것은 어쩔 수 없다 해도 이 가짜 만병통치약이 남긴 후유증은 대체 어떻게 할 것인가.

2. 당신이 민주화 유공자라니

"저도 지난번에 민주화운동 유공자가 됐습니다." 문재인이 노무현 정부의 청와대 참모로 있던 당시인 2004년 6월 청와대 수석 보좌관 회의에서 정찬용 인사수석 비서관이 "제가 어제 민주화운동 유공자로 인정받았습니다"라고 소개하자, 맞은편 의자에 앉아 있던 문재인 시민사회수석이 이렇게 말했다. (한국일보, 2004. 6. 2)

문재인이 자신을 민주화 유공자라고 했다. 믿을 수 있는 말인가. 그는 정말 민주화운동을 했을까. 말이 되는 말인가. 대통령이 되어 정권을 잡은 문재인은 독재적 폭압적 위헌적 위법적인 통치로 일관했는데 그가 민주화 유공자라고? 대부분의 간첩들과 반국가행위자들과 이적행위자들이 김대중 노무현 정부에서 민주화운동가로 둔갑하여 거액의 보상금을 받고 꼬박꼬박 연금을 타먹는 그 명단에 문재인도 들어 있다는 뜻인가. 이것은 인권변호사란 그의 간판보다 더 엉터리다.

태국과 홍콩의 착각

2020년 7월부터 가을까지 태국에서는 군부통치를 반대하고 군주제 개혁을 요구하는 반정부 민주화 시위가 있었다. 시위대는 "1987년 한국의 민주화 항쟁과 같이 2020년 태국에서 민주화운동이 다시 시작됐다"며 한국의 지지와 관심을 호소했다. 시위대는 한국어로 된 포스터까지 만들며 지지를 기대했다. 그러나 문재인과 그의 정권은 꿀먹은 벙어리였다. 한 해 전에 격렬했던 홍콩의 민주화 시위 때도 그랬다. 홍콩인들은 자신들의 시위를 과거 한국의 민주화운동에 비유하며 이한열의 이름을 기억한다고 말했고, 영화 《택시운전사》를 봤다고 했다. 그리고 이 땅의 종북좌파들이 애국가 대신 부르는 '임을 위한 행진곡'을 중국어 가사로 불렀다. 그들은 민주화에 성공한 자유 대한민국을 모델로 한다며 한국인들의 지지를 호소했다. 그들은 착각하고 있었다.

그해 9월 미국 의회는 '홍콩인권 민주주의 법안'을 통과시켰고, 전 세계의 민주국가들은 홍콩의 민주화운동을 지지한다는 의사를 표시했다. 그러나 문재인과 그의 수하들은 철저히 침묵했다. 시위가 한창이던 2019년 6월 30일 외교부가 내놓은 입장문에 홍콩시위를 지지한다는 말은 없었다. 민주주의 국가의 보편 가치인 '민주 자유 인권'은 단 한마디도 언급되지 않았다. 영국 독일 일본 등 27개 국이 홍콩보안법 폐지를 촉구한 성명에도 한국정부는 빠졌다. 그러는 사이 오히려 한국에 유학 중인 중국인 학생들은 국내 여러 대학에서 홍콩의 민주화운동을 지지한다는 내용의 플래카드를 훼손하고 소요를 일으키며 반대 시위를 했고, 국내의 지지 시위대와 충돌하는 일까지 있었다. 태국 시위대도 홍콩 시위대도 문재인을 민주화 운동가에서 대통령이 된 사람으로, 문재인 정권을 민주화운동으로 탄생한 것으로 보는 듯했다. 그들은 문재인과 문재인 정권을 심각하게 착각하고 있었다.

염동연과 장기표의 분통

염동연은 노무현의 친구, 킹 메이커, 원조 친노, 노무현 정부의 진짜 비선 실세 등으로 불린 정치인이다. 그는 노무현을 대통령으로 만들기 위해 안희정과 함께 자신의 손에 너무 많은 흔적을 묻힌 탓에 정치자금법 위반과 나라종금사태 등으로 수사를 받으며 구치소를 들락거렸다. 결국 여론의 부담을 느낀 노무현이 그를 청와대 민정수석 등 자신의 핵심 측근으로 앉힐 수가 없었고, 그래서 그 자리에 문재인을 대신 앉혔다고 회자된다. 염동연은 2017년 《월간조선》과의 인터뷰에서 문재인에 대해 많은 이야기를 털어 놓았다. 그의 증언을 통해 문재인이 과연 노무현의 그림자가 맞는지, 노무현과 뜻을 같이한 동지였는지, 이 나라의 민주화를 위해 일한 사람이 맞는지 한번 보자.

"대통령선거 경선 과정에서 노무현은 문재인에게 몇 번이나 도와달라고 했다. 그러나 문재인은 노무현이 당선되더라도 절대 그 근처에 얼씬도 하지 않겠다며 거절하고 모른 척했다. 그런 사람이 노무현이 당선되고 나니까 대통령직 인수팀에 떡하니 나타났다. 이중적 태도라는 생각이 들어 어찌나 화가 나던지..." 그의 증언은 계속된다.

"노무현은 2002년 4월 민주당의 대통령 후보로 확정되고 나서 바로 닥친 6월 지방선거에 문재인을 부산시장 후보로 내세우자고 했다. 문재인을 설득하러 갔던 캠프 후배가 문재인의 말을 전하기를 '나한테 그런 소리하지 마라. 난 정치에 관심 없다. 변호사 하게 좀 놔둬라. 노무현이 대통령 돼도 그 근처에 얼씬도 안 할 것이다.' 라고 말했다. 노무현이 대통령 될 리가 없다고 생각한 거다. 그때 친구에게서 그런 말을 들었던 노무현의 흔들림과 아픔은 옆에서 본 사람으로서 말로 다할 수 없을 정도였다. 4월에 대선 후보가 되고 대선 2개월 전인 10월에 선거대책위가 꾸려지며 그때 문재인이 합류했다. 그렇게 경선 좀 도와달라고 해도 꿈쩍도 않던 문재인이 노무현 당선 후 첫 민정수석이 되었다. 후에 청와대 정무특보를 지낸 캠프 출신 이강철은 지금도 문재인 얘기만 하면 육두문자를 날린다. 캠프 출신 사람들이 문재인을 어떤 눈으로 보는지 다른 사람은 상상도 못 할 것이다."

노무현의 정치적 자산을 모두 물려받고 대통령이 된 문재인에 대한 염동연의 증언은 또 있다. "2004년 4월 17대 총선을 앞두고 인지도가 있던 문재인을 총선에 내보내려 했으나 그는 거절했다. 그러나 사표를 내길래 노무현은 출마하나 싶어 사표를 받았다. 그런데 문재인은 건강 운운하더니 네팔로 트레킹을 갔다. 대통령이 피눈물을 흘리는 시점에 측근이라는 사람이 해외로 트레킹이라니... 그런 사람이 친노라고요? 정말 그때만 생각하면... 노무현은 서거 전까지 총선, 지방선거, 재보궐선거 때마다 문재인에게 제안을 했지만 끝까지 거절하고 안 나갔다. 문재인의 저서 《운명》이라는 책 봤죠. 운명이 뭡니까. 노무현 서거가 자기 성공할 운명입니까. 노무현 동정론 업고 정치에 나선 인물이잖아요. 성공할 수 있었던 노무현 정권에 기여는 커녕 역행한 인물입니다." (월간조선, 2017. 3. 23) 염동연의 증언에는 강한 분노가 배어 있다.

염동연 뿐이 아니다. 진짜 민주화운동가 장기표도 비슷한 증언을 했다. "1984년 즈음 내가 민통련을 만들면서 부산에 가서 문재인 변호사를 만났다. 문 변호사가 그냥 변호사가 아니고 학생운동을 하고 구속되고 제적된 이력이 있기에 그를 만나서 민주화 운동에 참여할 것을 얘기했는데 "절대 참여하지 않겠다. 정치에 전혀 관여하지 않는다"는 답이 돌아왔다. 그 이후로 다시 만나지 않았다. 워낙 참여하지 않겠다는 뜻이 강해서였다." 2019년《시사오늘》과 가진 장기표의 인터뷰는 계속 이어진다. "71학번이니까 73년 정도에 군사독재에 반대하는 집회 시위하다 구속 제적당한 일은 있었으나 그 이후에는 일체 민주화 운동에 관여한 일이 없었다. 그렇다고 비난하고 싶지는 않지만 자신이 마치 민주화 운동을 전매 특허를 받아서 한 것처럼, 또 인권 변론을 굉장히 많이한 것처럼 하기에 이런 말을 하는 것이다." (시사오늘, 2019. 5. 21)

염동연은 2002년의 가짜 민주화 운동가 문재인을 증언했고, 장기표는 1984년의 가짜 민주화 운동가 문재인을 증언했다. 18년의 시차를 두고 문재인은 변함없이 가짜였다. 두 사람의 말에 의하면 문재인은 노무현과 동고동락한 정치적 동지가 아니었다. 그리고 민주화운동 경력도 없다. 데모하다 잠깐 구속이 되었다고 민주화 유공자가 된다면 70~80년대 청년 대부분이 민주화 유공자가 되어야 할 것이다. 오히려 국가전복과 간첩활동을 했던 자들 중에 민주화유공자로 둔갑한 사람이 수두룩하니 그쪽에 더 가까울 것이다. 문재인은 노무현의 정치적 유산을 도용

하고 민주화유공자라는 허구적 자산을 더한 후 그것을 앞세워 대통령이
된 사람이다. 유권자를 기만하고, 국민인 우리를 속이고 대통령이 되었
다고 말하는 것이 더 정확할 것이다.

노무현이 쏜 빛인가

문재인은 대통령이 되어서도 아무런 성취나 업적을 남긴 것이 없지만
대통령 후보로 등장하기 전에도 어떤 공적도 찾을 수 없다. 그렇다면 그
는 대체 어떻게 좌익진영의 리더로 부상했을까. 그것은 순전히 노무현의
친구라는 이유로 사라진 노무현의 인기를 몽땅 차지한 결과다. 그는 노무
현의 후계자 행세를 하며 좌익진영의 수장이 되었고, 결국 대통령이 되었
다. 그렇다면 그는 과연 노무현의 유산을 상속할 자격이 있는 사람일까.

영화 《변호인》은 노무현을 중심으로 주변인을 온통 허구로 미화하고
픽션과 논픽션을 혼돈하게 하였으며 각 등장인물은 교묘하게 실존인물
을 연상하도록 만들어 '좌파들은 영화를 이렇게 국민을 기만하는 도구로
이용해 먹는구나' 하고 개탄했던 기억이 있다. 이 영화를 본 많은 사람들
은 실제 사건의 모델인 1981년의 부림사건에 문재인이 관여한 것으로 알
고 있다. 그러나 문재인은 부림사건에 변호를 맡지 않았다. 그때는 노무
현을 만나기도 전이다. 그렇게 알고 있는 사람은 이 영화에 속은 것이다.

대통령 노무현은 집권 기간 많은 과오가 있었다. 특히 주사파 그룹을
정권에 대거 등용하여 대한민국의 좌경화를 가속화한 것은 그가 의도한

것이 아니라 해도 그의 과오가 분명하다. 그러나 그의 순수한 열정은 우익진영에서도 인정하는 부분이다. 특히 근 30년 간의 군사정권을 거치며 오래 묵은 때처럼 우리 사회에 한 꺼풀 막이 되어 있던 권위주의를 깨고 민주화를 진전시키는 데 일정 부분 기여한 것은 틀림없다. 그렇다면 문재인도 노무현과 같은 부류의 사람일까. 결론부터 말하자면, 아니다.

"운명 같은 것이 나를 지금의 이 자리로 이끌어 온 것 같다. 노무현 변호사를 만나고 지금에 이르게 된 것도 마치 정해진 것처럼 느껴진다." 문재인의 저서 《운명》의 한 구절이다. 2012년 한 방송 프로그램에서 문재인은 자신의 별명 중 '노무현의 그림자'가 가장 마음에 든다고 했다. 그는 이렇게 노무현의 정치적 자산을 철저히 이용했고, 그것을 발판으로 결국 대통령까지 되었다. 2009년 5월 노무현 장례식 때는 상주였고, 이듬해에는 노무현재단 이사장을 맡으며 '제2의 노무현'으로 부상했다. 당시 지리멸렬했던 좌익은 노무현의 죽음을 이용하기로 하고, 노무현의 친구라는 후광이 있던 문재인을 후계자로 낙점했다. 노무현 지지자들은 문재인을 중심으로 다시 모여들었고, 노사모 중 강경파는 문빠의 모태가 되었다. (월간중앙, 2020년 10월호)

중앙일보 윤석만 기자는 "대다수 시민은 문재인을 제2의 노무현으로 생각하나 이 둘은 전혀 다른 사람이다. 문재인의 달빛은 노무현이 쏜 빛이 절대 아니다. 이 둘을 지지하는 집단인 노사모와 문빠 역시 공통점보다 차이점이 더 많고, 두 집단의 정체성은 오히려 정반대다. "노무현 = 문재인'일 수 없으며 '노사모 = 문빠'도 아니다"라고 했다. 그러면서 덧붙였다. "노무현은 남의 비판에도 귀 기울이고 수용하였지만 문재인은 남을 비판하긴 잘 하지만 자신을 향한 남의 비판에는 발끈하고, 다른 목소리에도 배타적이다. 그리고 이 둘은 성격 역사관 가치지향점이 매우 다르다. 노무현은 진보를 표방했지만 실용주의와 보수정책도 수용할 만큼 유연했으나 문재인은 그렇지 못했다. 문의 지지율이 높았던 것은 상당 부분 '노무현의 친구 문재인'이라는 생각 때문이다. 그러나 두 사람은 철학 자체가 다르다."

윤석만 기자는 노무현은 이 땅의 민주화에 공헌한 대통령이었지만 문재인은 애시당초 '민주'와는 거리가 멀었다는 것을 말하고 있다. 국민인 우리가 속았다는 뜻이다. 우익진영에서도 노무현이 젊은 주사파 정치인들에게 휘둘린 사실과 미숙한 국정운영에는 비판을 가하지만 그의 순수한 의도와 열정은 인정한다. 그의 통치기간 동안 이땅의 좌경화가 심화된 것도 그가 했던 일이 아니라 그의 주사파 수하들이 한 것으로 본다. 저승에 있는 그는 문재인을 어떻게 볼까. 문재인은 대통령이 되어서 북한과 김정은만 바라보고, 자신과 아내와 자녀의 부귀영화에만 충실했다. 또한 자신의 퇴임 후의 안전을 확보하는 일에만 몰두했다. 이런 문재인을 저승의 노무현은 어떻게 평가할까. '문재인은 내 친구가 아니다. 국민 여러분이 잘못 본 것이다' 이렇게 말하지 않을까.

또 속았습니다

문재인은 노무현과 같은 부류의 사람이 아니다. 생각도 철학도 이념도 모두 다르다. 이 땅의 민주주의 발전에 일정한 공이 있는 노무현에 연결하여 문재인을 생각하는 것은 착각이며, 문재인이 스스로 민주화 운동가 행세를 한 것에 우리가 속은 것이다. 그는 민주화 운동가가 아니다. 대학 시절 잠깐의 시위와 구속된 이력으로 평생을 민주화 운동가로 행세하며 대중의 추앙을 받고 대통령까지 된 것은 거의 기만에 가깝다.

문재인이 민주화 운동가가 아니라는 사실은 그가 대통령이 되기 이전의 이력에서 살피는 것보다 그가 집권하고 나서 대한민국을 통치한 5년의 기간에서 찾는 것이 쉬울 것이다. 그는 입법 사법 행정 삼권을 청와대로 집중시키고, 사법부와 입법부를 권력의 시녀로 만들었다. 또 검찰을 무력화하고 공수처를 만들어 권력의 부정과 비리에 대해서는 수사에 손을 댈 수 없게 만들었으며 적폐청산이라는 이름으로 반대세력을 탄압하는 등 70여 년 동안 어렵게 진전시켜 온 대한민국의 민주주의를 크게 후퇴시켰다. 그가 민주화 운동가는 커녕 민주주의에 대한 조금의 개념이라도 있는 사람이었다면 결코 할 수 없는 통치 행태였다. 국민인 우리가 또 속은 것이다.

3. 좀스럽고 민망하고 비겁한 반칙왕

2004년 7월 11일에 열린 제10차 남북이산가족 상봉에는 당시 노무현 정부의 청와대 시민사회수석으로 있던 문재인도 방북했다. 북한의 작은 이모를 만나는 이 상봉에 문재인은 모친과 동행했다. 문재인의 대선캠프에서 일했던 정치평론가 민영삼에 따르면 이때 부인 김정숙과 아들 문준용도 함께였다. 그런데 고령자 위주로 상봉 대상자를 뽑는 기준에 맞추기 위해 문재인은 당시 51세이던 자신의 나이를 74세로 속인 것으로 밝혀졌다. (데일리안, 2012.11.30) 청와대 실세 문재인이 자신의 나이를 속여 다른 국민의 한 자리를 빼앗은 것이다. 대통령이 되기 전부터 이런 반칙을 했던 문재인은 대통령이 되고 나서도 무수한 반칙을 했다. 가히 반칙왕이라 불러도 부족함이 없을 정도다.

2021년 3월 문재인이 퇴임 후 머무를 사저가 논란이 되는 과정에서 영농경력이 문제가 되었다. 대통령 재임 기간까지 11년의 영농기간이 말이 되느냐하는 의문이 제기되며 "대통령 직무를 수행하며 어떻게 경남 양산까지 가서 농사를 지었느냐" "아스팔트 위에 농사짓는 법을 가르쳐 달라"는 야당과 국민의 비난이 거세게 일었고 형질 변경에 특혜와 불법 의혹까지 제기되고 있었다. 이에 대해 문재인은 "그 정도 하시라. 좀스럽고 민망하다"고 말했다. 그는 대한민국의 법과 제도를 무시하며 자신의 권력으로 자신의 반칙을 뭉개고 있었다.

그의 사저 규모를 보면 입을 다물 수가 없다. 사저만 796평으로 309평인 이명박 사저의 2.5배다. 경호동까지 합하면 1144평이다. 경호동 건축비는 40억 원으로 박근혜 18억의 2배다. (조선일보, 2021.3.24) 국고가 들어가는 일이므로 국민에게는 마땅히 알권리가 있다. 그러나 문재인은 "법대로 하고 있다"며 관심가지지 말라는 식이었다. 그래도 해명 요구가 계속되자 "좀스럽고 민망한 일"이라고 말했다.

사저가 논란이 되기 3개월 전인 2020년 12월 그는 경기도 화성의 13평짜리 공공임대주택을 방문한 자리에서 "신혼부부에 아이 1명이 표준이고 어린 아이 같은 경우에는 2명도 가능하겠다"고 말했다. 국민은 13

평에 3~4명이 살 수 있겠다고 말하고 자신은 796평에 살겠다는 인간 문 재인이 경이롭지 않은가. 이런 식의 일은 무수하다.

문재인이 대통령 직에서 물러난 후 부인 김정숙의 개인 버킷리스트성 외유 문제가 불거졌다. 과거 평균 20여 회였던 다른 영부인의 해외순방 동반과는 달리 그의 부인은 코로나 상황에도 불구하고 총 48번의 외유 가 있었으며 특히 인도 타지마할을 보기 위해 4억의 국가예산을 급히 편 성하여 대통령 전용기로 갔다는 사실이 밝혀져 이미 청와대 특활비로 18 개의 옷장을 채울 정도로 사치를 했다는 의혹에 놀랐던 국민을 다시 한 번 어이없게 만들었다. 2018년에는 이상직에게 중소벤쳐기업진흥공단 이 사장 자리를 주고 항공에 대해서는 어떤 경력도 없는 문외한인 자신의 사위를 이상직의 태국 항공법인에 임원으로 취업시킨 관직거래 의혹이 불거져 국민을 또 한번 허탈하게 했다. 그의 가족이 관련된 좀스럽고 민 망한 일은 다 열거하기 어려울 정도로 많다.

문재인은 국고를 자신과 가족을 위해 마구 쓰는 반칙을 범한 외에 그의 비겁한 인간적 면모를 알 수 있는 사례도 무수하다. 집값이 폭등 하여 국민의 원성이 높아지자 "집값 안정에 국토부 명운을 걸라"고 하여 책임을 국토부에 떠넘기며 자신은 쏙 빠져나갔고, 자신이 형이라 부르는 울산시장 송철호 선거개입 사건으로 청와대의 수하들이 줄줄이 기소되 자 "검경은 명운을 걸고 수사하라"고 말하면서도 자신의 책임에는 입도 뻥긋하지 않았다. 그의 말을 제대로 알아먹은 검찰 경찰 법원은 수사와 재판 뭉개기를 노골적으로 했고 제대로 수사하겠다는 검찰총장을 쫓아 내기 위해 법무장관 추미애를 앞세워 칼춤을 추게 했다. 자신이 잘못한 일에는 늘 침묵했고 어쩔 수 없이 사과를 해야할 때는 청와대 수하들의 입을 빌렸다. 국민은 이를 '권력형 침묵'이라 불렀다. 그러나 생색낼 일이 생기고 자랑질을 할 때는 자신이 직접 마이크를 잡고 자화자찬을 늘어놓았다. 참으로 비겁한 버릇이었다.

이태원 참사로 온 국민이 슬퍼하던 2022년 11월의 때아닌 개 이야기도 참 어이없는 일이었다. 국가가 사육비를 지원하지 않는다는 이유로 문재인이 키우던 풍산개를 파양했다는 이야기다. 재임 5년간 나라빚을 421조 원이나 늘려 물쓰듯 하고 자신의 퇴임 후의 연금까지 대폭 올려놓은 사람이 사육비 250만 원을 이유로 병든 개를 자신의 집에서 내보냈다. '사람이 먼저다.' 라는 구호를 내걸고 대통령이 된 사람이 입양아 정인이 살해사건이 일어났을 때는 입양아를 바꿀 수 있다고 말하여 사람을 사후 교환이 가능한 물건 취급을 하더니, 집권 기간 동안 자신의 이미지 조작에 늘 소품으로 써먹은 풍산개를 퇴임 후에는 사육비 몇 푼을 이유로 파양한 그 사람이 바로 문재인이다. 대한민국 제19대 대통령 문재인의 인간됨, 이 얼마나 좀스럽고 민망하고 비겁한가.

"나는 한번도 링위에 올라가 본 적이 없고... 마치 (나 때문에) 졌다고 말하는 것은 문제있다." 퇴임 직전 언론인과 가진 인터뷰에서 문재인은 정권 재창출에 실패한 원인을 자신에게 묻는 질문에 이렇게 대답했다. 국민은 물론 자신의 당에서조차 정권 연장의 제1의 실패 원인으로 자신의 통치 실패를 들고 있는 데도 그는 이렇게 말했다. 문재인은 세상 일의 원인과 결과라는 인과관계의 이치를 모르는 무식한 사람이거나, 그게 아니라면 오리발의 지존 쯤 될 것이다.

세월호 유병언
그리고 문재인

문재인은 2022년 4월 16일 세월호 참사 8주기를 맞아 "해마다 4월이면 더 아프다. 아직도 이유를 밝혀내지 못한 일이 남아 있다."고 했다. 그의 후계자가 될 뻔했던 이재명은 "진실은 침몰하지 않는다."며 맞장구를 쳤다. 세월호 참사는 박근혜가 정권을 잡은 지 1년여 만에 정국의 주도권을 상실하는 계기가 되고 결국 중도에 권력을 강탈당하는 단초가 되었다. 국회의 탄핵소추 사유와 헌법재판소의 탄핵 사유에도 적시되어 있었다. 대한민국의 극심한 좌우 대립의 정치 지형을 결정적으로 바꾸어 놓은 이 중대한 사회적 사건은 왜 문재인의 시간 마지막까지 미제의 무엇으로 남아 있다는 것인가. 사건이 발생한 지 8년이나 지난 시점까지 밝혀내지 못한 일은 대체 무엇이고 침몰하지 않는 진실은 또 무엇인가.

세월호의 슬픔을 3년 간이나 우려먹으며 대통령이 된 문재인은 5년 간 대통령의 자리에 있으면서도 왜 그것을 밝혀내지 못했을까. 그의 권력이 너무 작아서일까. 720억 원을 들여 9번씩이나 반복한 조사가 아직도 부족했을까. 그는 왜 외국의 관련 전문가까지 참여한 합동조사단과 특별수사단이 밝혀낸 것을 믿지 않을까. 그가 광화문에 천막을 치고 수염이 무성한 얼굴로 세월호특별법 제정을 요구하자 박근혜 정부는 그것도 다 들어 주지 않았나. 문재인이 자신의 대통령 임기를 불과 한 달도 남기지 않은 때에 다시 '밝혀내지 못한 일'을 말하는 것은 또 무슨 수작인가. 그가 이 참사의 모든 내막을 잊어 버린 것인지, 아니면 진실을 영원히 감추기 위한 연막인지, 그것도 아니면 또 새로운 무엇을 조작하려는 것인지, 문재인이 대통령 권한으로도 밝혀내지 못한 진실을 말하려 한다. 문재인과 유병언과 세월호의 진실이다.

1. 유병언과 문재인

무엇이 미안하고 고마웠나

헌법재판소에서 대통령 박근혜 탄핵을 결정한 당일인 2017년 3월 10일 민주당의 대선주자 문재인은 진도 팽목항을 찾았다. 대선을 앞두고 국민의 아픔을 위로한다는 정치적 행보였다. 그러나 3년 전에 있었던 세월호 참사에 대한 박근혜 정부의 책임을 다시 부각시키려는 의도가 더 강하게 읽혀졌다. 이 방문에서 그는 방명록에 이렇게 썼다. "얘들아, 미안하고 고맙다." 문재인은 별이 된 295명의 억울한 어린 영혼들에게 대체 무엇이 미안하고, 무엇이 고마웠을까. '4년 전 대선에서 나에게 패배를 안긴 박근혜를 청와대에서 끌어내고 감옥으로 보내는 데 너희들의 죽음이 유용한 도구가 되어 줘서 고맙다'는 뜻이었을까. 유병언과 문재인 자신의 유착에서 시작된 이 참사에 대한 사죄의 의미로 미안하다고 한 것인가. 문재인은 대체 무엇이 미안하고 고마웠을까. 이 질문은 논객 진중권이 문재인 지지자에서 문재인의 정체성을 의심하고 비판적 자세로 돌아서는 결정적 계기가 되었다고 그는 말했다. 이에 대한 대답은 '박근혜 정부 붕괴'와 '유병언과 문재인의 유착관계' 두 가지에 실마리가 있다.

2014년 4월 16일에 일어난 세월호 참사로 온 국민이 충격과 슬픔으로 애를 끓이는 상황에서도 문재인 세력은 사후 수습은 무관심한 채 이 비극을 무기 삼아 오직 박근혜 정부를 공격하는 데만 집중했다. 그 사이 세월호 실소유주 유병언은 주검으로 발견되었고 검찰은 유병언 일가의 재산을 추적하고 장남 유대균 등 30여 명을 구속 기소했다. 동시에 해외에 있는 가족의 재산도피 의혹을 밝히고, 그들의 국내 송환과 미국에 있는 재산의 환수소송도 진행했다.

그러나 문재인과 민주당은 새로운 음모론을 제기하거나 또 다른 의혹을 끊임없이 생산하며 정부를 공격했고 사고에 1차적 책임이 있는 유병언과 그의 사업체에 대한 문책에는 무관심했다. 그리고 사고의 수습에 투입된 막대한 국가예산을 유병언 일가로부터 받아 내려는 배상조치에는 교묘히 방해했다. 또한 그들은 사건의 원인을 제대로 밝혀내고, 사회적 재난 예방 시스템을 다시 점검 개선하고, 유병언 일가와 회사와 종교조직으로부터 경제적 배상을 물려 국고손실을 보충하고, 참사 유가족이 슬픔을 딛고 정상적인 개인생활과 사회생활로 복귀할 수 있도록 지원하는 등 정작 정치권이 마땅히 해야 할 책무는 외면했다.

문재인은 집권 후에도 유가족을 세금으로 달래는 것 외에는 오직 좌익단체들의 세월호 관련 활동지원을 통해 종북의 정치룸펜들에게 돈줄을 제공하고, 그들로 하여금 우익진영을 공격하도록 하는 일에만 몰두했다. 이 과정에서 유가족의 슬픔은 반복해서 소환되었고, 그 슬픔은 시간이 지나도 눌러지지가 않았다. 참으로 잔인한 짓이었다. 문재인은 권력을 잡고 나서도 유병언의 유족과 유산에 대하여 재산을 환수하고 적극적으로 책임을 묻는 등의 별다른 실효적 조치도 취하지 않았다.

한때 그리고 간간이, 언론과 우익진영은 유병언과 문재인의 유착관계를 파고들었다. 그때마다 문재인과 유병언의 인연은 조금씩 실체를 드러냈고 문재인이 유병언을 구원하고, 또 지원했다는 말이 나왔다. 그러나 그런 기사는 곧 민주당 정치인들과 종북좌파 인사들과 문빠들의 반박으로 흐지부지되곤 했다. 왜 세월호와 유병언이 거론될 때마다 문재인의 이름이 함께 나오고, 이어 좌파들은 그것을 바로 감추려고 했을까. 유병언과 오래된 인연이며 세월호 참사의 원인 제공자로 304명의 죽음에 대한 원죄가 있다는 의혹을 받는 문재인, 그리고 그와 유병언과 세월호의 관계를 파고든 이유다.

그들의 인연

유병언, 종교단체 구원파의 교주이자 세월호 소속회사 청해진해운의 실질적 소유주다. 세월호 침몰로 많은 사람을 사망케 하고, 그것으로 인해 대한민국의 정치판을 뒤집어 놓는 데 결정적인 소재를 제공한 사람이다. 그의 인생조차 마감케 한 이 참사는 유병언 자신의 운명이기도 했다. 동시에 박근혜와 문재인의 운명, 그리고 대한민국의 운명까지 크게 바꾸어 놓았다. 그는 문재인을 제외한 대부분의 국민에게 나쁜 인연이었다. 아니다. 아직은 모른다. 그와 문재인의 관계가 제대로 밝혀진다면 문재인에게도 좋은 인연이라고 할 수 있을지, 아직은 모를 일이다.

노태우 정권 때인 1991년 8월 세모그룹 사장 유병언이 구속되었다. 1987년 경기도 소재 공예품 제조 공장 '오대양'에서 32구의 변사체가 발견된 사건이 있었는데 그 공장 사장은 유병언의 구원파에 소속되었다 나와 스스로 오대양이라는 유사 종교단체의 교주가 된 사람이었다. 이 집단 변사사건 배후에 유병언과 구원파가 관련된 의혹이 제기되었고 검찰은 1991년 이 사건을 재수사하여 집단 변사와 유병언 사이의 직접적 연관성은 밝히지는 못했으나 오대양 교주와 유병언 사이에 큰 금액의 불법적 돈거래가 있었다는 증거를 잡고 종교를 빙자한 상습 사기혐의로 유병언을 구속했다. 다음해 대법원은 그의 유죄를 최종 확정한다. 그 후 유병언이 경영하던 기업들은 1997년 부도처리되고 법정관리에 들어갔다. 그러나 그의 세모그룹은 몰락하지 않았고, 김대중 노무현 정권 10년을 거친 후 결국 2008년 이름을 바꾼 지주회사 아래 옛 세모그룹의 계열사들을 모아 재건에 성공한다. 그 중 한 개 회사인 '청해진해운'이 운영하던 선박이 바로 세월호였다. 이것이 2014년 4월 16일 일어난 대참사의 뿌리고 배경이다.

노태우 김영삼 정권에서 검찰의 수사와 법원의 판결로 사실상 몰락했던 유병언은 김대중 노무현 정권에서 부활한다. 특히 노무현 정부에서 특혜성이 강력히 의심되는 막대한 금액의 부채를 탕감받고 유병언과 그의 회사는 재기한다. 유병언의 개인적 부침에 역대 정권의 이름을 나열하는 이유가 있다. 김대중 시대에 유력 정치인이었던 노무현, 그 노무현의 친구이자 노무현의 시대에 정권 2인자였고, 노무현의 유산을 물려받아 대통령이 된 문재인이 유병언과 심각한 관련이 있기 때문이다.

왜 돈을 받아내지 않았을까

유병언과 문재인은 언제 처음 만났을까. 정확히 알 수는 없다. 그러나 그들이 2002년 법정에서 원고와 피고로 만난 것은 분명하다. 이 법정에서 대면한 것이 초면인지 구면인지는 문재인만 알겠지만 최소한 이때부터 서로 얼굴을 아는 사이가 되었다. 1997년 부산 지역의 제2 금융권 회사였던 신세계종합금융이 파산되고, 부산지방법원은 2000년 7월에 문재인을 이 회사의 파산관재인으로 선임한다. 신세계종금으로부터 대출을 받은 자연인 유병언과 연대보증인 세모화학을 상대로 관재인 문재인은 2002년 1월 예금보험공사와 함께 대출 반환소송을 제기했고, 그해 10월 법원은 45억 원을 지급하라는 승소판결을 내렸다. 바로 이 재판에서 채무자 유병언과 채권자 대리인 문재인은 법정에서 만났을 것이다. 그리고 적어도 변호사 문재인이 관재인으로 선임된 2000년부터 두 사람의 인연은 시작되었을 것이다.

부산지법 재판부는 2002년 10월 8일 내린 판결문에서 "피고 유병언과 연대보증인은 파산관재인 문재인과 예보에 원금과 이자를 지급하라. 원고들은 가집행할 수 있다"고 명시했다. 이로써 유병언의 재산에 대해 즉시 강제집행을 하여 채권을 회수할 수 있었다. 그러나 문재인은 이 판결을 집행하지 않았고 채권을 회수하지 않았다. 신세계종금의 파산 관재인으로서 유병언으로부터 채권을 회수해 신세계종금 예금자들의 예금상환 등에 이미 투입된 국민 혈세를 메워야 하는 것이 문재인의 책무였다. 그러나 그는 이 책무를 저버렸고, 결국 국민 혈세를 낭비했다. 여기서 말하는 문재인은 물론 대한민국 제19대 대통령이 된 그 문재인이다.

문재인의 신세계종금 채권 미회수사건은 오랫동안 언론과 국민에게 알려지지 않은 채 묻혀 있었다. 이것이 드러난 것은 2014년 세월호 참사가 발생하고 나서였다. 우익진영에서 문재인을 공격하기 위해 파헤친 것이 아니다. 12년 전에 유야무야되고 덮혀 버렸던 이 사건은 유병언의 세월호와 함께 다시 수면 위로 떠오를 것을 염려한 예금보험공사가 그해 10월 2일 부랴부랴 미국법원에 유병언 유족들을 상대로 신세계종금 대여금 등에 대한 환수소송을 다시 제기하며 밝혀진 것이다. 이때 예보가 미국법원에 제출한 서류를 통해 부산지방법원이 2015년 4월 당시 민주당 대표였던 문재인에게 유병언 자녀 3명으로부터 신세계종금 대출금 미납액을 강제회수하라는 집행문을 발부하였다는 사실도 확인되었다. (조선일보, 2015. 7. 17) 이것은 2002년 당시 파산 관재인 문재인이 유병언으로부터 채권을 회수하지 않았기 때문에 다시 드러난 일이다. 그럼 문재인은 그 당시 대체 왜 유병언으로부터 채권을 회수하지 않았을까. 유병언의 상환 능력이 없어서였을까. 절대 아니다.

2015년 7월 중순 국내 여러 언론은 이 사건을 주목하고 2002년 문재인이 왜 파산 관재인으로서 채권회수의 책무를 태만히 하여 13년이 지난 시점에 미국에서 다시 소송을 하게 되었는지를 지적했다. 이에 문재인 본인은 입을 다물고, 대신 자신이 당 대표로 있던 새정치민주연합의 대변인 윤호중 등이 나서 "공익적 차원에서 적은 보수로 의무적으로 이런 일을 하게 되었다"고 해명했다. 이 말은 거짓말이다. 파산 관재인 경력이 있는 변호사들의 말에 의하면 파산 관재인은 정해진 보수를 받으며, 또한 관련사건의 소송을 함께 맡는 경우가 많다. 그래서 변호사들이 선호하는 감투다. 1997년 IMF 여파로 부산 지역의 많은 금융회사들이 파산하였고 1998년 서울 종로에서 국회의원에 당선될 정도로 이미 김대중 정부에서 거물 정치인으로 성장한 노무현을 뒷배경으로 문재인과 《법무법인 부산》은 동남은행, 신세계종금, 항도종금 등 알짜 사건을 쓸어가며 부산 지역에서 잘 나가는 변호사 사무실로 불렸다. 특히 동남은행의 경우는 채권회수와 관련된 소송까지 맡아 막대한 수임료까지 챙기는 등 부산 지역에서 IMF의 수혜를 가장 크게 입은 변호사 사무실로 유명했다. (sundayjournal usa, 2015. 8. 16)

2003년 노무현의 대통령 취임과 함께 문재인도 청와대 민정수석으로 가게 되자 신세계종금 파산 관재인 자리는 마치 개인회사의 사장 자리를 물려 주듯 노무현의 조카사위 정재성 변호사에게 물려 주었다. 동남은행 파산 관재인 지위도 같은 날 함께였다. 파산 관재인은 파산법원이 지정하는 것이다. 문재인 측이 재판부마저 마음대로 주물렀다는 뜻이다. 이래도 '적은 보수로 공익적 차원'을 들먹이시겠는가. 진정 공익을 생각했다면 유병언을 상대로 한 채권을 어떻게든 회수해야 했다. 그것이 공익이다. 2015년 4월 7일 부산지방법원이 발부한 유병언 자녀 3인에 대한 강제집행문에는 '신세계종금 파산 관재인 문재인'이라고 명백히 기재되어 있다. 분명한 문재인의 책무였고, 그래서 문재인이 책임져야 할 일이었다.

채권을 회수하려고 해도 채무자에게 재산이 없거나 압류할 무엇도 없다면 채권 집행은 불가능하다. 그러면 유병언에게 재산이 없었는가. 세월호 참사 1개월 후 국내 언론은 참사로 인한 직·간접 피해 규모는 2조 1,000억 원이며 50여 곳이 넘는 세모계열 그룹사의 총자산은 5,800억 원, 유병언 일가의 재산은 3,000억 원으로 추정했다. (이투데이, 2014. 5. 20) 이어 검찰은 유병언 일가의 횡령 배임 범죄 규모를 그때까지 드러난 것만 2,400억이라고 밝히고, 우선 그에 상당하는 금액을 묶어 놓는다고 했다. (연합뉴스, 2014. 5. 28) 다시 한 달 후에는 정부가 나서서 유병언 일가의 재산 4,000억 원에 대한 가압류를 신청했다. (채널A, 2014. 6. 27)

그렇다면 이로부터 12년 전인 2002년 파산 관재인 문재인이 채권을 회수했어야 했던 당시에 유병언의 재산 규모는 어느 정도였을까. 언론에 드러난 바에 의하면 유병언은 1989년부터 미국에 '세모 USA'를 설립하는 등 미국 중국 등 해외에만 12개 회사가 있었으며, 이 중 5개는 세월호 참사 때까지 존재했다. 미국 캘리포니아에 소유하고 있던 리조트는 2015년 당시 1,000만 불, 즉 100억 이상의 가치였다. 문재인이 신세계종금의 채권을 회수해야 했던 2002~2004년으로 특정하면 유병언이 가진 국내외 재산은 최소 1,000억 원 이상이었다. (신동아, 2017년 4월호)

유병언의 재산이 종교단체와 연계된 까닭에 그의 실제 재산액수는 제대로 밝힐 수가 없었고, 더구나 유병언이 정권의 비호를 받고 있다는 소문이 파다했을 정도로 국가기관의 조사와 언론의 추적도 소극적이어서 정확히 알 수는 없었다. 그러나 이상에서 밝혀진 규모만 봐도 2002년 당시 문재인이 유병언으로부터 채권을 회수하겠다는 마음만 있었다면 얼마든지 가능했다. 문재인은 신세계종금의 파산 관재인으로서 최소 1,000억 원 이상의 재산을 가졌던 유병언으로부터 채권을 집행해 이미 국고로 신세계종금 예금자들에 지급한 돈을 메워야 했다. 그것은 파산 관재인으로서 당연한 책무였다. 문재인은 대체 왜 유병언으로부터 45억을 받아내지 않았을까. 문재인은 유병언과 이미 뒷거래를 튼 사이는 아니었을까. 강한 의심이 든다. 의심의 근거는 많다.

특혜 또 특혜

2014년 7월 당시 여당이던 새누리당은 "유병언은 1997년 사업을 부도 낸 후 노무현 정부 시절 2,000억 원의 빚을 탕감받아 법정관리에서 벗어났고, 경영권을 다시 소유할 수 있었다. 이의 배경에는 참여정부 시절 비서실장을 지낸 문재인 의원 등의 권력개입 의혹이 있다. 왜 그렇게 빚을 탕감해 줬는지 정경유착 의혹이 강하게 제기된다"고 주장했다. (뉴데일리, 2014. 7. 27) 이 주장의 진위를 추적해 보자.

부도가 난 1997년 후 10여 년간 법정관리를 받으며 끌어오던 세모는 문재인이 정권의 제2인자이던 노무현 정부에서 금융권으로부터 집중적인 부채 탕감의 특혜를 받는다. ㈜세모가 부도처리되고 법정관리에 들어간 1997년 8월 당시 총 부채액은 3,673억 원이었다. 이 중 600억 원은 노무현 정부 임기 3년차에 들어선 2005년 3월에 면제되었다. 이때 문재인은 청와대 민정수석이었다. 이어 노무현의 퇴임을 딱 1개월 남긴 2007년 12월, 10여 개 금융기관에 대한 유병언의 보증채무와 개인채무 대부분에 대해 탕감해 준 754억 원에다 출자 전환한 1,155억 원 해서 모두 1,909억 원을 사실상 탕감해 주었고, 2005년 면제분까지 합하면 총 2,509억 원이 탕감되었다. 기타의 것까지 합해 전체 탕감액이 2,840억 원에 이른다는 보도도 있다. 이때 문재인은 청와대 대통령 비서실장이었다.

노무현의 퇴임 1개월 전에 있었던 1,909억 원에 대한 탕감에는 정치권뿐만 아니라 금융전문가들도 금융권의 특혜와 정권의 비호를 강력하게 의심했다. 특히 1,155억 원 규모의 출자 전환을 보면 세모가 당시 출자 전환한 액면가 5,000원짜리 주식의 발행가를 무려 580만 원으로 결정했는데, 통상적으로 채권단에서 출자 전환할 경우 주식시장에서 거래되는 시장가격을 기준으로 하는데, 유병언의 세모는 액면가의 무려 1,160배로 출자 전환해 준 것이다. 이에 대해 회계 전문가들은 부도난 기업의 주식을 액면가의 1,000배 이상으로 평가해 인수하는 것은 유례가 없는 것이라고 했다. (조선일보, 2014. 4. 29)

유병언의 회사는 이러한 파격적인 특혜를 거듭받으며 빚을 털어내고 우량기업으로 변신할 수 있었고, 결국 2008년 법정관리를 벗어난다. 그리고 유병언은 두 아들과 측근을 앞세워 정상회사가 된 세모그룹에 단돈 168억 원을 투입하고 지배권을 되찾는다. 이로써 빚에 시달리며 해체 위기에 빠졌던 세모왕국은 부활하였고, 유병언은 완벽하게 재기에 성공한다. 노태우 김영삼 정권에서 각종 탈법과 불법을 밝혀내 처벌하고 감옥에 보내며 주저앉힌 유병언과 그의 회사는 이렇게 노무현 정권에서 특혜에 특혜를 거듭하며 회생하게 되고, 결국 세월호 참사의 화근이 되었다. 문재인이 권력의 2인자로 있었던 노무현 정권의 유병언에 대한 특혜는 이것이 끝이 아니다.

2009년 12월 개인 유병언은 채무조정을 신청하여 2010년 1월 예금보험공사로부터 다시 140여억 원의 채무를 탕감받는다. 유병언은 1998년에 퇴출된 쌍용종합금융에 대한 채무 147억 원 중 4%에 해당하는 6억 5천만 원을 변제하겠다고 제안하였다. 파산 관재인과 예보는 이를 승인하여 채무액의 96%에 해당하는 140억 5천만 원을 탕감해 준다. 신세계종금에서처럼 일반 예금주들의 예금은 공적자금으로 먼저 지급하고 파산 관재인은 유병언으로부터 채권을 회수하여 공적자금을 메워야 했다. 그러나 관재인은 유병언의 재산을 2006년부너 2009년까지 무려 7차례나 조사했지만 한 푼도 발견하지 못했다고 보고한 후 예보의 승인 절차도 없이 전결처리로 이를 탕감해 주었다. 권력자의 개입이 의심되는 대목이다.

관재인과 예보는 유병언 일가와 회사에 대해서는 조사도 하지 않은 채 유병언 개인에 대해서만 형식적인 조사를 하고 채무 탕감을 결정했다. 이번에도 그 손실을 메운 것은 국민의 혈세였다. 공적자금을 투입하여 법인도 아닌 개인의 채무를 100억 이상 탕감해 준 것은 2002년 이후 유병언이 유일했다. 그러나 바로 2년 전인 2007년 12월 유병언 일가는 168억 원을 투입하여 세모그룹의 지배권을 되찾을 정도로 재산이 충분했다. 뿐만 아니라 5년이 지나 세월호 참사 직후 확인된 유병언의 개인재산은 1,000억 원이 넘었다. 유병언의 개인재산에 대한 부실조사, 그리고 금융권의 파격적인 부채 탕감, 이것이 권력의 비호없이 가능했을까. 이것을 비호한 권력자는 과연 누구였을까. 문재인 외에는 짚이는 사람이 없다.

2. 이 참사의 책임은

문재인 집권 직후 김어준은 자신의 이름을 내건 SBS 한 프로그램에서 유병언의 장남 유대균을 인터뷰했다. 김어준과 제작진은 "세월호 침몰 원인이 실소유주인 유병언 일가의 탐욕 때문이라고 알려져 있었지만 유대균 씨의 주장은 전혀 달랐다"고 했다. 이에 유대균은 "세월호부터 표적이 아버지라는 것을 느꼈다"고 했다. 세월호 참사의 모든 책임을 박근혜 정부에 뒤집어 씌우고 유병언 일가를 억울한 피해자로 보이게 하기 위한 인터뷰였다. 코로나 초기 유시민 등 좌파진영 모두가 나서서 코로나 확산의 책임을 신천지 교인들에게로 몰아가던 것과 똑같은 논리였으나 주체와 객체는 정반대였다. 세월호는 유병언과 그의 종교단체인 구원파가 아닌 박근혜 정부에 모든 책임을 돌렸고, 코로나는 중국에 문을 활짝 열어 놓았던 문재인 정권의 책임이 아닌 신천지라는 종교단체에 책임을 물었다. 좌익의 거짓과 조작, 아전인수의 논리였다.

그들의 관계

세월호 참사가 일어나자 검찰은 유병언 일가의 책임을 추적했다. 과적, 화물 미고정, 선장 및 승무원의 대응 부실 등 참사의 직접적 원인과 청해진 직원들이 세월호가 침몰하던 순간의 화물 적재량을 줄이려고 전산기록을 조작한 사실, 그리고 회사와 유병언 일가의 각종 탈·불법까지 조사하고 기소했다. 법원도 유병언과 3자녀의 책임을 인정하고 세월호 참사 수습에 국가가 지출한 비용 1,700억 원을 지급하라고 판결했다. 그럼에도 불구하고 문재인이 집권하자마자 김어준 뿐만 아니라 좌익진영 전체가 유병언을 감싸기 시작했다. 대체 문재인과 그의 수하들과 좌익의 패거리들은 유병언과 어떤 관계였을까.

2014년 유병언의 수행비서를 지낸 이청 씨는 한 종합편성 채널 프로그램에 출연해 "유병언이 2008년 광우병 촛불시위를 주도한 수뇌부에 측근을 파견해 깊이 관여했다. 당시 유병언이 "유모차를 앞장 세우라고 직접 지시하는 모습도 목격했다"고 말했다. (뉴데일리, 2014. 7. 27) 이 발언이 사실이라면 유병언과 좌익진영과의 연계, 혹은 유착이 충분히 짐작된다. 그리고 다음은 19대 대통령선거 직전인 2017년 5월 2일 'SBS 뉴스 8'의 보도다. "이거 세월호 인양은 문 후보에게 갖다 바치는 거다. 문 후보에게 (세월호 인양 고의 지연을) 갖다 바치면서 문 후보가 약속했던 해수부 제 2차관을 만들어 주겠다고 문 후보가 약속했다." 문재인 후보를 위해 세월호 인양을 고의로 지연시켰다고 말하는 해수부 어느 공무원의 이 말이 SBS의 화면에 떴다. 이 기사는 외부의 압력으로 바로 내려졌지만 당시 국민의당 선대위원장 박지원은 "너무 더러운 일"이라고 했다. (미디어워치, 2017. 5. 4) 온갖 구린 의혹들이 따라 다니는 정치인 박지원의 입에서 '더럽다'는 말이 나왔다면 그것은 진짜 더러운 일이 분명할 것이다. 그런데 이 더러운 일의 최대 수혜자는 결국 대통령이 된 문재인이 아닌가.

문재인은 신세계종금의 파산 관재인으로서 채무자인 유병언과 세모로부터 채무를 회수해야 하는 책무가 있었고, 이 책무를 이행하지 않았다는 것은 명백한 팩트다. 그러나 문재인 측과 좌익 언론이 일체가 되어 문재인과 유병언의 관계에 대한 본질적 의혹 제기를 모조리 차단했다. 그리고 유병언과 세모그룹에 대한 문재인의 채권회수 책무의 불이행과 세월호 참사의 인과관계는 더 이상 추적되지 않았다. 결국 문재인과 유병언의 유착에 대한 진실은 묻혀 버렸다. 대한민국은 그렇게 거짓과 모략과 선동의 나라가 되어가고 있었다.

참사의 씨앗

세월호 참사 약 4개월 후인 2014년 8월 26일 국회의원 하태경은 문재인이 청와대 비서실장으로 재직할 때 유병언의 세모그룹 부채 1,800여 억 원을 탕감해 주었으며, 이로 인해 유병언이 재기할 수 있었으므로 세월호 참사에 책임이 있다고 주장했다. 이때 문재인은 광화문 광장에서 세월호 유가족의 단식투쟁에 동조하기 위한 단식을 하고 있었다. 단식 10일이 될 때까지 멀쩡한 모습으로 만날 사람 다 만나고 노무현재단의 관련 행사까지 참석하였으며, 단식기간 동안의 정치자금 사용내역에 호텔, 감자탕집, 빵집, 빈대떡집 등이 사용처로 드러나 웃음거리가 됐던 바로 그 단식이다. 이때도 그는 수염을 덥수룩하게 하고 있었다.

문재인 측은 하태경의 발언을 문제 삼아 명예훼손 혐의로 고발했고, 검찰은 조사 후 무혐의 결론을 내렸다. 하태경의 말에 의하면 세월호 참사에 책임이 있는 바로 그 문재인이 광화문에서 단식인지 쇼인지 모를 시위 행위를 하며 정부를 향해 세월호 특별법 제정을 촉구하고 있었다. 국민이 속아 넘어가기 딱 좋은 포퍼먼스였다.

문재인이 신세계종금 파산 관재인으로서 법원의 판결대로 유병언에게 45억 원의 채권회수를 집행했다면 유병언이 재기하여 선박사업을 하는 것을 막을 수도 있었을 것이다. 그랬다면 세월호 참사도 없었을 것 아니냐며 많은 사람이 아쉬워 했다. 그리고 문재인을 의심했다. 유병언에게 사업 초기였던 2002년 당시 45억 원은 매우 큰돈이었으며 바로 5년 전인 1997년에는 자금악화로 부도까지 낸 상황이었다. 문재인은 대체 왜 유병언에 대한 채권회수를 집행하지 않았을까. 경남종금 근로자의 퇴직금 120억 원의 경우처럼 또 사무장의 실수였을까, 아니면 국민의 혈세를 길바닥에 굴러다니는 돌 정도로 보는 그의 부도덕성이나 불성실한 직무수행 자세 때문이었을까, 그것도 아니면 세간의 소문처럼 유병언과 문재인의 유착관계나 뒷거래 때문일까. 문재인은 이 문제가 제기될 때마다 질문의 핵심은 피하고 다른 사람을 대신 내세워 엉뚱한 이유를 대고 이상한 논리로 명확한 대답은 회피했다. 그러니 우리 스스로 판단할 수밖에 없을 듯하다. 결론부터 말하자면 유병언과 문재인 사이의 유착관계는 강력하고 합리적인 의심이 든다. 이유는 이렇다.

파산 관재인 문재인이 법원의 판결대로, 그리고 그의 관재인으로서의 책무에 따라 채권집행에 나서 유병언으로부터 신세계종금의 대출금을 회수하고 그 돈으로 이미 예금자들에게 지급된 국민의 세금을 메웠다면 이익을 보는 자는 누구일까. 세금을 낸 국민이다. 국민이 대신 지급한 것을 다시 메우는 것이니 이익이 아니라 그냥 당연한 것이다. 채무자 유병언은 대출금을 상환해야 했으니 그의 재산이 축이 나므로 손해다. 관재인 문재인은 보수를 받고 마땅히 해야 할 일을 했으니 이득도 손해도 아니다.

그렇다면 관재인 문재인이 채권회수를 집행하지 않는 경우는 어떤가. 유병언의 이익이고 국민은 손해다. 이 경우도 관재인 문재인은 이익도 손해도 아니다. 보수를 받고도 할 일을 제대로 하지 않고 국고를 축냈으니 욕은 먹을 것이다. 그러나 문재인이 왜 채권을 회수하지 않았을까 하는 의문은 여전히 풀리지 않는다.

혹시 채무자 유병언과 채권 집행 대리인 문재인이 유착하여 국고로 돌아가야 할 45억 원의 이익을 합의에 의해 서로 나누었다면 어땠을까.

이 경우, 수익자는 채무를 진 유병언과 관재인 문재인 둘 다가 된다. 그리고 문재인이 왜 채권회수를 집행하지 않았는가에 대한 의문도 풀린다. 그렇다면 관재인 문재인이 유병언과 뒷거래를 통해 채권액 45억 중 일부를 개인적으로 받고 채권을 집행하지 않았다는 것인가. 추측이다. 이 정도면 합리적인 추측이 아닌가. 문재인이 제대로 된 해명을 하지 않으니 이렇게 추측이라도 할 수밖에 없다. 흥부네 밥 굶듯 거짓말을 한다는 문재인에게 물어봐야 소용없는 일이다. 그래서 문재인의 양심에 묻고 싶다. 당신은 유병언과 뒷거래를 하지 않았는가. 그게 아니라면 대체 왜 45억 원을 회수하지 않았는지 말을 해보라. 납세자인 일개 국민이 묻는다.

문재인의 책임

문재인이 노무현 정권의 제2인자로 있던 바로 그 시기에 유병언은 총 2,509억 원에 달하는 부채를 탕감받았고 탕감액 규모와 회사 규모에 비해 턱없이 적은 168억 원으로 회사의 지배권을 되찾았다. 이 과정에 대해 정치권과 금융계는 정권의 비호를 의심했고, 그 중심에는 문재인이 있었다. 그러나 문재인은 의혹이 제기될 때마다 모든 것은 금융권에서 법대로 처리한 것이라는 말만 되풀이하며 자신과의 관련성을 부인했다. 그럼에도 유병언에 대한 대규모의 특혜성 부채탕감이 청와대의 개입없이 진행되었다는 것을 믿는 사람은 없었다. 특히 민정수석을 두 번이나 지낸 문재인의 역할을 모두가 의심했다. 우익진영으로 정권이 바뀌고 좌익세력이 총집결하여 광우병이라는 허깨비를 만들며 이명박 정권을 흔들어대는 동안 유병언에 대한 특혜와 문재인의 관련성에 대한 의혹은 언론과 사정기관의 관심 밖에 있었다. 간간이 수면 위로 떠오르는 의혹에 대해서도 문재인은 측근을 내세워 촛점을 흐리는 전술을 구사하며 피하기만 했다. 지금까지도 유병언에 대한 대규모 부채탕감에 문재인이 직접적으로 개입했다는 증거는 드러난 것이 없다. 조사나 수사를 한 적이 없으니 드러난 것도 없다. 그렇다면 문재인의 책임을 물을 수 없는 것인가.

노무현의 참여정부에서 문재인은 민정수석, 비서실장 등으로 권력의 실세 자리에 있었다. 세월호 참사 후에 밝혀진 유병언과 일가족, 그리고 그의 회사와 그가 교주로 있던 종교집단의 수많은 편법과 탈법 불법은 문재인이 권력의 2인자로 있을 때부터 광범위하게 자행되었다. 더구나 이 시기에 금융기관의 명백하고 대규모적인 특혜로 유병언을 재기할 수 있도록 방조됐다는 사실에 대해 문재인은 그의 직위와 권한과 권력의 크기에 비례하여 도덕적 정무적, 그리고 포괄적인 책임을 면할 수 없다.

이런 이유로 2014년 4월 16일의 세월호 참사에 문재인의 책임은 분명하고 엄중하다. 유병언을 재기할 수 있게 하여 참사의 씨앗을 심었다는 점에서 문재인에게는 원죄가 있다. 세월호 참사의 원죄다. 문재인은 세월호 참사 12년 전부터 이 참사의 씨앗을 뿌린 사람이다. 그러나 이에 대한 대부분의 진실은 아직 베일에 싸여 있다. 그래서 우리는 아직 그의 법적 책임에 대해서는 아무것도 말을 할 수가 없다. 그저 대한민국에 정의가 살아 있기를, 검찰이 살아 있기를, 법치주의와 자유민주주의를 신봉하는 국민들이 더 많아지기를 바랄 뿐이다.

박근혜가 책임질 일인가

세월호 참사는 좌익과 우익이 치열하게 대치하는 대한민국의 정치지형에서 문재인이 이끈 종북좌파 세력이 박근혜 정권을 뒤엎고 우익세력 전체에 대해 우세를 점하는 중요한 전환점이 되었다. 국정원 댓글과 역사교과서의 국정화에 대한 공격으로 이미 상당 수준 진이 빠져 있던 대통령 박근혜에게 문재인 세력이 주도하고 종북좌파들이 총집결하여 가하는 세월호의 책임에 대한 공세는 감당하기 어려운 것이었다. 이 사회적 대참사를 마주한 지식인들은 수십 년간 성장과 발전에만 몰두한 대한민국의 국가 시스템을 재정비하는 기회로 삼아야 한다는 의견을 내놓았다. 그러나 이러한 이성의 소리는 좌익 정치인들의 선동 구호에 묻혀버렸고, 오직 박근혜 정부를 공격하는 소재로만 끝없이 이용되었다.

그렇게 2년 이상을 끌더니 마침내 탄핵정국에서는 세월호 7시간 동안 대통령은 청와대에서 굿을 했다느니 하는 해괴한 잡소리가 되어 등장했다. 문재인 세력과 좌편향 언론과 종북 시위꾼들은 세월호를 거의 3년간 반복적으로 소환하며 대한민국을 마비상태에 놓이게 했고, 그 끝은 2017년 5월 10일 문재인이 청와대를 차지하는 것이었다. 별이 된 295명의 어린 영혼들에게 문재인이 "애들아 고맙다"고 한 감사의 인사를 남긴 마음을 이해하는 열쇠는 여기에 있을 것이다.

문재인이 정권을 장악하는 데 결정적 소재로 이용한 세월호 참사, 모두 304명이 희생된 이 억장 무너지는 대형사고에 문재인의 책임은 분명하다. 우익진영이 말하는 추측과 가정, 그리고 문재인을 공격하기 위한 과격한 주장을 모두 배제한 채 분명한 사실적 근거만으로 판단할 경우에도 세월호 참사에 대한 문재인의 책임은 명백하다. 신세계종금의 파산 관재인으로서 유병언에 대한 채권 45억 원 회수 미집행, 대통령 비서실장으로 재임하면서 노무현 퇴임 한 달을 앞둔 시점에 특혜로 탕감된 유병언의 부채 1,909억 원, 이를 통한 유병언의 재기와 선박사업 운영은 결국 세월호 참사와 선후가 분명하게 연결되고 인과관계가 설명되는 사실이다. 이것은 거짓말 잘하는 문재인도, 우기기의 달인들인 그의 수하들도 결코 부정할 수 없는 명백한 사실이다.

문재인이 "얘들아 고맙다"고 한 말은 직전 대통령 선거에서 자신에게 패배를 안긴 박근혜를 청와대에서 끌어내고 탄핵까지 이르게 했고, 이제 자신이 대통령이 될 수 있도록 '너희들이 희생되어 줘서 고맙다'는 뜻이 아닐까. 그리고 모든 국민들과 온 나라가 너희들의 죽음으로 슬픔에 빠져, 나와 유병언의 유착관계에는 관심을 둘 겨를이 없게 되어, 그래서 고맙다는 뜻이 아닐까. 이것 말고는 문재인이 "얘들아 고맙다"고 한 말을 이해할 논리를 찾을 수 없다. 그러니 이 해석이 맞을 것이다. 그렇다면 문재인 지지자들이 만들어낸 '박근혜 세월호 300명 인신공양설'은 '문재인 세월호 300명 인신공양설'로 변경하는 것이 타당하지 않을까.

대한민국의 주권자로서, 일개 국민으로서 문재인에게 묻는다. 당신과 유병언은 뒷거래를 하는 사이가 아니었는가. "얘들아 미안하다"는 말은 세월호 비극의 씨앗이 된 문재인 당신과 유병언의 유착관계를 고백하는 당신의 고해성사가 아닌가. 거짓말 잘하는 전직 대통령 문재인이 아니라, 인간 문재인의 양심과 영혼에 묻는다.

4절
문재인의 좌익본색

대한민국은 자유민주주의 국가다. 헌법은 대한민국의 이념 정체성을 그렇게 규정하고 있다. 이미 건국할 때부터 선택한 국가의 정체성이다. 북한은 공산주의 국가이고, 대한민국은 자유민주주의 국가다. 우리국민은 모두 그렇게 알고 있다. 문재인은 대한민국 제19대 대통령이었다. 그렇다면 그의 정치적 이념도 반드시 자유민주주의라야 한다. 만약 그것이 아닌 다른 정치적 이념, 특히 대한민국이 불법화하고 있는 사회주의나 공산주의가 그의 이념이라면 그것을 분명히 밝히고 국민의 선택을받았어야 했다. 그렇게 하지 않았다면 국민을 기만한 것이다. 그가 공산주의자인데 그것을 밝히지 않고 자유민주주의 국가 대한민국의 대통령이 되었다면 이것은 엄중한 일이다. 대한민국의 존립 자체를 위협하는일이기 때문에 이에 대한 법적 판단과 처벌이 반드시 있어야 한다. 내란음모, 국가반역 등의 죄목이 적용될 수 있는 대역죄가 될 것이다.

"영국 BBC는 2018년 3월 9일 자 방송에서 문재인이 트럼프와 김정은과의 회동이라는 엄청난 도박을 중재하였으며, 이를 통해 핵전쟁의 위험을 줄일 수 있다면 문재인은 노벨평화상을 탈 수 있을 것이라고 전망했다. 이 21세기의 정치도박을 중재한 문재인은 '외교적 천재'이거나 '나라를 파괴하는 공산주의자' 중 하나일 것이라고 했다." (뉴시스, 2018. 3. 10)

문재인이 적극적으로 중재했던 2018년과 2019년의 트럼프와 김정은과의 요란했던 만남에서 성취된 것이나 진전된 것은 아무것도 없다. 김정은의 국제무대에의 화려한 등장과 잔인한 독재자의 이미지를 희석시켜 주고, 핵무기의 수량을 늘리고 미사일 성능을 고도화 할 수 있는 시간만 벌어 주는 등 오직 김정은에게 좋은 일만 있었다. 문재인은 대한민국이 아닌 북한과 김정은을 위해 대통령으로서의 자신의 시간을 쓰고 있었다. BBC는 이런 문재인을 두고 외교적 천재인가 아니면 나라를 파괴하는 공산주의자인가 하는 의문을 던졌지만, 어느 쪽인지에 대해서는 BBC도 우리 국민도 이미 알고 있었을 것이다. 이 무모한 도박은 곧 실패로 끝났고 문재인의 정체에 대한 답은 바로 가려졌다.

1. 문재인의 정체를 의심한 사람들

국민을 직접 고소하는 대통령

문재인은 공산주의자인가. 그의 이념적·정치적 정체성에 대한 질문이다. 많은 국민 정치인 학자 언론인은 그를 공산주의자라고 의심했고 문재인은 그렇게 말하는 국민을 향해 소송으로 대응했다. 표현의 자유는 자유민주주의의 핵심적 가치다. 소송으로 국민의 입을 막으려는 것 자체부터 그의 이념 정체성이 의심되는 근거가 된다. 그가 자유민주주의자라면, 표현의 자유를 보장하는 자유민주주의자가 맞다면 자신을 공산주의자로 말한다는 이유로 소송을 남발하지는 않았을 것이다. 문재인의 집권을 1년여 간 지켜본 후 그의 정체를 의심한 것은 해외 언론뿐 아니라 국민들도 마찬가지였다. 임기 내내 북한 중심의 통치와 서방의 자유진영을 멀리하고 공산진영을 가까이 하는 문재인 정권의 외교로 인해 미국으로부터 코로나 백신의 배정에서조차 순위가 뒤로 밀릴 정도로 대한민국을 국제적으로 고립된 나라로 만듦으로써 문재인이 외교적 천재가 아닌 것은 분명해졌다. 그렇다면 그는 '나라를 파괴하는 공산주의자'로 규정하는 것이 맞는가. 그를 공산주의자로 의심하는 국민은 많았다. 개중에는 그것을 공개적으로 말하는 용감한 국민도 적지 않았다.

한 우익단체의 대표 김정식 씨는 2019년 문재인 부친의 친일행적과 문재인을 '북조선의 개'라고 표현한 일본 언론의 기사를 인용한 전단지를 배포했다는 혐의로 3년째 경찰의 수사를 받았다. 2021년 4월에는 그가 모욕죄로 피소되어 경찰의 조사를 받은 사실도 밝혀졌다. 그는 경찰로부터 전단지에 실려 있는 북조선의 개라는 표현이 VIP에게까지 보고되었고 처벌을 원한다는 말을 들었으며, 이에 고소의 주체가 누구인지 알려 달라고 했지만 경찰로부터 "말할 수 없는 것을 왜 물어 보느냐"는 답을 들었다고 했다. 모욕되는 친고죄로 자신과 법적대리인 외 제 3자의 고발로는 처벌이 불가능하다. 그래서 고소인은 문재인일 수밖에 없다. 일국의 대통령이 자신을 비판한 일개 국민을 상대로 소송을 제기한 것이다. 자신을 향해 '미국산 앵무새'라고 조롱하거나 김여정이 직접 나서서 '삶은 소대가리'라고 욕했을 때는 침묵했던 사람이 국민의 비판에는 이렇게 소송으로 대응했다. 여론의 비판이 비등하자 문재인은 곧 고소를 취하했다. 민망함은 이런 대통령을 뽑은 국민의 몫이었다.

'국대떡볶이' 김상현 대표는 "문재인은 공산주의자, 문재인은 북조선 편, 공산주의자인 대통령이 연방제를 통해 나라의 정체성을 바꾸려 한다"는 등의 주장을 한 이유로 2019년 9월 친문 성향의 단체들로부터 고발되었고, 그가 운영하는 사업은 그들로부터 불매운동에 시달렸다. 서울 강남구청장 신현희는 "문재인은 공산주의자, 문재인 부친이 북한 공산당 인민회의 흥남지부장이었다."는 등의 주장을 한 혐의로 2017년 8월 기소되었다. 그러나 2018년 2월 서울중앙지법 조의연 판사는 문재인을 가리켜 "양산의 빨갱이, 공산주의자 등으로 표현한 것은 허위사실의 적시가 아닌 주관적 평가로 판단하고 명예훼손에 해당하지 않는다"고 판결했다. 표현의 자유에 대해 법관과 대통령의 생각은 완전히 달랐다.

2017년 4월 60대 시민 박모 씨 는 문재인을 공산주의자로 칭하고 주한미군 철수, NLL 포기선언 등 21개 항목을 근거로 제시한 '받은 글'을 200여 명이 있는 SNS 단체방에 올린 혐의로 기소되었다. 그러나 2018년 4월 서울중앙지법 정계선 판사는 "헌법은 모든 국민에게 정치적 인물에 관해 평가할 수 있는 자유를 보장하고 있다"며 무죄를 선고했다. 2015년 10월 8일 당시 KBS 이사였던 조우석은 한국프레스센터 토론회에서 "문재인이 공산주의자라고 저 또한 확신한다. 문재인이 공산주의자라는 말에 발칵 화를 내는데, 그 친구는 자기가 왜 공산주의자인지 모를 것"이라고 했다. 이 말 때문에 문재인이 대통령에 당선 된 그해 조우석은 명예훼손죄로 고발되었다. 그러나 위와 같은 김정식 김상현 신현희 박모 씨 조우석의 고소 고발은 법정에 수도없이 불려다닌 고영주 변호사에 비하면 별거 아니다.

고영주의 전쟁

고영주 변호사는 과거 간첩 잡는 검사라고 불린 공안검사 출신이다. 영화 《변호인》에 나온 '부림사건'을 담당했다. 좌익들이 민주화운동으로 둔갑시킨 부림사건을 공산주의 운동이었다고 가장 실증적으로 말하는 사람이다. 그는 2013년 1월 한 보수 시민단체 행사에서 "문재인은 공산주의자이고 이 사람이 대통령이 되면 우리나라가 적화되는 것은 시간문제"라고 말했다. 그는 대통령 후보인 문재인이 공산주의자인가 아닌가 하는 것은 흥미 차원의 문제가 아니라, 군통수권자가 될 사람의 이념적 정체성이 대한민국의 헌법에 맞느냐 하는 것이 쟁점이라고 말했다. 2015년 9월 문재인은 이렇게 말한 고영주를 명예훼손 혐의로 고소했다. 이 사건은 민사 형사 두 법정에서 모두 다루어지고 심판되었다.

먼저 민사법원은 문재인의 배상청구액 1억 원에 대해 2016년 9월 명예훼손이 인정된다며 3,000만 원의 위자료를 지급하라는 판결을 내렸다. 담당 판사 김진환은 좌익 성향의 판사 모임인 우리법연구회 출신이다. 고영주는 "재판의 핵심 의제인 '문재인은 공산주의자인가'라는 점에 대한 검토는 없었고 본인 신문신청, 증인 신문신청 등 피고 측 변론요청은 하나도 받아들여지지 않고 내린 황당한 재판"이라고 했다. 우리법연구회 출신 판사들의 판결이 대부분 그렇듯 부당한 절차와 사건의 본질 외면은 기본이고, 지엽적인 사실을 확대 해석하여 좌파의 이익에 봉사하는 편향된 판결을 내렸다는 뜻이다. 이어 2018년 10월의 2심에서는 1,000만 원의 배상 판결이 내려졌다. 그렇다면 형사법정은 어떠했을까.

서울중앙지검 공안부 이성규 검사는 문재인이 대통령에 취임하고 두어달이 지난 2017년 7월, 당시 방송문화진흥회 이사장이던 고영주를 문재인에 대한 명예훼손혐의로 기소했다. 2018년 8월 서울중앙지법 김경진 판사는 명예훼손에 대한 고의성이 없다며 무죄를 선고했다. 그러나 2020년 8월 열린 2심에서 최한돈 판사는 징역 10개월에 집행유예 2년을 선고했다. 2심 법원이 고영주에게 유죄판결을 선고한 바로 이날 문재인은 종교 지도자들과 만난 자리에서 "대통령을 욕해서 기분이 풀린다면 그것도 좋은 일"이라는 지당하고도 자비로운 말씀을 내놓으셨다. 말 따로 행동 따로에다 뒤통수 치기를 일삼는 문재인은 이날의 판결 내용을 미리 알고 있었던 것은 아닐까. 참 궁금하다.

고영주의 유죄 판결 소식에 국회의원 김도읍은 "이 정부 들어서 대통령이나 측근을 비난하면 법적 조치를 해 버리니 함부로 비판도 못 한다. 이런 판국에 욕해서 기분이 풀리면 좋은 일이라고 하는 대통령의 말을 어떻게 받아들여야 하나"라고 탄식했고 카이스트 이병태 교수는 "어떤 사람이 공산주의자라고 말하는 건 말하는 사람의 주관적 견해다. 표현과 양심의 자유는 다수의 의견을 말할 자유 뿐만 아니라 소수의 의견도 말할 자유이자 기본권이다. 이런 논리라면 어떤 사람을 극우 극좌라고 하는 것도 다 사법처리 대상이다. 고소 고발을 다른 의견을 침묵시키는 수단으로 쓰는 자들은 민주주의를 말할 자격이 없다"고 일갈했다.

고영주는 재판장인 최한돈이 법원 내 대표적인 진보 성향의 판사라는 점을 언급하며 청와대의 하명에 의한 판결이라고 비판했다. 고영주는 2심의 유죄판결에 불복하여 대법원에 상고하였고, 결국 2021년 9월이 되어서야 주심 안철상 대법관으로부터 최종 무죄 판결을 받을 수 있었다. 간첩 잡던 공안검사 출신의 고영주는 2021년 자유민주당을 창당하여 대한민국의 사회주의화 공산주의화 북한화를 저지하고 자유민주주의 대한민국을 수호하기 위해 분투하고 있다. 그를 무한 응원한다.

2014년 8월 일본 《산케이신문》의 한 기자는 세월호사건 당일 박근혜가 정윤회와 밀회를 가진 것이 아니냐는 취지의 기사를 쓴 혐의로 검찰에 의해 기소되었다. 이 당시 국회의원 신분이던 문재인은 외신기자클럽 간담회에서 이에 대한 의견을 묻는 질의에 "비판과 감시에 명예훼손으로 재갈을 물리려는 시도는 결코 해서는 안 된다"고 주장했다. 토착왜구가 아니라 일본에서 온 본토왜구가 허위사실로 우리의 국가원수를 모독했는데도 문재인은 이 기소를 재갈을 물리는 것이라고 비판했다. 이 문재인이 여러 가지 구체적이고 합리적인 근거를 제시하며 자신을 공산주의자라고 주장하는 국민에 대해서는 고소 고발로 입을 틀어 막으려고 한 바로 그 문재인이다. 동명이인이 아니다.

이러한 위선과 이중성이 바로 대한민국 제19대 대통령 문재인의 본색이다. "명예훼손에 대한 위법성 조각 사유를 대폭 확대하여 헌법에 보장된 표현의 자유를 충분히 보장하겠다." 2017년 대선 당시 이렇게 말한 사람도 문제인이다. 그런 사람이 고영주를 비롯한 여러 국민을 고소 고발했다. 모두 자신을 공산주의자라고 말했다는 것이 이유다. 그렇다면 일본 기자에게는 표현의 자유를 줘야 한다면서도 대한민국 국민에게는 표현의 자유를 줄 수 없다는 말인가. 김정은 치하의 북한 인민에게는 표현의 자유가 없다. 문재인은 우리 국민을 남조선 인민으로 생각한 것인가. 우리를 인민으로 만들려고 했던 것인가. 참으로 궁금하다.

그의 이념 정체성을 뚫어본 두 지성

양동안은 한국학중앙연구원 명예교수다. 이미 1980년대부터 대한민국이 공산국가화되고 있다는 신호를 지속적으로 보낸 학자이며 공산주의 전략·전술 연구 분야에서 우리나라 제 1인자다. 그는 고영주가 문재인을 공산주의자로 말했다는 이유로 진행된 소송에서 재판부에 의견서를 제출했다. 양동안은 이 의견서에서 문재인은 공산주의를 신봉하는 자가 확실하다고 말했다. 공산당을 불법으로 규정하는 자유민주주의 국가에서 관찰되는 공산주의자의 말과 행동의 특징 11가지를 문재인에게 적용한 결과라고 했다. 공산주의 활동이 불법화된 나라에서 공산주의 활동을 전개하는 사람들은 자신이 공산주의자임을 밝히지 않고, 오히려 적극적으로 부인하기 때문에 그의 말과 행동을 기준으로 판단해야 한다고 주장한다. 양동안 교수가 판별하는 공산주의자의 기준은 이렇다.

"공산국가의 주장과 정책에 동조하고 공산주의자의 주장과 인식을 수용한다. 공산주의자들에 대해 존경을 표시하고 과거 공산주의자들의 활동을 찬양한다. 공산주의 체제에 대해 호감과 동경의 태도를 보이고 공산국가의 나쁜 것도 좋은 것으로 찬양한다. 공산주의 단체와 용공 성향의 단체들을 옹호하고 그들과 지속적으로 협조한다. 반공주의자에 대하여 부정적 태도를 보인다. 자국의 안보와 정당성 강화를 위한 조치는 반대하고, 오히려 약화를 초래할 조치를 주장한다. 말로는 스스로를 민주주의자로 자처하나 자유민주주의를 옹호하지는 않는다."

양동안은 이러한 내용의 의견서를 고영주 재판부에 제출하며 2015년 당시까지 문재인의 말과 행동으로 판단할 경우 문재인은 이상의 기준 모두에 해당하므로 문재인 자신이 인정하느냐 아니냐와는 상관없이 공산주의자가 틀림없다고 단정하며, 문재인은 자신의 일관된 행동으로 대한민국 편이 아니라 북한정권 편임을 스스로 증명하고 있다고 말했다. 양동안은 공산주의자를 판별하는 기준에서 나아가 대한민국 땅에서 활약하는 공산주의자들의 말과 행동상의 특징 12가지를 다음과 같이 정리하고 제시했다. 이는 2015년의 시점에서 고찰한 것이지만 문재인과 주사파 등 종북세력 전체가 공유하고 있던 이념적 정치적 코드를 충분히 읽을 수 있다.

① 국가보안법 폐지 주장, ② 주한미군 철수 주장, ③ 연방제 통일 주장, ④ 평화협정 체결 주장, ⑤ 이적단체 옹호, ⑥ 통진당 해산 반대, ⑦ 진보세력과의 교류, ⑧ 사회문제를 계급대립의 관점에서 이해함, ⑨ 신자유주의를 강렬하게 비판함, ⑩ 반공에 대한 부정적 태도, ⑪ 한미FTA 반대, ⑫ 국정원 해체 주장 등이다.

노무현이 집권하며 정치 무대에 등장한 문재인의 20년 간의 행적에

양동안이 제시한 이 12가지의 기준을 대비해 보면 문재인이 공산주의자인지 아닌지는 쉽게 판별된다. [참고자료: 벼랑 끝에 선 한국의 자유민주주의 (양동안, 인여사, 2017). 문재인은 공산주의자인가 (월간조선, 2016년 11월호). 문재인이 공산주의자로 의심받는 이유는 (뉴데일리, 2015. 10. 21)]

조갑제는 원로 우익 언론인이다. '문재인은 공산주의자인가'라는 질문에 많은 근거를 제시한 그는 이 질문에서 한 걸음 더 나아가 '문재인의 조국은 어디인가'라는 화두를 던졌다. 그리고 문재인의 조국이 대한민국이 아니라 북한일 것이라고 의심하는 이유를 다음과 같이 열거했다.

① 문재인은 대한민국을 정통국가로 보지 않는다. ② 유엔이 규정한 반인도적 범죄자 김정은을 적이나 악으로 보지 않는다. ③ 북한동포의 인권이나 한국 국민의 안전을 걱정한다는 증거가 없다. ④ 김일성주의자를 사상가로 존경한다. ⑤ 계급투쟁론과 제국주의론의 시각으로 세상을 보고 정책을 결정한다. ⑥ 종전선언, 민족공조 등 한미동맹 해체로 이어지는 북한의 전략에 적극 동조한다. ⑦ 주한미군 철수와 한미동맹 해체의 수순을 밟고 있다. ⑧ 탈미 반일 친중 통북通北 노선은 그의 이념노선이며, 그 궁극적 지향점은 대한민국의 공산화이거나 인질화일 것이다. ⑨ 김정은을 칭송하고 북한을 찬양하는 주체사상 신봉세력으로서 현재 대한민국의 정권을 장악하고 있다. ⑩ 대한민국의 주류세력을 위선적인 허위의 세력으로 제거 대상으로 본다. ⑪ 김정은 한 사람을 5,000만 국민의 생명 자유 재산보다 더 소중하게 생각하는 것으로 보인다. 이렇게 말한 조갑제는 마지막으로 이런 질문을 던졌다. "문재인의 조국은 어디인가." (월간조선, 2019년 3월호, '남쪽 대통령 문재인 연구')

2. 문재인을 김일성주의자로 보는 10가지 이유

문재인이 자신의 정치적 정체성을 분명하게 말한 적이 있었던가. 그는 자유민주주의의 핵심 가치인 인권 민주 등의 용어를 그 자신을 장식하는 데 쓴 적은 자주 있었으나 실제로는 반인권적 반민주적 행적으로 일관했다. 무엇보다 자유민주주의의 핵심 가치인 '자유'는 거의 입에 담지 않았다. 그의 과거 행적과 대통령이 된 후의 언행과 통치행위를 살피면 그를 김일성주의자 혹은 공산주의자로 판단할 수 있는 근거는 한두가지가 아니다. 국민인 우리는 대통령 문재인의 이념적 사상적 정체성을 알 권리가 있고 질문할 권리가 있다. 그가 자유민주주의자가 아니라는 근거와 함께 김일성주의자로 의심되는 근거는 너무도 많다. 문재인이 김일성주의자 북한주의자 공산주의자인가라는 화두는 이 책 전체를 관통하는 핵심 주제다. 문재인의 정체를 밝히는 일도 이 화두에 대한 답을 찾는 것이 열쇠가 될 것이다. 충분한 근거를 대며 그것을 직접적으로, 혹은 간접적으로 설명하고 증명하고자 한다. 우선 여기서 문재인을 김일성주의자로 규정할 수 있는 분명한 근거를 10가지로 정리한다. 그리고 제5장 2절에서 대통령이 된 문재인의 통치행위를 통해 그를 공산주의자로 확정할 수 있는 근거 10가지를 다시 말할 것이다.

하나, 신영복과 리영희로부터 배운 사람

1968년에 적발된 간첩단인 통혁당은 6·25 남침 이후 남한에서 적발된 모든 공산주의 지하단체 중에서 제1의 적통을 가지는 혁명조직이다.

그 잔당은 50년도 더 지난 지금까지 엄연히 존재한다. 통혁당은 남한 내 모든 종북단체의 정신적 지주가 되고 있으며, 특히 더불어민주당은 그 맥을 면면히 계승하고 있다. 이 간첩단 사건에서 사형을 선고받은 주모자 3인 다음의 중형을 선고받은 사람이 바로 신영복이다. 그는 수감생활 20년을 채운 1988년 전향서를 쓰고 가석방되었고, 김대중 정권이 출범하자마자 사면 복권되었다. 그는 이후 줄곧 북한체제를 옹호하고 자유민주주의 체제를 비판하는 활동을 펼치다 2016년 사망했다. 신영복은 남한 내의 대표적인 김일성사상가로 손꼽히는 사람이다. 1975년 남북이 협상하는 계제에 북한이 신영복의 북한 송환을 요구한 사실로 남북의 좌익진영 내에서 그가 차지하는 절대적 위상을 충분히 알 수 있다.

신영복이 사망하고 2년 후인 2018년 2월 9일, 강원도 용평에서 열린 평창동계올림픽 리셉션에서 그는 문재인에 의해 화려하게 부활하여 전 세계인에게 소개된다. 북한 김여정과 김영남, 미국 부통령 마이크 펜스, 일본 총리 아베 신조, 시진핑 중국 국가주석의 특별대표 한정 등 국내외 주요인사 200여 명이 참석한 자리에서 환영사를 한 문재인은 "제가 존경하는 한국의 사상가 신영복 선생은..." 이라며 말을 이었다.

문재인은 간첩혐의로 20년을 감방에서 보낸 김일성사상가 신영복을 존경한다고 했다. 이것은 세계인을 향해 자신이 김일성주의자이며 공산주의자임을 고백한 것이 아닌가. 간단한 논리학의 삼단논법을 빌리자면 '신영복은 김일성주의자다. 문재인은 신영복을 존경한다. 고로 문재인은 김일성주의자다'라는 정의가 성립된다. 또한 '김일성은 공산주의자다, 신영복과 문재인은 김일성주의자다. 고로 신영복과 문재인은 공산주의자다'라는 정의도 성립한다. 논리학은 문재인을 김일성주의자이자 공산주의자라고 분명하게 가리키고 있다.

문재인의 저서 《운명》 131쪽에는 이런 구절이 있다. "대학 시절 나의 비판의식과 사회의식에 가장 큰 영향을 미친 분은 그 무렵 많은 대학생들이 그러했듯 리영희 선생이었다." 리영희는 1970~80년대 대표적인 공산주의 사상가였고, 운동권 집단의 사상적 스승이었다. 그의 저서 《전환시대의 논리》 《우상과 이성》 《8억인과의 대화》 등은 운동권 학생들의 필독서였다. 그러나 문재인이 '그 무렵 많은 대학생들이 그러했듯'이라고 말한 것은 거짓이다. 그 시대 대학생들 중 운동권에 몸담은 이들만 그것을 읽었고, 운동권이 아닌 학생 중에 그런 책을 읽은 것은 정치학 등 사회과학을 공부하는 학생들 정도였다. 법학을 전공한 문재인이 리영희의 책을 읽고 큰 영향을 받았다고 말하는 것은 리영희로부터 공산주의의 사상적 세례를 받았다는 뜻이다.

문재인은 김일성주의자인 신영복을 스스로 존경한다고 했고, 공산주의 사상가 리영희로부터 사회의식에 가장 큰 영향을 받았다고 말했다. 여기서 그의 이데올로기는 이미 선명해진다. 더구나 그는 전 국민과 세계인이 보는 앞에서 그것을 공개적으로 말했다. 그럼에도 자신을 공산주의자라고 말한 국민들을 고소 고발한 것은 이 땅의 모든 공산주의자들이 다 그러하듯 자신의 정체를 감추려는 위장과 은폐술일 것이다.

둘, 베트남 공산화에 희열을

문재인은 그의 저서 《운명》 132쪽에서 이렇게 고백한다. "누구도 미국의 승리를 의심하지 않을 시기에 미국의 패배와 베트남의 패망을 예고했다. 그 예고가 그대로 실현된 것을 현실 속에서 확인하면서 결산하는 것이었다. 적어도 글 속에서나마 진실의 승리를 확인하면서 읽는 나 자신도 희열을 느꼈던 기억이 생생하다."

미국과 자유 월남의 패배, 북베트남 공산주의 세력의 승리는 곧 진실의 승리였으며 문재인 자신은 이에 대해 희열을 느꼈다는 말이다. 이 당시 세계 모든 자유민주 국가의 국민들은 월남의 패망을 안타까워 했고, 공산당의 승리를 우려하며 공산국가가 되는 베트남의 미래를 걱정했다. 그것은 극소수의 공산주의자들을 제외한 우리 국민도 마찬가지였다. 그런데 문재인은 희열을 느꼈다고 했다. 그는 공산주의자가 분명하지 않는가.

공산 베트남은 20여 년에 걸쳐 600만 명 이상의 전쟁 사상자를 냈다. 공산화에 성공한 후에도 200만 명의 민간인을 학살하며 공산정권을 세웠다. 그러나 그 후 오랫동안 인민은 가난에 허덕였고, 국가는 아직도 저개발 빈국으로 남아 있다. 문재인은 2017년에 쓴 이 책에서 40여 년 전의 공산 베트남의 승리를 생생하게 기억한다고 말했을 뿐 대한민국 기업이 베트남에 대규모로 투자하여 베트남 인민의 빈곤 탈출을 돕고 있는 것이 자유민주주의 체제의 승리라는 사실은 외면했다. 40여 년 전에 있었던 공산주의 북베트남의 승리는 희열로 기억하면서 자유민주주의 국가이자 자본주의 국가인 대한민국의 승리는 말하지 않는 사람, 이 사람을 공산주의자라고 규정하는 것이 무리인가.

낙향한 문재인은 2022년 6월《짱개주의의 탄생》이라는 책을 추천했다. 이 책은 "한국 언론이 중국을 꾸준히 독재국가로 규정해 왔지만, 이는 서구 민주주의를 표준화한 결과물일 뿐"이라고 주장하는 내용을 담고 있다. 서구의 자유민주주의와 공산국가의 인민민주주의에 대한 구분을 헷갈리게 하는 좌익의 언어 혼돈 전술이다. 문재인은 시진핑이 중국을 거의 모택동의 시대로 좌클릭하고 있는 때에 중국이 공산주의 독재국가라는 사실을 호도하려는 의도를 보이는 이 책을 추천했다. 문재인은 결국 공산주의와 독재를 옹호하고 싶은 것이다. 그는 공산주의자가 확실할 것이다. 김일성주의자라고 말해도 같은 뜻이다.

셋, 선택적 참배

2020년 7월 10일은 백선엽과 박원순의 타계일이다. 백선엽은 6·25 때 김일성의 꿈을 좌절시킨 전쟁영웅으로 천수를 다한 타계였고, 박원순은 좌익 운동가로서 위선적인 자신의 삶을 더 이상 감출 수 없게 되자 스스로 마감한 죽음이었다. 백선엽이 다부동 전투에서 인민군과 치열한 전투를 벌이며 거의 한 달 동안 버티어 냄으로써 대구와 부산의 함락을 막고, 유엔군이 상륙할 수 있도록 시간을 벌어 준 것은 김일성과 이 땅의 모든 종북세력에게는 천추의 한이 되었다. 반면 박원순은 부하 여직원을 장기간 성추행한 일로 자살한 부끄러운 죽음이었다. 이 두 죽음에 대해 대통령 문재인은 자유민주주의 국가 대한민국 국민으로서는 결코 이해할 수 없는 기이한 태도를 보였다.

대통령 문재인은 박원순의 죽음에 대해서는 '충격적'이라는 하나마나

한 한마디라도 내놓았다. 그러나 호국의 영웅 백선엽의 죽음에 대해서는 침묵했다. 조문도 하지 않았다. 전쟁영웅에게 왜 참배하지 않느냐는 국민여론이 들끓어도, 대통령이 참배해야 한다는 창군 원로들의 호소에도, 국군을 외면하는 국군 최고통수권자라는 비난에도 문재인은 꿈쩍도 하지 않았다. 백선엽이 김일성의 남침을 막아낸 1등 공신이라는 사실이 못마땅했던 것일까. 백선엽이 1개 사단으로 인민군 3개 사단 2만 4천여 명을 사살하고, 나라를 지켜 냄으로써 한반도 전체의 공산주의화를 실패하게 만든 것이 못마땅했던 것일까. 문재인은 자신을 대한민국의 대통령이자 군통수권자가 아니라 한반도 남쪽에 존재하는 공산주의 세력의 대표 쯤으로 생각했던 것은 아닐까.

2017년 7월, 문재인이 대통령이 되고 갓 두 달이 지난 때 문재인은 독일을 방문한 기회에 영부인 김정숙을 시켜 독일에 묻혀 있던 윤이상을 참배하게 했다. 윤이상은 생전에 김일성과 많은 교류를 했던 철저한 친북한 공산주의자였으며, 동베를린 간첩단 사건으로 한국에서 수감생활까지 했던 자타가 공인하는 공산주의자다. 김정숙은 윤이상의 고향인 통영에서 미리 공수해 간 동백나무를 심었고, 사회자의 말에 따라 묵념을 하다가 '바로'라는 말에도 혼자서 20여 초 동안 연장 묵념을 했다고 화제가 되었다. 공산주의자 윤이상을 향한 진심이 보이는 장면이었다.

문재인의 윤이상에 대한 절실한 마음은 그것으로 부족했던지 2018년 2월에는 그의 유해를 통영으로 이장했다. 김일성의 절친한 친구였고, 김일성이 직접 독일까지 선물을 보내 생일상을 차려 준 윤이상을 문재인은 이렇게 극진히 모셨다. 이것은 문재인이 자유민주주의를 신봉하는 자라면 결코 취할 수 있는 행동이 아니었다. 그가 적극적인 김일성주의자가 아니라면 어떻게 남침을 일으켜 우리 국민 500여만 명을 살상한 김일성의 절친한 친구이자 철저한 공산주의자인 윤이상을 그렇게 극진히 모실 수 있는가. 문재인 부부가 윤이상을 모시는 태도는 자유민주주의 국가 대한민국을 건국한 이승만, 대한민국을 세계 10대 경제대국이 될 수 있는 토대를 닦은 박정희, 김일성의 침략으로부터 대한민국을 막아 낸 백선엽, 이 세 분을 대하는 태도와는 180도 다른 것이었다.

2021년 2월 17일에는 재야의 좌익인사 백기완이 별세했다. 문재인은 직접 빈소를 찾아가 조문했다. 백기완은 일생 동안 자유대한민국에 엇박자를 내었던 사람이다. 호국의 영웅 백선엽은 조문하지 않았던 그가 백기완은 조문했다. 자유민주 인사와 좌익인사를 대하는 문재인의 태도는 이렇게 완전히 달랐다. 이것이 끝이 아니다.

문재인은 2021년 9월 유엔총회 참석 후 귀국길에 하와이를 찾아 독립 유공자 두 분에게 건국훈장을 추서했다. 문재인은 이 자리에서 연설을 하며 하와이 독립운동의 처음이자 끝인 이승만에 대해서는 단 한마디도 언급하지 않았다. 이승만은 젊은 시절 약 25년 동안 하와이에서 독립운동을 했고, 말년에 눈을 감은 곳도 하와이였다. 하와이 동포들이 성금을 모아 세운 한인기독교회 건물 안에는 1985년 교민들이 세운 이승만 동상도 있다. 문재인은 이곳도 참배하지 않았다.

이승만을 가장 싫어하고 저주한 사람들은 해방 전엔 일본인들이었고, 해방 후엔 북한과 남한의 공산주의자들이었다. 좌익은 '백년 전쟁'이라는 이름으로 국부 이승만을 민족반역자로 만드는 운동을 일관되게 전개하고 있다. 문재인은 여기에 발맞추고 있었다. 이승만이 없었다면 지금 우리는 북한 치하에 있을 것이다. 북한의 '조선민족해방투쟁사'에는 이승만을 매국노 민족반역자로, 그가 초대 대통령을 지낸 상해 임시정부를 '이승만 분자들로 구성된 반인민적 정부'로 규정한다. (조선일보, 2021. 9. 25) 이승만에 대한 문재인의 태도는 북한의 역사책과 완전히 일치한다. 문재인은 북한주의자가 맞고, 공산주의자가 맞을 것이다.

넷, 자유를 말하지 않는 사람

민주주의와 사회주의를 구별하는 핵심 키워드는 '개인의 자유'다. 사회주의 체제는 인민민주주의라는 용어를 사용하여 자유민주주의와 구별된다. 그러나 인민민주주의는 모순적이고 허위적인 용어다. 시민 개개인의 자유와 책임을 전제로 하는 개인주의를 부정하고 국가주의와 전체주의를 선택하는 사회주의는 근본적으로 민주주의와 배치되는 개념이다. 그래서 사회주의 국가에서 말하는 인민민주주의는 사회주의의 본질인 허구와 기만 그 자체다. 급진적 행동사회주의인 공산주의는 더욱 그렇다.

공산주의자들은 민주주의를 말하면서도 '자유'라는 용어는 사용하지 않는다. 집단을 위해 개인의 자유를 제한하는 것은 사회주의의 본질이다. 그리고 자유를 더욱 강력하게 제한하며 전체주의적으로 국가를 운영하는 것이 공산주의다. 개인의 자유를 인정하는 순간 사회주의와 공산주의는 성립하지 않는다. 반면 민주주의는 개인의 자유를 핵심 가치로 삼는다. 그래서 민주주의가 발전된 역사는 곧 자유가 진전된 역사와 일치한다. 대한민국은 아직은 엄연한 자유민주주의 국가다. 그렇다면 문재인은 '자유'에 대해 어떤 태도와 입장을 가지고 있었을까.

문재인은 그가 집권하기 이전, 그리고 집권한 이후에도 자유에 대해 말하는 것을 들은 기억이 별로 없다. 언론인 조갑제는 문재인의 신년 기자회견을 예로 들며 일일이 세어 주었다. 문재인이 2019년 신년회견에서 단어별로 언급한 횟수를 보면 경제 35, 성장 29, 혁신 21, 평화 13, 공정 10, 고용 9, 한반도 6, 개혁 3, 북한 3, 적폐 2, 촛불 2, 청산 2, 양극화 2, 평등 2, 민주 2, 대한민국 1, 안보 1, 자유 0 이다. 문재인은 실행하지도 않은, 그래서 몽땅 거짓말이라고 생각되는 많은 아름다운 단어들을 나열하면서도 민주주의의 핵심 가치인 자유에 대해서는 그나마 입에 올리지도 않았다. 2018년의 연두회견에서도 자유는 0 이다. 그리고 2018년 4월 김정은과 합의한 4·27 판문점 선언에서도 평화 11, 민족 10, 한반도 9, 번영 5, 통일 3, 비핵화 3, 자유 0 이다. (월간조선, 2019년 3월호)

대통령이 새해 국정운영의 큰 방향을 밝히는 신년회견에서 자유를 단 한 번도 말하지 않는 것은 이미 심각한 일이다. 더구나 미래의 통일을 전제로 했던 판문점 선언에 '자유'라는 말이 들어가지 않은 것은 더욱 심각한 일이다. 합의문에 자유가 들어가지 않았다는 것은 남북을 자유가 없는 공산주의, 적어도 사회주의 국가로 통일하겠다는 뜻이다. 문재인에게 합의문에 자유를 넣지 않은 이유를 물었다면 아마 북한을 자극하지 않기 위해서라는 늘 하던 대답을 또 했을 것이다. 그러나 북한과는 직접적 관계가 없는 신년 기자회견에서도 자유를 말하지 않았다는 사실은 그의 이념적 정체성을 분명히 보여 주는 것이다. 자유를 포기하면서까지 북한과의 통일을 원하는 국민은 북한 김씨 정권을 추종하는 종북세력과 공산주의자 외에 또 있을까. 북한식 왕조적 공산주의 국가로 통일하는 것을 동의하는 국민은 더욱 없을 것이다. 자유를 말하지 않는 문재인이 자유민주주의자일 수는 없다. 공산주의자라는 뜻이다.

한반도는 세계의 자유민주주의와 공산주의가 첨예하게 대립되는 곳이며, 그것은 대한민국 내부에서도 마찬가지다. 김정은과 이견 없이 '자유'가 빠진 합의문에 서명하고, 자유가 빠진 선언문을 체결한 문재인의 이념은 김정은과 같은 것이라고 보는 것이 합리적일 것이다. 김정은은 공산주의 정권의 수령이다. 그렇다면 문재인도 공산주의자가 아닌가. 그는 자신을 조선인민공화국의 남쪽 대표 쯤으로 여겼던 것일까.

다섯, 대한민국의 정통성을 부정하는 대한민국 대통령

"남쪽 대통령으로서 김정은 국무위원장 소개로 여러분에게 인사말을 하게 되니 그 감격을 말로 표현할 수 없습니다." 북한을 방문한 문재인은 2018년 9월 19일 평양 5·1경기장에 모인 15만 북한 인민 앞에서 대한민국을 '남쪽'으로, 자신을 '남쪽 대통령'으로 소개했다. 대한민국 대통령인 그가 대한민국을 남쪽이라고 불렀다. 남쪽은 나라 이름이 아니라 어떤 한 방향이나 한 지역을 가리키는 말이다. 문재인이 대한민국을 남쪽이라 부르는 순간 자신은 한 지역의 대표로 한정된다. 이것은 대한민국을 한반도 유일의 합법정부로 명시한 헌법을 정면으로 뒤집는 것이며,

대한민국의 정통성을 스스로 부정하는 엄중한 일이다. 대한민국을 지키기 위해 목숨을 바치고 국립묘지에 묻힌 선열들이 통곡할 일이다.

정치학자 노재봉은 이에 대해 "문재인은 대한민국을 통일로 가는 과정에서 잠정적으로 존재하는 임시정부 정도로 생각하는 듯하다. 남쪽 대통령이라고 한 것은 대한민국이라는 국가의 존재를 스스로 깔아뭉갠 짓이다. 이것은 김일성이 주장하는 연방제와 연결되어 그 자신을 남쪽의 도독都督이라고 이야기하는 것이다." (월간조선, 2019. 9. 28)라고 말했다. 문재인은 대한민국을 북한에서 본 남쪽으로, 자신을 그 남쪽에 있는 도독 정도로 불렀다. 이제 대한민국은 북한의 한 부분이 되고, 문재인 자신은 김정은의 수하가 될 수 있는 길이 열린 것이 아닌가.

문재인은 2017년 5월 취임 즉시 국정교과서 폐기를 지시하고, 이어 같은 해 11월 2일 주진오를 역사박물관장에 임명했다. 주진오는 1948년 12월 유엔총회가 '대한민국은 한반도의 유일한 합법정부'라고 결의한 유엔결의문 영문을 '38도선 이남에서 유일한 합법정부로 인정하였다'로 왜곡하여 큰 물의를 일으킨 바로 그 사람이다. 그가 대표 집필한 한국사 교과서는 대한민국을 '선거가 가능했던 38도선 이남 지역에서 정통성을 가진 유일한 합법정부'로 기술하고 있다. 그는 이를 비판하는 여론에 대해 "대한민국에 좌편향 역사교과서는 없다"고 잘라 말했다. 종북좌파들의 전형적인 오리발 어법이다. 문재인은 위헌적인 역사관을 가지고 역사적 사실을 왜곡하는 주진오를 왜 역사박물관장에 임명했을까. 대한민국의 국가 정체성을 변경하고 국가 정통성을 훼손하는 역사 혁명이라도 할 작정이었을까. 대답을 하자면, 그렇다.

2020년부터 사용된 중·고교 역사교과서에는 '대한민국은 한반도 유일의 합법정부'라는 내용이 빠져 있고, '대한민국 수립'은 '대한민국 정부 수립'으로 바뀌었다. 대한민국을 하나의 국가에서 일개 정부로 격하시킨 것이다. 또한 대한민국의 국가 정체성을 규정한 '자유민주주의'에서 '자유'를 삭제했다. 이것은 대한민국을 건국할 때 천명한 핵심 가치를 삭제한 것이며, 국가의 영혼을 빼버린 것이다. 이제 '자유'가 빠진 자리에 '인민'을 넣어 인민민주주의가 되고, 대한민국 '국민'은 '인민'이 될 수 있는 길이 활짝 열린 것이다. 이것은 미래의 일이 아닌 현재의 일이다. 고등학교 '윤리와 사상' 교과서에는 이미 '국민주권의 원리'를 '인민주권의 원리'로 설명하고 있으며, 민주주의 단원 전체에서 '국민' 대신 '인민'이라는 용어를 쓰는 출판사도 있다. 5곳의 출판사 중《교학사》와《천재교육》교과서만 '국민'을 사용할 뿐《미래엔》《비상교육》《씨마스》교과서에는 '인민'으로 표기하고 있다. 문재인과 이 땅의 좌익세력은 인민민주주의 국가 대한민국을 준비하고 있음이 분명하다. 그들의 준비는 이렇게 치밀하다. 그러나 국민인 우리는 이것을 방관하고 있다. 위험천만한 일이다.

문재인 세력은 집권 후 경제 민생 안보 역병방역 등 눈앞의 모든 현안을 팽개치고 조용히, 그리고 중단없이 사상투쟁과 역사투쟁을 진행했다. 1948년 8월 15일인 대한민국 건국절 흔들기, 창군과 호국의 영웅인 백선엽을 밀어내고 그 자리에 인민군 창군과 6·25 남침에 앞장섰던 김원봉 밀어 넣기, 남조선로동당이 일으킨 폭동이 본질인 제주 4·3사건과 여수 순천 반란사건을 민주화운동으로 둔갑시키기, 중·고교 역사교과서에 북한역사책의 내용을 대거 반영하기 등은 모두 종북세력의 역사투쟁이란 큰 그림 아래 진행된 것으로 대한민국의 정통성을 부정한다는 공통점이 있다. 대한민국 정통성 부정의 최종 지향점은 북한 정통성을 인정하는 것이다. 이것은 주사파 운동권의 오래된 투쟁 목표였으며 문재인 세력이 정권을 장악한 후 더욱 열심히 했던 일이다. 대한민국의 정통성을 흔드는 그들의 역사투쟁을 방치한다면 대한민국의 존립은 위험하다.

문재인은 그의 임기 약 2개월을 남긴 2022년 3·1절 기념식에서 김대중 정부를 대한민국의 첫 '민주정부'라고 말했다. 이것은 김대중 정부를 미화하는 말이 아니다. 이승만이 세운 자유민주주의 대한민국을 부정하는 말이다. 문재인도 북한과 같이 이승만을 민족반역자로 보고 이승만 정부를 반인민적 정부로 생각한다는 뜻이다. 그가 말하는 '민주정부'는 '자유민주주의 정부'가 아닌 '인민민주주의 정부'를 가리키는 것이 확실하다. 그를 공산주의자로 보는 또 하나의 근거다.

여섯, 평양 부역자

박성현은 1980년대 최초의 전국적 지하 학생운동 조직인 '학림'의 핵심 멤버였다. 김일성주의자들인 NL계와 구분되는 마르크스주의자들이 모인 PD계열의 시발점이 된 이 학림에서 박성현은 수도권 조직책이었다. 또한 그는 전두환 시절 가장 지독한 지하 저항조직으로 불린 '깃발'의 이론책이었다. 그는 고영주를 상대로 한 문재인의 공산주의자 지칭 명예훼손 소송을 보며 관전평을 남겼다. 결론부터 말하자면 문재인에게 공산주의자라고 하는 것은 명예훼손이 아니며, 문재인은 오히려 이를 명예로 받아들여야 한다는 것이다. 이게 대체 무슨 말인가.

박성현은 젊은 시절 10여 년간 공산주의 사상에 심취한 자신은 북한 체제를 추종하는 김일성주의자가 아닌 원단 마르크스·레닌주의 운동을 한 사람이라 주장한다. 마르크스주의는 비록 이를 현실화하는 데는 완전히 실패했으나 그 정교한 이론체계로 마르크스는 아직도 세계 10대 경제학자 중의 한 명이라고 말한다. 그는 죽을 때까지 프랑스 공산당원이었던 피카소, 역사학자 E.H.카아, 20세기 러시아의 최고 문호 막심 고리키, 중국 현대문학의 거장 루쉰魯迅, 지금도 세계 각지에 추종자들이 있는 트로츠키 등 진짜 공산주의자들의 이름과 함께 문재인을 명예훼손으로 고소할까 생각 중이라고 했다. "문재인은 공산주의 이론 정립에 공이 있는 사상가도 아니다. 더우기 자기 살갗 다치는 것조차 싫어하는 성격이다. 따라서 공산주의 혁명가는 더욱 될 수 없는 사람이며, 결코 공산주의자는 될 수 없다." 그는 또 말한다. "문재인은 공산주의자가 될 깜냥이 아니다. 공산주의에 동조하는 기회주의자라면 모를까."

박성현은 말했다. "이 땅에 공산주의자는 존재하지 않는다. 내 눈에는 평양의 전체주의를 추종하거나 역성 드는 전체주의 부역자만 보인다. 대한민국은 공산주의자의 천국이 아니라 평양 전체주의 부역자의 천국이다. 북한의 이념과 체제는 개족보 짬뽕이다. 개에게는 족보가 없듯이 평양세력은 무슨 이념이라고 할 수 있는 족보가 없다. 극단적 민족주의란 점에서는 나치를 닮았고, 수령 혈통을 신격화했다는 점에서는 일제의 천황주의를 닮았다. 가부장적 지배를 내세운다는 점에서는 유교를 닮았고, 계급과 인민을 내세운다는 점에서는 공산주의를 닮았다. 나치즘-천황주의-유교-공산주의를 섞은 개족보 짬뽕이다. 이 같은 개족보를 합리화하기 위해 북한에서는 마르크스 엥겔스 레닌 스탈린 모택동

호치민의 저서와 그들에 관한 서적을 비롯하여 거의 모든 공산주의 서적이 금서다. 그래서 북한에서는 공산주의 관련 서적을 구해 볼 수가 없다. 따라서 진정한 공산주의 혁명가의 입장에서는 북한체제야말로 혁명 전복의 대상이다. 나와 같이 1980년대에 반북한적인 태도를 취했던 공산주의 세력은 그 후 생계에 충실하는 생활인이 되거나, 공산주의 자체를 비판하는 자세로 전향하거나, 그 외에는 김일성주의자들인 주체사상파에 빌붙어 먹고 사는 변절자가 되었다. 김일성의 주체사상은 이론이 아니다. 이것은 처음부터 투기 도박판의 논리였다. 변절자들은 '북한의 지원으로 한탕해서 권력을 잡는다'는 멘탈로 이 김일성 주체사상에 몸담은 사람들이다. 그래서 내 눈에는 여기도 부역자고 저기도 부역자다." (뉴데일리, 2015. 10. 9. 박성현의 기고문에서 내용을 다치지 않는 범위에서 수정하고 첨삭하여 인용함)

대부분의 사회주의 공산주의 이론가들처럼 박성현도 한때 좌익 이론에 탐닉하다 공부가 진전되면서 그 이론의 허구성과 비현실성을 깨닫고 그것을 버렸다. 그는 이 땅에는 이제 진정한 공산주의 이론가와 사상가, 그리고 혁명가는 존재하지 않는다고 말한다. 그러면 아직도 대한민국에 존재하는 좌익세력은 무엇인가. 그들은 학생 시절 주체사상을 외우고 대자보를 붙이고, 거리에 나가 투쟁했던 김일성주의자들이다. 성인이 된 그들은 북한에서 내려 보낸 돈과 조직이 조달한 돈에 생계를 의지하며 북한의 지령인 미군철수 등을 주장한 사람들이다. 김일성을 숭배하고 북한체제를 추종하는 정서를 공유하는 그들이 거대 세력을 형성하여 거짓과 선동을 주요 수단으로 삼아 남한의 거의 모든 영역을 장악한 것이 그들의 본질이다. 우리가 흔히 주사파·86운동권·종북좌파라고 칭하는 바로 그들이다. 그들이 추종하는 북한이 공산주의 정권으로 분류되므로 편의상 그들을 공산주의자들로 부른다. 하지만 공산주의 이론가 출신인 박상현의 기준에 따르면 그들은 진정한 공산주의자는 아니며 북한 정권을 추종하는 한 뭉치의 세력일 뿐이다. 그래서 박성현은 문재인을 비롯한 이 땅의 종북좌파들을 북한정권을 추종하고 그들에게 봉사하는 부역자라고 말하는 것이다. 이 땅의 종북좌파 세력에 대한 가장 정확한 진단으로 생각된다. 문재인과 그의 주사파 운동권 출신의 수하들을 평양 전체주의 부역자로 규정하는 것은 그들을 공산주의자로 부르는 것보다 더 적확하고 더 뼈아픈 이름일 것이다.

문재인을 공산주의자로 규정한 국민과의 소송에서 문재인 변호인은 문재인이 사유재산제의 철폐를 주장한 적이 없으므로 공산주의자가 아니라고 했다. 사람을 죽인 적이 없으면 조폭이 아니라는 주장과 같은 말이다. 대한민국에서 공산주의자라 함은 전통적인 마르크스·레닌주의자는 물론 공산주의 국가인 북한의 주의 주장을 지지하고 추종하는 자를 포괄한다. 따라서 여기서는 박성현이 말하는 원단 공산주의자는 물론 평양 부역자라고 부르는 종북세력도 모두 공산주의자로 부르기로 한다. 이 정의에 따르면 북한을 추종하고 김씨 일가에 진심이었던 문재인은 공산주의자가 분명하다. 김일성주의자로 부르는 것이 더 적절할 것이며 박성현이 주장대로 평양 부역자로 부르면 더욱 정확할 것이다.

일곱, 동지들의 정체성

　문재인 정권은 흔히 주사파 정권이라 불렀다. 대통령 문재인의 최측근과 정권의 핵심 권력자 대부분을 주사파 운동권 출신으로 채웠기 때문이다. 주사파는 김일성의 주체사상을 수용하고, 대한민국의 자유민주주의 체제에 대항하는 활동을 전개하다 국가보안법 위반으로 전과를 쌓은 사람들의 집단이다. 국보법 전과범이라는 말은 대한민국의 안전을 공격하고 헌법이 반국가 단체로 규정하는 북한을 이롭게 하는 이적행위 등 여러 형태의 반국가 행위를 범한 범죄자란 의미다. 문재인은 이런 사람들을 모두 모아 자신의 정권을 구성했고, 권력이 더 큰 자리일수록 더욱 그런 사람들로 채웠다.

　문재인의 정치적 요람이었던 더불어민주당은 주사파 출신들이 주축이었다. 송영길 우상호 이인영 정청래 김경협 등 20~30여 명의 주사파 운동권 출신 국회의원들이 당을 장악하고, 유사한 이념과 정서를 공유한 집단인 86그룹이 당의 60~70%를 차지했다. 젊은 시절부터 민주화 운동이란 거짓 간판을 내걸고 친북한 반국가 활동을 했던 상왕 이해찬은 당 대표가 되어 주사파 정치인들과 함께 당을 조선로동당처럼 일사불란하게 움직이는 조직으로 만든 후 180여 명의 국회의원을 거수기 삼아 사회주의적인 법안을 무더기로 통과시켰다. 주사파가 장악한 민주당은 조선로동당 서울지부라 불러도 될 만큼 공산당을 닮아 있었다.

　문재인이 직접 통솔한 청와대는 행동주사파의 최고봉인 임종석을 필두로 백원우 한병도 윤건영 등 주사파 운동권이 완벽하게 장악했고 사회주의자 조국은 민정수석의 자리에 앉아 국가의 핵심 권력기관을 통솔하며 나라를 사회주의 국가로 만들고 있었다. 북한주의자들이 장악한 청와대는 국가의 입법 사법 행정 3권을 집중 통합하며 공산주의적 독재체제를 만들어 갔다. 주사파 집단은 문재인을 마치 북한의 수령처럼 받들었고 그 결과 문재인은 신성불가침의 존재로 보이기도 했다.

문재인이 통치한 5년 동안 당·정·청 요직에 자유민주주의 신봉자와 시장자본주의자는 전무했다. 과학 기술 등 사회 각 분야의 전문가도 거의 없었다. 고도의 전문성과 오랜 경험이 필요한 외교관의 자리조차 좌익 이념가들을 앉힐 정도로 정부의 중요한 자리는 주사파를 비롯한 좌익 투사들로 모조리 채웠다. 이런 사실은 정권의 수장 문재인이 주사파 출신들과 동일한 정치적 이념을 가진 사람이라는 사실을 증명하기에 충분하다. 항상 공산주의자 동지들과 함께하고 그들로 자신의 정권을 구성했다는 것은 문재인을 공산주의자로 규정하는 또 하나의 근거다.

여덟, 자유민주주의 정부 공격의 총지휘자

노무현이 국정운영의 난맥과 함께 국가발전에 어떠한 실적도 내지 못한 결과 좌익세력은 정권 재창출에 실패했고 이로써 그들의 혁명과업 수행도 단절의 위기를 맞는 듯했다. 그러나 노무현의 죽음을 계기로 그들은 노무현의 친구 문재인을 후계자로 앞세우고 다시 집결하여 자유민주주의 정부에 대한 공격을 조직적으로, 그리고 대대적으로 전개한다. 문재인이 구심점이 되어 지휘봉을 잡은 이때부터 종북 좌익세력은 이명박 박근혜 두 자유민주 정부를 거세게 몰아붙이며 공격했다.

　좌익세력은 이명박 정부의 한미 FTA를 저지시키기 위해 광우병 사태를 만들었고, 북한이 천안함을 폭침하자 북한의 도발을 옹호하고 방어하는데 전력을 다했다. 그들은 이명박 정부 후반의 기간 동안 천안함사건을 방어하느라 공격의 에너지가 부족한 듯 보였다. 그래서 천안함 46위의 용사가 좌익세력의 공격으로 부터 이명박 정부를 구했다는 견해도 있다. 그러나 박근혜 정부에 대해서는 달랐다.

　처음부터 자유민주주의의 국가 정체성 수호를 천명하고, 분명한 반좌익 정책을 고수한 박근혜 정부는 국정교과서 추진, 전교조 불법화, 이석기 구속, 통진당 해산 등의 강경한 반공산주의 통치를 실행했다. 이에 위기의식을 느낀 민주당과 좌익세력은 국정원 댓글, 세월호 참사, 사드 배치 등을 소재로 거짓과 조작과 선전 선동의 공산당식 기술을 구사하며 박근혜 정부에 대해 거센 공격을 퍼부었고, 그들은 결국 성공한다.

　이 땅의 좌익이 대한민국의 자유민주주의와 우익정부를 공격한 역사에서 해방정국부터 1970년대까지는 남로당 통혁당 등 북한이 직접 조종하는 지하혁명정당이 공격을 직접적으로 수행했다. 이어 박정희 사후 김대중 정부까지 약 20여 년은 주사파로 대표되는 학생 김일성주의자들이 기성세대의 지하혁명세력과 연대하며 이땅의 자유민주주의를 공격했다. 그리고 노무현 이명박 박근혜 정부 14년은 주사파 운동권 중심의 확장된 종북 좌익세력이 총연합하여 이 나라의 자유민주주의를 공격하고 파괴해 나갔다. 이 14년 간의 공격 대형에서 앞의 5년 간은 제 2인자로, 뒤의 9년 간은 제 1인자로 선봉에 있었던 사람이 바로 문재인이다.

문재인은 노무현 정부 5년 간 2번의 민정수석과 시민사회수석에다 비서실장까지 지내며 정권의 명실상부한 제 2인자였다. 그리고 노무현이 사라진 후 9년 간의 우익정부 시절에는 좌익진영의 선두에 서서 이명박을 공격하고, 박근혜를 무너뜨리는 투쟁을 총지휘한 최고위의 1인자 위치에 있었다. 그는 최소 9년 간 대한민국의 자유민주주의 체제와 우익정부를 공격하는 전체 좌익진영의 대오에서 최고 지휘관이었다. 이 공격은 좌익세력이 우익정부를 뒤집으려는 전쟁이었고, 공산주의가 자유민주주의를 파괴하려는 전쟁이었다. 이 전쟁의 총지휘자 문재인을 공산주의자로 보는 또 하나의 근거다. 제3장 '자유민주주의 정부 뒤집기'에서 자유민주주의 정부 총공격의 최고 지휘자 문재인의 활약을 말할 것이다.

아홉, 거짓과 조작의 촛불혁명, 그 최종 수혜자

2016년 가을에 불붙은 촛불광란을 두고 문재인은 그 스스로의 입으로 '촛불혁명'이라 불렀다. 모든 종북단체들이 광화문에 집결하여 시민을 불러모으고 촛불을 나누어 주며 시위를 선동하고, 오려 붙인 신문기사를 사유로 국회가 탄핵을 소추하고, 겁먹은 서생들이 모인 헌재가 탄핵을 결정한 약 6개월의 탄핵정국을 그는 촛불혁명이라고 했다. 문재인이 청와대를 차지하고 나서는 정권장악의 의미도 더해져서 결국 '촛불혁명'이라면 '촛불시위, 탄핵, 정권장악'의 전체 과정을 의미하게 되었다.

촛불혁명의 일련의 과정은 거짓 조작 위장과 선전 선동의 전술이 모두, 그리고 대규모적으로 동원된 전형적인 공산주의 혁명이었다. 문재인이 청와대를 차지하고 난 후 1년 이상의 기간동안 국정농단과 적폐청산이란 이름을 내걸고 자행한 우익정권 인사들에 대한 무자비하고 대규모적인 처벌은 근대 이후의 문명화된 국가에서는 유례를 찾아볼 수 없는 것이었고 오히려 세계 모든 공산당이 정권을 잡고 나서 단행한 숙청을 닮아 있었다. 문재인이 말한 촛불혁명은 그가 권력을 잡는 과정도, 권력을 잡은 후 통치의 방식과 내용물도 모두 공산주의 혁명과 닮아 있었다.

민주당의 몇몇 의원이 박근혜 정부를 무너뜨리겠다는 목표를 세우고 준비에 착수한 것은 박근혜 정부 출범 첫해인 2013년부터였다. 그들 스스로 자랑한 말이다. 이 음모는 2016년 여름 안민석 박범계 손혜원 등의 민주당 의원이 '최순실 TF'를 만들고, 문재인의 그림자로 불린 김경수가 드루킹 팀을 만들어 대규모 여론조작을 시작하며 본격화한다. 이미 이명박 시대부터 기승을 부렸던 그들의 촛불은 JTBC의 손석희가 최순실의 것이라며 조작된 태블릿PC를 보도하면서 다시 제대로 점화한다. 민노총과 전교조를 필두로 모든 종북좌파 단체들은 광화문을 점령하고 그들의 거짓 선동에 현혹되어 모여든 시민들에게 촛불을 들게 한 후 시민혁명으로 위장했다. 주사파 기회주의자 배신자들이 모인 국회의원 234명의 의기투합으로 탄핵소추안이 통과되고, 시위대의 위세에 눌린 헌재 재판관들은 헌법이나 법률을 위반한 사실이 확정되지 않은 대통령 박근혜에 대해 탄핵을 결정했다. 이 거대한 가짜 시민혁명의 지휘본부는 더불어민주당이었고 그 꼭대기점에는 문재인이 있었다.

박근혜가 쫓겨난 청와대는 딱 2개월 후 문재인이 차지한다. 이어 적폐청산과 개혁이라는 깃발을 내걸고 수많은 우익진영 인사를 기소하고 구속한다. 전형적인 공산당의 집권 패턴이었다. 촛불혁명, 혹은 시민혁명으로 위장한 문재인 세력의 우익정부 뒤집기 과정은 거짓과 선동의 공산당식 전략과 전술이 구사되었고, 탄핵요건과 탄핵절차에서 정당성도 갖추지 못했다. 정권을 잡고 나서 집행한 반대세력에 대한 제거에도 법치주의의 무시와 조작이 광범위하게 자행되었다. 이 혁명을 공산주의 혁명으로 규정하는 중요한 근거다. 이 공산주의 혁명의 정점에서 모든 과정을 총지휘하고, 결국 대한민국 최고의 권좌에 올라 모든 권력을 움켜잡은 문재인이 공산주의자가 아니면 무엇인가. 제4장 '촛불 탄핵 그리고 혁명'에서 이 좌익혁명의 과정과 내용과 결과를 말할 것이다. 그것으로 문재인이 공산주의자라는 사실은 넉넉히 증명될 것이라 확신한다.

열, 대남 혁명과업을 수행하는 사람들의 정점

라켓racket은 어떤 거대한 조직, 혹은 네트워이라는 의미로도 쓰인다. 테니스 라켓의 그물망처럼 연결된 구조를 연상하면 된다. 문재인 세력은 빅 라켓big racket, 즉 하나의 거대한 조직이었고 네트워이었다. 더불어민주당과 민노총과 전교조를 장악한 주사파 운동권, 우리법연구회 국제인권법연구회 민변 등의 법조계를 장악한 좌익 법률가들, 사회주의 지식인과 좌익 역사학자들. 지하혁명당 조직원, 좌익 종교인과 좌익 학자와 종북 정치인들이 모인 원탁회의, 여론전과 선전전을 펼치며 사상투쟁의 전위대 역할을 하는 좌익 언론사와 좌익 기자협회와 언론노조, 그리고 좌편향 문화예술인들, 김대중 이후 좌익정권이 먹여 살리고 키운 참여연대 등의 수많은 좌익 시민단체들, 이 모두가 거대한 네트웍을 형성한 하나의 빅 라켓, 이것이 이 땅의 종북좌파세력이다. 그리고 그 꼭대기에는 문재인이 있었다. 문재인이 총사령관이었다는 뜻이다. 두목 혹은 수령이라는 표현이 더 적절할 듯하다. 적어도 노무현의 시간 이후는 그렇다.

북한정권과 여러 가지 루트와 형태로 연결된 이들 종북좌파세력은 문재인 스스로 이름 붙인 촛불혁명이라는 공산당식 혁명을 단행하여 정권을 잡고, 그들이 추종하는 위대한 수령 김일성이 이미 60여 년 전에 내린 지령인 대남혁명과업의 수행을 위해 치열한 노력과 가열찬 투쟁을 전개했다. 그들은 북한 정통론을 관철하기 위한 역사투쟁을 전개했으며, 국민은 물론 미래세대에게까지 사회주의 사상과 김일성의 주체사상을 주입하기 위한 사상투쟁을 맹렬히, 그리고 오랫동안 펼쳤다. 이와 함께 대한민국의 자유민주주의를 공산주의로 변경하는 체제개혁의 투쟁도 멈추지 않았으며, 남한을 북한에 흡수시키기 위해 무장공격을 준비하는 지하혁명조직의 활동도 계속 이어졌다. 노무현 이후 진영의 대표가 된 문재인은 한명숙 이해찬 임종석 조국 이인영 김경수 등의 동지들과 함께 좌익의 혁명투쟁을 총지휘했다. 특히 문재인은 대통령이 되기 전에도, 대통령이 되고 나서도 통혁당 잔당 한명숙과 통진당 이석기를 비롯한 이 땅의 모든 종북세력을 적극적으로 지원하고 보호했다. 그는 이땅의 전체 종북세력의 최고봉이었다. 적어도 공식적 지위는 그랬다.

주한미군 철수와 국보법 철폐, 그리고 고려연방제는 대남 혁명노선의 핵심 의제다. 문재인과 그들의 빅 라켓이 전개한 혁명의 모든 내용물은 결국 이 세 가지 의제로 귀결된다. 정권을 잡은 문재인은 책사 문정인과

정세현을 앞세우고 반미 친중 노선을 공개적으로 주장하는 이수혁을 주미대사로 임명하여 주한미군 철수의 군불을 끊임없이 지폈다. 간첩을 잡지 않음으로써 국보법을 사실상 사문화시키더니 국정원법을 고쳐 아예 간첩을 잡을 수 없도록 만들어 버렸다. 그리고 문재인 스스로 '낮은 단계의 연방제'라는 이름으로 피흘리지 않고 남한을 흡수하는 방안으로 고안된 김일성의 연방제에 동조했다. 문재인과 그의 동지들과 핵심 수하들의 의식의 기저에는 김일성의 대남혁명노선이 공통적으로, 그리고 견고하게 자리잡고 있었다. 그들의 모든 활동과 투쟁은 궁극적으로 그것을 실행하는 일이었다. 이 땅의 종북좌익세력이라는 빅 라켓은 대남혁명노선을 지난 60여 년 동안 중단 없이 수행했다. 그 중에서 김대중과 노무현의 시대 이후 약 10여 년 동안은 문재인을 그들 세력의 정점에 두고 혁명과업을 수행했다. 문재인이 대남혁명과업을 수행하는 종북세력의 빅 라켓의 꼭짓점에 있었다는 사실은 그를 공산주의자 혹은 김일성주의자, 북한주의자로 단정하는 열 번째 근거다.

북한주의자들과 그들의 혁명

국민들은 대통령 문재인을 '북한 바라기, 김정은의 수하, 북한 편'이라고 했다. '북한 사람'이라고 말하는 국민도 있었고, '평양 부역자'로 부르는 지식인도 있었다. 이런 말에는 모두 '복장 터진다'는 뜻이 들어 있었다. 문재인 스스로도 북한에 가서 김정은과 15만 평양 시민 앞에서 자신을 '대한민국 대통령'이 아닌 '남쪽 대통령'으로 말했으니 그렇게 부른 국민을 나무라지는 못할 것이다. 대한민국 대통령이 된 그는 북한과 김정은만 쳐다보고 있었고, 그런 일에만 관심을 보였다. 대통령이 되기 전에도 그랬고, 대통령이 되고 나서는 더욱 그랬다. 그를 '북한주의자'로 부르기로 한 이유다. '김일성주의자' 혹은 '김정은주의자'라 불러도 그게그거다.

북한은 극단적인 공산주의 정권이다. 그래서 대한민국에 거주하며 북한을 옹호 추종 충성하는 종북좌파세력은 모두 공산주의자로 분류된다. 의미가 더 넓은 사회주의자의 범주에 들어가는 것은 자명하다. 김일성의 주체사상을 따르는 자를 김일성주의자라 부르고, 북한 추종자를 북한주의자로 부른다면 이것도 결국 공산주의자와 동의어거나 유사어가 될 것이다. 따라서 북한만 바라보는 북한주의자 문재인을 김일성주의자 혹은 공산주의자로 불러도 같은 말이 될 것이다. 박근혜 정부를 붕괴시킨 촛불정국과 탄핵의 과정을 그는 '촛불혁명'이라 불렀다. 그래서 우익정부를 뒤집고 좌익의 나라로 만들어 간 그들의 투쟁을 '좌익혁명'으로 규정한다. 이 좌익혁명을 감행한 문재인과 그의 주사파 동지들의 이력을 추적한다.

사라진 공룡을
살리는 혁명

프랑스의 《리베라시옹Libération》은 사르트르가 1946년에 창간한 좌파 신문이다. 이 신문은 2017년 7월 2일 다음과 같은 공개 사과문을 게재한다. "21세기에 레이몽 아롱Raymond Aron의 목소리에 귀를 기울여야 한다. 그는 우파였고 사르트르는 좌파였다. 레이몽 아롱이 옳았다. 슬프다." 사르트르의 좌익사상이 실패했다는 선언이다.

20세기 중반 프랑스의 좌익과 우익 지식인을 대표했던 실존주의 철학자 장 폴 사르트르와 레이몽 아롱은 동갑내기 친구 사이였다. 두사람은 6·25전쟁에 대한 견해 차이로 사이가 벌어진다. 사르트르는 프랑스 공산당이 주장하는 그대로 남한이 북한을 침략했다고 비난했다. 그러나 레이몽 아롱은 종군기자로 한국전쟁을 직접 목격하고 이 전쟁은 소련 공산당의 사주를 받은 김일성의 남침이라며 북한을 규탄했다. 당시 좌파사상이 지배했던 유럽 지식인들은 레이몽 아롱을 '미 제국주의의 주구走狗'라고 매도했다. 레이몽 아롱은 자신의 소신을 더욱 분명하게 말하며 자유민주주의의 옹호자로서 공산주의자 사르트르와의 외로운 논쟁을 계속한다.

사르트르는 1980년에, 아롱은 1983년에 작고했다. 그래서 두 사람 모두 1989년부터 본격화된 공산주의의 붕괴를 직접 확인하지는 못한다. 이들이 사망한 후 공산주의 종주국 소련이 해체되고 결국 아롱이 옳았음이 증명되었다. 이로부터 28년이 지난 후 사르트르가 창간한 신문은 공산주의의 완전한 패배를 선언했고 이로써 공산주의는 사라진 공룡이 되었다. 세계는 모두 그렇게 알고 있었다. 그러나 우리가 사는 이 대한민국 땅에서는 아니다. 2차대전 후 산업화에 성공하여 경제대국이 된 대한민국에는 아직도 공룡이 살아있다. 문재인과 주사파가 장악한 더불어민주당의 시대착오적 좌익혁명을 말하려 한다.

1. 북한주의자 그들의 꿈

북쪽으로 가는 사람들

김웅은 2020년 1월 대한민국 검사의 직을 사직했다. 그는 '사직의 말'에서 문재인 정권이 위에서부터 아래까지 한 가지 목소리를 내며 추진하던 검찰개혁을 마치 흑인들을 아프리카로 가는 배라며 속이고, 노예제도가 있는 미국으로 운항해 간 노예 무역선 아비스타드호 같다고 말했다. 그는 "검찰개혁이라는 구호만 난무했지 이게 왜 고향이 아니라 북쪽을 향하는지에 대한 설명은 전혀 없다"며 "문재인 정권이 검찰을, 그리고 대한민국을 대체 어디로 끌고 가느냐?"고 물었다. 그는 말하지 않았으나 문재인이 키를 잡은 대한민국호가 북한을 향한다는 사실을 알고 있었을 것이다. 그것을 말하려는 자들의 입을 틀어막고 좌익세력은 수사하지 못하게 하는 것이 검찰개혁이라는 것도 알았을 것이다.

문재인의 통치는 북한을 향하고 있었다. 그는 대통령이 되기 전부터 이미 통일을 최고의 가치로 여기는 사람이었다. 늘 북한을 말하고 통일을 말했다. 그 외의 것에는 말을 해도 알맹이도 없었고 형식적이었다. 과거 그가 했던 말과 지금의 말이 달라 '늘 거짓말만 하는 대통령'이라는 비난을 받는 것도 일정 부분 여기에 이유가 있는 듯했다. 온통 북한에만 관심이 있고 그 외의 것에는 관심이 없었으니 북한 외의 사안에 대해서는 말을 하고 나서는 곧 잊어 버렸다. 그래서 그의 말은 앞과 뒤 중 하나는 거짓말이 되었다. 이렇게 진단해야만 그가 했던 수많은 거짓말의 일부라도 이유가 설명될 것이다. 대한민국 제19대 대통령 문재인은 북한만 생각했고, 그 외의 것에는 관심이 없는 듯했다. 확실히 그랬다.

북한과 통일에 집착하였다는 사실에만 문제가 있는 것은 아니었다. 통일에 접근하는 방법은 더욱 심각했다. 그가 지향하는 통일은 성공한 남한 체제를 전제로 하는 것이 아니라 실패한 북한 체제를 따라가는 것으로 보였다. 이 땅의 모든 종북세력은 한반도의 정통성이 북한에 있으며, 북한체제는 인간다운 삶은 누릴 수 있는 곳인 반면 남한은 자본주의 제국의 착취를 받는 식민지로서 불평등하고 불공정하고 부패한 체제로 여긴다. 그래서 그들이 지향하는 통일은 북한체제가 남한체제를 흡수하는 통일이다. 문재인이 추구하는 통일은 이러한 전형적인 종북좌파세력의 통일론에 뿌리를 두고 있는 듯 했다.

문재인은 통일을 위해 먼저 남과 북의 차이와 다름을 줄이겠다고 마음 먹은 듯 보였다. 남과 북의 경제력의 격차, 사회 발전의 격차 등 총체적 문명화의 격차를 줄이고, 정치체제의 이질성과 사회적 이질성을 극복하려는 듯했다. 문제는 이를 위한 방법과 방향성에 있었다. 그는 실패한 북한을 성공한 남한에 맞추어 나가는 상향 평준화가 아니라 남한을 북한에 맞추는 하향 평준화를 선택한 것으로 보였다. 우익진영조차 북한이 적대적 태도를 거두고 남북 협력에 나선다면 부유한 남한이 가난한 북한을 도와야 한다는데 적극 찬성하고 있음에도 그들은 김정은을 설득하여 적대적 태도를 거두고, 북한 주민의 자유와 인권을 신장하고, 남북간의 경제협력과 사회적 교류를 확대하여 북한을 남한 수준으로 발전시키려는 시도에는 관심이 없었다. 권력을 잡았으니 남을 북에 맞추어 나가는 것은 그가 마음대로 할 수 있는 일로 생각하는 듯했다. 모든 통치의 촛점은 여기에 맞춰져 있었고 이것은 그의 시간 5년의 중심축이었다. 선장 문재인이 잡은 키는 북한으로 향하고 있는 것이 분명했다.

많은 지식인들은 문재인이 말하는 혁명을 공산주의 혁명으로 규정했다. 문재인의 통치가 김일성의 주체사상과 조선로동당의 대남혁명노선을 따르기 때문이라는 것이 주요 이유였다. 시간이 지날수록 그렇게 말하는 식자들은 더 많아졌고, 왜 그런 지에 대한 근거도 점점 더 구체적이어서 알아들을 만했다. 김일성이 내린 지령인 대남혁명노선과 문재인이 추구한 혁명이 어떻게 겹치기에 지식인들은 문재인의 혁명을 공산주의 혁명이라 의심했던 것일까. 그것을 밝힌다면 문재인이 스스로 말한 '촛불혁명'을 공산주의 혁명이라 단정할 수 있을 것이다.

주체사상이란

문재인과 문재인 정권의 핵심 권력자들, 그리고 그들 모두가 나서서 구하려고 했던 좌익의 대모 한명숙과 문재인이 구하고 또 구해 준 이석기까지, 이들의 사상적 족보를 더듬어 가면 결국 김일성사상으로 수렴된다. 그래서 문재인이 추구한 혁명의 구체적 지향점을 알아내기 위해서는 김일성사상부터 알아야 한다. 흔히 주체사상이라 부르는 김일성사상은 그것에 의해 통치된 북한이 세계 최악의 인권 유린국이 되고, 세계 최빈국으로 살아가는 현실을 보면 그것이 한 국가의 발전과 각 개인의 복리 증진에 아무런 쓸모가 없다는 사실은 충분히 입증되었다. 그럼에도 김일성의 주체사상은 이 땅에 존재하는 모든 좌익세력이 오랫동안 매달려 온 이념적 근원이며 그들이 지향하고 투쟁한 좌익혁명의 뿌리다.

다양한 가치와 이념과 사상과 문화를 다 포용하여 인간의 삶의 질을 증진시키는 지금 이 시대에 '주체'라는 말 자체가 이미 편협하고 배타적이며 시대 착오적인 언어일 수밖에 없기도 하지만, 사실 주체사상이라는 것은 무슨 사상이랄 것도 없다. 대남혁명노선이라 불리는 몇 가지의 지령이 전부다. 그 외의 것은 모두 그럴싸하게 들리거나 아름답게 보이지만 비현실적이고 허구적인 것 뿐이다. '인간은 우주 만물의 주인이고 시작이다. 인간이 가장 고귀한 존재다.' 주체사상은 이런 식의 아름다운 구절로 가득하다. 그러나 김씨 일가만이 이 '인간'에 해당한다는 진실은 말하지 않는다. 그리고 주체사상을 달달 외워야 하는 모든 북한 동포는 우주의 주인인 인간이 아니다. 단지 노예일 뿐이다.

사실상 주체사상은 북한 주민을 노예의 상태로 지배하기 위한 하나의 종교에 가깝다. 신도들에게 무조건적인 신앙심을 고취하는 사이비 종교와 유사하다. 북한 정권이 마르크스·레닌 사상은 물론 스탈린·모택동 저서조차 전파를 완벽하게 차단하고 모든 종교를 일체 금지하는 것은 김일성을 유일신처럼 받들게 하기 위해서다.

　　주체사상이 사람을 '자주성과 창조성과 의식성을 가진 특별한 존재'라고 하는 것도 완전한 허구다. 북한이 '자주'를 말하는 것은 한반도에서 미군을 몰아내야 한다는 의미로 쓰일 뿐이며, 북한 주민에게 자주성은 허용되지 않는다. 김씨 일가의 교시와 로동당의 명령만을 따라야 하는 인민에게 '창조성'을 발휘할 동기나 기회는 없다. 합목적적인 인식활동을 의미하는 '의식성' 역시 공허한 소리다. 의식이 깨어 있는 사람이라면 결코 북한에서 살 수 없다. 의식성 있는 북한 주민은 북한을 인간이 살 수 없는 체제로 인식하고 목숨을 걸고 탈출하여 대한민국으로 넘어왔다. 북한을 이탈하여 남쪽으로 넘어온 주민은 이미 3만 5천여 명이다.

　　"사람이 모든 것의 주인이고, 모든 것을 결정한다는 식의 절대적인 휴머니즘을 추구하는 사상이라고 했다. 대단히 매력적이었다." 서울대 공법학과 학생이던 김영환은 자신이 주체사상에 빠진 이유를 이렇게 설명했다. "사람이 먼저다"라는 선거구호에 현혹되어 우리가 문재인을 대통령으로 선택한 일도 같은 이치일 것이다. 북한에 가서 김일성을 만나고 돌아온 김영환은 주체사상을 "사기극이다"라고 선언하고 전향했다. '사람'이란 김일성 딱 한 사람이며, 그의 사후에는 아들과 손자가 사람 자격을 세습했으니 사기극이 맞을 것이다. 그렇다면 사기당한 나머지는 무엇인가. 북한은 인민이라 불리는 노예이며, 남한에서는 조국이 말한 가붕개, 즉 가재 붕어 개구리 정도 될 것이다. 사기극인 김일성사상, 혹은 주체사상은 그냥 대남혁명노선으로 이해하거나 주사파들이 아직도 가슴에 품고 있는 혁명과업 정도로 보면 된다. 그리고 이 혁명과업이라는 것도 북한이 남한을 집어 삼키려는 수작을 위엄있게 표현하는 말이라고 여기면 된다. 주체사상은 모두 거짓이고 모두 사기다.

김일성과 조선로동당이 소위 혁명자금이라 부르는 활동비용과 함께 하달한 대남혁명노선, 즉 그들이 말하는 혁명과업의 내용물을 보고 그것이 문재인 정권의 통치와 얼마나 겹치는지를 알아내면 문재인이 말한 혁명이 북한식 공산주의 혁명이 맞는지, 그것을 실행에 옮긴 문재인이 북한주의자 또는 김일성주의자가 맞는지를 알 수 있을 것이다. 그것을 추적해보자.

남한 흡수, 그 포기되지 않는 꿈

남한을 흡수하는 것은 북한 김씨 일가의 오랜 꿈이다. 이 꿈은 그것이 결국 실현되거나 김씨 왕조가 종식될 때 끝날 것이다. 일제 치하를 벗어나 새로운 나라를 준비하던 해방 정국에 소련 공산당의 사주를 받고 평양에 입성한 김일성은 한반도를 공산진영과 자유진영으로 분할하기로 한 전승국 간의 합의를 무시하고 한반도 전체를 공산주의 단일국가로 만들려고 작정했다. 이를 위해 남한의 공산주의 정당인 남로당을 통해 남한사회를 교란하고 폭동을 조종한다. 제주 4·3사건과 여수·순천 반란사건, 그리고 빨치산의 파견과 무장공격은 모두 김일성의 지휘 하에 남로당이 주도한 것이다. 이것이 여의치 않자 김일성은 단숨에 남한을 점령하기로 하고 전쟁을 감행한다. 이 전쟁은 남북한의 민간인과 군인 유엔군까지 수많은 희생자를 내고, 그나마 조금 있던 산업시설을 모조리 파괴한 채 실패로 끝났다. 분명한 김일성의 실패였다.

전쟁의 폐허를 복구하는 10년이 지나자 김일성은 포기하지 않은 그의 꿈을 다시 좇기 시작한다. 그는 먼저 남한 내에 자신이 직접 조종할 수 있는 지하 혁명조직을 구축한다. 그리고 대남혁명노선이라는 이름의 지령을 하달한다. 김일성의 목표는 단 한 가지였고 그래서 대남혁명노선의 최종 목표도 단 한 가지였다. 북한이 남한을 흡수하는 것이다.

김일성이 자신의 꿈을 위해 다시 움직이기 시작한 계기는 4·19의거 였다. 4·19로 이승만 정권이 무너지는 것을 보며 남한을 점령할 수 있는 절호의 기회를 놓쳤다고 탄식한 김일성은 이때부터 남한에 간첩을 파견하여 동조 세력을 포섭하고 지하 혁명조직을 만들어 나간다. 이 지하조직의 첫번째 임무는 그가 다시 남침을 감행할 때 길잡이가 되어 최단 시간 내에 남한 전역을 점령할 수 있도록 하는 것이었다. 6·25 때 3개월이 지나도록 대구·부산 지역을 완전히 장악하지 못하여 미군이 개입할 시간을 벌어 준 것은 김일성에게 천추의 한이 되었다. 김일성이 남한에 지하 혁명조직을 구축하기로 한 직접적 동기이자 목적이다.

그러나 박정희가 집권한 후 남한은 사회질서가 회복되고, 국가기강이 잡히고, 경제적으로 북한을 앞서기 시작하였다. 거기다 세계 최강의 군사력을 보유한 미군의 주둔으로 무력 침공이 어렵다고 판단한 김일성은 고려연방제라는 무혈점령 전략을 제시한다. 그렇다고 유혈점령 전략을 포기한 것도 아니어서 땅굴을 파고 군사력을 강화하는것도 멈추지 않았다. 동시에 남한 내의 지하혁명조직으로 하여금 스스로의 힘으로 세력을 키워 남한의 정권을 합법적으로 장악하도록 지원하고 또 독려했다. 인혁당 통혁당 남민전 사노맹 중부지역당 민혁당 통진당 등이 바로 이런 지하혁명조직이다. 학생혁명조직인 전대협과 한총련도 같은 성격이다. 민주당도 이런 조직인지에 대해서는 뒤에 말할 것이다.

김일성의 오랜 노력은 큰 성과가 있었다. 통진당과 민주당의 일부에서 보듯 지하 조직원들이 지상으로 올라와 합법적으로 활동하며 국회로 진출하였고 학생 김일성주의자들은 민주화운동가로 위장하여 남한 사회의 주류가 되고 마침내 정권까지 잡았다. 이것은 남한 좌익세력의 승리가 아니라 김일성의 승리였다. 김일성이 지하 혁명조직에 하달한 대남 혁명과업의 핵심 내용은 크게 3가지다. 모두 86운동권 출신들이 입에 달고 살았던 구호들이다. 주한미군 철수, 국가보안법 철폐, 고려연방제가 그것이다. 모두 우리의 귀에 너무 익숙해서 그것이 얼마나 무서운 것인지 제대로 느껴지지 않는다. 그래서 더 무서운 구호들이다.

2. 뜨거운 이름, 혁명과업

주한미군을 철수하라!!

주한미군 철수는 86운동권 출신들이 학생 시절 거리에서 돌과 화염병을 던지며 목청 높여 외쳤던 첫번째 구호였다. 가장 먼저 외치고 가장 많이 외쳤다. 북한이 다시 무력으로 남한 점령을 시도하기 위해서는 미군 철수가 절대적 선결조건이다. 세계 1위의 군사력을 보유한 미군이 주둔하는 한 북한이 남한을 무력으로 침공하여 점령하는 것은 불가능하다. 그래서 김일성이 내린 대남혁명노선 중에서도 핵심은 바로 미군 철수의 주장이다. 주체사상의 핵심 역시 이 땅에서 외세의 영향력을 완전히 축출하는 것이며 외세란 오직 미국을 지칭한다. 그래서 북한에 대한 중국의 영향력에 대해서는 말하지 않는다. 그들이 말하는 주체의 민낯이다. 미국 일본과는 멀어지면서도 중국에 굴종하며 속국이 되려 한 문재인의 외교는 결국 좌익의 주체사상에 뿌리를 둔 것이었다.

미군 철수는 북한이 남한 내의 종북세력에게 내린 제 1의 지령이었고 그래서 모든 종북 사람들이 복창하는 제 1의 구호다. 그들은 우리 스스로의 힘으로 나라를 지켜야 한다는 그럴듯한 말을 앞세우며 전시작전권 회수와 주한미군의 철수를 말한다. 그러나 동서고금의 역사에서 군사동맹의 힘이 강한 나라일수록 외부의 침략으로부터 더 안전했다는 사실은 말하지 않는다. 그리고 북한이 핵무장에 성공함으로써 남북한 간의 군사력은 북한의 압도적 우위로 역전되었다는 사실도 말하지 않는다. 미군이 철수하면 북한은 바로 쳐내려 와서 우리를 점령할 것이라는 군사전문가와 학자들의 말도 외면한다. 그냥 자주와 민족과 평화를 말할 뿐이다. 70여 년 전 바로 그 북쪽의 우리 민족이 공격해와 이 땅을 피로 적시며 모든 것을 파괴했다는 사실도 말하지 않는다. 그들은 오직 미군 철수만 말한다. 미군 철수는 좌익세력 그들이 숭배하는 '민족의 위대한 지도자' 김일성이 내린 제 1의 지령이기 때문이다.

국가보안법을 철폐하라!!

국가보안법은 국가의 안전을 위협하거나 해치는 범죄행위를 처벌하는 법으로 북한에서 남파된 간첩들과 남한에서 자생하는 공산주의자 종북행위자 이적행위자 국가반역행위자를 처벌하는 기본법이다. 김일성이 이 법의 폐지를 주장하고 관철하도록 지령을 내린 이유는 간단하다. 자신이 보낸 남파 간첩과 자신의 지시를 따르는 남한 내의 종북세력의 자유로운 활동을 보장하기 위해서다. 그래서 국보법 철폐는 운동권의 구호에서 결코 빠지는 법이 없으며 지하세력이 제도권으로 들어와 공개적으로 활동할 때도 예외없이 주장한다. 자신들의 혁명투쟁을 제약하는 기본법이자 핵심적인 법률이기 때문이다.

문재인 정권과 더불어민주당의 핵심 정치인 중에는 국보법으로 처벌받은 전과범이 대부분이다. 그들이 북한의 지령에 따라 혹은 자발적으로 대한민국의 안전을 공격하는 행위를 범했다는 뜻이다. 그들은 국보법 위반으로 몇 번 유죄판결을 받았으며 몇 년 형을 살았는지를 훈장으로 자랑한다. 그것으로 그들 사이에 서열이 매겨지기도 한다. 6년이나 감옥에 있었던 은수미의 위상을 짐작하시겠는가. 그가 수많은 물의에도 대법원에서 판결을 뒤집어 성남 시장 자리를 지킬 수 있었던 이유는 재판거래 때문만은 아닐 것이다. 이 땅의 민주화를 위해 싸우다 국보법을 위반했다는 그들의 말은 새빨간 거짓말이다. 그들은 김일성의 지령에 따라 대한민국을 뒤집으려 했던 사람들일 뿐이다. 그들을 수사한 공안기관의 수사기록과 공소장에는 그런 내용으로 가득하다.

고려연방제가 답이다!!

연방제는 1960년대에 처음 등장한 이후 고려연방제 고려민주연방제 등 이름을 바꿔가며 제법 그럴싸한 통일 방안으로 행세했다. 한때는 남북이 서로의 사상과 제도를 인정하고 같은 권한과 의무를 가지는 연방공화국을 만들자고 하더니 나중에는 선결조건으로 국가보안법의 철폐와 미군 철수를 주장하여 이것이 선전용어에 지나지 않는다는 민낯을 드러냈다. 그러나 이 땅의 주사파 정치인과 종북학자들은 아직도 쓸모있는 통일의 한 방안인 양 되풀이해서 말하고 있다.

김대중과 노무현은 체면치레 정도로 이것에 호응하면서도 그것이 실효적인 방안이 될 수 있는 세부 방안도 궁리했다. 반면 문재인은 '낮은 단계의 연방제'라는 이름을 붙이며 적극적으로 접근했다. 남북관계 전문가들은 이것을 북한이 남한을 무혈 점령하려는 위장 전술이라고 했으나 문재인은 이런 말에는 귀를 닫은 듯 했다. 남한과 북한 중 어느 일방이 스스로 자신의 체제를 포기하지 않는 한 실현 가능성이 전혀 없어 보이는 이 통일 방안은 86운동권 출신들이 젊은 시절 뜨겁게 토론하고 주창한 것이며, 50의 나이가 넘은 아직도 그것을 소중히 간직하고 있다. 위대한 수령 김일성이 내린 혁명 과업이기 때문일 것이다.

오래전 김일성이 내린 대남혁명과업은 이 땅의 모든 종북세력의 바이블로서 보통의 국민인 우리가 상상하는 그 이상이다. 바이블보다 더 강력한 것일지도 모르겠다. 그것은 이 땅의 종북집단에게는 과거에도, 그리고 지금 현재도 여전히 가슴 뜨거운 이름이다. 그러나 자유민주주의 대한민국을 수호하려는 우리 국민에게는 언젠가는 폭탄처럼 터져서 살갗을 뜨겁게 태울 이름이다. 대남혁명노선, 무서운 이름이다.

3. 공룡이 살아났다

김일성주의자들의 혁명

"나라 전체가 문 대통령을 중심으로 돌아간다고 봐도 과언이 아니다. 코로나 대비가 잘못돼도, 부동산 대책이 잘못돼도, 우리 국민의 생명과 헌법정신을 지켜내지 못해도 문 대통령은 노선을 바꾸는 법이 없다. 취임 초부터 촛불혁명으로 탄생한 정부라고 강조했는데 이 말이 단순한 레토릭이 아니고 이 정권이 혁명정부임을 인정하면 많은 의문이 풀리는 신기한 경험을 할 수 있다."(동아일보, 2020. 12. 30) 기자 김순덕은 이해할 수 없는 문재인의 통치를 혁명으로 이해했다. 문재인의 집권과 통치가 혁명이라면 대한민국의 이익과는 무관하거나 오히려 대한민국의 이익에 반하는 내용의 문재인의 혁명은 대체 무슨 혁명인가. 김순덕이 문재인의 통치를 혁명으로 인정하니 의문이 다 풀렸다는 신기한 경험을 하기 불과 15~20일 전 더불어민주당은 대한민국의 정체성에 역행하는 혁명적 법안을 폭력적인 방법으로 대거 통과시켰다.

표현의 자유를 억압하는 것이라며 세계가 우려하고 항의했던 5·18특별법과 대북전단금지법, 집권세력의 독재를 뒷받침하는 공수처법, 국정원의 간첩 잡는 권한과 역할을 완전히 삭제하는 국정원법, 반기업 법안인 기업규제 3법과 노동 3법과 중대재해처벌법 등은 모두 반 자유민주주의적이고 반 자본주의적이며 친 북한적이고 사회주의적 내용의 법안들이었다. 그것을 모두 지켜본 기자 김순덕은 문재인 정권을 혁명정부로 규정하고 2020년 하반기의 정국을 이해했을 것이다. 혁명으로 규정하지 않는다면 그 당시의 정국을 이해할 수 없었다는 뜻이다.

"민주주의의 파괴다, 전두환 시대보다 더한 독재다, 표현의 자유 박탈이다, 헌정파괴다, 위헌이다, 히틀러 치하의 독일 같다, 간첩을 못 잡게 하는 나라가 어디 있느냐, 북한동포의 인권은 포기하나, 더 이상 한국에서 사업할 수 없다, 국민의 삶이 절박하다, 코로나 백신보다 공수처 설치가 먼저냐?" 2020년 12월 독재적 법안과 사회주의적 법안, 그리고 북한을 위한 법안이 대거 통과되는 것을 지켜본 국민과 언론과 야당의 아우성이다. 여기다 진성준 의원이 폭등하는 아파트 값을 잡겠다며 1가구 1주택을 법으로 못 박는 법안을 발의하자 "이제 사회주의 체제로 바꾸는 것이냐, 공산주의 국가냐" 등 문재인 정권의 정체성을 사회주의 공산주의로 단정하는 여러 주장이 나왔다. 이미 많은 국민들은 문재인 정권의 정체성과 본질을 꿰뚫어 보고 있었다. 김순덕이 말한 혁명은 틀림 없이 사회주의 공산주의 혁명을 의미할 것이다. 김일성주의 혹은 북한 주의 혁명으로 정의하는 것이 더 정확할 것이다.

공룡의 화석이 살아났다

2020년 12월, 더불어민주당이 다수 의석의 힘으로 이 나라를 사회 주의화하고 북한화하는 여러 법안을 대거 통과시킨 것은 좌익이 남한에 서 70여 년 동안 투행해 온 역사에서 가장 혁혁한 성취일 것이다. 수백 만 명의 목숨을 희생시킨 6·25 남침으로도 실패한 남한 점령을 피 흘리 지 않고 성공한 성취였다. 김일성이 설정한 남한 점령의 투 트랙 중 유혈 의 트랙은 실패했으나 무혈의 트랙은 결국 성공한 것이다. 무혈의 트랙이 란 북한이 조종하거나 북한에 우호적인 세력이 정권을 잡고 이들을 통 해 남한을 장악하는 전략이다. 그들과 우호적인 더불어민주당이 정권을 장악하고 법안의 제정과 개정을 통해 남한의 정체성을 공산주의적으로 변경하는 무혈의 트랙, 그것이 성공한 것이다. 물론 이 무혈의 좌익혁명 의 중심에, 그리고 꼭대기에 있었던 사람은 대통령 문재인이다.

1960년대에 이미 종언을 고했던 공산주의를 1990년대 당시까지 움켜 잡고 있는 일부 국가의 현상을 두고 프랑스 좌파 신문 《리베라시옹》은 "고대의 공룡들이 아직도 기어다닌다"고 했다. 이로부터 다시 20여 년이 지나 세계 10대 경제대국이 된 21세기의 대한민국에 공산주의가 부활했 다. 그야말로 공룡이 다시 살아난 것이다. 이 공룡을 되살려 낸 중심 인물이 바로 문재인이다. 주사파 동지들과 함께 말이다.

　18세기를 산 아담 스미스는 그의 국부론에서 "우리가 저녁식사를 할 수 있는 것은 푸줏간이나 빵집 주인의 자비심 때문이 아니라 이기심 덕분이다"고 했다. 인간의 이기심을 인정하는 것은 시장자본주의의 출발이다. 이것을 부정하고 '능력에 따라 일하고 필요에 따라 분배받는다'는 아름다운 구호에서 출발하여 20세기를 마치 들불처럼 태우며 번져나간 것이 사회주의 공산주의다. 자본주의와 공산주의의 대결은 결국 인간의 이기심을 긍정하는 경쟁체제와 그것을 부정하는 분배체제와의 싸움이었고 결국 자본주의가 승리했다. 인간의 복리를 증진시키고 삶의 질을 높이는 것은 분배가 아니라 경쟁이라는 이 단순한 진리를 깨닫는데 100년이 걸린 셈이다. 그런데 아직도 이것을 깨닫지 못하는 사람들이 대한민국에 존재한다. 문재인과 이재명과 더불어민주당 사람들이다.

　20세기 초부터 세계를 휩쓸며 한때 세계 인구의 3분의 2를 점령했던 공산주의는 아직 잔불이 남아 있긴 하지만 세기 말이 되기 전에 거의 꺼졌다. 공산주의는 인류의 복지와 행복을 증진시키는 데는 쓸모없음이 확인되어 지식인들로부터 이미 종언을 선고받았으며, 지금은 단지 독재권력을 합리화하는 정치체제로 이용될 뿐이다. 공산주의 체제는 인민의 주권을 수령이나 주석에게 위임하고 최고 통치자 1인이 절대적 권력을 행사하는 이른바 공산주의의 '민주집중제'를 악용하려는 독재자들에 의해 독재를 합리화하는 하나의 시스템으로 쓰이고 있다. 아직도 공산주의 국가로 분류되는 북한 러시아 중국이 바로 그런 나라들이다. 그렇다면 대한민국을 좌익국가로 만들려고 했던 문재인의 통치는 분명 심각하고 엄중한 일이다. 인류 발전의 역사에 역행하는 일이기 때문이다.

자유민주주의와 자본주의 체제를 선택한 대한민국은 2차 대전 후 건국한 신생국가 중 문명화와 선진화에 가장 성공한 국가가 되어 세계의 찬사를 받으며 자유민주주의와 자본주의 체제의 우월성을 입증하는 제1의 모델이 되었다. 미국 등 세계의 여러 명문대에서도 그렇게 가르치고 있다. 교과서에 실은 나라도 많다. 반면 공산주의를 선택한 북한은 사회주의 공산주의 체제의 실패를 입증하는 제1의 샘플로 쓰이고 있다. 그럼에도 문재인은 21세기의 경제대국 대한민국에 좌익혁명, 즉 공산주의 혁명 혹은 김일성주의 혁명을 시도했다. 이게 대체 말이 되는가. 이 말이 되지 않는 혁명의 열쇠를 찾아야 한다. 지금이라도 그 목적과 이유, 과정과 결과를 알아내야 한다. 이 책을 쓴 이유다.

마지막 좌익혁명

문재인은 자신이 공산주의자라는 의심을 받으면 적극적으로 부인했다. 북한의 무력 남침과 수많은 도발을 겪으며 우리 국민이 공산주의의 잔혹함과 기만성을 경험했으며 이것은 북한 정권의 존재로 인해 아직도 엄연한 현실이기 때문일 것이며, 문재인이 사회주의나 공산주의를 결코 자신의 입에 올리지 않는 것도 그 때문일 것이다. 그러나 그는 좌익이념이 지향하는 목표를 위해 오랫동안 투쟁했고 집권 후에도 좌익이념에 근거한 통치를 펼쳤다. 대한민국의 자유민주적 정체성을 변경하려 했던 문재인의 통치는 대한민국 70여 년의 역사에서 6·25전쟁 다음으로 엄중한 도전이었다. 그러나 문재인의 혁명은 세계 정치사에서 마지막 좌익혁명이 될 것이다. 좌익 국가로의 전환을 시도한 그의 통치가 국가에 총체적 혼란과 쇠퇴를 초래했기 때문이다. 그래서 그의 실패는 자유민주주의와 자본주의의 우월함을 다시 한번 입증하는 사례로 쓰일 것이다.

　그의 통치가 낳은 결과물은 실로 참담했다. 먼저 권력 집중에 의한 독재정치와 형사사법체계의 붕괴와 법치주의의 후퇴는 자유민주적 정치체제를 크게 약화시켰다. 그리고 반기업 친노조적 경제정책으로 생산성은 추락했으며 공산국가의 배급제에 버금가는 포퓰리즘 정책은 근로의욕과 창의성을 말살하여 경제는 활력을 잃게 되었고 서민과 도시 근로자의 빈곤은 심각하게 되었다. 좌익의 특권을 제도화하는 과정에서 사회의 공정성은 무너지고 사회는 여러 갈래로 쪼개지고 분열되어 곳곳에서 갈등이 고조되는 등 총체적인 국가의 쇠망을 초래했다. 공산주의와 북한을 추종한 문재인의 혁명은 지난 세기에 이미 실패가 확정된 사회주의 공산주의 이념의 실현을 다시 시도한 정신 나간 혁명이었다.

　발전한 대한민국이 자유민주주의의 우월성을 입증하는 모델이 되었듯 문재인이 주도한 좌익혁명의 실패한 결과물은 우익체제의 눈부신 성취와 대비되어 두 체제의 우열을 세계인에게 더욱 분명하게 대비시키게 될 것이다. 문재인의 철저한 실패가 좌익이념의 쓸모 없음을 다시 한번 확인시켜주는 사례가 될 것이라는 뜻이다. 문재인이 대한민국을 좌익체제로 변경하는 과정에서 초래한 결과물인 자유와 인권의 후퇴, 국민의 빈곤 심화와 개인·기업·정부 부채의 급증 등 국가의 총체적 쇠퇴를 목도한 세계 어느 나라도 다시는 좌익혁명을 시도하지 않을 것이다. 그래서 문재인의 시도는 좌익이념의 종말을 확정하는 사례로 쓰일 것이다. 그의 혁명이 세계사에서 마지막 좌익혁명이 될 것이라고 주장하는 이유다. 독재자 혹은 정신 나간 정치 지도자가 등장하지 않는 한 그것은 마지막 좌익혁명으로 기록될 것이 분명하다.

문재인이 그의 주사파 동지들과 함께 시대착오적인 좌익혁명을 수행한 결과 대한민국이라는 국가가 감당해야 하는 손실과 국민인 우리가 겪어야 하는 고통이 너무 크다. 국내의 지각있는 학자들과 해외의 전문기관들은 공통적으로 미래 10년, 20년, 100년 후의 대한민국의 일관된 쇠퇴를 전망하고 있다. 구체적인 수치를 내놓은 기관도 많다. 대부분 향후 대한민국의 인구도, 경제규모도, 국력도 모두 쪼그라 들 것이라고 전망한다. 그리고 이 모든 부정적 전망은 문재인의 혁명적 통치 5년에서 시작되었다는 것도 공통적 견해다. 그렇다면 문재인은 대체 왜 대한민국을 쇠망케 하는 혁명적 통치를 펼친 것일까. 그 이유를 알아내야 한다.

2절

2

혁명 동지들

문재인 정권은 흔히 주사파 정권이라 불렸다. 문재인의 최측근 권력자들과 정권의 핵심 고위직 대부분이 주사파 출신이었기 때문이다. 전향한 주사파 출신 인사들의 정의에 의하면 주사파란 '김일성의 주체사상을 지도이념으로 삼고, 조선로동당의 대남적화노선을 목표로 설정하여 남한의 공산주의화를 성취하기 위해 투쟁하는 사람들의 집단'을 뜻한다. 이 견해에 따라 주사파를 김일성주의자, 혹은 공산주의자로 규정하기도 한다. 흔히 종북좌파세력을 정의할 때에도 주사파는 세력 내에서 남한의 공산주의화를 위해 행동하는 전위대 역할을 맡은 한 묶음을 의미한다. 그래서 문재인 정권을 주사파 정권이라 부른다면 그것은 곧 김일성주의자들의 정권, 나아가 공산주의자들의 정권이라 불러도 무방할 것이다. 청와대를 차지한 문재인이 온통 이러한 사람들로 자신의 정권을 구성했다는 사실만으로도 그의 정체는 이미 절반은 확인된다. 문재인은 김일성주의자 동지들과 함께 김일성이 내린 혁명과업인 대남혁명노선을 수행하는 듯 보였다. 그들은 그것을 혁명이라 불렀다. '촛불혁명'과 도무지 구분이 되지 않았다.

1. 지하에서 온 동지들

강력한 반공주의자 박정희가 사라진 1980년부터 좌익세력은 마치 좀비 무리처럼 번식했다. 지하의 음습한 곳에서 암약하던 불법 혁명단체들은 땅 위로 기어올라 왔고, 북한의 지령을 받은 학생 김일성주의자들은 거리에서 미군철수와 국보법 철폐를 외쳤다. 이들은 김대중이 정권을 잡자 그 아래로 모여들어 몸집을 키웠고, 노무현을 옹립하여 대통령으로 만들었다. 정권 연장에 실패하고, 노무현이 사라진 후 그들은 문재인을 계승자로 세우고 다시 결집했다. 단단히 뭉친 그들은 자유민주주의 정부를 향해 무차별적 공격을 퍼부었고, 문재인은 그 중심의 가장 꼭대기에 있었다. 그들은 거짓 조작 선동 등 온갖 공산주의 혁명의 기술을 동원하며 우익정부를 공격했고 그것이 결국 성공에 이르러 그들은 다시 권력을 장악한다. 문재인은 그렇게 대한민국 대통령이 되었다. 문재인을 대통령으로 만든 사람들에 대해 말하려 한다.

문재인의 사람들

자신과 가족의 비리혐의로 검찰의 수사를 받고 있던 노무현은 2009년 5월 23일, 그의 고향 절벽에서 몸을 던져 스스로 생을 마감한다. 이때부터 좌익진영은 국민적 분노를 선동하며 '우익정권으로부터 핍박받다가 죽은 노무현'의 이미지를 만들어갔다. 이 선동은 매우 성공적이어서 죽은 노무현은 점차 신화적 존재가 되어갔다. 노무현의 시대, 집값을 폭등시켜 집 없는 서민들의 내집 마련 꿈은 불가능한 것이 되었고, 정부의 반기업 정책과 폭력적인 노조에 시달리던 기업들은 해외로 빠져나가 국내의 일자리는 줄어들었으며, 가진자들에 대한 적대적 분위기가 팽배하게되자 부자들은 해외로 나가 돈을 썼고 국내경기는 침체되었다. 그 결과, 어느 동네에서 연탄을 피워 일가족이 동반자살했다는 뉴스는 끊임없이 이어지고 그래서 그의 임기 말 지지율이 한 자릿수까지 떨어진 사실이 증명하듯 대한민국을 총체적 혼란과 침체에 이르게 했다. 그러나 이 모든 사실은 그들의 뛰어난 선전 선동 위장 은폐의 기술에 의해 모두 묻혀졌다. 그리고 죽은 노무현은 신화가 되어갔다.

좌익진영은 '신화가 되어가는 죽은 노무현 현상'을 단순한 하나의 추모열기 정도로 두지 않았다. 그들은 사후의 노무현에 대한 인기를 궤멸된 좌익의 재결집과 부활의 에너지로 전환시켜 우익진영에 빼앗긴 정권을 되찾기 위한 전략을 세운다. 이 전략의 일환으로 노무현의 친구 문재인은 노무현의 정치적 유산을 고스란히 물려받을 수 있는 사람으로 낙점되었다. 그때부터 문재인은 좌익진영의 대표주자로 전면에 등장한다. 스스로를 폐족으로 규정하고 물러나 있던 좌익 정치세력은 문재인을 중심으로 다시 결집하였고, 그들은 다시 하나의 단단한 정치세력이 된다. 문재인 세력은 그렇게 만들어졌다.

문재인 세력은 크게 나눠 종북좌파 집단, 노사모, 호남인들로 구성되었다. 노사모는 국민과 언론을 향한 여론 형성의 전위부대였다. 그리고 한국의 정치지형에서 항상 단일 투표집단으로 행동하는 호남 지역민들은 문재인을 지지한 대가로 문재인이 정권을 잡고 나서 국가의 요직을 종북주의자들과 나눠 가졌다. 종북주의자들 중에도 호남인들이 압도적으로 많아 그들은 쉽게 융합되었으며, 그 결과 문재인 정권의 핵심 권력은 온통 호남인들이 다 차지했다. 주사파 운동권 출신들을 중심으로 한 종북세력은 다시 정권을 잡고 국가를 지배하겠다는 분명한 목적을 가지고 노사모와 호남인들을 단단하게 결집시켰다. 그들 스스로는 이렇게 뭉쳐진 좌익 정치세력의 구심점이 되었다.

노사모, 호남지역인, 종북좌파들의 연합체인 이들은 이때부터 문재인을 대통령으로 만들어 정권을 되찾고 이 땅의 주류가 되기 위해 단합하며 끊임없이 우익진영을 공격해 나갔다. 문재인 세력 중 노사모는 일종의 팬덤이었고, 호남인들은 하나의 집단 투표군이었다. 그래서 수적으로는 절대적 다수였으나 특정 여론의 형성이나 선거에서만 실체가 확인되는 존재였다. 반면 종북세력은 그 개개의 이름과 말과 행동의 실체가 분명한 존재였다. 그 중에서도 주사파 운동권 출신들은 종북진영의 행동대원, 혹은 정치인이라는 존재로 우리 일반 국민에게도 그 실체가 분명하게 특정된다. 흔히 586 운동권으로 불려지는 이들은 문재인을 리더로 옹립하고 온갖 공산당식 전략과 전술을 구사하며 정권을 창출해 냈다. 그리고 호남인들과 권력을 나누며 대한민국을 통치했다.

문재인 정권의 인적 구성을 보면 지하혁명조직 출신, 586 운동권 세력, 사회주의 학자, 그리고 비운동권 출신의 기회주의자들의 집합이다. 1960년대부터 지하에서 암약했던 고령의 혁명조직 출신들은 배후에서 좌익진영 전체와 국가의 방향성을 제시하고, 정국의 주요 분기점에서는 진영의 중심을 잡아 주며 대오의 흐트러짐을 막는 역할을 했다. 운동권 출신들은 청와대 국회 정부 사법부 전교조 민노총 등 국가와 사회 핵심

기관의 곳곳에 자리하며 그들의 이념과 진영의 공동목표를 실현해 나가는 행동그룹이 되었다. 그리고 사회주의 학자들은 공부하지 않아 아는 것 없는 운동권 행동가 집단의 투쟁을 언설과 펜으로 합리화해 주는 어용학자들이었다. 여기에 운동권 경력은 없으나 '자리' 자체만을 목적으로 운동권 권력자들의 패거리에 끼어 그들이 시키고 원하는 대로 행동하는 많은 기회주의자들이 가세했다. 그런 세력과 그룹과 사람들이 모인 집단이 바로 문재인 세력이다. 문재인 정권도 마찬가지다.

김일성이 만든 남한의 지하조직

1950년 9월, UN군의 인천상륙작전이 임박하자 김일성은 남한을 점령하고 있던 인민군에게 퇴각명령을 내린다. 이때 남한 내의 지방 조선로동당을 향해 6개 항으로 된 지시를 하달하는데, 그 중 하나로 '당을 비합법적인 지하당으로 개편할 것'이라는 내용이 포함되어 있었다. 그러나 북한군은 북상하는 UN군에 의해 중국 국경까지 밀리는 급박한 전황 속에서 지하당의 유지는 불가능했다. 이어 휴전이 된 후에는 폐허가 된 북한을 재건해야 하는 상황이라 대남공작을 추진할 여력이 없었다.

휴전 7년이 지난 1960년 남한에서 일어난 4·19의 혼란을 본 김일성은 지하조직의 재건에 나선다. 6·25 남침 때 남한 전역을 신속히 장악하지 못한 것은 남한 내 공산당 조직의 힘이 미약했기 때문이며 또한 4·19의 혼란을 남한 공산혁명의 결정적 기회로 만들지 못한 것도 남한 내에 과거 남로당과 같은 혁명을 지도할 조직이 없었기 때문이라는 결론을 내린 김일성은 1961년 9월 제4차 노동자대회에서 당에 지시를 내린다. "남한 내에 혁명적 지하당 조직을 강화하라"

이때부터 북한은 남한에 간첩을 침투시켜 지하조직을 구축하고 지하 혁명활동을 전개한다. 그리고 남한 사회를 교란하고 남한 정부의 전복을 꾀한다. 인혁당, 신영복 한명숙 그리고 한명숙의 남편 박성준이 활동한 통혁당, 국회의원 이학영이 활동한 남민전 등이 바로 이런 조직들이다. 은밀하게 움직이던 이들은 김대중 정권이 들어서면서 여전히 지하에서 은밀하게, 혹은 지상으로 올라와 합법적이고 공개적으로 남한을 전복시키려는 공작과 북한을 위한 이적활동을 활발하게 전개한다. 조국과 은수미의 사노맹, 문익환 윤이상 황석영이 활동한 범민련, 거대 조직화에 상당히 성공했던 중부지역당, 강철서신의 김영환이 주도하고 이석기를 키운 민혁당, 일심회 간첩단, 왕재산 간첩단 등이다. 그리고 문재인이 오랫동안 보호해 준 이석기의 통진당이 있다. 이들 지하 혁명세력은 노무현 사후, 학생 운동권 그룹과 연합하여 민주당의 중심 파벌이 된다. 그리고 문재인을 지도자로 내세우고 우익정부를 흔들어대는 9년 간의 치열한 투쟁 끝에 정권을 잡는다. 이미 김대중 노무현 정부 때 몸집을 크게 불린 그들은 이명박 박근혜를 공격하며 근육을 키우고 결국 문재인의 집권으로 남한을 접수한다. 김일성의 계획대로 된 것이다. 문재인의 우산 아래에 모인 지하혁명조직 출신들을 살펴보자.

통혁당의 잔당

로동당으로부터 거액의 자금을 받아 와 1964년 결성된 통혁당(통일혁명당)은 1968년 일망타진되었다. 158명이 검거된 이 사건의 판결문에는 "남로당을 부활시킨 조직체로 북한의 무력 남침에 대비한 사전 공작조직이었으며, 1970년까지 결정적 시기를 조성하여 민중봉기 함으로써 공산정권 수립을 획책하였다."고 기록되어 있다. 공안기관의 수사·기소와 사법부의 판결에 의해 남파간첩 김종태를 포함한 5명의 수뇌들은 사형을 선고받았다. 신영복은 무기징역, 한명숙의 남편 박성준은 징역 15년, 한명숙은 징역 1년에 집행유예 1년을 선고받는다. 그리고 3년 후인 1971년 4월 전라남·북도에서 통혁당 재건을 시도한 간첩단 11명이 다시 검거된다.

통혁당은 처음부터 북한의 계획에 의해 조선로동당 하부 조직의 개념으로 만들어졌다. 북한의 자금으로 운영되고 로동당의 통제와 지시에 따랐으니 한마디로 적대국의 지하에 설립된 공산주의 혁명조직이다. 통혁당 최고위의 김종태는 김일성이 직접 챙긴 인물인데, 그가 검거될 위기에 처하자 직접 병력을 보내 1968년 8월 20일 제주도에 상륙시키던 중 우리 군경과 교전을 벌여 12명이 사살되고 2명이 체포되었다. 김종태가 우리 당국에 체포되어 사형에 처해지자 북한은 그에게 공화국 영웅 칭호를 내리고 시신 없는 장례식을 북한 최고 영예인 국장으로 예우할 정도로 김일성은 김종태와 통혁당을 크게 중시했다. 북한은 그 후에도 남한에 통혁당이 재건되었다고 지속적으로 선전했는데, 실제로 통혁당 재건은 계속 시도되어 1969년부터 1979년까지 무려 9차례나 통혁당 재건세력이 검거되었다. 통혁당은 모든 종북세력의 종가집이다.

김일성이 남한을 점령하기 위한 대남공작의 거점으로 조직한 통혁당의 명맥은 지금도 이어진다. 우선 무기징역을 선고받고 20년 동안 수감생활을 하다 풀려난 신영복은 문재인이 세계인 앞에서 '존경하는 분'이라고 공개적으로 밝혔고, 그의 사후 간첩행위를 한 그의 글씨가 이미 간첩 잡기를 멈춘 국정원의 원훈석에 새겨졌다. 신영복은 죽었으나 그의 혼은 이렇게 살아 있다. 징역 15년을 선고받고 13년을 복역한 후 석방된 박성준은 공식적인 직함이나 공개적인 활동은 적으나 이 땅의 종북세력의 대부, 혹은 문재인의 정신적 멘토로 알려져 있다. 그의 아내로서 노무현 정부에서 총리를 지낸 한명숙은 좌익의 대모로 대접받는 존재다. 명백한 증거에 의해 실형을 받은 한명숙을 문재인 정권의 실세들이 모두 나서서 무죄로 뒤집으려 끊임없이 시도한 사실은 통혁당 잔당인 한명숙과 그의 남편 박성준이 종북세력 내에서 차지하는 위상을 분명하게 말해준다. 통혁당 조직원으로 유죄 판결을 받은 기세춘의 딸 기모란은 코로나 방역의 사령탑이 되어 방역 실패에 온갖 욕을 먹으면서도 청와대를 굳건히 지켰다. 남로당 이후 북한이 남한에 설립한 혁명 지하조직의 조종祖宗 격인 통혁당은 60여 년이 지난 지금까지 대한민국의 심장부에 단단히 박혀 있다. 통혁당은 살아 있다.

남민전의 이학영 1978년 4월 27일 동아그룹 최원석 회장 자택에 침입하여 경비원을 과도로 수차례 찔러 중태에 빠뜨리고, 회장 일가를 흉기로 협박하여 현금과 패물을 훔쳐 달아나는 사건이 있었다. 이학영은 이에 가담한 범인 중 한 명이었다. 혁명자금을 조달하기 위해 강도행각을 벌인 것이다. 이학영은 1979년 발각되어 조직원 79명이 구속된 1970년대 최대의 공안사건이었던 남민전(남조선민족해방전선) 간첩단 사건으로 징역형을 선고받은 전과범이다. 남민전은 처음부터 일본 적군파와 같은 공산주의 테러운동을 표방하고 북한과 직접 내통하며 무장 공산주의 혁명을 준비했다. 이 조직에서 반국가 활동을 했던 이학영은 문재인이 좌익세력의 리더가 된 2012년 총선에서 시작하여 이후 내리 3선 의원이 되었다. 그는 국회에서 '대기업의 저승 사자'로 불렸으며 좌익 원로들의 모임인 원탁회의에도 이름을 올리는 등 그의 위상은 여전히 비범하다. 반국가 행위를 했던 그가 문재인의 시대에 국회로 진입하여 정치의 중심에 있었다는 사실은 결코 예사로운 일이 아니다.

사노맹의 은수미와 조국 대한민국을 사회주의 국가로 만들기 위해 노동자 중심의 지하정당을 만들고 무장폭동을 준비하던 사회주의 혁명조직 사노맹(남한사회주의노동자동맹)에 연루된 은수미는 6년을 복역한 후 출소하여 2012년 민주당 소속의 국회의원이 되었고, 2018년에는 성남시장이 되었다. 수많은 비리혐의를 받던 은수미는 김명수 대법원의 이해되지 않는 판결로 그 자리를 지켰다. 혁명투사를 지켜 준 좌익 정권과 좌익 대법원의 합작으로 보는 국민이 많았다. 조국 역시 사노맹사건으로 기소되어 징역 2년 6개월에 집행유예 3년을 선고받고 6개월 간 교도소에 수감된 공안범죄자다. 그는 서울대 교수로 재직하는 동안 끊임없이 좌익 정치권과 교류 소통 협력했다. 문재인 정권 출범 후에는 청와대의 2인자 자리인 민정수석을 지냈다. 조국은 법무장관에 지명되기 전까지 이 땅의 좌익세력 전체로부터 문재인을 이은 다음 대통령이 되어 대한민국의 좌익혁명의 임무를 완성시킬 수 있는 사람으로 지목된 것으로 알려졌다. 온 가족이 모두 불법과 비리혐의에 연루된 사실이 드러나지 않았다면 그는 문재인을 이어 대권을 잡는 데 성공했을지도 모른다.

중부지역당의 김부겸 1980년대 후반 정부의 강력한 단속으로 남한의 지하당 조직이 거의 와해되자 북한은 1991년 로동당 서열 22위의 거물 여간첩 이선실을 남파하여 1995년까지 대한민국을 공산화한다는 목표로 지하혁명당 재건에 나선다. 남파된 이선실은 이때 천문학적인 돈을 뿌리며 좌익 혁명가들을 모았는데, 그가 접촉한 인물 중의 하나가 김부겸이다. 김부겸은 남파간첩 이선실을 만나 500만 원을 받은 혐의를 받았으나 수사기관이 증거를 확보하지 못해 심한 법정공방을 벌였다. 결국 이 혐의는 유죄가 인정되지 않았으나 간첩을 접촉하고 그것을 국가기관에 신고하지 않은 혐의는 유죄로 인정되었다. 김부겸은 거물 북한간첩을 접촉한 사람이고 그것을 신고하지 않은 사람이다. 문재인은 이런 사람을 자신의 정권 첫 행안부 장관과 마지막 국무총리로 임명했다. 김부겸보다는 문재인의 정체성을 더 잘 알 수 있는 인사였다.

이선실이 직접 포섭하여 북한으로 데려가 교육 시킨 후 다시 내려보낸 황인오, 박원순 비서실장으로 2020년 7월 9일 박원순이 자살하기 직전 그의 자택을 찾아가서 마지막으로 만나 수많은 의혹을 낳은 사람으로 언론에 노출되었던 고한석, 박근혜 탄핵정국에서 촛불집회 주제가였던 〈이게 나라냐〉와 〈김일성 찬양가〉와 더불어민주당의 전신 〈민주통합당의 당가〉 등을 만들어 문재인의 정권장악에 기여한 윤민석도 중부지역당 출신이다. 30여 년전 지하 공산혁명조직에서 활동했던 사람들이 문재인의 정치적 동지가 되어 함께 투쟁하고 함께 정권을 장악하고 함께 대한민국을 통치하고 함께 권력을 누렸다는 사실을 말하고 있다.

막후의 종북 원로들

마르크스·레닌 사상을 수용하고, 북한의 김일성을 숭배하는 이 땅의 공산주의자와 김일성주의자들의 뿌리는 대한민국의 역사만큼이나 오래되었다. 강력한 반공주의 정책을 펼친 박정희 집권시대에 지하에서 암약한 그들은 박정희 사후 어린 운동권 학생들을 김일성의 주체사상으로 무장시켜 전면에 내세우고 이 땅의 북한화를 위해 적극적인 활동을 펼친다. 그 첫번째 결실은 김대중의 집권이었으며 노무현 정권까지 이어지며 10년간 대한민국의 사회주의화를 크게 진전시키는데 성공한다. 그러나 2008년 이명박이 대통령이 되어 다시 우익진영이 정권을 잡자 그들은 정권 흔들기용 혼란 조성과 반정부적 활동을 조직적으로 전개한다. 이때 전체 좌익세력의 구심점 역할을 한 것은 소위 '원탁회의'로 불리운 원로그룹이었다. 전면에 나서서 공개적으로 친 북한 반 남한 투쟁을 벌인 수많은 좌익단체에 대비하여 이들은 Deep State, 즉 막후정부 혹은 숨은 권력으로 불렸다. 좌익의 원로 지도자 그룹이다.

이명박 정부 하의 2011년 7월 당시를 기준으로 언론인 조갑제가 원탁회의 참여 멤버로 지목했던 사람은 총 21명이다. 그들의 면면을 보면 김상근 목사, 함세웅 신부, 오종렬 진보연대 총회의장, 김윤수 국립현대미술관장, 백낙청 교수, 배우 문성근, 문재인, 이해찬, 더불어민주당 국회의원 남윤인순과 이학영 등이다.

김상근은 김재규의 명예회복과 국보법 폐지, 통진당 해산 반대를 주장한 대표적인 좌익 종교인이다. 함세웅 신부 역시 '악마 조선일보를 없애 달라고 하느님께 기도한다'는 좌익 종교인이다. 백낙청은 천안함 폭침에 음모론을 펼치고 시인 김지하가 '무식한 백낙청'이라고 했던 바로 그 사람으로 참으로 오랫동안 반 대한민국 운동을 펼친 학자다. 문성근은 밀입북 사건 등으로 여섯 번이나 투옥된 문익환 목사의 아들이며 문화계의 대표적인 친노 친문 인사로 '백만 민란운동' 등의 좌익 시민운동을 주도했다. 오종렬은 해방 정국에서 박헌영과 같이 활동한 오정근의 아들로서 대를 이은 골수좌익으로 남북연방제를 주장하며 촛불집회에서 늘 중심에 있었던 사람이다. 여성계의 대모로 불리는 남윤인순은 박원순성 피해자에게 '피해호소인'이라 했던 그 사람이며, 이학영은 남민전 간첩단으로 활약한 더불어민주당 국회의원이다. 이 외에도 많은 원로 좌익인사와 골수 종북주의자들이 현안에 따라 원탁회의 멤버로 참여한 것으로 알려졌다. 2011년에는 문재인도 이 원탁회의에 참여했으며, 대통령이 되어서도 늘 원탁회의의 조종을 받는다는 의심을 샀다.

원탁회의 참여자들은 주한미군 철수, 국보법 폐지, 연방제 통일을 주장하는 점에서 이 땅의 모든 종북좌파들을 대표하는 리더들이다. 그들은 항상 반정부 폭력시위를 배후에서 조종하고, 좌익이 위기를 맞거나 선거정국이 되면 회의를 열어 좌익진영의 역량을 집결하고 극대화하는 방안을 모색했다. 2008년 18대 총선에서는 원탁회의 멤버 박재승 변호사가 민주당의 공천심사위원장이 되어 정청래 최재성 김태년 우상호 백원우 한병도 등을 공천하여 무려 10여 명의 전대협 출신이 국회에 입성할수 있도록 하였고 국회의원이 된 이들은 원로들의 기대에 어긋나지 않게 미군철수 등 북한의 대남 적화노선을 따르는 활발한 투쟁을 전개했다.

원탁회의는 2012년 19대 총선에서는 한 걸음 더 나아가 민주당과 통진당의 야권연대를 막후에서 조종하여 이석기 등 무장으로 대한민국 전복을 준비하던 통진당 당원 13명을 국회의원으로 만드는 데 핵심적 역할을 하였다. 당시 작성했던 '연대합의문'에는 민주당과 통진당의 서명과 함께 제 3자의 서명도 들어 있어 원탁회의의 존재를 분명히 확인할 수 있다. 원탁회의는 이미 대법원으로부터 이적단체로 판정받은 한총련의 합법화도 주장했으며, 통진당이 해산될 위기에 처했을 때는 멤버들이 '비상 원탁회의'를 구성하고 직접 민주당을 방문하여 통진당 해산을 막는 데 적극적으로 나서도록 압력을 가했다.

그들은 2012년의 18대 대통령 선거에서는 문재인과 안철수의 단일화를 촉구하고 영향력을 행사했다. 2014년 세월호사태 때는 '세월호 참사 국민대책회의' 고문단 15명 중 김상근 함세웅 등 무려 8명이 참여하여 세월호에 대한 책임을 박근혜에게 뒤집어 씌우고 이 사회적 재난을 정치적 공격의 소재로 전환하는 데 주도적 역할을 한다. 또한 그들은 민주당을 향해 기소권에다 수사권까지 있는 세월호특별법 통과를 압박하여 결국 그것을 성취했다. 원탁회의는 박근혜를 탄핵시키고 문재인이 정권을 잡은 소용돌이 정국에서도 막후에서 고요한 태풍의 눈과 같은 역할을 하였으며 문재인의 통치 기간에도 배후에서 좌익의 장기집권을 획책하는 훈수정치를 계속했다. 말 그대로 '막후의 정부'였다.

조갑제가 지목한 원탁회의 멤버 중 주목해야 하는 사람은 이해찬이다. 좌익의 막후인 원탁회의와 좌익의 전위대인 민주당을 오가며 김대중 노무현의 두 좌익정권이 끝난 이후의 10여 년을 막전과 막후에서 대활약을 한 사람이다. 그는 그다지 좋아 보이지 않는 정신적 육체적 건강

상태에도 불구하고 문재인 정권이 한창인 때에 더불어민주당의 대표가 되어 문재인을 문 실장으로 부르며 절대적인 영향력을 과시했다. 민주당을 마치 조선로동당처럼 한 목소리만 나오는 일사불란한 정당으로 체질을 바꾸고, 선거법 개정과 공수처법 제정으로 좌익이 장기집권할 수 있는 토대를 마련했다. 대한민국의 좌익국가화 과정에서, 혹은 대한민국 민주주의의 흑역사에서 이해찬의 역할은 반드시 제대로 평가되고 기록되어야 한다. 그는 이 땅의 민주적 정당정치를 심각하게 파괴하고 더불어민주당을 마치 조선로동당과 같은 전체주의 정당으로 만든 사람이다.

대한민국의 좌익국가화를 지휘한 배후 권력을 논할 때 많은 북한 전문가들은 통혁당 잔당을 지목한다. 원탁회의 참여자들조차 그들의 영향력 아래에 있다는 것이다. 그들이 대체 누구일까. 전 국무총리 노재봉도 전 경기도지사 김문수도 확실히 알고 있는 듯한데, 말을 꺼내다 삼키는 그들은 대체 누구일까. 대한민국의 자유민주주의 국체를 지켜 내려면 그것을 위협하는 존재를 알아내야 할텐데 아무도 말하지 않고 아무도 알려 주지 않으니 답답한 일이다. 통혁당 잔당이라고 하니 생존하는 통혁당 출신이라도 꼽아 보자. 1968년 통혁당 간첩단 사건으로 검거된 총 158명 중 사형이 집행된 수뇌부 외에 생존한 자는 신영복 박성준 한명숙이 있다. 신영복도 2016년 사망했으니 제외된다. 그렇다면 2022년 현재 생존하는 통혁당 잔당은 박성준 한명숙 부부다.

문재인 세력은 집권 후반기로 접어든 2020년, 한명숙을 무죄로 만들기 위해 KBS를 앞장 세워 여론몰이를 하고, 헌정 사상 한 번밖에 없었던 법무장관의 수사 지휘권을 거듭 발동하여 재심을 시도하는 등 한명숙 복권을 위해 총력을 다했다. 그 과정은 가히 국가의 법치 시스템을 붕괴시키는 수준이었다. 이 모든 무리한 시도가 실패로 끝나자 문재인은 자신의 퇴임을 불과 3~4개월 앞두고 한명숙을 복권시켰다. 박근혜의 사면조차 이석기와 함께 한명숙을 구하기 위한 수단으로 삼았다. 그리고 한 달 후에는 남편 박성준까지 김명수의 사법부에 의해 무죄를 선고받으며 60년 전에 지하혁명조직 통혁당과 함께 했던 그의 반국가 범죄는 깡그리 없는 것이 되었다. 한명숙과 그의 부군 박성준이 대한민국의 좌익세력에서 차지하는 위상이 어느 정도인지 짐작되지 않는가. 그렇다면 이들이 모든 대한민국 좌익세력의 꼭대기일까? 이 허약한 일개 국민은 말을 삼켜야 한다. 확신은 들지만 말을 할 수가 없다.

2. 주사파 동지들

내가 누군지 아느냐

문재인 정권이 들어선 해인 2017년 12월 28일 밤, 더불어민주당 당협위원장 허동준은 음주운전 중에 버스를 들이받았다. 출동한 경찰이 음주 측정을 요구하자 그는 목소리를 높였다. "내가 누군지 아느냐?". 그를 아시는가. 그는 과거 대학생 시절 전대협 5기 간부를 지냈다. 학생 김일성주의자들의 혁명조직이자, 문재인 정권의 성골을 배출한 바로 그 전대협이다. 그는 이 출신 성분을 끈으로 2012년 대선에서는 문재인의 선거대책위 캠프 부단장을 맡았고 2016년 총선에서 지역구인 서울 동작을에서 나경원에 패하지 않았다면 국회의원이 되었을 것이다. 늘 원칙 진실 공정 정의 인권 민주를 자신들의 상징으로 내세우는 더불어민주당의 전대협 출신 지역구 위원장 허동준은 이렇게 자신의 찬란한 신분을 내세우며, 음주를 측정하려는 공무원의 공무집행을 거부했다. 86운동권 출신들이 대부분 그러하듯 그는 이 땅의 주류가 되었고, 그래서 경찰을 향해 특권 대우를 요구한 것이다. 그의 행동은 단순한 주취의 호기가 아닌 듯 했다. 주사파 운동권 출신들이 이땅에서 차지하는 혁혁한 위상의 발로였다. 대한민국은 그들의 세상이었다.

1992년 대법원은 전대협의 노선을 결정하는 핵심 부서인 '전대협 정책위원회'를 이적단체로 판시했다. 한 해 전인 1991년 안기부는 전대협이 주사파 지하조직에 의해 장악되고 조종되어왔다는 수사 결과를 발표했다. 1987년의 전대협 1기부터 1991년의 5기에 이르기까지 전대협 의장과 핵심 간부는 모두 주사파 지하조직에서 파견한 핵심조직원이었음을 밝혔다. 1기 이인영, 2기 오영식, 3기 임종석, 4기 송갑석이 전대협 의장을 지낸 사람들이다. 특히 송갑석은 30년 전 "북한에 의한 통일만이 진정한 조국통일"이라고 해서 모두를 깜짝 놀라게 했고, 문재인 정권에서 민주당의 공천을 받아 광주 서구갑에서 21대 국회의원이 되어 그의 발언을 기억하는 국민을 다시 한번 경악케 한 사람이다. 대법원 판결과 안기부 수사에 의하면 전대협 간부 출신은 모두 주사파가 확실하며, 그들 외에도 1980년대와 1990년대의 운동권 대부분은 김일성을 숭배하고 북한을 추종한 주사파 언저리들이었다. 이런 사람들 중에 전향하지 않은 김일성주의자들이 문재인 정권에 다 모였다.

김대중 노무현 정부에서 3~40대의 386으로 불리며 정치권에 본격 등장한 운동권 세력은 그로부터 10여 년이 지나 노무현의 정치적 상속자인 문재인이 정권을 잡으면서 그들은 이제 50의 나이를 넘겨 586으로 불리며 청와대 내각 국회 여당을 모두 장악했다. 특히 운동권 중에서도 주사파의 행동 전위대였던 전대협 간부 출신들은 문재인 권력부의 핵심에 모두 포진했다. 그들은 청와대 정부 국회를 망라한 정치의 모든 영역과 법조계 노동계 교육계 언론계까지 장악하여 대한민국 최대의 권력집단이 된다. 특히 주사파는 전교조를 장악하여 교육계의 절대권력이 되었고, 민노총을 통해 대한민국 경제 현장의 근본적인 체질 변화를 시도했다. 그 결과, 문재인의 시대는 노무현의 시대보다 사회주의 내지 김일성주의의 혁명성이 더욱 확고하고 분명해졌다. 그래서 대한민국의 사회주의 국가화와 북한화를 우려하는 지식인과 국민은 문재인 정권을 주사파 정권이라 불렀다. 주사파 정권은 대한민국을 '주체사상의 나라'로 만들어 갔다. 무서운 일이었다.

학생 김일성주의자

1960~70년대에 걸친 약 20년 동안 박정희와 김일성의 대립과 대결은 박정희의 완승이었다. 인민의 빈곤을 해결하지 못한 김일성은 경제건설과 국방력 강화에 집중하는 박정희의 남한을 집요하게 공격했다. 간첩을 파견하여 지하혁명정당을 조직하고, 끝 없는 무력 도발을 감행하였으며, 박정희의 목을 따오라며 무장 군인을 파견하기도 했다. 박정희는 이에 대응하여 강력한 반공정책을 펼쳤다. 그래서 박정희 시대에 김일성의 대남 혁명전략은 제대로 먹혀 들지 않았다. 이런 상황이 지속되다 1979

년 10월 박정희가 사라진 것은 김일성에게 확실한 새로운 기회였다.

박정희 사후, 무력으로 혼란을 수습하고 권력을 잡은 전두환은 집권의 정당성 부족으로 강력한 반공정책을 펼 수는 없었다. 그래서 민심을 얻기 위해 민간에 대한 다양한 자유화 정책을 전개한다. 두발 자유화, 교복 자유화, 학도호국단 폐지 등 다양한 학원자유화 조치는 그 일환이었다. 김일성은 바로 이 약한 고리를 제대로 파고 들었다.

공산주의 혁명사를 보면 공산주의가 쉽게 침투할 수 있는 계층은 노동자 농민 같은 서민과 함께 학생이 빠지지 않는다. 서민은 부유층에 대한 증오심을 부추겨 혁명에 쉽게 동원할 수 있었고, 학생들은 아직 사회 현실을 제대로 경험하지 못하여 유토피아적 좌익사상이 쉽게 침투할 수 있다. 바로 이 점을 노린 김일성은 박정희가 퇴장한 기회를 잡아 남한 내부에 혼란을 일으키고, 자신의 숙원인 주한미군 철수와 국가보안법 폐지 등 대남노선을 추진할 수 있는 세력으로 아직 머리가 덜 야문 학생층을 선택한다. 그리고 시대 착오적인 민족주의를 앞세워 연방제 통일을 주입시키고, 기만적인 인민민주주의의 이름으로 반정부 투쟁을 부추기고, 대남 단파방송을 송출하여 학생들에게 공산주의와 김일성의 주체사상을 주입시켰으며, 혁명자금이라 이름 붙인 현금다발과 함께 주체사상을 행동에 옮기라는 지령을 내린다. 이렇게 해서 이 땅에 단단한 뿌리를 내리고 자란 독버섯이 주사파다. 바로 학생 김일성주의자들이다.

그들이 투쟁한 것은 민주화운동이 아니다

주사파들은 북한을 이미 해방된 국가로 보는 반면, 남한은 아직 미제국주의의 식민지배에서 해방되지 않았다고 주장한다. 그들이 늘 민족해방을 외치는 이유다. 대한민국은 태어나지 말았어야 할 나라이고, 북한은 항일투쟁 친일청산 반미자주의 길을 걸어온 나라라고 주장한다. 주한미군을 몰아내고, 남·북한이 사회주의 연방제로 통일을 하자고 하는 북한의 주장을 그대로 따른다. 주사파는 대한민국을 부정하고, 김일성 왕조의 노예가 된 북한동포를 외면한다. (뉴데일리, 2012. 1. 22)

1980년대 초의 혼란한 정국과 전두환의 등장을 보며 김일성은 어린 대학생 혁명가의 양성에 힘을 쏟기로 하고, 대남 방송 등을 통해 김일성 주체사상을 끊임없이 주입했다. 사상이라 이름 붙였으나 그 내용은 결국 대한민국을 공산화하기 위한 전제조건인 주한미군의 철수와 국보법 철폐가 핵심이었다. 거기다 전쟁 없이 남한을 흡수하는 방안인 고려연방제를 더하고, 남한 체제를 흔들고 증오심을 부추겨 학생들의 저항의식을 증폭시키기 위한 선동구호인 독재타도와 재벌해체와 외세배척 주장을 곁들였다. 대남혁명노선이 화려한 꽃을 피우기 시작한 것이다.

북한 정권은 남한 정부를 배제하고 임종석의 전대협과 직접 접촉했으며, 간첩을 파견하여 학생 투쟁가들에게 김일성이 보낸 하사금을 뿌렸다. 정부가 전대협정책위 한총련 등을 이적단체로 규정하고 활동을 금지하자 북한은 남한과 접촉하고 협상하는 기회에는 어김없이 우리 정부를 향해 직접적으로 그들의 활동 보장을 요구했다. 그 정도로 북한 정권과 학생운동권 단체들은 밀접하게 접촉하고 내통하고 있었다는 뜻이다. 이들 학생조직에 소속된 간부급 학생들은 결코 민주화 운동을 하고 있었던 것이 아니다. 그들은 조선로동당 통전부(통일전선부)의 지령을 받으며 공산주의 혁명투쟁을 전개하고 있었다. 확실하다.

1970년대의 운동권 학생들이 박정희의 개발독재적 통치에 저항하며 대한민국의 민주화를 실현하는 것이 목적이었다면, 1980년대 이후 운동권 세력이 지향한 것은 대한민국을 북한식 공산주의로 만들기 위한 체제 변혁운동이었다. 더 구체적으로 말하자면 남한의 우익정권을 전복시키고, 주한미군을 철수시킨 후 북한에 편입시키는 북한 중심의 통일운동이었다. 이것이 김일성 주체사상의 요체다. 주체사상의 실현을 위해 일반 학생들을 선동하여 집회의 규모를 키우고 거리에서 돌과 화염병을 던진 학생들, 그들이 바로 주사파다. 그들의 투쟁은 민주화운동이 아니라 단지 남한을 북한화하는 것이었다. 주체사상이란 것은 남한을 공산주의 국가화하는 것이며, 주사파란 그것을 실행하는 사람들이다. 주체사상 주사파 모두 이렇게 간단히 이해하면 된다. 그들의 현란한 말솜씨에 속아서는 안 된다.

정치판의 최대 파벌이 되다

86학생운동가들의 활동과 투쟁 행태는 양적으로나 질적으로 이전의 기성세대와는 확연히 구별된다. 이전의 좌익 혁명활동이 지하에서 은밀히 진행되었다면 80년대 학생들의 혁명투쟁은 지상으로 올라와 공개적으로 전개된다. 그들은 자본주의의 병폐를 과장하며 반 시장자본주의적 주장을 펼치고, 계급투쟁론을 들먹이며 서민층의 증오를 부추겼다. 그리고 공산주의의 전 세계적인 확장을 막으려는 미국의 역할을 제국주의로 매도하며 주한미군의 철수를 주장했다. 이런 구호 사이에는 사회주의 이념을 끼워넣고 그 아름다움을 선전하는 것도 잊지 않았다. 박정희 집권기에 간첩을 남파하고 지하조직을 만들어 은밀히 전개하던 남한 공산화의 전략은 이때부터 대학 캠퍼스에서 김일성사상으로 무장한 학생들이 주도하는 혁명투쟁으로 변모하게 된다. 그리고 그들의 모든 활동과 투쟁에 '민주화 운동'이라는 이름을 붙여 국민들의 거부감과 저항을 극복한다. 좌익 혁명가들의 완벽한 위장술이었다. 이렇게 전개된 1980년대의 학생 좌익투쟁은 기성세대의 그것을 압도했다.

2012년 제19대 총선을 앞두고 민주통합당 당 대표 한명숙은 자당의 국회의원 후보 명단을 발표했다. 그는 이 자리에서 '각 후보의 정체성'을 후보 선정의 기준으로 삼았다고 했다. 통상 국회의원 후보를 공천할 때 그 기준으로 능력 자질 도덕성, 국가를 위한 사명감을 내세우는 것이 일반적이다. 형식적으로나마 그렇게 말한다. 그러나 한명숙은 이런 기준이 아닌 후보의 정체성을 말했다. 선거가 치러진 후 당선 가능성이 큰 지역구에 공천되어 뱃지를 단 당선자들의 면면을 보면 한명숙이 말한 후보들의 정체성은 분명했다. 그가 기준으로 삼은 정체성이란 자유민주주의가 아니라 사회주의 공산주의였다. 더 구체적으로는 김일성의 주체사상이었다. 이 총선에서 당선된 민주통합당 통진당 등의 국회의원 140명에 대해 언론인 조갑제는 각자의 출신과 이념지향성을 분류했다. 우선 140명 중 26명이 국보법과 반공법 위반 전과범들이었다. 그리고 반국가 단체와 이적단체로 규정된 조직 출신이 19명이었고, 간첩 혐의로 구속되어 복역한 자가 2명이다. 이들은 모두 좌익사범이거나 공안사범으로 불리는 자들로서 합계 47명이다. 140명 중에 무려 3분의 1이다.

먼저 북한의 지령을 받는 지하혁명조직에 가담했던 사람으로는 통혁당의 한명숙 당 대표 자신과 남민전의 이학영이며, 간첩 행위자는 재일교포 간첩단 사건의 강종헌과 일심회 사건의 최기영, 그리고 일심회의 핵심 포섭 대상자였던 김제남이다. 반국가 단체 가담자로는 삼민투의 오병윤 강기정 김경협, 제헌회의 그룹의 민병두, 전대협의 김태년 박홍근 이인영 임수경 오영식 우상호 정청래 최재성, 구국학생연맹의 김기식, 민혁당과 통진당의 이석기, 사노맹의 은수미, 한총련의 황선과 김재현이었다. 그리고 당선자 299명 전원의 전과를 기준으로 분류하면 새누리당 4.7%, 민주통합당 35%, 통진당 62%였으며, 민주통합당의 병역 대상자 중 병역 미필자는 25%로 일반인의 6배였다. (조갑제 닷컴, 2012. 6. 29)

이 통계에 의하면 한명숙이 말한 각 후보의 정체성이란 자유민주주의가 아니다. 이들은 순수한 사회주의자나 정통 공산주의자도 아니다. 대부분 주체사상으로 무장하고 반국가 행위를 범했던 자들이다. 이들이 대거 정치판의 중심에 선 것이다. 19대 국회의원을 분석한 조갑제는 "이런 19대 국회는 반드시 변고를 일으킬 것"이라고 말했다. 그의 예상은 적중했다. 변고, 그의 말 딱 그대로 되었다.

민주통합당이 야권연대라는 이름으로 13석을 가진 원내 제3당으로 만들어준 통진당 세력은 바로 다음 해인 2013년 이석기를 중심으로 그

동안 조직적으로 대한민국을 공격하기 위한 무장폭동을 준비하고 있었다는 것이 발각되어 국민을 깜짝 놀라게 했다. 그리고 민주통합당은 드루킹에 비하면 아무것도 아닌 국정원 댓글을 이유로 막 출범한 박근혜 정부를 거의 마비시켜 놓았다. 이후 국정교과서 반대, 세월호 참사의 정치적 악용, 사드 배치 반대에 이어 최순실 놀음과 국정농단이라는 유령 만들기, 박근혜 탄핵에 이르기까지 일련의 대한민국 뒤집기 작업이 진행되었다. 이 모든 과정에는 한명숙이 심어 놓은 김일성주의 정체성을 가진 국회의원들이 늘 앞장섰다. 한명숙의 승리였고 주사파의 승리였다. 대한민국이 주사파의 나라가 된 데는 19대 국회가 획기적 역할을 했다는 뜻이다. 언론인 조갑제가 말한 변고 그 이상이었다.

1970년대의 좌익 학생운동은 마르크스·레닌 사상에 기초한 사회주의 운동으로 소규모 지하조직의 형태로 은밀히 진행되었다. 이에 비해 1980년대의 학생운동은 김일성의 주체사상을 실현하기 위해 공개적이고 대규모적으로 전개된 북한식 공산주의 운동이었다. 북한의 대남 적화노선에 따라 체제 전복과 주한미군 철수를 실현하기 위한 투쟁이었다. 이 시기의 학생운동을 주목해야 하는 이유는 20~30년이 지나 그들이 50대의 나이가 되어 586으로 불리게 될 무렵 정치 노동 교육의 영역을 중심으로 사회 모든 영역에서 최대 파벌이 되어 자유민주주의 국가 대한민국의 정체성을 근본적으로 변혁시키는 세력이 되었기 때문이다.

그들은 대학을 졸업하고 10여 년의 잠복기를 거친 후 김대중의 집권과 함께 제도 정치권에 대거 진입하기 시작한다. 그들 중에서도 주체사상 이론을 전파한, 이른바 이론주사파들은 대부분 공부의 진전과 함께 그것을 버리고 전향한 반면, 이론주사파들이 건네 준 유인물을 달달 외우고 길거리에서 몸으로 투쟁한 행동주사파들은 고대의 공룡처럼 길거리를 배회하다 김대중 정권에 속속 유입되어 정치판에서 386으로 불리며 일정한 세력을 형성하기 시작한다. 이어 노무현 정권에서 세력이 빈약하던 노무현을 옹립하며 정치권의 최대 파벌이 된다.

다시 10여 년이 더 지나 그들이 586으로 불리게 되었을 때는 노무현의 친구 문재인을 추대하여 대통령으로 만들고 국가 권력의 핵심이 된다. 그리고 젊은 시절 그들이 외치고 투쟁했던 대한민국의 사회주의화와 북한화 정책을 급격히 전개하면서 대한민국 국가체제의 정체성과 나라의 방향성을 완전히 바꾸어 놓는다. 문재인 정권을 대한민국의 자유민주체제를 후퇴시킨 정권이라고 규정한다면, 그것은 문재인과 함께 586주사파 세력이 주도한 것이 분명하다. 또한 문재인 정권을 사회주의 혁명 혹은 남한의 북한화 혁명을 추진한 정권이라 정의한다면 이 역시 문재인과 함께 주사파 세력이 결정한 방향성이었다. 문재인에게 늘 따라다닌 '바지사장론, 허수아비론, A4를 읽는 대통령' 등의 별칭은 곧 주사파 운동권의 영향력을 대변하는 말이다. 그래서 문재인의 시대는 곧 주사파의 시대와 같은 뜻이다.

학교로 간 주사파 전교조

"야, 머리 좋은 애들 전부 노동 현장으로 보내지 말고, 사회 구석구석으로 보내라"는 김일성의 교시가 내려진 후, 전대협은 산하에 '비밀투

신위원회'라는 조직을 만들었다. 1988년의 일이다. 투신投身이란 말 그대로 몸을 던진다는 뜻이다. 이 위원회는 교대나 사대출신에게 따로 주체사상을 공부시켜 혁명전사로 만들었고 그들을 학교 교육현장으로 보냈다. 그들의 언어로 투신시킨 것이다. 이렇게 만들어진 혁명조직이 바로 전교조 즉 전국교직원 노동조합이다.

전교조는 교사들의 노동조합이 아니다. 좌익단체 대부분이 그렇듯 이름과는 다르다. 그들은 주사파 조직의 일부분으로 주체사상을 주입받고 교육 현장으로 보내져 어린 학생들에게 김일성사상을 가르치는 교사들이다. 공식적인 신분은 교사지만 실제는 김일성사상을 전파하는 혁명가인 그들은 주체와 민족의 이름으로 외세를 배격하자며 학생들에게 미국을 적대시하는 시각을 주입시킨다. 그리고 대한민국의 정통성을 인정하지 않으며, 북한 체제를 미화하는 교육을 전개한다. 그들은 대한민국의 공산혁명을 지금 당장할 수 없다면 미래 언젠가는 가능하도록 미래 세대인 학생들에게 주체사상을 주입시키는 임무를 수행하는 혁명투사들이다. 좌익의 나라가 된 지금 우리 아이들은 대한민국 건국, 북한의 남침, 그리고 자유민주주의에서 '자유'가 빠진 교과서로 공부하고 있다. 하지만 전교조 교사들이 주류가 된 학교 현장에서는 교과서가 그렇게 되기 오래전부터 이미 그렇게 가르치고 있었다.

전대협에서 주체사상 교육을 총괄했던 왕년의 주사파 이동호 씨는 교육 현장에서 벌어지고 있는 이념교육의 실상을 다음과 같이 전해 준다.

"전교조 통일위원회 자료는 북한 교과서를 그대로 베낀 것이다. 지금 모든 역사교과서에 '투쟁'이라는 말이 끊임 없이 반복되는 것은 바로 공산주의의 계급투쟁사상 때문이다. '인류 역사는 민중의 투쟁을 통해서 발전한다'는 계급 투쟁사상에 기반을 두고 있다. 물론 여기서 말하는 투쟁은 자유민주주의가 아니라, 인민민주주의를 지향하는 투쟁이다. 지금 우리 청소년들이 배우는 역사교과서가 그렇게 되어 있다. 학교 현장뿐만 아니라 그 외에도 많은 조직원들을 교육시키고 사상무장시켜 사회 곳곳으로 내보낸다. 공부 잘하는 친구들을 선발해 고시공부시켜 판·검사로 만들었다. 서울대 출신을 중심으로 공직과 언론계에도 많이 보냈다. 우리들이 훈련시켜 보낸 거다. 지금 50대가 된 그들이 주류가 되어 일제히 대한민국을 왼쪽으로 몰아가고 있다." (트루스 포럼, 2017. 9. 12. 이동호, '좌파의 불편한 진실') 이것은 불편한 진실이 아니다. 무서운 현실이다.

정권을 잡은 문재인은 김명수의 대법원을 앞세워 2020년 9월 전교조를 다시 합법적인 노조의 지위를 회복시킨다. 불법적으로 설립되어 활동한 지 10년이 지나 좌익의 김대중 정권이 들어서면서 합법화되었고, 그들의 명백한 북한 편향성과 과도한 정치성과 불법적 활동으로 박근혜 정권에 의해 15년 만에 다시 불법단체로 규정되었다. 다시 7년 후 문재인 정권에 의해 합법화된 것이다. 이것은 전교조가 정권의 이념적 성향에 따라 합법화되거나 불법화가 반복될 정도로 이념성이 강한 정치적 단체라는 의미다. 물론 전교조가 지향하는 이념은 자유민주주의가 아니라 사회주의다. 북한식 공산주의라고 하는 것이 더 정확할 것이다. 전교조는 역사투쟁과 사상투쟁을 담당한 문재인의 혁명동지 그룹이다. 지금도 중·고등학교의 역사교육과 이념교육은 그들이 장악하고 있으며, 우리의 아이들은 그들로부터 국민의 권리와 의무가 아닌 '인민주권'을 배우고 있다. 그들은 공산주의의 땅이 된 대한민국, 즉 미래의 남조선을 준비하고 있다. 그냥 둘 일이 결코 아니다.

산업 현장의 주사파 민노총

조선로동당은 노동조합을 '혁명의 주력 대오'라고 부른다. 모든 공산혁명은 노동자 계급의 나라를 표방하고 노동조합의 조직화에 주력한다. 그러나 이것은 혁명의 단계에서 거대한 지원세력으로 동원하기 위한 하나의 집단으로서의 노동자일 뿐이다. 혁명에 성공한 후에는 공산당이 그 자리와 힘을 독점하고 노조는 무력화된다. 공산당이 권력을 잡은 중국의 노동조합보다 아직 공산혁명이 완성되지 못한 대한민국의 민노총이 더 강력한 이유다. 이 땅이 완전한 공산국가가 된다면 민노총 간부들은 모두 공산당 지배계급이 되고 민노총은 껍데기만 남을 것이며, 노동자들은 모두 가난한 인민계급에 편입될 것이다. 혁명에 성공한 공산국가들의 전형적 패턴이다. 사례를 멀리서 찾을 필요도 없다. 일하지 않고도 1억 이상의 연봉에다 수많은 특권을 누리고, 국회의원이 되고, 시장이 되고, 도지사가 되는 한국의 민노총을 보면 된다. 민노총의 목소리가 높고 그들의 힘이 커질수록 기업들은 해외에 일자리를 만들었고 이로 인해 일반 노동자의 양질의 일자리가 계속 감소한 것은 노무현과 문재인의 치하에서 일상이 된 일이었다.

민주당 전교조와 함께 대한민국의 3대 거대 좌익집단 중 하나인 민노총은 노동자의 권익을 위해 활동하는 노동조합이 결코 아니다. 그들은 좌익 혁명활동을 전개하는 정치집단이며 북한 중심의 통일을 목표로 하는 혁명과업 투쟁을 전개하는 혁명조직이다. 문재인 정권과 더불어 민주당은 이들과 은밀히 연계하고 긴밀히 협력했다. 민노총은 막강한 자금력과 거대 조직력을 바탕으로 박근혜 탄핵정국의 촛불시위에 일반 시민을 대거 광장에 끌어 모으고 촛불집회를 6개월에 걸쳐 지속하여 결국 박근혜를 끌어내리고, 문재인을 청와대로 입성시키는 데 1등 공신이었다. 이것으로 민노총은 명실공히 문재인 정권의 최대 채권자가 되었고 대통령 문재인을 향해 비정규직의 정규직 전환과 52시간제 확대, 최저임금의 급격한 인상, 노조의 경영참여권 확대, 기업주의 근로자 해고 요건 강화 등의 요구를 쏟아냈다. 문재인은 이를 하나도 빠뜨리지 않고 다 들어 주었다. 청와대가 정부의 심장부였다면 정부 밖에서는 민노총이 최대의 권력집단이 되어 폭력을 휘두르며 군림했다. KBS MBC 등 민노총 산하 언론노조에 장악된 언론이 제대로 보도하지 않아 국민인 우리가 심각성을 제대로 인식하지 못하는 대한민국의 현주소다.

민노총은 노동자의 권익 향상이라는 설립 목적을 수행하는 노동조합 조직이 아니다. 오히려 노동자들의 양질의 일자리를 없애고, 대한민국을 노동자들의 지옥으로 만드는 조직이다. 그들은 주사파 혁명조직이며 궁극적 목표는 대한민국 뒤집기다. 그들의 시위현장에 가면 '뒤집어 엎어' '박살내자'라는 구호는 흔히 보고 들을 수 있다. 그들은 생산시설의 공유화를 궁극의 목표로 삼는 공산주의 혁명가들이다. 대한민국이 사회주의 국가가 된다면 문재인과 함께 민노총도 다섯 손가락 안에 드는 원흉이 될 것이다. 문재인의 시대에 민노총은 문재인 정권과 가장 가까운 거리에 있었고 문재인도 늘 민노총 바로 곁에 있었다. 그들은 대한민국의 사회주의화와 북한화를 위해 문재인 정권과 협력하는 관계였다. 민노총 간부들은 문재인의 혁명동지였고 그들은 같은 패거리였다.

문재인의 동지 이석기

2020년 7월 25일 오후 서울 서초구 헌릉로에 두 팔을 벌리고 활짝 웃는 이석기가 나타났다. 그를 사면하라고 주장하는 시위대가 육교 위에 걸어놓은 대형 걸개그림이었다. 이날 '종북몰이 피해자 이석기 의원 석방하라'는 구호 깃발을 단 차량 2,500여 대가 서울 6개 지역에서 저속행진을 하며 교통정체까지 일으켰고, 대형 차량 5대 위의 시위자들은 '이석기 석방'이란 깃발을 흔들었다. 시민들은 "주말 저녁에 자기들 마음대로 경적을 울리고 차량 통행을 방해해도 되는 것이냐"며 분노했으나 (조선일보, 2020. 7. 27) 시위대는 들은 척도 하지 않았다. 이게 다가 아니다. 문재인이 '방역 비상 상황'이라고 말한 날인 2020년 12월 12일 오후 서울 한강다리 12곳을 비롯하여 전국 200곳에서 이석기 석방을 요구하는 집회가 동시 다발적으로 열렸다. 전남 신안 해남의 어선 시위, 지리산 천왕봉, 한라산 백록담, 마라도, 강원도 고성 통일전망대, 서울 한강 다리 12곳 등 전국 200여 곳에서 2,000여 명이 참석했다고 '이석기 구명위'가 밝혔다. (연합뉴스, 2020. 12. 12) 이것이 이석기의 힘이다.

이석기는 '김일성은 절세의 애국자'라며 숭배하고 전쟁이 발발하면 북한 인민군에 호응하여 남한에서도 무장 봉기를 일으키기 위해 총기를 준비하고, 경찰서 습격 등 남한의 국가 기간시설 타격을 계획하고 준비한 혐의로 대법원의 실형 선고를 받은 골수 주사파다. 수감생활을 하던 이석기는 문재인이 청와대 민정수석으로 있던 2003년과 2005년 두 차례에 걸친 핀셋 사면을 통해 피선거권을 회복하고 과거 민혁당의 경기 지역 조직을 기반으로 활동을 재개할 수 있었다. 그는 후에 통진당에 흡수된 노회찬 심상정의 민주노동당에 기생하며 몸집을 불린 뒤 통진당을 장악하였고, 2010년 전후에는 대한민국 공산혁명 세력의 전위부대로 성장하게 된다. 이것은 6·25전쟁 후 60여 년 동안 지하조직으로 은밀하게 존재하던 공산혁명 정당이 지상으로 올라와 합법적으로 활동하게 된 획기적인 사건이다. 이 대사건의 중심에는 이석기가 있었다. 그러나 이석기의 족쇄를 풀어 준 문재인과 함께 이석기의 국회 입성을 가능케 해 준 민주당의 한명숙과 임종석의 공도 지대하다. 공산주의 지하조직이 지상으로 올라와 합법적인 혁명활동을 수행할 수 있게 된 이 역사적 사건은 이석기 문재인 한명숙 임종석의 공동 작품이었다. 그 배후에는 이 땅의 모든 종북좌익세력과 북한의 김씨 정권이 있었다. 그러나 이석기를 제도권에 진입시킨 데는 무엇보다 권력자 문재인의 방조가 없었다면 불가능했을 것이다. 문재인을 이석기의 동지로 부르는 이유다. 동지 정도가 아니라 절대적 수호자로 보인다.

대통령의 특별사면은 통상 대통령의 의사를 토대로 청와대 민정수석이 대상자에 대한 기준을 정한다. 이석기에 대한 두 번의 특별사면 당시 청와대 민정수석은 문재인이었다. 이해할 수 없는 이석기에 대한 연이은 사면을 두고 법조인들은 노무현 정부의 실세 문재인의 적극적인 역할을 짐작했고 문재인과 이석기의 관계를 의심했다. 여기서 끝이 아니다. 대통령이 된 문재인은 2021년 12월 24일 이석기를 다시 한번 가석방으로 풀어 준다. 2013년 대한민국 체제를 전복하기 위해 실행을 모의하는 등 내란선동 혐의로 구속되어 9년8개월의 징역형을 받은 그를 형기 종료 1년 5개월을 앞두고 다시 풀어 준 것이다. 국가 전복을 모의했다면 그야말로 대역죄다. 문재인은 이런 이석기를 한명숙과 함께 풀어 주는 것을 자신의 살아 있는 권력으로 해야 할 마지막 임무로 여기는 듯했다. 이때 대부분의 국민은 박근혜가 풀려나는 것에 주목하고 있었다. 그러나 문재인과 주사파 정치인들은 이미 정신도 육체도 쇠약해진 박근혜는 관심 대상이 아니었다. 그들은 한명숙과 이석기에게 초점이 모아져 있었다. 석방된 이석기의 제 1성은 "악랄한 박근혜 정권에서 말 몇 마디로 감옥에 갔다"며 "역사의 흐름 속에서 결정될 것"이라고 했다. 이석기가 말하는 '역사의 흐름'은 물꼬가 어디로 향하는 것일까. 한명숙 문재인 이석기 임종석 이인영 김경수, 그들은 알 것이다.

3. 주사파는 죽지 않는다

먼저 떨어진 북한의 핵폭탄 전대협

2021년 가을에 있었던 더불어민주당의 20대 대선 후보 당내 경선에 참여한 사람 8명 중에 주사파 출신은 아무도 없었다. 유일한 운동권 출신이었던 이광재는 컷오프 경선 전에 이미 사퇴해서 얼굴을 볼 수 없었다. 민주당 의원 170여 명 중에 전대협 간부 출신만 초선부터 4선에 이르기까지 20여 명이 넘고, 문재인 정권에서 청와대와 국회를 장악한 최대의 정치파벌이 된 주사파는 왜 대선후보를 내지 못했을까. 그들은 쇠락하기 시작한 것일까, 아니면 또 다시 폐족의 길을 걷는 것일까.

정치 컨설턴트 박성민은 "운동권 86그룹은 결국 대선주자를 배출하는 데 실패했다. (그들은) 과거에 갇혀 살면서 진화하지 못했기 때문이다. 정치를 운동으로 이해하는 20~30년 전의 방식에서 벗어나지 못하면서 다음 세대에 추월당하고 있다"고 말했다. 그리고 전대협 출신의 한 의원은 "전대협은 이제 다음 정치 세대에게 앞자리를 양보할 준비를 해야 한다"고 말했다. (중앙일보, 2021. 8. 1) 전대협 출신들이 저문다고 주사파의 시대가 끝난다고 생각하시는가. 착각이다. 결코 아니다.

김대중 정부 시절 '젊은 피 수혈'이라는 이름으로 임종석 이인영 우상호 등이 정치권에 들어온 이후 그들은 노무현 정부 하의 17대 총선에서 무려 12명이 국회의원에 당선되었다. 그리고 교육계의 전교조와 노동계의 민노총으로 내려간 주사파들과 함께 단단히 엮여져서 대한민국 정치판의 최대 파벌이 된다. 종북세력이 총동원되어 이명박 박근혜 두 우익 정부를 흔들며 뒤집기를 시도할 때 그들은 항상 중심에 있거나 앞장섰다. 3~4년 학생운동 경력으로 30~40년을 우려먹는다는 욕을 먹으면서도 그들은 꿋꿋하게 진격하였고, 결국 문재인을 옹립하여 정권을 탈취하고 한때 대한민국을 거의 완전하게 장악했다. 20대 대선에서 주자를 내세우지 못했다고 그들의 힘을 과소평가해서는 안 된다. 벌써 그들의 퇴장을 말하는 것은 성급하거나 틀린 말이라는 뜻이다. 뿌리가 깊은 그들의 저력을 무시하면 대한민국은 더 큰 화를 당할 것이다.

임종석 이인영 우상호는 흔히 전대협 빅3로 꼽히는 사람들이다. 우상호는 2021년 서울시장 보궐선거에 도전했고 이어 20대 대선에서 이재명 캠프 선대위원장을 맡아 이재명 대통령 만들기를 위해 전력을 다했다. 그는 현역의원으로 여전히 큰 정치적 영향력을 발휘하며 건재하다. 이인영은 문재인 정권 중반 이후 꽉 막혀 버린 남북 관계의 경색으로 전면에 나서지 못한 채 김일성 김정일의 제삿날과 생일날을 챙기며 물밑에서 근력을 키우고 바람의 방향을 살피고 있다. 임종석은 2019년 11월 돌연 정계은퇴를 선언했으나 대통령 외교·안보특보라는 직함을 가지고 문재인의 '이해할 수 없는 때에 이해할 수 없는 나라를 방문하는 해외순방'에 동행하며 국민에게 자신의 존재를 드러냈다. 임종석은 옵티머스 등의 초대형 금융사기 사건의 족쇄가 풀리면 바로 정계에 복귀할 것으로 관측하는 사람이 많으며 큰 선거가 있을 때마다 이름이 빠지지 않는다.

북한 땅에 핵무기가 있다면 임종석 이인영 우상호 김태년 정청래 최재성 기동민 송갑석 한병도 윤건영 박홍근 등의 전대협 출신의 주사파 정치인들은 남한에 있는 북한의 핵폭탄이라 해도 과언이 아닐 것이다. 이 대목에서 주사파를 다시 한번 정의한다. 주사파란 '북한 김일성의 주체사상을 지도이념과 행동지침으로 삼아 대한민국의 북한식 사회주의화를 추구하는 세력'을 말한다. 전대협의 시대가 저문다고 주사파의 시대도 같이 저무는 것은 결코 아니다. 50대의 나이인 전대협 세력은 언제 폭발할지 모르는 핵폭탄이다. 그들은 국회에, 서울에, 대한민국에 미리 떨어진 북한의 핵폭탄이다. 그들은 대한민국 안에 있는 북한이다.

주사파의 새로운 시대 한총련

2021년 8월 경기도 13개 공공노조 총연맹은 경기도 산하의 공공기관에 채용된 이재명의 측근 인사가 총 93명에 달한다고 주장했다. 대통령 경선에 나온 이재명이 경기도 지사로 재직하며 자신의 대권 준비를 위해 자신의 권한으로 측근을 대거 부당하게 채용했음을 고발하는 내용이었다. 그리고 "이 93명 중에는 한총련 출신이 다수 포함되어 있다. 이재명에 의해 경기도 산하기관의 요직을 장악했던 이들 한총련 출신인사들 중 일부는 이재명이 경기 지사를 사퇴하고 대선 경선을 위한 캠프를 차리자 그곳으로 자리를 옮겼다." (문화일보, 2021. 8. 31)고 했다. 1998년 대법원에 의해 이적단체로 규정된 한총련(한국대학총학생회연합) 출신의 주사파들이 이재명의 울타리 안에 모였음을 알리는 기사다. 그들은 이재명을 옹립하여 대한민국의 정치판을 휘어잡으려 하고 있는 것이다. 전대협의 주사파들이 노무현과 문재인을 옹립하고 정치권 장악을 도모했던 패턴을 한총련 출신들이 그대로 반복하고 있는 것이 분명하다.

"이재명 후보의 선대위는 한총련 출신의 주사파 그룹이 절대 다수를 차지하고 있으며, 일부는 매우 심각한 사상적 문제점을 가지고 있는 것으로 보인다. 이재명 선대위는 겉으로 드러난 학연 지연 외에 이면에는 '한총련 출신의 주사파 운동권'이라는 중요한 공통점이 있다." (펜앤드마이크, 2022. 3. 4) 주사파 출신 인사인 민경우 씨는 이재명 캠프에 대해 "운동권, 특히 한총련 출신의 비주류가 압도적으로 많다. 범여권에서 비주류였던 이재명 후보가 성남 시장과 경기도 지사를 거치는 과정에서 부족한 인적 자원을 보완하기 위해 90년대 운동권 출신을 대거 발탁한 것으로 보인다."고 말했다. 대장동·백현동 개발로 정치자금을 넉넉히 확보했을지도 모르는 유사 북한주의자 혹은 유사 사회주의자 이재명의 곁에 자리를 잡은 한총련 출신 주사파들의 면면을 보자.

이재명은 국회에서 대장동 사건을 추궁받는 자리에서 이미 범죄 혐의가 상당히 드러난 유동규와 자신의 연관성을 부인하기 위해 스스로 정진상을 자신의 최측근으로 인정했다. 정진상은 남총련(광주전남지역 대학총학생회연합) 출신으로 이석기의 경기동부연합과도 연대했으며, 사노맹 조직원으로도 활약했다. 그는 2010년 성남시장 선거에서 활약한 이재명 캠프 창업공신이자 이재명 사단의 성골중에서도 핵심이다. 20대 대선 캠프에서는 민주당 선대위비서실 부실장의 중책을 맡았다. 그리고 정진상과 함께 이재명 캠프의 핵심 3총사로 불린 김영진 의원과 강훈식 의원도 90년대 대학 총학생회장을 지낸 사람들이다.

민주당 선대위 총괄팀장으로 이재명 캠프를 총지휘한 강위원은 한총련 5기 의장 출신이다. 그는 1997년 한양대에서 한총련 간부들이 선반기능공 이석(당시 23세) 씨를 경찰의 프락치로 지목하고 장시간 폭행하여 사망에 이르게 한 사건을 배후에서 조종한 혐의로 대법원으로부터 징역 5년을 확정받은 전과범이다. 그는 김대중 정부에서 특별 사면되어 정치활동을 할 수 있었다. 이재명의 최측근 국회의원들의 모임인 '7인회+1'로 불리는 김영진 김병욱 김남국 문진석 임종성 정성호 민형배 이규민은 주사파이거나 운동권, 민변 출신들이다. 21대 총선에서 당선되었으나 선거법 위반으로 의원직이 상실된 이규민은 주사파 지하조직인 '반미구국전선'을 조직한 혐의로 징역 1년 6개월의 실형을 확정받은 사람이다.

이른바 이재명 사단이라 불리는 자들은 전대협 이후의 90년대 주사파들이 핵심을 이루고 있다. 한총련 출신들이 옹립하고 있는 이재명은 더불어민주당 출신으로 인천 계양을 지역구에서 국회의원을 지낸 최원

식으로부터 운동권의 의식화 작업을 받은(문화일보, 2022. 5. 9) 것으로 알려져 있다. 따라서 이재명은 유사 운동권 정도는 될 것이다. 혹여 다음 대선으로 이재명의 시대가 열린다면 그것은 2기 주사파인 한총련의 시대가 될 것이다. 이재명이라는 사람의 거짓말 솜씨와 극단성을 생각하면 전대협의 시대보다 더 무서운 시대가 될 것이 분명하다.

주사파는 사라지지 않는다

대진연, 국민주권연대, 청년당. 모두 문재인의 시대에 활개를 친 젊은 종북단체들이다. 해리스 미국대사 참수경연대회, 김정은의 서울 방문을 환영하기 위해 결성된 백두칭송위원회와 김정은위인맞이환영단, 미국 대사관저 침입, 오세훈 나경원 심재철 등 우익 정당 후보의 선거유세 방해, 동두천 평택 등의 미군기지 앞 폭력시위, 모두 문재인의 시대에 전대협 한총련의 후예인 젊은 주사파들이 벌인 일이다. 전대협보다 폭력성이 한층 강화된 한총련 출신들이 이재명 사단의 중추가 되어 대한민국 장악을 준비하고 있고, 한총련보다 절대적 추종성이 더 강화된 대진연 학생들이 "미국은 기본이 안 된 나라"라 소리치며 동맹국 대통령을 참수하는 포퍼먼스를 하는 등 더 못 된 짓을 하며 마치 사이비 종교의 광신도들처럼 거리를 휘젓고 있다. 곧 60대가 될 전대협의 주사파들이 퇴장하면 그로써 끝날 것 같은가. 결코 아니다.

40대가 된 한총련 주사파들은 다시 5년 후의 정권 탈취를 준비하고 있다. 그들이 성공하면 우리는 전대협의 주사파들이 득세했던 문재인의 시대보다 더 어이없는 일들을 더 많이 겪어야 할 것이다. 20대 대선에 패배한 후 새로 민주당의 원내대표로 선출된 전대협 출신의 박홍근은 당선 일성으로 "문재인 이재명을 지키겠다"고 선언하고 폭력적인 검수완박 정국을 주도했다. 전대협의 끝물인 박홍근은 젊은 시절 김일성 수령을 숭배했듯이 이제는 이재명을 모시고 다시 권력을 쟁취할 태세다.

한총련 출신의 주사파들은 이재명의 밑에 모두 모였다. 대진연 등 20~30대의 젊은 주사파들은 전대협 한총련 출신의 선배들보다 폭력성과 극단성을 더 키우며 다음을 준비하고 있다. 주사파는 죽지 않는다. 북한 김씨 왕조가 사라지지 않는 한 그들도 사라지지 않을 것이다. 그들은 자유민주주의 대한민국에 존재하는 악성 암 덩어리다.

"하나의 불씨가 광야를 태우리라. 모택동의 이 예언은 대륙에서는 실패했으나 반도의 한 귀퉁이에서 제대로 성공한 것 같다. 이토록 이악스러운 '주체'의 잔불을 남겨두고 있으니." 고등학생 때부터 운동권이었다고 고백한 봉달호 씨의 이 독백처럼 주사파들의 '주체'는 대한민국의 자유민주주의를 태우는 불씨가 될 것이다. 문재인의 시대에 유난히 많았던 크고 작은 화재사건과 여러 차례의 대형 산불은 우연일까.

올 것이 왔다, 주사파 어벤져스

문재인 정권은 자신들의 집권 이전에 단 한 번 있었던 수사지휘권을 한명숙을 구하기 위해 두 번이나 거듭 휘둘렀다. 한명숙이 그들에게 어떤 존재인지를 단박에 알 수 있는 일이다. 한명숙은 통혁당의 대한민국

전복과 공산화라는 혁명과업을 아직도 포기하지 않은 사람으로 보인다. 그는 이를 위해 폐족이 된 친노세력을 다시 살리고 문재인을 후계자로 세워 다시 정권을 잡는 데 중추적인 역할을 했다. 그래서 한명숙을 대모로 추앙하는 것이고 문재인과 더불어민주당이 한명숙을 구하기 위해 사력을 다했던 것이다. 이것이 한명숙이라는 존재의 크기다. 그리고 남편 박성준은 그 이상일지도 모른다.

대한민국의 법치 체계를 지키려는 사람들은 문재인 세력의 무법적인 한명숙 구하기를 보며 "억울한 것이 있으면 증거를 갖춰 재심을 신청하라"고 했다. 그러나 한명숙도 문재인도 주사파 수하들도 대법원의 확정판결이 난 지 5년이 넘도록 재심을 청구하지 않았다. 확실한 증거에 근거하여 내려진 판결이라 재심청구를 못한 것이다. 그렇다고 공산주의 혁명조직의 최고 적통을 가진 통혁당의 잔당인 한명숙을, 대형 태극기를 밟고 서서 웃고 있던 좌익혁명가 한명숙을 그들이 포기할 리는 만무했다. 문재인이 대통령 임기 종료를 5개월 앞두고 한명숙을 기어이 복권시킨 이유일 것이다. 무서운 일들이 기다리고 있다.

문재인이 퇴임 직전 대한민국에서 오직 자신만이 가진 권한으로 한명숙을 복권시킨 것은 단지 한명숙의 영향력과 위상 혹은 자신의 대통령 만들기에 기여한 데 대한 보은 때문만은 아닌 것으로 보인다. 대한민국 모든 종북세력의 배후 실세, 혹은 최고위의 존재로 의심받고 문재인의 정신적 멘토라고 알려진 한명숙의 남편 박성준을 위한 것은 아닐까. 이것이 사실이라면 대한민국을 사회주의 공산주의 국가로 만들려고 하는 문재인 세력의 혁명은 이제가 시작일지도 모른다. 이석기도 자유의 몸이 되었고, 많은 권력형 범죄의혹에도 아직은 감옥 가지 않은 임종석도 건재하다. 문재인은 그의 퇴임 전에 한명숙 임종석 이석기까지 주사파 어벤져스를 완성시켜 놓고 양산으로 내려갔다. 늦어도 2023년이면 출소하는 김경수도 있다. 한명숙이 복권되고 한 달 후 박성준도 무죄판결을 받았다. 언론도 국민도 모두 무관심한 사이에 13년을 복역하고 아직 생존하는 통혁당의 최고봉 박성준의 족쇄가 풀린 것이다. 박성준 한명숙 문재인 이해찬 이석기 임종석 김경수 이인영, 그들의 혁명은 이제부터가 시작일지도 모른다. 그들에게 무관심해도 대한민국이 안전할까.

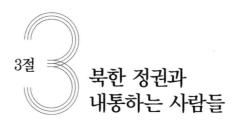

북한 정권과
내통하는 사람들

국가간 또는 정부간 협력과 내통의 다른 점은 공개성에 있다. 협력은 보통 공개적으로 진행되며 사전에 미리 예고되는 것이 대부분이다. 사안에 따라 사후에 공개될 수도 있다. 반면 내통은 사전이든 사후든 공개되지 않는다. 불법성이 있기 때문이다. 그래서 내통은 내부 고발이나 한쪽이 배신하는 경우가 아니라면, 혹은 언론이나 수사기관에 의해 공개되지 않는다면 대부분은 묻히고 만다. 또한 협력은 해당 국가의 법률과 헌법의 범위를 벗어나지 않는다는 전제가 있는 반면, 내통은 그것을 벗어난다. 내통이 은밀하게 비공개적으로 이루어지는 이유다. 그래서 좌익세력이 북한과 내통한 일 중에서 드러난 증거는 많지 않다. 그렇다고 적지도 않다. 오랫동안 광범위하게 내통했기 때문이다. 김대중 정권에서 박지원이 주도했던 거액의 대북송금처럼 어느 정도 밝혀진 것도 있으며, 문재인이 판문점 도보다리에서 김정은에게 USB를 건넨 것과 같이 꼬리만 보이고 꽁꽁 감추어진 것도 있고, 문재인이 퇴임 전 자행한 것처럼 국가기록원으로 넘겨 15~30년간 꽁꽁 봉해버린 것도 있다.

김대중 노무현은 흔히 친북 정권으로 부르는 반면 문재인은 종북 정권으로 부르는 것은 문재인 정권이 북한과 협력하는 차원을 넘어 은밀히 내통하는 일이 많았기 때문일 것이다. 남북이 협력했다면 양자 모두

에게 이익이 되는 일을 했거나 공통의 위험을 제거하기 위해 힘을 합했
다는 의미다. 반면 내통을 했다면 일방에게는 유익하나 다른 일방에게
는 불리한 경우, 혹은 불법이라는 말이다. 문재인 정권 참여자들의 과거
이력을 생각하면 북에는 이익이 되고 우리에게는 불이익이 될 것이 틀림
없다. 그렇다면 그것은 불법이고 배임이며 국가반역이다. 어쩌면 그 협력
이라는 것이 북한의 지시를 따른 것일 수도 있을 것이다.

공산주의 활동이 불법화된 대한민국에서 종북세력이나 지하혁명조
직, 그리고 좌익정권이 북한 정권과 은밀하게 내통하는 것은 불법이자
반국가 행위다. 공산주의 이념에 기초하여 북한 중심의 통일을 지향하
는 그들의 활동 역시 명백한 불법이다. 이 불법성을 회피하기 위해 종북
세력은 북한 정권과 은밀한 방법으로 내통했다. 그들은 대한민국을 공
산주의 국가로 만들고 북한에 흡수시키기 위한 활동을 전개하는 과정에
서 북한 정권과 오랫동안 내밀한 관계를 유지했다. 문재인과 그의 동지
들이 북한과 내통했던 증거나 흔적은 무수하게 많다.

30여 년전 탈북한 북한전략센터 강철환 대표는 한 세미나에서 탈북
직후 임종석이 이끄는 전대협을 찾아갔을 때를 회고했다. "그들은 나를
민족반역자로 부르며 북한으로 돌아갈 것을 요구했다. 그들은 통전부에
매수된 듯 보였다... 남한에서 활동하는 좌파세력은 북한의 통전부(조선로
동당 통일전선부)가 움직이고 있다. 그들은 북한의 똥개집단이다."라고 단언
했다. 이땅에서 활동하는 종북단체들이 북한과 내통하고 지시를 받으며
움직인다는 뜻이다. 강철환 그의 주장이 사실일까.

1. 그들은 이렇게 내통했다

지하 혁명조직의 내통

김일성이 남한에 자신이 직접 조종할 수 있는 지하혁명조직을 구축하라는 지시를 내린 것은 1961년이다. 이때부터 북한으로부터 자금과 무기를 수령하고 그들의 지령에 의해 조직된 지하단체는 끊임없이 이어졌으며, 이들은 북한과 내통하며 혁명활동을 전개했다. 지하에서 활동한 역대 모든 혁명조직은 북한과 내통했다. 김일성은 30여 년 전에 사라졌으나 그의 아들과 손자에 이른 지금까지 이 내통은 계속되고 있다. 주사파의 원조 김영환은 2013년 통진당 사태의 정국에서 국회의원 이석기 등이 야권 연대를 통해 통진당 당원들이 국회에 대거 입성한 것은 북한의 지시에 의한 전략일 것이라고 말했다. 그의 말이 맞다면 통진당의 이석기 김재연 등은 물론 야권 연대를 통해 통진당 당원 13명을 국회의원으로 만든 민주당의 문재인 한명숙 임종석과 원탁회의의 백낙청까지 모두 북한의 지시를 따랐다는 뜻이다. 김영환은 그 자신도 1990년대에 활동한 지하조직인 민혁당(민족민주혁명당)을 만들어 활동하던 중 북한정권으로부터 '정당을 만들어 남조선의 제도 정치권으로 진출하라'는 지시를 받았다고 고백했다. (중앙일보, 2013. 8. 30)

실제 김영환은 1991년 서해에서 북한이 보내 준 잠수정을 타고 밀입북하여 김일성을 만나고 40만 불을 받고 돌아와 1995년 지방선거에 출마한 이상규 김미희에게 선거운동자금 500만 원씩을 지원했고, 1996년 총선 출마자 6명에게도 1인당 500만 원씩 지원했다고 털어놓았다. 김영환 자신도 이 자금을 보태 민혁당을 조직원 3천 명 이상을 확보한 6·25 후 남한 내 최대 규모의 지하 혁명조직으로 만들었다. 그로부터 혁명자금을 받은 이상규와 김미희는 결국 2012년 19대 총선에서 통진당 소속으로 국회의원이 되는 데 성공한다. 김영환이 북한과 내통하며 받은 지시를 시간이 지나 결국 통진당의 이석기가 실행에 옮긴 것이다. 문재인 한명숙 임종석과 함께 말이다.

1986년의 건국대 사태와 1987년의 6·10시위, 그리고 1989년의 임수경 밀입북을 겪으며 우익정권은 다시 강경한 공안정책을 펼쳤고, 이에 의해 많은 지하 혁명조직이 와해된다. 이때 위기감을 느낀 북한 당국은 1991년 거물간첩 이선실을 남파하여 조직 재건을 시도한다. 이선실은 엄청난 규모의 자금을 뿌리며 남한의 좌익운동권 세력 중 북한에 비판적인 PD계열과 온건 NL계까지 거의 제거하고, 강경 NL계가 패권을 잡도록 공작활동을 펼친다. 그리고 이들을 통해 남한 지하조직에 대한 직접적인 통제력을 강화한다. 합법적 좌익정당인 민중당의 대표 김낙중도 포섭하고, 민주당 부대변인으로 있던 김부겸과도 접촉하며 제도 정치권과도 연결고리를 만들어 나간다. 이런 과정을 통해 북한이 직접 통제하는 세력을 국회로 입성시키는 데 성공한다. 그것이 바로 이석기가 이끈 통진당이다. 통진당은 남한의 지하 혁명조직이 북한과 내통하며 만들어진 정당이다. 헌법재판소가 통진당을 해산하고 사법부가 이석기에게 9년형을 내린 이유다.

북한과 내통한 주사파들

학생 운동권 단체 중에서 북한 정권과 처음으로 직접 내통한 것은 1989년 6월 전대협이 임수경을 평양에 파견한 일이다. 적어도 공개적으로 드러난 것은 그렇다. 북한의 대남혁명노선을 그대로 수용한 전대협은 〈평양세계청년축전〉에 북한의 초청을 받고 3기 의장 임종석의 주도로 임수경을 파견했다. 임수경은 김일성을 만나고 평양 군중 앞에서 미국을 몰아내자고 외쳤다. 같은 해 배우 문성근의 부친 문익환 목사, 국회의원 서경원, 소설가 황석영도 밀입북하여 북한 정권과 접촉했다.

1991년에는 구학련(구국학생연맹)의 김영환이 밀입북하여 북한과 접촉했다. 구학련은 주사파 학생조직의 효시로서 〈강철서신〉으로 유명한 김영환이 주도하고 문재인 정부에서 금감원장에 임명되었다가 비리로 곧 물러난 김기식이 활동한 조직이다. 김영환은 앞서 언급한 대로 밀입북하여 김일성의 지시와 자금을 받고 돌아와 여러 주사파 조직원들의 선거자금을 공급하는 등 그의 말대로 '시대의 사명감'을 가지고 활동했다. 그는 북한의 지시에 의해 지하 혁명정당인 민혁당의 설립을 주도했다. 1991년에는 전대협 조직원 2명이 평양에 밀입북하여 범청학련(조국통일범민족청년학생연합) 결성을 제의하는 일도 있었다. 다음해인 1992년 8월 15일 판문점과 서울대에서 남측본부 북측본부 해외본부로 구성되는 범청학련이 출범하고, 전대협이 범청학련 남측본부를 맡았다. 이어 1993년 전대협이 해산한 후에는 한총련이 남측본부의 역할을 계승한다.

한총련은 전대협에 비해 시위의 폭력성이 더욱 강했다는 점에서도 구별이 되지만 북한과의 관련성도 더 많았던 것으로 보인다. 한총련 7기 의장 출신의 윤기진과, 조직원이자 후에 그의 부인이 된 황선은 노골적인 내통의 행보를 보였다. 황선은 1998년 한총련 대표 자격으로 평양을 방문하여 〈8·15 평양대축전〉에 참석했고, 2005년에는 만삭의 몸으로 평양에 가서 10월 10일 조선로동당 창당기념일에 맞춰 아이를 낳고 "아이 고향이 합법적으로 평양이 됐다"며 기뻐했다. 그의 남편 윤기진은 2014년 9월 인천아시안게임을 참관하고 나오던 황병서 최룡해 등 북한대표단을 향해 "박근혜 좋아하는 국민 하나도 없습니다. 걱정하지 마십시오"라고 소리쳤던 그 사람이다. 그는 2018년 말 김정은의 서울 방문을 환영하기 위해 결성된 '백두칭송위원회'를 주도한 것으로 알려졌다. 윤기진 황선 부부는 문재인 집권기에 우익 후보의 선거유세를 방해하거나 미국 대사관저 침입 등으로 물의를 일으킨 현재의 주사파 학생조직 대진연을 배후에서 지도하고 조종하는 사람들로 지목받았다. 남북한 정부 당국자가 접촉 하는 기회가 있을 때면 북한 측은 어김없이 전대협과 한총련 관련자들의 석방을 요구했다는 사실에서 그들은 북한과 은밀하게 내통했을 것으로 판단된다. 그들의 내통은 드러난 것보다 훨씬 더 빈번하고 더 깊었고 더 은밀했으며 더 위험했다.

직접 내통한 통진당

2013년 9월 통진당 이석기 의원에 대한 내란음모혐의 수사와 체포동의안 처리과정에서 이정희 대표는 이석기의 총기탈취 및 시설파괴 기도를 농담이라고 했다. 2021년 12월 이석기는 가석방되면서 "말 몇 마디로 가두는 것은 야만정치"라고 했다. 대한민국 정부와 사법부는 과연 그들의 농담 혹은 말 몇 마디로 통진당을 해산하고 이석기에게 9년 이상의 형을 내리고 구속했을까. 그들의 주장이 맞다면 대한민국은 야만의 나라가 분명하다. 정말 그럴까.

국정원 등의 공안기관이 간첩단을 적발하고 수사를 진행하여 밝혀낸 내용에 의하면 북한이 남한에 조직한 지하 혁명단체들은 북한으로부터 지령과 공작금과 무기를 수령하고, 수시로 북의 지시를 받고 보고하며 활동한 점에서 공통적이다. 헌재가 통진당을 위헌정당으로 판결하고 강제해산을 명령할 때의 수사기록에는 북한의 지령문과 통진당의 대북보고서도 포함되어 있다. 이 기록에 의하면 북한은 통진당을 통해 '김정일의 영도를 실현'하려 했고, 이에 의해 북한 로동당의 지령과 똑같은 내용으로 통진당의 당직 인선이 이루어졌으며, 통진당의 강령을 바꾸라는 구체적인 지령을 내린 기록도 있다. 통진당은 북한이 직접적으로 움직였으며 이석기 등의 활동은 북한의 직접 지시에 의한 것임을 알 수 있다. 2000연대의 대표적 간첩단 사건인 왕재산 간첩단과 일심회 간첩단도 그 총책이 북한에 들어가거나 중국에서 조선로동당 간부와 접촉하고 지령을 받는 등 북한과 내통하며 움직인 조직이다.

조선로동당은 일심회를 통해 통진당의 전신인 민노당의 중앙당과 서울시당 장악을 시도하기도 했는데, 로동당 지령문에는 '민노당 정책방향을 우리 당의 요구에 부합하도록 할 것, 중앙당 간부 대오를 친북 NL계열로 영입 강화할 것, 민노당이 통일전선적 정당이 되도록 대회사업을 영도할 것' 등을 지시했다. 또한 '장군님의 영도를 실현하라'는 지령을 내렸으며 통진당과 연계된 일심회는 '장군님의 포탄이 되어 과업을 완수할 것'을 다짐했다. (신동아, 2015년 1월호, '북한의 통진당 장악 시도')

2016년 《미래한국뉴스》가 입수한 〈경애하는 최고사령관 김정은 동지께서 2015년 1월 5일 로동당 간부회의에서 하신 말씀〉이라는 제목의 문건을 보면 이 땅의 좌익 혁명정당들이 북한의 직접적인 지령과 지시에 의해 움직이고 있다는 사실은 분명하게 확인된다. 이 문건은 2014년 12월 19일 헌법재판소의 판결에 의해 강제 해산된 통진당 사태에 대해 다음과 같은 다급한 입장과 대책을 담고 있다.

"이번 사건(통진당 해산)을 계기로 대남 부서에서는 남조선 혁명가들과 조직을 재정비할 필요성이 있다. 우리 당의 노선과 일치하는 노선을 투쟁과업으로 내세운 당이 건설되도록 모든 힘과 지원을 아끼지 말아야 한다... 이번 통진당 해체사건을 교훈 삼아 대남 부서에서는 남조선의 헌법재판소를 정치적으로 각성되고 반미의식이 강하며 권위있는 세력이 장악하도록 뒷받침하라. 현재 남조선에서 공화국의 통일노선을 신념으로 간직하고 투쟁하는 진보세력들은 친북좌파로 인식되어 활동을 원활하게 할 수가 없다. 선거에서 지지율을 얻어 야당이나 여당의 핵심 위치까지 진입할 수 있도록 여기 있는 일꾼들이 모색하고 만들어야 한다... 다가오는 대선에서 전폭적인 지지율을 얻으려면 민족의 화해와 협력, 통일의 상징인 개성 공업지구 활성화와 금강산 관광 재개, 이산가족 상봉 등을 전제조건으로 내걸고 남조선 당국과 맞서야 한다. 우리의 노선을 그대로 옮기지 않아도 겨레에게 통일에 대한 희망과 진심을 안겨주는 목소리를 내는 사람은 언제든지 동반자가 될 수 있다... 우리 쪽 사람들이 남조선 정당들에서 주도권을 틀어쥐게 된다면 그때 가서 국가보안법 철폐나 미군 철수를 자연스럽게 이끌어 낼 수 있다. 남조선에 있는 진보세력은 적진에 있는 우리들의 동지이다. (그들은) 통일에 대한 절절한 희망 속에 미군 철수, 고려연방제 통일, 국가보안법 철폐 등을 외치던 애국세력들이다... 국가안전 보위부나 보위사령부는 독립적 행동보다 대남부서와 협력하라. 귀순자 위장도 일반인과 준비된 요원들을 엄격히 구분해서 침투시키라."(미래한국뉴스, 2016. 3. 3, 정재욱 기자)

김정은이 내린 이상의 〈말씀〉에 의하면 불과 보름 전에 헌재의 결정으로 해산된 통진당이 북한 정권의 대남 부서가 직접 조종한 조직이었음이 확인된다. 김정은은 통진당 해산으로 대남 혁명역량이 약화될 것을 우려하여 대남 공작부서를 향해 새로운 과업을 지시하고 있다. 그리고 '정치적으로 각성된 헌법재판소' 혹은 '선거에서 지지율을 얻어 핵심 위치까지 진입' '우리 쪽 사람들이 남조선의 주도권을 틀아쥐게 된다면' 등은 강한 기시감이 든다. 마치 문재인 정권을 보는 듯하지 않은가. 문재인 정권은 김정은의 이 말씀에 따라 5년간 대한민국을 통치한 것은 아닐까. 더불어민주당은 통진당을 계승한 정당이 아닐까. 확신한다.

아직도 그 잔당이 활동하고 있는 통진당과 북한의 관계는 우리가 상상하는 이상이 분명하다. 이석기의 석방을 주장하는 차량이 한꺼번에 2,500여 대가 동원되고, 해상 선박시위를 포함하여 전국 방방곡곡에서 동시 다발적인 집회가 진행되는 것은 좌편향성이 크게 강화된 대부분의 언론의 외면으로 그 심각성이 우리 국민에게 제대로 전달되지 않았지만 이석기와 그의 세력이 양적으로 얼마나 거대하고 질적으로 얼마나 강력한 것인지를 말해 주고 있다. 또한 문재인이 그의 임기를 불과 몇 개월 남기고 박근혜 사면으로 국민의 눈을 피해가며 이석기를 풀어 줄 정도로 문재인과 민주당과 이석기 세력의 관계는 우리가 상상하는 것 이상임이 분명하다. 그렇다면 더불어민주당이나 문재인 세력과 북한과의 관계도 우리가 상상하는 것 이상일 것이다. 가볍게 볼 일이 아니다.

2. 조선로동당 서울지부

통진당의 역할을 계승한 더불어민주당

통진당 잔여 세력은 2017년 다시 결집하여 '민중당'이라는 이름으로 재건되었다. 그러나 2020년 21대 총선에서 의석 확보에 실패하고 원외 정당이 되어 행동반경이 크게 축소된다. 통진당 세력이 이렇게 되었다고 해서 조선로동당의 직접적인 지시를 받는 종북 정당이 없어진 것은 아니다. 북한의 대남공작 60여 년의 결실로 배양된 김일성주의자들이 모여 있는 더불어민주당이 2016년부터 사실상 남한에 대한 지배력을 장악하고 통진당의 역할을 대신하고 있으며, 정권을 잡은 그들은 오히려 통진당 이상의 역할을 효율적이고 충실하게 수행하고 있는 것으로 보인다.

더불어민주당은 북한의 공작자금으로 조직되어 북한의 지령에 의해 움직인 지하 혁명단체 출신의 사람들과, 김일성을 향해 충성을 맹세하고 북한이 보내 준 돈으로 활동하고 생활한 주사파들이 주축이 된 정당이다. 그들은 정권을 장악한 후 늘 북한의 입장에서 북한의 이익을 대변하고 김정은의 도발행위을 옹호하고 김여정의 하명을 즉시 이행했다. 더불어민주당을 중심으로 하는 문재인 세력은 북한의 직접적인 조종을 받던 통진당과 다름 없었다. 그들은 6·25가 남침이냐는 물음에 대해 끝까지 답변을 거부하던 통진당의 이정희와 같은 부류의 사람들이었다.

정권을 잡은 그들은 소수 야당이던 통진당에 비해 실효적 실질적 방법으로 친 북한 친 김정은 행위를 수행했다. 김정은이 말했던 '우리 쪽 사람들이 남조선 정당에서 주도권을 틀어 쥐게 된다면'이라는 가정 혹은 희망이 거의 완벽하게 실현된 것이 바로 더불어민주당이고 문재인 정권일 것이다. 문재인 정권에서 헌재 재판관 9명 중 7명을 좌익 성향의 법관으로 교체한 것은 김정은이 '헌법재판소를 정치적으로 각성된 세력이 장악하도록 뒷받침하라'고 한 '말씀'을 실행한 바로 그것이 아닌가. 2015년 1월 김정은의 지시가 내려지고 2년여가 지난 2017년 5월 공산주의자 문재인은 대통령이 되었고 더불어민주당은 여당이 되었다. 이것 역시 김정은의 '말씀' 그대로가 아닌가. 놀랍고 무서운 일이다.

문재인 정권은 북한 정권과 내통하며 김정은의 지시를 받고 남한을 장악한 것은 아닐까. 문재인이 정권을 장악한 후 북한이 더 이상 간첩을 남파하지 않는 것은 문재인 세력과 더불어민주당이 남파간첩의 역할을 완벽하게, 혹은 과거의 지하 혁명조직보다 백배는 더 훌륭하게 수행하고 있기 때문이 아닐까. 문재인 정부는 조선인민공화국 남쪽이 아닐까. 더불어민주당은 로동당 서울지부가 아닐까. 그것을 말하려 한다.

더불어민주당을 조선로동당 서울지부로 보는 10가지 이유

대통령이 된 문재인은 북한을 위해 참 열심이었다. 북미회담의 주선에 전력을 다했고 갑작스레 미국으로 날아가 김정은이 비핵화를 약속했으니 정상회담을 하고 대북 경제재제를 풀어달라고 간청했다. 유럽 국가의 정상을 만나서도 제재 해제 부탁은 빠뜨리지 않다가 프랑스의 마크롱으로부터 핀잔 섞인 충고를 받았다. 이런 문재인을 두고 해외 언론은 '김정은의 대리인'이라고 불렀다. 그러나 북한을 위해 이렇게 열심이었던 것에 비교하면 결과는 신통치 않았고 그래서 김여정으로부터 욕을 바가지로 먹었다. 그러나 남한을 망쳐 놓아 북한과 격차를 줄인 것만으로도 공적은 적지 않다. 북한이 미사일 시스템을 완성할 수 있는 시간을 벌어준 것도 북한에게 엄청난 공을 세운 것은 분명하다.

북한을 위해 열심히 일하는 것은 문재인 뿐만이 아니라 그의 정권 핵심에 포진한 수하들도 마찬가지였다. 개성의 우리 건물을 폭파하여 국민이 낸 세금 수백 억이 가루가 되고 서해에서 비무장의 우리 국민이 사살되고 불태워졌을 때 청와대와 민주당의 권력자들은 북한을 향해 항의하고 책임을 물어야 하는 책무를 외면한 채 오히려 김정은과 김여정이 우리 국민으로부터 비난받지 않고 욕먹지 않도록 방어하고 옹호하는 데 총력을 다했다. 피살 공무원의 가족은 이런 민주당 의원들에 대해 "북한 편에 서 있는 느낌을 받았다"고 했다. 그것은 느낌이 아니라 팩트였다. 문재인은 물론 민주당의 정치인 모두가 북한의 대리인 혹은 김정은의 대변인처럼 행동했다. 그들은 마치 조선로동당원처럼 행동했고 그들이 몸담은 정당은 조선로동당 서울지부처럼 보였다. 문재인 시대의 더불어민

주당을 조선로동당 서울지부로 불러도 크게 틀리지는 않을 것이다. 남조
선로동당이라 해도 같은 말이다. 그 이유 10가지를 말하겠다.

하나, 전대협 출신의 더불어민주당 정청래 의원은 왼손에 대파를 든
사진을 올리고 '나는 빨갱이 좌파인가'라며 이죽거렸다. 자신의 종북 정
체성을 희화화하며 위장하려는 수작으로 보였다. 그의 30년 이상의 정
치 이력을 살펴보면 그는 종북좌파가 분명하며 그의 동지인 전대협 출
신들은 모두 주체사상을 따르는 김일성주의자들이다. 그들은 자유민주
주의와 공산주의를 구분하는 핵심 가치인 '자유'를 말하지 않는다. 그래
서 그들의 이념 정체성은 좌익이다. 또한 북한을 추종하기 때문에 종북
이다. 정청래와 그의 민주당 동지들은 좌파가 맞고 종북세력이 맞다.

유토피아를 만든다며 등장한 좌익이념이 결국 세상을 지옥으로 만
들어 놓는다는 것은 이미 지난 세기에 전세계적으로 증명되었다. 그것은
김씨 정권의 북한에 이어 문재인이 통치한 5년 간의 대한민국에서도 충
분히 입증되었다. 집값 일자리 경제침체 부채증가 역병 분열 특권 불공
정 범죄증가 사고다발 독재정치 등 문재인이 만들어 놓는 것 중에 지옥
이 아닌 것은 없다. 문재인의 민주당과 김씨 일가의 조선로동당은 좌익
정당이라는 점에서 같다. 그리고 나라를 지옥으로 만들어 놓았다는 점
에서도 같다. 로동당과 민주당을 주종관계로 따진다면 로동당이 주, 민
주당이 종이다. 두 조직 간에는 상호 내통이 의심되는 사실도 무수히
많다. 대북전단을 막으라는 김여정의 한마디에 전 세계인의 비판을 감수
하고 부랴부랴 법을 만들어 단숨에 틀어막아 버린 것은 그런 증거 중의
하나다. 민주당을 로동당 서울지부로 규정하는 첫번째 이유다.

둘, 더불어민주당과 조선로동당은 한반도의 정통성이 북한에 있다고 주장하는 점에서도 같다. 분단된 남북은 한반도에서의 정통성이 각기 자신들에게 있다며 대립했다. 이 대립에서 문재인과 더불어민주당 정치인들은 늘 대한민국의 정통성을 인정하지 않는 태도를 보였다. 문재인은 정권을 장악하고 처음 맞은 2018년 3·1절에 '빨갱이 낙인은 친일잔재'라며 청산하자고 했다. 북한을 추종하는 세력을 빨갱이라 부르는 것을 친일잔재라니, 그의 말은 자신의 정체를 은폐하려는 수작 쯤으로 보였다.

2019년 4월 임시정부 100주년을 기념하여 광화문에 내건 10명의 독립운동가 걸게 그림에 이승만은 없었다. 이승만은 임시정부 초대 대통령이다. 반면 여운형은 있었다. 여운형은 해방정국에서 임시정부가 국내로 들어오는 것을 방해한 인물이다. 문재인 정권이 대한민국 정통성을 부정한 사례다. 이인영이 우리의 국부는 이승만이 아니라 김구여야 한다고 말하고, 문재인이 국립묘지를 참배하며 건국 대통령 이승만의 묘소를 건너뛰는 것도 마찬가지다. 주권이 없었던 상해 임시정부의 수립일인 1919년 4월 11일을 건국일이라 우기는 것도 대한민국 정통성을 부정하는 동시에 북한 정통성을 주장하기 위한 길을 터 놓는 짓이다. 국군 창군의 주역인 백선엽은 조문조차 하지 않는 대신 북한 인민군 창군의 주역으로 6·25남침에 앞장섰던 김원봉을 '국군의 뿌리'라고 말한 것 역시 대한민국의 정통성을 부인하고 북한 정통성을 주장하는 것이다. 북한을 '정의와 자주권이 보장되는 한반도의 유일한 정통정부'라고 말했던 송갑석은 문재인의 시대에 더불어민주당 소속의 국회의원이 되었다. 더불어민주당을 로동당 서울지부로 보는 두 번째 이유다.

셋, 정치인 장기표는 문재인 정권을 친북 종북을 넘어 북한에 충성하는 충북으로 단정했다. 주사파에서 전향한 그의 말을 빌리지 않더라도 문재인 세력은 북한 정권과 수령에게 무비판적으로 충성하는 사람들이었다. 자유 인권 등 인류의 보편적 가치를 극단적으로 훼손하는 김씨 왕조의 야만적 통치에 눈을 감고, 우리의 안보에 가장 큰 위협이 되는 북한의 핵과 미사일에 대해서는 입을 닫는 등 북한과의 관계에서 스스로 주도권을 포기했다. 북한이 삶은 소대가리, 특등 머저리, 미국산 앵무새 등 굴욕적인 비난을 퍼부을 때도 제대로 된 항의조차 하지 않았다. 그것은 추종이나 충성의 정도가 아니라 굴종이었다.

공안기관이 남긴 수사기록에 의하면 지하 혁명조직과 운동권 조직 출신들은 모두 김일성의 사진과 인공기를 보며 충성을 다짐한 사람들이다. 혈서로 자신의 충성심의 깊이를 확인시킨 사람도 적지 않다. 그들은 권력자가 되고 나서도 대한민국과 국민을 섬기겠다는 태도보다는 북한과 김씨 일가를 향해서만 변함없는 충성심을 보였다. 김씨 3대가 아무리 극악한 만행을 저질러도 그들에게 책임을 묻고 그들을 단호하게 비판하는 민주당 정치인은 없었다. 북한을 무조건 감싸며 자신들의 충성심을 나타내고 충성 경쟁을 하는 사람들이 모인 더불어민주당은 로동당의 서울지부로 규정해야 마땅하다.

넷, 한반도 전체를 공산주의 국가로 만드는 것은 해방 정국에서 김일성이 소련의 사주를 받고 북한 지역을 접수할 때부터 시작된 필생의 숙원이었고, 한반도 인구의 20%를 희생시킨 6·25전쟁을 일으킨 목적이다. 이것은 그의 사후 아들과 손자에 이르기까지 북한정권의 변함없는 제 1

의 목표로서 인민의 생계 복리 인권 자유 미래 발전 등 정상적인 국가의 모든 책무를 포기한 채 오직 무력증강과 전쟁준비에만 매달리는 이유다. 문재인 정권의 주사파 권력자들은 여기에 일관되게 동조했다.

'민족'과 '조국통일'은 이 땅의 종북 좌익세력 전체가 내세우는 제 1의 의제다. 그들은 미래 사회 통합 국가발전 등의 국가적 의제에 대해서는 무관심한 채 오직 민족통일만을 말한다. 문재인의 집권 5년도 그러했다. 그들이 말하는 통일은 인간의 행복과 복리증진에 유용한 체제로 이미 검증된 자유민주주의와 시장자본주의를 전제로 하는 것이 아니다. 그들이 말하는 통일은 북한식 사회주의 체제를 전제로 한다. 그들은 '북한에 의한 통일만이 진정한 조국통일'이라고 말한다. 문재인 세력이 정권을 잡고 나서 펼친 국정운영을 살피면 그것이 30여 년 전 그들의 젊은 시절에 잠시 가졌던 '치기어린 잘못된 생각' 정도가 아니다. 조선로동당과 더불어민주당은 한반도를 공산주의 단일국가로 만들려는 동일한 목표를 가지고 있다. 그렇다면 그들은 큰집과 작은집의 관계가 분명할 것이다.

다섯, 더불어민주당의 핵심 권력자들은 젊은 시절 김일성이 내린 지령인 대남혁명과업을 받들고 투쟁했으며 이후에도 일관되게 그것을 수행하는 혁명투쟁을 지속해온 사람들이다. 그들이 북한 정권과 내통했다는 정황은 많으며, 그로 인해 감옥생활을 한 사람도 부지기수다. 민주당에서 실세로 대접받는 사람일수록 더 오래 감옥에 있었고 더 자주 감옥을 들락거렸다. 그들은 그것을 '민주화 운동'이라 부르며 훈장인 양 자랑스럽게 말한다. 김일성은 남한을 북한에 흡수시킬 수 있는 방안을 담은 대남혁명노선을 남한 내 지하 혁명조직과 학생운동권 단체에 활동자금과 함께 하달했다. 이것을 전달받고 지하에서 혹은 거리에서 투쟁했던 사람들이 민주당의 주류다. 주한미군의 철수, 국보법 폐지, 고려연방제 실시 등 대남혁명노선의 핵심 내용은 그들이 젊은 시절부터 신봉한 투쟁 목표였으며 문재인 정권의 핵심 권력자들의 정체성 그 자체다. 김일성이 내린 지령을 20대부터 30년 이상 지속적으로 받들며 인생의 꽃다운 시절을 모두 보낸 사람들이 모인 더불어민주당, 남한의 권력자가 되어 아직도 그 과업을 충실히 수행하고 있는 그들을 조선로동당 서울지부 당원으로 규정하는 것은 논리에 어긋나지 않을 것이다

여섯, 민주당의 주사파 정치인들과 문재인은 한반도의 통일을 실현하는 방법에서 북한에 동조했다. 북한이 대한민국을 흡수하는 방안은 무력에 의한 점령과 남한의 좌익세력이 정권을 잡는 무혈의 점령 투 트랙이다. 민주당 사람들은 이 두 가지 방안 모두에 대해 충실했다. 3기에 걸친 좌익정권의 비호와 방조 속에 북한은 핵무장에 성공하고 미사일 시스템을 완성하고 방사포 등 재래식 대칭무기도 지속적으로 증강했다. 그러나 종북좌파 세력은 이 과정에서 북한이 핵을 개발할 능력이 없거나 좌익정권이 북한에 전달한 돈이 핵개발에 쓰였다는 증거가 어디에 있느냐며 북한의 무력증강을 방치하거나 비호했다. 그 사이 북한은 모든 미사일 체계를 완성하여 이제 중·장거리는 물론 잠수함과 이동하는 열차 등 어디서든 발사할 수 있게 되었다. 그러나 문재인 정권은 집권 기간 내내 훈련하지 않는 국군을 만드는 등 우리의 군사적 방어능력을 고의로 저하시켰고, 핵무기를 제외하고 낸 엉터리 순위인 국방력 세계 6위를 선전하고 홍보하며 국민을 호도했다.

연방제 주장은 북한이 피흘리지 않고 남한을 흡수하는 방안이다. 문재인은 대통령이 되기 전부터 '낮은 단계의 연방제'를 주장하며 여기에 동조했으며 집권 후에는 각 지방정부 차원에서 북한과 직접 접촉하고 협력할 수 있도록 법을 개정하여 대한민국을 사실상 '북한의 남쪽'이 될 수 있는 길을 열어 놓았다. 실제 이재명이 지사로 있었던 경기도는 북한과 직접 접촉하여 많은 이적행위를 도모한 사실이 속속 드러나고 있다. 북한이 무혈과 유혈의 투 트랙 모두의 방법으로 남한을 흡수하기에 용이하도록 열심히 길을 닦은 더불어민주당을 조선로동당 서울지부로 보는 것은 자연스러운 일일 것이다.

일곱, 문재인도 더불어민주당도 그들 세력은 모두 북한 정권의 이익을 위해 열심히 일했다. 북한이 함박도를 점령했을 때는 함박도가 원래 우리 땅이 아니었다고 우겼고, 북한 선박이 NLL을 침범해도 나포하지 말라는 지침을 내렸으며, 북한 주민이 귀순하자 북한 정권이 요구하기도 전에 국내법 국제법을 모두 어겨가며 자진해서 북송시켰다. 북한과의 관계가 역대 최고이며 평화가 왔다고 선전하면서도 북한에 억류된 우리 국민에 대해서는 송환을 요구하지 않았으며 이명박 박근혜 정부에서 각각 두번씩 있었던 이산가족 상봉도 문 정권에서는 단 1번 뿐이었다. 그들은 남한을 위해서는 일하지 않았고 오직 북한을 위해서만 일했다.

문재인과 민주당 사람들이 북한을 위해 일한 것은 국민의 눈을 피할 수 있는 해외에서 더 활발해 보였다. 특히 문재인은 대한민국의 예산으로 부지런히 해외로 나가서 북한을 위해 일하는 듯했다. 유엔의 대북 인권결의안 채택에는 모두 빠진 반면, 해외 정상들을 만나 북한에 대한 경제제재를 풀어 달라고 말했다. 북한의 이익만 챙기는 그를 온 세계가 조롱했으나 그는 멈추지 않았다. 이해되지 않는 해외 순방도 많았다. 국가수반이 해외에 나가 있어 부재 중이던 체코에는 대체 왜 갔는지, 왜 북한대사관이 있는 나라를 부지런히 찾았는지, 임종석은 왜 대동했는지는 수십 년이 지나야 알 수 있을 것이다. 그들을 조선로동당 서울지부로 규정한다면 이러한 의문은 조금은 이해될 것이다.

여덟, 더불어민주당은 일사불란하게 움직이는 정당이 되었다는 점에서도 조선로동당을 닮아갔다. 1당 독재와 당내 의사결정 방식의 만장일치는 주사파가 당권을 잡은 문재인 시대의 민주당에선 일상적인 것이었다. 특히 문재인의 상왕이라 불린 이해찬이 당권을 잡은 시기에는 거의 조선로동당 수준이었다. 개개인이 하나의 헌법기관인 국회의원은 각자가 국민의 다양한 의견을 전달하고, 정당은 이를 수렴하여 국정에 반영하는 것이 대의민주주의의 기본원리다. 그러나 민주당은 170명 이상의 국회의원에게 당 지도부가 결정한 것을 일사불란하게 따라올 것을 강요했고, 다음 총선의 공천권을 담보 잡힌 국회의원들은 여기에 순응했다. 자신의 소신을 말하던 금태섭은 결국 징벌에 처해졌고 이를 본 국회의원들이 모두 거수기가 되었다. 바로 조선로동당의 모습이었다.

로동당과 같은 일사불란함은 2020년 12월 여러 사회주의 법안이 국회를 통과할 때 극에 달했다. 공수처법 통과에는 173명의 민주당 의원 중 1명 기권에 172명이 찬성했고, 대북전단금지법에는 187명이 찬성표를 던져 만장일치로 통과시켰다. 단 1명의 반대도 허용하지 않는 로동당과 무엇이 다른가. 세계 46개국의 인권단체가 항의서한을 보낸 대북전단금지법에 대해 민주당에는 단 하나의 양심도 없었을까. 그리고 110여 명의 야당의원들은 철저히 배제되어 제대로 발언할 수 있는 기회조차 얻지 못했고 결국 이 하나마나한 표결에 대한 참석을 거부했다. 국정운영에서 야당을 완벽하게 배제하고 자당 의원들에게는 반대를 허용하지 않는 더불어민주당은 조선로동당과 판박이였다. 2020년 6월 처음 국회의원 뱃지를 단 북한 외교관 출신의 태영호 의원이 "북한의 최고인민회의인지 대한민국 국회인지 헷갈린다"고 했던 것도 그래서 일 것이다.

아홉, 더불어민주당은 정권을 획득하는 과정은 물론 정권을 잡고 나서의 국정운영에도 공산당식 기술을 펼쳤다. 이런 점에서도 그들은 조선로동당을 닮아 있었다. 이미 설훈의 두 번에 걸친 거짓과 조작의 기술로 좌익정권을 출범시켰던 그들은 이명박 박근혜 정권을 무너뜨리기 위해 또다시 수많은 근거를 조작하고 거짓말을 퍼드리며 우익정부를 흔들어 댔다. 단 한 명의 광우병 환자도 나오지 않은 광우병 사태와 세월호 참사라는 국가적 재난을 정치적 공격의 소재로 삼아 국정의 주도권을 잡았고, 국정농단이라는 허깨비를 만들어 정권을 탈취했다. 자유민주적 질서를 뒤집어 엎는 전형적인 공산당식 혁명기술이었다.

정권탈취에 성공한 그들은 국정운영에도 온갖 공산당식 통치기술을 동원했다. 거짓 은폐 위장 조작을 기본적 통치기술로 삼았고, 내실을 다지는 국가 경영보다 쇼 광고 선전에 힘을 쏟는 공산당식 통치로 일관했다. 국민을 가진 자와 못 가진 자, 배운 자와 못 배운 자 등 이쪽과 저쪽으로 갈기갈기 나누고 쪼개어 갈등을 조장하고 싸움을 붙이는 분열의 기술을 구사했다. 이것은 문재인 정권이 수많은 실정을 범하고도 각종 선거에서 우익정당과 대등한 득표율을 보인 비결이었다. 수많은 거짓말과 역사왜곡과 사실의 조작으로 북한 땅에 지구상 극악의 공산정권을 공고히 하고 선전과 세뇌로 북한 주민을 노예로 만든 조선로동당, 그리고 로동당과 동일한 공산당식 혁명기술과 통치기술을 구사하며 정권을 잡고 동일한 기술로 대한민국을 5년 동안 통치한 더불어민주당, 북과 남의 이 두 정당을 중앙당과 지구당으로 보는 또 하나의 이유다.

열, 정권을 잡고 여당이 되고 국회 다수당이 된 더불어민주당이 펼치는 모든 국정운영은 사회주의 체제를 지향하고 있었다. 그들은 먼저 정치의 영역에서 전체주의적이고 독재적인 성격을 강화했다. 검찰 등 형사사법기구의 권력형 범죄에 대한 대응력을 약화시키고 사법부를 친정부적으로 체질을 바꾸어 현재 권력의 절대성을 확보한 후 좌익 특유의 독재체제를 만들어갔다. 경제는 자영업자조차 자본가로 분류하여 억압하는 등 철저한 반기업 정책을 펼쳤고, 노조의 권한을 크게 강화하는 친노조 정책을 고수했다. 그들은 궁극적으로 생산시설의 국유화라는 고전적 공산주의 경제이론을 쫓고 있었다. 소득주도성장 정책은 현금 뿌리기의 포퓰리즘과 함께 본질적으로 사회주의 배급제와 같은 것이었다.

세금을 많이 거두고 공무원 수를 크게 늘리는 큰정부 정책 역시 전형적인 사회주의 정책이었고, 지배계층이 불공정 행위와 비리 부패 불법을 범하고도 처벌받지 않는 공산국가식 특권계급의 제도화를 기도했다. 외교의 영역에서는 반미 배일 친중 정책을 펼치며 자유진영에서 공산진영으로 옮겨가고 있었다. 문재인은 그의 통치기간 동안 대한민국의 모든 영역을 사회주의와 공산주의로 만들어갔다. 문재인의 동지들이 모인 더불어민주당을 조선로동당 서울지부로 규정하는 열 번째 이유다.

3. 문재인은 이렇게 내통했다

송민순과 천영우의 증언

노무현 정부에서 외교부 장관을 지낸 송민순은 그의 저서 《빙하는 움직인다》를 통해 문재인의 과거 행적을 폭로했다. 2007년 유엔의 대북 인권결의안에 대한 투표를 앞두고 정권 내부에서 찬반으로 의견이 갈리자 대통령 비서실장 문재인이 "이 투표에 대해 북한의 의견을 물어보자"고 말하며 청와대 참모진에게 북한과 접촉할 것을 지시했다. 그리고 실제 북한의 의견을 들은 후 투표에 이를 반영했다는 사실을 밝혔다. 문재인은 송민순의 주장에 대해 "송민순이 중대한 기억의 착오를 범했다"는 애매모호한 표현으로 발뺌했다. 이에 송민순은 문재인의 주장을 반박하기 위해 김만복 당시 국정원장이 북한으로부터 받은 내용을 정리한 문건을 노무현이 받아 이를 다시 송민순에게 보여 주었다는 '청와대에서 만든 메모'를 증거로 공개했다. 그러면서 송민순은 "문재인은 이처럼 증거가 있는데도 계속 부인한다."고 말했다. (중앙일보, 2017. 4. 21)

송민순과 문재인의 말은 상반된다. 둘 중 한 사람은 거짓말을 했다는 뜻이다. 누구의 말이 거짓일까. 송민순이 거짓말을 한 것은 아는 게 없다. 그러나 문재인의 거짓말은 다 헤아릴 수 없다. 과거의 말을 뒤집는 수많은 현재의 말, 무엇보다 그의 대통령 취임사와 5년 동안 펼친 국정의 내용을 비교하면 취임사는 모조리 거짓말이다. 게다가 송민순의 주장에는 증거도 있고 증인도 있다. 문재인이 거짓말을 했다는 뜻이다.

노무현 정부에서 청와대 외교안보 수석을 지내고 6자회담 수석대표를 역임했던 천영우 수석은 더 생생한 증언을 남겼다. 2005년 9월 미국은 북한의 불법자금 세탁을 도와 준 혐의로 BDA(방코델타아시아) 은행을 우려 대상으로 지목했고, 이에 BDA는 북한계좌 50여 개에 들어 있던 2,400만 달러를 모두 동결했다. 미국의 첫 대북 금융재제인 이것을 풀어주기 위해 노무현 정부가 나섰다. 천영우의 증언을 들어보자.

"(당시) 운동권 출신의 청와대 비서관이 한국수출입은행을 통해 BDA 자금을 세탁해서 북한의 해외계좌로 넘겨 주자는 기상천외한 아이디어를 냈다... 청와대 서별관에서 문재인 비서실장과 법무부 장관, 금융위원장까지 참석한 대책회의가 열렸다. 금융위원장과 수출입은행장은 황당무계한 제안에 어이가 없다는 표정을 지으면서도 차마 나서지는 못하고 있는데, 법무부 장관이 용감하게 나서서 법적 의견을 제시했다... (김성호) 법무장관이 수출입은행법과 정관을 근거로 이 북한 비자금을 받아 신용이 떨어지고 자금조달에 차질이 생기거나 은행에 손실을 끼치면 행장은 배임으로 형사처벌을 받을 수 있다는 유권해석을 내렸다. 이 해석을 듣고 문재인 당시 비서실장이 화를 버럭 냈다. '우리가 무슨 나쁜 짓을 하려는거냐, 어떻게 해서든 풀어 보자는 건데 어떻게 그런 해석을 내놓느냐'며 법무부 장관을 박살냈다. 6자회담 수석대표를 하는 동안에 문재인 비서실장을 이런저런 기회에 여러번 본 적 있지만, 그렇게 화내는 모습은 처음 봤다... 배임으로 행장이 잡혀 갈 수도 있고 수출입은행이 망할 수도 있다는데 대통령이 화낸다고 해도 이게 해결될 일이냐." (조선일보, 2020. 9. 21, 김은중 기자)

문재인 비서실장의 주장은 여러 한계에 부딪쳐 실행되지 못하다 결국 2007년 송민순 외교장관이 러시아와 협의하여 BDA에 묶인 자금을 러시아 은행으로 옮기며 해결되었다. 문재인은 이때부터 이미 대한민국의 국익과 정부 관계자들의 리스크는 안중에도 없었던 듯하다. 그의 머리 속에는 오직 북한뿐이었다. 문재인은 단지 북한을 위해 일하는 데 그치는 것이 아니라 북한과 은밀히 내통하고 있었던 것은 아닐까.

　문재인은 2021년 1월 18일 신년 기자회견에서 한미연합훈련을 "필요하면 북한과 협의할 수 있다고 말했다. 직전 김정은이 미국과의 합동군사훈련을 중지해야 한다"고 압박한 데 대한 답변이었다. 국가원수가 잠재적인 적의 위협에 대한 방어훈련을 적과 협의하겠다고 한 것이다. 대한민국의 안보를 위험하게 하는 사안에 대해 적과 협의하겠다는 것은 은밀한 내통의 정도가 아니라 공개적으로 내통하겠다는 말이다. 여기에서 문재인과 그의 주사파 수하들이 북한과 은밀하게 주고받은 공개되지 않은 내통은 무수할 것이라는 사실을 충분히 짐작할 수 있다.

　위장과 은폐술에 뛰어난 그들이 꽁꽁 감추어 놓아 아직은 알 수 없지만 시간이 지나면 더 많은 것이 드러나고 더 분명해질 것이다. 북한에 원전을 지어 주려고 했던 계획처럼 꼬리만 잠깐 보이다 덮혀버린, 혹은 꼬리조차 드러내지 않은 일들이 얼마나 더 있을까. 그것은 때를 기다리도록 하자. 우선 그가 대통령이 되기 전에 북한과 내통한 것으로 짐작되는 중요한 사실이 있다. 통진당과 이석기와 문재인의 관계다.

내통이 의심되는 통진당과의 연대

이석기의 통진당은 김일성의 주체사상을 지도이념으로 삼아 활동한 좌익 혁명정당이다. 그들은 남한 내의 주요 기간시설을 파괴하는 계획을 세우고 조직원들에게 '전쟁 대비 3대 지침'을 하달하는 등 내란을 선동하다 강제해산되었다. 헌재의 결정문에는 통진당을 '북한식 사회주의를 한국에 구현하려는 반역집단'으로 분명히 규정하고 있다. 문재인이 이석기를 두 번씩이나 사면해 주지 않았다면, 그리고 민주당의 실권자로서 통진당과 선거연대를 하지 않았다면 내란을 선동한 이석기는 국회의원이 될 수 없었을 것이고 통진당은 원내정당이 될 수 없었을 것이다. 이것은 의도되지 않은 우연한 결과는 결코 아닐 것이다. 문재인은 이석기를 국회에 침투시키고 통진당을 원내정당으로 만들겠다는 계획에 따라 사면을 해주고 선거연대를 했던 것으로 보인다. 통진당은 북한과 내통한 조직이다. 그렇다면 통진당을 지원하고 이석기를 보호한 문재인 역시 북한과 내통한 것이 아닐까. 합리적 의심이란 이럴 때 쓰는 말이다.

문재인은 정계에 입문하기 전인 1992년 3월 월간 《말》지 기고문에서 진보세력의 장내 진입, 즉 국회 진출을 주장했다. 그리고 정계 진출 후에는 통진당의 전신인 민노당 등의 좌익정당과 민주당이 하나의 정당으로 통합하거나 연립정부를 구성하자는 주장도 펼쳤다. 이석기에 대한 이해할 수 없는 두번의 사면과 통진당의 원내 진입을 이해할 수 있는 단서다. 문재인에게는 이석기도 통진당도 동지였고 내 편이었다.

국회의원 총선이 있었던 2012년, 당내 부정선거 등의 무리한 방법을 불사하며 국회 진출을 노리던 이석기와 통진당 후보들을 향해 우익진영에서는 종북좌파의 발호라고 비판하는 등 부정적인 여론이 거세게 일었다. 이에 대해 문재인은 3월 17일 자신의 트위터를 통해 "친북좌파니 종북좌파니 하는 말은 상대와의 공존을 거부하는 사악한 말"이라며 통진당 후보들을 적극 옹호했다. 2년이 지나 2014년 12월 헌재가 통진당 해산을 진행할 때는 "정치적 결사의 자유에 대한 중대한 제약"이라며 헌재의 심판을 정면으로 부정했다. 이어 해산결정이 내려진 후에는 "국민에게 맡겼어야지 국가기관이 개입했다"며 분노를 드러냈다. 반면 이석기와 통진당의 이적행위와 국가반역해위에 대해서는 입을 다물었다. 명백히 대한민국의 법 질서를 부인하고 국가 체제를 부정하는 태도였다. 문재인은 반역집단 통진당과 이석기를 적극적으로 비호하고 있었다.

반국가행위를 한 이석기가 국가반역을 준비할 수 있도록 법적 장애물을 제거해 준 사람이 문재인이다. 반역집단의 수괴 이석기가 북한을 위한 활동을 합법적으로 수행할 수 있게 해 준 사람도 문재인이다. 이석기가 국회로 들어가 대한민국의 특급 국가기밀에 접근할 수 있게 방조한 사람도 문재인이다. 이석기가 법의 심판을 받게 되자 이에 항의한 사람도 문재인이다. 이석기는 북한과 내통하며 내란을 선동했고, 문재인은 그런 이석기를 거듭 사면 복권하여 자유를 주고 지원하고 옹호했다. 이 사실은 문재인과 북한의 간접 내통이다. 최소한 그렇다. 직접적 내통이 있었는지도 모른다. 이런 사람이 대한민국 제19대 대통령이 되었다. 대한민국의 비극은 그렇게 시작되었다.

문재인은 변호사 시절부터 이미 철저히 좌편향적이었다. 그는 이 땅의 좌익 이적세력, 종북단체, 반국가단체, 국가전복 기도세력 등 북한 정권의 지원과 지령을 받고 활동하는 세력들과 지속적으로 교류 협력하고 그들을 옹호하고 변호했다. 그의 저서를 보면 그가 변호사로서 변호한 사건들을 자랑스럽게 나열하고 있는데 대부분 운동권 세력의 불법적이면서 폭력성이 강한 반정부 시위이거나 반국가적 범죄사건이었다. 그는 반국가 세력을 변호하고 동조하고 그들의 편에 서고 그들과 함께했다. 그는 이 과정에서도 북한과 간접적으로 내통했을 것이다. 반국가 세력은 대부분 북한과 직·간접적으로 내통했으니 문재인도 그럴 것이다. 그들은 모두 한 통속일 것이다.

엄중한, 그러나 감춰진

문재인은 두 번 대선에 출마했고 집무실을 청와대에서 광화문으로 이전하는 것은 두 번 모두 내건 공약이었다. 그는 '광화문 시대'를 말하고 또 말했다. 그러나 약속은 두 번 모두 지켜지지 않았다. 한번은 낙선해서 저절로 지켜질 수 없었고 또 한번은 그 스스로 지키지 않았다. 그는 늘 거짓말을 하는 사람이니 그가 약속을 지키지 않은 것은 사람을 잘못 본 국민 탓이지 그의 탓은 아닐 것이다. 사람을 속이는 일은 '속은' 사람의 잘못이지 '속인' 사람의 잘못은 아니라는 것이 좌익 그들의 논리이니 좌익 세상이 된 지금은 좌익의 논리대로 속인 문재인이 아니라 속은 국민을 탓하는 것이 맞을 것이다. 그가 청와대 이전 약속을 어긴 사연은 그가 청와대를 비울 때 쯤에야 알 수 있었다.

그는 정권연장에 실패했고 다음 정부의 대통령은 공약대로 청와대에 들어가지 않겠다고 했다. 문재인의 수하들과 어용 언론은 청와대로 들어가지 않겠다는 새 정부를 집요하게 비난하고 방해했다. 새로운 대통령과 그의 아내가 무속에 빠졌기 때문이라고도 했고 질 낮은 어떤 수하는 "안 쓸거면 우리가 그냥 쓰면 안되나"하고 이죽거렸다. 문재인은 자신의 권한으로 집무실 이전비용 의결을 질질 끌다 따가운 국민 여론에 못 이겨 겨우, 그리고 조금만 해주었다. 국민은 '청와대에 단 하루도 안간다'며 쐐기를 박는 새로운 대통령의 단호한 결심도 이해되지 않았지만 그것을 방해하는 문재인과 그의 수하들과 더불어민주당 동지들은 더욱 이해되지 않았다. 자기들은 지키지 않은 공약을 새 정부가 지키는데 대한 시기심 이상의 무엇이 있는 듯했다. 몇 개월 후 새 대통령이 단호하게 결심하고 헌 대통령이 치사하게 방해한 사연의 단초가 잡혔다.

중앙일보 장세정 기자는 청와대를 점령했던 주사파 운동권 세력에 의해 청와대에서 논의한 내밀한 대화가 바로 다음날 북한에서 거론되는 정황이 대북 정보망에 의해 포착된 사례가 있을 정도로 청와대 내부 동향이 북한으로 계속 빠져 나가는 등 보안이 크게 취약해졌으며 그래서 신 정부가 청와대 이전에 확신을 굳혔다고 했다. (중앙일보, 2022. 9. 26) 청와대에는 많은 도청설비가 심어져 있고 그래서 새 정부가 청와대를 단 하루도 들어가지 않기로 한 것이라고 말하는 언론도 있었다. 실제 노무현 정부와 문재인 정부에서 주요 정보가 북한으로 샌다는 사실을 미국이 포착하고 우리와 정보공유를 중단한 적도 있었으니 도청은 사실일 것이다. 핫라인으로 직접 알려준 경우도 적지 않을 것이다.

문재인 정권은 외교안보 분야에서 집권 기간 내내 북한과 다양한 방면에서 다양한 형태로 보조를 맞췄는데 이 과정에서 광범위한 내통이 있었을 것이다. 특히 외교 비전문가 강경화를 4년이나 장관의 자리에 허수아비로 앉혀놓고 청와대 안에서 주사파들에 의해 은밀히 이루어진 대북관계는 내통의 의심이 더욱 짙다. 청와대 깊은 곳에서 북한과 수많은 내통이 있었을 것이라는 의혹은 문재인 세력이 신정부의 대통령실 이전을 방해한 사실에서 사실상 입증되었다. 그들은 대통령실의 이전으로 국가의 중요 의사결정에 관련된 정보를 도청하여 북한으로 전달할 수 없게되자 이전을 방해했을 것이다. 용산으로의 이전을 무속에 빠진 것으로 혹세무민하며 그렇게 반대한 이유는 여기에 있을 것이다. 후임 정부는 도청을 피하기 위해 용산 이전을 고집했고 문재인 세력은 온갖 트집을 잡으며 이전을 반대한 것이라면 이것은 내통의 정도를 넘어 간첩행위이자 이적행위며 여적죄에 해당하는 엄중한 일이다.

문재인 세력이 북한과 내통한 일은 무수하게 많을 것이다. 그러나 내통이라는 행위의 내재적 은밀성으로 인해 확실하게 말할 수 있는 것은 많지 않다. 일반 국민에게도 고소를 해대는 문재인의 후안厚顔을 염려하면 말할 수 있는 것은 더욱 줄어든다. 부인의 사치스런 옷값과 장신구에 대한 의혹, 여러 세계 관광지를 국고를 쓰며 다녔다는 의혹처럼 언론에 꼬리가 잡힌 것조차 꽁꽁 숨기는 문재인의 뛰어난 은폐의 기술로 인해 그의 은밀한 내통의 일은 알아내기가 쉽지 않다. 그래서 그에게 쓰인 세금이 억울해도 참아야 한다. 그런 사람을 대통령으로 선택한 국민으로서 감수해야할 자업자득의 일이다. 그렇다해도 다음과 같은 엄중한 일들은 그냥 넘어갈 수가 없다. 꼭 밝혀내고 책임을 물어야 한다.

북한에 원전을 지어주기로 한 내용이 들었을 것이라 의심되는 판문점 도보다리에서 건네준 USB, 임종석과 함께 북한과 우호적인 나라를 부지런히 방문한 사실, 라임 옵티머스 등 초대형 금융사기사건의 최소3조 이상의 돈의 종착지가 확인되지 않는다는 의혹, 북한의 핵실험과 미사일 발사를 징벌하기 위한 UN중심의 국제적 경제 재제와 코로나 봉쇄가 겹쳐 북한경제가 김정일의 시대보다 더 나쁜 외부 환경에 처했음에도 경제적으로 별 문제가 없다면 북한경제를 지탱하는 자금의 출처가 대체 어디며 그것이 대체 무슨 자금이냐 하는 의혹, 하루가 멀다하고 그렇게 펑펑 쏘아대는 미사일과 대형화되고 성능이 크게 개량된 방사포 등의 재래식 무기는 대체 어디서 나온 돈으로 만든 것이냐는 의문, 북한이 해킹으로 탈취한 10조 이상의 가상화폐를 우리나라 은행의 세탁을 거쳐 중국 일본을 경유한 후 북한으로 갔을 것이라는 의혹, 이상은 언론과 검찰에 의해 윤곽만 겨우 드러난 엄중한 일이다.

이러한 모든 의혹이 사실로 밝혀지거나 진상이 드러나면 하나하나가 문재인과 북한정권의 거대한 내통의 증거가 될 것이다. 이것이야말로 그들이 박근혜 정부를 붕괴시키기 위해 만든 프레임인 국정농단 정도를 넘어 매국행위가 될 것이다. 그러나 그들의 정권이 반신불수로 만들어 놓은 검찰은 이에 대한 조사에 제대로 손을 댈 수 없었고 퇴임직전 검찰의 수사권까지 박탈하여 진상을 밝히는 일은 이제 더욱 어렵게 되었다. 새로운 대통령과 법무장관과 검찰총장이 도둑놈과 나쁜놈과 범법자를 잡는 솜씨가 뛰어났던 검사였다는 사실에 기대를 걸고 기다려야 할 일이다. 그들의 칼 솜씨에 희망을 걸고 두 눈을 부릅뜨고 지켜볼 참이다.

자유민주주의 정부 뒤집기

좌익세력이 대한민국의 자유민주주의 정부를 뒤집으려 한 시도는 해방정국에서 제주 4·3사건과 여순반란사건 등의 무장폭동을 일으킨 남로당에서부터 이미 시작되었다. 이후 그것은 북한과 연결된 이 땅의 모든 좌익단체의 공통된 목표였고 그들의 일체 활동의 궁극적 지향점이 된다. 설훈의 조작과 거짓말을 앞세운 김대중과 노무현의 집권이 정부를 뒤집으려는 것으로까지 보이지는 않았다. 나름 국가발전을 위해 애를 썼기 때문이다. 그러나 노무현 이후 정권을 잃은 좌익세력이 문재인을 구심점으로 벌인 활동과 투쟁을 고찰하면 그들은 자유민주주의 대한민국 정부를 뒤집는 그 차체에 목적이 있는 듯했다. 그들의 뒤집기는 가까이서 보면 우익정부 뒤집기 정도로 보였으나 한 발자국 떨어져 전체를 본다면 대한민국을 뒤집는 것이었다.

정권을 되찾기 위해 공부하고 노력하고 국가의 발전을 궁리하며 국민의 마음을 얻어 선거를 통해 선택받으려 했다면 그것은 정권교체로 규정할 수 있을 것이다. 그러나 문재인 세력은 거짓 조작 선동의 전통적인 공산주의 혁명의 전략과 전술을 구사하며 김대중 노무현 정권을 출범시킬 때보다 더욱 사악한 방법을 동원했다. 국민을 기만하고 현혹시키는 좌익의 혁명기술을 펼친 것이다. 문재인 세력은 단 한 명의 환자도 나오지 않은 광우병을 이유로 갓 출범한 정부를 반 년이나 발목을 잡았고, 이어 박근혜 정부가 들어서자 국정원 댓글, 국정교과서, 세월호, 사드 등을 소재로 정부의 기능을 거의 마비시켰다. 급기야 최순실이라는 마녀를 만들고 대통령 박근혜까지 마녀를 가까이한 또다른 마녀로 만들더니 국정농단이라는 허깨비를 앞세워 우익진영을 붕괴시키고 마침내 대한민국 뒤집기에 성공한다. 문재인 스스로 '촛불혁명'이라 부른 자유민주주의 정부 뒤집기, 나아가 대한민국 뒤집기를 말하려 한다.

훔치거나 발목을 잡거나
마비시키거나

　어떤 성과를 내고 성취를 보여주고 업적을 쌓는 일로 국민에게 어필하고 지지를 얻어 정권을 잡는 일은 공산주의자들이 애시당초 의도하고 설계하는 일은 아니다. 《공산주의의 본질》의 저자 윤원구 교수는 공산주의의 이론은 선전이론과 실천이론이라는 이중구조로 되어 있다고 했다. 그들이 실제 행동으로 옮기는 실천이론과는 다른 내용을 민중에게 선전한다는 뜻이다. 공산주의자들의 말이 모조리 거짓말인 이유다. 예를 들자면, 혁명의 단계에서 그들은 '노동자 농민의 나라'를 선전하며 민중을 끌어들이지만 그들 내부의 행동이론에는 '혁명에 성공한 후에는 그들에게 권력을 주지 말라'고 되어 있다. 거짓말로 상대를 속여서 지배력을 가지고 정권을 잡는 것은 좌익의 본질이다. 그래서 모든 좌익의 사람들은 습관적으로 거짓말을 하고 뻔뻔한 얼굴로 상대를 속인다.

　자유민주주의 국가 대한민국에 좌익세력이 정권을 잡은 것은 김대중 노무현 문재인 3기 15년이다. 그들이 정권을 잡는 과정은 모두 거짓과 조작과 선전 선동으로 국민을 속이는 것이었다. 김대중과 노무현은 국민을 속이고 정권을 훔쳤고, 문재인은 이명박의 발목을 잡고 박근혜 정부를 마비시켜 정권을 장악했다. 그들은 그것을 '민주화 운동'이라 선전했다. 그들의 선전구호는 '민주화'였으나 실천구호는 '우익정부 뒤집어 엎기'였다. 문재인 세력의 우익정부 뒤집어 엎기를 복기한다.

1. 훔친 정권

이 땅에서 좌익세력이 거짓과 조작과 음모 없이 정권을 잡은 적은 없다. 정당한 경쟁으로 정권을 잡았다면 그들을 좌익이라 부르지도 않을 것이다. 1기 좌익정권인 김대중 정권과 2기 노무현 정권은 설훈이라는 살아 있는 전설적 선거 절도범의 활약으로 정권을 탈취했고, 3기인 문재인 정권은 김경수와 안민석을 필두로 종북세력 전체가 작당한 자유민주주의 정부 뒤집기로 집권했다. 문명화되고 경제대국이 된 민주주의 국가에서 이런 일이 있었다는 것은 참으로 어이없는 일이다. 그렇게 정권을 훔치는 좌익도 혐오할 일이지만, 비슷한 도둑질을 3번씩이나 당한 우익진영도 절망스럽기는 마찬가지다. 과거의 기억들을 다시 소환하는 이유는 4번째의 그런 일이 또 있을 듯하기 때문이다. 우익이 더는 당하지 않아야 대한민국의 자유민주주의가 온전할 것이다. 늘 속이고 훔치는 좌익 그들이 말하지 않는가. 당하는 사람이 바보라고.

전설의 선거 절도범, 설훈

선거를 앞두고 경쟁자에 대한 거짓 내용을 퍼뜨려 상대의 지지율을 급락시킨 후 자신들이 선거에서 승리하는 혁혁한 공을 세우고, 그 후 진영으로부터 말뚝 공천을 받으며 일신의 부귀영화를 누리는 좌익진영의 조폭 같은 행태의 원조는 아마 설훈일 것이다. 설훈의 등장 이후 우익진영을 향해 거짓말이나 독한 언어를 쏟아내며 비열한 공격을 퍼붓는 악역을 수행한 대가로 공천을 받고 국회의원이 된 사람은 줄줄이 나타났다. 5선의 안민석과 3선의 박범계 정청래 같은 프로급에다 초선의 김남국 김의겸 김용민 장경태 등도 벌써 발군이다. 문재인이 욕을 먹을 때면 어김없이 나타나 결사옹위의 말을 내놓는 윤건영이나 고민정도 있다. 이 망국적 전통의 시작은 설훈이었다.

대한민국 대통령 선거가 거대한 거짓말 경연의 장이 된 것은 김대중과 이회창이 붙은 15대 대선부터다. 1997년 대통령 선거 직전, 이제 막 국회의원 뱃지를 단 초선의원 설훈은 엄청난 거짓말을 하며 국민 앞에 화려하게 등장한다. 그는 김대중의 경쟁자인 이회창의 두 아들이 군 면제를 받은 데 대해 불법 의혹을 제기하는 기자회견을 열었다. 그러나 선거가 끝난 후 검찰조사에 의해 이회창의 두 아들은 체중 미달로 적법하게 면제받은 것으로 판명되었고 설훈은 재판에서 유죄를 선고받는다. 그는 재판과정에서 김대중 정부에서 민정비서관을 지낸 김현섭으로부터 자료를 넘겨 받아 기자회견을 했다고 자백했다. 김대중 측과 교감하거나 거래를 하고 작당을 했다는 의미다. 이 대선은 단 1.6% 득표율 차이로 김대중이 당선된다. 좌익이 처음으로 정권을 잡은 이 대사건은 국민이 좌익정권을 선택한 것이 아니라 좌익세력이 국민의 표를 훔친 것이다. 선거 절도였고 정권 훔치기였다.

15대 대선에서 설훈의 거짓말로 톡톡히 재미를 본 새천년민주당(더불어민주당 전신)은 2002년 16대 대선에서는 거짓말 3종 세트를 차례로 내놓는다. 이번에도 출발은 설훈이었다. 설훈은 2002년 4월 19일 기자회견을 자청하고, "최규선 씨가 한나라당 이회창 총재에게 전달해 달라면서 윤여준 의원에게 2억 5천만 원(20만 불)을 줬다. 증인과 녹음 테이프도 있다"고 주장했다. 이회창의 측근인 윤여준이 로비스트 최규선으로부터 20만 불을 받아 이회창에게 전달했다는 이 주장을 좌파 매체를 비롯한 주요 언론들은 집요하게 물고 늘어졌다. 대쪽 이미지로 중도층의 지지가 높았던 이회창의 지지율은 또 한 번 큰 폭으로 떨어졌다.

한 달여가 지난 5월 말에는 전직 군인 김대업이 나타나 5년 전 설훈이 써먹은 이회창 두 아들의 병역의혹을 다시 들고 나왔다. 그는 조작으로 생산한 구체적 증거까지 제시했다. 이 결과 이회창의 지지율은 여론조사 기관에 따라 5%에서 10%까지 하락했고, 투표 결과는 득표율에서 2.3% 앞선 노무현의 승리였다. 민주당과 설훈이 주도한 거짓의혹 제기로 이번에는 또 몇 %의 민의가 왜곡되었을까. 선거 결과가 완전히 뒤집힌 것은 아닐까. 김대중도 노무현도 이런 거짓과 조작과 음모행위로 결국 대권을 잡았다. 건국한 지 50여 년 남짓한 신생 자유민주국가 대한민국에 닥친 거대한 재앙의 시작이었다.

짜고 친 고스톱

민주당으로부터 '의인'으로 대접받은 조연 김대업은 선거가 끝나고 징역 1년 10개월이 확정되고 이 거대한 조작의 주연인 설훈은 징역 1년 6개월에 집행유예 3년, 피선거권 제한 10년형을 선고받았다. 그러나 선거 결과는 뒤집혀지지 않았다. 16대 대선에서까지 설훈의 이런 행각으로 정권을 도둑맞은 우익진영은 그에게 '선거절도 전문 국회의원'이라는 악명을 붙여 주었다. 국회의원 1명과 사기범 몇 명의 거짓말에 국가수반을 뽑고 정권을 선택하는 대통령 선거의 당락이 뒤바뀌었을 수도 있는 이 거대하고 엄중한 범죄를 주도한 것은 대한민국 정통 좌익정당의 계보를 잇는 민주당이다. 20~30대의 젊은 유권자들에게 꼭 알려 주고 싶은 대한민국 민주주의의 흑역사다. 좌익의 세상이 되는 출발이었다.

형 선고 2년 후인 2007년 노무현은 그의 퇴임을 1년 앞두고 보은이라도 하듯 설훈을 사면 복권시켜 다시 국회의원 노릇을 해먹을 수 있는 길을 열어 주었다. 짜고 치는 고스톱이었다. 이후 '민주'라는 단어가 꼭 들어가는 좌익정당은 선거 때마다 거짓과 조작으로 국민의 표심을 왜곡하여 민주주의의 꽃이자 민주주의 그 자체인 선거제도를 사실상 무력화시키며 대한민국을 뿌리째 흔들었다. 문재인이 미래세대에게 남겨 준 막대한 국가부채 만큼이나 청년들의 미래를 위협하는 악성 유산이다.

진화하는 정권 절도 기술

이회창은 김대중 노무현과 경쟁한 두 번의 대선에서 두 번 모두 당선이 거의 확실시되었다. 그러나 결과는 모두 패배였다. 이후 설훈의 민주당 후배들은 더 독한 거짓말과 더욱 질 나쁜 조작행위로 그의 정신과 기술을 계승하고 있다. 설훈이 초선 재선의원이던 시절에는 '거짓말과 조작' 정도로 선거 결과를 왜곡하고 정권을 도둑질했던 반면 민주당 소속의 그의 후배 정치인들은 거짓말과 조작에 그치지 않고 음모와 괴담까지 대한민국의 정치판에 끌어들였고, 김경수의 드루킹 조작에는 첨단장비까지 동원되었다. 눈부신 진화였다. 광우병 괴담부터 박근혜 괴담까지

두 우익정권의 발목을 잡았던 수많은 음모설과 괴담은 노무현의 실정으로 국민의 선택을 받지 못하고 정권을 빼앗긴 그들이 정권을 되찾기 위해 동원한 수법과 기술이다. 9년에 걸쳐 이러한 기술을 끊임없이 그리고 맹렬하게 구사한 끝에 탄생한 것이 바로 문재인 정권이다.

좌익의 선거절도 기술의 원천 저작권은 설훈이 소유하고 있을 것이다. 원조라는 뜻이다. 설훈의 선거 절도 기술은 이후 더욱 진화한다. 17, 18대 대선에서 연이어 패한 좌익은 19대에는 선거 1~2년 전부터 은밀하고 조직적으로 음모를 기획한다. 바로 최순실 사태와 국정농단이다. 박근혜를 무너뜨리는 데 동원된 거대한 거짓 음모 조작 선동 불법, 그리고 위헌적 행위에 대해 형사사법기관들은 아직 손끝 하나 건드리지 못하고 있지만 대한민국이 완전한 공산국가로 전락하지 않는 한 그 전모는 드러날 것이다. 그러나 이미 드러난 사실도 적지 않다.

대법원이 징역 2년을 확정한 김경수의 이른바 드루킹 여론 조작사건을 두고 허익범 특검은 "이는 2017년 대선에 영향을 줬다고 본다. 문재인 후보의 지지율 2~3%는 더 올리는 데 영향이 있었다"고 말했다. (조선일보, 2021. 7. 26) 그러나 이 여론조작은 19대 대선의 당락에 대해 직접 영향을 미쳤다는 사실과 함께, 2016년 여름부터 시작된 촛불집회와 탄핵 정국 전체에 지대한 영향을 미쳤다는 점이 더 심각하다. 후에 문재인의 통치를 경험하며 '이럴려고 촛불을 들었나'고 탄식한 국민들은 김경수가 총책이 되어 조작한 여론에 큰 영향을 받았고, 그래서 광화문에 모이고 촛불을 들었다. 이 여론조작은 문재인의 당선에 앞서 박근혜를 무너뜨리는 데 결정적으로 작용했고, 문재인의 당선은 그 결과물이었다. 문재인 정권이 거대한 여론조작으로 탄생했다는 뜻이다.

　민주당을 축으로 한 문재인 세력은 거짓말과 조작질에서 한 발 더 나아간 음모와 괴담으로 박근혜 정권을 무너뜨렸다. 이어 그 탄력으로 2017년의 대선, 2018년의 지방선거, 2020년의 총선을 모두 승리할 수 있었다. 그리고 문재인 정권 4년 동안 누적된 부동산 일자리 등 수많은 실정의 성적표를 들고 치르게 된 2021년 4월 서울시장과 부산시장을 뽑는 재보궐 선거에서 민주당은 판세의 불리함을 깨닫자 다시 설훈의 기술을 소환하여 거짓말 공세를 펼쳐갔다. 민주당 후보 박영선은 후보 간 토론회에서 오세훈을 향해 '거짓말'이라는 단어를 반복하며 거짓말쟁이로 몰아갔다. 처음에는 오세훈을 향해 거짓말을 한다고 하는 박영선의 말이 거짓말이라고 생각했으나 그의 일관되고 반복적인 거짓말 타령에 나중에는 대체 누가 거짓말을 하고 있는지 분간이 되지 않을 때도 있었다. 그러나 서울과 부산 시민의 '속지 않는 힘'에 의해 더불어민주당은 이 보궐선거에서 참패했다. 참패한 민주당은 2022년 3월에 치뤄진 20대 대선에서는 설훈의 기술을 다시 동원하여 대대적으로 써먹는다.

　대부분의 더불어민주당 국회의원들은 야당 후보 부부 모두를 대상으로 무속 의혹을 반복적으로 제기했다. 윤석열이 정권을 잡으면 무속인의 점괘에 의지해 국정을 운영할 것이라는 논리였다. 설훈보다 더 저급하고 현실성과 구체성이 떨어지는 이러한 소재를 들고 나온 민주당의 정치인들과 여러 언론에 패널로 나와 이것을 앵무새처럼 되풀이하는 사람들도 어이없는 일이지만, 특히 이 무속 프레임에 가장 열심이었던 사람은 한겨레신문 기자 출신의 김의겸이었다. '거짓말 자판기'라는 별명을 얻은 바로 그 김의겸이다. 그의 현실성 없는 저질의 무속 공세는 이 사람이 대체 진실과 사실을 찾기 위해 쫓아다녔던 기자 출신이 맞는가 의심스러울 정도였다. 그는 거짓말을 지어내고 퍼뜨려 선거에 이기고 그 공으로 진영으로부터 대접받으며 오래도록 국회의원의 지위를 누리는 선거 절도범 선배 설훈을 따라가려고 작정한 듯 보였다.

그러나 이 대선에서 설훈의 기술을 재현한 최고봉은 김의겸이 아니었다. 민주당의 대통령 후보로 나선 이재명 자신이었다. 후보 이재명은 김의겸을 비롯한 민주당의 누구도 따라갈 수 없는 탁월한 거짓말 실력을 유감없이 발휘했다. 이미 경기도 지사 선거에서 방송에 나와 전 도민들을 상대로 거짓말을 하고도 대한민국 초유의 대법관 재판거래 의혹을 받으며 대법원으로부터 무죄 판결을 받아낸 그는 이제 겁나는 것이 없는 사람처럼 보였다. 그가 시장으로 있던 지역에서 일어난 대장동 사건을 '윤석열 게이트'로 부르는 뻔뻔함만으로도 이미 기가 막힐 노릇인데 그는 상대 후보를 향해 '입만 열면 새빨간 거짓말'을 반복했다. 이전 대통령 선거에서 이미 두 번이나 큰 영향을 미쳤거나 혹은 선거 당락을 뒤집었던 설훈의 거짓말은 별거 아닌 듯 보였고, 조선 최고의 거짓말쟁이라 불린 문재인도, 천하의 거짓말쟁이라 불린 대법원장 김명수도 그의 하수로 보일 정도였다. 이재명의 기술은 실로 경이로웠다.

국민의 표심을 절도하는 이런 새로운 기술도 있다. 대통령 문재인이 직접 구사한 기술이다. "국민들에게 힘과 위로를 드리기 위해 헌정 사상 처음으로 긴급재난지원금 지원을 결정했습니다." 21대 국회의원 선거 단 하루 전인 2020년 4월 14일 문재인이 직접 밝힌 내용이다. 선거 결과는 민주당과 위성정당이 180석을 얻는 압승이었고 그의 정권은 이때부터 입법권을 독점하고 남한을 사회주의 국가로 만드는 법안을 대거 통과시켰다. 이러고도 대한민국이 존속할 수 있을까 싶다. 만약 대한민국이 무너지게 된다면, 1910년 그때처럼 다시 나라가 사라지게 된다면, 그리고 그 원인이 외부의 침략에 의한 것이 아니라면, 망국의 원인은 우리 내부에 만연한 이러한 거짓과 조작의 악습 때문일 것이다.

2. 광우병에 걸린 사람을 찾습니다

거짓말을 퍼뜨려 15, 16대 대선에서 근소한 표차로 정권을 쟁취한 민주당의 공작은 17대 대선에서는 먹혀들지 않았다. 노무현의 통치 5년간 아무것도 해놓은 것이 없었기 때문이다. 2007년 12월 19일 치러진 투표는 48.67%를 획득한 이명박의 압승이었다. 좌익진영 후보 정동영은 26.14%의 득표율로 참패했다. 무소속으로 나온 이회창의 15.07%를 합하면 우익진영이 63.74%를 얻은 완승이었다. 노무현 정권은 경제와 미래와 국가발전에 대한 담론은 외면한 채 젊은 주사파를 앞세우고, 혹은 주사파에 현혹되어 좌익이념에 치우친 국정운영을 펼치며 이에 반대하는 우익정당과 극한 대립을 지속했다. 그 사이 생계가 어려워진 서민들의 자살이 이어지고, 집값은 폭등하고, 기업의 해외탈출이 가속화되는 등 경제는 총체적으로 침체했다. 어떠한 생산적 결과나 가시적 성취를 내지 못한 노무현과는 달리 서울시장 이명박은 버스전용차로, 청계천 복원공사, 5조나 되던 서울시 부채를 3조 이상 갚는 등 가시적 성과를 내었고 이에 표심은 그에게 압승을 안겼다. 대통령 이명박은 유능한 사람을 뽑아 정부를 구성하고 여러가지 야심찬 국가번영 계획을 내놓는다. 그러나 그의 구상은 정권 출범 100일도 못 되어 암초를 만난다. 좌익세력 전체가 덤벼들어 발목을 잡았기 때문이다.

MBC PD수첩의 거짓과 선동

노무현 집권기인 2006년에 진행된 한미 자유무역협정, 즉 한미FTA 협상은 미국산 소고기의 수입문제가 주요 장애물이었다. 노무현 정권 임기를 5개월 앞두고 벌어진 협상에서도 결국 타결되지 못하고 다음 정권으로 공을 넘겼다. 이명박 정부는 새로운 국가발전의 청사진 아래 우리의 대외교역에서 절대적 비중을 차지하는 미국과의 무역을 촉진하기 위해 한미FTA 타결을 전격 발표한다. 정권 출범 2개월이 채 안 된 2008년 4월 18일이다. 기대와 희망의 여론이 일렁이기 시작했다.

그러나 가만히 있을 좌익진영이 아니었다. 생산적이고 발전적인 일에는 무능하지만 우익정부가 해놓은 성취와 업적에 발목을 잡고 훼방 놓는 데는 탁월한 그들의 능력이 또 펼쳐진다. 그들은 막 출범한 이명박 정권을 방해하겠다는 분명한 의도를 드러내며 움직이기 시작했다. 그 시발점은 4월 29일 방영된 MBC의 PD수첩이었다. 광우병에 걸린 소가 주저앉는 장면과 인간광우병을 연결한, 허위로 조작된 내용을 내보내는 방송을 신호탄으로 좌익단체들은 결집한다. 이명박 정부에 대한 공격은 그렇게 시작되었다.

과학자들과 정부 당국자가 나서서 "광우병은 구제역과 달리 전염병이 아니며 인간 광우병에 걸릴 위험은 거의 없다"고 설명을 했으나 '국민 건강과 검역주권 포기'라는 좌파들의 선동구호에 간단히 묻혀 버렸다. 이성에 말을 거는 과학자들의 설득보다 감정을 건드리는 선동가들의 거짓말이 국민을 먼저 사로잡았다. 국민들은 '뇌에 구멍 숭숭'이라는 선동적 언어에 공포심을 느꼈고, 과학에 기초한 합리적 이성은 작동하지 않았다. 좌익 시민단체들은 대국민 서명작업을 시작하여 1주일 만에 100만 명 이상이 서명에 참여했다. 5월 2일에는 청계광장에서 첫 대규모 촛불집회를 열었고, 5월 8일에는 1,700여 시민사회단체가 참가한 '광우병 국민대책회의'가 결성되었다. 이에 정부는 소고기의 안전성을 설명하는 긴급 기자회견을 열고 좌익정당과 일부 언론 및 시민단체의 주장을 '반정부 선동'으로 규정하며 진화에 나섰다. 그러나 정권을 무너뜨리겠다고 작정이라도 한 듯 좌파들은 6월 들어 '72시간 연속 촛불집회'와 '100만 촛불 대행진'을 기획하여 연인원 100만여 명이 모인 촛불집회를 3개월 동안이나 계속했다. 그것은 집회가 아니라 난동이었다.

좌익진영은 미국산 소고기의 수입을 막는 데만 목적이 있는 것은 아니었다. 그들은 한미FTA 전체를 무산시키려 했고, 이를 위한 여러가지 괴담까지 만들어 냈다. 대표적인 것이 한미FTA가 체결되면 감기약이 10만 원으로 치솟고, 스크린쿼터의 폐지로 극장은 외국 수입영화가 점령하여 한국의 영화산업은 초토화될 것이라는 유언비어다. 이 말이 사실인지 아니면 괴담인지의 여부는 한미FTA가 발효되어 작동하고 있는 지금 현재의 감기약 가격과 아카데미 상까지 받은 우리나라 영화산업을 보면 간단히 판명된다. 그러나 그 당시 좌익세력은 이런 황당한 괴담으로 혹세무민하며 이명박 정권을 마비시키고 대한민국의 정상적인 작동을 정지시키려는 공작을 멈추지 않았다.

뇌 송송 구멍 탁

5월부터 1,000개 이상의 수많은 좌익 시민단체들은 좌익정당, 민노총, 전교조 등과 연계하며 〈한미FTA 저지 범국민운동본부〉〈미국산 쇠고기 수입반대 범국민 긴급대책회의〉〈미친소닷넷〉〈이명박 탄핵을 위한 범국민운동본부〉 등을 결성하고 조직적으로 움직이며 촛불시위에 대중을 끌어들였다. 연예인이 동원되어 분위기를 잡자 10대 학생들까지 모여들었고 요란한 아무말 대잔치가 펼쳐졌다. '미국산 소고기가 들어오면 가장 먼저 학교급식과 군대배식에 쓰일 것'이라고 했고, 촛불문화제 연단에 올라온 한 여고생은 "나는 동방신기 팬이다. 동방신기가 아픈 거, 기력 잃는 거 보고 싶지 않다"며 울먹였으며 군중은 이에 환호하고 또 분노했다. 종북세력의 거짓과 조작과 선동에 넘어간 것이다.

"미국산 소고기를 먹으면 뇌에 구멍이 뚫려 10년 동안 긴 잠복기 내에 죽을 수 있다/ 한국인 대다수가 광우병에 취약한 유전자를 가지고 있어 미국인에 비해 쉽게 광우병에 걸린다/ 1~100세까지 나이 제한 없이 감염되며 치사율은 100%다/ 좁쌀만한 고기로도 감염된다/ 600도가 넘는 온도에서도, 땅에 묻어도, 방사선이나 자외선에도 제거되지 않는다/ 치료제나 예방제는 없다." 모두 그 당시 그들이 만들어 낸 괴담이다.

이명박 정부는 미국과 추가협상을 개시하는 한편 대통령이 직접 나서서 2차례에 걸쳐 대국민 담화를 발표하고, "인간광우병이 발병한다면 쇠고기 수입을 전면 중단하겠다"며 사태 진화에 총력을 다했다. 좌익세력 전체가 동원된 광우병 선동은 8월 들어 서서히 동력을 잃기 시작한다. 정부의 총력진화 때문이 아니라 인간광우병의 위험을 과장하고 괴담의 수준까지 만든 좌익세력의 의도되고 계산된 선동을 국민이 외면했기 때문이다. 그들은 괴담을 퍼뜨리며 몇 개월 동안 이명박 정권의 손발을 묶는 데는 성공했으나 곧 그들의 주장이 괴담임을 알고 믿지 않게 된 국민들은 고개를 돌렸다. 의식있는 국민이 승리한 것이다.

그들의 정체

광우병을 선동하는 촛불집회가 한창이던 때, 시위가 불법적이고 폭력적으로 진행되자 경찰은 체포영장을 신청하여 6월 30일 주동자 8명에 대해 영장을 발부받았다. 이 8명 중 3명은 국가보안법 위반 전과자였다. 그리고 4명은 국내 좌파세력의 연합체인 '한국진보연대' 소속으로 경기동부연합, 한총련 등에서 간부로 활동한 자들이었다. 노무현 탄핵 정국에서 분신을 시도한 자도 있었다. (문화일보. 2008. 7. 1) 이것은 광우병 촛불집회에 좌익의 국가 전복 세력이 개입했다는 명백한 증거다.

촛불집회를 주도한 조직 중의 하나인 〈2MB 탄핵투쟁연대〉는 대선 기간 만들어진 반 이명박 인터넷 카페였다. 그들의 정관에는 "본 카페는 이명박 당선자의 당선 무효를 1차 목적으로 한다"고 명시되어 있었다. '한국진보연대'의 문건에는 "우리의 진정한 목표는 이명박 정부를 주저앉히는 것이다. 밤에는 국민이 촛불을 들고, 낮에는 운동역량의 촛불로써 사회를 마비시켜야 한다"고 되어 있었다. MBC PD수첩의 광우병 구성작가는 검찰수사 결과를 지인에게 보낸 이메일에서 "출범 100일 된 정권의 정치적 생명줄을 끊어놓고 결국 무너지지 않을 것 같은 조 중 동의 아성에 균열을 만든, 과거 그 어느 언론도 운동세력도 해내지 못한 일을 해낸 그 '대중의 힘'의 끝이 나는 못내 불안해요."라는 편지 내용이 밝혀졌다. (한국진보세력연구. 623~624쪽, 남시욱) 우리가 흔히 광우병 사태라고 부르는 이 촛불정국은 MBC가 거짓선동에 앞장서고 좌익세력 전체가 나서서 자유민주주의 정부 뒤집기를 도모했음을 알 수 있는 대목이다.

PD수첩 작가는 이명박 정권의 생명줄을 끊고 보수 언론을 몰락시키기 위해 대중의 힘을 동원하려 했고, 그런 의도에서 조작된 광우병 프로그램을 만들었을 것이다. 이 사람은 거짓과 조작과 선전 선동의 좌익의 혁명기술을 익힌 공산주의 혁명가일지도 모른다. 그는 종북좌파세력의 '대중노선'에 따라 이 거짓 프로그램을 만들었을 것이다. 결과는 그가 의도한 그대로 되었다. 이명박 정부는 전체 임기의 10%인 6개월 동안 거의 마비상태가 되었고, 6월 4일에 있었던 재보궐 선거에서 여당인 한나라당은 기초단체장 9곳 중 1곳, 광역의원 29곳 중 7곳, 기초의원 14곳 중 1곳에서만 당선자를 내는 대참패를 당했다. 거짓과 선전 선동의 기술을 구사한 좌익세력이 승리한 것이다. 대한민국의 망조였다.

3. 이명박의 실수

노무현은 영·호남의 동서화합에는 노력했으나 좌우진영 간의 화합에는 무관심했다. 그러나 이명박은 좌우대립이 대한민국의 성장동력을 크게 갉아먹는 요인으로 보고 운동권 세력으로부터 여러가지 비속언어로 조롱을 당하면서도 좌우 간의 갈등해소를 위해 많은 노력을 기울였다. 근거없는 괴담으로 나라를 거의 마비시킨 2008년의 광우병사태에서 이명박은 청와대 뒷산에 올라 그가 학생운동을 할 때 합창했던 '아침이슬'을 부르며 눈물을 흘렸다고 했다. 지금 생각하면 그것은 이명박의 실수였다. 문재인이 코로나를 핑계로 광화문에 사상 최대 규모의 차벽을 만들어 집회를 원천 봉쇄해 버린 것처럼 이병박도 그렇게 광우병 촛불을 막았어야 했다. 불법적 행위를 하고 괴담을 만들어 시민을 선동한 종북 시위꾼들은 모두 징벌했어야 했다. 그랬다면 80의 노구에 17년형을 선고받고 감옥에 갇히는 어이없는 일은 피할 수 있었을 것이다. 수많은 실정과 불법적 위헌적 통치로 퇴임 후 감방행이 걱정되자 자신의 범죄를 조사하게 될 검찰을 해체의 수준으로 만들어 버리는 등 자신을 지키기 위해 국가의 형사사법 시스템까지 모조리 무너뜨린 문재인과 비교하면 이명박이 광우병사태에 그렇게 대처한 것은 실수가 분명하다.

광우병사태로 임기 초반의 이명박 정부의 지지율은 20%대로 떨어졌다. 집권 초기 80%대까지 올라간 문재인과 극명하게 대비된다. 작은 회사 현대를 큰 기업 현대로 만들어 오늘날 세계적 대기업으로 성장시키는 데 크게 기여한 유능한 경영자 출신으로 대한민국의 산업화와 경제 발전에 대한 업적을 박정희 이병철 정주영의 다음 반열에 올려 놓기에 충분한 이명박은 좌익의 흔들기로 식물 대통령이 되는 듯했다. 그러나 그는 임기 5년 동안 4대강 사업, 한미FTA 체결, 집값의 안정, 세계적 금융 위기의 성공적 극복 등 커다란 업적을 남겼다. 당시에는 별것 아닌 것처럼 보였던 그의 국가경영의 성과는 문재인의 통치 5년을 겪은 후 더욱 대단한 것이었음을 알게 된다. 집값과 국가부채 통계는 모조리 위로 향하게 하고 취업률과 경제성장률 통계는 모조리 아래로 향하게 만들어 놓고는 아무 곳에나 K자를 붙이는 광고만으로 지지율을 유지한 문재인 정권에 비교하면 이명박 정부 5년의 성취는 참으로 대단한 것이었다.

그러나 이명박은 치명적인 과오를 범했다. 그는 이 땅의 종북 좌파세력들을 제거해야 할 반국가집단이 아니라, 끌어안아야 할 국민의 일부이자 협력의 대상으로 보았다. 그들을 대한민국의 건강한 발전을 저해하고 망국에 이르게 할 악성 암덩어리가 아니라 치료 가능한 종양 정도로 생각하는 듯 했다. 이것은 이명박과 그의 정권 참여자들이 이 땅에 뿌리 박은 종북 좌파세력의 거대한 존재와 북한 추종의 정체성을 제대로 알지 못했기 때문일 것이다. 이명박 자신은 물론 자유민주주의를 신봉하는 대한민국 국민, 그리고 미래세대 모두에게 큰 불행이었다.

이명박은 1970년대 국가의 산업화와 경제발전을 최우선 과제로 앞세운 박정희의 강력한 통제정책에 맞서 학생운동을 주도하다 6개월 동안 옥살이를 했다. 그가 적대하지 않고 오히려 포용하려 했던 좌파 세력은 이명박이 퇴임한 후 4년이 지나 문재인을 앞세워 정권을 잡았다. 정권을 잡자마자 이명박에 대한 심판에 착수해서 기어이 감방에 집어 넣었다. 좌익정권 3기를 통해 진행된 대한민국의 사회주의화가 다시 되돌려지게 된다면 이명박의 투옥은 공산주의자들이 혁명에 성공한 후 자유민주주의를 신봉하는 대통령을 숙청한 것으로 규정될 것이다. 20세기의 모든 공산당 정권은 혁명으로 정권을 장악하고 가장 먼저 기존 세력을 반동의 이름으로 제거했다. 문재인 세력이 이명박에게 반동이라는 이름을 붙인 적은 없다. 그러나 그에게 17년형을 내리고 감방에 가둔 것은 숙청이 분명하다. 이명박이 광우병 세력을 단죄하지 않고 그들을 품은 것은 치명적인 실수였다. 다음의, 미래의 우익정권이 꼭 기억하기 바란다.

광우병 사태, 그 후

국내 수입 소고기 시장에서 미국산이 점유율 1위를 차지한 것은 2017년부터다. 2019년 12월의 통계에 의하면 점유율이 50%가 넘는다. 광우병 사태 13년 만의 일이다. 우리 국민은 한우 소고기의 3분의 1 가격으로 최상급 미국산 소고기를 먹을 수 있게 되었다. 그 혜택을 누리는 계층은 부자들이 아니라 싼 가격에 소고기를 구입할 수 있게 된 서민들일 것이다. 농민 도시노동자 등 약자를 위해 헌신한다고 선전하는 주사파 정치인들과 민주당 의원들이 한 일이 아니다. 그 반대 이념, 즉 시장자본주의 이념을 가진 이명박과 그 정권의 업적이다. 좌익은 민중을 행복하게도 부유하게도 만들지 않는다. 행복하고 부유한 민중은 그들을 지지하지 않기 때문이다. 좌익을 사악하다고 말하는 이유다.

좌파들은 인간광우병 괴담을 퍼뜨리며 미국산 쇠고기의 수입을 결사 반대했다. 그러나 2008년 광우병사태 때부터 지금까지 대한민국에 광우병에 걸린 사람은 단 한 사람도 없다. 광우병에 걸린 사람이 없으니 뇌에 구멍이 숭숭 뚫린 사람도 없다. 이명박 정부와 과학자들이 말한 그대로다. 이것이 반 년 동안 대한민국을 거의 마비시켜 놓았던 광우병사태의 진실이다. 광우병은 결국 이 땅의 종북좌익세력이 자유민주주의정부를 뒤집기 위해 만든 허깨비였다. 그것으로 나라를 마비시켜 놓고도 후에 반성하고 사과하거나 책임을 지는 사람은 없었다. 그때 거짓 선동에 앞장 섰던 민주당 정치인들의 이름을 열거하자면 길다. 그 사람들 모두 후에 아무 말도 없었다. 그리고 천안함과 세월호 참사에 또다시 나서서 똑같은 짓을 되풀이했다. 거짓과 선동은 그들이 정권을 장악하는 유일한 기술이기 때문일 것이다. 뒤집기 한 판의 기술 말이다.

그때는 몰랐다. 종북좌파세력이 총동원되어 벌인 이 광우병사태가 대한민국을 사회주의 국가로 만들고자 하는 내란행위였으며 혁명적 투쟁이었다는 것을 이명박 정부도 국민도 몰랐다. 이명박 정부를 무너뜨리려 했던 광우병의 촛불이 꺼지고 8년이 지나 박근혜 정부를 무너뜨리기 위해 다시 재점화될 것이라는 사실도 우리는 예상하지 못했다. 광우병사태는 우익정부의 전복을 기도한 종북세력의 1차 공격이었다. 그때 이 거짓 사태를 주도한 사람들과 좌익단체의 거짓과 조작과 불법행위에 대해 제대로 조사하고 제대로 징벌했어야 했다. 그때는 몰랐고, 그래서 치명적 실수를 한 것이다. 이명박 정부를 포함한 우익진영 모두가 종북좌파들의 실체를 몰라도 너무 몰랐다. 광우병사태는 6개월 만에 끝난 것이 아니다. 우익정부에 대한 거대한 뒤집기의 시작이었다.

거짓을 방치한 결과

2010년 3월 26일 어두운 밤 우리 해군 초계기 천안함이 서해 백령도 인근에서 북한 잠수정이 발사한 어뢰에 폭파되어 침몰했다. 이 사고로 우리의 꽃다운 젊은 장병 46명이 희생되었고, 수색 과정에서 또 군인 1명이 목숨을 잃었다. 이번에도 이 땅의 좌익세력은 모조리 등장한다. 그런데 과거와 다른 점이 있었다. 대한민국에 대한 공격이 아니라, 북한을 위한 방어라는 점이었다. 공격은 북한정권이 한 짓이고, 남한에 존재하는 모든 종북세력은 이 사건을 방어했다. 방어라는 말은 진상을 감추려 했다는 말이다. 그들은 이 뻔한 일에 갖가지 잡설을 늘어놓았다. 그러나 모두 근거도 없고 앞뒤를 어거지로 끼워 맞춘 거짓말이었다. 갖가지 괴담과 음모도 빠지지 않고 등장했다. 모든 거짓말과 모든 어거지와 모든 괴담과 모든 음모론은 이 만행이 북한이 한 짓이 아니라는 점에서 공통적이었다. 국가 발전을 위해 야심차게 일을 좀 해보겠던 이명박 정부 3년차의 대한민국은 천안함사건으로 완전히 쪼개졌고 이것은 국가의 발전 에너지를 완전히 고갈시켰다. 북한정권이 바라던 대로 된 것이다.

2010년 천안함사태에 등장하여 음모론과 괴담을 퍼뜨렸던 세력은 대부분이 2008년 광우병 괴담을 퍼뜨린 사람들이었다. 그리고 2014년의 세월호 괴담과 2016년의 사드 괴담과 박근혜의 연애설과 굿판설을 퍼뜨린 사람들도 바로 그들이다. 그들은 오랜 기간에 걸쳐 수많은 거짓말과 음모론과 괴담을 생산하고 유포했다. 그 힘으로 정권을 잡았으며 결국 대한민국의 청와대와 정부 각 부처와 국회의 요직을 차지했다. 그들은 자신들의 주장이 거짓임이 밝혀지고 진실이 드러나도 여전히 고개를 빳

빳이 들고 다녔고, 뻔뻔한 얼굴을 했고, 사죄의 말은 하지 않았다. 그러면서도 입만 열면 진실과 공정과 정의를 말했다. 문재인 패거리 사람들은 모두 그랬다. 이 패거리의 중심에 있었던 문재인도 마찬가지다.

대한민국은 이제 좌익이 주도하는 나라가 되었다. 대통령이 우익 진영의 사람이라 해도 대한민국의 주도권은 여전히 그들이 잡고 있다. 여기에는 우익 스스로의 책임도 크다. 적어도 좌파들이 광우병이라는 허깨비를 만들고 천안함 음모론을 주장하며 설쳐댈 때 그들의 거짓말에 가혹한 비판을 가하고 그들의 불법행위를 제대로 응징했어야 했다. 이명박은 이 나라를 현대처럼, 서울시처럼 경영해 번영의 길로 이끌려 하기 전에 종북세력에 대해 먼저 수술칼을 대었어야 했다. 종북이란 암덩어리만 제거하면 대한민국은 최소 절반은 저절로 번창한다. 그렇게 했다면 문재인과 주사파들과 종북좌파들이 기어이 자유민주주의 정부를 뒤집고 정권을 잡은 후 이 나라를 사회주의의 길로, 그리고 북한 김정은의 길로 끌고 가는 것을 막을 수 있었을 것이다. 이명박과 박근혜가 그렇게 하지 않은 데 대한 벌은 문재인이 손수 내려 주었다. 팔순 노인 이명박 17년 형, 칠순 노인 박근혜 23년 형이 바로 그것이다. 세계를 강타한 금융위기를 가장 훌륭하게 극복한 이명박은 퇴임 후 5년이 지나 박근혜에 이어 그도 결국 영어의 몸이 되었다. 아무리 생각해도 어이없는 일이다.

2절 2 뒤집기 한 판

2012년 8월 민주당 이종걸 의원은 상대 당의 유력 대선 후보였던 박근혜를 '2년'이라 불렀다. 박근혜가 대통령이 된 직후인 2013년 7월 홍익표 의원은 박근혜를 '귀태鬼胎' 즉 태어나지 말았어야 할 인간이라 했고, 정청래 의원은 '바뀐애는 방 빼'라고 했다. 좌익 정당의 잘난 사내 정치인들은 독신의 여성 대통령이 처음부터 이렇게 만만하게 보였던 모양이다. 그들은 여성 대통령을 저질스럽고 비겁한 언어로 마구 공격했고, 박근혜 정부가 하는 일에는 사사건건 시비를 걸어 제대로 된 국정운영을 할 수도 없을 정도였다. 이미 박근혜가 대통령이 되기 전부터 국정원 댓글 공세를 퍼붓더니 정권이 출범하고 나서도 이것을 소재로 새 정부를 흔들었다. 이어 집권 2년 차에 발생한 세월호 사태라는 사회적 대참사를 정치 이슈화하고 총공격을 퍼부어 사고 수습조차 어려울 지경이었다. 제주 해군기지와 사드 배치 같은 북한의 위협에 대비하는 일에는 무조건적으로 반대했으며, 세월호 참사는 좌익세력이 박근혜를 탄핵시킬 때까지 집요하게 물고 늘어지는 소재로 써먹었다. 참으로 모질고 잔인한 종북좌익 세력의 인간들이었다.

문재인 세력이 중심이 된 종북좌파 진영은 2016년 여름부터 사드 배치 반대를 외치며 박근혜 정부에 총공세를 가하는 등 무차별적으로 발목을 잡았다. 대통령 박근혜는 그것까지는 힘겹게 버텨내는 듯했다. 그러나 민주당의 좌익 정치인들이 조직적으로 만들어 낸 최순실이라는 허깨비는 결국 이겨내지 못했다. 국정원 댓글, 국정 교과서 반대, 세월호 참사 공세, 사드 배치 반대, 최순실 게이트, 이 모든 것은 상승작용을 하며 큰 파도를 만들었고 박근혜는 결국 이 파도를 넘지 못했다. 그들의 시위에 빠지지 않는 구호 '뒤집어 엎어!' 그대로 되었다. 뒤집어진 박근혜는 파도 속에 휩쓸렸고, 이와 함께 대한민국도 같이 기울어졌다. 박근혜와 대한민국의 자유민주주의가 바다 속으로 가라앉은 이야기다.

1. 박근혜의 치적과 과오

박근혜는 더불어민주당 후보 문재인을 꺾고 제18대 대한민국 대통령에 당선되었다. 그러나 패배한 문재인 세력은 박근혜의 취임과 동시에 저급하고 거센 공격을 가하기 시작했고 공격은 끝없이 이어졌다. 더구나 박근혜는 이미 크게 왼쪽으로 기울어져 있던 대한민국을 '비정상의 정상화'라는 이름으로 바로 잡으려 했고 좌익세력은 이에 대해 조직적이고 거세게 저항하며 박근혜에 대한 공격의 강도를 더욱 높였다. 결국 박근혜는 3년 10개월을 어렵게 버티다 결국 대통령직이 정지되었고, 3개월 후 청와대를 나와 사저로 돌아갔다. 그리고 곧 구속되었고, 4년 하고도 9개월을 감옥에 있었다. 박근혜는 문재인 세력의 공격으로부터 자신을 지키고 정권을 방어하고 대한민국을 온전히 이끌어 가는 데 실패했다. 그러나 그의 뒤를 이어 대통령이 된 문재인이 민생을 돌보고 국가의 미래를 준비하는 국정운영에는 무관심한 채 오직 진영의 이익에 몰두하며 북한 김정은의 심기와 자신의 퇴임 후 안전만 챙긴 것과 비교하면 박근혜는 4년도 채 안 되는 재임기간 동안 많은 업적을 남겼다. 국정농단이라는 프레임과 최순실이라는 허깨비에 가려 우리가 잊어 버리거나 아무도 관심이 없지만 대통령 박근혜의 치적은 결코 적은 것이 아니었다.

박근혜는 자유민주주의 체제를 전제로 하는 통일 한국을 이룩하기 위해 〈통일준비위원회〉를 출범시켰고 북한 동포의 인권신장을 목표로 하는 〈북한인권법〉을 제정하는 등 확고한 통일정책과 대북정책을 수립했다. 그리고 북한의 핵무기와 미사일에 대비하는 방어 시스템인 사드 배치를 관철시켰다. 한·중 자유무역협정의 체결, 동북아 평화구도, 국제적 통일환경의 조성 등 외교 안보 분야의 성취도 적지 않았다. 깨끗하고 투명한 사회를 만들기 위한 김영란법 제정, 반국가 이적 정당인 통진당 해산과 좌익 성향인 교원노조의 노조자격 박탈, 기금 고갈이 예상되던 공무원연금의 개혁 등 내치 방면에도 많은 성취가 있었다. 특히 과거 어느 정부도 손대지 못했던 개혁, 즉 노동·교육·금융부문은 물론 공공기관의 개혁 등, 〈4대구조개혁〉을 통해 잘못된 국가질서를 바로 잡으려 했고 〈비정상의 정상화 100대과제〉까지 추진하며 좌경화된 대한민국의 정체성을 바로 잡으려 힘을 쏟았다. 좌익세력의 온갖 방해를 받으며, 더구나 5년의 임기를 다 채우지 못하면서도 해낸 대통령 박근혜의 업적이다.

박근혜의 이러한 치적을 우리가 까맣게 잊어 버린 것은 문재인 세력이 그를 최순실의 아바타로 만들고 마녀로 만든 후 탄핵시켰기 때문이다. 그러나 문재인이 그의 통치기간 5년을 다 채우면서도 어떠한 성취도 업적도 없이 오직 공산당식 선전 선동과 국민 분열 정책으로 높은 지지율을 유지한 것과 선명하게 대비되는 박근혜의 업적이 분명하다. 양식 있는 지식인들과 깨어 있는 국민들에 의해 다시 조명되고 평가되어야 할 제18대 대통령 박근혜의 빛나는 업적들이다.

박근혜는 그의 통치 기간 보여 준 정치력의 빈곤과 부족했던 포용력, 야당과 언론에 대한 소통 부족, 그리고 무엇보다 종북좌파세력에 대한 과소평가가 원인이 되어 문재인 세력의 공격을 이겨내지 못했고 이로 인해 정권을 빼앗기고 그는 영어의 몸이 되었다. 동시에 부친 박정희가 경제대국의 초석을 다져 둔 자유민주주의 국가 대한민국을 좌익의 손에 넘겨 주었다. 모두 대통령 박근혜 자신의 치명적 실수이자 과오다. 특히 자기 편의 과오는 무조건 감싸 주고, 진영의 집권연장을 위해 국가예산을 물쓰듯하고, 모든 알짜 보직과 특혜를 나누어 가지며 똘똘 뭉쳐 진영 전체의 특권 계급화까지 시도했던 문재인 세력과는 달리, 대통령 박근혜는 김무성 유승민 등 차기 대권주자로 거론되던 잠룡들에게 국가와 국민에 대해 자신처럼 헌신할 것만 요구했을 뿐 아무것도 보장해 주지 않았다. 이것은 탄핵 정국에서 그의 수하들이 자신을 배신하고 박지원 문재인과 작당한 결정적 이유가 되었다. 이 결과 박근혜 자신을 포함한 우익진영은 붕괴되었고, 동시에 스스로를 폐족이라 불렀던 문재인 세력은 재기할 수 있었다. 박근혜의 치명적 실수였다.

권력을 잡은 문재인은 모든 면에서 박근혜와 선명하게 비교되었다. 그는 퇴임 후 자신의 안전을 위해 조국 등 차기 대권후보들의 명백한 범죄혐의조차 철저히 감싸주었고, 검찰을 무력화시키고 위헌적인 공수처를 설치했다. 그럼으로써 자신과 수하들의 범죄에 대한 수사와 처벌은 원천적으로 봉쇄되었다. 문재인이 퇴임한 지금, 우리는 박근혜와 문재인 두 대통령의 선명하게 대비되는 퇴임 후의 준비를 확인할 수 있다. 문재인은 국가의 법치와 형사사법제도의 파괴까지 불사하며 그것을 준비했고, 박근혜는 아무것도 준비하지 않았다. 문재인은 그의 임기 내내 자신의 퇴임 후의 안전과 복지를 준비했고, 박근혜는 대한민국의 미래를 준비했다. 박근혜는 자신에게 아무런 죄가 없으니 퇴임 후를 위해 무엇도 준비할 필요가 없다고 생각했을 것이고 문재인은 그 반대였을 것이다. 문재인은 많은 죄를 범했고, 그래서 검수완박 등 퇴임 후를 단단히 준비했다. 이런 문재인과 비교하면 자신의 퇴임 후를 준비하지 않은 박근혜는 실수를 한 것이 분명하다. 국가와 국민에 대한 실수가 아니었다. 자신에 대한 실수였다.

문재인은 사악했고, 박근혜는 순진했던 것일까. 공산주의자와 자유민주주의자의 다름일까. 문재인 세력이 없는 것도 있는 것으로 만들어내고, 있는 것도 감쪽같이 감추는 거짓과 조작의 기술을 익힌 사람들이라는 사실을 박근혜는 몰랐을까. 박근혜의 이런 정직함이 치명적 실수가 된 것은 아닐까. 이제는 아무런 쓸모도 없는 질문이지만 아직 강한 미련이 남아 있다. 문재인의 통치 5년을 생각하면 더욱 그렇다.

2. 드루킹의 조족지혈 국정원 댓글

숙청과 죽음

드루킹 사건이 드러날 때까지 좌익이 온라인 세상을 거의 완전하게 장악하고 있다는 사실을 어느 정도 판단은 하고 있었지만, 확실하게 주장할 수 있는 근거는 부족했다. 이 근거는 문재인 대통령 만들기의 1등 공신 김경수가 확실하여 드러내 주었다. 김경수는 드루킹 사건이 터지기 전까지 문재인 정권의 유력한 다음 계승자로 지목되는 황태자였다. 특검은 그가 총책이 되어 온라인 공간에서 은밀하고 조직적이고 거대한 여론조작을 꾸몄다는 사실은 밝혀냈다. 이 전모에 의해 그들이 대한민국의 온라인 공간을 거의 완전하게 지배했다는 것을 알 수 있었다. 그런데 이보다 6년 전, 온라인 공간이 완전한 좌익의 세상이라는 것을 충분히 인식하지 못하고, 그곳을 기웃거리다 혼쭐이 난 일이 있었다. 바로 국정원 댓글이라는 어이없는 사건이다.

문재인 세력은 2012년 박근혜와 문재인이 맞붙은 대통령 선거를 앞두고 국정원 댓글사건을 생산해냈다. 대선 투표를 불과 8일 앞둔 2012년 12월 11일, 민주당의 이종걸 강기정 등의 국회의원과 다수의 당직자들은 한 국정원 여직원의 거주지를 찾아가 무려 35시간이나 감금하며 온 국민의 시선을 끌었다. 이 직원이 인터넷에 선거 관련 댓글을 올린다는 것이 이유였다. 이슈를 만들어 선거에 이용해 먹으려는 수작이었다. 이 직원은 후에 무죄가 확정되었지만 그들은 이것을 박근혜 정부를 공격하는 소재로 오래도록 우려먹었다. 공산당식 수법이었다.

며칠 뒤인 12월 19일 실시된 제18대 대통령 선거에서 박근혜는 득표율에서 3.6%, 득표수에서 108만여 표를 앞서 문재인을 누르고 당선되었다. 그러나 좌익이 새로 출범하는 우익정권을 그냥 둘 리 만무했다. 그들은 이명박의 출발을 광우병으로 혼을 쏙 빼놓았던 것처럼 이번에는 댓글로 박근혜의 발목을 잡으려고 작정한 듯 보였다. 민주당의 정치인들은 국정원 댓글사건을 부각시키며 신정부를 흔들어댔다. 6월부터는 서울 도심에서 연일 대규모 촛불시위를 벌였다. 늘 하는 짓이었다.

　김대중 노무현 시절부터 온라인 공간을 장악한 좌익세력은 소위 단기 알바를 고용하여 특정사건을 인위적으로 이슈화하며 여론 선동질을 했고, 그 강도는 갈수록 심해졌다. 이에 이명박 정부 때부터 국정원 군 경찰 등에서는 허위사실로 정부를 공격하고 비난하며 반정부 여론을 형성하는 좌파들의 온라인 활동에 대해 해명하고 반박하는 댓글을 달기 시작했다. 대부분은 해당 기관 공무원들이 개인적인 차원에서 이루어진 것이었고, 상부의 지시로 움직인 것은 극소수였다. 정부 측에서 단 댓글은 적극적인 의견 표출이나 여론 형성을 위한 것이 아니었다. 좌익세력의 허위 사실을 바로 잡으려는 것이었다. 그 빈도나 수량에 있어서도 좌파들의 대규모적인 여론 공작에 비하면 조족지혈이었다.

　그러나 좌익들은 여기에 '여론조작' 혹은 '댓글을 통한 정치개입'이라는 큰 이름을 붙여 박근혜 정권을 향해 무차별적인 공격을 가했다. 그들은 국정원과 군부대 등에서 있었던 간헐적이고 개인적인 댓글에 대해서도 '대선 승리를 목적으로 조직적으로 여론을 조작한 사건'이라는 프레임을 씌우고 사실을 침소봉대하는 데 혈안이었다. 이명박과 박근혜에게 정권을 빼앗긴 원인을 노무현의 실정에서 찾기를 거부하고, 댓글 공작 때문에 대선에서 패배했다는 주장이었다. 참 그들다웠다.

그들은 드루킹 댓글 조작에 비하면 한줌거리도 되지 않는 이 일의 주모자로 두 대통령과 국방장관 김관진, 국정원장 원세훈을 지목했다. '대통령의 부당한 지시를 국가기관이 충성을 보이기 위해 국가예산으로 여론조작을 주도한 사건'으로 규정했다. 그리고 그 명칭도 '국가정보원·국방부 여론 조작 사건' 으로 붙였다. 그들의 이러한 행태는 별거 아닌 것을 어마어마한 사건으로 만드는 전형적인 좌익의 조작전술이었다. 결국 그들의 전술은 성공했고 권력을 잡은 문재인 세력은 전직 대통령 이명박과 박근혜, 김관진 등 군 수뇌부 다수, 국정원장 원세훈 남재준 이병기 이병호, 청와대 비서관 안봉근 이재만 조윤선, 경찰청장 김용판 등 경찰간부 다수, 변창훈 검사 등 수많은 박근혜 정부 인사에게 혐의를 뒤집어 씌웠다. 이런 과정을 거쳐 처음에는 사건같지도 않아 보였던 댓글의 문제는 결국 많은 시람을 구속시키는 초대형 범죄사건이 되었다. 그것은 실체가 분명한 범죄가 아니었다. 일정한 목적과 패턴에 의해 기획된 음모였다. 이 음모는 갈수록 부풀려졌고 결국 엄청난 사건이 되었다.

댓글 사건으로 인한 기소와 재판은 무수하게 많았다. 문재인이 집권하고 이명박 박근혜 두 우익정권 고위 공직자들을 구속시킬 때 많은 이들의 범죄혐의에 댓글 사건도 포함되어 있었다. 특히 고위직일수록 형량을 늘리는 근거로 동원되었다. 그래서 처벌이라기보다 공산주의자들이 혁명에 성공한 후 상대 진영에 대해 벌이는 숙청의 냄새가 짙었다. 그들은 제거 대상으로 지목한 인사들에게 없는 죄목을 만드는 데 국정원 댓

240

글을 어김없이, 그리고 무차별적으로 끌어들였다.

이 과정에서 안타까운 두 죽음도 있었다. 현직 검사 신분으로 댓글사건의 수사를 방해했다는 혐의로 조사를 받던 변창훈 검사는 2017년 11월 6일 투신자살로 사망했다. 며칠 앞선 10월 31일에는 변 검사와 같은 혐의로 수사를 받던 정치호 변호사도 숨진 채 발견되었는데 그가 마지막으로 통화를 한 사람이 변 검사였다. 문재인 정권은 잔인한 방법으로 그들을 막다른 곳까지 몰아갔고, 두 사람은 문 정권의 거대한 음모에 맞설 수 없다는 것을 깨닫게 되자 결국 그들은 자신의 결백을 증명하고 자존심과 명예를 지키기 위해 죽음을 선택했을 것이다. 사실과 진실을 은폐하기 위해 별일 아닌듯 일삼는 좌익의 '목숨 던지기' 전술과는 전혀 다른 성격의 억울하고 아까운 죽음이었다.

바늘과 태산

국정원 댓글사건에 대해 언론과 지식인들은 유머사이트 등을 통한 댓글달기 행위가 과연 사회에 파문을 일으키는 정도의 영향력이 있는지, 이 정도의 댓글이 적극적인 정치행위나 불법행위가 될 수 있는지, 대체 두 대통령과 국방장관이 개입했다는 무슨 증거가 있는지에 대해 의문을 제기했다. 그러나 종북좌파들의 서슬 퍼런 광기와 그들이 일으킨 선동의 광풍에 합리적인 이의제기는 모두 묻혀 버렸다. 그 결과 국민들의 뇌리에는 지금도 '국정원 댓글 조작'만 선명하다. 좌익의 거짓과 조작이 선전 선동술이 또 승리한 것이다.

문재인을 당선시킨 19대 대선에서 자동입력반복 프로그램인 킹그랩을 이용해 대규모 댓글 조작을 벌인 혐의로 드루킹 김동원은 징역 3년이 확정되었고, 이를 지시한 경남지사 김경수는 2020년 11월 2심에서 징역 2년을 선고받았다. 그리고 2021년 7월 대법원에 의해 형이 확정되었다. 박근혜 정권을 향해 불리한 여론을 적극 형성하여 탄핵에까지 이르게 하고, 문재인이 정권을 잡는 데 크게 기여한 드루킹사건은 우익정권의 댓글사건에 비해 규모와 영향력 면에서 비교가 안 될 정도로 막대하고, 그것을 지시한 사람과 주도한 사람의 실체도 분명했다. 작은 것을 침소봉대하여 어마어마한 사건으로 만든 국정원 댓글사건과는 양과 질에서 완전히 달랐다. 국정원 댓글사건은 바늘을 태산으로 부풀린 것이고, 드루킹 사건은 거꾸로 태산을 바늘로 축소시킨 것이었다.

거짓과 진실을 가리는 일에서 우리는 북한보다 낫다고 할 수 있을까. 북한보다 나을 것도 없는 남한, 문재인과 주사파가 계획한 것일지도 모른다. 침소봉대된 국정원 댓글사건은 문재인 세력이 박근혜 정부의 전반부를 공격하는 주요 소재였다. 문재인이 정권을 잡은 후 우익진영 인사들을 대규모로 숙청하는 데 이용되었다는 점도 분명하다.

3. 세월호에 꽂은 강철 빨대

더불어민주당은 2020년 12월 9일 국회에서 세월호사참위(사회적참사특위)의 활동을 2022년 6월까지 연장시켰다. 20대 대선이 2022년 3월이고, 대통령 취임이 5월이니 그들이 또 무슨 작당을 하고 있는지 짐작은 되었다. 그리고 세월호 관련범죄의 공소시효도 2022년 6월까지 정지시켰다. 이어 10일에는 국회 본회의에서 '세월호 특별검사 임명요청안'을 의결했다. 참사 7년이 지난 때가 되어 또 특검까지 하겠다는 것이다. 문재인은 2021년 4월 23일 특별검사를 임명했다. 그는 이현주 특별검사에게 엄정한 수사를 주문했다. 문재인의 '엄정함'이 무슨 뜻인지 아시는가. 이것이 몇 번째 조사인지 아시는가. 세월호는 문재인과 그의 동지들이 대한민국의 단물과 박근혜의 피를 빨아먹는 강철 빨대였다.

9 번 째 조사

문재인은 특별검사에게 "CCTV 조작의혹을 밝히라"고 지시했고, 특검은 "세월호 내 CCTV 데이터 조작 여부를 수사하겠다" 고 복창했다. 이것은 이미 2019년 출범한 대검특수단에서 모두 조사한 내용이다. 특수단의 발표가 나왔을 때 세월호 사참위는 "해수부 등의 기존 논거를 반복했다"며 불복 의사를 밝혔고, 민주당은 "검찰 수사가 미진하니 특검을 해야 한다"고 말했다. 세월호에 그렇게 감추어진 것이 많고 밝혀내야 할 것이 많다면 최고권력자 문재인과 마치 조선로동당처럼 일사불란하게 움직이며 180여 석이나 되는 의석의 힘으로 어떤 수단과 방법으로든 하고 싶은 대로 다하는 민주당이 정권을 잡고 4년이 되도록 아직 진상을 제대로 밝히지 못한 이유는 무엇일까. 'CCTV 조작의혹을 밝히라'는 문재인의 지시가 '참사의 원인을 조작하라'는 말로 들린 이유다.

2014년 4월 참사 직후 가동된 세월호 조사위원회는 진상 규명을 위해 동원할 수 있는 국가기관은 모두 동원했다. 검찰 수사, 국회 국정조사, 감사원 감사, 해양안전심판원 조사, 특조위 조사, 선체조사위 조사 등과 여러 사참위 활동을 통해 사고원인을 밝히고 책임자를 거듭 처벌했다. 검찰 수사에서만 400여 명이 입건되고 150명이 넘게 구속 기소되었다. 그리고 거듭된 수사와 재판과정에서 선박의 노후화와 화물 과적 등 10여 가지 이상의 직·간접적 사고의 원인이 낱낱이 밝혀졌다. 그럼에도 이후 7년 동안 민주당과 유가족의 요구로 정부기관 7곳을 동원하여 8번이나 조사한 결과 이제는 더 이상 드러날 것도 없다는 반대 주장을 물리치고 문재인 정권은 특검까지 만들며 1년 6개월 간의 9번째 조사에 또 들어간 것이다. 이 정도면 조사가 아니라 조작이었다.

그동안 김어준의 음모설에다 잠수함충돌설 같은 황당한 괴담까지 다 조사했는데, 새로운 무엇을 또 조작하고 만들어 내려고 한 것이 아니라면 대체 무엇을 더 밝히겠다는 것이며, 대체 무엇을 하겠다는 수작이었을까. 이제 더 나올 것이 없다는 것은 문재인도 민주당도 알았을 것이다. 그들은 대통령 선거가 있는 2022년 3월까지 세월호 이슈를 계속 끌고가며 선전 선동의 소재로 써먹겠다는 수작을 벌이는 듯했고, 선전전에 앞장설 나팔수들에게 그때까지 활동 자금을 대주고 활동 공간을 제공하는 데도 목적이 있는 듯했다. 그들은 세월호에 빨대를 꽂은 듯 보였다. 그들의 빨대는 흡입구가 두 개인 쌍빨대였다. 하나는 국가 예산이었고, 또 하나는 박근혜 정부였다. 그들은 이 빨대로 박근혜 정부가 국정을 운영하는 모든 에너지까지 쪽쪽 빨아들였다. 국가 예산, 박근혜 정부 둘 다 소중한 대한민국의 에너지였다.

문재인이 특검을 임명하기 불과 석 달 전인 2021년 1월 19일 검찰의 세월호특별수사단은 1년 2개월 간에 걸친 수사결과를 발표했다. 수사단은 총 17개 항에 이르는 수사 대상 의혹 대부분에 대해 사실이 아니라며 '혐의 없음' 결론을 내렸다. 임관혁 특수단장은 "유족이 실망하겠지만 되지 않는 사건을 억지로 만들 순 없다. 법과 원칙에 따라 할 수 있는 건 다 했다"고 말했다. 그의 말에는 문 정권이 원하는 대로 결과를 조작하기를 거부하고 자신의 양심을 지킨 것에 대한 고뇌가 스며 있었다. 그러나 그의 조사는 애시당초 국가와 국민을 상대로 장난질을 하듯 습관적으로 내놓는 종북좌파들의 음모론을 증명하느라 많은 인력과 국민 세금과 긴 시간을 낭비한, 처음부터 쓸데없는 짓이었다. 더구나 이 수사를 시작하게 된 것은 김어준이 영화를 보고 무책임하게 뱉은 한마디를 믿은 세월호 유가족이 수사를 의뢰하였기 때문이다. 참 어이없는 일이었다.

720억짜리 거짓말

김어준은 2018년 4월 다큐멘터리 영화 《그날, 바다》를 개봉했다. 세월호는 박근혜 정부가 고의로 침몰시켰으며, 그 증거를 없애기 위해 박근혜 정부가 AIS 항적자료를 조작했다는 것이 주요 내용이었다. 이 영화를 근거로 유가족은 특별수사단에 수사를 의뢰했고, 특수단은 김어준의 주장을 확인하기 위해 광범위한 데이터를 수집하고 그것을 분석했다. 결과는 2014년 참사 당시 박근혜 정부가 발표한 것과 일치했다. 특수단 관계자는 "김씨 말이 맞으려면 박근혜 정부가 전세계 수천 개 AIS 기지국 데이터와 민간선박에 남은 AIS데이터까지 모조리 조작을 해야 한다. 근거가 없고 논리적으로 말이 안 되는 주장이다"라고 했다. (조선일보.2021. 1. 20) 그러나 세월호를 박근혜가 고의로 침몰시켰다고 주장하는 사람들은 특별수사단의 조사 결과를 믿지 않았다. 처음부터 믿고 싶지 않은 사람들에게 공식적인 조사 결과는 아무런 소용이 없었다.

세월호 특수단을 1년 이상 헛고생하게 만든 김어준의 영화《그날, 바다》는 54만 명이 넘는 관객을 모았고, 44억 원의 매출을 올렸다. 그러면 특수단이 김어준으로부터 시작된 거짓말을 확인하는 등의 수사를 진행하며 국민세금은 모두 얼마가 들어갔을까. 720억 원이다. 국회에서 알려준 금액이다. 미국에서 무역센타 피격으로 3,500여 명이 숨진 9·11조사위원회가 쓴 비용은 약 1,500만 불, 우리돈 163억 원이라고 하니 이미 4배가 들었다. 720억 원은 세월호 조사비용이다. 인양에 들어간 1,400억 원과는 별개다. 이러고도 대한민국 정부의 곳간이 무사할까. 문재인의 5년이 끝난 지금 대한민국은 결국 개인도 기업도 정부도 모두 빚더미에 올랐다. 곳간이 텅텅 비고 빚만 늘었다는 뜻이다.

혹세무민하는 민주당

4월 16일 사고 첫날, 침몰 몇 시간 만에 모든 언론은 '학생 338명 전원 구조'라는 사상 최악의 오보를 냈다. 이 오보를 본 국민은 이 사건을 대수롭지 않게 여겼고 정부의 초기 대응에도 혼란을 가져왔다. 그러나 어느 누구도 오보를 낸 언론을 탓하지 않았다. 언론 스스로도 자성의 소리를 낸 적이 없다. 좌익세력이 처음부터 모든 화살을 정부와 대통령 박근혜에게 집중시켰기 때문이다. 좌익언론은 더 그랬다. 그러나 언론은 조연이었을 뿐 주연은 종북세력의 지휘부인 민주당이었다.

"10시 17분까지 국가가 살릴 수 있는 애들을 죽였습니다. 동의하십니까? 장관, 동의하십니까?" 5월 14일 세월호 참사에 대한 국회 첫 대정부 질문에서 더불어민주당의 여성 국회의원 김현은 행안부 강병규 장관을 상대로 이렇게 질의했다. 질의가 아니라 책임 뒤집어 씌우기였다. 참사가 발생한 후 1개월 동안 유가족은 물론 관련 공무원과 온 국민이 황망한 마음에서 아직 벗어나지도 못하고 있던 때 운동권 여전사 출신의 김현 의원이 먼저 선전전의 포문을 열었다. 모든 혁명 투쟁가들의 선전 메시지가 다 그러하듯 김현의 메시지도 간결하면서도 선동적이었다. 박근혜 정권이 학생들을 죽였다는 것이다. 이 과장되고 비약된 논리는 김현과 좌익세력이 의도한 대로 상심이 컸던 국민에게 제대로 먹혀들었다. 박근혜가 애들을 죽였다고? 그렇다면 192명이 사망한 대구 지하철 참사는 김대중이 죽인 것이며, 국보 1호 남대문은 노무현이 몽땅 태워먹은 것인가. 그러나 말이 되지 않는 김현의 말은 좌익 진영의 많은 정치인들이 나서서 반복해 읊어댔고, 국민은 헷갈렸다. 전형적인 혹세무민이었다.

5월 17일에는 서울 청계광장에서 민노총 참여연대 등 300여 개의 좌익 시민단체들이 주최한 세월호 희생자 추모집회가 열렸다. 참가단체의 면면과 그들의 주장을 보면 희생자 추모가 목적이 아니라 박근혜 정부를 전복시키기 위해 모인 것이 분명했다. 대표적 종북좌익 인사 중의 한 사람인 김상근 목사는 이 자리에서 "국민들의 목숨을 지키지 못한 대통령은 온전한 대통령이 아니다"라며 세월호 참사를 오롯이 박근혜의 책임으로 몰아가는 선동질을 본격화했다. 좌익세력은 이 무렵부터 박근혜의 직접적인 책임이라는 프레임에 촛점을 맞추었다. 이때부터 다 언급하기도 힘들 정도의 많은 궤변과 기이한 언설과 음모론이 난무했다.

이 당시 민주당을 중심으로 하는 문재인 세력의 모든 주장의 핵심은 과거 문재인과의 관련성이 제기되던 유병언과 그가 교주로 있던 구원파의 책임을 외면하거나 축소하는 대신 참사의 모든 책임을 박근혜 정부와 박근혜 개인의 것으로 몰아가는 것이었다. 시간이 지날수록 그들의 메시지는 '박근혜가 애들을 죽였다'는 것으로 더욱 간결해졌고, 더 많은 좌익 정치인과 선동적 언론인들은 그것을 반복적으로 주장했다. 결국 그들의 주장은 더 이상 의심할 필요가 없는 확고한 사실이 되었고, 2년 반이 더 지나 박근혜를 탄핵할 때는 탄핵사유 중의 하나로 헌재까지 올라갔다. 그리고 문재인 정권 내내 아직 더 밝혀야 할 무슨 진상이 있다며 다시 특검을 구성하고 조사위원회의 활동을 연장하는 구실로 이용되었다. 대한민국은 그렇게 모략의 나라가 되어가고 있었다.

음모론과 직립

세월호의 침몰 원인에 대해서는 수많은 음모론이 등장했다. 박근혜의 300명 공양설 같은 황당한 것도 많았지만 국회의원 등 제도권에서 제기한 것은 '외부 충격설'이었다. 미국 혹은 우리 잠수함과 충돌했다는 것이 대세였으며, 고의로 충돌했다는 기획설도 나왔다. 고의충돌설은 침몰된 세월호의 인양을 결정한 핵심적 사유가 되었다.

2017년 3월 25일 밤 9시 경 세월호는 인양되어 완전히 모습을 드러냈다. 대통령 선거 45일 전이었다. 선체에 아무런 외부충격의 흔적은 없었다. 그 많던 음모론자들은 아무 말이 없었다. 모두 무안해서 그러겠지 하고 여겼다. 그게 아니었다. 그들은 또 다른 '믿고 싶은 진실'을 찾고 있었다. 곧 새로운 주장들이 나왔다. 인양되어 왼쪽으로 눕혀져 있는 세월호의 바로 그 보이지 않는 그 면에 충돌 흔적이 있을 것이라고 했다. 수중에서 왼쪽에도 아무런 충돌 흔적이 없는 것을 이미 확인했다는 잠수부들의 설명은 소용이 없었다. 인양과정에 참여한 사람들도 "배가 올라올 때 좌측면도 훑어봤는데 충격 흔적은 없었다"고 말했다. 일반 국민들은 믿었으나 종북좌익세력 그들은 믿지 않았다. 결국 해양수산부가 직접 나서서 "인양과정에서 좌측면도 특이사항이 없었다"고 설명했다. 그래도 음모설은 가라앉지 않았다. 하도 여러 사람이 말을 보태니 직접 봤다는 사람들의 말은 무시되었고 그래서 정말 무엇이 있나 싶었다. 결국 세월호선조위는 2017년 10월 27일 누워 있는 배를 바로 세우기로 결정했다. 직립에 소요되는 예상비용은 68억 원이라고 했다.

이 당시의 거대한 집단 비이성과 집단적 착란에 국무총리까지 가세했다. 2018년 4월 21일 국무총리 이낙연은 목포에서 세월호 유가족을 만났다. 그는 이 자리에서 "선체를 바로 세우고 나면 새로운 의혹이 봇물 터질 듯 쏟아질 것"이라고 했다. 이제 대한민국 현직 국무총리까지 음모설을 거들고 나선 것이다. 그것은 거든 정도가 아니라 선동에 가까워 보였다. 이미 좌익언론 좌익시민단체 좌익 정치인이 모두 나서서 '세월호가 바로 서면 진실도 바로설 것'이라며 그들이 지어낸 음모설을 근거도 없이 말하고 있던 때에 일국의 국무총리까지 가세한 것이다.

김어준이 영화 《그날, 바다》를 개봉하여 세월호 고의 침몰설을 진실로 믿고 있던 사람들이 거의 확신의 지경에까지 이른 것도 그 무렵이니 국무총리까지 그들과 함께 제정신이 아닌 듯했다. 이랬던 이낙연은 3년 후 더불어민주당의 20대 대통령 후보 경선에서 이재명과 마지막까지 다투며 하마터면 대통령이 될 뻔했다. 대한민국은 이제 이런 나라가 되었다. 이런 사람들이 정치 지도자 행세를 한다. 국가적 망조다.

애초 세월호를 바로 세우는 데 67일이 걸릴 것이라던 예상 소요일은 무려 180일 이상이 걸려 2018년 5월 10일에야 바로 섰다. 비용도 직립을 결정할 때는 68억 원이라고 했으나 국무회의에서 의결한 금액은 176억 5000만원으로 2.6배였다. 그러나 직립된 배에는 아무것도 없었다. 함몰 등의 충돌 흔적은 물론 긁힌 자국조차 없었다. 선체조사위원장 김창준 씨는 당일 바로 말했다. "현재 좌현 외부를 보면 외력에 의한 충돌이나 함몰된 흔적이 안 보인다. 결론은 정면이나 측면에서 충돌은 없었다는 것이다."(세계일보, 2018. 5. 10) 참사 초기부터 음모론을 제기해 온 국민을 혼란스럽게 하고, 또한 모든 책임을 박근혜에게 집중시키는 공작의 선두에 있었으며 영화까지 만들어 큰 돈을 벌었던 김어준은 세월호가 직립하고 아무런 흔적도 나오지 않았음에도 조용했다. 어떤 해명도 하지 않았다. 좌익진영의 특정 목적을 위해 거짓을 배설하는 김어준의 본색이다.

2021년 4월 TBS방송 '김어준의 뉴스공장'이 지나친 좌편향성 문제로 크게 논란이 되었을 때 추미애는 4월 24일 페이스북에 김어준의 방송을 "팩트에 기반한 방송, 진실을 말하는 방송"이라고 했다. 김어준도 추미애도 지독한 거짓말쟁이이거나 제정신이 아닌 사람들이다. 이런 부류의 사람들이 계속 대한민국의 여론을 주도하고 대한민국을 통치한다면 이 나라는 주사파들의 바람대로 북한에 흡수될 것이다. 그들 손으로 갖다 바칠지도 모르겠다. 어느 쪽이든 대한민국이 사라진다는 결과는 같다

얘들아 고맙다

304명의 희생자를 낸 세월호 참사는 대한민국 건국 이후 세 번째로 많은 사망자를 기록한 사회적 대참사였다. 502명의 사망자를 낸 1995년의 삼풍백화점 붕괴, 326명이 사망한 1970년 제주 서귀포항 남영호 사건의 뒤를 이었다. 1993년 전북 부안군에서 발생한 서해페리호 침몰사건에서도 292명이 희생되었고, 192명이 사망한 대구지하철 참사도 있다. 결코 원하지 않는 참사지만 어느 시대, 어느 정권, 어느 곳에서나 있었던 참사다. 참사가 일으나고 37분이나 지나서 첫 보고를 받은 대통령 박근혜에게 그 책임을 뒤집어 씌우려는 종북좌파와 주사파의 공격은 이명박 정부에 대한 공격에 비해 훨씬 더 집요하면서도 악랄했다.

박근혜처럼 사회적 재난에 대해 책임을 지고 대통령이 물러나야 한다면 앞으로도 구호에 직접적으로 나서지 않았다는 이유로 대통령은 모든 재난사고에 책임을 져야 할 것이다. 그렇게 된다면 관할하는 영역을 좁혀가며 일정한 지역을 통치하고 안전을 책임지는 도지사 시장 군수는 존재할 이유가 없어지며 소방청장도 경찰청장도 필요없을 것이다. 그러나 바티칸 모나코 싱가포르 같은 도시국가도 그렇게 하지는 않는다. 문재인의 시대에도 재난사고는 무수히 많았다. 그러나 문재인에게 직접적

인 책임을 물은 적은 없다. 국민과 우익진영의 사람들은 그들처럼 그렇게 정신나간, 혹은 사악한 사람들이 아니다.

2017년 3월 10일 헌재에서 박근혜 탄핵안을 심판할 때 국회에서 올라온 소추안에는 세월호 참사에 대한 박근혜의 직접적 책임도 사유 중의 하나로 포함되어 있었다. 그러나 헌재는 이것을 탄핵 사유로 받아들이지 않았다. 박근혜에게 책임을 물을 일이 아니라는 취지였다. 그러나 세월호 참사에 대한 책임을 박근혜에게 뒤집어 씌우려는 문재인 세력의 공세는 집요했다. 그들은 박근혜 정권을 전복시키기 위한 하나의 공격소재로 삼기로 작정한 듯했다. 이를 위해 참사 유가족의 슬픔과 분노를 이용하는 그들의 선동은 유가족들에게 보상금 더 지급하는 데는 도움이 되었을 것이다. 그러나 유가족이 아픈 상처를 잊고 남은 생을 의미있게 살아가는 길을 막아 버리는 짓이었다. 이런 점에서도 그들은 참으로 잔인하고 지독히도 모진 인간들이었다.

문재인은 2017년 3월 10일 박근혜 탄핵이 결정되던 날 팽목항을 방문하여 방명록에 "얘들아 고맙다"고 썼다. 많은 국민은 대체 그런 장소, 그런 상황에서 어떻게 고맙다는 감정이 생길 수 있는지 궁금해 했다. 이제 분명해졌다. 우익정권을 뒤집어 엎고 우익세력을 두고두고 공격할 수 있는 소재를 줘서, 너희 학생들 250명이 죽음으로 그런 소재를 만들어 줘서 고맙다고 한 것이 아닐까. 아마 그럴 것이다. 문재인 자신과 유병언의 유착에 대한 의혹을 덮어 줘서 고맙다는 뜻일까. 이것도 맞을 것이다. 박근혜를 청와대에서 끌어낼 수 있는 구실을 준 "얘들아 고맙다" 아마 그런 뜻일 것이다. 정권을 잡고 대한민국을 좌익의나라로 만들 수 있고 북한에 충성할 수 있는 기회를 만들어 줘서 고맙다는 그런 뜻일 것이다. 다른 이유는 짐작이 되지 않는다.

문재인의 승리

세월호 참사 초기에는 세월호의 실질적 선주 유병언과 그가 지배하는 회사와 그가 교주로 있는 종교집단에 대한 책임이 거론되고 이에 대한 조명에 사회적 관심이 집중되었다. 이어 유병언과 문재인의 유착관계에 대한 의혹도 제기되었다. 의혹이란 12년 전 파산 관재인 문재인이 유병언으로부터 채권을 받아내야 하는 책무를 진 변호사로서 유병언으로부터 받아내 국고에 귀속시켜야 했던 45억 원을 문재인이 왜 받아내지 않았으며, 오히려 노무현 정권의 민정수석으로 청와대의 권력자로 있던 시기에 유병언의 회사에 몇 차례에 걸쳐 2,500억 원 이상의 부채를 탕감해 주어 IMF 무렵 부도가 났던 유병언을 다시 재기할 수 있게 해 주었느냐는 것이다. 그리고 이것이 세월호 참사의 뿌리가 되었다는 점이다. 실제 문재인이 유병언으로부터 받아내지 않은 45억 원은 결국 고스란히 국민의 혈세로 메워졌다. 탕감해 준 2,500억 원의 부채도 마찬가지다. 세월호 참사에서도 수천 억 원이 들어간 수습비용 중 극히 적은 부분만 회수되고 거의 대부분은 국민의 세금으로 메워졌다. 문재인은 유병언 편이었다. 세금 내느라 허리가 휘는 국민인 우리의 편은 결코 아니었다. 우리는 이런 사람을 우리의 대통령으로 선택했다.

문재인은 집권 후에도 국가가 대납한 비용을 유병언 일가로부터 회수하는데는 적극적으로 나서지 않았다. 유병언의 차남 유혁기는 세월호 선사인 청해진해운의 실질적 지배주주로서 드러난 것만 총 290억 원의 회삿돈을 횡령한 혐의를 받고 있었고, 미국에 많은 재산을 가지고 있는 것으로 알려졌다. 그는 미국에서 6년의 도피 끝에 2020년 7월 체포되어 재판을 받았다. 미국 법원은 2021년 7월 유씨를 한국으로 송환할 수 있다는 판단을 내리고 유씨가 한미 범죄인 인도조약에 따른 송환 대상자에 해당한다는 결론을 내렸다. 다만 공소시효가 지나 송환을 집행할 수 있느냐 하는 논란에 대해서는 미 국무부로 최종 결정을 넘기고, 그를 법무부 산하 연방 보안관실에 계속 구금할 것을 명령했다. (동아일보, 2021. 7. 4)

이에 국내 언론은 한국 정부가 미국 국무부에 협조를 요청해 유씨를 국내로 소환할 수 있을 것으로 예상했다. 그러나 유씨는 문재인 정권이 끝날 때까지 송환되지 않았다. 문재인이 그의 송환을 바라지도 않았고 그의 횡령자금을 회수하여 손실된 국고를 메울 생각도 없는 것으로 보였다. 세월호의 모든 책임을 박근혜에게 뒤집어 씌우고 유병언 일가의 책임은 제대로 묻지 않는 것이 그들의 일관된 방침인 듯했다. 유병언과 문재인의 유착의혹을 덮으려는 목적이었을 것이다. 이로써 세월호의 주인공 유병언은 사라지고 또 다른 관련자인 문재인은 보이지 않게 되었으며, 남은 것은 박근혜 뿐이었다. 유병언은 죽어서 잊혀지고 유병언 일가와 그들의 사업체와 종교단체는 문재인 세력의 방해와 좌익언론의 어용질과 문재인 정권의 소극적 태도로 잊혀졌다. 결국 문재인과 유병언의 유착관계도 덮히고 함께 잊혀졌다. 그리고 참사의 모든 책임은 죄없는 대통령 박근혜의 몫이 되었다. 문재인의 승리였다.

진실을 찾는 법

문재인 세력은 세월호 참사라는 이 국가적 비극을 우익정부를 붕괴시키고 이 땅에서 좌익의 입지를 공고히 하는 데 철저히 이용해 먹었다. 그들은 이 참사를 대한민국의 정치 지형을 뒤집고 좌익이 집권하는 데 도구, 혹은 소품으로 이용했다. 문재인 정권에서도 대형 화재 등 수십여 명의 사망자를 낸 크고 작은 참사는 무수하게 많았다. 초기에는 국무회의 전에 묵념하는 모습이라도 보여 주더니 조금 지나자 그것마저 하지 않았다. 묵념할 일이 너무 자주 발생했고, 사회적 사고를 관리하지 못하는 정권의 무능이 돋보이기 때문인 듯했다. 그들에게 참사는 공격용 혹은 선전용 도구에 지나지 않았고 세월호도 그 중 하나였다.

문재인은 임기 종료 직전까지도 아직 밝혀내지 못한 세월호의 진실이 있다고 했다. 총 9차례의 조사 중 4번이 문재인이 집권하는 동안 있었을 정도로 세월호 진실 밝히기는 그의 임기 내내 진행되었다. 그러고도 밝혀내지 못했다면 그것은 없는 것이 분명하다. 우리가 알지 못하고, 그가 밝혀내지 못한 진실이 있다면 참사 초기 특별법 제정을 요구하는 단식농성을 했고, 후에는 대한민국 최고의 권력자가 된 그가 스스로 밝혀내야 할 일이었다. 진실을 밝히는 것은 그것이 있다고 말한 그의 임무였다. 하지만 그는 끝내 밝혀내지 못했다. 더 이상 나올 것이 없기 때문이다. 퇴임 후 그가 그것을 더 이상 말하지 않자 진실은 확정되었다. 참으로 간단한 일이었고 참으로 허탈한 일이었다.

"세월호와 5·18의 진상은 다 나왔다." 문재인의 퇴임을 3일 앞둔 날

정보 까막눈인 국정원장 박지원은 인터뷰(조선일보, 2022. 5. 7)에서 이렇게 말했다. '아직도 밝혀지지 않은 세월호의 진상'을 들먹이는 문재인의 말이 거짓말이라는 뜻이다. 문재인에게 충성을 맹세했던 모사꾼 9단의 정치인 박지원의 말이니 틀린 말이 아닐 것이다. 진실은 720억 원을 들인 9번의 조사 결과 속에 다 들어있다. 그런데도 계속 '진실'을 말하며 조사 결과를 부정한다면 아직도 밝혀내지 못한 어떤 다른 진실은 문재인 자신만이 알 것이다. 유병언 문재인 박근혜 세 명의 주연 중 적어도 두 명은 아직 살아 있다. 문재인까지 사라진다면 진실도 사라질 것이다. 의식 있는 국민과 식자들의 관심을 촉구한다.

이런 일도 있었다. 세월호 참사로 희생된 학생 유족들의 거주지인 안산시는 2017년부터 6년간 정부로부터 총 110억원의 세월호피해지원사업비를 받았다. 안산시는 이 지원비를 각종 시민단체에 지급해 관련 활동을 맡겼다. 그러나 시민단체들은 이 돈으로 북한 김정은의 신년사 학술세미나를 열어 김정은과 김일성의 우상화 교육을 하고, 이 돈으로 관광을 하고, 좌익 성향의 동네 소모임 활동비용으로도 사용했다. '평양갈래?'라는 문구가 들어간 현수막을 제작하여 설치하는 데도 쓰였다. (조선일보, 2022. 11. 12) 여기에 세월호의 모든 진실이 있다. 세월호는 종북세력이 박근혜 정부를 공격하고 뒤집는데 사용한 소품이었고 종북단체들이 대한민국을 좌익의 나라로 만들고 문재인과 더불어민주당 세력이 이땅을 조선인민공화국의 남쪽으로 만드는데 필요한 영양분을 공급받는 강철빨대였다. 틀림없이 그렇다.

4. 역사 교과서 전쟁

이 땅의 종북세력은 대한민국 국민을 좌익의 사상으로 개조하기 위한 노력을 멈춘 적이 없다. 그들의 언어로 사상투쟁이라 불렀다. 주사파 혁명전사들이 학교 현장으로 내려간 것도 국민의 사상을 개조하기 위한 사상투쟁이었다. 그들의 사상투쟁의 출발점은 역사투쟁이다. 1948년 자유민주주의 세력이 건국한 대한민국의 정통성을 무너뜨리고 북한의 김일성 체제로 정통성을 변경하는 것은 그들의 사상투쟁의 제 1의 목표였다. 좌익의 첫 집권인 김대중 정부가 들어서고 역사 논쟁이 시작된 것은 곧 그들의 사상투쟁의 시작이었다. 이때부터 자유민주주의에 기초한 우익의 역사교육과 사회주의와 김일성주의에 기초한 좌익의 역사교육은 충돌한다. 이것은 조용한, 그러나 거대하고 질긴 전쟁이었다.

역사 교과서를 왜

김대중 정부 5년간 교육부 장관은 일곱 번이나 바뀌었다. 역사 교과서 수정 문제로 두 진영 간의 마찰과 충돌이 얼마나 뜨거웠는지를 단적으로 보여 주는 사실이다. 개인의 학습 능력의 차이를 인정하고, 사회 각 분야의 다양성을 반영하는 자유민주주의 체제의 수월성秀越性 교육과 좌익 이념이 추구하는 사회주의 전체주의 체제의 평등성 교육이 교육 현장에서 직접적으로 충돌하기 시작한 것이다. 이어 주사파들의 국가 장악력이 더욱 확대되고 강화된 노무현 정부에서는 좌익 이념에 기초한 평등주의 교육이 노골화되고 포퓰리즘화 되어갔다. 노무현이 직접 서울대 폐지론을 거론했을 정도였다. 득세한 좌익 역사학자들은 특히 역사 교과서의 근·현대사 부문에 북한 정권과 주사파들의 역사관을 그대로 반영하며 거센 논란을 불렀다.

노무현 정권 첫해인 2003년 당시 전체 고등학교의 54%는 한국사 교과서로 금성출판사의 책을 채택하고 있었다. 이 책의 한국 근·현대사 부분에는 좌익의 민중사관과 반제민족해방 이론을 바탕으로 한 수정주의 역사관 위에서 대한민국의 정통성을 사실상 부정하고 있다. 이 교과서는 북한이 1990년대 대량의 아사자를 낸 사실은 외면하고 김일성 김정일 체제가 북한의 자립경제의 토대를 마련했다고 미화하는 서술을 하고 있으며, 북한의 《현대조선사》 내용을 그대로 옮겨 "사회주의 기초 건설의 총체적 과업은... 자립경제의 토대를 튼튼히 닦은 것이었다"고 기술했다. (동아일보, 2008. 10. 7) 절반 이상의 고등학교가 채택한 이 교과서는 세계 최악의 빈곤국가인 북한의 경제를 자립경제로 미화하고 남한의 경제는 미 제국주의의 식민지 경제라고 가르쳤다. 대한민국의 급격한 좌익 국가화는 이때부터 시작되었던 듯하다.

노무현 정부의 교육정책은 청와대와 열린우리당과 전교조에 포진한 주사파와 범운동권 출신들이 주물렀다. 교육부 장관들도 그들과 역사관 코드가 맞는 인사를 앉혔고 그나마 5년간 5명으로 매년 갈아치웠다. 그들에게 과거와 역사는 국정의 첫번째 관심사였다. 권력자들의 이러한 기조에 의해 교육 현장에서는 전교조의 영향력이 크게 강화되어갔고 전교조는 교육 현장의 역사투쟁을 주도했다. 이 결과 학생들의 학력은 급격히 하강했다. 학생들이 학교에서는 엎드려 잠을 자고 하교 후 사설학원에서 정신차리고 공부하는 풍조도 이때부터 시작되었다. 그 결과 노무현 정부 5년 간의 사교육비는 연평균 21조 원으로 김대중 정부 때보다 2배 (동아일보, 2007. 12. 18)가 넘을 정도로 급격히 늘어났다. 경제력이 있는 가정에서는 자녀를 해외로 유학 보내는 붐이 일어나 1999년 1,839명이던 초 중 고 조기 유학생 수는 2006년에는 2만 9,511명으로 15배나 늘어났고, 덩달아 기러기 아빠도 1만 명에 달했다. (조선일보, 2008. 1. 26) 늘어난 사교육비를 부담하기 위해 아버지는 더 뛰었고 노래방 도우미가 된 어머니도 생겨났다. 이것은 두 좌익정권이 10년간 전개한 교육투쟁의 결과물이자 주사파들이 학교 현장에서 벌인 사상투쟁의 파괴적 성취였다. 대한민국의 좌익국가화와 북한화 혹은 우리가 살고있는 이땅의 망조는 학교현장에서 먼저 시작되고 있었다.

교학사 교과서 학살사건

　박근혜 정부 1년차인 2013년 12월 초 교육부는 고등학교 한국사 교과서 8종을 승인한다. 각 학교는 같은 달 말까지 이 8종 중에 1종을 선택하여 주문하고 신학기 시작 전인 다음 해 2월에 교과서가 공급될 예정이었다. 교육부는 이때 8종 중 7종에 대해 총 41건의 수정명령을 내렸다. 북한 편향성이 문제였다. 그러나 7종 중 교학사만 수정명령을 받아들였고, 나머지 6종은 수정을 거부한다. 전교조가 즉시 움직였다. 전교조는 '교학사 교과서 폐기 및 불채택 운동'을 전개한다는 계획을 발표하고 좌익 교사와 시민단체를 향해 교학사 교과서 채택을 방해하는 지침을 내린다. 그들이 내린 지침은 대한민국을 성공한 자랑스러운 나라로 표현하고 대한민국의 정통성을 기술하는 교과서를 채택하겠다는 학교의 학생들에게도 북한 정통성에 입각한 역사를 가르치고 북한 역사교과서와 같은 내용으로 교육하겠다는 공개적인 선언이었다.

박근혜 정부는 특정 교과서를 채택하도록 강요하지 않았으며, 각 학교가 자율적으로 여러 가지 교과서 중 한 가지를 선택할 수 있도록 했다. 단지 역사적 사실을 왜곡했거나, 대한민국의 정통성을 부정적으로 기술하거나, 북한 정권을 사실과 다르게 미화하는 내용의 수정을 명령했을 뿐이다. 자국의 주권과 국민과 영토와 함께 자국의 국가 정통성을 수호하지 않는다면 그것은 어느 정권이든 핵심적 책무의 방기이며 반역이다. 전교조를 중심으로 한 좌익세력은 국가적 책무를 수행하는 박근혜 정부를 향해 그것을 방해하고 있는 것이다. 그들은 각 학교의 교과서 선택권을 침해하기로 방침을 정하고 그 중에서도 정부의 수정 명령에 따른 교학사 교과서를 공격의 타깃으로 삼았다. 이때부터 그들의 사상투쟁과 역사투쟁은 학교 현장에서 요란하면서도 폭력적으로 전개되었다.

그들의 현장 투쟁은 참으로 가열찼고, 결국 2014년도에 교학사 교과서를 채택한 학교는 전국에서 부산 부성고 단 한 곳이었다. 이 학교 신현철 교장은 "좌편향 교과서가 판을 치고 있는 것이 대한민국의 현실이다. '안중근 의사'로 표현된 역사교과서는 교학사가 유일하다. 우리 학교 1곳만이라도 올바른 교과서를 통해 학생들에게 사실에 근거한 역사교육을 할 것이다"라고 말했다. 애초부터 신현철 교장과 같은 생각을 가지고 교학사 교과서 채택을 결정한 학교는 다수였다. 그러나 전교조 등 좌익의 집요한 방해로 결국 대부분 철회했다. 이에 박근혜 정부는 사태의 심각성을 인식하고 역사교과서를 둘러싼 이념적 갈등을 해소하기 위해 국정교과서의 제작에 착수한다. 전쟁은 이때부터였다.

국정 교과서 대전

박근혜 정부는 마침내 2015년 10월 국정교과서 제작을 결정한다. 총 44억 원이 들어간 이 교과서는 2017년 1월에 배포되었다. 이번에도 종북세력은 가만 있지 않았다. 좌파 교육감들이 장악한 서울 광주 강원도 교육청은 일선 학교에 '국정교과서 연구학교'를 신청하라는 공문을 아예 보내지도 않았고 전교조 민노총과 이들의 영향 아래에 있는 시민세력과 이들의 선동에 넘어간 학부모들은 시위를 벌이며 정부, 각 기관, 일선 학교의 검토회나 공청회를 열지 못하도록 원천적으로 방해했다. 그리고 이미 국정교과서를 선정한 학교로 몰려가 취소하도록 압박을 가한다.

그들이 국정 역사교과서를 반대하는 논리는 이런 것이었다. ①국정교과서는 학생들에게 일방적인 사관을 주입시키려는 역사 쿠데타다. ②국정화를 추진하는 논리는 전부 허위사실이다. ③국정화는 자유의 억압이다.(개그맨 김제동) ④국정화는 반드시 타도해야 할 혁명의 대상이다 등이었다. 한마디로 북한의 사관과 다른 역사교육은 안 된다는 것이었다. 그들은 좌익답게 거짓과 조작을 동원한 선동도 빠뜨리지 않았다. 정부가 다수의 검인정 교과서와 1종의 국정교과서까지 모두 10여 종의 교과서 중 하나를 각 학교가 스스로 선택하도록 하였음에도 그들은 '정권이 쓴 역사만 배우라는 것이다' 라는 거짓 구호를 앞세우고 여론을 호도하며 국정교과서는 물론 교학사 교과서조차 채택을 방해했다. 좌익의 왜곡된 시각을 담은 교과서 이외의 교과서, 즉 자유민주주의에 기초한 교과서는 원천적으로 발을 못 붙이도록 하겠다는 뜻이었다.

민주당 전교조 민노총 등 모든 종북세력이 나선 이 교과서 투쟁에 위세가 눌린 심약하고 비겁한 우익 정치인들은 침묵했고, 심약하고 비겁하기는 마찬가지인 우익 및 정통 역사학자들도 침묵했다. 심지어 교과서마다 지도의 남북경계가 다른 등 객관성이 명백한 오류에 대해서도 역사학자들은 이를 바로잡으려 하지 않았다. 이들은 좌익 학자들이 주류가 되어 한국사를 이념투쟁의 시각에서 접근하고 있다는 것을 모르지는 않았을 것이다. 그러나 좌익세력의 공격을 두려워 한 정통 역사학자들은 이러한 상황을 외면했고, 좌익은 역사적 사실의 왜곡과 자의적인 역사 해석과 편향된 역사교육을 계속할 수 있었다. 학부모들은 생계에 몰두하고 각자의 국민들은 생업에 바쁜 이유로 상대적으로 관심이 적었던 학교에서 대한민국의 역사교과서는 이렇게 바뀌고 있었고, 우리 아이들은 김일성을 미화하고 북한체제를 옹호하는 역사교과서로 공부하고 있었다. 대한민국은 그렇게 점점 좌익의 나라가 되어갔다.

좌익이 승리한 전쟁

"교과서 선택의 자유를 달라." 이런 식의 선동구호를 외치며 전교조 교사들이 득세한 일선 학교는 마치 교과서 선택권이 없는 것처럼 기만술을 구사했고, 좌익세력은 정통 역사관에 의해 서술된 역사교과서의 채택을 강압적으로 봉쇄했다. 이 결과 각급 학교의 어린 학생들은 왜곡된 내용이 가득한 좌편향 교과서만으로 공부하게 되었다. 좌익은 이를 '상식의 승리'라고 말했다. 그러나 그것은 북한의 상식이었고 김일성의 상식이었다. 교학사 교과서의 집필자인 공주대 이명희 교수는 "역사학계 전체가 좌파"라며 이 상황을 개탄했다. 고립무원인 한 학자의 탄식이었다.

교학사 교과서와 국정교과서의 채택을 둘러싼 역사 전쟁에서 승자는 좌익세력이었다. 정권을 잡고 있지 않았던 좌익이 정권을 잡고 있던 우익세력을 이겨내고 이 전쟁에서 승리했다는 사실은 엄청난 의미를 지닌다. 대통령이 우익 출신이냐, 혹은 우익정권이냐 하는 것과는 상관없이 좌익이 사실상 대한민국을 지배하고 있다는 뜻이다. 박근혜는 권력을 잡고 있으면서도 좌익진영이 총동원되어 교학사 교과서를 일선 학교에서 사용하지 못하게 한 '교학사 교과서 학살'을 막아내지 못했다. 그리고 김대중 정권에서 시작되어 이미 15년 이상 진행되어 온 대한민국 역사의 좌경화와 북한으로 기우는 한반도의 정통성을 바로잡기 위해 국정교과서를 만들어 이에 정면으로 대응하다 더 큰 저항을 받았고, 이는 결국 그가 대통령 자리에서 쫓겨나는 엄청난 결과의 도화선이 되었다. 그들이 국정농단이라는 유령을 만들어 박근혜 정부를 붕괴시킨 일보다 더 무서운 일은 따로 있다. 1945년 이후의 대한민국 역사를 북한의 역사에 편입시켜 대한민국을 북한에 자연스럽게 넘기도록 하는 역사투쟁이다. 집에 아이들이 있다면 한국사 교과서를 한 번 펼쳐 보시라. 깜짝 놀랄 것이다. 부모인 우리가 무심한 사이 벌어진 일이다.

문재인은 대통령 취임 단 이틀 후인 2017년 5월 12일 청와대 위민관

집무실에서 국정 역사교과서 폐지와 제37주년 5·18 기념식 제창곡으로 '임을 위한 행진곡'을 지정해 부르도록 지시했다. 그의 취임 후 첫 공식 지시였을 것이다. 문재인 세력에게 역사투쟁이 얼마나 중요한지 알 수 있는 대목이다. 문재인이 지시를 내린 지 19일 후인 5월 31일 교육부는 역사교과서 국정·검정 혼용체제에서 국정을 뺀 검정체제로 전환하는 고시를 발표했다. 좌익들의 오랜 사상투쟁과 역사 뒤집기가 승리했음을 법적으로 확정하는 것이었다. 이로써 박근혜 정부가 예산을 투입하여 만든 국정 역사교과서는 폐기되었다. 이어 3년이 지난 2020년 1월 새로운 검정 역사교과서가 나왔다. 새 교과서에는 천안함 폭침을 언급조차 하지 않거나 '원인을 알 수 없다'고 되어 있고, 북한의 책임에 대해서도 아무런 서술이 없다. 최대 관심사였던 민주주의 표현은 집필진이 '민주주의'와 '자유민주주의' 중에서 알아서 직접 고르도록 했다. '인민민주주의'의 문을 열어놓은 것이다. 좌익의 오랜 역사투쟁의 빛나는 성취였다. 그들이 또 승리했다. 자유민주주의가 또 패했다는 뜻이다.

5. 북핵 아래서 우리는 사드조차

데모꾼들

경남 밀양의 송전선과 송전탑 건설사업이 승인된 것은 2007년 노무현 정부에서였다. 그리고 제주 서귀포시 강정마을에 위치한 해군 군사기지 건설은 김대중 정부에서 처음 논의되기 시작하여 노무현 정부에서도 논의가 계속되다 이명박 정부에서 확정되었다. 국가의 필요에 의해 오래 논의되고 추진된 이 두 사업에 대해 2013~4년 사이 종북좌익 세력이 새삼 극렬하게 반대하고 나선 것은 박근혜 정부가 국정교과서를 추진하고 민노총 전교조 등 좌익 단체의 활동을 제약하고 불법화하는 등 이 땅의 좌경화를 막고 자유민주주의 정체성을 회복하려 하자 이를 저지하기 위한 것이었다. 종북단체들의 전문 데모꾼들은 밀양과 제주의 지역주민을 선동하며 공권력을 농락하고 무력화시켰다.

현장에서 물리적 반대투쟁을 이끌던 사람들의 면면을 보면 2005년 평택 미군기지 건설 당시에도 똑같은 주장을 하고 폭력을 행사했던 그 사람들이다. 그들은 밀양송전탑 시위현장과 제주 강정마을을 오가며 시위를 지휘했다. 이들은 고의로 군사작전 구역에 침입하는 일도 잦았는데 경찰이나 군인들이 밖으로 내보내면 '제주 해군이 민간인을 폭행했다'고 기자들에게 알렸고, 좌익 성향의 언론은 이것을 사실인 양 그대로 보도했다. 이것은 연습게임이었다. 밀양과 제주에서 충분히 연습한 그들은 다시 2016년 경북 성주에 모였고 이때부터 본 게임이 시작된다. 밀양 제주 성주의 일은 모두 박근혜 정부가 하는 일을 방해하겠다는 목적에서 동일했고, 북한의 대남 선전방송의 내용과도 동일했다. 그들의 최종 목표는 박근혜 정부를 무너뜨리는 것이었다. 결국 그렇게 되었다.

사드는 안 된다

"성주에 사드가 배치되면 반경 5~6km 안팎으로 전자파가 세상을 지배하겠지. 전자파로 인해 꿀벌이 완전히 사라지겠지. 꿀벌이 사라지면 성주 참외가 열리지 않겠지. 참외가 열리지 않으면 우리는 성주참외 맛을 볼 수 없지." 문재인과 가깝다는 시인 안도현의 글이다. 비겁해서인지 기가 막혀서인지 정치학 교수들이 모두 입을 다물어 버린 틈을 비집고 개그맨 가수 음식비평가 등이 마구 정치평론을 배설해 놓는 문재인의 시대에 이제는 정치학 원론이나 한번 읽어봤을까 싶은 시인까지 나서서 이렇게 한마디 보태며 선동질에 나섰다. 대중의 이성에 호소하는 것보다 감정을 건드리는 전술을 구사하는 공산주의자들에게 서정적 문장을 창작하는 시인은 훌륭한 앞잡이가 될 수 있음을 보여 주었다. 참외를 소품으로 이용하며 사드 배치를 반대하는 안도현의 시는 효과가 있었다.

2016년 7월 13일 정부는 경북 성주군에 고고도미사일 방어체계인 사드를 배치한다고 발표했다. 성주 주민은 사드 배치의 필요성은 공감하면서도 왜 하필 성주냐며 반대의견을 냈다. 곧 좌익언론과 더불어민주당 주사파 의원들은 과장되고 비합리적인 이유를 나열하며 반대했고, 이를 시작으로 이 땅의 모든 종북좌파 세력들이 거의 동시에 들고 일어났다. 그들은 우익 정부의 대북정책에 저항할 때면 늘 그러했듯 이번에도 괴담을 만들며 공산당식 선전술을 전개했다. 처음의 '사드 참외'는 곧 '전자레인지 참외'가 되고 '전자파에 익은 참외'가 되더니 '사드 전자파에 인체가 튀겨진다'는 구호까지 등장했다. 이어 '전자파가 수분을 빨아들여 사드기지 인근 주민들이 화상을 입는다'는 문장이 되니 제법 그럴싸해 보였다. 선동구호의 진화였다. 이런 선동이 먹혀들어 결국 성주군수는 혈서를 쓰며 반대했고, 5천여 명의 주민이 모여 궐기대회를 가졌으며 학생들은 등교를 거부했다. 설득차 성주에 간 국무총리 황교안이 폭행당하고 감금되는 등 성주는 무법천지가 되어갔다. 이때는 이미 종북좌파 세력들이 시위를 주도하고 있었다. 원정 온 좌익 데모꾼들은 성주 주민을 선동하여 세를 불리며 시위를 하고 군사장비를 반입하는 차량을 막으며 폭력을 휘둘렀다. 촛불도 어김없이 등장했다.

일본 교토에 사드가 배치될 당시 자문역을 했던 사토 도루佐藤亨 교토대 교수가 "사드레이더의 전자파는 인체에 휴대전화 만큼의 영향도 주지 못한다." (동아일보, 2016. 7. 16)고 말했다는 신문 기사도 나왔지만 난무하는 괴담 앞에 과학은 통하지 않았다. 군사기지와 민간마을의 거리나 레이더 각도를 들며 전자파의 영향이 전혀 없다는 설명은 전자파에 익은 참외와 그것을 먹은 인체가 파괴되는 강렬한 거짓 이미지 앞에 소용이 없었다. 게다가 당시 더불어민주당 대표였던 추미애, 미래의 대통령후보 문재인과 이재명까지 나서서 사드 반대 분위기를 부추겼고, 미래의 영부인 김정숙의 친구 손혜원 의원은 유행가를 개사하여 "사드 전자파 밑에서 내 몸이 튀겨질 것 같아 싫어~"라는 노래를 부르며 춤을 췄다.

공격용 무기체계도 아닌, 북한의 핵공격에 대응하는 최소한의 방어

시스템인 사드에 대해 종북세력 전체가 나서서 환경문제를 이유로 들며 거세게 반대하자 국방부와 환경부는 합동으로 전문가를 파견하여 전자파를 측정하는 등 사드 배치로 인한 종합적인 영향평가를 실시했다. 그 결과는 문재인 정권이 출범하고 3개월 후인 2017년 8월 13일 국방부가 직접 나서서 발표했다. 결론은 경북 성주 사드기지 내의 전자파는 기준치 이하이며, 소음이 미치는 영향도 없다는 것이었다.

성주 참외는 우리나라 참외 생산량의 약 60%를 차지하고 성주 주민 약 20%가 재배에 종사한다. 2015년 4,020억이던 생산 매출액은 2016년에는 사드 소동으로 3,710억 원으로 떨어졌다. 그러나 2019년에는 5,050억 원으로 크게 올랐고, 2021년에는 5,500억 원을 넘겼다. 사드에서 전자파는 나오지 않았다. 그래서 성주 참외도 성주 주민도 아무런 피해를 입지 않았다. 그럼에도 2016년 여름 괴담을 퍼뜨렸던 좌파언론과 좌익 시민단체, 민주당 정치인 누구도 사과하지 않았고 누구도 책임지지 않았다. 광우병과 같은 유령이 다시 휩쓸고 지나간 것이다. 우리는 왜 이런 어이없는 짓을 집단적으로 반복하고 있을까. 대한민국은 과연 문명국이 맞는가. 대한민국 국민인 우리는 문명인이 맞는가. 이게 다 문재인과 종북세력이 했던 짓이다. 그들은 문명인이 아닐 것이다.

문재인은 대답하라

동맹국 미국이 대한민국의 안보 방어력을 보강하기 위해, 특히 북한의 핵과 미사일 위협으로부터 방어능력을 강화할 목적으로 배치한 1조

1,300억 원짜리(정확히는 10~13억 불, 1조 1300억~1조 4700억 원이다) 사드가 당시 어떻게 되어 있었는지 아시는가. 로이드 오스틴 미국 국방장관은 2021년 3월 17일~18일 양일간 한미 외교 국방장관 회의에서 "사드 기지의 열악한 생활여건을 계속 방치하는 것은 동맹으로서 용납할 수 없는 일이다. 반드시 고쳐져야 한다"고 말했다. 2017년 4월 첫 사드 배치 이후 성주기지에서 근무하는 한미 장병 400여 명은 2021년 현재까지도 여전히 낡은 옛 골프장 클럽하우스와 컨테이너를 숙소로 사용하고 있다. 부식 등 식량 공급이 이뤄지지 않아 전투식량으로 끼니를 때우기도 한단다. 특히 건물이 낡고 전기나 상·하수도 등 생활기반 시설이 제대로 되어 있지 않아 장병들은 겨울에도 온수와 난방이 잘 공급되지 않고 주한미군 장병들은 클럽하우스 복도나 창고에서 야전침대를 깔고 자기도 한다. 그러나 지금도 사드 기지 진입로에는 좌익 시민단체들이 설치한 '상황실'에서 실시간으로 감시를 하며 기지 공사에 필요한 장비와 자재반입을 막고 있어 성주 기지는 아직도 제대로 된 군 주둔지가 되지 못한 채 방치되고 있다. 그리고 애꿎은 우리 장병들, 군 복무를 하는 우리의 자식들만 고생하고 있다. (조선일보, 2021. 3. 26)

문재인은 2017년 5월 대통령에 취임한 직후 사드발사대 4기가 비공개로 추가 반입돼 보관 중이라는 사실을 보고받고 '매우 충격적'이라며 철저한 진상조사를 지시했다. 대한민국의 안보능력 강화가 그에게는 충격이었다는 사실이 놀랍다. 이것이야말로 충격적이다. 그리고 10월에는 사실상 중국의 속국이 되겠다는 의미의 3불 선언에서 "사드 추가배치 안하겠다"고 했다. 결국 문재인 때문이다. 북한이 지금도 수시로 시험발사를 하고 있는 탄도미사일로 실제 우리를 공격할 경우 그것을 요격할 방어체계인 사드가 4년째 임시배치 상태로 방치되고 있는 것은 시민단체의 반대 때문이 아니라 결국 문재인 때문이다. 책임을 더 묻자면 문재인을 둘러싸고 있는 청와대의 주사파 참모들과 함께다.

성주기지에 대한 환경영향평가는 2017년 10월에 이미 끝났다. 그러나 약식이었다는 이유로 문재인 정권은 '정식 환경영향평가'를 해야 된다고 요건을 변경했다. 그리고 4년째 환경영향평가를 실시하지 않고 있다. (뉴데일리, 2021. 3. 31) 그러면서 공식적인 자리에서는 성주기지 방치의 이유로 환경영향평가 핑계를 댄다. 환경영향평가가 끝나야 사드를 최종 배치하겠다는 것이다. 그리고 국방부는 "장병들의 열악한 생활여건을 개선하고 지역주민과 상생할 수 있는 방안을 찾고 있다"고 한다. 수 년째 반복하고 있는 말이다. 참 그들다운 치졸한 지연전술이다.

문재인이 대통령에서 물러나고 한 달이 지나 문재인 정부에서 사드 전자파를 조사하고 유해 기준치의 2만분의 1에 지나지 않는 결과가 나오자 이 사실을 4년간이나 쉬쉬하며 감추었다는 보도가 나왔다. (TV조선, 2022. 6. 10) 사드를 무조건적으로 반대하는 좌익진영의 방침을 관철하기 위해 사실관계를 은폐했다는 것은 북한을 추종하는 그들의 종북 정체성을 생각하면 놀라운 일은 아니다. 그러나 그 목적이 북한의 공격능력을 극대화하고 남한의 방어능력을 약화시키기 위한 안보 진실의 은폐라는 점에서 엄중한 일이 틀림없다.

2022년 4월 미국의 위성에 중국 산동성 이위안현沂源縣의 산지에 한반도 전역과 일본 열도까지 탐지할 수 있는 초대형 조기 경보 레이더

(LPAR)를 설치 중인 것이 포착되었다. 이곳은 서울에서 불과 500km 정도 떨어진 곳이다. 국제정치는 동물의 왕국 만큼이나 철저히 힘의 논리에 의해 움직이는 영역이다. 더구나 국제깡패라는 비난에도 개의치 않는 중국이 한 일이므로 내로남불 운운하며 비난하는 일은 쓸데없는 짓이다. 군사전략 전문가인 양욱 박사는 "중국이 은밀히 이런 군사적인 조처를 한 것은 심각하게 봐야 한다. 항공기 이동까지 모두 감시할 수 있는데, 만에 하나 북·중 간 군사교류를 통해 데이터가 북한에 건너갈 경우 우리 안보에 직접적인 위협이 될 수 있다"고 말했다. (중앙일보, 2022. 4. 20) 문재인과 그의 수하들은 중국에게 어떻게 대응했을까. 아무 소리도 하지 않았다. 문재인 정권의 국방부도 마찬가지다.

윤석열 정부가 2022년 9월말까지 사드기지를 정상 운영하겠다고 발표하자 중국은 즉각 반응했다. 중국은 문재인 정권이 사드 추가 배치, 미국 미사일방어체계 참여, 한미일 군사동맹 3가지 모두를 하지 않겠다는 3불不에다 이미 배치된 사드의 운용에도 제한을 둔다는 소위 1한限까지 선서했다며 약속을 지키라고 했다. 1한이란 사드레이더에 차단막을 설치하는 등의 방법으로 운용에 제한을 둔다는 것으로 문재인 집권기에 이미 외교가에선 사드의 정식 배치를 미루는 이유로 제기된 바 있었는데 (조선일보, 2022. 8. 11) 그것이 결국 확인된 것이다. 퇴임한 문재인과 그의 수하들이 적극적으로 나서서 부인 하지 않은 것으로 봐서 그들은 국민 몰래 중국에 3불1한을 이면합의 해준 것이 맞을 것이다. 이것은 명백한 안보주권의 포기다. 여기다 종북단체들도 9월 3일 사드기지 정상화 철회를 주장하는 대규모 집회를 가짐으로 해서 문재인 세력의 대한민국 군사주권의 포기는 확실한 것이 되었다.

대한민국 제19대 대통령 문재인에게 묻는다. 당신은 북한으로부터 사드를 무력화시키라는 지령을 받았는가. 사드와 박근혜 정부를 함께 공격하라는 지령이었는가. 당신은 대한민국을 반역하기로 한 것인가. 왜 김정은에게 유리하고 대한민국에는 불리한 일만 했는가. 왜 대한민국을 위한 일은 아무것도 하지 않았는가. 당신은 북한 편인가. 당신은 북한주의자가 아닌가. 북한과 내통하는 간첩인가. 국민이 묻는다. 당신이 대통령으로서 누리는 부귀영화에, 어쩌면 당신 부인의 사치와 해외여행에까지 쓰였는지도 모를 국고를 채우느라 땀을 흘린, 납세자인 이 일개 국민이 묻는다. 답을 하라.

3절

마녀 사냥

에스컬레이터이론Escalate Theory은 정치학에서도 사용하는 개념이다. 백화점에 있는 바로 그 에스컬레이터처럼 어떤 정치적 상황이 중간에 만나는 여러 변수들과 작용 또는 반작용하면서 단계적으로 특정한 결과를 향해 진행되어가는 것을 설명하는 하나의 틀이다. 대한민국 역사상 초유의 대통령 탄핵이라는 결과를 향해 2016년 여름부터 약 6개월간 대한민국은 에스컬레이터를 타고 있었다. 그때는 대한민국의 에너지를 모조리 삼키고 있던 거대한 회오리였지만 지금은 모두 잊혀진 일이다. 한쪽은 맹렬히 주장했고 다른 쪽은 그것이 모두 거짓이라고 했다. 결국 맹렬히 주장했던 쪽이 이겼고 그들이 정권을 잡았다.

정권을 잡기 전 그들은 마녀 사냥부터 시작했다. 2016년 7월 26일 TV조선은 공익재단 미르가 기업들로부터 500억 원을 모금하는데 청와대 안종범 수석이 개입했다는 사실을 보도했다. 이어 8월에는 최서원의 딸이 이화여대에 특혜입학했다는 보도가 이어지고, 9월 20일 자 한겨레 신문의 그 유명한 김의겸 기자는 K스포츠 재단에 관련된 인물로 최순실의 실명을 처음 보도했다. 이어 10월 24일 JTBC의 손석희는 최순실이 사용했다는 테블릿PC의 존재와 그 내용을 공개했다. 이때부터 상황은 빠른 속도로 에스컬레이터를 탄다.

10월 27일 검찰은 최순실 특수부를 구성했고, 이어 10월 29일에는 좌파세력이 총연합하여 제1차 촛불시위를 열었다. 촛불시위는 이후 계속되어 다음 해인 2017년 4월 29일까지 모두 23차례 열렸다. 2016년 11월 3일 최서원이 구속되고, 11월 20일에는 안종범 정호성이 구속 기소되었으며, 11월 30일에는 박영수 특검이 임명된다. 이어 국회는 12월 3일 박근혜 대통령 탄핵소추안을 발의하고, 9일에는 이를 가결시켜 박근혜의 대통령 직무를 정지시킨다. 2017년 2월 17일에는 최서원과 박근혜에게 뇌물을 공여했다는 등의 죄목으로 삼성 이재용 부회장을 구속한다. 그리고 마침내 헌재 인근에 모인 좌파단체의 2박 3일 간에 걸친 밤샘 함성 속에 3월 10일 대통령 박근혜의 파면을 결정한다. 이어 3월 31일 박근혜는 서울구치소에 수감된다. 이로써 2016년 7월 말 별거 아닌 듯 시작된 '최순실 게이트'는 '국정농단'으로 둔갑하더니 7개월만에 현직 대통령 탄핵이라는 창대한 결과로 끝났다. 박근혜는 그렇게 무너졌고, 문재인은 그렇게 정권을 잡았다. 대한민국 전체가 고속의 에스컬레이터를 타고 이른 종착지다. 21세기 자유민주주의 국가 대한민국에서 있었던 일이다. 2차대전 후 독립한 신생국가 중 유일하게 산업화에 성공하여 세계 10대 경제대국이 된 문명국 대한민국에서 있었던 일이다. 이제 우리 모두가 말하기를 꺼리는 일이지만, 그리 오래된 일도 아니다. 이 어이없는 대사건의 진실을 알아내기 위해서는 문재인과 그의 수하들의 마녀 사냥 이야기에서부터 시작해야한다.

1. 최순실이라는 허깨비

좌파들이 박근혜 탄핵의 기폭제로 써먹은 최서원은 개명 전 최순실로 불린 사람이다. 이미 2014년 개명하였으나 2016년 그의 존재가 널리 알려질 때 더불어민주당 국회의원들과 좌파세력 모두가 그를 최순실로 불렀다. 후에 개명된 이름으로 불러주는 언론이 하나 둘씩 생겨났으나 민주당 사람들은 집요하게 최순실로 불렀고 지금도 그렇다. 공산주의자들의 전형적인 이미지 조작전술이다. 촌스럽고 분별력 없으며, 혹은 마귀 같은 한 여인으로 이미지를 만들기 위해 그들은 최순실이라는 이름을 고집했다. 그들이 작명한 〈최순실 사태〉는 여기에 모든 진실이 내포되어 있다. 최서원이라는 박근혜의 개인적 집사는 있어도 최순실이라는 사람은 이미 없었다. 그것은 종북좌파들이 박근혜 정부를 공격하기 위해 만든 허깨비였다. 아직도 최순실이라 부르시는가. 그렇다면 당신은 종북좌파이거나 문재인과 더불어민주당 사람들에게 속아 넘어간 것이다.

최서원은 2020년 6월 징역 18년에 벌금 200억 원이 확정되었다. 형벌의 크기로 보면 중범죄인이다. 그는 대통령 박근혜의 개인적인 일을 봐주던 집사였다. 집사란 부자 권세가 연예인의 사적 영역을 보필하는 비서, 또는 매너저의 역할을 하는 사람이다. 박지원 같은 사람을 보시라. 대선에 패하고 미국에 체류하던 김대중에게 집사 역할을 마음에 썩 들게 잘한 공으로 가발장사를 하던 그는 김대중이 대통령이 되면서 졸지에 장관이 되고, 청와대에 들어가 대통령 비서실장이 되고, 4선 국회의원이 되고, 국정원장까지 되었다. 모사꾼 9단이라 불릴 정도로 권모술수에 능한 박지원의 출세와 정보에는 까막눈인 박지원의 국정원장 임명이야말로 자유민주주의 국가 대한민국의 진짜 '사태'일 것이다. 집사 박지원에 비하면 집사 최서원의 일은 사태라 부를 것도 못 된다. 노무현 정권의 최고위의 집사격인 비서실장 문재인은 스스로 대통령이 되었다. 이것은 그야말로 엄청난 사태다.

자연인 최서원은 자연인 박근혜와 오랜 개인적인 인연이 있었던 사람이다. 미혼에 직계가족이 없는 박근혜는 최서원을 의지했다. 그러나 박근혜가 대통령이 되고 나서 최서원에게 무슨 직함을 준 것은 없다. 과거 자신과 조금이라도 인연이 있었던 사람에게 모조리 자리를 챙겨 준 문재인과는 확연히 다르다. 최서원이 대통령의 지근 거리에 있었다는 사실만으로 이권을 챙겼다고 하는데, 글쎄다. 김영삼의 아들, 김대중의 두 아들, 노무현의 형에 비하면 아무것도 아니다. 문재인에게도 송철호 이상직 임종석 등 수두룩하다. 최서원이 대통령을 등에 업고 기업들로부터 774억 원을 모금해 스포츠 공익재단을 설립한 정도는 이전 정권에서도 흔히 있었던 일이며, 그 돈에서 최서원이 착복한 것은 단 한 푼도 없었다.

2016년 8월에는 최서원의 딸 정유라의 이화여대 특혜입학 사건이 단숨에 전 국민의 시선을 사로잡았다. 그러나 이것은 2019년에 드러났던 온갖 편법과 불법으로 대학에 진학하고, 의사 자격증까지 딴 조국의 딸과 비교하면 헛웃음이 난다. 정권과는 아무런 상관도 없는 이대 교수들과 총장은 체육특기생 정유라에게 특혜를 줬다는 이유로 새벽에 집에서 끌려나가 구속되어 징역살이를 했다. 그러나 조국 자녀와 관련된 사람들에게 그런 일은 없었다. 오히려 최강욱처럼 국회의원이 된 사람은 있다. 최서원의 딸은 아시안게임에서 금메달을 따고 수많은 대회에서 1등을 한 것이 반영되었으니 조국의 딸에 비하면 특혜도 아니었다. 그러나 좌익은 최서원의 딸에 대해서는 이것을 특혜라고 떼창을 했고, 조국 딸에 대해서는 편법도 불법도 아니라고 또 떼창을 했다. 결국 최서원의 딸은 의혹이 제기되고 단 71일 만에 대학도 고교도 입학이 취소돼 중졸이 되었다. 그러나 조국의 딸은 대학과 의전원 입학취소에 3년이 더 걸렸다. 이것이 좌익세력의 평등이었고 문재인 시대의 정의였다.

결국 최서원 딸의 입시문제는 좌파들이 특혜입학이라고 주장해서 특혜입학이 되었고, 미르 K스포츠 재단과 정유라의 특혜입학은 상승작용을 하며 어이없게도 '최순실 사태'가 만들어졌다. 그리고 이 최순실 사태를 '박근혜 정권 발목잡기' 차원에서 '박근혜를 청와대에서 끌어내리기' 차원으로 폭발력을 키운 것은 JTBC 손석희의 태블릿 보도였다. 이것이 자유민주주의 대한민국을 전복시키기 위해 좌익세력 전체가 작당해서 만든 허깨비라는 것을 그때는 몰랐다. 보통의 국민인 우리는 까마득히 몰랐다. 그것이 문재인 세력이 꾸미고 이땅의 모든 종북집단이 나선 좌익혁명의 도화선이었다는 사실은 더욱 몰랐다.

2. 손석희가 쏘아올린 거짓 풍선

거짓 분노, 그리고 촛불

탄핵소추안이 국회 본회의를 통과하고 직무가 정지된 박근혜는 2017년 1월 25일 언론인 정규재와 인터뷰를 가졌다. "이번 사건은 누군가가 언론에 자료를 주거나 이야기를 만들어 주고 있다는 주장이 있다"는 질의에 박근혜는 "그동안 쭉 진행과정을 추적해 보면 뭔가 오래 전부터 기획된 것이 아닌가 하는 느낌을 지울 수가 없다. 대통령을 끌어내리기 위해 어마어마한 허위사실도 만들어 냈다"고 답변했다. 박근혜가 말한 이 의혹은 탄핵 전과정을 관통하는 JTBC에서 보도한 태블릿PC가 그 중심에 있었다. 초기에 의혹 수준으로 왈가왈부하던 국정농단은 이 태블릿PC의 등장으로 사실이 되어갔다.

2016년 10월 24일 JTBC 사장 손석희는 최순실의 녹음파일이라며 그 내용을 보도했다. "청와대 비선 실세가 국정을 쥐락펴락했던 사실이 고스란히 담겨있는 증거물이 발견되었다... 최순실 씨가 사용한 태블릿PC에서 박근혜 대통령의 미공개 연설문 44개를 비롯해 200여 개의 파일이 발견되었다." (JTBC 뉴스룸, 2016. 10. 24) 이 보도의 주요 내용은 청와대에서 대통령 연설문 초안 등을 최순실에게 보냈고, 최순실이 이를 검토하고 수정했으며, 문서 중에는 독일 드레스덴에서 '통일은 대박'이라고 했던 연설과 새해 신년사, 인사 관련 문서 등 여러 기밀문건들이 들어 있다는 내용 등이다. 이것이 보도되자 좌익세력은 그 내용을 대대적으로 선전하고 국민의 분노를 자극하며 계속 확대하고 증폭시켜 나가는 데 집중한다. 또한 최순실이 그동안 보도된 정도로 단순히 자신의 이권만 챙긴 것이 아니라 대통령을 배후에서 마음대로 조종하며 내치 외교 등 국정운영 전반을 좌지우지한 것으로 과장하며 국민감정을 폭발시켰다. 이때부터 더불어민주당 세력은 '국정농단'이라는 엄청난 이름을 붙여 반복했고 국민은 연이어 터지는 각종 보도에 분노하고 탄식했다. 언론도 국민도 이미 이성적 분석이나 판단은 마비되어 있었다. 집단이성의 마비였다.

이 보도가 나간 다음날인 10월 25일 박근혜는 이 사태를 빨리 진화하고자 하는 급한 마음에서 JTBC 보도내용의 진위에 대한 확인도 없이, 이 태블릿이 조작된 것은 아닌지, 조작된 것이라면 누가 어떤 목적으로 만든 것인지에 대한 검토도 없이 대국민 사과 성명을 발표한다. 그러나 사악한 좌파세력들은 이 사과 성명을 '박근혜가 보도내용을 모두 사실로 인정한 것'으로 악용한다. 그리고 최순실에 관한 모든 의혹은 사실이며 진실인 것으로 확정한다. 이때부터 대부분의 언론은 최순실의 국정농단을 입증하려는 듯 추측기사를 마음껏 쏟아내고, 확인되지 않은 여러가지 소문과 심지어 괴담 수준의 내용까지 뼈대를 세우고 살을 덧붙이며 거대한 유령을 만들어 낸다. 그리고 박근혜는 허수아비 통치자가 되고 마녀가 되어갔다. 마녀사냥은 그렇게 불이 붙었다.

오늘 처음 봤어요

손석희가 말한 태블릿PC는 이미 2016년 10월 25일 자 대검 보고서에도 최서원의 것인 양 등장할 정도로 확실한 것이 되어갔다. 그러나 최서원과 변호인 측은 이 태블릿의 진위와 출처와 입수 경위에 대해 의문을 제기했다. 최서원은 세계일보와의 인터뷰에서 "태블릿PC를 통해 VIP 보고서를 사전에 받아봤다는 주장이 있다"는 질문에 "나는 태블릿PC를 가지고 있지도 않고, 그것을 쓸 줄도 모르며, 제것이 아니다" 라고 강력하게 부인했다. (세계일보, 2016. 10. 27) 최서원은 이후에도 "이 태블릿PC는 내것이 아니며 쓸 줄조차 모른다"고 일관되게 주장했다.

최서원과 그의 변호인, 그리고 변희재 등 일부 언론인의 지속적인 의문제기로 마침내 이 태블릿의 진상을 규명하여 조작된 것인지를 확인하려는 위원회가 구성되었다. 여기에 소속된 도태우 변호사는 2017년 1월 15일 기자회견을 열고 "이 태블릿PC는 최순실의 것이 아니며, 검찰이 개입한 거대한 사기극이고, 이 증거 위조에는 당시 야당인 민주당도 연계된 의혹이 있다"고 폭로했다. (코리아리뷰, 2017. 1. 15) 2017년 9월 18일 '박근혜 공정재판 법률지원단'은 JTBC가 박근혜에 대한 국민들의 분노를 자극하기 위해 사전에 조작되고 검찰도 방조해서 만든 자료들을 기획 탄핵의 방아쇠로 사용했다는 성명을 발표했다. (월간조선, 2017. 9. 18) 2017년 11월 9일 법정에 나온 최서원은 이 태블릿을 보고 "오늘 처음 봤어요. 처음 검찰조사를 받을 때부터 내 것인지 확인시켜 달라고 했는데, 보여주지 않았어요"라고 말했다. 일관된 그의 말에 거짓은 없었다.

결국 재판부의 의뢰로 국립과학수사연구원이 이를 감정하게 된다. 국과수는 2017년 11월 27일자 보고서에서 "이 태블릿PC는 최순실 소유가 아니라고 하기에도 애매하지만 최순실의 것이라고 확인하기도 어렵다. 사용자가 한 사람인지 여러 사람인지 명확하게 판단하기 어렵다"는 애매모호한 감정결과를 내 놓는다. 국제적으로 인정받는 대한민국 국과수의 실력으로 태블릿에서 최순실의 지문하나 못 찾았는지 의아했다. 과학수사가 생명인 국과수의 연구관들도 문재인 정권하의 다른 공무원들처럼 이미 가자미 눈이 된 듯했다. 그러나 이 와중에도 문제의 태블릿PC가 조작된 것임을 알 수 있는 분명한 증거는 있었다. 국과수는 "태블릿PC로 연설문을 수정하고 저장 가능한 애플리케이션은 발견되지 않았다"고 했다. 이것은 "최순실이 이 태블릿PC로 문건을 받아 연설문 등을 고쳤다"고 한 손석희의 보도내용과 그것을 증거로 채택한 검찰의 주장을 모두 뒤집는 것이었다. 과학은 거짓말을 하지 않는다. 거짓말을 숨 쉬듯 하는 좌파들 모두가 과학을 혐오하고 멀리하는 이유다.

가짜 태블릿, 거짓말, 가짜 대통령

2017년 1월 변희재 등 우익 인사들은 구체적 증거를 제시하며 JTBC의 태블릿 의혹 보도를 고발했다. 계속 심의를 미루던 방심위는 국과수의 감정결과가 나오고 비등해진 여론의 눈치를 더 이상 감당하지 못하게 되자 2018년 7월 26일에야 심의에 들어갔다. 이 심의 자리에 JTBC 측으로 나온 손용석 부장은 "태블릿PC로 수정을 했다거나 최씨가 직접 수정을 했다고 단언해 보도한 적이 없다"고 오리발을 내밀었다. 첫 보도가 나간 이틀 후인 10월 26일 JTBC 저녁뉴스를 찾아 보시라. 앵커 손석희는 "저희들의 그동안의 보도들은 대부분 태블릿PC를 근간으로 하고 있습니다. JTBC는 최순실 씨가 태블릿PC를 들고 다니면서 연설문도 고치고, 회의자료도 보고받았다고 보도를 해드렸습니다"라고 한 분명한 멘트가 있다. 그래서 손용석의 말은 새빨간 거짓말이다. 문 정권과 한 패거리인 방심위는 JTBC 측의 이 새빨간 거짓말을 받아들여 '문제 없음'이란 결론을 내리고 면죄부를 주었다. 또 거짓이 이겼다. 문재인의 시대는 늘 그랬다. 좌익의 세상에서는 더욱 그랬다.

2021년 12월 옥중의 최서원은 대리인을 통해 특검과 검찰을 상대로 법원에 이 태블릿을 돌려달라는 소송을 제기했다. 변호인은 "최서원 씨는 자기 것이 아니고 본 적도 없는데, 검찰에 의해 자기 것이 되어 감옥까지 갔다. 이것을 받아서 정말 자기 것이 맞는지 확인하겠다는 것이다."라고 전했다. 이에 대해 검찰은 "최씨가 사용한 사실은 입증되었지만 법적 소유자인지 판단되지 않는다"며 반환을 거부했다. 수사와 재판이 끝나면 압수물은 소유자에게 돌려 준다. 그러나 특검과 검찰은 국정농단으로 엮을 때는 이것을 최서원의 것이라며 핵심 증거로 써먹었으나 확인을 위해 반환을 요구하자 최서원의 것인지 모른다는 것이다. 손석희의 입에서 시작된 그들의 조작이 밝혀질 것이 두려웠기 때문일 것이다. 박영수 특검은 이것을 최순실의 소유라며 국정농단의 증거로 사용했다. 그러나 검찰은 이것을 보여 달라고 하는 요구를 거절했다. 결국 2022년 2월 법원은 이것을 "최서원에게만 반환하라. 최서원 외에 다른 사람에게 반환하거나 폐기되는 것은 금지한다"고 판결했다. 이것을 반환했다는 소식은 아직 없다. 박영수 특검도 검찰도 모두 떨고 있을 것이다. 양산으로 낙향한 문재인은 더 떨고 있을 것이다.

이 새빨간 거짓말을 끈질기게 파고든 사람도 있다. 언론인 변희재다. 그는 취재를 통해 이 태블릿이 최서원의 것이 아니라는 사실을 확신하고 검찰에 수사를 촉구하다 전격적으로 사전 구속되어 1년 간이나 교도소에 감금되었다. 변희재는 '조작과 거짓을 양산한 공범들 세상'이라는 부제가 붙은 그의 저서 《태블릿 사용 설명서》에서 JTBC와 검찰이 최서원의 것이라고 주장한 태블릿이 최서원의 것이 아니라 청와대 행정관 출신 김한수의 것이라는 사실을 많은 증거자료를 제시하며 입증하고 있다. 변희재는 지금도 "김한수의 거짓말이 없었다면 헌재의 탄핵 결정과 법원의 박근혜 구속, 이후의 종북 주사파 정권의 탄생도 불가능했을 것"이라는 확신에 찬 주장을 펼치며 "가짜 태블릿은 가짜 대통령 문재인에게 책임을 묻겠다"며 결기를 보이고 있다. 태블릿PC에 대한 진실은 드러날 것이며 이와 함께 대통령 박근혜의 탄핵과 문재인 정권 탄생의 진실도 곧 드러날 것이다. '가짜 대통령 문재인'이라는 변희재 그의 말에 격하게 공감한다.

3. 고영태의 음모

꽃감 빼먹기

JTBC의 태블릿 허위 보도는 이후 전개된 종북좌파 진영의 격렬한 시위와 대통령 탄핵까지로 이어지는 도화선이 되었다. 이 도화선의 끝에 달린 폭탄의 폭발력은 실로 엄청난 것이었고, 결국 대한민국을 뒤집어 놓았다. 최서원 변호인단은 물론 박근혜 측 변호인단도 이 태블릿의 존재 자체를 부인하고 특검에도 헌재에도 그것을 증거로 채택해 줄 것을 요구했다. 그리고 2,000개 이상의 녹음파일이 발견되어 음모설의 중심에 있던 고영태 노승일에 대한 증인 채택을 요구했다. 그러나 고영태 일당의 음모가 고스란히 담긴 2천여 개의 녹음파일에 대해 검찰도 특검도 증거 채택을 거부했고, 또한 고영태 등에 대한 증인 채택도 거부되었다. 증거도 증인도 모두 채택하지 않았으니 조사도 없었다. 그 사이 JTBC를 필두로 여러 언론은 연일 '최순실의 국정농단'을 확대하며 부풀렸고, 이것을 사실로 믿게 된 시민들은 대거 광화문으로 향했다.

국정농단이라는 유령은 국회를 덮쳐 12월 9일에 박근혜 탄핵 소추가 결정되고, 이어 공은 헌법재판소로 넘겨진다. 그러나 헌재조차도 녹음파일과 고영태 일당에 대한 증거와 증인 채택을 거부한 채 태블릿에 있다는 내용들을 사실로 인정하여 '문서유출 및 공무상 비밀 누설 관련 범죄'라는 이름을 붙여 최서원과 박근혜의 유죄로 판단하고 탄핵을 결정한다. 대한민국 현직 대통령의 탄핵에 이 가짜 태블릿이 쓰인 것이다. 이것이 과연 자유민주주의 국가에서, 법치주의 국가에서 가능한 일인가. 이 이해되지 않는 일을 이해하기 위해서는 먼저 태블릿PC의 거짓과 조작이 등장하는 배경이며, 최서원의 국정농단이라는 유령을 처음 탄생시킨 고영태 일당의 음모와 그 목적부터 알아야 한다.

최순실의 국정농단은 고영태를 매개로 한 소위 '안산파' 일당이 최서원을 비선 실세로 착각하고 미르·K스포츠 재단을 삼키려 한 음모에서 시작된다. 최서원과 한때 사적 관계였던 고영태는 대통령의 영향력을 등에 업은 최서원의 주도로 대기업 50여 곳에서 모금한 출연금 750여억 원으로 설립된 스포츠 공익재단의 돈을 빼돌리기로 하고 먼저 최서원과 박근혜를 죽이기로 음모를 꾸민다. 여기서 '죽이기로'는 그들의 대화에 나온 표현 그대로다. 무려 2천 개가 넘는 녹음파일에는 고영태 노승일 등이 최서원의 비리를 언론과 검찰에 밀고해 박근혜를 무력화시키고 스포츠 재단을 장악한 다음 기업 출연금 700여억 원을 "꽂감 빼 먹듯 빼 먹자"는 대화 내용이 나온다. "박 대통령을 죽여 버리자"는 표현도 있고, 고영태가 자기 측근들에게 "최순실의 비리 정보를 언론에 찔끔찔끔 흘릴 것이 아니라 좀 더 강한 것이 나왔을 때 한꺼번에 터뜨리자"고 제안하는 내용도 있다. 특정 정치세력과 결탁하여 최순실과 박근혜를 죽이자는 내용을 보도한 언론도 있었고, 검사장급 한 명과 공모해서 박근혜 정부가 끝나기 전에 스포츠계를 수사하여 미르·K스포츠 재단을 독차지하자는 내용도 들어있다.

감춰진 핵심 증거

고영태 일당이 '최순실 국정농단'을 만들어 내는 목적과 과정을 고스란히 담고 있는 2천여 개의 녹음파일을 검찰이 확보하고도 공개하지 않은 사실이 최서원 측 변호인단에게 포착되었다. 이 녹음파일은 최순실의 국정농단이 고영태를 중심으로 한 안산파에 의해 만들어진 시나리오였다는 사실을 말해 주는 결정적인 근거였다. 그러나 검찰도 특검도 헌재도 이것을 증거로 채택하지 않았다. 이것을 증거로 채택하는 순간 그들이 만든 '국정농단'이 실체가 없는 조작된 유령이라는 사실이 바로 드러나기 때문일 것이다.

최서원 측 변호인은 "고영태의 기획 폭로 등 고씨 일당의 범행부터 수사해 공정한 검찰권을 행사해야 한다. 녹음파일로 인해 검찰이 공소 유지에 결정적인 진술을 한 사람으로 내세우는 고영태 노승일 박헌영의 진술과 증언의 신빙성이 무너졌다. 이들 일당이 고씨를 중심으로 기획 폭로한 정황들이 녹음 내용에서 확인되었다. 고씨 녹음을 들으면 현직 검사와 사전 접촉한 정황도 나와 있다. 검찰은 해당 검사가 누구인지를 확인해 사건 수사에 영향을 미친 것은 없는지 규명해야 한다"고 요구했다. (연합뉴스. 2017. 3. 16) 그러나 검찰은 변호인의 이러한 요구를 묵살했다. 우익진영은 집회에서 "고영태 일당을 구속하라"고 외쳤으나 좌익의 소리가 아닌 우익의 소리에는 메아리가 없었다. 그때는 늘 그랬다.

더불어민주당을 중심으로 한 좌익세력은 이렇게 사실과 진실을 외면하였고, 좌익진영이 짜놓은 각본에 충실히 봉사하는 검찰과 사법부, 그리고 좌익진영의 선전 선동부 역할을 수행하는 모든 언론의 전폭적인 지원을 받으며 이 거대한 거짓 정국을 주도해 나갔다. 또한 민노총 전교조 등 좌익 단체들은 광화문을 점령하고 그들의 거짓 선동을 믿고 모여든 시민에게 촛불을 나눠 주며 소리 높여 구호를 외치고 저항과 파괴의 노래를 선창했다. 이 과정에서 고영태 일당의 음모는 모두 사실과 진실로 둔갑하며 큰 힘을 발휘했다. '최순실의 국정농단'이라는 유령은 이미 광화문과 서울과 대한민국을 삼키고 있었다. 대한민국은 이미 법치국가가 아니었다. 거짓 앞에서 진실이 무기력하게 무너지는 야만의 시간이었다. 문재인이 청와대에 들어가기 불과 몇 달 전의 일이다.

4. 모두 제정신이 아니었던 시간

두 마녀와 유령의 무도회

2016년 7월 말 스포츠 재단에 관한 보도가 나오고 8월 최서원 딸의 대학 특혜입학의혹이 제기되자 9월부터는 모든 언론에서 최서원과 관련된 기사를 폭포수처럼 쏟아냈다. 이후 신문 지상과 종편채널 인터넷매체 등에서 보도되는 내용은 충격적인 것으로 가득했다. 최서원은 어느 새 박근혜의 '오장육부'로 불리워졌고 최서원이라는 본명은 사라지고 최순실이라는 마녀만 있었다. 이 모든 비이성과 착란은 결국 박근혜를 향하고 있었다. 박근혜는 마녀를 가까이에 둔 또 다른 마녀가 되어갔다.

이 광란의 선봉에 서서 전체 국면을 지휘한 것은 역시 더불어민주당이었다. 온라인 공간에서 소문과 괴담을 만들어 내는 광신적 네티즌과 합리적 판단을 포기하고 더 자극적인 내용을 전달하는 데 몰두한 언론도 결국 조연에 불과했다. 민주당의 지도부와 늘 저질스러운 선동언어로 일관하는 몇몇 국회의원들은 언론에 새로운 소문의 소스를 제공했고, 네티즌과 언론에서 나온 루머를 다시 전파하며 소문에 덧칠을 하고 루머에 권위를 입혀 사실로 보이게 했다. 시민들을 분노케 하여 광화문으로 향하게 하려는 목적이었다. 광화문에는 이미 민노총 등의 좌익 단체들이 거대한 무대를 만들고 좌익 연예인들이 노래를 부르는 등 잔치판을 벌이며 기다리고 있었다. 그들이 막대한 자금력과 조직을 동원하여 준비한 유령의 무도회였다. 시민들은 그들이 부르는 노래를 따라하고 그들이 선창하는 구호를 복창했다. 시민들의 자발적 집회라고 한 추미애 등의 말은 새빨간 거짓말이었다.

주사파와 배신자와 모사꾼으로 가득 찬 국회에서는 사실이나 진실여부와는 상관없이, 그리고 좌파 우파 가릴 것 없이 자신들의 정치적 계산에 따라 하이에나처럼 무리지어 이쪽과 저쪽으로 몰려다녔다. 그 장면들을 보며 국민의 눈과 판단력은 점점 더 흐릿해졌고, 그 틈을 탄 정치모리배들과 경찰 검찰 사법부 헌재의 눈치 빠른 생계형 공무원들은 법률과 헌법을 요리조리 비틀며 현직 대통령 탄핵의 밑자락을 깔았다. 이

나라 최고 학부를 나오고 최고의 법률가인 그들은 박근혜를 탄핵하는 근거가 형편없이 빈약하다고 생각되자 사실 여부가 확인되지도 않은 언론 기사나 시장과 골목을 떠돌던 소문까지 끌어다댔다. 2016년 12월 9일 국회를 통과한 탄핵 소추안을 보시라. 그런 내용으로 가득하다. 정치인 공무원 시민 모두 광화문의 허깨비들이 히죽거리며 추는 광란의 춤에 홀려 있었다. 박근혜 정권은 그렇게 무너지고 있었고, 대한민국도 함께 침몰하고 있었다.

거짓 뉴스를 쏟아 낸 언론

거짓 1 : "최순실이 스포츠재단 이사장 자리에 자신의 단골 스포츠마사지센터 원장을 앉혔다."(2016년 9월 20일자 한겨레신문 김의겸 기자) 거짓 2 : "최순실의 언니 최순득은 박근혜 대통령과 성심여고 동기동창이다." (경향신문, 2016. 10. 22) 거짓 3 : "최순실이 첫 결혼에서 낳은 아들이 청와대에서 근무했고, 이 아들은 지금 30대 중반이고, 직급은 5급 행정관이다."(시사저널, 2016. 10. 29) 거짓 4 : "2010년 박근혜가 강남의 한 성형외과에서 줄기세포 시술을 받았다. 최순실이 예약자였다." (SBS, 2016. 11. 9) 거짓 5 : "검찰은 박 대통령이 2014년 신년 기자회견에서 언급한 '통일대박'이라는 표현은 최순실이 문고리 3인방과의 회의에서 제안한 것이라고 밝혔다."(2016년 11월 13일, 여러 언론) 거짓 6 : "새누리당 당명은 최순실이 결정했다." (JTBC, 2016. 11. 14) 거짓 7 : "박근혜가 '최 선생님께 물어 보세요'라고 하는 등 사소한 것조차 직접 판단하지 못하고 최순실에게 의견을 구하는 수준이라며 어떻게 이 정도로 무능할 수 있나 하는 생각이

든다며 검찰 관계자가 한탄했다."(동아일보, 2016. 11. 28) 거짓 8 : "미국 대사관이 촛불시위를 지지하며 1분간 소등하였다."(2016년 12월 3, 4일자의 대부분의 언론) 거짓 9 : "박근혜는 세월호가 가라앉을 때 강남의 유명 미용사를 청와대로 불러 올림머리를 하느라 90분을 날렸다."(한겨레신문, 2016. 12. 6) 거짓 10 : "박근혜는 개인 공간인 관저에 머무는 시간이 압도적으로 많았던 것으로 보인다. 관저에서 TV를 보고 혼자 식사하는 경우가 많았다."(채널A, 2016. 12. 8.)

이상은 후에 모조리 가짜로 밝혀진 내용들이다. 예를 들자면, 최서원에게는 아들이 없으며 박근혜 관저에는 TV가 없었다. 검찰이 조사하고 바로 잡았으나 대부분의 언론은 이를 간단히 다루었다. 그래서 '올림머리 90분'과 같은 인식은 여전히 국민의 뇌리에 선명하게 박혀 있다. 그러나 좌익 패널들은 TV 시사토론에서 아직도 앵무새처럼 그렇게 말하고 있다. 촛불 정국 초기인 이 당시의 거짓 뉴스는 대부분 '박근혜는 못난 대통령이며, 최순실은 막강한 실권자'를 입증하는데 초점이 맞추어져 있었다. 특정세력에 의한 기획성이 의심되는 이유다. 이때부터 박근혜의 지지율은 폭락했고, 탄핵이 될 때까지 회복되지 않았다. 어느 하나도 박근혜의 법적 유죄를 입증하는 근거는 되지 못했으나 국민의 분노를 일으켜 현직 대통령을 감옥으로 보내는 대사기극에는 큰 쓸모가 있었다.

공산당식 저질 선동술을 구사한 민주당

선동 1 : "사과랍시고 했지만... 국민은 한 명의 대통령을 뽑았는데 사실상 두 명의 대통령이 국정을 운영했다. 낮의 대통령은 박근혜, 밤의 대통령은 최순실이다. 심지어 비밀 모임 8선녀를 이용해 막후에서 국정개입은 물론 재계에 막강한 영향력을 행사..." 어디서 누가 시작했는지 확인이 불가능한 시중의 이 소문은 민주당 대표 추미애의 한없이 가벼운 입을 거치며 '사실'이 되었다.

선동 2 : 대통령 박근혜는 2015년 어린이날 행사에서 "간절하게 원하면 전 우주가 나서서 다같이 도와준다"고 했다. 민주당 의원들은 2년 전의 이 발언을 두고 "박근혜가 무속에 빠진 방증"이라고 했으며, 좌익 언론은 "박 대통령의 주술적인 표현, 혼이 비정상" (YTN, 2016. 10. 28)이라고 했다. 이 표현은 코엘류의 '연금술사'에 나온 것을 박근혜가 인용한 것으로 브라질 순방에서 이미 그 출처를 밝혔다.

선동 3 : 더불어민주당의 여성 의원 이재정은 2016년 11월 11일 국회 대정부 질문에서 2015년 연말 의원실에 배포된 달력에 오방색 무늬가 들어간 것을 언급하며 황교안 총리를 향해 "뱀을 드는 것보다 더 소름 끼친다"며 들고 있던 달력과 오방색 끈 묶음을 던지듯 총리에게 던졌고, 총리는 "뭐하는 것이냐"며 화를 냈다. 이재정은 박근혜가 어린이 날 코엘류의 말을 인용한 '우주의 기운'과 이 오방색을 연결하며 대통령이 무속에 빠졌다는 듯 주장을 폈다. 오방색은 방패연에도 쓰이는 우리 민족의 전통색이다. 국회의원 씩이나 하고 있는 그의 무식이 놀랍다.

선동 4 : 2016년 11월 10일 민주당 의원 윤호중은 "트럼프 대통령 당선인이 박 대통령을 조롱하면서 선거에 이용한 것을 우리는 잘 기억하

고 있다"고 말했다. 이 말은 살을 붙이며 널리 퍼졌고, 20여 일 후 YTN
은 "트럼프가 '여성 대통령의 끝을 보려거든 한국의 여성 대통령을 보라'
고 발언했다"는 보도를 냈다. (YTN, 2016. 12. 1) 이것은 한 네티즌이 트럼
프 사진에 이런 내용을 붙여 합성하고 조작한 뉴스로 밝혀졌다. 80년대
운동권 출신 윤호중의 조작 기술이 한심하다.

선동 5 : "안민석 의원은 '정유라 남편 신주평 씨가 공익요원이라 해
놓고, 독일에 가서 달콤한 신혼생활을 보냈다'고 2016년 12월 5일 국회
에서 열린 국정조사에서 밝혔다. 이게 사실이면 천지가 경악할 일이라고
했다." (국제신문, 2016. 12. 5) 신씨는 공익요원으로 근무한 적이 없고, 현역
입영 대상으로 입대를 기다리고 있었다. 아무말이나 하는 지독한 선동
꾼 안민석의 말이니 논평은 생략한다.

선동 6 : 2015년 민주당 국회의원 신분이던 최민희는 청와대에서 침
대 2개를 구입한 사실을 공개하며 '대통령의 사치'라는 이미지를 만들려
고 애쓴적이 있었다. 그는 탄핵 정국에 이것을 다시 소환하고 '이 침대
중 하나가 최서원의 것이 아니냐' 하는 의혹을 제기했다. 청와대는 "1개
는 2013년 대통령 휴가지 저도로 갔고, 나머지 1개는 대통령이 쓰고 있
다"고 했다. 박근혜와 최순실을 한몸으로 묶으려는 저질스럽고 비열한
수작이었다. 그들은 대부분 이런 수준의 사람들이다.

네티즌이냐 간첩이냐, 조작하는 사람들

조작 1 : "미국 대사가 '최태민이 박근혜의 심신을 지배했다'고 말했다." 2016년 10월 29일 자 《워싱턴포스트》지가 시위대에서 난무하는 소문과 괴담을 비판하며 하나의 사례로 든 것을 좌익세력은 거꾸로 그것을 확정하는 근거로 악용했다. 최서원의 부친을 한국의 라스푸틴으로 만들고 '라스푸틴에 의한 국정농단'으로 만들어가는 악의적 전술이었다.

조작 2 : 한때는 최서원의 딸 정유라가 박근혜의 딸이라는 소문이 널리 퍼졌고, 대부분의 언론은 이 기사를 다루었다. 천륜조차 조작하는 좌익의 이러한 패륜행위에 대해 박근혜는 "끔찍하고 저질스러운 거짓말"이라 했고, 최서원은 "유라가 제 딸이라는 건 출산기록을 보면 알 수 있다. 너무 억울하다"고 했다. 참으로 끔찍하고 억울한 시간이었다.

조작 3 : JTBC의 태블릿 보도가 나간 이후 좌익진영 전체가 나서서 가짜 뉴스와 소문으로 박근혜와 최서원에게 융단폭격을 가할 때 별의별 해괴한 소문도 많았다. '박근혜가 사이비 종교에 빠져 청와대에서 굿판을 벌였다/ 최태민의 영혼을 위로하기 위해 학생 300명을 제물로 바치기로 하고 박근혜가 세월호를 고의로 침몰시켰다/ 참사 당일 오전에 청와대에서 씻김굿을 했다/ 프로포폴을 맞고 자느라 사고대응을 게을리했다/ 정윤회와 호텔에서 밀회를 즐겼다/ 최태민 사망 20주기 천도제를 지내느라 세월호 대응이 늦었다.' 그때 이들과 같은 땅에서 같은 공기를 마시고 살았다는 사실이 참담하다.

조작 4 : 2016년 12월 말 새벽 4시에 박영수 특검팀으로 '세월호 당일 박 대통령이 롯데호텔 36층에서 필러시술을 받았다'는 제보가 들어왔다. 특검은 수사관 4명을 출동시켜 현장을 확인했다. 그러나 롯데호텔 36층은 시술을 할 수 있는 객실이 아니라 연회장이었고, 출입일지와 당직자 진술에서도 아무런 흔적이 없었다.

조작 5 : 박영수 특검 사무실에 한 제보자가 사진을 가져왔다. 2014년 6월 3일 최순실이 우병우, 우병우의 장모와 함께 골프를 치고 홀인원을 했다며 홀인원 기념패를 찍은 사진이었다. 당시 우병우는 장모와 최서원의 개인적 친분을 이용하여 청와대 민정수석이 되었다는 소문이 돌고 있었고, 이것은 특검이 풀어야 할 난제 중의 하나였다. 그래서 이 사진을 본 특검은 술렁거렸다. 그러나 골프 매니아인 한 수사관이 "기념패에 누가 몇 번 홀에서 홀인원을 했는지가 없다"고 묻자 제보자는 그냥 도망쳐 버렸다.

2016년 12월 21일부터 가동한 특검팀에는 1,000여 건의 제보가 쏟아졌다. 그러나 대부분은 가짜였고, 내용이 황당하고 악성인 경우도 많았다. 한 수사관은 "박근혜 대통령이 밤마다 차를 타고 나와 마약파티를 한다는 등 도가 지나친 제보도 많았다." 악성의 가짜 소문들이 구체성을 갖추고 널리 전파되었다는 말은 특정 세력이 그것을 조직적으로 만들고 퍼뜨렸다는 뜻이다. 남파간첩이거나 자생간첩이거나, 아니면 문빠나 민주당 지지자일 것이다. 어느 쪽이든 결국 그 사람이 그 사람이다. 박근혜의 탄핵과 문재인 세력의 정권장악의 과정을 말하고 있다.

주진우라는 인간

2016년 11월 25일 일본 와세나대학 강당에서 주진우 김제동의 토크 콘서트가 열렸다. 여기서 주진우는 이렇게 말했다. "희망이 잘 안 생깁니다. 비아그라 나오고, 마약 성분 나오고, 계속해서 더 나올 거거든요. 섹스 관련된 테이프가 나올거고, 마약사건이 나올거고, 병역비리가 나올 겁니다. 그리고 최순실과 박근혜가 관련된 개발사업이 나올거고, 대규모 국방비리가 나올겁니다."(대안언론 뉴스프로, 2016. 11. 27) 주진우의 이 발언은 인터넷에서 급속히 퍼졌고, 수많은 언론이 이 발언을 기사화했다. 그러나 어떤 언론도 주진우에게 이 발언에 대한 근거를 묻지 않았다. 주진우의 아무 말은 또 다른 아무 말과 어울리며 서로 힘을 더했다.

2016년 12월 초에 들어서는 청와대 내의 약품이용 의혹과 병원이용 의혹이 연일 쏟아졌다. 태반주사 프로포폴 비아그라 마약류 등의 약물 반입과 사라진 약품이 박근혜의 심신상태와 관련이 있는 것 아니냐는 의혹으로 연결되었다. 특히 비아그라는 미혼의 여성 대통령에 대한 성적 관음증을 불러 일으키며 관심을 끌었고, 곧 섹스 테이프가 나올 것이라는 주진우의 말과 이어지며 더욱 믿을 만하고 기대되는 의혹이 되어갔다. '비아그라를 복용하는 독신의 여성 대통령' 이미지가 만들어지면서 의약품 사용 의혹은 예상보다 발화력이 컸다. 청와대 의무실과 경호실 등 관계자가 국정조사에 나와 500여 명의 청와대 전 직원이 필요에 따라 사용한 것임을 설명했다. 그러나 비아그라 프로포폴 등 관심을 끌만한 것은 모두 박근혜가 사용한 것으로 각인된 국민의 인식은 바뀌지 않았다. '박근혜-최순실-태반주사-비아그라-마약'으로 조합된 단어들은 국민의 머리 속에서 지워지지 않았고, 그것은 박근혜를 청와대에서 끌어내고 감옥으로 보내는 데 훌륭한 분위기 메이커가 되었다. 정신나간, 혹은 미친 시간이었다.

주진우가 말한 섹스 동영상은 나오지 않았다. 마약, 병역비리, 국방비리, 개발사업 그 어떤 것도 나오지 않았다. 검찰은 조사 결과 모두 사실이 아니라고 짧게 말했다. 거짓은 길었고 진실은 짧았다. 박근혜는 주진우의 말을 두고 "근거 없는 거짓말이 산더미처럼 쌓여가고 있다는 것을 증명하는 것"이라고 했다. 그러나 이후 주진우가 그의 터무니 없는 이 발언에 대해 사과했다는 소식은 없다. 그의 발언은 입증이 된 것이 하나도 없다. 그러나 그의 주장보다 강도가 약한 가짜 뉴스나 거짓말이나 소문을 진짜로 보이게 하는 데는 효과가 컸다. 분위기의 힘이었다. 그렇게 해서 박근혜는 탄핵되어야 마땅한 사람이 되어갔고, 주진우는 지금도 기자 행세를 하고 있다. 주진우 김어준 김제동, 이들과 같은 시대에 같은 땅 같은 하늘 아래에서 같은 인간으로 살고 있다는 것이 슬프다.

박근혜가 탄핵되고 감옥으로 가는 길에는 참으로 많은 거짓 소문과 가짜 뉴스가 있었다. 소문과 가짜 뉴스가 다 그렇듯 퍼지고 전달되는 과정에서 덧붙여지고 부풀려지고 세밀한 사실적 묘사까지 더해지며, 그것을 듣는 사람들은 긴가민가 하면서도 모두 귀를 쫑긋 세웠다. 모든 소문과 가짜 뉴스는 '박근혜는 최순실에게 조종당한 꼭두각시'라는 프레임에 맞추어져 있었다. 박근혜와 최순실은 경제적으로 동일체이며, 그래서 최씨의 비리는 곧 박근혜의 비리라는 것을 설명하고 입증하기 위한 것이었다. 이 목적에 필요한 것이라면 여성 대통령에 대한 성적 희롱, 인격 모독, 국가원수로서의 권위는 물론 대한민국의 품격 따위도 상관이 없었다. 박근혜로부터 민심을 이반시키고, 국민의 분노를 유발하고, 그것을 이용한 정권 뒤집기가 목적이었다. 모든 것이 그것을 위해 착착 진행되고 있었다. 지금 회고하면 좌익이 거짓 뉴스와 괴담을 생산하는 기술이 감탄스럽고, 그것을 검증도 없이 생으로 전달한 미개한 저널리즘이 놀랍다. 그것에 온 사회가 광분하는 집단이성의 마비가 무섭다. 대한민국이 이렇게 된 것이 무섭다. 내 자식들이 이런 나라에 살게된 것은 더 무섭다. 이런 대한민국을 이대로 둘 것인가. 대한민국을 이렇게 만든 문재인 세력과 종북집단을 그냥 둘 것인가.

촛불 탄핵 그리고 혁명

인류가 지금까지 고안해 낸 정치체제 중 최선으로 평가되는 자유민주주의는 근대기 몇백 년에 걸쳐 많은 피를 흘린 시민혁명의 성취다. 17세기 영국의 청교도 혁명과 18세기 프랑스 대혁명은 수천 년 간 지속된 전제왕정을 붕괴시키고 민주정을 출발시킨 시민혁명이었다. 미국의 18세기 독립전쟁과 노예제도 폐지를 둘러싼 19세기의 남북전쟁 역시 전제 권력과 전 근대적 제도에 대한 저항이었다는 점에서 시민혁명의 범주에 들어간다. 20세기 초 짜르왕조를 붕괴시키고 러시아공화국을 선포한 3월혁명도 시민혁명이다. 시민혁명이란 이름을 붙인 이러한 혁명들은 모두 '시민의 자발성'에 공통점이 있다. 그런데 21세기에 시민혁명이라는 이름을 도용한 가짜 시민혁명이 있었다. 바로 대한민국에서다. 문재인이 앞장서고 주사파 등 종북세력이 주도하여 거짓과 조작과 선전 선동의 공산주의 혁명기술을 구사하며 박근혜 정부를 축출하고 정권을 차지한 촛불혁명이 바로 그것이다. 그들은 시민의 자발성을 들먹였으나 그들 스스로의 공치사와 자랑질에서 그것이 조작된 거짓 시민혁명이라는 사실은 바로 드러났다. 그것은 시민혁명을 위장한 공산주의 혁명이었고, 레닌이 러시아의 3월 시민혁명을 강탈하여 소비에트 정부를 출범시킨 10월혁명을 닮은 도둑혁명이었다. 문재인 세력이 자유민주주의 정부를 붕괴시키고 정권을 장악한 후 대한민국을 좌익의 나라로 만들어간 혁명, 촛불혁명의 실체를 밝힌다.

촛불의 진실

문재인이 취임하고 3개월이 지난 2017년 8월 국무총리 이낙연은 청와대 간담회에서 문재인과 더불어민주당의 정권장악에 대해 총평을 내놓았다. "추미애 대표의 탁월한 지도력과 안민석 의원의 걸출한 활동으로 정권교체를 이루었다." 이낙연은 추미애와 안민석의 공을 치켜세웠다. 이로부터 100여 일이 지난 12월 9일 더불어민주당 당 대표 추미애는 국회의 박근혜 대통령 탄핵소추 의결 1주년을 맞아 한 말씀을 내놓으신다. "탄핵은 누구의 선동에 의한 것이 아니었고 오로지 시민의, 시민을 위한, 시민에 의한 촛불혁명의 성과입니다."

이낙연은 정권교체의 1등 공신으로 추미애와 안민석을 말했고, 추미애는 탄핵과 촛불혁명의 공이 시민에게 있다고 말했다. 두 사람의 말이 다르다. 누구의 말이 맞는 것일까. 이낙연의 말은 조금만 맞고 대부분은 틀렸다. 절대 다수의 종북좌파들, 주사파 운동권, 촛불의 최대 수혜자 문재인 등 주모자들이 모두 빠졌기 때문이다. 그러나 추미애의 말은 새빨간 거짓말이다. 시민은 그들의 거짓과 조작에 속아 광화문에 모였을 뿐이고, 탄핵과 촛불혁명은 문재인 세력의 선동에 의한 것이었다. 이것이 문재인이 말한 '촛불혁명'의 진면목이자 본질이다.

　더불어민주당의 최순실TF와 손석희의 가짜 태블릿PC 보도가 생산한 최순실의 국정농단이라는 허깨비, 이에 현혹된 시민들이 민노총 등의 종북단체가 판을 벌여놓은 광화문에 몰려 촛불을 들었던 속아서 모인 집회, 시정잡배 수준의 국회의원들이 협잡을 벌인 탄핵소추, 이에 손발을 맞춘 검찰과 특검, 그리고 무법자가 되었던 헌법재판관들, 정신 나간 언론, 이 모든 과정의 종착점인 박근혜의 탄핵과 구속과 이어진 문재인의 정권 장악과 대한민국의 총체적 쇠퇴까지, 기억하고 싶지 않은 지나간 일이다. 그러나 그다지 오래된 일도 아니다. 대한민국의 정체성에 크나큰 영향을 미친 이 엄청난 사건은 시간이 더 지나면 묻혀지고 역사가 되어 버릴 것이다. 더 늦기 전에 바로 잡아야 할 거대한 거짓 역사다. 문재인 스스로 촛불혁명이라 불렀던 거짓 혁명을 말하려 한다. 이를 통해 문재인의 정체는 분명해질 것이다. 그의 동지들도 마찬가지다.

1. 공산주의자들이 주도한 촛불집회

　"촛불의 염원은 여전히 우리의 희망이자 동력으로 피어날 것입니다." 문재인은 2022년 5월 9일 자신의 퇴임연설에서 이렇게 말했다. 그는 거짓의 촛불로 정권을 잡았던 추억을 퇴임하는 순간까지 잊지 못하고 있었다. 그는 지지자들과 주사파 수하들과 종북 동지들에게 거짓의 촛불을 꺼뜨리지 말고 이 불씨를 동력으로 그 스스로 출범을 방해하려 했으나 여의치 않았던 새로운 자유민주주의 정부인 윤석열 정부를 뒤집어 엎으라는 신호를 보내고 있는 것이다. 아마 그럴 것이다.

2016년 10월부터 2017년 3월까지의 대한민국은 더불어민주당과 문재인 세력의 거짓과 조작과 선동이 조종하고, 그들이 불러모은 광화문의 유령들이 지배한 시간이었다. 태블릿PC와 국정농단은 조작된 것이었고, 추미애와 안민석과 문재인의 세 치 혀가 만들어 낸 시민혁명과 촛불혁명은 모두 거짓이었다. 이정미가 읽은 탄핵 결정문에도 진실은 없었다. 모든 진실은 촛불집회의 현장에 있었다.

대한민국에 존재하는 200여 개 이상의 종북단체들이 연합하여 서울 도심을 점령하고, 대통령 효수를 위한 단두대와 목이 잘려 피흘리는 박근혜의 모형과 '사회주의가 답이다. 정권 교체가 아닌 체제 교체'라고 쓴 그들의 피켓이 진실이었다. 자발적으로 나온 시민이 촛불을 들고 평화로운 시위를 했다는 민주당 사람들의 말은 거짓이었다. 시위대의 주장을 비판하고 시위현장의 진실을 보도한 언론사의 기자를 폭행하고 좇아낸 그들의 폭력이 진실이었다. 좌익언론이 100만 명으로 보도했던 집회 인원수는 뻥튀기였고, 실제는 10%에 지나지 않는 10만여 명이 모였던 현장이 진실이었다. 탄핵이 기각되면 혁명 밖에 없다며 광화문의 시위대에 신호를 보낸 문재인의 선동이 진실이었다. 마녀 최순실과 국정농단은 문재인 세력이 만든 유령이었다는 것이 진실이고, 촛불혁명은 그들이 무덤에서 불러낸 철지난 공산주의 유령이었고 북한 김씨 정권에 충성하기 위한 것이었다는 것이 진실이었다. 유령들이 춤을 추고 거짓과 조작과 선동과 폭력이 난무했던 현장이 촛불의 진실이었다.

시민인가 간첩인가

2021년 9월 국민의힘 소속 김석기 의원은 국회에서 문재인이 간첩의 도움을 받아 대통령이 되었다고 발언했다. '청주 간첩단' 사건에 연루된 사람이 문재인의 대선특보단에 소속되어 활동했다는 것이 주장의 근거였다. 이에 한 좌익단체는 김 의원을 명예훼손 혐의로 고발했고 경찰은 공소권 없음으로 불송치를 결정했다. 경찰의 결정은 헌법 제45조에 명시된 국회의원의 면책특권이 적용되었기 때문일 것이다. 그렇다면 "문재인이 간첩의 도움을 받아 대통령이 되었다"는 김석기 의원의 말은 허위이며 그래서 문재인의 명예를 훼손한 것일까. 그의 말을 증명하려 한다.

사실 하나, 독일의 프리드리히 에버트재단(The Friedrich Ebert Stiftung)은 '박근혜정권퇴진비상국민행동'에 2017년도 인권상을 수여했다. 이 재단은 독일의 사회민주당 계열이다. 박근혜 퇴진은 사회주의 운동의 승리였고, 그래서 사회주의 정당이 상을 줬다는 뜻이다.

사실 둘, 2016년 11월 29일 새누리당 김종대 의원은 국회에서 이렇게 말했다. "현재 촛불시위는 평화시위가 아니다. 좌파 종북시위는 통상 시위 때마다 분대 단위로, 지역별로 책임자를 정해 시위에 나온다. 조직과 자금이 다 준비된 저 사람들에 당하면 안 된다." (중앙일보, 2016. 11. 30) 광화문의 촛불의 위세에 압도되었던 당시는 시위를 주도하는 사람들의 정체에 대해 의심하는 국민이 별로 없었다. 그러나 군부 내에 침투한 간첩을 잡아내는 역할을 담당하는 국군기무사 사령관 출신인 김종대는 촛불집회를 주도하는 자들은 시민이 아니라 종북세력이라고 말했다. 김종대는 시위대의 정체를 꿰뚫고 있었다. 그러나 당시 그의 말을 귀담아 듣는 사람은 별로 없었다. 그때는 늘 그랬다.

사실 셋, 촛불시위가 한창일 때 일본경시청은 북한의 지령을 받는 조직으로 추정되는 일본 JR(Japen Rail, 일본 철도노조)총련 회원들이 광화문 촛불시위에 대거 동원되었다는 사실을 확인해 주었다. 그리고 일본 공산주의 단체인 중핵파中核派가 발행하는 간행물《전진前進》은 2016년 11월 12일 서울의 100만 민중 총궐기대회에서 일본 공산주의 계열 노조원 220명이 참가해 "프롤레타리아 혁명을 위한 국제연대를 과시했다"고 보도했다. (한국진보세력연구, 640쪽, 남시욱)

사실 넷, 북한 김정은 정권은 세월호 참사가 일어난 2014년부터 탄핵정국의 2017년까지 모두 6차례에 걸쳐 공개적으로 "박근혜와 새누리당을 통째로 들어내야 한다. 박근혜 패당의 반민중적 파쇼악정을 끝장내자"며 남한 내에서 활약하는 간첩과 종북세력에게 민중투쟁을 선동하라는 지령을 내렸다. 북한 스스로 남한에 심어 두었다고 선전했던 반제민전(반제국민족민주전선)도 2016년 10월 '구국전선'을 통해 "끝장을 볼 때까지"라는 제목의 선동기사를 연일 게재하며 박근혜를 쫓아내자고 부추겼다. 촛불집회와 박근혜 탄핵에 북한이 개입했다는 증거다.

이상의 네 가지 사실들에 의하면 박근혜 탄핵을 주장한 촛불시위는 우리 시민이 자발적으로 한 것이 아니라, 남한의 종북세력이 일본 공산주의 새력의 지원과 북한 정권의 지령에 따른 것임을 바로 알 수 있다. 그렇다면 '시민의 촛불'이라고 한 추미애의 말은 새빨간 거짓말이다.

일본 류코쿠龍谷대학 이상철 교수는 《산케이신문》에 기고한 '내전 중인 한국'이라는 제목의 글에서 박근혜 탄핵 정국을 한국 내 친북세력과 반북세력 간의 내전으로 서술했다. 황장엽 전 로동당 비서가 한국 내에 잠복하여 암약하고 있다고 말한 5만 명의 남파간첩과 자생간첩들이 시민운동가로 가장하여 각종 시민단체를 만들고 일반시민을 끌어들여 정권 흔들기를 하고 있다는 것이다. 박근혜가 집권하고 나서 전교조를 불법으로 규정하고 역사교과서 국정화에다 통진당까지 해체하자 공산주의자들이 박근혜를 몰아내기 위해 일련의 반격과 투쟁을 기획하고 국정원 댓글, 세월호 참사, 사드 배치, 최순실 게이트 등을 소재로 대대적인 공격을 가하고 격렬하게 정권탈취를 시도한 결과 탄핵으로까지 이어졌다고 말했다. 이상철 교수의 주장은 결국 탄핵과 촛불혁명은 이 땅의 종북세력과 공산주의자들이 주도한 것이라는 말이다. 그렇다면 추미애가 말한 '시민'은 종북세력과 공산주의자들과 간첩들이라는 뜻이다. 자발적으로 동참한 일부 시민은 그들에게 속은 것이다.

원희복은 맞고 추미애는 틀렸다

좌익 성향의 기자들이 모인 언노련(전국언론노동조합연맹) 소속의 경향신문 원희복 기자는 그의 저서 《촛불 민중혁명사》에서 촛불시위를 민중혁명으로 규정했다. 촛불집회를 순수한 시민혁명으로 포장하고 미화하려는 문재인 추미애 안민석 등 더불어민주당 사람들의 의도와는 달리 좌편향의 원희복 기자는 촛불시위가 사회주의 민중혁명이었음을 자랑스럽게 말하고 있다. 그는 "촛불혁명의 동인動因으로 최순실의 국정농단을 시발점으로 꼽은 것은 촛불혁명의 진정한 의미를 축소 왜곡하는 심각한 오류다. 막강하게 건재하던 박근혜를 불과 1년 만에 청와대에서 끌어내 감방에까지 넣은 것은 모든 민주화 세력들"이라고 했다. (촛불 민중혁명사, 371쪽, 원희복) 기자 원희복은 촛불집회를 박근혜에 대한 국민의 단순한 반대나 저항이 아니라, 좌익의 자칭 민주화 세력들이 우익정권을 전복한 것이며, 나아가 사회주의 민중혁명으로 승격하여 해석하고 있다. 대부분의 언론이 촛불혁명의 시작으로 2016년 10월 24일의 JTBC의 태블릿 보도로 최순실의 국정농단을 알게 된 것을 꼽는 데 대해 원희복은 "이것은 촛불의 의미를 축소 왜곡한 오류이며, '박근혜 퇴진'을 슬로건으로 내걸었던 2015년 11월 14일의 제1차 민중총궐기를 시작으로 잡아야 한다"고 주장한다. 이때는 탄핵 정국이 시작되기 1년 전이다.

원희복 기자는 동 저서에서 2015년 9월 22일 서울 중구 민노총 대회의실에서 박석운 한국진보연대 대표, 한상균 민노총 위원장, 함세웅 신부, 김영호 전국농민회총연맹 대표 등이 '민중총궐기투쟁본부'를 발족시킨 후 기자회견을 가지고, '모이자 서울로! 가자 청와대로! 뒤집자 세상을!' 이라는 구호를 외쳤다고 기술한다.(164쪽) 그리고 촛불혁명은 노동조합 농민 학생 빈민 등 이른바 민중세력이 시작한 민중혁명이라고 정의를 내렸다.(183쪽) '민중'은 좌익세력이 공산주의 국가의 '인민'이라는 용어에 대한 일반 국민의 거부감을 피하기 위해 보편적으로 사용하는 위장언어다. 그래서 민중혁명은 곧 인민혁명이자 좌익혁명이다.

원희복은 또한 통진당 해산 후 정권과 맞설 조직과 자금을 갖춘 민노총이 박근혜 정권 투쟁노선에서 주도세력으로 부상했으며, 4·19는 이승만을 추방하는 데 그쳤지만 촛불혁명은 박근혜를 감옥에 넣은 더 위대한 승리라는 점을 강조했다. 내란음모와 국가전복 선동혐의로 강제해산된 통진당을 대체하는 조직으로 민노총을 지목한 데서 민노총의 좌익종북 혁명조직으로서의 성격을 실토하고 있다. 그는 민노총을 통진당과 같은 반열에 올려놓고 있는 것이다. 그리고 박근혜의 탄핵과 투옥을 단순한 법적 처벌의 차원이 아니라 좌익진영의 위대한 승리로 서술하고 있다. 이것은 촛불혁명을 종북세력이 총궐기하여 성취한 좌익혁명의 승리라고 자랑스럽게 과시하는 말이 분명하다.

더불어민주당에 모인 종북 국회의원들이 촛불혁명을 시민혁명으로 위장하고 미화하려는 의도와는 달리 원희복은 박근혜 축출이 좌익진영의 민중혁명을 위한 투쟁의 성취라고 말하고 있다. 그의 주장이 절대적으로 맞다. 촛불혁명은 평화롭고 의로운 시민혁명이 아니었다. 조직력과 자금력을 갖춘 더불어민주당과 민노총이 앞장서고 종북세력이 총연합하여 시민을 선동하며 추동력을 강화하여 격렬하게 싸워 쟁취한 민중혁명이고 좌익혁명이었다. 아직도 추미애의 '시민의, 시민에 의한, 시민을 위한 촛불혁명'이라는 아름다운 말을 믿으시는가. 원희복의 말은 맞고, 추미애의 말은 새빨간 거짓말이다.

종북세력 다 모이다

2013년의 국정원 댓글 선동과 2014년의 세월호 참사 선동으로 박근혜 정권 흔들기를 계속하던 종북좌파 단체들은 2015년에 들어 전교조를 불법화하고 국정 역사교과서의 제작을 결정하는 등 종북세력에 대해 강경책을 펼치던 박근혜에게 반격을 계획하고 투쟁의 강도를 높인다. 더구나 당시 박근혜 정부는 친박 반박 진박을 가리면서 밥그릇 싸움에 빠져 있던 때였다. 분열된 적은 더욱 만만했다. 2015년 9월 민노총을 중심으로 총 연합하여 '민중총궐기투쟁본부'를 발족시킨 그들은 그해 11월의 1차 총궐기에 이어 12월 5일에는 2차 시위를 열었다. 2차 시위에는 문재인을 포함하여 민주당 의원 40여 명이 참석했다. 문재인 세력이 종북좌파 단체들과 연합했다는 사실이 분명하게 확인되는 대목이다. 이들은 촛불집회가 절정으로 치닫고 있던 2016년 12월 3일의 6차 시위까지 판을 이어가며 박근혜 정부를 끊임없이 흔들었다.

문제의 JTBC 태블릿 보도 5일 전인 2016년 10월 19일에도 그들이 주도한 촛불시위가 열렸고 촛불백서에서 공식적인 제1차 촛불집회로 꼽는 10월 29일의 집회도 그들이 주도했다. 이들은 마침내 대한민국에 존재하는 거의 모든 좌익단체를 참가시켜 2016년 11월 9일 '박근혜퇴진행동(박근혜정권퇴진비상국민행동)'을 발족시켰다. 이 묶음은 문재인이 정권을 잡고 청와대에 들어간 직후인 2017년 5월 24일 해산을 선언할 때까지 총 23차례의 촛불시위를 주도하며 기어이 대한민국 뒤집기에 성공한다. 그들이 민노총 대회의실에서 "뒤집자 세상을!" 하고 외친 후 1년 반 만에 이룬 성취였다. 그들은 찬란한 성취를 이루었고, 박근혜 정부와 대한민국과 대한민국의 자유민주주의는 그렇게 뒤집어졌다.

'박근혜퇴진행동'은 '민중총궐기투쟁본부'의 53개 단체에다 전국 대부분의 좌익단체를 가담시켜 총 1,503개의 단체가 연합하여 결성되었다.

1,503개라는 숫자는 그들이 세를 과장하기 위해 각 단체의 지역지부와 산하단체까지 모두 각개의 단체로 계산했기 때문이고, 모조직을 기준으로 하면 실제는 약 200여 개로 추정된다. 이들은 대부분 국가보안법 폐지, 주한미군 철수, 연방제 통일 등 종북좌파들의 공통된 주장을 외치거나 최소한 동조하는 단체들이며 대한민국의 정통성과 자유민주주의를 부정하고 김씨 일가에는 추종적이나 북한동포들에 대해서는 무관심한 점에서도 공통점을 가진다. 그 중 범민련 남측본부, 범청학련 남측본부, 민족자주평화통일중앙회의, 우리민족연방제통일추진회의, 한총련 등은 대법원으로부터 이적단체 판결을 받았고, 주사파들의 사상투쟁의 전위대인 전교조와 노동현장 투쟁의 선봉인 민노총 전국공무원노동조합 전농 언노련 금속노조, 그리고 한국진보연대 민중연합당 참여연대 노사모 로동당 경실련 천주교정의구현전국연합 전대협동우회 등은 이 땅의 대표적인 좌익단체이자 종북단체다. 여기에 제도권 좌익정당인 더불어민주당과 정의당까지 직·간접으로 가담했다. 대한민국에 존재하면서 대한민국을 공격하는 일에만 몰두하는 좌익세력이 총집결한 것이다.

이들 단체 대부분은 과거 오래 전부터 좌익의 집회와 시위에 빠지지 않았다. 2002년 미군 장갑차에 의한 효순·미선 사망사건 때의 촛불시위, 맥아더 동상 철거시위, 평택 미군기지 이전확장 반대시위, 한미FTA 반대 촛불집회, 용산참사 추모 촛불집회, 광우병 소고기 수입반대 시위, 제주 해군기지 반대시위 등에 빠짐없이 참가해 온 단체들이다. 이들의 오랜 행적을 추적해보면 그들의 공통된 목표는 자유민주주의 정권의 전복과 좌익세력의 정권 탈취이며, 궁극적으로는 북한체제를 중심으로 하는 단일국가를 만드는 것이다. 이 단체들의 또 하나의 공통점은 김씨 일가의 3대 세습독재에는 입을 다물고, 북한동포에 대한 김씨 정권의 무자비한 인권탄압은 철저히 외면한 채 연평해전, 천안함 폭침, 남북연락 사무소 폭파, 서해 공무원 사살 등 북한의 도발에는 침묵하거나 오히려 '남측'이 잘못해 일어난 사건이라는 궤변으로 북한을 위해 변명하고 두둔하고 옹호했다는 점이다. 북한정권이 핵실험을 하고 미사일을 쏘아대며 서울을 불바다로 만들겠다고 공개적으로 협박해도 촛불을 들기는 커녕 비난 성명 한번 내지 않았다. 이것이 바로 촛불시위 주도세력의 정체다. 그리고 이런 단체들이 모조리 연합하여 좌익언론사 좌익정당과 함께 온갖 거짓 루머와 괴담을 만들어 내며 선량한 시민들을 기만하여 광화문 광장에 모이게 하였고, 우익정부 전복과 대한민국의 사회주의 국가화를 위한 그들의 투쟁에 앞장세우고 들러리로 이용했다. 이것이 바로 촛불세력의 정체다. (이상의 내용은 '대한언론' 2017년 2월호에 게재된 서옥식의 '촛불시위 주도 핵심세력의 정체는 무엇인가'에 게재된 것을 뼈대로 했다)

항상 많은 피의 희생을 치루며 기존의 체제를 뒤집고 정권을 잡았던 공산주의 혁명사에서 촛불혁명은 피가 아닌 '거짓말'로 성공한 혁명으로 기록될 것이다. 챠르를 무너뜨린 시민혁명에 편승하여 권력을 잡은 레닌의 공산당과도 다른 점은 러시아의 시민혁명은 시민이 주도하고 그 결실을 레닌이 가로챈 것인 반면, 촛불혁명은 문재인 세력이 처음부터 기획하고 주도한 혁명이며 시민은 그들의 거짓말에 속아 광장에 모였다는 점에서 다르다. 문재인과 종북세력은 국민을 처음부터 끝까지 속이고 이용했으며 전리품은 그들이 독차지했다. 반면 시위에 참여했던 시민들은 여느 공산주의 혁명과도 같이 그들이 집권하는 동안 철저히 소외되었고, 그들이 펼친 사회주의적 통치에 의해 집값에 시달리고 일자리를 잃고 가난해졌다. 이것이 문재인이 직접 말한 '촛불혁명'의 본질이다.

2. 촛불, 현장의 진실

'박근혜퇴진운동'이 주도한 촛불집회 시위대는 처음부터 박근혜의 하야와 탄핵을 동시에 외쳤다. 북한의 대남통일전선전략 구호인 '혁명정권 수립' 주장도 빠지지 않았다. 그들의 외침은 민주당이 아름다운 이름으로 포장한 '평화로운 시민혁명'이 아니라, '종북세력이 기획한 민중혁명'이었고, 촛불의 아름다운 불빛은 사회주의 혁명을 시민혁명으로 위장하는 조명이었다. 현장에서 본 촛불집회는 민심이 아니라 차라리 김심金心, 즉 김정은의 지령 정도로 부르는 것이 적절한 듯 보였다.

문재인과 더불어민주당 등 좌익 세력은 촛불집회를 자꾸 4·19의거에 갖다대며 시민의 자발적 궐기로 둔갑시키려 했다. 그러나 자유당 말기의 부정선거와 집권층의 부패에 항거하기 위해 자발적으로 궐기한 4·19와 그들은 근본적으로 달랐다. 그들은 시민들에게는 말해 주지 않은 자신들의 공산주의 혁명을 위해 시민의 열정과 분노를 이용했고, 그것으로 이 땅의 자유민주주의 체제를 전복하려 했다. 그것을 증명하는 것은 현장이었다. 박근혜퇴진행동 측은 사전에 치밀하게 기획된 방법과 절차에 따라 민주당의 주도로 언론을 움직이며 분위기를 조성했고, 이어 각 좌익단체의 조직을 동원하여 시민을 청계천과 광화문 광장으로 모았다. 시위 현장의 촛불과 깃발, 플래카드와 피켓, 많은 비용이 소요되는 가설무대와 장치 설비들, 그리고 동원된 많은 연예인들은 촛불집회가 거대한 자금력과 조직력을 갖춘 특정 단체에 의해 기획되고 준비된 집회임을 말해 주는 증거물이다. 그래서 더불어민주당 사람들이 말한 '평화로운 시민혁명'은 처음부터 새빨간 거짓말이다.

이런 현장

2016년 하반기 촛불집회가 계속되고 있을 때 신문의 사진이나 TV 화면 등 언론에서 보여 준 시위 장면은 시민들이 촛불을 든 평화로운 모습이 대부분이었고, 종북단체들의 격렬하고 폭력적인 현장의 모습은 '일부 격렬 시위대'로 간단히 취급되었다. 그때의 뉴스에는 진실이 없었다. 시민들이 촛불을 들고 기도하던 모습은 오히려 예외적인 것이었고, 종북단체들이 주도한 선동적이고 폭력적인 시위가 전체 시위를 주도했다. 시민이 모이는 날은 미리 예고되었고, 그런 날은 방송국과 신문사의 카메라가 모여들었다. 카메라가 모이는 날은 주최 측에서 촛불을 나눠 주고 자신들의 정체가 드러날만한 폭력적이고 자극적인 구호는 삼가했다. 모든 방송은 그런 장면을 반복적으로 내보냈다. 그렇게 해서 일반 국민에게 확인된 시위 장면은 철저히 절제되고 포장된 거짓 모습이었다.

유모차 행렬은 연출된 것이었고, 선동적이고 폭력적이며 북한을 찬양하는 구호가 촛불집회의 진짜 모습이었으나 언론은 그런 곳에는 카메라를 들이대지 않았다. 신문사도 방송국도 어린이나 시민들이 촛불을 들고 기도하는 예외적인 장면에만 카메라를 들이댔다. 좌익 성향의 언론사는 스스로 그렇게 했고, 좌익이 아닌 언론사 기자는 그렇게 해야만

시위 현장을 취재할 수 있었다. 후에라도 진실을 보도했다간 린치를 당했고, 언론사를 직접 찾아와서 폭력을 가했으니 기자들도 어쩔수 없었다. 이것이 촛불 현장의 진실이다. 시위 현장의 진짜 모습과 생생한 장면은 당시 현장을 직접 취재했고, 지금은 대한언론인회 부회장으로 있는 정치학 박사 서옥식이 다음과 같이 전해주었다.

"대통령의 목을 쳐야 한다며 등장시킨 기요틴(단두대)과 대통령 시신을 메고 가는 상여행렬, 목이 잘린 채 공중에 높이 들려 있는 대통령의 피 흘리는 얼굴 모형, 대통령에게 사약을 들이붓는 퍼포먼스, 어린이들이 발로 차고 굴리는 대통령의 얼굴 모형이 안에 담긴 대형 축구공, 수의를 입혀 포승줄로 묶어 끌고 가는 대통령과 기업인들의 형상, 그리고 이들을 무덤에 파묻는 의식, 어린 중·고교 학생들이 '혁명정권을 이뤄내자'고 쓴 플래카드를 펼쳐들고 있는 장면 등등... 중국의 문화대혁명이나 캄보디아의 킬링필드의 광기를 방불케 하는 잔혹한 범죄 예행연습이 대한민국 수도의 한복판에서 자행되고 있었다."

현장을 이렇게 묘사한 서옥식 박사는 "이게 과연 일반 시민들의 진솔한 분노가 폭발한 자연스러운 항거이고 자연발생적인 민심이라고 할 수 있나"라고 반문했다. 그는 또한 이러한 증오와 적개심을 불러 일으키는 폭력적인 시위 현장의 진실을 외면하고, 이를 국민축제 문화축전 평화시위 등으로 미화하는 모든 언론에 대해서도 개탄했다.

'박근혜퇴진운동'은 발족 선언문에서 "총궐기로 박근혜 정권을 몰아내고 민주 민생 평화가 숨쉬는 새나라를 만들자"는 발족 취지를 천명했다. 그러나 이것은 그들의 발톱을 감추는 거짓 구호였을 뿐이고, 실제 집회 현장에서는 그들이 궁극적으로 지향하는 목표가 적나라하게 드러났다. 당시 시위 현장에 난무했던 구호들을 한번 보자.

"누가 진짜 대통령이냐/ 이게 어떻게 국가란 말이냐/ 우리는 이런 나라에서 아이들을 키울 수 없다" 이러한 것은 최순실의 국정 개입을 사실인 양 만들기 위한 과장된 선동구호였다. 종북좌파들의 정체를 드러내고, 그들의 좌익혁명의 본색을 드러내는 구호가 더 많았다. "민족반역자 박근혜 처단/ 노동자가 주인이 되는 세상/ 중·고생이 앞장서서 혁명정권 세워내자(중고생혁명지도부)/ 문제는 자본주의, 사회주의가 답이다/ 북한이 우리의 미래이며 희망이며 삶이다/ 정권교체가 아닌 체제교체/ 거대한 횃불로 보수세력 불태우자/ 서울 한복판에서 미제 침략군 몰아내자/ 국가보안법 폐지/양심수 이석기 무죄석방/ 통진당 해산반대/ 국정원 해체/ 사드 배치 저지/ 역사교과서 국정화 저지/ 위안부 야합과 한일군사정보협정 분쇄."

시위대는 이러한 구호를 외치고 유인물을 배포하고 피켓과 플래카드를 들었다. 이러한 주장은 모두 북한의 대남 공산화 전략의 내용물이고, 주사파 운동권 출신들이 오랫동안 외쳐온 구호들이다. 노동자 위주의 계급투쟁과 자본주의 타도, 사회주의 혁명정권의 수립을 주장한 것이 바로 촛불집회다. 중국의 홍위병을 흉내낸 중고생혁명지도부는 중·고생이 앞장서서 혁명정권을 세워내자고 주장했고, 북한이 우리의 미래이며 희망이며 삶이라고 했다. 이것이 촛불 현장의 진실이다. 어용이거나 아니면 겁먹었던 언론이 제대로 전하지 않아 우리 같은 일반 국민이 제대로 알지 못하는 촛불집회 현장의 진실이다.

촛불집회의 진실을 기록하기 위해 또 하나 빠뜨릴 수 없는 것은 시위 현장에서 불려진 노래들이다. 시위에 나온 시민들에게 증오와 적개심을 불러 일으키고 시위대의 전투력을 높이기 위해 사용된 노래들은 공산주의자들의 혁명의 노래 그 차체였다. 촛불집회의 주제가 격이었던 '이게 나라냐'를 만든 사람은 주사파 출신의 윤민석(본명 윤정환)이다. 그는 1992년 발각되어 건국 이후 최대 규모의 공안사건으로 불린 '조선로동당 중부지역당' 사건에 연루되어 실형을 선고받았으며, 국보법 위반으로 4차례나 구속된 전과가 있는 공안범죄자다. '김일성 대원수는 인류의 태양/ 수령님께 드리는 충성의 노래/ 전대협 진군가/ 미국 엿먹어라(Fucking USA)' 등은 그가 만든 노래 제목들이다. 그는 과거 민주당의 당가를 만든 적도 있으며, 문익환의 아들 문성근이 주도한 '백만민란운동'의 대표곡도 그의 작품이다. 제목만으로도 김일성에게 충성을 맹세하고, 반미주의 정체성을 바로 알 수 있는 노래를 만든 사람이 윤민석이다. 이런 그가 촛불집회의 주제가를 만들었다면 촛불집회의 성격을 쉽게 알아차릴 수 있다. 또한 '수령님께 드리는 충성의 노래'를 만든 그가 '민주당의 당가'를 만들었다는 사실에서 민주당의 종북 정체성도 바로 알 수 있다. 아직도 촛불집회가 '시민의 자발적 참여에 의한 평화적인 시위'였다고 포장하는 문재인 세력의 말을 믿으시는가.

동원된 사람들

문재인 세력은 촛불집회에 시민이 자발적으로 모여 진행되었다는 소위 '시민의 자발성'을 늘 강조한다. 이 말은 그들 자신을 민주화 운동가 혹은 진보세력이라고 부르는 것과 같은 종류의 언어 기만술이다. 거짓말이라는 뜻이다. 그나마 '박근혜 최순실의 국정농단'이라는 유령에 속아 자발적으로 광화문에 모인 시민은 소수였고, 대부분은 그들이 동원한 사람들이었다. 그리고 그 숫자마저 그들과 언론이 입을 맞추며 마구 부풀렸다. 그들이 만들어 낸 유령은 국정농단 뿐만이 아니었다. 매번의 집회에 모였다고 발표한 몇백만 명이라는 시민 숫자도 유령이 채운 유령의 머릿수였다. 대부분 유령이었고 사람은 몇 되지 않았다.

집회에 주도적으로 참가한 여러 좌익단체들은 조직원과 회원을 대거 동원했다. 더불어민주당의 각 지역구는 지역 주민을 동원하였고, 정부기관 수장으로 있던 좌익 정치인들은 인원동원을 직·간접적으로 지원했다. 서울시장 박원순은 좌익진영 내에서의 자신의 정치적 입지를 넓히려는 기회로 삼으려는 목적이었는지 매우 노골적으로 움직였다. 그는 경찰이 불법으로 규정한 종북단체들의 집회를 서울시의 이름으로 허가를 내주었고, 이미 2015년의 민중총궐기대회 때부터 탄핵 정국이 끝난 2017년 5월까지 좌익세력이 광화문광장을 계속하여 차지할 수 있도록 음으로 양으로 지원했다. 촛불 현장에서 박원순의 공은 상상 이상이었다.

시위대가 경찰과 기자와 태극기 집회 참가자들을 폭행하는 현장을 보고도 박원순은 "촛불시위는 세계 역사상 가장 평화스럽고 위대한 시민명예혁명"이라고 했다. 참으로 낯 두꺼운 말씀이었다. 촛불집회가 극렬한 폭력시위로 변하지 않은 것은 경찰 당국이 시위대의 불법행위와 폭력행위를 적극적으로 대처하지 않았기 때문이며, 또한 박원순의 서울시가 시위대를 적극적으로 도왔기 때문에 충돌이 일어날 일이 별로 없었다. 종북좌파들의 시위라면 늘 불법이라는 이름이 따라다녔고 폭력행위가 빠지지 않았던 이전의 시위는 이를 막으려는 경찰과의 충돌이 불가피했으나 이때의 촛불집회는 폭력사태가 별로 없었다. 북한의 도발에 아무런 대응을 하지 않아 충돌이 없었던 문재인 정권과 같은 이치다. 불법과 폭력을 지켜보고만 있었던 경찰과 그것을 제지하기는커녕 오히려 적극 방조한 서울시장 박원순 때문에 폭력 충돌은 별로 없었다. 부하 여직원을 성추행하고 자살한 부끄러운 서울시장 박원순에게 국민의 여론을 무시하고 많은 예산을 들여 성대한 장례식을 치러준 문재인 세력의 몰염치는 촛불시위 때 박원순이 보여 준 몰염치한 지원에 대한 보답일 것이다.

더불어민주당은 암암리에 지역구 조직을 통해 대규모 인원을 동원했다. 한 언론사는 2016년 11월 12일 자 광주발 보도에서 당일 광주·전남 지역에서 시민단체 회원 등 2만여 명이 500여 대의 버스를 타고 서울 광화문집회에 동원되었다고 전했다.(뉴스1, 2016. 11. 12) 당시 국민의당 사무총장이었던 김영환 의원은 당원들을 촛불시위에 동원하기 위해 지구당에 전세버스 비용을 내려보낸 사실을 폭로하는 기자회견을 하기도 했다. 2016년의 총선에서 호남지역구 의원들은 대부분 안철수와 함께 국민의당을 창당했고, 그들은 박근혜 탄핵정국에서 박지원을 중심으로 민주당과 적극적으로 보조를 맞추었다.

연합세력인 국민의당이 이 정도였다면 주도세력인 더불어민주당은 그들의 뛰어난 위장 은폐술과, 양심선언자가 단 1명도 나오지 않는 투철한 사상성 덕분으로 드러나거나 폭로되지 않았을 뿐, 훨씬 더 대규모적으로 지역주민을 동원했을 것이다. 좌익 정치인 이재정이 교육감으로 있던 경기도교육청은 2016년 11월 12일로 예정된 광화문 집회 하루 전날

각급학교에 학생 동원을 독려하는 지시공문을 보낸 사실이 공개되어 물의를 빚었다. 이런 식으로 진행된 좌익단체들의 인위적 인원 동원은 극히 일부만 드러났을 뿐 여러 조직과 다양한 경로를 통해 대규모적으로 자행 되었을 것이 분명하다. 인원수 조작은 이게 다가 아니다.

조작된 머릿수

이미 박근혜 정권을 뒤엎을 수 있을 정도로 대세를 장악했다고 판단한 좌익진영은 인위적으로 광화문 광장에 시민을 동원하는 것에 그치지 않았다. 그들은 과거에도 지금도 늘 그렇듯 머릿수 조작에도 적극적이었다. 참가자 숫자 부풀리기는 언론과 경찰도 장단을 맞춰 주었고, 그래서 효과는 컸다. 촛불집회가 23차로 종료된 후 박근혜퇴진행동 측에서 발표한 집회 참가자는 연인원 1,683만 2,280명이었다. 황당한 숫자다. 경찰이 집계한 170만 7,300명의 10배다. 대한민국 전체 인구의 30%인 무려 1,500만이 유령이었다는 말이다.

2016년 10월 29일의 제1차 집회의 참가자를 경찰은 12,000여 명으로 추산했다. 그러나 민노총은 이 숫자의 4배가 넘는 50,000여 명으로 발표했다. 이후 박근혜와 최순실에 대한 많은 괴담이 유포되고 분위기가 고조되자 간이 커진 시위 주최 측은 '시위 참가 100만 명' 식으로 10배 혹은 20배까지 부풀렸다. 제정신이 아니기는 마찬가지였던 언론은 이 숫자를 그대로 보도했고 국민은 이 숫자를 대충 믿었다. '시위 참가인원 100만 명'은 국회의 탄핵소추에도 언급되었고, 헌재의 탄핵결정문에도 등장하여 궁색했던 박근혜 탄핵 사유의 하나로 보태졌다. 234명의 국회의원도 8명의 헌재 재판관들도 유령에 홀려 제정신이 아니었다는 말이다. 광화문에 모인 100만의 유령이 이 땅을 지배하던 참 어이없는 시간이었다.

광화문에서 남대문까지 차도는 약 3만 평이라고 한다. 1평당 최대한으로 잡아 6명까지 설 수 있다고 가정하면 18만 명이다. 인도까지 포함해도 20만명 정도다. 100만 명이라는 숫자는 처음부터 말이 되지 않는다. 이 숫자를 믿게 하기 위해 한 좌익언론은 인원수가 많아 보이도록 현장 사진을 포토샵으로 조작하기까지 했다. 반면 태극기집회는 시위자 수를 축소하거나 집회에 대한 보도 자체를 건너뛰는 일도 많았다.

좌익세력이 주최한 촛불집회가 거짓 선동으로 시민을 모으며 규모를 키워 나가자 이에 대항하여 우익세력의 태극기 집회도 점점 세력이 커져 갔다. 촛불집회를 주도하는 단체들이 친북 반미의 국가전복 기도세력이라는 사실을 알리고, 박근혜를 공격하는 내용이 모두 거짓임을 주장하는 집회였다. 한때는 태극기 집회 참가자 수가 촛불집회의 수를 넘어서기도 했으나 언론과 경찰은 태극기집회를 차별적으로 대하거나 혹은 외면했다. 언론은 촛불집회를 크고 자세하게 자주 보도했다. 반면 태극기 집회는 작게 가끔 다루었고 아예 보도조차 하지 않는 경우도 많았다.

경찰도 여기에 가세하여 태극기집회의 참가자 숫자가 더 많아지기 시작한 12차 촛불집회 무렵부터 돌연 양측 집회 모두에 대해 경찰의 참가자 숫자 집계를 공개하지 않겠다고 발표했다. 촛불집회의 기세가 높을 때는 집계에 열심이던 경찰이 태극기집회의 기세가 더 높아지자 집계 발표를 중단한 것이다. 편파성이 명백한 조치였다. 이때부터 언론은 촛불 집회 측에서 알려 주는 10배 이상 부풀려진 숫자만 보도했고, 국민들은 이 숫자를 믿지는 않았지만 이러한 분위기에 휩쓸려갔다. 좌익세력이 거짓과 괴담으로 선전 선동에 매진한 의도대로 된 것이다. 문재인의 승리였고 거짓의 승리였으며, 광화문 허깨비들의 승리였다.

문재인 세력의 허깨비 놀이는 그들이 정권을 잡고서도 계속되었다. 박성제 MBC 보도국장은 2019년 9월 30일 김어준이 진행하는 교통방송에 출연해 이틀 전 서울 서초구 대검찰청 앞에서 열린 조국 지지집회에 대해 "딱 보니 100만 명"이라고 했다. 그러나 일부 언론의 과학적인 추정 숫자는 최대 13만 명이라고 했으며 서울교통공사는 이날 시위 시간대에 인근 지하철역 2곳에서 내린 승객은 9만 9천 명이라고 했다. (조선일보, 2019. 10. 2) 문재인의 청와대 비서관 정혜승의 남편인 박성제는 2020년 2월 결국 MBC 사장 자리를 꿰찼고, 보수 집회에 대해서는 "약간 맛이 간 사람들"이란 유명한 말을 남겼다. 이런 혁혁한 조작과 선전술의 공로로 그는 한국방송협회 회장까지 꿰어찼다. 그가 이끄는 방송은 2022년 3월, 20대 대선 유세가 치열하던 때에도 솜씨를 발휘했다. MBC 제3노조는 자사의 뉴스데스크가 "윤석열 후보의 3월 1일 신촌 유세장에는 청중이 구름처럼 모였는데도 화면에 청중이 보이지 않았고, 반면 이재명의 유세 현장만 청중이 많아 보이게 보도하는 편파적 구성을 했다"고 성토하며 "독재 국가냐"며 목소리를 높였다. (서울경제, 2022. 3. 2) 이렇게 허깨비 숫자를 마음대로 늘이는 짓을 독재라고 규정한다면 문재인 정권은 독재정권이고 문재인의 시대는 독재의 시대가 분명할 것이다. 그것은 차라리 허깨비의 시대였다.

유령의 광장

문재인 정권 출범 후 경찰이 발표한 내용에 따르면 촛불집회가 한창이던 당시 태극기 집회에 후원금을 낸 일반시민은 2만 명이 넘었다. (조선일보, 2018. 1. 6) 귀족 부자 노조인 민노총의 자금력으로 움직인 촛불집회와는 분명하게 대비되는 지점이다. 촛불집회에 참가한 사람들은 수많은 좌익단체들에 의해 동원된 조직원과 회원과 호남 등 특정 지역의 주민이었고 그나마 속임을 당해서 자발적으로 모여든 시민은 소수였던 반면, 태극기집회는 뚜렷한 주최세력도 없었고 집회를 리드한 몇몇 단체들의 조직력과 자금력도 민주당과 민노총에 비교하면 보잘 것 없는 수준이었고 그래서 500여 대의 버스를 움직이는 등의 인위적인 동원도 있을 수 없었다. 따라서 시민의 자발적 참여에 의한 집회는 촛불집회가 아니라 태극기집회였다는 것이 정확하다. 촛불집회는 철저히 기획되고 참가인원도 대부분 동원된 것이었지만 태극기집회는 시민의, 시민에 의한, 시민을 위한 집회였다. 촛불집회는 참가자 숫자의 90%가 유령이었던 반면 태극기 집회에 참가한 사람은 90%가 유령 취급을 받았다. 이때부터 대한민국은 유령의 나라가 되었고, 문재인 세력은 이 유령들을 앞장 세워 정권을 잡았다. 그래서 문재인 정권은 유령이 만든 유령의 정권이라 불러도 틀린 말은 아닐 것이다.

지금도 우리 일반 국민의 뇌리에 촛불집회는 어마어마한 규모의 이미지로 남아 있지만 태극기집회에 대해서는 인상이 약하고 별 존재감이 없다. 이유는 좌익세력과 언론과 경찰이 연합해서 만든 바로 이 90%의 유령 때문이다. 촛불집회의 90%는 유령이었으나 사람 취급을 받았고,

태극기를 든 시민의 90%는 원래 사람이었으나 유령으로 여겨졌다. 이것이 그때 광화문의 진실이다. 우리는 기록과 사실을 다시 들춰내어 그때 유령 취급을 받았던 시민을 다시 사람으로 복권시켜야 한다. 민주화운동가들을 반국가 공안범으로 되돌려 놓는 것만큼이나 시급하다. 공안범들이야 좌익 대통령이 수시로 복권시켜 주지만, 유령 취급을 받았던 우리 국민은 우리 스스로의 힘으로 복권할 수밖에 없을 것이다. 그리고 사람 행세를 했던 그때의 유령들은 다시 무덤 속으로 돌려 보내야 한다. 후손들에게 유령의 나라를 물려줄 수는 없지 않은가. 그때 시민들이 자발적으로 모여 태극기를 들었던 집회는 결국 1,500만의 유령을 앞장 세운 좌익진영의 기획되고 조작되고 동원된 집회를 넘어서지 못했다. 그 결과는 박근혜 정부의 붕괴와 문재인 세력의 정권장악이었고 그때부터 대한민국은 망국의 길로 접어들었다. 통탄한다.

3. 유령에 홀린 언론

2016년 10월부터 2017년 4월까지 촛불집회와 태극기집회를 보도한 기사의 사진을 비교해 보면 재미있는 차이점이 한 가지 있다. 촛불집회는 시야가 높고 넓은 곳에서 사진을 찍어 시위 참가자 수가 많아 보이는 반면, 태극기집회는 시위자들과 같은 높이에서 사진기자 가까이에 있는 일부 참가자만 보이는 사진이 많다는 점이다. 양측 시위 현장에 모두 가 본 사람들 중에는 태극기집회의 참가 인원이 더 많았다고 말하는 사람이 다수였으나 신문에 난 사진이나 방송 화면으로 현장을 본 대부분의 국민은 촛불집회의 규모를 월등히 큰 것으로 인식한 이유 중의 하나다.

당신들도 혁명에 동참했는가

　　서옥식 박사는 2016년 12월 31일 광화문의 촛불집회와 시청 앞 대한
문 광장의 태극기집회를 두 곳 다 취재한 후 태극기집회의 참가자 숫자
가 더 많아 보였다고 했다. "그러나 대부분의 언론은 약속이나 한 듯 어
느 통신사의 보도대로 72만 명 대 1만 2천 명으로 보도했다. 이것은 그
후로도 계속되어 촛불집회는 주최 측의 집계라며 100만, 200만 명을 그
대로 보도했다. 그러나 2019년 3월 1일 태극기집회 참가자는 남대문, 서
울시청, 청계광장, 동아일보사 앞, 종로, 동대문에 이르기까지 엄청난 대
규모 인원이 참가하여 주최 측이 500만 명으로 발표했으나 대부분의 언
론은 이를 무시해 버렸다. 아주 비열한 태도였다." (올인코리아, 2019. 3. 9)

　　2019년 3·1절 태극기집회를 이끈 주최 측은 촛불집회가 계산했던 방
식대로 집계하여 참가자를 500만 명으로 발표했다. 촛불집회가 했던 그
기준으로 부풀리기를 했다는 뜻이다. 그러나 언론은 이를 묵살했다. 좌
익집회의 부풀린 숫자는 인정하고 그대로 보도했으나 우익집회가 같은
방식으로 부풀린 숫자는 인정하지도 보도하지도 않은 것이다. 언론은
좌와 우에 적용하는 잣대가 달랐다. 이것은 문재인이 집권하고 나서도
마찬가지였지만, 그때는 정도가 더 노골적이었다. 언론은 이 거짓의 좌
익혁명에 부화뇌동하고 있었다.

　　이 혁명적 뒤집기에 JTBC와 여러 좌익언론은 분명한 목적을 가지고
가짜 뉴스와 저질 소문과 괴담까지 보도하며 이 혁명에 동참했다. 그리
고 공의 크기에 따라 청와대와 국회와 정부기관의 고위직으로 보상을

받았다. 특히 각 언론사의 간부직은 모두 그들의 차지였다. 대표적인 사람으로 한겨레신문 기자로 재직하며 최.순.실. 이름 석자를 최초로 보도하고 '박근혜 최순실 게이트'라는 허깨비를 만들며 촛불 정국을 광란의 장으로 만들어 낸 공으로 문재인 정부에서 청와대 대변인이 되고 국회의원까지 되어 흑석거사 등 여러 치욕적 별명을 얻은 김의겸을 들 수 있다. 문재인 세력의 정권 장악과 통치를 사회주의 혁명이라고 규정한다면 여기에 동조한 좌익언론과 여기에 적극적으로 가담한 손석희 김의겸 박성제 김어준 주진우 등 언론인 각각에 대해서도 마땅히 혁명 주동세력으로 규정해야 한다. 그렇다면 좌익 혹은 어용 언론인으로 분명히 규정되는 이런 사람들을 제외한 대한민국 대부분의 언론사와 언론인 당신들에게 묻는다. 당신들은 대체 무엇인가. 그때 왜 그렇게 편파적으로 펜을 휘둘렀는가. 당신들도 혁명을 했는가. 아니면 눈치를 보며 따라다니다 이 거대한 유령의 축제에 들러리가 되어 버린 것인가. 딱하다.

권순활의 물음

언론인 권순활은 이렇게 말했다. "그때 언론계의 전반적인 분위기는 무엇인가에 홀리기라도 한 듯 정상적인 저널리즘의 판단이 전혀 작동하지 않는 초유의 상황이었다. 황당하기 짝이 없는 사설과 칼럼이 일반 보도기사 및 해설기사와 함께 연일 각 신문의 지면을 도배하다시피 채우고 외부 필자들의 원고도 '박근혜 때리기'라는 한쪽 목소리 외에는 나가기 어려웠던 시절이었다... 박근혜 탄핵은 명백히 잘못된 것이었다... 그런 말도 안 되는 탄핵이 가능할 수 있었던 것은 거의 모든 언론이 공범으로 참여했기 때문이라고 확신한다. 박근혜 탄핵이 정당했다고 지금도 주장한다면 (박근혜와) 비교가 안 될 만큼 수많은 실정과 권력남용을 한 문재인 현 대통령은 단 하루도 더 청와대에 머물러서는 안 된다고 매일 공개적으로 목소리를 높여야 마땅하다."

　권순활의 말은 계속된다. "미혼의 여성 대통령에게 음습하고 불결한 성적 이미지를 씌워 국민적 분노를 부추기고 약물에 취해 기본적 판단 능력을 상실한 것으로 몰고간 그 수많은 기사와 논평 중에 명백한 사실로 밝혀진 것이 단 하나라도 있었던가. 대한민국 육 해 공 군인을 모두 합쳐 55만 명이고, 수원시 전체 인구가 100만여 명이다. 서울 도심 촛불시위에 100만 명이 참석했다는 주최 측의 일방적 숫자놀음을 유력 신문의 1면 톱 기사에, 방송 메인 뉴스에 버젓이 올린 보도 태도가 과연 제정신이었나?" 권순활은 또 묻는다. "그때 우리들의 보도는 잘못됐다며 겸허히 반성하고 재발 방지를 위한 근본적 대책을 다짐하는 제대로 된 언론사는 대한민국에 단 한 곳도 없는가?"(펜앤마이크, 2019. 12. 10) 권순활 기자의 이러한 물음에 비록 늦었지만 지금이라도 대답할 언론인 혹은 언론사는 없는가. 자신의 양심을 들여다보고 언론인의 사명을 다시 생각해 보기 바란다. 용기를 내어보길 바란다. 언론인 당신들의 용기 없이는 훼손된 대한민국의 자유민주주의는 회복될 수 없다.

대한민국 기자를 위로함

　경향신문 기자 원희복은 그의 저서에서 "촛불시위 현장을 취재하며 광장에서 쫓겨나는 기자들을 목격하면서 기레기가 되지 않으려고 마음 먹었다"고 했다. 평화적인 시위였다고 선전하는 문재인 세력의 말과는 달리 당시의 시위 현장은 진실을 보도하는 기자와 비판적인 사설을 쓴 언론사에 소속된 기자에게 기레기라는 딱지를 붙여 취재 현장에서 쫓아 냈던 폭력의 존재를 그는 이렇게 확인해 주고 있다. 시위대의 비위에 맞는 기사를 써서 현장에서 쫓겨나지 않는 기자가 기레기인지, 사실과 진실을 전하다 시위대에게 쫓겨나는 기자가 기레기인지 그에게 따지고 싶지만 그가 좌익의 언노련에 소속된 기자라니 그냥 넘어가자.

당시 현장에 있었던 기자들은 태극기집회에서는 열기와 분노를 느낀 반면 촛불집회에서는 공포를 느꼈다고 증언했다. 그 공포는 시위대의 섬뜩한 선동적 구호와 비판적 언론사의 기자들에 대한 적대감의 표시 때문만은 아니었다. 문재인과 주사파들이 장악한 민주당이 주도하여 좌익 이념에 경도된 폭력적 시위를 촛불혁명으로 포장하며 만들어간 대한민국 체제 자체를 부정하는 분위기에다, 민노총을 필두로 하는 종북단체들이 총연합하여 만들어 간 거대한 혁명의 광기에 현장에 있던 기자도 언론사의 데스크도 압도감을 느끼는 그런 공포였다.

일본 류코쿠대학의 이상철 교수는 《산케이신문》 기고문에서 당시 촛불 현장에 있었던 한 기자의 말을 인용했다. "민노총 등 종북세력들에 의해 만들어진 민심이 군사정권 때보다 더 무섭다. 암울한 군사정권의 시대에도 촌철살인의 글을 날렸던 기자들이 지금은 민심이 무서워 자유롭게 글을 쓸 수 없다... 대중의 압력이 미디어를 좌지우지하고 있다."
사실이 그랬다. 그때 대한민국의 대부분의 언론인들은 문재인과 더불어민주당이 중심이 되어 단단한 한덩어리로 뭉쳐진 김일성주의자들과 운동권 언저리들과 종북좌파 단체들의 위세와 압력과 횡포와 폭력에 압도되었고, 그래서 만만하고 전혀 무섭지 않은 미혼의 여성 대통령과 그의 신변을 살펴 주던 집사를 마녀로 만드는 광란에 휩쓸려 기자로서 마땅히 해야 할 말 또는 하고 싶은 말이 아닌, 해도 안전한 말만 해야 했다. 아마 그럴 것이다. 이것은 그때 무책임하고 비겁했던 언론인 당신들을 대신해서 말해 주는 변명이다.

그리고 개중에는 김어준 김의겸처럼 문재인 세력이 듣고 싶은 말만 하는 언론인들도 있었고, 그들은 문재인이 정권을 잡고 나서 저널리즘 정신을 팔아먹는 대가로 승진과 영전과 출세 혹은 돈으로 보상받았다. 이것은 김의겸 정도까지는 아니었던 덜 비겁했던 언론인들을 위한 변명이다. 당시 광화문광장은 유령들이 점령하고 있었고 촛불집회 시위자들과 유령들은 한데 엉켜있었다. 그래서 누가 사람이고 누가 유령인지 구분이 되지 않았다. 언론인들은 유령에 홀려 더욱 정신을 차릴 수가 없었을 것이고, 시위대가 외치는 구호와 유령의 곡소리는 그게 그거로 들렸을 것이다. 그래서 그때의 언론인들을 이해한다. 이 말도 언론인들을 위한 변명이다. 일개 기자로 그 많은 유령을 어떻게 감당할 수 있었겠는가. 이 말은 변명이고 또 위로다. 진심이다.

지금 와서 그때의 언론인들을 향해 진실을 들먹이고 저널리즘 정신을 꺼낼 생각은 없다. 사실 확인을 소홀히 한 것에 대해 시비를 따질 생각도 없다. 그러나 그때 언론인 당신들이 전한 말을 국민들은 그대로 믿었고, 그 믿음 위에서 문재인 정권을 선택했다. 그리고 문재인의 통치 1

년을 넘길 무렵부터 당신들이 전한 말은 대부분 틀린 것이고, 당신들도 국민들도 모두 문재인 세력에게 속았다는 것을 알게 되었다. 문재인 세력이 말한 '촛불혁명'이 사회주의 혁명이었고, 문재인이 직접 말한 '한 번도 경험하지 못한 나라'가 북쪽으로 가는 나라였다는 것을 그의 임기를 마칠 무렵에야 알게 되었다. 지식인 축에 드는 언론인 당신들은 그때 최소한 사회주의 혁명을 기도한 세력과 그들에게 속아 같이 촛불을 든 순수한 시민들 정도는 구별해 주었어야 했다. 그리고온 국민에게 그것을 알려 주었어야 했다. 그런 일은 당신들 언론인의 사명이 아닌가. 당신들조차 광화문 유령들에게 압도되고 혼을 빼앗긴 결과가 너무 엄중하다.

JTBC의 손석희는 최순실이 태블릿을 들고 다니며 대통령의 연설문을 수정했다고 보도했다. 후에 이 태블릿은 최순실의 것이 아니라는 것이 밝혀졌고, 한 언론인은 JTBC의 허위보도를 고발했다. 그러나 JTBC는 그렇게 보도한 적이 없다며 오리발을 내밀었고, 방심위는 문제 없음으로 결론을 내려 면죄부를 주었다. 그 사이 기존의 우익정권은 무너지고 좌익정권이 들어섰다. 이것은 이 땅의 주사파와 종북세력이 거짓말과 선동으로 국민을 속이고 국정농단이라는 실체없는 유령을 만들어 국민을 분노케 하고 그 힘으로 박근혜를 대통령 자리에서 축출한 후 그들이 그 자리를 차지하는 과정에서 언론이 범했던 일 중의 하나다. 동시에 이것은 촛불혁명과 탄핵과 그들의 정권 장악 전체를 설명하는 맥락이고 패턴이며, 또한 그들이 말하는 촛불혁명의 본질이고 실체다.

그들은 거짓과 선동으로 지금 당장의 판세를 뒤집는다. 그러나 시간이 지나고 진실이 밝혀진 후에도 이 거짓이 만든 결과를 돌이킬 수는 없다. 결국 그들이 다 가진다. 좌익의 이러한 사악하고 야만적인 공작을 우리는 언제까지 멍청하고 바보같고 어이없이 당하는 일을 반복할 것인가. 주권자이자 국민이며 유권자이자 납세자인 우리는 대체 언제까지 이렇게 속고 당하고 살 것인가. 그리고 지식인 집단인 언론인 당신들은 대체 언제까지 그들의 들러리가 될 것인가. 너무 자주 반복되어 이미 뻔하게 알게된 이 진실에 대해 언제까지 침묵하고 방관할 것인가.

4. 민주당 안민석 그리고 문재인

촛불의 평화스러운 이미지로 완벽하게 포장되었던 광란의 분위기가 지나간 지 이미 수 년이 되었다. 그러나 우리의 뇌리에는 추운 겨울 광장에서 촛불을 들고 노래를 부르던 시민, 유모차를 끌고 나왔던 주부, 촛불을 들고 있던 아이의 초롱초롱한 눈, 두 손 모아 기도하던 가족 등의 기억은 아직도 선명하다. 그 촛불을 나눠 주며 시민을 리드하고 선동했던 사람들은 촛불이 꺼지고 나서 모두 권력자가 되었고, 모두 문재인 정권 5년간 권세와 특권과 부귀영화를 누렸다. 그러나 그들이 바로 주사파 운동권 출신의 김일성주의자들이며, 그들이 막후에서 촛불집회를 기획하고 음모를 꾸미고, 온갖 사실과 진실을 조작하고 거짓말과 괴담을 만들어 낸 사람들이라는 것을 우리 보통의 국민들은 알지 못한다. 그리고 그들의 배후에 더불어민주당이 있었다는 것과 그 꼭대기에 문재인이 있었다는 사실도 어렴풋하다. 그것을 똑똑히 말하려 한다.

지휘본부 더불어민주당

2016년 7월 말 최서원 관련 의혹에 불이 붙자 가장 발 빠르게 움직인 것은 역시 좌익 정치인이 모두 모여 있는 더불어민주당이었다. 2019년 12월 발행한 《탄핵 100일 간의 기록》이라는 제목의 백서에 의하면 민주당은 최서원 게이트가 불거진 초기인 2016년 8월 비공개로 '최순실TF'를 만들어 물밑에서 은밀히 활동하기 시작한다. 전대협 출신의 원내대표 우상호를 중심으로 영부인 김정숙의 50년 친구 손혜원, 박지원 다음가는 모사꾼이라고 불러 주면 섭섭해 할 박범계, 전교조 출신의 도종환, 박근혜 정부에서 청와대 공직비서관을 지낸 경력으로 박근혜 정권 참여자들의 약점을 꿰고 있던 조응천 등 5명의 국회의원으로 팀을 만든 것이 바로 '최순실TF'다. 거짓을 생산해낸 공장이다.

이들은 자신들이 이미 알고 있던 조각의 사실에다 루머, 심지어 괴담 수준의 제보까지 긁어모아 그것을 덧붙이고 가공하여 국회 대정부질문과 국정감사를 통해 최서원과 관련된 의혹을 무차별적으로 쏟아낸다. 그리고 그 의혹들을 대통령 박근혜와 관련된 것으로 끌어다 붙이고 끼워 넣는다. 견강부회였다. 박근혜가 사교에 빠진 최순실의 아바타이며 세월호 7시간 동안 불륜행위를 하고 굿판을 벌인 더럽고 이상한 여자라는 식의 추악한 이미지 조작도 그들이 주도한 것으로 의심받았다. 이를 두고 상명대 박정자 교수는 "최순실TF는 섹스와 샤머니즘이라는 두 개의 키워드로 지탱된 기획"으로 단정했다. (올인코리아, 2019. 3. 9) 박정자 교수는 박근혜 탄핵 정국에서 난무한 거짓 뉴스와 저급한 악성 루머와 비열한 괴담의 진원지로 더불어민주당 내에 은밀히 만들어진 최순실TF를 지목한 것이다. 최서원으로 개명한 지 2년 반이나 지나서 만들어진 이 팀의 이름이 '최서원TF'가 아니고, '최순실TF'였다는 점에서 그들이 처음부터 사실과 진실을 찾아내려 했던 것이 아니라 헛것을 만들어 내기로 작정했다는 것을 바로 짐작할 수 있다.

2016년 4월에 실시된 20대 총선에서 더불어민주당은 123석을 얻어 122석을 얻은 우익정당을 1석차로 제치고 원내 제1당이 된다. 민주당은 명실상부한 대한민국 좌익세력의 총본부였다. 그들의 혁명 교과서에는 국회를 혁명의 교두보로 명시하고 있다. 그래서 민주당이 원내 1당이 되었다는 것은 좌익이 대한민국에 완벽한 교두보를 확보했다는 뜻이다.

더불어민주당은 과거 북한을 위해 간첩 활동을 한 사람들, 주사파 등의 김일성주의자들, 대한민국 전복을 위해 활동하다 처벌받은 공안 범죄자들이 모두 모여 있는 정당이다. 민주당은 통진당 잔당, 전교조 민노총 참여연대 대진연 등 주사파들이 장악한 좌익단체들, 원탁회의를 비롯한 재야세력 등 이 땅의 모든 종북좌파 단체들과 연계하며 정부로부터 막대한 국고 보조금을 지원받는 원내정당으로서 자체의 자금력과 전국적 조직력을 이용하여 이들을 방조하고, 무엇보다 국회에서 이들을 지원하고 부양할 수 있는 법안을 만들고 예산을 배정하며 모든 종북단체들의 큰집 혹은 본부 역할을 하고 있었다. 이것은 모든 좌익단체들이 민주당의 영향력 아래에 있었으며 나아가 민주당의 지휘와 통제 아래에 있었다는 뜻이다. 또한 당시 민주당은 영남과 인천을 제외한 대부분의 광역단체장들도 석권하고 있었고, 특히 박원순이 장악한 서울시는 이미 대한민국을 절반 이상 장악한 것이나 다름없었다. 박원순은 서울시의 예산집행을 통해 노골적으로 좌익단체들을 지원하고 먹여 살렸다.

더불어민주당은 촛불집회와 탄핵으로 이어지는 약 6개월 간의 정국에서 총본부의 역할을 수행할 수 있는 모든 조건과 능력을 이미 갖추고 있었다. 그러나 국가의 예산을 나눠 먹고 세금으로 유지되는 공직을 전리품처럼 나눠 주던 민주당 세력과는 달리 개인의 이익과 이권에는 자신은 물론 정권 참여자들에게도 엄격하던 박근혜는 이에 불만을 품은 김무성 유승민 등 수하들의 배신으로 고초를 겪었고, 여기에 자신의 정치력 부족까지 더해져 심각한 내분을 겪고 있었다. 그래서 박근혜는 민주당의 공세에 제대로 대응할 수 없을 정도로 무기력했다. 민주당의 문재인 세력과 종북단체들과 좌익언론이 가세한 모든 좌익세력은 이러한 박근혜 정부를 향해 신속하고도 무자비한 공격을 마구 퍼부었다.

　민주당은 JTBC의 태블릿PC 보도가 나온 이틀 후인 10월 26일 의원총회를 열어 '박근혜 최순실 게이트'로 이름을 짓고 이에 대한 특검 추진을 당론으로 결정한다. 그리고 11월 14일 다시 열린 의원총회에서 박근혜 퇴진을 당론으로 결정한다. 일주일 후인 11월 21일에는 박근혜 탄핵 추진을 만장일치로 의결했다. 이 과정에서 이미 박근혜 정부를 '최순실 정부'로 부르는 약삭빠른 민주당 국회의원이 나왔고, 이후 현안마다 최순실 정책, 최순실 예산, 이런 식의 이름표를 붙이며 정치공세에 박차를 가했다. 대한민국의 공당이, 그것도 제 1당이 과장은 물론 공산당식 조작과 거짓과 음모와 선전과 선동을 본격적으로 시작한 것이다.

　여기서 놓쳐서는 안 될 사실이 있다. 이 당시 민주당의 당 대표는 추미애였다. 2020년 법무부 장관이 되어 자신의 입으로 부하라고 부른 검찰총장을 쫓아내기 위해 몸속의 내장을 다 드러내고 결국 문재인에 의해 쫓겨난 바로 그 유명한 추미애다. 추미애는 민주당 대표로서 2016년 10월부터 이어진 촛불집회와 박근혜 탄핵을 총지휘했고, 민주당 정치인들은 추미애와 함께 광화문의 촛불보다 늘 한 박자 앞서 움직이며 시위대를 지휘했다. 그래서 촛불집회를 주도한 것은 민주당이 분명하다. 그 당시의 신문기사를 찾아보면 간단히 확인된다. 추미애가 촛불혁명을 시민혁명이라고 강조하는 것은 자신들이 한 작당을 위장하기 위한 것이다. 그들이 거짓과 선동으로 만들어낸 촛불혁명의 진실을 감추기 위해 문재인도 추미애도, 그리고 모든 민주당 의원들도 기회가 있을 때마다 '시민이 자발적으로 참여한 평화로운 시민혁명'이었다고 말하고 또 말했다. 도둑이 제발 저려서 그랬을 것이다. 좌익의 위장술이다.

원흉 안민석의 세 치 혀가 발행한 화폐

"제가 박근혜 정권 무너뜨린 원흉입니다." 박근혜를 쫓아내고 정권을 잡은 후 승리의 기쁨에 도취한 안민석이 2017년 6월 26일 전북대 강연에서 자신을 소개하며 스스로 한 말이다. 박근혜 탄핵 100여 일이 지나고 문재인의 청와대 장악 45일 후의 시점이었다. 자신을 원흉이라고 한 것은 자신의 공을 과시하고 자랑하기 위한 반어적 표현일 것이다. 그러나 문재인의 시간이 끝난 지금 생각하면 그것은 반어법이 아닌 듯하다. 그는 진짜 원흉이었다. 대한민국 자유민주주의 후퇴의 원흉, 대한민국 쇠망의 원흉 말이다. 그해 여름 국무총리 이낙연은 정권교체에 안민석의 걸출한 활동이 있었다며 그의 공을 치하했다. 탄핵정국에서 그의 공이 지대했다는 뜻이다. 원흉 안민석의 걸출함을 추적해 보자.

안민석은 2016년 11월 중순부터 "최순실이 스위스 은행에 어마어마한 돈세탁을 의뢰했다. 최순실의 독일 은닉재산이 7~8조에 달한다"며 최순실의 국정농단 선동 분위기에 기름을 부었다. 그는 주진우와 한겨레신문 JTBC 경향신문 등 그와 색깔이 같은 언론사 기자들로 속칭 '독수리 5형제팀'을 만들어 유럽 원정까지 감행하며 박근혜 최순실의 비자금을 추적했다. 그리고 돌아와서 여기저기 방송과 신문에 얼굴을 내밀며 '돈 괴담' 전파에 열중했다. 그의 입은 조 단위의 돈이 아니면 돈 취급도 하지 않았다. 한국은행이 아닌 그의 입이 찍어낸 화폐를 한번 보시라.

그는 2017년 1월 11일 《오마이뉴스》와의 인터뷰에서 많은 것을 배설해 냈다. 이 마이너 언론사의 기사를 대부분의 메이저 언론사들이 인용 보도하면서 그 파괴력은 컸다. 그는 먼저 박근혜 최순실 조윤선을 '악의 무리'로 규정했다. 그리고 그들을 "유사 이래, 단군 이래 최고 악질적인 거악"이라고 말했다. "최순실 박근혜 경제공동체?" 그런 어려운 용어는 잘 모르겠고요, 그냥 한몸이죠. 한몸이면 지갑도 같이 쓰는거죠. 경제공동체, 그런 어려운 말 쓰지 말자고요. 가방끈 긴 사람 소리하지 말고 그냥 동네아저씨 쓰는 용어로 '한몸'이다 그렇게 하면 모든 퍼즐이 쉽게 풀려요" 전형적인 선동꾼의 언어다. 동네아저씨의 악성 선동이다.

안민석은 그들 진영이 만들어 낸 경제공동체라는 정체불명의 용어에도 만족하지 못한 듯 박근혜 최서원의 관계를 한몸이라고 했다. 박근혜와 최순실이 경제공동체는 고사하고 하나의 지갑을 사용했다는 말이 안 되는 말조차 후에 검찰과 경찰의 조사로 밝혀진 것은 아무것도 없다. 그럼에도 둘을 한몸이라고 몰고간 안민석의 거짓 선동은 공산당 뺨치는 기술이었다. 같은 인터뷰에서 기자가 "한국일보에서 최순실의 10조 원대 재산 보유 정황이 나와 독일 검찰이 수사를 진행하고 있다는 보도가 나왔다"고 운을 떼자 인민석은 "최순실의 은닉재산과 돈세탁 정황은 10분의 1밖에 안 나왔다... (돈세탁 규모는) 독일 검찰이 어마어마한 규모, 제 입으로는 차마 이야기 할 수가 없어요"라고 했다. (오마이뉴스, 2017. 1. 11)

2017년 2월 28일 활동이 종료된 박영수 특검팀은 수사 결과를 발표했다. 최서원의 불법재산은 찾지 못했으며 독일 검찰로부터 전달받은 것도 없다고 했다. 안민석이 직접 독일로 날아가 독일 검찰의 협조를 받으며 많은 것을 알아내고 찾아낸 듯 언론에 떠들고 다닌 것을 완전히 뒤집은 것이다. 그러나 안민석은 대국민 사과는 커녕 선동질을 멈추지 않았다. 거짓말과 선동질 잘하는 좌파 정치인의 전형을 보는 듯했다.

안민석의 입은 2017년 중반부터 본격적으로 화폐를 발행하기 시작했다. 6월 13일 《브레이크뉴스》와의 인터뷰에서 그는 "박정희 통치자금은 8조원 정도이고, 현 시가로는 300조 정도... 이 돈의 일부가 최순실 일가로 흘러갔을 것"이라고 말했다. 이어 7월에는 8박 9일 동안 독일 등 유럽 5개국을 돌며 최서원 일가의 재산을 추적하고 돌아와서 바로 준비된 보따리를 풀었다. 7월 26일, 후에 태블릿 PC 보도로 거대한 거짓 정국에 불을 붙였던 문제의 손석희가 진행하는 JTBC 뉴스룸에 초대되어 "페이퍼컴퍼니가 500개 정도로 확인됐다"고 말했다. "지금까지 파악한 최순실의 은닉재산은 대략 어느 정도나 된다고 추정하십니까?"라는 손석희의 질문에 "당시 돈으로 8조 9천억 원, 지금 돈으로 300조가 넘는 돈, 그리고 그 돈으로부터 최순실 일가 재산의 시작점을 판단할 수 있을 것"이라고 답변하고 "곧 화산이 폭발하는 충격으로 다가올 것"이라고 했다. 그의 주장의 출처를 묻는 질문에는 〈프레이저 보고서〉라고 했다. 그러나 이 방송이 나간 후 동 보고서에는 이런 내용이 없다고 반박한 보도가 다수 나왔다. 그럼에도 모든 언론은 그가 말한 '최순실의 재산 300조 원'을 전했고, 대부분의 국민은 그것을 믿는 듯했다. 이후 최순실이 숨겨놓은 '천문학적 재산'의 규모는 300조 원 정도는 되는 것으로 여겨졌다. 국민 모두가 안민석의 천문학에 속은 것이다.

안민석은 2016년 12월 22일 JTBC의 '썰전'에 출연해서 "최순실 일가의 재산이 조단위일 것으로 본다"고 했고, 2017년 3월에는 CBS라디오 '김현정의 뉴스쇼' 인터뷰에서는 "최순실의 재산은 2조 원 정도로 추정한다"고 말했다. (조선일보, 2021. 2. 24) 그는 2017년 1월 《오마이뉴스》와의 인터뷰에서는 한국일보가 보도한 10조가 은닉재산의 10분의 1도 안 된다고 하여 100조 원대임을 시사했고, 7월에 유럽을 다녀와서는 300조 원을 입에 올렸다. 3월에 말한 2조 원도 국민의 입이 떡 벌어질 만한 금액인데, 이것이 불과 4개월 만인 7월에 300조 원으로 불어난 것이다. 조폐공사에서도 4개월 만에 300조 원을 찍어낼 수 있는지 알 수 없으나 안민석의 세 치 혀는 그것을 거뜬히 해냈다. 안민석의 혀는 경이로웠다.

새계 1위의 부자인 아마존의 제프 베이조스 220조, 빌 게이츠 146조, 삼성 이재용 10조, 이건희가 남긴 유산 26조, 인구 5,000만 명인 대한민국의 2022년 예산이 607조 원이다. 300조 원의 크기가 감이 오시는가. 박영수 특검은 2017년 3월 수사결과를 발표하며 최순실 일가 70여 명의 재산은 2,730억 원 규모이며, 이 중 최씨의 재산은 총 228억 원이라고 했다. 2018년 6월 국세청 관세청 금융정보원 등 6개 정부기관이 참여한 범정부 합동조사단은 최씨의 해외 은닉재산을 샅샅이 뒤졌다. 그러나 검찰이 발표한 금액 외에 더 나온 것은 없었다. 안민석이 새빨간 거짓말을 하고 혹세무민한 것이다. 그의 거짓말에 정부 여러 기관의 행정력을 낭비하고, 그것을 조사하고 수사하느라 국가예산만 헛되이 썼다. 원흉 안민석, 이 사람을 대체 어찌해야 하는가.

안민석만 콕집어 비판하고자 이 황당하고 일고의 가치도 없는 몇조 몇백 조의 재산은닉 이야기를 다시 하고 있는 것은 아니다. 더불어민주당에 이런 황당한 국회의원이 한둘이 있는 것도 아니니 화제로 삼을 것도 못 된다. 2016년 겨울의 촛불집회가 이러한 거짓과 괴담이 모이고 쌓여 결국 현직 대통령 탄핵에까지 이르고, 그렇게 해서 문재인 세력이 정권을 잡았다는 것을 말하고 있다. 세월호 300명 인신공양설과 안민석의 300조 원 은닉설은 수많은 괴담 중의 부분일 뿐이고, 이보다 더 어이없는 악성의 추잡한 소문과 거짓말도 무수하다. 그러한 것이 광화문에 쌓여 무더기를 이루고 이 악취나는 거짓의 무더기에서 분출한 가스를 에너지로 만들고 그 힘으로 문재인 세력이 권력을 잡았다는 것을 말하고 있다. 그래도 잊어서는 안 되는 숙제가 있다. 안민석을 그냥 둘 것인가.

선동가 문재인

촛불시위가 최고조를 향해 달리고 있던 2016년 11월 26일, 문재인은 종로 청계천 광장에서 열린 시위에 참석했다. 그리고 마이크를 잡았다.

"박근혜 대통령은 한시라도 빨리 스스로 내려오는 것이 국민들을 덜 고생시키고 국정 공백의 혼란을 최소화하는 것이다. 국가권력을 사익 추구의 수단으로 삼아온, 경제를 망치고 안보를 망쳐 온 가짜보수 정치세력은 거대한 횃불로 모두 태워 버리자." (한겨레신문, 2016. 11. 26)

　박근혜가 국가권력을 이용하여 사익을 추구했다는 주장은 후에 검찰 등 여러 기관에서 거듭된 수사를 벌였지만 밝혀낸 것은 아무것도 없다. 그래서 '국가권력을 사익추구의 수단으로 삼아 온'이라는 문재인의 말은 거짓 선동이다. '경제를 망치고 안보를 망치고'라는 말은 그의 통치 5년을 경험한 지금 생각하면 실소가 나온다. 그가 보여 준 국정운영의 결과 정도는 되어야 '망쳤다'는 언어를 쓸 수 있을 것이다. 문재인은 정치 경제 외교 안보 사회 과학 등 국가의 모든 영역을 망쳐놓았고, 대한민국 번영의 역사 70년을 쇠망의 역사로 꺾어 놓았으며, 청년세대를 부모세대보다 못 살게 된 첫 세대로 만들어 놓은 사람이다. 그때 우리는 그에 대해 모르는 것이 너무 많았으며 그래서 속았고 그래서 그를 대통령으로 선택했다. 그에 대해 많은 것을 알게 된 지금은 다르다. 그는 단지 거짓말을 잘 하는 사람 정도가 아니었다. 그는 거짓말 잘 하는 선동가였다.

　문재인은 2016년 12월 16일 정치적 성향에서 철저히 좌익 편만 드는 동양학자 도올 김용옥과 인터뷰를 가졌다. 도올이 물었다. "헌재가 (박근혜) 탄핵 기각을 결정하면 어떻게 하겠는가". 문재인이 대답했다. "그런 결정을 내린다면 다음은 혁명밖에 없다." 이때부터 시위대에는 더 많은 사람이 동원되었고 함성은 더 커졌다. 문재인은 시위대를 향하여, 국민을 향하여 선동질을 하고 있었다. 그때 광화문에서 그렇게 많은 사람이 그렇게 크게 질렀던 외침의 배후에는 문재인이 있었다. 이제 분명해졌다. 그때 문재인은 선동했고 그래서 우리는 속았고 그래서 그를 선택했다.

돈의 힘과 조직의 힘과 거짓말과 선전과 선동의 힘으로 시민을 광화문에 동원하는 데 성공한 문재인 세력은 촛불을 횃불로 키워 박근혜 정부를 뒤집어 엎겠다는 의도를 점점 더 노골적으로 드러냈다. 수십 년간 법률가 노릇을 하며 살아온 사람이, 아직 최서원과 박근혜에 관한 어떤 의혹도 조사와 수사를 통해 확인되기 전이던 그때 모든 의혹이 마치 사실인 양 말하며 정권 찬탈의 속셈을 감추지 않았다. 때가 되어 문재인을 심판하는 날, 그가 청계천 광장에서 했던 말과 도올과의 인터뷰에서 했던 말들은 시민을 선동한 증거로, 내란을 선동한 증거로, 정권을 찬탈한 증거로, 헌정질서의 파괴를 선동한 증거로, 좌익혁명을 수행한 증거로 쓰여야 한다. 그것은 명백한 증거가 될 것이다.

이 일개 국민은 언젠가는 제자리로 돌아오게 될 대한민국의 검찰과 사법부와 헌법재판소에 미리 고하고자 한다. 박근혜 정부를 심판할 때는 의혹이 사실인지 아닌지 확인하는 절차도 없이, 조사도 증거도 없이, 추측과 해석과 주장만으로 현직 대통령을 끌어내렸지만 문재인과 그의 정권을 심판할 때는 반드시 조사를 거치고 철저히 증거에 의거하기 바란다. 문재인의 죄를 입증할 확실한 증거가 무수하다는 뜻이다. 특히 문재인이 청계광장에서 했던 말과 도올과의 대화에서 했던 말을 빠뜨리지 않기 바란다. 문재인의 말은 헌재가 박근혜 탄핵 결정문에서 말한 '헌법 수호의 의지가 드러나지 않는' 정도가 아니라 '헌법 파괴의 의지가 분명히 드러나는' 말이 아닌가.

기존의 법체계를 준수하며 진행되는 혁명은 없다. 혁명은 기존 질서를 뒤엎는 것이다. 문재인이 "(박근혜가) 탄핵되지 않으면 혁명밖에 없다"고 말한 것은 그의 목표가 관철되지 않는다면 기존의 헌정질서를 파괴하겠다는 뜻을 분명히 나타낸 것이다. 그래서 문재인은 대한민국의 헌정질서 파괴를 공언한 사람이 분명하다. 권력욕에 눈먼 234명의 몰지각한 국회의원들과 겁먹은 8인의 서생 헌재 재판관들이 대신 악역을 맡아준 덕에 모든 것을 합법으로 가장할 수 있었지만, 그 내용을 들여다보면 온갖 편법과 불법으로 진행된 탄핵이었다. 이 모든 것을 선동한 정점에는 문재인이 있었으며, 탄핵이 성공한 후 최고의 열매를 차지한 사람도 문재인이다. 헌정질서 파괴를 공언하며 국민을 선동한 문재인을 심판하지 않는다면 이 땅의 법과 정의와 자유민주주의는 회복될 수 없을 것이며, 우리 후손들은 김일성주의자들이 의도하는 대로 김씨 왕조의 백성이나 사회주의 국가의 인민으로 살게될 지도 모른다. 그것을 원하시는가. 검찰 법원 헌재의 법률가들에게도 묻는 말이다.

탄핵인가
인민재판인가

"김영삼 노무현 정부 때도 국정농단은 있었다. 정치가 기업의 자유경쟁, 재산권을 제일 많이 침범했던 때는 김대중 정권이다. 김대중 정권은 기업에서 4,000~5,000억 원을 빼내 적게 갖다 줬는데, 그것은 탄핵 당할 일이 아닌가. 헌재가 이번에 정치권이 기업 재산권을 침해했다고 했는데, 그럼 왜 (김대중은) 탄핵 안 했나. 탄핵요건은 김대중 노무현 때 100배는 더했다." (연합뉴스, 2017. 3. 16)

헌재에서 박근혜 탄핵을 결정하고 며칠이 지나 원로 학자 송복 교수는 이렇게 분노했다. 그는 단지 박근혜 탄핵이 부당하다는 사실을 말하는 것일까. 아니다. 좌익의 실체를 꿰뚫고 있는 송복은 문재인 세력의 좌익혁명을 말하고 있는 것이다. 좌익혁명을 위해 박근혜를 인민재판정에 세웠다는 것을 알리고 있다. 그는 탄핵의 진실을 알리고 있다. 그렇다고 확신한다. 왜 그런지를 말하려 한다.

1. 협잡꾼 무법자 부역자

9인의 원로는 이렇게 말했다

100일 이상 대한민국을 휩쓸고 있던 전 국민의 집단이성의 마비와 광화문의 광란을 지켜보며 이를 크게 우려한 원로 법조인 몇 분은 대통령 박근혜에 대한 헌재의 탄핵 결정을 한 달 앞두고 국민을 향해 각성의 메시지를 보냈다. 박근혜에 대한 탄핵 심판이 독재국가의 여론재판이나, 공산국가의 인민재판 혹은 혁명재판으로 흐를 것을 미리 알고 있었던 듯 그들은 헌재의 비정상적인 탄핵심판 과정과 법리적용의 부당성을 세세하게 짚으며 설명해 주었다. 대법관, 헌재 재판관, 대한변협회장 등을 역임한 그 분들의 이름은 정기승 김두현 이종순 이시윤 이세중 김종표 김문희 함정호 김평우님이다. 그들은 다음 6가지를 지적하며 박근혜 탄핵의 부당함을 온 국민에게 알렸다.

①국회가 아무런 증거조사 절차나 선례 수집의 과정없이 신문기사와 심증만으로 탄핵을 의결하여 대통령의 권한을 정지시켰다. ②특검조사가 시작되기도 전에 탄핵소추를 의결한 것은 이번 탄핵이 비정상적이고 졸속으로 처리되었다는 것을 단적으로 드러낸다. ③법적 성격이 전혀 상이한 13개 탄핵 사유에 대해 개별적으로 심의 표결하지 않고 일괄적으로 표결한 것은 중대한 적법절차 위반이다. ④박 대통령이 헌법의 원리나 원칙을 부정하거나 반대한 사실이 없음에도 몇 개의 단편적인 법률위반이나 부적절한 업무집행 의혹만을 근거로 헌법위반이라고 주장하는 것은 논리의 비약이다. ⑤대통령이 공익법인을 설립하고 그 기본재산

을 기업들로부터 출연받은 것은 이미 선례도 많고 그 목적이 공공의 이익을 위하는 것이므로 이를 범죄행위로 규정하여 단죄하는 것은 법리에 맞지 않는다. ⑥헌재는 9명 재판관 전원의 심리 참여가 헌법상의 원칙이므로 (결원이 생긴 현재) 재판을 일시 중지하였다가 전원재판부를 구성한 연후에 재판을 재개하여 심리를 진행해야 한다. (조선일보, 2017. 2. 9)

법조계 원로들의 이러한 지적에도 불구하고 한 달 후 헌법재판소는 결국 대한민국제 18대 대통령 박근혜 탄핵을 결정한다. 거짓과 조작에 의한 거대한 난동에 맞서서 내려쳐 준 법조계 원로들의 죽비도 촛불집회의 광풍이 일으킨 회오리를 잠재우지는 못했다. JTBC의 가짜 태블릿 PC 보도와 이 거짓 보도에 의해 타오른 촛불집회, 촛불에 의지한 국회의 탄핵소추, 광화문의 광기에 겁먹은 헌재의 탄핵 결정, 이 일련의 모든 과정은 단 5개월만에 벌어진 일이다. 70여 년간 한 걸음씩 힘겹게 발전시켜 온 대한민국의 자유민주주의와 법치주의는 그렇게 무너졌다.

협잡꾼들의 탄핵소추

2016년 12월 9일 국회는 대통령 박근혜에 대한 탄핵소추안을 가결시켰다. 탄핵소추 사유로 나열된 것은 헌법위배 행위 5가지에 법률위배 행위 4가지가 더해져 모두 9가지였다. 법률위배는 세부적으로 8가지로 나뉘어져 모두 13가지로 부르는 경우도 있었다. 9가지든 13가지든 그것은 아무런 의미가 없다. 후에 입증된 것이 단 하나도 없는 모조리 엉터리 사유였기 때문이다. 탄핵소추안이 국회에서 가결되자 박근혜의 대통령으로서의 직무는 즉시 정지되었다. 더불어민주당 원내대표 우상호, 국민의당 박지원, 정의당 노회찬 3인이 대표 발의한 탄핵소추안에는 국회 재적의원 299명 중 234명이 찬성했다. 더불어민주당 국민의당 정의당 의원 거의 전원과 여당인 새누리당 의원도 62명이 찬성표를 던졌다. 후에 박지원은 "김무성 의원이 40표를 모으면서 탄핵소추가 본격화되었다"고 밝혔다. 사회주의자와 기회주의자와 배신자들의 정파적 이익을 쫓은 협잡질에 의해 대한민국 현직 대통령에 대한, 대한민국 제18대 대통령 박근혜에 대한 탄핵소추안은 그렇게 가결되었다.

탄핵소추안의 통과를 위해 끌어다 댄 사유를 보면 한마디로 가관이다. "광화문에서 100만 국민이 모여 촛불집회를 열고 박근혜의 하야를 요구하니 주권자인 국민의 요구를 따라야 한다."고 했다. 100만이라는 숫자에는 90만의 유령의 머릿수가 들어 있었다. 그리고 좌익 성향의 여론조사 회사에서 편향된 질문 문항으로 유도한 여론조사 결과를 들이대며 "대통령에 대한 지지율이 몇 주간 연속으로 4~5%로 추락했으니 국민은 이미 박근혜를 탄핵한 것이나 마찬가지다"라고 했다. 이게 대체 법을 만드는 입법기관인 국회에서 내놓을 수 있는 탄핵사유인가. 대체 대한민국 어느 법체계에 시위대의 숫자와 여론조사 수치에 의해 탄핵을 소추할 수 있다고 규정되어 있는가. 이게 대체 법치국가의 국회인가.

11월 30일 박영수 특검팀 발족이 결정되어 최서원과 관련된 모든 의혹을 조사하고 진상을 규명하기로 되었다. 그러나 국회는 이 결과를 기다리지 않았다. 야합한 여야 정치인들에게 진상은 중요하지 않았을 것이다. 또한 현직 대통령을 탄핵하는 것은 헌법과 법률이 정한 사유와 조건과 절차에 따라야 하는 최고의 법률 행위임에도 그 내용과 절차가 적법한 것인지에 대한 고려도 완전히 무시되었다. 결국 국회는 신문과 방송에 나온 의혹 관련 기사 14건과 최서원 안종범 등 8인에 대한 검찰 공소장 등만을 근거로 탄핵소추를 강행했다. 좌익 정치인들과 배신자들이 작당한 대한민국 뒤집기였다.

이 탄핵소추안의 통과되고 5개월 후 우상호 등의 민주당 사람들은 모두 권력자가 되었고, 박지원은 후에 국정원장이 되어 최고급 호텔에서 젊은 여성과 식사를 하는 영화를 누렸다. 그러나 정의당의 노회찬은 민주당 정치인들의 천문학적인 금융비리 의혹에 비교하면 조족지혈인 몇 푼의 부정한 자금을 받았다는 이유로 의문투성이의 주검으로 발견되었고, 김무성은 주군을 등진 배신자로 낙인 찍혀 정치 생명이 끊어졌다. 우익진영과는 권력을 공유하기는 커녕 전리품조차 나누지 않는 좌익의 문재인 세력에 이용만 당한 것이다. 김무성도 유승민도 좌익을 몰라도 너무 모르는 멍청한 우익 쪽 사람들이었다. 딱한 사람들이다.

무법자와 부역자들이 내린 탄핵결정

제20차 촛불집회는 3일간 계속되었다. 헌재의 탄핵 결정을 하루 앞둔 2017년 3월 9일부터 촛불 세력은 헌법재판소가 소재한 종로 안국역 사거리에서 철야집회를 시작하여 탄핵결정 당일인 10일에도 시위는 계속되었다. 11일에는 광화문으로 자리를 옮겨 대규모 자축 집회를 가졌다. 많은 연예인까지 동원된 축제였다. 집회 주최자의 말대로 '박근혜 없는 첫번째 주말'을 그들은 춤추고 노래하며 마음껏 즐겼다. 이날 전인권 등 좌익 세력과 공생하는 많은 가수와 연예인이 나와 승리를 노래했다. 그들의 승리는 곧 대한민국 자유민주주의의 패배였다. 집값 폭등과 일 자리 감소와 경기침체와 자영업자의 지옥이 기다리고 있다는 사실은 아 무도 몰랐다. 김정은 대리인의 시간이 되었다는 것은 더욱 몰랐다.

2017년 3월 10일 헤어롤을 달고 출근한 헌법재판소 소장대행 이정미 재판관이 "주문, 피청구인 대통령 박근혜를 파면한다"고 시작한 탄핵결 정문을 읽어 보면 이것은 법률문서라기보다 편파적인 견해를 기초로 작 성한 비판문 혹은 규탄문에 가깝다. 헌법에 적시된 대통령 탄핵사유인 '헌법과 법률을 위반한 혐의'는 어디에도 없다. 오직 박근혜를 탄핵하기 위해 최서원의 사익 추구를 최대한 확대 해석하여 끌어다 붙인 정치적 비난의 문장들로 이루어져 있다. 최서원이 박근혜를 위해 수행한 사소 한 개인적 집사의 역할을 과장 추측 해석하고 간접 정황을 끌어다 들이 대며 문재인 세력과 좌편향 언론이 주장한 '경제공동체'의 틀에 박근혜와 최서원을 함께 끼워 맞추려고 하는 의도가 분명하게 읽혀졌다. 이미 법 률가와 언론인과 학자들이 경제공동체의 허구성을 지적한 터라 이 용어 는 쓰지 않았으나 내용은 그것을 입증하고 설득하는 의도로 가득했다.

헌재의 결정문에는 법률용어가 아닌 언론이 만들고 국회에서 인용되 었던 선동의 용어도 그대로 등장했다. 비선실세 비선조직 등의 용어가 난무했고 사실 관계를 명확히 밝히지 않거나 일부 사실 관계를 밝힌 것 도 출처를 제대로 밝히지 않았다. 이러한 것은 국회의 탄핵소추안에 이 어 헌재의 탄핵결정문에도 그대로 이어졌다. "사실을 몰랐다고 하더라도... 결과적으로... 납득할 수 없다" 등의 해석 언어가 가득했고, "피청구인(박근혜)은 최태민의 딸인 최서원과도 친분을 유지하였는데... 피청구인의 개인적 일을 처리할 때 최서원의 도움을 받기도 하였다. 최서원의 남편 정윤회가 피청구인의 비서실장으로 불리며 피청구인의 보좌진을 이끌었다... 피청구인은 대통령으로 취임한 뒤에도 관저에서 최서원과 사적 만남을 꾸준히 지속하였다... 최서원은 정호성을 비롯한 피청구인의 일부 보좌진과 차명 휴대전화 등으로 상시 연락하였고, 피청구인의 일정을 확인하고, 그에 맞는 의상을 준비하기도 하였다."(펜앤드마이크, 2019. 3. 8) 이런 개인적이고 사소한 사실들이 대체 현직 대통령을 탄핵하는 것과 무슨 상관이 있는가. 헌재의 결정문은 없거나 혹은 빈약한 사실관계를 끌어와 이미 정해진 결론인 '탄핵결정'에 맞추기 위해 억지 해석과 무리한 논리로 만들어진 잡다한 사유로 가득 채워져 있었다. 이 일개 국민은 묻는다. 헌법에 적시된 탄핵 사유를 제시하지 못한 채 탄핵을 결정한 8인의 재판관 당신들은 대체 누군가. 무법자인가 아니면 좌익혁명에 동원된 부역자인가. 아니면 그냥 생계형 법률가들인가.

친절한 일원 씨, 뜬금 없는 정미 씨

헌법재판소로 넘어온 탄핵소추안이 졸속으로 만든 엉터리라는 사실은 헌재 재판관들의 눈으로도 단박에 알 수 있었을 것이다. 이미 많은 언론인들과 지식인들의 지적이 있었기 때문에 전문 법률가들인 그들은 당연히 알고 있었을 것이다. 검찰의 조사와 수사를 통한 증거수집과 검증절차도 없이 신문기사를 수집하고 편집하여 만든 소추안이니 얼마나 한심한 문건이었겠나. 이 한심한 문건에 헌재 재판관이 직접 나서서 손을 댔다. 심판이 선수로 경기에 직접 뛰어든 것이다. 박근혜 측 대리인단으로 재판에 참석했던 채명성 변호사는 "중립적이어야 할 헌재 재판관들은 일방적으로 국회의 탄핵소추위원단을 편들었고 주심인 강일원 재판관은 (국회 측을 향해) '이거 너무 난삽하니까 내가 정리해 주겠다. 받아 적어라'는 식으로 5개를 불러 주었다." (월간조선, 2019년 4월호)

헌재는 박근혜 측의 요구도 대부분 기각했다. 태블릿PC 감정보고서 열람신청, 고영태 증인 신청, 고영태 일당인 김수현의 2,100여 건의 녹음 파일 검증요구, 재판을 편파적으로 진행하던 강일원 재판관 기피신청, 이 4건을 모조리 기각했다. 박근혜 측에 유리한 것은 모조리 원천 차단한 채 재판은 일방적으로 진행되었다. 특히 국회의 엉터리 소추안을 친히 나서서 수정하는 데 부역한 강일원 재판관은 언론과 국민으로부터 '친절한 일원 씨'라는 조롱을 받았다. 그러나 그는 개의치 않는 듯했다.

이정미 재판관이 탄핵 결정문을 읽으며 '헌법수호 의지'를 들고 나온 것도 어이없는 일이었다. 결정문에는 "피청구인(박근혜)의 헌법과 법률위배 행위는 국민의 신임을 배반한 행위로서, 헌법수호의 관점에서 용납될 수 없는 중대한 법 위배행위라고 봐야 한다."고 되어 있다. 채명성은 이에 대해 "대국민 사과가 진실하지 않았다는 등 이유로 댄 것들은 모두 사실이 아니고 심판과정에서 전혀 쟁점도 아니었다. 뜬금없이 헌법수호 의지를 들고 나왔다."고 말했다. 이것은 편파적인 정도가 아니라 정해진 결론에 이유를 꿰어 맞추려는 견강부회였다. 국회의 탄핵소추를 '대국민 사기'라고 한다면 헌법재판소의 재판관들은 이 사기의 공범으로 규정하는 이유로 충분할 것이다.

헌법 65조 1항은 대통령 등 법률이 정한 공무원의 탄핵에 대해 '그 직무집행에 있어서 헌법이나 법률을 위반한 때'로 조건을 명시하고 있다. 그러나 헌재의 탄핵결정 당시까지 수사와 판결 등 적법한 절차를 거쳐 확정된 대통령 박근혜의 위헌·위법 혐의는 아무것도 없었다. 국회와 더불어민주당과 좌익언론의 주장만 있었을 뿐이다. 그래서 이 탄핵 결정은 엉터리고 원칙적으로 무효다. 그래서 탄핵이라 부를 수 없다. 단지 박근혜 정권을 붕괴시키고 기존의 국가질서와 법체계를 무너뜨린 혁명으로 불러야 한다. 문재인과 주사파 김일성주의자들이 주도하고 종북단체들과 좌익 언론이 총연합하여 이룬 좌익혁명이다. 그리고 대한민국 헌법재판소는 이 혁명에 부역했다. 박근혜에 대한 탄핵을 결정할 당시 헌법재판소의 소장대행은 이정미였고, 이 사건의 주심은 강일원이었다.

2. 국정농단이라는 유령

이런 판결문

헌재 재판관 8명 전원일치 의견으로 작성한 탄핵결정문을 보면 헌재가 친히 고쳐 준 5가지의 탄핵사유 중에서도 공무원 임면권 남용, 언론 자유 침해, 세월호 참사, 삼성 뇌물수수는 거론하지도 않았다. 단 한 가지, 최서원의 개인적 비리와 국정개입과 문서유출로 인한 국가기밀 누설, 그리고 탄핵사태에 임하는 박근혜의 불성실한 자세 등을 뭉뚱그려

이를 종합적으로 판단하여 박근혜가 대의 민주주의와 법치주의를 위배하고 헌법수호 의지가 없다는 것을 사유로 나열하며 탄핵을 인용했다. 처음 국회의 소추안에 들었던 9~13가지 중 단 한 가지, 강일원이 고쳐준 5가지 중에도 단 한 가지인 '최순실 게이트'다. 이것은 '최순실의 국정농단'과 같은 말로서 국민을 선동하는 프레임 언어가 분명하다. 이 프레임은 더불어민주당의 선동 전문 정치꾼들, 광화문의 촛불세력, 국회의 소추안에까지 이어진 수 많은 탄핵 주장의 이유 중에서 헌법재판소의 탄핵결정문에까지 올라간 단 하나의 사유다. 국정농단의 프레임은 ①최서원이 주도한 공익재단 출연금 모금을 사익 추구로 보는 것과 ②JTBC의 태블릿 PC 보도 내용인 문서유출과 공무상의 비밀누설을 국정운영 개입으로 보는 두 가지의 내용물로 되어 있다. 그것 뿐이다.

법조인의 말을 빌리지 않고 일반 국민의 수준으로 보더라도 헌재의 판결문은 온통 엉터리였다. "뇌물죄에 해당한다"는 해석 판결부터 그렇다. 탄핵결정 이전은 물론 이후의 수사에서도 박근혜가 개인적으로 받거나 챙긴 것은 단 한 푼도 나온 것이 없다. 받은 뇌물이라고는 단 한 푼도 없는데 그것이 어떻게 '직무집행에 있어서 위헌 위법'의 혐의를 구성하는 뇌물죄가 될 수 있으며, 어떻게 탄핵의 사유가 될 수 있는가.

또한 "국정을 비선조직으로 운영하며 법치국가 원칙을 파괴했다"고 했는데, 최서원과 그의 주변인들을 가리키는 이 비선조직이라는 것도 김영삼 정권의 김현철, 김대중 노무현 정권의 재야 종북인사들, 김대중 정권의 권노갑과 두 아들, 노무현의 형 노건평과 법원의 유죄 판결로 전면에 나설 수 없었던 측근 안희정과 이광재와 염동연, 이명박의 형 이상득, 양정철을 포함한 문재인의 3철과 비교하면 최서원 정도는 비선실세라는 이름을 붙일 수도 없는 것이었다. 가족이 없는 박근혜의 신변의 일을 도와주었던, 기어이 이름을 붙이자면 집사 정도였던 최서원의 사소한 일들을 끌어다 현직 대통령의 탄핵사유로 나열한 것이다. 엉터리 판결문 정도가 아니다. 기가 막히는 판결문이다.

당시의 헌재 재판관 8인을 향해 묻는 질문이다. "헌법수호의 의지가 드러나지 않는다... 국민의 신임을 배반한 것... 헌법수호의 관점에서 용납될 수 없는 중대한 법 위반행위로 보아야 한다." 2017년 3월 10일 온 국민에게 읽어 준 이 판결문의 내용은 박근혜가 아니라 문재인과 재판관 8인 당신들에게 해당되는 말이 아닌가. 문재인 정권 5년 간의 국정운영에 해당하는 말이 아닌가. 그날 이후 이 판결문을 다시 꺼내 한번 읽어 보기라도 했는가. 지금이라도 다시 읽어보고 당신들 스스로의 양심의 소리를 들어 보시기 바란다.

단 한 푼도 증명되지 않은 경제공동체

태블릿PC 보도로 박근혜에 대한 공격에 본격적으로 불을 붙인 JTBC는 2016년 12월 말 '경제공동체'라는 법률용어사전 경제용어사전 어디에도 나오지 않는 족보 없는 용어를 만들어 내고 촛불 정국의 폭발력을 높인다. JTBC는 "특검은 박 대통령과 최씨가 경제적으로 한몸이라는 의혹을 확인하기 위해... 지난 40년간의 재산형성 과정과 돈거래 내역 등을 조사하겠다고 했다"라고 전하면서 경제공동체라는 개념을 처음 등장시켰다. 이 개념은 최서원의 경제적 이익은 곧 박근혜의 이익이고, 그래서 최씨의 경제적 범죄는 곧 박근혜의 범죄이므로 박근혜를 탄핵해야 한다는 논리로 이어졌다. 그러나 특검, 탄핵심판, 별건의 형사재판을 거치며 수사를 거듭했지만 박근혜는 기업으로부터 단돈 1원이라도 받은 사실이 드러난 것은 없었고, 박근혜와 최서원 사이의 돈 거래도 설명되지 않는 것은 없었다. 몇 개월 동안 모든 언론의 지면과 화면을 도배했던 경제공동체라는 말은 결국 흔적도 없이 사라졌다. 그러나 박근혜와 최서원이 같은 지갑을 쓴 구린곳 많은 인간들이라는 국민의 인식은 바로 잡히지 않았고 박근혜를 무너뜨리는 도구로는 끝까지 유용했다.

박근혜와 최서원을 경제공동체로 묶는 데는 고영태가 말한 옷값 대납설이 주요 근거로 쓰였다. 그러나 여러 사람들에 의해 최서원에게 옷 심부름을 시킬 때도 윤전추 행정관이나 이영성 행정관을 통해 일일이 비용을 지급했다는 사실이 밝혀지며 사그라들었다. 이것은 문재인의 임기 말에 문제가 되었던 영부인의 의상비 문제와는 본질적으로 다르다. 영부인의 의상비는 청와대의 특수활동비, 즉 국고를 사적 용도로 사용했다는 의혹이 핵심이었다. 영부인의 사치는 개인적인 일이므로 사비를 쓴 것이었다면 그렇게 큰 관심의 대상이 아니었을 것이다. 영부인 김정숙의 일은 국가예산을 사용했다는 의혹이 문제였다. 문재인은 이것을 국가기밀이라며 공개하지 않았고 결국 봉인해서 꽁꽁 숨겼다. 전임 대통령의 사적 옷값까지 파헤치고 대통령이 된 사람이 한 짓이다. 문재인의 지독한 이중성에서 지독한 악취를 느낀다.

경제공동체를 주장한 중요 근거는 옷값 대납과 함께 공익재단 미르, K스포츠 건도 있었다. 옷값 대납의 문제는 민주당 정치인들과 촛불 시위대의 선동의 소재에 지나지 않는 것이었고 수사기관의 관심 대상은 아니었다. 그러나 공익재단의 문제는 오래 들먹여졌다. 박근혜가 최순실을 앞세워 50여 기업으로부터 받아냈다고 민주당이 주장한 그 돈 774억 원은 단 한 푼도 횡령된 것이 없었다. 고영태 일당이 그것을 꽂감 빼먹듯 빼먹기로 하고 음모를 꾸미다 발각되었고 그래서 널리 알려진 것이다. 고영태 일당의 작당은 내부인 간의 갈등으로 엄청난 양의 녹취가 발견되는 등 범죄 혐의가 크고 분명했다. 그러나 더불어민주당과 문재인 세력은 권력기관을 앞세워 고영태를 의인으로 만들고 최서원과 박근혜를 경제공동체로 엮는 데 적극적으로, 그리고 악랄하게 이용했다. 그들에게 사실이나 진실은 권력을 잡기 위한 소품에 지나지 않았다.

거듭된 수사에도 공익재단과 관련된 비리나 범죄혐의는 나오지 않았다. 기업 출연금도 고영태의 꽂감 빼먹기 음모가 실행되기 전이어서 은행에 예금으로 고스란히 남아 있었다. 이로써 문재인 세력은 이 문제로는 더 이상 박근혜와 최서원에게 시비를 걸 수 없는 듯했다. 그러나 거짓과 조작과 선동의 실력으로 국회의원 자리를 꿰찬 더불어민주당 정치인들은 '기업으로부터 출연금을 받은 것 자체가 문제'라며 공격의 촛점을 돌렸다. 역시 그들 다웠다. 그렇다면 기업으로부터 출연금을 받아 공익재단을 설립한 것이 탄핵사유가 될 정도의 중범죄일까.

박근혜 정권이 기업으로부터 공익재단의 출연금을 받은 것을 이전 정권과 비교하면 조족지혈이다. 김대중 정권은 기업으로부터 5,000억 원 이상을 받아 이 돈을 현대 정몽헌 회장을 앞세워 김정일에게 송금했다. 공식적으로 밝혀진 것만 5,000억이다. 그리고 노무현은 장학사업을 명목으로 삼성으로부터 8,000억 원을 출연받았다. 이재명은 성남 시장으로 있을 때 축구팀 〈성남FC〉 구단주로서 여러 대기업으로부터 160억 원을 받고 대가로 기업에 수천 억 원대의 개발이익을 준 혐의를 받았다. 경기도 산하 일개 도시의 일개 축구팀도 기업으로부터 160억 원의 후원금을 받은 것이다. 이명박도 정부예산은 들이지 않고 순수 민간 기부를 중심으로 종자돈 2조 원을 만든 후 〈미소재단〉을 설립하여 소액대출을 통한 서민지원금융으로 훌륭하게 자리잡지 않았는가.

박근혜 정부의 미르·K스포츠 재단도 계속 운영되었다면 원래의 취지대로 대한민국의 문화와 스포츠 융성에 크게 기여했을 것이 틀림없다. 올림픽 순위가 박근혜 시대의 8위에서 문재인의 시대에 16위로 뚝 떨어진 것을 생각하면 참으로 아쉬운 일이다. 기업 출연금에 대해 문제를 삼겠다면 북한에 현금을 송금하여 핵무기를 개발하는데 방조했을 수도 있는 김대중과, 삼성이 낸 돈으로 좌익의 자제들에게 집중 지원하며 이 땅의 좌익을 부양한 노무현이 진짜 문제일 것이다. 기업으로부터 5,000억 원의 거액을 거두어 박지원을 시켜 김정일에게 보내고, 김대중 자신은 김정일과의 남북정상회담을 성사시켜 노벨상을 받는 이런 관계 정도는 되어야 경제공동체로 부를 수 있을 것이다.

"향후 재판은 재판부의 뜻에 맡기겠습니다... 법치의 이름을 빌린 정치보복은 저에게서 마침표가 찍어졌으면 합니다. 이 사건의 역사적 멍에와 책임은 제가 지고 가겠습니다." 이미 정해진 재판결과에 맞추기 위해 사유를 조작하고, 그 조작된 근거들을 다시 자의적으로 해석하며 재판을 진행하는 재판부를 더 이상 참을 수 없었던 듯 박근혜는 2017년 10

월 16일 법정에서 이런 말을 남기고 향후의 재판 출석을 거부했다. 박근혜는 자신에 대한 재판을 그의 말대로 정치보복 정도로 생각했을까. 자신에 대한 재판이 혁명정부에 의한 혁명재판이라는 사실을 몰랐을까. 촛불혁명이 좌익혁명이라는 것을 몰랐을까. 아마 알고 있었을 것이다.

국정개입과 태블릿 PC

더불어민주당 정치인들은 최순실의 국정개입 의혹을 부풀리고 확대하며 온 국민의 머리 속에 단단히 박히도록 하는 데 열심이었다. 광화문을 선점하고 시민을 기다리던 민노총 등의 시위 주동세력은 촛불의 평화 이미지와 시민들의 목청을 빌려 최순실 게이트를 국정농단으로 바꾸더니 마침내 '박근혜의 국정농단'으로까지 진화시킨다. 생산적이고 건설적인 일에는 젬병인 그들은 모략을 진화시키는 능력에는 탁월했다.

그들은 "최순실이 현직 대통령 박근혜를 꼭두각시처럼 부리며 국정을 좌지우지했다, 박근혜는 최순실의 아바타다, 박근혜 정부가 아니라 최순실 정부다, 박근혜 정부는 최순실과의 공동정권이다." 등의 온갖 선동적 언어와 구호를 생산하며 국정농단 프레임을 더욱 단단하게 만들었다. 모든 구호는 비선인 최순실이 국정에 깊이 개입했고 그것이 국정농단이라는 것에 초점이 맞추어져 있었다. 결국 헌재는 문재인 세력의 이러한 선동 구호를 그대로 수용한다. 그리고 '문서유출 및 공무상 비밀누설 관련 범죄'라는 법률용어를 붙여 박근혜에 대해 유죄를 인정하고 탄핵을 결정한다. 이로써 법치주의를 지키는 최후의 보루가 되어야 할 대한민국의 헌법재판소까지 이 거짓의 춤판에 동참한다.

헌재의 탄핵결정문에는 "피청구인(박근혜)에게 보고되는... 각종 인사 자료, 국회자료 등 공무상 비밀을 담고 있는 문건을 최서원에게 전달하였다"고 기술되어 있다. 이것은 JTBC가 보도한 태블릿 내용의 핵심으로 국정농단 주장의 유일한 구체적 증거다. 그 당시 이미 최씨가 자신의 것이 아니라고 부인하며 진위를 치열하게 다투고 있는 중이었으나 헌재는 최씨 변호인단의 강력한 요구에도 불구하고 이 태블릿을 증거 대상에서 제외했다. 그리고 이 태블릿의 내용이라며 JTBC가 보도한 것을 사실로 인정하고 "상식에 맞지 않는다... 믿기 어렵다... 결과적으로..." 따위의 추측의 언어를 쓰며 유죄판결의 근거로 삼았다. 헌재의 이 논리에 의해 결국 최순실의 국정개입은 법적으로 확정되고, 이어 최순실과 박근혜의 국정농단도 함께 확실한 것이 되었다. 이를 근거로 박근혜는 탄핵되고 구속되었다. 구속된 박근혜는 문재인의 임기 대부분을 감옥에 있어야 했다. 이 국정농단 프레임은 문재인이 집권한 후에는 우익진영 전체를 괴멸시키는 무기로 오랫동안 이용된다. 조자룡의 헌칼이었다.

최순실의 국정개입과 이를 박근혜에게까지 확대한 국정농단의 핵심적 증거는 JTBC가 보도한 최순실의 태블릿이다. 특검 헌재 모두 증거로 채택하기를 거부했던 바로 그 태블릿이다. 이것은 후에 최서원의 것이 아니라는 사실이 여러 사람에 의해 입증되었다. 특검과 헌재는 재판의 증거로 채택하는 것을 거부하면서도 이 증거물에 있는 내용이라 주장되던 허위 사실을 근거로 판결을 내렸다. 이 속에 모든 거짓과 진실이 담겨 있고, 이 속에 촛불집회의 본질과 문재인 세력의 대한민국 뒤집기의 진상이 담겨져 있다. 헌법재판소의 재판관들은 모든 진실과 모든 거짓을 알고 있었을 것이다. 그러나 그들도 어쩔수 없었을 것이다.

2021년 12월 최서원은 이 태블릿을 "내가 썼던 것이 맞는지 확인해야한다"며 달라고 요구했다. 그러나 검찰은 "본인 소유가 아니다"며 반환요구를 거부했다. 문재인 정권에 의해 '개혁된 문재인의 검찰'은 최서원에게 18년형을 내리고, 박근혜를 탄핵시키는 데 써먹은 핵심 증거인 태블릿을 이제와서 최서원의 것이 아니라고 한 것이다. 이 태블릿이 최서원의 것이 아니라면 그것이 최서원이 사용한 것이라는 전제 하에 그 내용을 근거로 내린 모든 재판의 결과는 모조리 부정되어야 마땅하다. 그것이 논리다. 그것이 정의다. 그것이 법치다.

바로 선 검찰과 사법부에 의해 이 태블릿이 최서원의 것이 아니라는 것이 확정되면 최순실의 국정농단은 근거를 잃게 되고, 최씨에게 씌워진 죄목인 문서 유출죄와 공무상 비밀누설죄는 모두 성립되지 않는다. 박근혜에 대한 죄목도 마찬가지다. 이것이 확정된다면 탄핵 이후에 일어난 모든 일은 대체 어떻게 되는가. 문재인의 정권 장악과 그의 통치 5년은 또 어떻게 되는가. 이 엄청난 일을 대체 누가 책임질 것이며 어떻게 바로잡을 것인가. 막막한 일이다. 그렇다고 묻어 둘 수는 없다.

늘 진실과 정의만을 노래하는 좌익에게 묻는다. 그리고 자유민주주의 국가 대한민국을 걱정하는 우익진영에도 묻는다. 이것을 언제까지 덮어 둘 것인가. 최순실 게이트는 민주당이 만든 허깨비였고, 국정농단은 광화문에서 아우성 치던 유령이었다. 탄핵결정은 허깨비와 유령의 축제였다. 국정농단이라는 유령을 무덤으로 돌려 보내는 일은 손석희가 보도한 태블릿에서 시작되어야 한다. 이 태블릿은 박근혜를 탄핵시킬 때 엄청난 힘을 발휘했듯이 거짓 최순실게이트와 거짓 국정농단과 거짓 탄핵을 바로 잡는 데도 똑같은 힘을 발휘할 것이다.

대한민국 헌법재판소

헌법재판소는 대한민국 최고의 사법기관이다. 헌법이 법체계의 최고점에 있듯 헌법재판소 역시 사법기관 중 최고점에 있다. 그래서 헌재의 판결에 오류가 있다고 해도 교정할 수 있는 다른 수단은 없다. 그러나 박근혜에 대한 헌재의 탄핵결정에는 다음과 같은 3가지의 심각한 오류가 있었다. 박근혜 정권을 붕괴시키고 문재인 정권을 탄생시킨 오류다.

첫째, 헌재는 국회의 탄핵소추가 탄핵 요건을 갖추지 못했음에도 탄핵을 인용했다. 이것은 헌법을 수호해야 할 헌재의 명백한 위헌행위다. 최서원을 기소한 검찰 공소장에 들어있던 '박 대통령과 공모하여'라는 문구가 그때까지 유일한 법적 근거로 쓰였는데, 이 문구는 검찰의 수사와 법원의 판결을 거치지 않아 탄핵 결정의 근거로 쓰일 수 없는 것이었다. 그리고 탄핵 결정문 어디에도 공모했다는 증거는 적시되지 않았다.

이정미 재판관은 결정문에서 "피청구인(박근혜)의 헌법과 법률 위배행위는 국민의 신임을 배반한 행위로서 '헌법수호'의 관점에서 용납될 수 없는 중대한 법 위반행위라고 봐야 한다"고 했다. 그러면서 헌법수호 의지가 부족한 근거로 '대국민 사과가 진실하지 않았다'는 등의 주관적 생각을 이유로 들었다. 그러나 이것은 사실의 영역이 아니라 해석의 영역이며, 국회의 소추 사유에 포함된 내용도 아니었고, 재판과정에서 쟁점으로 거론된 적도 없었다. 박근혜를 계속 감옥에 묶어놓기 위해 사후에 별건 수사로 만들어 낸 직무유기 등의 죄목도 이것을 인정한다 하더라도 이날의 탄핵결정의 사유와는 전혀 별개다. '탄핵 사유'라는 내용적 탄핵요건을 충족하지 못한 채 탄핵을 결정한 것은 헌법재판소의 위헌행위이자 문재인 세력의 국가 반역을 방조한 행위가 명백하다.

둘째, 헌법재판소법 제23조에는 사건의 심리는 7인 이상이, 심판은 9인 전원이 해야 한다고 명백하게 규정되어 있다. 따라서 임기가 종료된 박한철이 퇴임했으니 먼저 결원을 보충하여 9인 전원합의체를 구성한 후 심판을 해야 했다. 그러나 헌재는 대통령권한대행의 헌재재판관 추천을 피하기 위해 심리기간을 단축했다. 그리고 임기 종료를 앞둔 이정미 재판관의 퇴임 전에 탄핵을 결정하는 편법을 불사했다. 일반 고위직 공무원 사건도 3개월 간의 심리는 졸속재판의 위험 때문에 거의 하지 않는다. 하물며 현직 대통령에 대한 탄핵심판을 헌재 재판관의 임기에 억지로 끼워맞춰 심리기간을 단축하고, 혐의에 대한 조사 수사와 검증도 생략한 채 심판한 것이다. 이것은 절차적 위법이 명백하다.

셋째, 헌재는 국회에서 넘어온 엉터리 탄핵소추안을 보완하고 변조해 주었고, '헌법수호의 의지가 없다'는 문구처럼 소추안에는 없던 내용도 만들어 넣어 주는 등 여러 곳에서 국회와 유착된 행태를 노골적으로 보여 주었다. 법조계에서는 국회가 만들어야 하는 탄핵소추안을 사실상 헌재가 새로 만들고 그것을 심판했다는 비판이 나왔다. 대한민국 사법체계에서 최고의 심판기관인 헌법재판소가 국회의 종로출장소로 전락했다는 조롱이 나올 정도였다. 헌재가 국회와 유착했다는 말은 더불어민주당 혹은 문재인 세력과도 유착했다는 의미일 것이다.

대통령 측 변호인단에 소속되었던 채명성 변호사는 "국회의 탄핵소추 위원이 아닌 탄핵선고 결정문을 쓰는 헌재의 재판관과 싸우며 비참함을 느꼈다"고 말하며, "국회와 헌법재판소 사이의 유착 관계를 조사하여 위법 내용을 확인하고 처벌해야 한다"고 주장했다. 국회에서 탄핵소추안이 넘어 온 후 탄핵결정까지의 약 3개월의 과정에 참여한 법률인들의 말을 종합하면 헌재 재판관들은 국회 측과 대통령 측 사이에서 매우 편파적이었고, 그것은 마치 축구경기에서 심판이 한쪽 팀의 선수로 뛰는 격이었다. 3명의 심판을 포함한 14명이 뛰는 좌익과, 주장이 퇴장당하고 10명이 뛰는 우익이 붙은 경기를 생각해 보시라.

현직 대통령 박근혜에 대한 탄핵결정은 미리 정해진 어떤 스케줄에 맞추어진 듯했고, 어떤 거대한 세력의 압력을 받고 있는 듯했다. 박영수 특검의 조사결과가 나오기도 전에 탄핵소추안이 가결되었는데, 스스로를 '최순실 게이트 특검'으로 이름을 붙인 특검은 사건을 조사했다며 거의 매일 브리핑을 했다. 설익은 중간수사의 내용을 모든 언론이 전하며 과장과 추측과 허위의 내용까지 모두 사실로 받아 들여졌고, 이에 국민은 탄식하고 분노했다. 그리고 모든 좌익세력은 점점 폭도가 되어갔다.

특검은 충분한 조사를 통한 사실관계의 확인도 제대로 하지 않은 채 박근혜 탄핵 열흘 전 김기춘 이재용 등 13명을 구속하고 모두 30명을 재판에 넘겼다. 그리고 헌재는 국회가 넘긴 엉터리 탄핵소추 사유와 특검이 졸속으로 내놓은 수사결과를 토대로 재판을 강행했다. 이렇게 해서 박근혜 탄핵에는 2016년 11월 30일에 국회의 국정조사특위와 박영수 특검이 같은 날 출범하고, 단 9일 만인 12월 9일 국회에서 탄핵소추가 의결되고, 이어 3개월이 지난 2017년 3월 10일 헌재에서 탄핵을 결정함으로써 도합 단 100일이 걸렸다. 모든 것이 초 스피드였고 일사천리였다. 이 탄핵을 특정 세력에 의해 기획된 것으로 확신하는 이유다.

내란·외환의 죄를 확정하지 못하고 위헌·위법 혐의를 확정하지 못한 채 결정된 대통령 탄핵은 먼저 내용적 요건을 충족하지 못한 중대한 위법적·위헌적 판결이었다. 절차적으로도 하자 투성이였다. 그리고 심판 과정에서 헌재는 중립성에서 많은 의심을 받았다. 그래서 정당성을 결여한 판결이다. 내용적 요건과 절차적 요건을 갖추지 못하고, 중립성이 결여된 판결을 내린 헌재 재판관들은 심판받아야 한다. 그들에 대한 법적 심판의 길이 없다면 정치적·도의적 심판이라도 받아야 한다.

헌재 재판관 그들도 그들의 잘못된 판결에 의해 등장한 문재인 정권이 국가의 총체적 후퇴를 가져오고 이땅을 사회주의 나라로 만들 것으로 예상하지는 못했을 것이다. 그들도 국민들처럼 문재인 세력에게 속았을 것이다. 그래서 그들의 판결이 가져온 5년의 국가적 혼란과 후퇴에 대해서는 책임을 물을 수는 없다. 그러나 그들의 탄핵 결정의 내용과 절차상의 잘못은 심판받아야 한다. 이에 앞서 우선 그들의 참회와 고백을 듣고 싶다. 문재인 정권이 훼손한 대한민국의 정의와 법치주의와 자유민주주의를 회복하기 위해서다. 박한철 이정미 강일원 김이수 이진성 김창종

안창호 서기석 조용호, 당신들의 이름을 기억한다. 당신들의 고백을 기다린다. 당신들이 먼저 참회하고 고백한다면 모든 국민이 나서서 박근혜 탄핵의 거대한 거짓을 바로 잡을 것이다. 문재인 세력이 짓밟은 대한민국의 자유민주주의가 위험하다. 대한민국의 존립이 위험하다.

국민이 당한
사기혁명

2020년 6월 11일 김명수 대법원의 확정판결로 최서원은 징역 18년, 벌금200억, 추징금 63억 원의 형벌이 확정되었다. 혐의는 뇌물과 직권남용과 권리행사 방해였다. 거의 4년을 끌던 대통령 박근혜에 대한 재판은 문재인의 임기 1년 4개월을 남긴 2021년 1월 14일에 확정되었다. 국정원 뇌물혐의로 징역 15년에 벌금 180억에 추징금 2억, 문화계 블랙리스트 등 기타 혐의에 징역 5년 추징금 33억, 새누리당 공천개입 혐의에 징역 2년, 도합 징역 22년에 벌금 180억 원, 추징금 35억이었다.

박근혜에 대해 최종 확정된 범죄혐의는 모두 그를 탄핵한 혐의와는 무관했다. 최서원의 범죄혐의 중에도 박근혜의 범죄혐의와 연결되는 것은 없었다. 그리고 박근혜의 범죄혐의인 국정원 뇌물, 새누리당 공천개입 혐의, 삼성뇌물 수수는 최서원의 혐의와는 관련이 없다. 삼성뇌물 수수도 탄핵사유에서 나온 공익재단 모금과는 다른 별건이다. 따라서 확정된 범죄혐의에 의하면 두 사람 간의 공범관계는 성립되지 않는다. 그렇다면 최서원의 국정개입을 사유로 내려진 헌재의 박근혜 탄핵결정은 원천무효가 된다. 엄청난 일이 분명하다.

박근혜에 대한 형벌은 2021년 12월 문재인이 자신의 대통령 권한으로 사면하여 없는 것이 되었다. 그러나 박근혜의 권력 박탈과 탄핵, 1,737일간의 수감생활, 문재인 자신의 대통령 취임은 없는 것이 되지 않았다. 현직 대통령을 먼저 탄핵시키고 나중에 범죄혐의를 끼워 맞춰간 것은 자유민주 국가의 법체계 내에서 합적적으로 이루어진 것이 아니다. 그렇게 끌어다 붙인 죄목도 탄핵결정의 시유외는 관련이 없는 것이며 단지 박근혜와 최서원을 계속 감옥에 가두어 두는 구실이었다. 그나마 모두 허위의 구실이었다. 박근혜를 탄핵하고 최서원을 구속한 것은 기존의 자유민주주의 정부를 붕괴시키고 사회주의자들의 정권을 출범시킨 좌익혁명이었다. 그리고 이 혁명의 주모자 문재인은 물론 이 혁명에 적극 가담한 그의 동지들의 정체는 종북주의 혁명가였다. 이 책의 요지다.

1. 김명수가 벼락 출세한 까닭

탄핵선고문을 읽어 보면 확실하고 구체적인 탄핵 사유를 찾아 내기가 쉽지 않다. 촛불시위대가 턱없이 부풀려 주장한 '시위 참가인원 100만 명' 등의 실체적 사실도 아니고 법적 증거 능력도 없는 것을 끌어다 댔다. 겨우 찾을 수 있는 건더기 사실은 최서원의 사적 이익 추구로 해석되는 몇 가지 정도다. 이것을 과장하고 박근혜에게까지 확대 해석하여 다음과 같은 탄핵 결정의 근거를 만들어 가고 있다.

"①피청구인(박근혜)이 최서원의 국정개입을 허용하고, ②국민으로부터 위임받은 권한을 남용하여 최서원 등의 사익 추구를 도와 주는 한편, ③이러한 사실을 철저히 은폐한 것은, ④대의민주제의 원리와 법치주의 정신을 훼손한 행위로서, ⑤대통령으로서의 공익 실현 의무를 중대하게 위반한 것"이라고 되어 있다. 이것이 대통령 박근혜에 대한 탄핵 선고문에 적시된 탄핵결정 사유의 골자다.

여기서 ①, ②는 탄핵결정 당시 언론과 촛불집회와 더불어민주당이 제기한 의혹과 일방적 주장만 있었다. 그 이후 몇 년 간의 재판과정에서 제대로 입증된 것은 없다. 특히 태블릿PC가 최서원의 것이 아니라는 사실이 굳어지며 최서원의 국정개입은 완전히 부정되었다. 박근혜가 최서원의 사익추구를 도와 준 것도 나온 것이 없다. 따라서 ①, ②는 사실무근이 되어 탄핵의 사유로 성립되지 못한다. ①, ②가 성립되지 않으면 '은폐할 것'이 존재하지 않으므로 ③도 성립되지 않는다. 이어 ④, ⑤도 마찬가지로 쓸데없는 허황한 소리가 된다. 그렇다면 박근혜에 대한 탄핵결정은 잘못된 것이 분명해진다. 원천 무효라는 뜻이다.

문재인은 정권을 잡은 후 내용적 요건도 법적 절차도 갖추지 못한, 그래서 원천 무효가 될 수밖에 없는 이 탄핵의 뒷감당을 위해 좌편향 법관들의 모임에서 회장을 지냈고, 후에 후배 법관을 속여 '천하의 거짓말쟁이 대법원장'이라는 별명을 얻음으로써 자신의 좌익 정체성을 확실하게 증명한 김명수를 일개 지방법원장에서 하루 아침에 대법원장에 임명했다. 김명수는 문재인의 기대를 저버리지 않고 1심과 2심을 뒤집는 판결을 연이어 내놓는다. 처음부터 존재하지 않았던 헌재의 탄핵사유를 사후에 만들어 내기 위한 고육지책이었을 것이다.

그럼에도 문재인 정권 하의 김명수 사법부에서 대통령 박근혜에 대한 탄핵소추안에 국회가 열거한 13가지의 사유 중 단 1개도 유죄를 확정한 것은 없다. 강일원이 변조한 5가지 중에도 후에 사법부에 의해 유죄가 확정된 것은 아무것도 없다. 삼성 뇌물도 탄핵 당시 제기된 공익재단 출연금은 후에 무죄로 판결났다. 박근혜에게 중형을 내린 범죄혐의인 이재용의 86억 뇌물공여, 국정원 특활비, 새누리당 공천개입, 이 3가지는 모두 탄핵 사유와는 관련성이 전혀 없는 별건이다. 김명수의 사법부는 이정미가 읽은 탄핵결정문이나 국회의 탄핵소추안에는 코빼기도 비춘 적이 없는 3가지의 별건으로 박근혜와 최서원과 이재용에게 엄청난 중형을 선고한 것이다. 그렇다면 탄핵사유와는 전혀 상관없는, 단순히 박근혜를 감옥에 가두어 두려는 목적으로 후에 유죄를 선고한 별건수사는 대체 죄가 되기나 하는 것일까.

2. 별건 수사

"(문재인 정권은) 국정농단이라는 어마어마한 이름을 붙여 박근혜를 탄핵하고 감옥까지 보냈다. 그러나 그가 이익이나 권력을 불법적으로 차지했는지, 혹은 권력을 남용했는지에 대해서는 전혀 입증하지 못했다. 또한 탄핵 결정에 정당성을 부여하기 위해 몇 년 동안 정치적 부관참시 격으로 계속된 형사재판에서도 박근혜의 사익추구나 권한남용 등의 중대혐의는 나온 것이 없었다. 대기업 출연에 의한 공익재단 설립이나 국정원 특별자금 사용 등 이전 정권에서도 흔히 있었던 것들에 새로운 해석을 가하고 거기에 범죄혐의를 씌우는 재판을 반복했다. 이에 의문을 제기하는 의견에는 "감히 헌재의 판결에 도전하는 것이냐"고 말하거나 '재판관 8인의 전원일치 판결'을 내세우며 권위주의 시대보다 더 권위적인 압박을 가했다. 이것은 전체주의 국가나 독재국가에서 가능한 일이었다." (PenN뉴스, 2019. 3. 8, 한기호 기자)

사실무근의 소문들로 박근혜를 탄핵시킨 후, 그것을 합리화하기 위해 무리한 논리를 끌어다 대며 강압적 심판을 반복하던 문재인 세력의 행태를 기자는 설명하고 있다. 좌익의 혁명과 독재를 말하고 있다.

2017년 10월 12일 대통령의 그림자라는 비서실장으로서는 극히 이례적으로 임종석이 갑작스러운 기자회견을 자청하고 '믿기지 않을 정도의 조작 정황'이라는 것을 발표했다. 청와대 캐비닛을 열어 보니 박근혜가 실제 9시 30분인 세월호 보고 시간을 9시에 보고받은 것으로 30분을 조작했다는 것이다. 이것은 후에 수사 결과 허위로 밝혀졌다. 구속기간의 만기가 다가오는데도 탄핵 사유를 하나도 입증할 수 없게되자 우선 박근혜를 계속 감옥에 잡아놓기 위한 구속기간 연장의 이유를 만들어 내야 했기 때문이다. 그들은 법률적으로 성립되지 않는 박근혜의 범죄혐의를 여론을 선동하며 유죄의 분위기를 만들어 갔다. 전형적인 공산당의 여론재판과 인민재판의 수법이다. 그들은 어떻게든 이미 감옥에 잡아둔 박근혜의 죄를 만들어야 했고 그래서 또 다른 의혹과 혐의를 만들었다. 무려 세 가지의 별건이다.

별건 하나, 국정원 특수활동비

국정원 특활비라는 돈 2002년 7월 대검 중수부는 김대중의 아들 홍업 씨가 1999년~2001년 사이 국정원장 임동원으로부터 2,500만 원을, 국정원장 신건으로부터 1,000만 원을 받았다는 수사결과를 발표했다. 대통령 아들에게도 국정원 특활비를 집어주는 정도였다면 대통령 자신과 권력자들은 아마 자신들의 주머니 돈처럼 사용했을 것이다. 장제원 의원은 "2004년 대선자금 수사 때는 권노갑 씨에게 10만 원권 국정원 수표가 흘러들어간 것으로 드러났지만 국정원에 대한 수사로 이어지지 않았다"고 밝혔다. 실제 2003년 국정원 관계자는 국회 정보위에 출석해 "1998년 5월부터 2000년 9월까지 18차례에 걸쳐 국정원 예산에서 2억 2,790만 원이 10만 원권 수표로 권노갑 씨에게 전달된 사실을 검찰조사에서 밝혔다"고 보고했다. 권노갑은 김대중의 정치 역정에 늘 함께한 측근 중의 측근이었고, 김대중 정권에서 전면에는 결코 나서지 않은 채 늘 막후에서 움직인 사람이다. 권노갑과 김홍걸이 국정원 특활비를 받아쓴 것 중 위에 드러난 금액은 은밀하게 움직이는 돈이 다 그렇듯 빙산의 한 조각에 지나지 않을 것이다. 이들 중 정권에 국정원의 특활비를 공여한 혐의로 처벌받은 사람은 단 한 사람도 없다.

국정원 특수활동비 수수혐의는 대통령 박근혜에게 내려진 총 22년의 형량에서 15년을 차지하는 가장 무거운 범죄혐의였다. 국정원 특활비는 안기부 시절을 넘어 중앙정보부 시절부터 이미 청와대 판공비의 일부로 사용되었다. 고도의 비밀을 요하는 국정원의 업무 특성상 필요한 예산을 편성부터 집행까지 비공개로 하는 특수성을 이용하여 각 정권은 긍정적인, 또는 부정적인 목적의 통치자금을 조달하는 루트로 이용했다. 그래서 역대 모든 정권은 국정원의 예산 일부를 청와대 및 정권의 은밀한 자금으로 끌어다 썼다. 이것은 북한과의 정상회담을 모두 성사시킨 김대중 노무현 정권에서 압도적으로, 그리고 대규모적으로 있었을 것이 틀림없다. 북한 정권은 모든 남북정상회담의 전제 조건으로 남한에 막대한 금액의 현금을 요구했고, 좌익정권이 이 요구에 응한 후 남북 정상 간의 만남이 성사되었다는 사실을 상기하면 쉽게 짐작되는 일이다.

더불어민주당의 정치인들은 박근혜 정부의 국정원 특수활동비를 대통령과 국정원장들을 제거하기 위한 구실로 써먹겠다고 작당이라도 한 듯 이구동성으로 문제화했다. 김대중 노무현 두 좌익정권에서는 더 심했다고 주장하는 우익 정치인들의 주장은 좌익이 장악한 언론에 의해 대부분 막혔고, 가끔 국회 밖을 겨우 비집고 나오는 정도였다. 우익의 주광덕 의원은 "국정원이 특수활동비를 상납했다는 것은 분명히 잘못된 일이고 현행법에 어긋나지만 발본색원하려면 역대 정부에 대해서도 조사해야 한다"고 했으며 오신환 의원은 "(노무현 정부의) 김만복 전 국정원장에 대해서도 조사를 해야한다"고 요구했다." (뉴시스, 2017. 10. 31) 권영세 의원은 "국정원의 청와대 지원행위는 박근혜 정부의 독창적 지적재산권이 아니라, 그 이전 정부로부터 내려온 관행적 부정행위였다. 청와대와 국정원의 관계에 대해서는 노무현 정부 시절 비서실장과 민정수석을 역임했던 문재인 대통령이 누구보다 진실을 알고 있을 것이다."라고 말했다. (중앙일보, 2017. 11. 2) 국정원 특활비에 대해 누구보다 잘 알고 있을 문재인이 무슨 말을 했을까. 자신에게 불리한 일이나 자신이 다칠 수 있는 일에는 철저히 침묵하는 문재인이 말을 했을 리가 있는가. 제 1장에서 이미 그 사람의 인간됨을 보지 않았는가.

여야 의원들 사이에 국정원 특활비 사용 논란이 격화되자 박지원도 끼어들었다. "국정원 특활비는 박정희 전두환 노태우 김영삼 정부에는 있었다. 김대중 정부 때 없어졌다가 (노무현 정부에서) 김만복 원장이 오래된 관행이라며 청와대 지원을 부활해 정례화되었다. 박근혜는 시술비에도 썼고 그러지 않았을까."(한겨레신문, 2017. 11. 2) 박지원은 자신이 장관과 대통령 비서실장 등의 권력자로 있었던 김대중 정권의 국정원 특활비 사용은 전면 부인하면서 대신 노무현 정권을 물고 들어갔다. 참 박지원이라는 이름에 걸맞는 행태였다. 그리고 그 돈의 사용에 대해서는 촛불세력이 만들어 낸 박근혜의 의료 시술비에까지 끌어다 붙였다. '국정원 특수활동비로 박근혜가 의료시술을 했다'는 인상을 주기에 충분했다. 그는 늘 이런 사람이다. 그러나 모두가 오리발을 내밀고 있을 때 박지원은 김대중 정권에서 있었던 특활비 사용을 감추려는 목적으로 노무현 정권의 것은 확인해 주었다. 그의 잔머리에서 건져진 수확이다.

우익 숙청과 국정원 파괴의 칼 국정원 특활비의 사용은 박근혜 정권 뿐만 아니라 이전의 모든 정권에서 오랫동안 있었던 관행이었다는 야당 의원들의 주장은 박지원을 포함하여 당시 더불어민주당 대표였던 추미애와 이런 논란에는 빠지는 법이 없는 박범계 의원 등의 고성능 스피커의 반박에 의해 묻혀버린다. 그래서 두 좌익정권에서는 국정원 특활비가 우익정부에서보다 훨씬 광범위하게 사용되었다는 사실는 야당 의원들의 입에서 멈춘채 한 발자국도 나갈 수 없었다. 구린내 나는 일에는 늘 그러하듯 청와대의 문재인은 침묵했다. 문재인 세력은 그렇게 국정원 특활비를 마치 박근혜 정권에서만 있었던 범죄행위로 만드는 데 성공했고, 결국 이것을 죄목으로 범죄혐의를 확정하고 박근혜 정권에서 국정원장을 지낸 남재준 이병기 이병호 3인과 20여 명의 국정원 고위직을 모조리 구속시켰다. 그리고 대통령 박근혜에게는 15년의 징역형에 182억 원의 벌금과 추징금이라는 중형을 내렸다. 형벌이 아니라 숙청이었다.

문재인 정권은 국정원 특활비 문제를 박근혜 구금의 지속과 함께 국정원을 완전히 장악하고 물갈이하는 데도 철저히 이용했다. 국정원 본연의 역할이자 가장 중요한 업무인 대 북한 업무와 간첩 잡는 기능을 모두 중지시키는 내용의 '국정원 개혁'의 드라이브를 걸 때도 이 특활비 문제를 동원했다. '국정원이 이렇게 부패했으니 개혁해야 한다'는 논리로 여론의 저항을 잠재웠다. 국민을 기만하는 짓이 분명했다. 그들은 또한 국정원의 핵심 요직을 좌익 세력의 사람들로 모두 교체하는 데도 이것을 이용했다. 이미 180여 명의 고위직을 특활비 사용의 혐의로 대대적인 수사를 벌인 데 이어 대부분의 국정원 요직에 대해서도 기존의 간부들을 이 사건에 연루시켜 대거 쫓아내고 그 자리에 좌익 성향인 자신들의 사람을 심었다. 박근혜도 잡고 대공수사를 통해 간첩잡는 일이 주요 업무인 국정원의 기능을 정지시키는 일타쌍피였다. 이적행위와 간첩행위로 늘 처벌의 위험에 있는 자신과 동지들이 밤잠을 편히 잘 수 있게 된 것은 덤이었다. 문재인과 청와대의 주사파들은 그렇게 대한민국을 좌익의 나라로 만들어갔다.

문재인 정권과 김명수의 사법부는 이미 탄핵시키고 구속시킨 박근혜에게 아무런 범죄혐의도 씌울 수 없게되자 탄핵 7개월 후, 그리고 구속 8개월 후에 찾아낸 것이 바로 이 국정원 특수활동비다. 그들은 이것을 죄목으로 삼아 박근혜의 탄핵을 정당화하고 계속 감옥에 가두어 두었으며, 또한 우익진영의 많은 정치인들을 무너뜨리는 무기로 삼은 것이다.

이것이 국정원특활비 사건의 본질이다. 그들 좌익정권이 국정원 비자금을 더욱 무분별하게, 더욱 많은 액수를 그들의 주머니 돈처럼 사용했다는 증언과 증거와 흔적은 많다. 그들은 자신들의 것은 모두 누르고 뭉갰다. 언젠가 그것이 다 드러나면 모든 진실과 사실은 더 분명해질 것이다.

별건 둘, 새누리당 공천개입

새누리당의 총선 공천에 대통령 박근혜가 관여했다는 사실이 범죄혐의가 되어 징역형을 선고한 것도 어이없고 황당하기는 마찬가지다. 2018년 2월 1일 검찰은 대통령을 공직선거법 위반 혐의로 기소했다. 박근혜가 2015년 11월부터 2016년 3월까지 제 20대 총선에 선거운동 기획, 여론조사, 후보자들의 지역구 선정 등에 관여했다는 취지였다. 이 말이 되지 않는 재판에 박근혜는 출석을 거부했고 피고인이 궐석인 상태에서 재판은 일사천리로 진행되어 징역 2년형이 확정되었다. 기소부터 형 확정까지 단 10개월이 걸린 초스피드였다. 죄없는 박근혜를 감옥에 묶어두기 위한 이유가 급해서였거나 국민이 박근혜의 무죄를 눈치 챌까 두려워서일 것이다. 김명수의 사법부는 혁명재판부와 다르지 않아 보였다.

박근혜가 2심 법원의 판결에 상고하지 않아 형이 확정되자 여론은 두 갈래로 갈렸다. 좌익진영은 박근혜의 죄는 명백하고 그래서 그 스스로 자신의 죄를 인정한 것이라고 했다. 반면 우익진영은 그것은 말도 안되는 죄이며 그래서 마음대로 해보라는 의미라고 했다. 이 갈라짐은 분명했다. 정권을 잡은 문재인 세력은 이것이 큰 죄가 되는 양 떠벌렸고,

반대진영 사람들은 콧방귀를 뀌었다. 한반도에는 모두 세 개의 정권이 있는 듯 보였다. 그때는 그랬다.

현직 대통령이 국회의원 선거에 관심을 보이고 자신이 소속된 정당의 국회의원 공천에 관여한 것이 과연 범죄가 되기나 하는 것일까. 그게 죄가 된다면 김대중과 김영삼은 대통령이 되기 전에도, 대통령 재임 중에도, 대통령 퇴임 후에도 총선 때마다 공천에 막강한 영향력을 행사했는데 그것도 모두 죄가 되는가. 두 정권에 참여했던 자들은 하나같이 두 김씨의 공천개입을 인정하는데 그것이 범죄가 되었다는 말을 들어본 적이 있는가. 공천 시즌이면 그들의 동교동과 상도동 집에는 방문객들로 문전성시를 이루었고, 총선이 있던 해의 설에는 세배 온 사람들이 집 앞 골목을 꽉 메운 것을 어떻게 설명할 것인가. 김영삼과 김대중은 당 대표가 아닐 때도, 대통령에 재임 중일 때도, 대통령에서 물러난 후에도 총선 공천에 절대적인 영향력을 행사했다. 전두환과 노태우도 마찬가지다. 그것은 대한민국 정치판에 오래 묵은 하나의 관행이다. 그런데 왜 박근혜에게만 그것이 범죄가 되는가.

재판에 참석한 박근혜의 국선 변호인은 대통령이 정치권 인물에 대해 관심을 보이고 여론조사를 통해 국민의 의견을 듣는 것은 당연한 일이 아니냐고 항변했다. 청와대 비서관을 지낸 정호성은 공판에 나와 "각종 국정현안에 대한 여론조사를 해서 대통령에게 그 결과를 보고하는 것은 정무수석 비서관의 역할이며 역대 정권에서도 다 있었던 일"이라고 했다. 청와대에서 당연히 해야 했던 일도, 이전 정권에서도 다했던 일도 박근혜가 하면 범죄가 되었다. 그것이 문재인의 정의였다.

별건 셋, 삼성 뇌물수수

삼성 뇌물수수 건은 국회 탄핵소추안에 포함된 탄핵사유 13가지를 전달받은 헌재가 이를 5가지로 변조할 때부터 포함되어 있었다. 이 혐의는 더불어민주당 국회의원들이 뇌물죄로 규정하고 무기 또는 최소한 징역 10년을 장담하던 죄목이다. 그러나 입증이 어렵다고 판단한 헌재는 탄핵결정을 앞두고 이 혐의를 아예 쟁점에서 빼버렸다. 삼성 등 16개 그룹이 미르·K스포츠 두 공익재단에 출연한 것을 '뇌물 등 형사법 위반'으로 본 쟁점은 강일원 주심이 개입한 후 사라졌다. 이것이 혐의가 없거나 혐의 입증이 어려운 것으로 밝혀졌다면 헌법재판소는 탄핵소추 기각결정을 내려야 했다. 그러나 헌재는 이 사안을 빼버리고 탄핵을 결정했다. 이것은 엄중한 일이다. 탄핵 결정이 엉터리라는 뜻이다.

문재인의 민주당과 좌익 언론과 촛불을 주도한 세력이 주장한 것은 삼성의 이재용 부회장이 삼성 경영권 승계에 대통령의 도움을 기대하고 204억 원을 두 공익재단에 출연했다는 것이다. 그러나 이 혐의에 대해 박근혜의 1심과 2심, 이재용의 1심과 2심 모두 무죄를 선고했다. 댓가를 바라고 출연에 응한 청탁이 아니라는 것이다. 민주당 정치인들의 입에서 시작하고 광화문에서 불이 붙은 후 모든 언론을 뒤덮었던 삼성의 뇌물혐의에 대해 삼성그룹은 경영권 승계는 처음부터 문제가 없었고 그래서 대통령에게 청탁할 필요성조차 없는 것이라고 주장했다. 박근혜도 이것을 일관되게 부인했다. 그러나 그들은 선동을 멈추지 않았다.

드루킹 조사 과정에서 일각이 드러난 것처럼 좌익세력은 국민연금을 통해 삼성의 경영권을 장악하고 사실상 국유화하려는 의도에서 삼성 뇌물사건을 생산한 것으로 보인다. 박근혜를 잡고 삼성도 장악하는 일거양득을 노렸을 것이다. 1심과 2심의 연이은 무죄 판결이 대법원으로 올라가자 김명수의 대법원도 이것을 유죄로 뒤집을 수는 없었다. 그러나 대법원은 무죄가 선고된 삼성의 출연금 204억 원 대신 별건으로 직·간접적 뇌물의 액수를 찾아내고 늘이려는 노력을 계속했다. 박근혜 정권을 붕괴시킨 이유를 만들어 무도하게 정권을 잡은 문재인 세력을 구해주려는 의도인 듯도 했고, 비난을 무릅쓰고 무리하게 자신을 대법원장으로 임명해 준 문재인을 향한 김명수의 보은인 듯도 보였다.

2017년 8월 1심 법원은 삼성 이재용에 대해 징역 5년을 선고한다. 특검이 주장한 뇌물 총액 512억 중 88억 원을 인정하고 내린 형량이었다. 특검이 주장한 금액 중 83%는 사라지고 17%를 인정한 것이다. 특검이 주장한 뇌물 액수는 터무니 없는 것이었고 법원은 유죄를 만들기 위해 고심 끝에 17%만 인정했을 것이다. 이어 2018년 2월에 열린 2심에서는 뇌물 액수는 다시 36억으로 줄어들었고, 집행유예를 선고받은 이재용은 1년 만에 석방된다. 이재용이 제공했다는 뇌물액은 고무줄이었다.

2019년 8월 29일 김명수의 대법원은 뇌물혐의에 대한 박근혜 최서원의 2심 무죄판결은 그대로 유지했다. 그러나 이재용에 대해서는 2심까지 뇌물로 인정하지 않았던 34억 원 상당의 말 3마리와 동계스포츠 영재센터 지원금 16억 원, 도합 50억 원을 뇌물로 인정하는 취지로 2심 법원에 되돌려 보냈다. 그래서 결국 이재용의 뇌물공여 액수는 기존의 36억 3,000만 원에서 86억 3,000만 원으로 대폭 늘어난다. 이어 대법원은

2019년 11월 28일 박근혜의 청와대가 국정원으로부터 지원받은 특수활동비를 2심까지도 적용하지 않았던 '뇌물죄'를 적용하라는 취지로 사건을 서울고법으로 되돌려 보낸다.

김명수의 대법원은 죄를 만들어 내기로 작정한 듯 보였다. 아니다. 죄를 만들어 내지 않을 수가 없었을 것이다. 박근혜에게 죄가 없다면 이미 결정한 탄핵은 어쩔 것이며, 박근혜의 억울한 감옥살이는 또 어쩔 것이며, 이것을 바탕으로 문재인 세력이 정권을 잡은 일은 또 어쩔 것인가. 그러나 김명수는 천하의 거짓말쟁이라는 그의 별명에 걸맞게 박근혜의 없는 죄를 잘 만들어 나가는 듯 보였다. 문재인은 그런 김명수를 깊이 신뢰하고 있는 듯 했다. 손발이 잘 맞는 원팀이었다.

박근혜 최서원의 이마에 '국정농단'이라는 먹물을 찍고 광화문에 모여 촛불을 밝히고 유령의 춤을 추기 시작하던 때 그들과 장단을 맞추며 같이 춤을 춘 것은 검찰과 헌법재판소였다. 이어 문재인이 정권을 잡고 나서는 김명수의 사법부가 이 춤에 장단을 맞추었다. 이번에는 유령의 춤이 아니라 백정의 칼질이었다. 신망 있는 법조인들이 "법률에 따르는 판결이 아니라 재판부의 생각에 따르는 판결"이라고 비판했으나 문재인과 코드를 맞추고 요직을 차지한 국제법연구회 우리법연구회 등의 좌편향 판사들은 노골적으로 칼질을 했다. 그들도 헌재 재판관들처럼 '생각을 공유했을 것... 결과적으로... 등의 추론 언어를 사용한 판결문을 쓰며 적폐청산이라는 문재인 정권의 선동구호에 맞춰 우익 인사들에 대해 이해할 수 없는 형량을 마구 선고했다. 혁명재판으로 규정하지 않고는 이해되지 않는 판결이 이어졌다. 문재인의 시대를 말하고 있다.

3. 자유민주주의 국가에서 벌어진 인민재판

"한국 대통령의 탄핵재판은 인민재판이라 불렸다."《뉴욕타임즈》 2017년 1월 5일자 기사다. 이 기사는 박근혜 측 서석구 변호사가 법정에서 "헌재는 박근혜를 군중재판 혹은 인민재판의 희생자로 정했다"고 항변했다는 사실도 같이 보도했다. 서 변호사는 "박 대통령을 반대하는 시위는 북한에 공감하는 공산주의자들에 의해 조작된 것이다. 법정이 공산주의자들의 영향으로부터 보호되길 바란다."고 말했다. 그러나 이후의 상황은 모두 그의 호소와는 반대로 진행되었고 결국 그의 바램은 실현되지 않았다. 아직은 그렇다.

뉴욕타임즈가 말한 '인민재판'은 세계 10대 경제대국이 된 자유민주 국가 대한민국에서 불과 몇 년 전에 벌어진 일이다. 모든 국가가 미래의 새로운 세상을 위해 치열하게 경쟁하는 21세기에 바로 우리가 사는 이 대한민국에서 말이다. 문재인 세력이 거짓과 조작과 선동으로 정국의 주도권을 장악한 후 박근혜 정권을 붕괴시키고 자신들이 권력을 장악한 후 박근혜와 함께 우익정부 참여자들을 향해 진행한 모든 재판은 본질적으로 여론재판이었다. 그 본질을 세밀히 관찰하면 오히려 공산당이 집권에 성공한 후 전개하는 인민재판이나 혁명재판에 가까웠다.

'박근혜 최순실의 국정농단'과 '박근혜 이재용의 유착' 등의 범죄혐의는 거짓과 조작에 의해 만들어진 여론에 의지하여 좌익정당과 좌익언론과 좌익 검사들이 생산해 낸 혐의였다. 그들은 그들 스스로 만들어 낸 여론의 힘을 등에 업은 채 현직 대통령에게 죄와 형벌을 정하고 감옥으로 보냈다. 온갖 악성 소문과 괴담을 유포시키며 포승줄에 묶이고 초췌한 모습의 대통령을 언론에 반복적으로 노출시키는 등 재판을 시작하기도 전에 가하는 가혹한 인격 살인, 거짓과 조작된 사실들을 소재로 삼은 폭력적이고 선정적인 선동질의 모습은 공산국가에서 벌이는 인민재판을 닮아 있었다. 6·25전쟁 당시 북한 공산당이 남한에서 벌인 재판에는 원장 찬 부역자들의 개인적 감정과 원한관계도 개입하여 더 많은 사람을 더 잔혹하게 처형했다. 통진당 해산, 전교조 불법화, 역사교과서 국정화 등 박근혜 정권의 강경한 반공정책에 의해 위축된 종북좌익 단체 등의 반국가 세력의 거대한 보복 공작에다 더불어민주당의 정권 탈취의 야욕이 더해져서 고의로 조작된 거짓 사실을 퍼뜨리고 악성 여론을 증폭시켰다는 점도 공산당의 인민재판을 빼닮은 것이었다.

박근혜에 대한 재판을 TV로 생중계한 것이야말로 여론재판인 동시에 명백한 인민재판이었다. 박근혜 재판은 여러 번 TV로 생중계되어 국민 모두가 볼 수 있었고, 전 세계로 전해졌다. 이 무렵 국외에 있었던 저자는 현지 방송에 나오는 재판 장면과 초췌한 모습의 박근혜를 보며 지독한 참담함을 느꼈다. 이에 대해 말을 건네는 현지인들에게 제대로 설명하는 것은 결국 문재인 세력을 욕하는 것이었는데, 그것도 내 얼굴에 침뱉는 일이기는 마찬가지여서 곧 그만 두고 쓴웃음으로 넘어갔던 참담한 기억이 아직도 생생하다.

박근혜 변호인단의 이경재 변호사는 박근혜 재판을 TV로 생중계하는 법원을 두고 "영상매체의 파급력과 파괴력에 비춰 박 전 대통령이나 다른 공범의 무죄 추정의 이익은 소멸될 수밖에 없다. TV 생중계는 오로지 재판장의 이익을 위해, 자신의 판결 정당성을 일방적으로 고지하기 위한 방편이었다. 유·무죄가 확정되지 아니한 박 전 대통령을 매도하고 중형을 선고함으로써 1심 재판을 국민들에게 각인시켜 기정 사실화하려는 데 있다"고 비판했다. (뉴스1, 2018. 4. 7)

TV 생중계에 의지해 부족한 판결의 정당성을 확보하고, 그것을 국민에게 각인시켜 기정 사실화하는 것은 여론재판과 인민재판 그 자체다. 이경재 변호사는 이어 박근혜에게 중형을 선고한 재판부를 향해 유취만년遺臭萬年, 즉 악취가 만년을 이어질 것이라며 "역사에 기록될 잘못된 재판의 전형"이라고 강력히 비판했다. 그러나 TV의 힘을 동원한 재판부의 소리는 전국 방방곡곡에 닿았고, 몇 군데의 신문에 실린 이경재의 말은 그 자리에서 생명을 다했다. 그때는 늘 그랬다.

IT 기기와 DNA 기법 등을 활용한 과학수사의 발달로 다양하고 충분한 증거를 확보할 수 있게 된 21세기적 잣대로 박정희 전두환 시대의 반국가사건과 간첩사건을 다시 들여다보면 모조리 증거 부족이 된다. 바로 이 방법과 이유로 김대중 노무현 정부는 과거의 간첩행위, 국가전복기도, 내란음모 등의 공안사건을 모두 증거 부족이라는 사유를 만들었다. 그리고 공안사범들이 말하는 '공안기관에 의한 사건조작' 주장을 검증없이 그대로 받아들여 그들 대부분에게 무죄를 선고하고 민주화 유공자로 만들어 보상금을 지급했다. 그리고 이들을 제도권 정치무대로 등장시켰다. 이런 방법으로 그들은 대한민국을 간첩이 없는 나라로 만들고, 좌익의 세상으로 만들고, 종북세력의 천국으로 만들 수 있었다.

박근혜를 탄핵시키기 위해 그들은 이번에는 거꾸로 박정희 전두환 시대의 방법을 사용했다. 박근혜를 심판하는 검찰과 재판부는 21세기의 수사방법으로 사건을 조사하고 증거를 수집하는 대신 20세기 중반에나 쓰던 방식으로, 즉 의혹에 대한 검증없이 자의적 해석만으로 유죄를 선고했다. 20세기에 좌익세력이 저질렀던 반국가적 범죄행위는 21세기의 과학수사의 방법과 기준을 들이대 무죄를 만들었고, 거꾸로 박근혜 탄핵재판은 21세기의 수사방법과 기준이 아닌 20세기의 방식인 거짓과 선동으로 만들어진 여론재판으로 유죄를 만들어 냈다. 이것은 좌익의 DNA인 내로남불 혹은 '저열한 이중성'만으로는 설명이 부족하다. 그것은 좌익세력이 자유민주주의 체제를 뒤집고 주도권을 잡는 공산주의 혁명의 기술이다. 박근혜를 유죄로 만든 재판을 여론재판 인민재판인 동시에 공산주의 혁명재판으로 규정하는 이유다.

4. 기획된 탄핵, 국민이 당한 사기 혁명

모사 어벤져스의 작품

2016년 12월 9일 국회에서 탄핵소추가 의결되고, 대통령 직이 정지된 상태에 있던 박근혜는 한 인터뷰에서 "뭔가 오래 전부터 기획된 것이 아닌가 하는 느낌을 지울 수가 없었다."고 말했다. 문재인 이재명을 비롯한 대부분의 더불어민주당 국회의원과 종북좌파 진영의 사람들처럼 거짓말을 입에 달고 사는 유형의 인간이 아닌 자유민주주의자 박근혜가 한 말이니 믿어도 될 것이다. 탄핵 정국의 중심에 있었던 그는 이 거대한 폭풍이 민주당 세력의 기획에 의한 것임을 직감했을 것이다.

국회의원 김성태는 탄핵 당시 김무성 안철수 유승민이 주도한 〈바른정당〉으로 옮긴 후 박근혜 탄핵에 찬성했던 사람이다. 그는 2017년 4월 TBS 교통방송 김어준의 뉴스공장에 출연하여 민주당의 안민석과 대담을 진행했다. 대화 중 김성태는 "박근혜 대통령 탄핵은 앞에 계신 안민석 의원께서 3년 동안 정말 충분하게 준비하고 기획해 터뜨려서 대통령 탄핵이란 결실까지 맺었어요" 라고 말했다. 이렇게 말한 그의 육성은 지금도 온라인 신문기사에서 바로 확인된다. 같은 자리에 있었던 안민석이 반박하지 않는 것으로 보아 이 말은 사실일 것이다. 김성태가 이 말을 하고 2개월 후 안민석 스스로 "제가 박근혜 정권을 무너뜨린 원흉입니다"라고 공개적으로 자랑했으니 그것은 틀림없이 사실일 것이다.

더불어민주당은 2019년 12월 9일 《탄핵, 100일간의 기록》이라는 백서를 발행했다. 탄핵소추 의결 2주년을 맞아 자신들의 자랑스럽고 빛나는 성취를 정리하여 남긴 기록이다. 이 백서에 민주당은 최순실 게이트가 거론되기 시작하던 2016년 8월부터 원내대표 우상호를 중심으로 국회의원 손혜원 도종환 조응천 박범계 5인으로 구성된 '최순실TF'를 만들어 물밑에서 활동하기 시작했다고 되어 있다. 추미애는 당시 당 대표로서 이 팀의 구성과 활동을 보고받는 등 깊이 관여했을 것이다.

이 팀은 구성원의 면면 그 자체로써 이미 조작과 기획의 의도를 충분히 짐작할 수 있다. 우선 우상호는 주사파 행동조직인 전대협의 1기 부의장 출신이다. 주사파에서 전향한 인사들의 증언에 의하면 전대협 간부급은 공안기관에 체포되어 수사를 받는 경우를 대비해 거짓말하는 기술과 증거를 은폐하고 조작하는 기술을 체계적으로 습득한 사람들이다. 그렇다면 우상호도 거짓말과 은폐와 조작의 기술에 능한 사람으로 봐야 할 것이다. 영부인의 오랜 친구라는 손혜원은 광고기획 전문가이며, 도종환은 시인이므로 이 둘은 새로운 언어와 표현을 창조하는 능력을 가진 사람들이다. 그리고 조응천은 박근혜의 청와대에서 공직기강비서관을 지낸 사람으로 박근혜 정부 사람들의 약점에 대한 정보를 꿰고 있는 사람이었다. 박근혜의 청와대에서 나온 후 식당을 경영하고 있던 조응천을 문재인이 친히 찾아가서 영입하였으니 처음부터 박근혜 정권 사람들을 공격하기 위한 소스를 얻기 위해 그를 삼고초려했을 것이다. 박범계는 그의 장관 인사청문회에서 비리와 편법과 불법의혹이 20가지 이상이 나왔을 정도로 조국에 버금가는 편법과 비리의혹 덩어리이며 전형적인 내로남불형 사람이 아닌가.

다섯 의원의 이러한 과거 행적을 보면 그야말로 음모기획 혹은 모사謀事 기술자 어벤져스급이다. 이 최순실TF가 최서원의 위법·불법 행위를 밝히려 했다면 이런 사람들이 아닌 전문 법률가들로 구성되었을 것이다. 박범계와 조응천은 법을 전공했으나 이들은 이미 법률가가 아니라 정치꾼들이었다. 이 5인의 팀은 처음부터 사실을 밝히는 것이 목적이 아니라 박근혜 정부를 공격하기 위한 새로운 무엇을 만들어 내기 위해 조직되었다는 것을 충분히 알 수 있는 대목이다. 화려한 면면의 5인이 모인 이 모사꾼 팀의 구성은 거짓 혁명의 시작이었다.

5인의 모사 어벤져스의 출범과 함께 또 하나 주목해야 할 점은 드루킹의 여론조작이 시작된 것도 이 팀이 만들어진 무렵과 같다는 점이다. 김경수가 전대협 출신의 송인배의 소개로 드루킹 김동원을 처음 만난 것은 2016년 6월 30일이었고, 민주당의 최순실TF가 만들어진 것은 7월이었다. 그들은 드루킹과 최순실TF 투 트랙으로 사실과 여론을 조작하고 국민을 선동하며 거대한 탄핵 정국을 만들어 나갔다. 드루킹 사건이 추미애의 가벼운 입에 의해 드러난 것은 평창 동계올림픽이 열리던 2018년 2월이었지만 문재인의 최측근인 김경수의 지휘 아래 드루킹의 주도로 8,000만 건 이상의 대규모 조작된 댓글을 달기 시작한 것은 2016년 하반기로 최순실 TF팀의 결성과 시기가 일치한다. 다시 말해 더불어민주당의 문재인 세력은 박근혜 정부를 공격하고 전복시키기 위해 2016년 여름부터 최순실TF를 만들고 드루킹 여론조작을 시작한 것이다. 이것은 명백한 기획이자 공작이며 국가 반역적 음모였다.

안민석이 3년 동안 탄핵을 준비하고 기획했다면 그 시작은 2013년이다. 국회가 탄핵소추를 의결한 2016년 12월에서 3년을 거슬러 올라가면 그렇다. 박근혜가 대통령에 취임한 것이 2013년 2월이니 그의 임기가 시작된 해부터 탄핵을 기획했다는 말이다. 2016년 여름에 최순실TF가 본격 가동되고 이어 드루킹의 여론 조작이 시작되었다. 그리고 이때부터 탄핵 정국에 불이 붙는다. 가짜 태블릿과 최순실 사태, 그리고 촛불과 광화문에 모인 시민은 탄핵의 불을 댕기는 소품이었다. 이 모든 것은 문재인과 그의 주사파 수하들과 더불어민주당의 동지들이 기획한 것이다.

그때 탄핵을 기획하고 밀어붙인 민주당 정치인들은 국민을 속이고 사실을 조작하고 박근혜에게 죄를 뒤집어 씌운 공적의 크기에 따라 곧 대통령이 되고 장관이 되고 권력자가 되었다. 그러나 그들의 선동에 넘어가 광화문에서 촛불을 들었던 시민은 일자리를 잃고 내집 마련의 꿈은 멀어졌으며, 모두 그때보다 더 가난해져서 문재인이 던져주는 몇 푼의 지원금을 기다리며 살았다. 가난해진 시민이 스스로의 생계를 정부의 지원금에 의존하는 것은 사회주의 국가에서 배급을 기다리는 인민의 모습이다. 좌익혁명의 전형적인 결과다. 우리가 속은 것이 분명하다.

북한의 지령이었나

"지금 남조선과 해외를 비롯하여 우리 겨레가 사는 곳 그 어디에서나 〈박근혜는 퇴진하라!〉 〈박근혜를 처형하라!〉 〈탄핵대상 박근혜정권 갈아엎자!〉라는 외침과 함께 민족의 분노가 활화산처럼 폭발하고 있다. 민심의 버림을 받은 산송장인 박근혜가 갈 곳은 지옥뿐이다." (로동신문, 주체 105(2016). 3. 16) "무자비한 보복전의 첫 불세례를 박근혜 역도가 도사리고 있는 청와대에 쏟아부을 것이다. 박근혜 역적패당이 어떻게 아우성치며 불타 없어지는가를 똑똑히 보게 될 것이다." (로동신문, 주체105(2016). 3. 26) "박근혜는 〈하야하라〉〈물러나라〉〈탄핵하자〉는 민심의 웨침을 무덤으로 한시바삐 가라는 민족의 목소리, 겨레의 요구로 알아들어야 한다. 민족을 등진 만고의 매국 악녀 박근혜는 이 땅, 이 하늘 아래 더 이상 살아 숨쉴 곳이 없으며, 온 겨레의 준엄한 심판을 받고 가장 비참하고 처절한 종말을 맞이하게 될 것이다... 박근혜 역적패당에게 치명적인 정치·군사·경제적 타격을 가하여 비참한 종말을 앞당기기 위한 계획된 특별 조치들이 련속 취해지게 될 것이다." (로동신문, 주체 105(2016). 4. 8)

이상의 인용기사는 이화여대에서 북한학을 전공하는 대학원생 손유민 씨(인사이드엔케이 상임이사)가 과제준비를 위해 학교 도서관 특수 열람실에서 한 달치 로동신문을 읽고 찾아낸 기사다. 그가 GMW연합 2017년 4월 12일 자에 '1년 전 로동신문 보도대로 따라가는 대한민국'이라는 제목으로 기고한 글에서 로동신문 기사를 그대로 옮기기 위해 북한식 철자법을 수정없이 인용했다.

이 신문기사가 나온 2016년 3~4월은 사드 배치를 극렬히 반대하던 민주당 국회의원 대부분과 종북좌익 세력이 날뛴 사드 정국이 시작되기 4개월 전이며 JTBC의 태블릿 보도로 탄핵 정국이 본격화하기 7개월 전이다. 이때는 아직 민주당 등 남한의 좌익세력이 '탄핵'을 입에 올리기도 전이었다. 북한 로동신문이 탄핵을 말한 지 약 반 년 후 대한민국에서는 청계천 광장과 광화문 광장에서부터 '박근혜 탄핵'의 소리가 울려퍼졌다. 이 시간의 흐름과 탄핵 외침의 선후는 우연일까. 더불어민주당과 종북 세력이 로동당의 지령을 받들어 기획하고 실행한 것은 아닐까. 이후 1년 간 진행된 촛불 탄핵, 그리고 박근혜의 하야와 구속은 '(박근혜의) 비참한 종말을 앞당기기 위한 계획된 특별조치들이 련속 취해지게 될 것'이라고 한 로동신문의 기사 그대로 된 것이 아닌가. 무서운 일이다.

제2장에서 고찰한 바와 같이 더불어민주당은 북한의 지령을 받고 지하에서 대한민국 전복을 위해 투쟁한 사람들과 김일성에게 충성을 맹세하고 김일성의 주체사상을 신봉하는 주사파들이 모두 모인 혁명정당이며, 문재인은 그러한 사람들과 오랫동안 뜻을 같이한 동지였다. 그들이 북한의 지령을 받고 탄핵 정국을 만들었다는 추측은 근거가 충분하다. 2016년 3월과 4월 로동신문에 실린 북한의 박근혜 탄핵 지령에 의해 7월부터 사드 반대로 좌익이 총궐기하고, 그 여세를 몰아 10월부터 본격적인 촛불정국을 조성하고, 결국 2017년 3월 헌재가 탄핵을 인용함으로써 북한의 지령이 완성된 것은 아닐까. 우리는 이 지점을 의심해야 한다.

"(탄핵) 1년 전 로동신문에는 박근혜를 탄핵시켜야 한다는 기사로 도배가 되어 있었다. 1년 후 북한이 원한 대로 박근혜가 탄핵되었다. 대한민국의 정치가 북한이 원하는대로 움직이고 있어 화가 난다. 이미 우리의 역사교과서가 북한의 역사교과서와 비슷해진 지금 로동신문과 대한민국의 언론이 비슷하고 대한민국의 정치가 로동신문의 주장대로 되어 가고 있다" 손유민 씨가 2017년 4월 1일 자신의 페이스북에 올린 글이다. 그의 깊은 근심이 읽혀진다. 우리도 같이 근심해야 한다. 대한민국의 정치가 로동신문의 주장대로 되고 있다면 그것은 심각한 일이다.

사기 혁명, 국민이 당한 혁명

김대중 노무현 정권 10년을 거치면서 좌익세력은 대한민국을 빠른 속도로 장악했다. '공산주의 진지론' 그대로 언론계 문화예술계 노동계 법조계 등에 진지를 구축한 그들은 이명박 정부를 거세게 흔들었다. 이어 박근혜 정부가 훼손된 대한민국의 자유민주주의 정체성의 회복을 시도하자 좌익진영은 총결집하여 박근혜를 공격한다. 세월호 참사의 모든 책임을 박근혜에게 집중시키는 데 성공한 좌익은 약한 결속력에다 내부 균열까지 겪고 있던 박근혜를 향해 무차별적 공격을 가한다. 세월호 정국에서 이미 마녀의 이미지를 만들었던 박근혜를 2년 후에는 다시 최순실이라는 마녀를 등장시킴으로써 박근혜와 함께 반드시 축출해야 할 확실한 마녀를 만드는 데 성공한다. 마녀 박근혜를 쫓아내자며 시민을 광화문에 모이게 했고 탄핵을 외치게 했다. 6개월 전 로동신문에 실린 기사 그대로였다. 로동신문의 기사는 북한 정권의 지령문일지도 모른다.

문재인 주사파 민주당 민노총 전교조 등의 종북세력이 주도하고 JTBC YTN KBS MBC 등 좌익 언론이 조작과 선전과 선동에 부역하고, 국회 검찰 헌재 등의 국가기관이 들러리를 서고, 기만 당한 국민이 촛불을 들고 박수를 치고 환호하는 가운데 문재인 세력은 현직 대통령을 청와대에서 끌어내고 탄핵하고 감옥에 보낼 수 있었다. 이러한 모든 과정의 종착점인 박근혜 탄핵은 신흥 세력이 부패한 기득권 세력을 축출하고 새로운 질서를 만들어내는 원론적인 의미의 혁명은 아니었다. 이 땅의 좌익세력이 거짓과 선동으로 국민의 분노를 유도하여 현직 대통령을 쫓아낸 거대한 사기극이었다. 그래서 문재인이 말한 촛불혁명도 추미애가 말한 시민혁명도 모두 새빨간 거짓말이다. 그것은 자유민주주의 정부를 전복시키고 좌익진영이 정권을 잡은 문재인의 사기혁명일 뿐이다.

촛불집회에서 더불어민주당의 주사파 국회의원들이 "박근혜 정권의 실정을 비판하고 국가를 바로 세우기 위해 시민들이 광화문에 모였다"며 시민들의 순수성과 자발성을 말한 것은 모두 거짓말이다. 서울 도심 한복판에 대통령의 시신을 메고 가는 상여행렬과 대통령과 기업인을 무덤에 파묻는 의식을 진행한 그 사람들이 진실이다. 그들은 공산혁명에 성공한 후 반혁명분자들을 대규모로 학살하는 킬링필드를 예고하고 있었다. "북한이 우리의 미래이며 희망이며 삶이다"라고 쓴 플래카드가 그들의 진실이며 "사회주의가 정답이다. 북한이 우리의 삶이 될 혁명정권을 세우자"고 한 시위대의 구호가 진실이다. 시위를 주도한 자들은 주체사상 이론의 창시자 황장엽이 남한 땅에 존재한다고 고백한 5만 명의 간첩들이었다는 것이 진실이다. 문재인 세력이 박근혜 축출과 자신들의 집권을 '위대한 국민의 승리'라고 말한 것도 새빨간 거짓말이다. 그것은 김일성주의자들이 남한의 자유민주 정부를 뒤집은 '시민이 속은 혁명'이자 '국민이 당한 혁명'이다. 거짓 혁명, 사기 혁명과 같은 말이다.

문재인이 촛불혁명이라 이름 붙인 그들의 혁명은 20세기의 대부분의 좌익혁명과는 달리 폭력이 직접적인 수단은 아니었다. 그러나 문재인 세력이 구사한 거짓말과 조작질과 음모와 괴담의 유포 등은 공산주의 혁명의 기술이 분명하다. 그들은 이런 기술로 국민을 속이고 국민의 지지를 확보했다. 그 힘으로 박근혜 정권을 붕괴시키고 우익 세력을 궤멸시키는 데 성공할 수 있었다. 그들이 혁명에 사용한 1차적 수단은 거짓말과 조작이었고 이 수단을 통한 선전 선동으로 불을 붙인 국민적 분노는 혁명의 에너지였다. 이런 점에서 문재인의 촛불혁명은 '붉은 피의 혁명'이었던 20세기 대부분의 공산주의 혁명과는 다르다. 오히려 1917년의 소비에트 혁명을 닮아 있었다. 레닌은 러시아 민중이 짜르왕조를 무너뜨린 10월혁명에 편승해서 기만적으로 정권을 잡았고, 러시아 민중은 그것이 공산주의 혁명인지도 모르는 사이 공산국가 소련이 성립되었다. 그래서 레닌의 소비에트 혁명은 '당한 혁명'이라고 불린다. 촛불혁명도 소비에트 공산혁명처럼 국민이 속아 넘어간 '당한 혁명'이다.

다시 뒤집기 한판을

문재인 세력은 한명숙의 범죄를 뒤집기 위해 재심에 재심을 거듭 시도했다. 무려 아홉 번이다. 그래도 뒤집을 수 없게 되자 문재인은 퇴임을 불과 4개월 앞두고 대한민국에서 유일하게 자신만 가진 권력인 사면권을 발동하여 기어이 한명숙을 복권시키고 정치적 권리와 자유를 회복시켰다. 유죄를 입증하는 증거가 워낙 분명했던 한명숙에 비교하면 최서원은 유죄의 핵심 증거로 쓰인 태블릿PC부터 가짜인 것이 거의 드러나는 등 거짓과 조작으로 유죄를 선고했음이 속속 밝혀지고 있다. 있는 죄를 없는 것으로 만들려고 했던 한명숙의 범죄와는 달리 최순실 사건은 없었던 죄를 있었던 것으로 만든 사건이었다. 그래서 한명숙의 유죄는 뒤집기 어려웠지만 최서원의 죄는 쉽게 뒤집을 수 있을 것이다. 그것이 증거의 힘이고 사실의 힘이고 진실의 힘이다. 이제 최서원의 범죄혐의에 대해 재심을 시도할 차례다.

최서원의 죄가 바로 잡히게 된다면, 허깨비 최순실이 실존 인물 최서원으로 바로 잡히게 된다면 대한민국 제18대 대통령 박근혜의 죄도 그렇게 될 것이다. 그러나 박근혜와 최서원의 유죄가 바로 잡히지 않는다면 대한민국의 형사사법체계도, 대한민국의 정의와 법치도, 훼손된 자유민주주의도 회복될 수 없을 것이다. 문재인의 집권과 뒤이은 대한민국의 거대한 쇠망의 흐름은 모두 박근혜에게 없는 죄를 만들어 탄핵하고 구속한 것이 출발점이다. 그 출발점으로 돌아가 그것을 바로 잡아야 한다. 뒤집혀진 것을 다시 뒤집어 바로 잡자는 말이다.

"최서원은 대통령을 팔아서 뭔가 하려고 했지만 실제 성공한 것은 없다. 그는 과대포장되었고 결국 대통령 탄핵까지 이르게 되었다. 최서원은 대통령 몰래 뭔가 하려고 하다가 대통령이 알 법하면 중단했다. 최서원은 정치나 경제에는 문외한이었고 그나마 문화 체육만 조금 아는 분야였다. 그래서 최서원이 한 것은 문화 체육에 한정되었다. '더블류케이'라는 회사를 만들어 K스포츠 재단에서 용역을 따려고 했지만 실패하는 등 손익분석을 해보면 최서원은 오히려 손해를 봤다. 최서원은 대통령을 팔아서 문화 체육 쪽에서 뭘 해보려고 했는데 제대로 못 했다. 다른 분야에는 관여할 능력도 안 되는 사람이다. 결국 최서원은 사익 추구를 시도하다 실패한 사람이다."

채명성 변호사는 '최순실 게이트'라는 어마어마한 이름이 붙여졌던 사건의 실체를 이렇게 설명했다. 문재인 세력은 이것을 마치 나라 팔아 먹은 짓인 양 부풀려 그에게 무려 18년형에 벌금 200억을 매겨 감옥에 가둔 것이다. 단 한 사람이라도 억울한 사람이 있다면 그것은 정의로운 나라가 아니다. 법치 국가도 아니다. 최서원의 죄는 지금이라도 바로 잡아야 한다. 그 출발점은 태블릿과 녹음파일의 공개가 되어야 한다. 이것을 공개하면 뒤집혀진 18대 대통령 박근혜와 함께 뒤집혀진 자유민주주의 대한민국을 다시 뒤집을 수 있을 것이다. 다시 뒤집힌 자유민주주의는 바로 선 대한민국이 될 것이다.

"1967년 4월 10일, 중국 국가원수의 영부인 왕광메이王光美는 30만 군중 앞에서 집단 성희롱의 노리개로 전락했다. 1963년 인도네시아 방문시 멋진 옷을 입고 짙은 화장을 하고 진주목걸이를 착용했다는 것이 이유였다. 왕광메이는 강제로 우스꽝스러운 복장을 한 채로 수십 만 군중 앞에서 극심한 모욕을 당해야만 했다." (조선일보, 2021. 1. 16, 송재윤 교수) 1966년 5월부터 시작된 문화대혁명의 회오리에서 모택동은 중국 경제에 자본주의 원리의 도입을 주장하는 주자파走資派의 대표이자 국가주석이 었던 류샤오치劉少奇를 숙청하기로 하고 홍위병을 앞세워 그를 가택연금에 처한다. 이어 그의 부인 왕광메이를 30만 군중 앞에 내세운다. 이날 베이징 칭화대학교에서 열린 '왕광메이 비판투쟁대회'에 끌려나간 46세의 왕광메이는 새벽부터 밤까지 18시간을 넘기며 위에서 묘사한 것처럼 지독한 수모와 무시무시한 집단테러를 당한다. 칭화대 당위원회 간부로서 당일 왕광메이와 함께 비판투쟁에 끌려 나갔던 류빙劉冰은 31년 후 출간된 그의 회고록에서 이날의 상황을 다음과 같이 썼다.

"국가주석의 부인, 중앙정치국 위원, 국무원 부총리, 최고법원의 원장, 인민공화국 장관들이 이런 모욕을 당하다니. 내가 보기에 홍위병의 모든 발언은 죄다 모함일 뿐이었다. 진정 문자 그대로 欲加之罪 何患無詞(죄를 뒤집어 쉬우는데 핑계 없음을 걱정하라)였다." (위의 송재윤 교수 글에서 재인용 함) 왕광메이는 이날 이후 12년의 긴 세월동안 감옥에서 독방생활을 견뎌내야 했다. 류샤오치와 같은 주자파였던 등소평이 집권한 후에야 자유의 몸이 되었고 남편이자 국가주석이었던 류샤오치는 홍위병의 수모와 집단테러를 이기지 못하고 2년 후인 1969년 사망했다.

류샤오치 부부 외에 수천만 명을 숙청한 문화대혁명은 미친 정치실험이었던 공산주의가 득세하던 20세기의 일이다. 이런 일이 2차대전 후의 신생국 중 최고의 경제성장을 성취하고 선진국 진입을 눈앞에 두고 있던 21세기의 대한민국에서 재현되었다. 2016년 10월부터 2021년까지 박근혜가 겪었던 수모와 고난은 왕광메이의 그것에 못지 않는 것이었다. 청와대 굿판, 비아그라, 7시간 연예, 섹스 비디오, 사생아, 세월호 학생 300명 인신공양, 최순실의 아바타, 이 모든 것을 정치적 혹은 이념적 목적으로 독신의 여성 대통령에게 퍼부은 그들을 용서할 수 있겠는가. 1주에 4~5번, 밤 10시까지 진행되는 재판에 지친 박근혜가 법정의 앞 의자에 기대 엎드린 모습이 전 세계 언론을 탔을 때 당신은 국민으로서 부끄럽지 않았는가. 그렇게 만든 사람들을 용서할 수 있겠는가. 이러고도 퇴임을 두어 달 앞두고 통합과 화합과 협력이 시대정신이라고 말한 문재인을 용서하시겠는가. 김정은에게 충성한 그를 용서하시겠는가. 정치 보복이 아니다. 대한민국을 바로 세우는 일이다. 대한민국 바로 세우기는 결국 대한민국 국민인 우리의 일이다.

5. 심판의 시간

방어적 민주주의와 심판

'자유민주주의가 무너질 때까지 자유민주주의를 주장하라'는 공산주의자들의 구호는 히틀러의 정권장악 기술에 맥이 닿아 있다. 국민의 자유와 권리와 다양성을 최대한으로 보장한 바이마르 헌법을 악용하여 괴벨스의 거짓과 조작과 선전 선동의 술수로 독일 국민을 사로잡고 투표라는 합법적 과정을 거쳐 정권을 잡은 집단이 바로 나치다. 전후 서독 연방헌법재판소는 자유를 허용하는 민주주의의 허점을 악용한 히틀러식 정권의 재등장을 막기 위해 '방어적 민주주의'를 천명한다. '자유민주주의를 파괴할 자유까지 허용하지 않는다'는 것이 방어적 민주주의의 핵심이다. 오늘날 대부분의 서구 국가는 국가의 법체계와 사회질서를 유지하고 자유민주주의를 방어하기 위해 이 개념을 적극 반영하고 있다.

2014년 통진당 해산 당시 대법원과 헌재가 제시한 사유는 '민주적 기본질서의 위배'였다. 그러나 대법원의 판결에 저항하며 통진당과 이석기를 옹호한 좌익세력의 논리는 '우리 국민은 공산주의 선전 선동에 넘어가지 않을 정도로 성숙되어 있다'는 것이었다. 그들은 이러한 주장을 앞세우며 자유민주주의를 마음껏 공격했다. 이것은 바이마르 공국이 국민에게 최대한의 자유를 허용한 논리인 동시에 히틀러가 파고든 자유민주주의의 빈틈이었다. 종북세력은 이 빈틈을 집요하게 파고들었다.

민주화와 정의를 외치며 정권을 잡은 문재인 세력은 대한민국의 자유민주주의를 훼손·후퇴시키고 사회주의 공산주의 이념을 확장해 나갔다. 이것은 대한민국의 국가 정체성을 변경하는 것인 동시에 대한민국의 존립 자체를 위협하는 것이다. 수많은 희생의 대가로 성취된 자유민주주의는 아직도 세계 도처에서 독재자들과 공산주의자들로부터 공격을 받고 있다. 독일과 같은 방어적 민주주의가 절대적으로 요구되는 이유다. 이제 심판의 시간이다. 자유 민주주주의를 방어하기 위해서다.

내용적 사유도 절차적 요건도 갖추지 못함으로써 정당성이 없었던 정변이거나 혹은 혁명이었던, 그래서 태생적으로 잘못된 박근혜 탄핵에 대해 먼저 거짓과 조작과 선동으로 시민과 국민을 기만한 세력부터 심판해야 한다. 안민석을 포함한 최순실TF, 당 대표 추미애와 원내대표 우상호 등 사실을 조작하고 거짓으로 시민을 선동한 더불어민주당 정치인들을 모두 심판해야 한다. 가짜 태블릿PC를 보도한 손석희와 JTBC를 심판해야 하며 YTN KBS MBC 등 엉터리 기사들을 보도하며 여론몰이에 앞장섰던 언론을 심판해야 한다. 김의겸 김어준 주진우 등 가짜 뉴스를 마구 생산해 낸 언론인을 심판해야 한다. 조작된 사실로 시민을 선동한 정치인과 악의적 언론인 모두를 심판해야 한다.

안종범은 경제학자 출신으로 박근혜 정부에서 청와대 경제수석과 정책조정수석을 지냈다. 그가 청와대에 근무 중이던 시절 꼼꼼하게 기록해 둔 소위 '안종범 수첩'은 박근혜 최순실 국정농단에 대한 검찰의 수사에서 민주당과 언론이 만들어 낸 국정농단이라는 어마무시한 사건과 전혀 존재하지 않는 증거의 거대한 괴리를 메우는 절대적인 무게를 가지는 증거로 쓰였다. 그런데 그의 수첩엔 여러가지의 '단어'들만 나열되어 있을 뿐 구체적인 내용은 없었다. 그럼에도 탄핵을 추진하기에는 심각하게 부족했던 증거에 보태기 위해, 더구나 문재인 세력이 박근혜 탄핵을 관철시키기 위해 주장하는 여러 가지 내용의 사실 관계를 제대로 입증하지 못하는 상황에서 특검과 검찰은 안종범 수첩을 핵심적인 증거로 써먹었다. 태블릿PC의 진위 확인을 방해하고 고영태 일당의 녹취파일을 꽁꽁 숨기는 것과는 완벽한 반대의 행태였다.

검찰은 안종범 수첩에 나열된 단어들을 모두 끼워 맞추며 '이런 것 아니냐'며 하나씩 '대통령 박근혜의 말'로 엮어 나갔고 결국 흩어져 있던 그 단어들은 한 곳에 모여져서 '대통령의 지시'로 둔갑했다. 이것은 당시 검찰이 미리 정해 놓은 결과에 배치되거나 혹은 불리한 증거는 꽁꽁 숨기고, 필요하지만 존재하지 않는 증거는 조작해 내며 유죄의 근거를 끼워 맞춰 나가던 검찰이 자행한 둔갑술의 한 가지 사례다. 둔갑술을 쓰며 증거를 장난질하고 탄핵사유를 생산했던 검찰을 심판해야 한다.

탄핵은 대통령이 직무와 관련해 중대한 법률·헌법 위반이 있을 때 가능한 것으로 법적 책임을 묻는 것이다. 정치적 불신임 제도가 아니다. 김무성을 비롯한 탄핵소추에 찬성한 국회의원들은 자신들이 한 짓을 '정치적 탄핵'으로 주장했는 데 그것은 곧 이 탄핵이 법률적 요건을 깃추지 못했다는 고백이다. 정치적 탄핵이란 위법·위헌적인 정변政變이거나 혹은 기존의 법체계와 모든 사회규범을 뒤엎고 새로운 질서를 만드는 혁명일 뿐이다. 실패한 정변이나 실패한 혁명은 심판되어야 한다. 그것이 정변과 혁명의 법칙이다.

국회에서 박근혜 탄핵소추가 의결되기 하루 전인 2016년 12월 8일 민주당과 국민의당 소속 의원 전원은 탄핵안이 부결되면 의원직을 사퇴하겠다는 의결서를 제출했으며 정의당도 이에 동참했다. 탄핵소추가 부결되면 판을 엎겠다는 선언이었다. 정치적 협박이자 협잡행위였다. 여기에 가담한 국회의원들은 모두 심판받아야 한다. 적어도 국민에 의한 정치적 심판은 피할 수 없다.

소추안에 찬성표를 던져 이 정변에 가담한 국회의원은 모두 234명이었다. 탄핵반대 의원들의 발언 기회를 봉쇄한 국회의장 정세균, 민주당 대표 추미애와 원내대표 우상호, 국민의당 대표 안철수와 원내대표 김관영, 박근혜를 배신한 김무성과 유승민, 김무성과 형님 동생하며 동참 의원 숫자 늘이기에 힘을 쏟은 박지원도 있다. 김무성처럼 국민의 손으로 정치판에서 퇴출시킨 사람도 있고, 가결이 선포될 때 눈물을 흘렸던 손혜원처럼 비리행위로 저절로 퇴출된 사람도 있다. 그러나 아직도 정치판의 중심에 있는 자도 적지 않다. 국민인 우리의 손으로 심판해야 할 사람들이다. 234명 그들의 명단은 온라인에서 쉽게 찾을 수 있다.

헌법재판소 설립 30주년 기념으로 2018년에 나온 '헌법재판소 결정과 대한민국의 변화'라는 제목의 책자에는 "(박근혜 탄핵 결정은) 역사의 도도한 물결에 법적 인정 도장을 꾹 눌러 준 것"이라고 스스로를 평가하는 대목이 있다. 대한민국의 법치 시스템을 수호하는 최고 기관인 헌재가 '역사의 도도한 물결'을 앞세우는 것은 박근혜에 대한 탄핵인용이 법률과 헌법이 정한 절차와 법 조문과 법리를 벗어난 정치적 판결이이었음을 자인하는 것이다. 헌재는 과연 어떤 대목에서 뒤가 캥겼던 것일까.

탄핵심판 당시 헌재의 연구부장 겸 공보관으로 재직했던 배보윤 변호사는 "대통령 직무정지는 상당 부분 국가운영의 중단을 의미하는 것인데, 법원의 판단도 없이 국회 소추만으로 대통령의 직무를 정지시킨 것은 세계에 유례가 없다"고 했다. (조선일보, 2018. 1. 29) 법원의 판단도 없이 내린 박근혜에 대한 헌재의 탄핵 결정이 자유민주주의 국가에서는 유례가 없는 일이었다는 것을 그 당시 헌재에 몸담고 있었던 법률가가 직접 인정하고 있다. 탄핵 추진세력과 맞섰던 채명성 변호사는 한 걸음 더 나아가 박근혜 탄핵은 국회의 대국민 사기며, 헌재는 이 사기의 공범이라고 했다. 탄핵이라는 사기에 공범으로 가담한 헌법재판소의 재판관들은 모두 심판되어야 마땅하다. 박한철 이정미 강일원 김이수... 그들 9인의 이름도 온라인에 다 있다. 그들이 먼저 나서서 참회의 고백을 하기 전에는 그들의 이름을 잊어서는 안된다.

법적 정당성을 갖추지 못한 박근혜 탄핵에 관련된 사람들은 모두 심판받아야 한다. 사실을 조작하고 시민을 선동한 더불어민주당 사람들과 좌익 언론, 협잡질로 국헌을 문란시킨 국회의원들, 둔갑술을 쓴 검찰과 부역질을 한 특검, 대역죄를 지은 헌재 재판관들 모두 심판받아야 한다. 한 사람이 빠졌다. 이 탄핵의 총지휘부에서 최고점에 있었고, 이 탄핵의 과실果實에서 절대적으로 큰 몫을 차지하고 부귀영화를 누린 문재인이다. 북한과 김정은을 위해 열심히 일했던 그 문재인이다.

자유 대한민국의 새로운 시작, 문재인 심판

문재인과 민주당이 중심이 된 문재인 세력이 현직 대통령 박근혜를 탄핵시킬 당시 박근혜를 공격한 핵심 논지는 '민주주의의 파괴'와 '권력의 사유화'였다. 그러나 이 주장은 그들이 정권을 잡고 5년간이나 파헤치고도 결국 입증하지 못했다. 그들의 주장이 거짓이었다는 것이 저절로 증명된 것이다. 정작 민주주의를 파괴하고 권력을 사유화한 것은 박근혜가 아니라 대통령이 된 문재인이었다. 대통령이 되어 대한민국을 통치한 5년 동안 문재인의 위헌적이고 불법적인 국정운영 행위는 다 헤아릴 수 없을 것이다. 그러나 촛불과 박근혜 탄핵 정국에서 그가 심판받아야 할 범죄혐의도 이미 심각하고 엄중하다.

첫째, 드루킹 여론조작 사건이다. 그의 최측근인 김경수는 이에 대한 혐의로 이미 2년형이 확정되어 영어의 몸이 되었다. 그러나 이 사건의 최종적 수혜자인 문재인의 혐의에 대한 조사와 단죄가 없는 한 이것은 아직 미완의 사건이다. 박근혜 탄핵 정국에서 드루킹이 활발하게 활동하며 국민여론을 왜곡하고 국민을 선동했다는 것은 문재인이 집권하고 나서 허익범 특검에 의해 적나라하게 밝혀졌다. 그러나 그렇게 밝혀진 드루킹의 사실과 진실은 박근혜 탄핵을 결정할 때, 그리고 유권자인 우리가 문재인을 다음 대통령으로 선택할 때는 아직 몰랐던 일이다.

드루킹이 조작하고 만들어 낸 여론에 의해 국민의 분노는 하늘을 찔렀고, 그 힘으로 박근혜는 감옥으로 보내지고 문재인은 청와대를 차지했다. 이 모든 것이 드루킹 일당의 은밀한 조작의 결과였다면 드루킹 김동원과 총책 김경수에 대한 단죄로 끝날 일이 아니다. 김경수의 윗선 혹은 배후가 있었다면 이 여론 조작으로 대통령이 된 최대 수혜자 문재인일 것이다. 문재인의 부인이 '경인선 가자'고 말하는 명백한 증거도 있다. 이것은 조작으로 국민의 정치적 의사를 왜곡하여 국민주권주의를 침해한 것으로 명백한 위헌행위다. 드루킹 여론조작에 문재인이 관여했다는 사실은 조사와 수사를 통해 반드시 밝혀져야 한다. 문재인의 관련성과 위법성이 밝혀지면 그는 위법과 위헌으로 단죄되어야 마땅하다.

둘째, 문재인은 헌재의 탄핵 결정을 앞두고 "헌재에서 탄핵이 기각된다면 혁명밖에 없다."고 말했다. 문재인 자신이 바라는대로 헌재가 탄핵을 결정하지 않는다면 혁명밖에 없다고 한 이 발언을 두고 학자들은 물론 많은 국민이 '내란선동'으로 해석했다. 촛불정국의 정점에 있었던 문재인이 혁명을 입에 담은 것은 국민과 헌재 재판관들에 대한 겁박인 동시에 그의 지지자들에게는 내란을 준비하라는 신호로 해석되기에 충분했다. 형법 제91조는 '국헌문란'에 대해 규정하고 있다. 헌법에 의해 설치된 국가기관이며 헌법을 수호하는 최후 보루인 헌재를 겁박한 문재인의 혁명 발언은 헌재의 권능행사를 방해하는 국헌문란이 될 여지가 매우 크다는 것이 법조계의 일반적 견해다. 그래서 그의 발언은 내란선동이 맞을 것이다. 문재인을 내란선동죄로 심판해야 하는 이유다.

촛불혁명이라는 말로 포장한 문재인의 좌익혁명은 정권연장에 실패함으로써 미완성으로 일단 좌절되었다. 실패한 좌익혁명은 그들이 뒤집으려 했던 자유민주주의의 법률체계에 의해 그 위법성과 위헌성을 심판해야 한다. 그것이 혁명의 법칙이다. 그와 함께 혁명을 하고 정권을 잡은 후에는 모두 고위직을 차지한 주사파 수하들과 종북좌익의 동지들도 마찬가지다. 그들도 모두 심판되어야 마땅하다.

셋째, 문재인은 이상의 혐의 외에도 범죄성이 있어 처벌의 가능성이 큰 혐의가 적지 않다. 탄핵 정국 이전의 일에서 대표적인 것은 무력에 의한 국기전복을 준비하다 적발되어 내란선동혐의로 유죄를 선고받은 이석기와의 관련성이다. 이것이 구체적으로 입증되면 국가보안법 위반부터 여적죄까지 성립될 수 있다고 주장하는 국민이나 지식인도 많다.

그의 집권 5년간의 통치를 심판한다면 단죄되어야 할 혐의는 무수하다. 그들 세력은 박근혜를 탄핵할 때 범죄혐의를 입증하는 증거가 '차고 넘친다'고 했으나 모두 허위로 드러났다. 그러나 문재인의 범죄혐의야 말로 차고 넘치는 것으로 보인다. 그의 대통령 임기 동안 공소시효가 정지되어 있었거나 어떤 것은 아직 공론화되지도 않았다. 그러나 혐의 대부분이 그들이 박근혜 정권을 붕괴시킬 때 써먹은 프레임인 국정농단급이다. 박근혜의 범죄혐의는 거짓과 조작으로 만든 것이었으나 문재인의 범죄혐의는 모두 실체가 분명하다.

탈원전 정책을 밀어붙이는 과정에서의 조작과 불법행위들, 북한 원전 건설지원 기도 의혹, 민주주의의 근간을 침해한 울산시장 선거개입처럼 이미 증거가 나오고 죄목이 특정된 것도 많다. 모두 그들이 권력을 잡고 있는 동안 검찰개혁이란 이름으로 덮고 누르고 뭉개고 있었던 혐의들이다. 대한민국 바로잡기는 문재인에 대한 심판에서 시작되어야 한다. 문재인을 심판하지 않는다면 대한민국을 바로 잡을 수 없다는 뜻이다.

문재인에 대한 심판이 빠를수록 훼손되고 파괴된 대한민국의 자유민주주의도 그만큼 빨리 회복될 수 있을 것이다. 언론과 지식인이 앞장서지 않는다면 국민인 우리나라도 나서야 한다. 모두의 관심을 촉구한다.

제 5 장

문재인은 공산주의자인가

문재인과 그의 동지들이 거짓과 조작과 선전 선동의 기술을 구사하며 작위적으로 생산해 낸 촛불정국과 박근혜의 탄핵, 적폐청산 구호를 앞세운 우익세력의 대규모 숙청은 단순히 그들의 권력욕 때문만은 아니었다. 그들이 정권을 잡고 전개한 국정운영과 새로운 정책들은 이 땅의 자유민주주의를 근본적으로 변경하는 것이었고 그들이 오랫동안 갈망하며 끈질기게 싸워 온 남한의 공산국가화와 맥이 닿아 있었다. 대통령 문재인은 공산당식 독재정치를 불사했고, 모든 경제정책들은 반 자본주의적인 것이었다. 좌익이 특권 계급이 되는 새로운 계급사회를 시도하고, 외치의 영역은 공산주의 진영으로 접근하는 외교를 펼쳤다. 그리고 모든 국가경영의 중심에는 대한민국이 아닌 북한과 김정은이 있었다. 국정운영에 내장된 일정한 방향성과 흔들림 없는 일관성에서 그들의 통치가 초래한 총체적 혼란과 퇴보는 무능이 아니라 그와 그의 동지들어 계획한 것이라는 사실은 쉽게 확인되었다. 그들 진영이 70여 년 이상 그려온 오래된 그림 속의 계획이었고 김일성의 대남혁명노선과 같은 그림이었다.

대통령이 된 문재인은 대한민국의 자유민주주의 체제를 해체하려고 마음먹은 듯 보였다. 그가 펼친 통치의 내용물을 들여다 보면 확실히 그랬고, 결과물은 더욱 그랬다. 그래서 그의 집권 5년은 반드시 복기되고 재평가되어야 한다. 대한민국의 국력을 급격히 후퇴시키고 국가 정체성을 변경시키려 했던 그의 통치에 대해 책임을 묻지 않는다면 대한민국의 자유민주주의는 지켜지지 않을 것이며 대한민국의 존립 자체가 위험할 것이다. 그는 '남쪽'을 통치하는 과정에서 자신의 정체를 분명하게 드러냈다. 그리고 북한과 김정은을 대하는 모습에서 그의 정체는 더욱 선명해졌다.

1절

문재인이 만든 나라

2017년 5월 10일 국회광장에서 거행된 대한민국 제19대 대통령 취임식에서 문재인이 낭독한 취임사의 제목은 '한 번도 경험하지 못한 나라'였다. 여기서 그는 약 30가지에 해당하는 여러 약속을 제시했다. 그러나 문재인은 이 약속을 단 하나도 지키지 않았다. 그의 취임사를 다시 찾아 읽어 보면 바로 알 수 있는 일이다. 그가 대통령에 취임하며 국민을 향해 약속한 것을 단 하나도 지키지 않았다는 것만으로 이미 엄중한 일이다. 그런데 더욱 엄중한 일이 있다. 그는 취임사에서 약속한 것과는 반대로 국가를 통치하며 북한과 김정은을 위해 일했다는 점이다. 이것은 그를 대통령으로 선택한 대한민국 국민에 대한 배신인 동시에 대한민국에 대한 국가 반역이 분명하다.

문재인의 배신과 반역은 해외 언론에서 먼저 알아차렸다. 그가 대한민국을 통치한 지 겨우 1년이 지나 미국의 《블룸버그통신》은 2018년 9월 26일 자 기사에서 '문재인 대통령이 유엔에서 김정은의 수석대변인top spokesman이 됐다'는 제목으로 "김정은이 유엔 총회에 참석하지 않았지만 그를 칭송하는 사실상의 대변인을 됐다. 바로 문 대통령이다"라고 보도했다. 이어 10월 29일 자 《뉴욕타임즈》는 다음의 기사를 냈다. "문재인 대통령은 가능한 모든 기회를 동원해 김정은을 '젊고 솔직한 경제개혁가이자 정략가'로 묘사하며 미북 대화를 중개하고, 심지어 교황 방북을 로비하고 있다. 김정은은 문재인 대통령보다 더 훌륭한 대리인agent을 발견하기 어려울 것이다." 문재인은 대체 대통령 직무를 어떻게 수행했을까. 그는 어떤 국정 방침을 가지고 대한민국을 통치 했을까. 그는 북한과 김정은을 위해서 대체 무엇을 어떻게 했길래 이런 평가를 받았을까.

1. 국정의 명령서 촛불

종북단체들이 내민 청구서, 촛불개혁

문재인과 그의 수하들은 늘 촛불혁명을 말했다. 독단적이고 비겁하고 불법적인 일을 할 때는, 혹은 그런 일이 사후에 들통나서 여론의 따가운 질책을 받을 때면 그들은 촛불을 입에 올렸다. 살아있는 권력의 비리에 손을 대는 검찰조직을 괴멸시킬 때도, 권력의 비리를 모두 덮어 버리기 위한 공수처법을 통과시킬 때도 그들은 촛불을 들먹였다. 촛불은 법무장관 조국을 지키기 위해 모인 개국본의 개싸움의 함성에도 섞여 있었고, 추미애가 망나니 칼춤이라는 비난을 받으면서 에이스 검사들을 제주도로 창원으로 대구로 마구 흩뿌릴 때도 입에 올렸으며, 검찰총장을 내좇으려 할 때는 더욱 자주 들렸다. 그 소리는 백정이 칼을 번득일 때마다 내뱉는 추임새 같기도 했다. 이 힘없는 백성은 문재인의 시간 내내 그 소리를 견디며 살아야 했다. 촛불혁명 촛불민심이라는 소리는 창궐에 창궐을 거듭하는 역병에 '2주만 더'와 '터널의 끝'을 반복적으로 듣는 것보다, 'K방역의 성공'을 듣고 또 듣는 것보다, 자영업자들이 곡소리를 내는데도 '기적 같은 경제선방'만을 되풀이하는 문재인의 쓸데없는 말을 듣는 것보다, 자꾸 쏘아대는 북한의 미사일 발사에도 종전선언과 평화협정 타령을 듣고 또 듣는 것보다 더 고통스러운 소리였다. 그 촛불이 거짓이고 조작된 것이고 동원된 것을 알기 때문에 고통은 더 컸다. 문재인의 시대는 법이 지배하는 시대가 아니었다. 문재인의 시대는 촛불이 지배하는 시대였다. 참으로 어이없는 시대였다.

박근혜를 청와대에서 끌어내고 탄핵을 결정하고 감옥으로 보낼 때 촛불집회를 주도한 것은 충분한 자금력과 거대한 조직력을 갖춘 민노총이었다. 여기에 전교조 참여연대 민변 등이 주도적으로 움직이고 범민련 남측본부, 연방통추 등 이름만 들어도 대번에 알 수 있는 종북단체들, 그리고 대법원이 이적단체로 판결을 내린 민권연대, 환수복지당, 재건통진당 등 노골적으로 북한식 공산주의를 지향하는 단체들까지 가세했다. 명실상부한 종북좌익 단체의 총연합이었다. 촛불세력의 연합체에 속한 대부분의 단체들은 이미 탄핵정국 이전부터 오랫동안 반정부 운동과 반체제 활동을 전개해온 세력이었다. 그들은 강경한 반좌익 정책을 펼치는 대통령 박근혜를 향해 극렬하게 저항했다.

이들은 2년 전 세월호 참사의 책임을 박근혜에게 집중시키는 프레임을 만들어 정국의 주도권을 잡은 데 이어 2016년 들어 마침내 최순실과 국정농단이라는 허깨비를 생산하여 탄핵정국을 만들어 갔다. 이 연합체는 '비상국민행동' '민중공동행동' 등으로 여러 번 명칭을 바꾸었으나 소속된 단체들의 구성과 핵심 주도세력과 그들의 정체성과 그들의 지향점은 동일했다. 그 지향점이란 대한민국의 좌익국가화를 실현하는 것이었다. 그들은 이를 위해 먼저 문재인과 더불어민주당을 중심으로 연합하여 박근혜 정부를 붕괴시켰다. 그리고 정권을 장악했다.

문재인이 대통령에 취임하고 정확히 2주가 지난 2017년 5월 24일 '박근혜정권퇴진비상국민행동'은 해산을 선언한다. 그러나 촛불집회를 정권 장악의 결정적 도구로 만든 공으로 문재인 정권에 대한 제 1순위의 채권자가 된 그들이 그냥 물러날 리는 없었다. 그들은 대통령 문재인을 향해 '촛불개혁 10대 분야 100대 과제'라는 제목의 소위 촛불청구서를 내밀었다. 이른바 '10대 분야'로 불린 이것은 ①재벌체제 개혁, ②공안통치기구 개혁, ③정치 선거제도개혁, ④좋은 일자리와 노동기본권, ⑤사회복지 공공성 생존권, ⑥성 평등과 사회소수자 권리, ⑦남북관계와 외교안보정책 개혁, ⑧위험사회구조 개혁(안전과 환경), ⑨교육불평등 개혁과 교육 공공성 강화, ⑩언론개혁과 자유권 등이다.

'10대 분야'로 나눈 이 청구서는 문재인이 취임사에 나열한 30가지의 내용과 비교하면 구체성을 띠고 있으며, 또한 좌익적 이념 지향성이 분명하다. 놀라운 것은 10대 분야 각각이 문재인의 통치 5년을 단숨에 스크린해 준다는 점이다. 게다가 이해되지 않았던 문재인 정권의 수많은 통치 내용이 여기에 다 들어 있다. 그 각각을 간략히 살펴보자.

1. 재벌체제 개혁: 삼성 롯데 한진 등의 총수들은 늘 검찰과 법정과 감옥을 들락거렸고, 한진의 오너는 홧병으로 제 명을 지키지 못했다.

2. 공안통치기구 개혁: 검찰개혁이라는 이름으로 검찰의 범죄 대응력을 약화시키고, 문재인의 퇴임 직전에는 검찰의 수사권을 삭제했다.

3. 정치 선거제도 개혁: 2019년 야당의 강력한 반대를 억압한 채 지역구 의석을 줄이고 비례대표를 크게 늘리는 선거법 개정안을 패스트트랙에 태워 통과시켰다. 독재와 장기집권을 위한 획책이었다.

4. 좋은 일자리와 노동기본권: 비정규직의 정규직화를 추진하고, 공무원을 크게 늘리고, 세금으로 단기성 일자리를 양산했으며, 주 52시간제와 급격한 최저임금 인상을 밀어붙이는 등 선심성 노동정책을 펼쳤다.

5. 사회복지 공공성 생존권: 수많은 종류의 지원금 형태로 현금을 살포했으며, 국가부채의 폭증을 무릅쓰고 소득주도성장 정책을 추진했다.

6. 성 평등과 사회소수자 권리: 성 평등의 이름으로 분열적 페미니즘 선동을 펼치고, 서울 도심에 동성애자의 축제를 허가했다.

7. 남북 관계와 외교·안보정책 개혁: 문재인의 모든 국정운영은 북한에 대한 이익을 우선했으며, 탈 자유진영과 친 공산진영의 외교를 전개했다.

8. 위험 사회구조 개혁: 중대재해처벌법 등 기업과 사업주에게 부담만 되고 실효성은 거의 없는 징벌적 법안을 강압적으로 만들었다.

9. 교육 개혁: 자사고 특목고 등 수월성 교육 시스템의 폐지를 추진하고 좌익이념의 교육을 강화했으며, 학력의 하향 평준화를 방치했다.

10. 언론 개혁: 우익 언론사를 탄압하고 좌편향의 어용언론을 지원했으며, 이를 위해 정권이 끝날 때까지 언론중재법의 통과에 매달렸다.

문재인의 국정운영은 그의 대통령 취임사 내용이 아니라 이 촛불청구서를 따른 것이었다. 그의 통치 5년을 회고하면 바로 확인되는 사실이다. '촛불개혁 10대 분야'를 다시 한번 읽어 보시라. 놀랍지 않으신가.

중간 정산

해산을 선언한 '비상국민행동'의 주도세력은 다시 '주권회복과 한반도 평화실현 8·15 범국민평화행동추진위원회'라는 긴 이름의 단체를 결성하고, 2017년 8월 15일 서울시청 앞에서 집회를 가졌다. '8·15범국민대회'라 부른 이날 시위는 민노총, 한국진보연대, 6·15남측위원회 등 200여 단체 회원 6,000여 명이 모였다. 여기서 그들이 주장한 것은 사드 배치 철회, 한미연합 군사훈련 중단, 남북대화 개시, 평화협정 체결, 한일위안부 합의와 군사협정 철회 등 이 땅의 종북 좌파세력의 주장과 구호가 모두 나왔다. 이것은 박근혜 탄핵을 이끈 촛불 주도세력의 정체성을 고스란히 드러낸 것이며, 또한 문재인 정권의 5년간의 국정운영의 주요 내용과도 일치한다. 문재인 정권은 이들 종북단체들의 청구서에 따라 대한민국을 통치한 것이다. 또한 이들 단체들과 종북이라는 정체성과 사회주의 공산주의 이념 지향성이 처음부터 동일했다는 것을 알 수 있다.

이들은 문재인 정권 출범 초기에 내밀었던 채권청구서를 중간에 점검하는 일도 잊지 않았다. 2016년 가을에 초기 촛불시위를 이끌었던 '민중총궐기투쟁본부'를 계승한 단체인 '민중공동행동'은 문재인 집권 1년이 되던 2018년5월 기자회견을 열고 "문재인 정부가 내세운 100대 과제 중 39개 과제가 개혁을 향해 전혀 진척되지 못하고 있다."고 비판했다. 놀라운 일이다. 100대 과제 중 61개는 집권 1년 만에 이미 실현되었거나 실현 중이라는 말이 아닌가. 문재인이 대통령 취임사에서 말한 30가지의 약속 중 지켜진 것은 단 하나도 없다. 그렇다면 문재인은 취임사에서는 전혀 딴말을 해놓고 국정운영은 촛불청구서에 의해 수행했다는 말이 된다. 문재인의 정체를 이해하는 데 매우 중요한 지점이다.

'민중공동행동'은 문재인 정권의 딱 절반을 넘긴 2019년 11월 30일 다시 한번 문재인을 향해 촛불청구서의 이행을 확인하는 집회를 가졌다. 이들은 '촛불혁명 때 광화문 광장에 켜졌던 횃불을 청와대로!'라는 구호를 외치며 청와대 앞까지 행진하고 집결하여 "발호하는 적폐세력들에게, 역주행하는 문재인 정부에게 민중의 분노를 보여 주자. 이것은 준엄한 민중의 경고다"라고 소리쳤다. 이들은 미국대사관 앞에서는 '한미동맹 파기' 피켓을 들고 성조기를 찢으며 "민중세상 쟁취하여 한반도 평화를 실현하자"고 주장했다. 그리고 "촛불항쟁으로 사망 직전까지 갔던 이들(우익세력)이 불과 3년 만에 어떻게 이렇게 발호할 수 있게 되었는가"라며 우파 궤멸의 강도를 높일 것을 주문했다. (PenN 뉴스, 2019. 11. 30)

전 국민과 세계인이 보는 앞에서 읊은 자신의 대통령 취임사와는 전혀 다른 통치를 펼치는 문재인을 보며 청와대를 장악한 주사파들이 시키는 대로 하는 대통령이 아니냐는 이른바 '바지 대통령론'을 말하는 사람도 있었고, 나라를 온통 혼돈과 쇠락으로 이끄는 그를 보고 '아마추어 정권의 무능한 대통령'이라 말하는 사람도 있었다. 그러나 집권 단 1년 만에 종북 좌익단체들이 요구한 과제의 61%를 해낸 문재인을 바지대통령, 거짓말쟁이, 혹은 무능한 대통령이라고 말하는 것은 절대적으로 틀린 말이다. 문재인은 그의 통치 5년간 종북 좌파집단이 제시한 촛불청구서를 일관되게, 그리고 매우 성실히 이행한 대통령으로 평가되어야 한다. 문제는 그 청구서의 내용이 모조리 대한민국의 자유민주주의와 시장자본주의에 위배되는 것이었고 , 사회주의와 북한식 공산주의에 근접하는 것이었다는 점이다. 종북 좌익단체들이 문재인에게 내민 이 촛불청구서는 북한정권이 내린 지령일지도 모른다. 청구서의 내용이 모두 대한민국을 사회주의화하고 북한화하는 것이었기 때문에 드는 합리적 의심이다. 이 청구서를 수행한 것이 문재인 정권의 본질이다. 문재인의 정체성도 여기에서 찾을 수 있을 것이다.

2. 대한민국을 쇠망케 하다

무슨 일이 벌어진 건가요

"굉장했던 과거에서 이토록 악화되다니, 도대체 무슨 일이 벌어진 건가요" 《자본주의의 미래》의 저자이자 옥스퍼드대 경제학과 교수인 폴 콜리어Paul Collier의 탄식이다. 그는 "개발도상국에서 수십 년 만에 선진국으로 도약한 유일한 국가 한국이 현재는 불황에 시달리는 다른 국가처럼 악몽 같은 시기를 겪고 있다"고 말하며, 낮은 출산율, 청년 취업난, 포퓰리즘 정책의 득세, 커지는 빈부 격차와 사회갈등을 대표적인 실패의 증거로 꼽았다. 그리고 이를 자본주의의 궤도를 이탈해서 나타난 현상이라고 규정했다. 그의 탄식은 계속된다. "한국은 지난 70년 사이 가난을 벗어나 OECD 회원국으로 성장한 유일한 국가입니다. 역사적으로 사회가 뭉치고 단합해 함께 일하면서 변화할 수 있었습니다. 참 역동적이었습니다. 하지만 한국은 심각한 방식으로 잘못되고 있습니다. 너무나 비극적입니다." (조선일보, 2021. 12. 24)

경제의 영역 뿐이 아니다. 문재인의 시대, 대한민국은 모든 영역에서 모조리 실패하고 있었다. 단 하나의 영역에서 단 하나의 성공도 없었다. 실패는 정치 경제 사회 안보 외교 등 국가의 모든 영역에서 분명하고 확실했다. 촛불청구서에 충실히 따른 통치의 결과였다.

문재인의 총체적 실패 중에서 가장 선명한 실패는 역시 경제의 영역이다. 문재인은 그의 수많은 실패를 성공이라고 우기는 데만 시간을 보냈는데, 특히 경제영역의 침체가 심각하게 나타날 때면 '기적 같은 선방'을 앵무새처럼 되풀이했다. 그가 제대로 실패를 인정한 유일한 것은 집값 폭등이었다. 그러나 문재인은 집값 폭등이 확인되고 그것을 인정한 이후에도 부동산 정책의 방향을 수정하지 않았다. 결국 그의 퇴임을 불과 6개월을 남긴 시점에서 집값은 안정되기 시작했다. 그의 퇴임 그 자체가 집값을 잡는 최고의 정책이 된 것이다.

일자리의 문제도 맥락은 같다. 그는 일자리 정부를 표방하며 요란하게 시작했으나 최저임금의 급격한 인상, 주 52시간제 등 모조리 일자리를 줄이는 정책으로 일관했으며, 기업 3법, 노동 3법, 중대재해처벌법 등 기업을 해외로 쫓아내는 정책을 반복했다. 그들은 코로나 방역에서 자영업자의 희생을 방치했으며, 세금으로 만든 단기성 알바를 대거 공급하여 고용율과 실업율 통계에 분칠하는 데만 몰두 했다. 자기집 대신 공공임대주택에 거주하며, 민간기업이 만든 양질의 일자리가 아닌 정부가 만든 싸구려 일자리에 생계를 의지하는 것은 사회주의 국가의 인민이다. 문재인은 처음부터 그런 그림을 그렸던 것으로 보였다.

수많은 반기업 입법과 친노조적 경제정책의 운용으로 해외기업의 국내유치는 애시당초 기대할 수 없었으며, 우리 기업조차 국내보다 해외에다 공장을 지었다. 우리 기업이 해외에서 대형사업을 따내는 것은 물론, 해외에 투자하는 데까지도 따라다니며 정권의 업적인 양 홍보하고 선전했다. 그들은 그런 일만 했다. 대형 국제 체육대회의 유치와 대형 국제박람회와 국제회의의 유치는 발전하는 대한민국의 시대에는 늘 있었던 일이다. 그러나 문재인의 시대에는 아무것도 없었다. 외교력을 동원해서 주요 국제기구의 수장 자리에 한국인을 당선시킨 일도 없었고, 대형 해외사업을 수주한 일에 정부가 힘을 보태는 일도 없었다. 7위(2008년), 5위(2012년), 8위(2016년)를 기록했던 올림픽 순위가 그의 시대에 16위(2021년)까지 떨어진 것은 국가적 발전 에너지 쇠퇴의 선명한 사례다. 우익진영을 공격하는 딱 한 가지 일만 해온 그들이 국가의 발전, 국력의 신장, 미래에 대한 대비에는 무능한 사람들이라는 사실은 익히 알고있는 일이다. 그러나 그들은 애초에 그런 데는 관심이 없었다. 오히려 대한민국의 쇠망이 그들의 계획이고 목표인 듯 보였다.

발전하고 성장하는 대한민국의 흐름은 문재인 정권의 출범과 함께 단절되어 모든 경제 통계와 사회적 지표들은 내리막 길을 걷기 시작했다. 이러한 내리막은 그의 집권 5년간 일관되었다. 말 안 듣는 통계청장을 교체하며 통계를 조작하고, 아예 통계기준을 바꾸어 놓기도 했다. 그래도 통계 화살표의 방향은 돌려지지 않았고, 나중에는 욕먹을 통계는 발표조차 하지 않았다. 그렇게 대한민국은 발전하는 국가에서 급격히 쇠망하는 국가가 되었고, 성장하고 발전하는 대한민국의 시대는 문재인의 시대에서 끝이 났다. 결국 세계 10대 경제대국에까지 이른 대한민국의 번영은 청년들의 부모세대에서 마감되었다. 1960~80년대까지 30여년 동안의 제1세대는 김일성의 침공으로 폐허가 된 나라를 재건하는 시대였고, 1990~2010년대까지의 제2세대는 1세대가 이룬 성장의 궤적을 계속 유지했다. 이 흐름은 제 3세대인 지금의 청년 시대가 시작되면서

끊어졌다. 문재인 정권이 그렇게 만들어 놓았다. 지금의 청년들은 대한민국 70년의 역사에서 부모세대보다 가난하게 된 첫 세대가 되었다. 대한민국의 미래인 청년들 스스로가 내린 결론이다.

긴 인류 역사에서 인간의 존재를 위협한 최대의 적은 빈곤이었다. 빈곤은 모든 시대, 모든 지역, 모든 가정, 모든 개인을 예외없이 위협했다. 질병 전쟁 자연재해가 인간을 간헐적으로 혹은 주기적으로 공격했다면 빈곤은 모든 인간 존재에 대해 하루에 최대 세 번씩도 공격할 수 있는 상시적인 위협이었다. 세계적인 경제대국이 되어 이 상시적인 위협을 단군 이래 처음으로 제대로 해결했다 싶었던 대한민국에서 빈곤의 무서움을 다시 확인시켜 준 것은 문재인이었다. 막대한 현금을 살포했음에도 문재인의 시대에는어느 동네에서 누가 아사했다거나 빈곤으로 한가족이 생을 마감했다는 소식은 이전시대에 비교해 압도적으로 많았다.

청년들이 하루 두 끼로 버틴다는 뉴스와 매번 컵라면으로 끼니를 때우는 취업 준비생이 늘어간다는 뉴스는 처음에는 안타까운 마음이었으나 나중에는 분노가 치밀었다. 월 200만 원을 받을 수 있는 청년들의 일자리마저 감소시키는 정책을 고집하면서도 선거 때가 되면 부자들에게까지 불과 몇 십만 원 되는 돈을 뿌려대며 생색을 내는 그들에게 어찌 분노하지 않겠는가. 그것은 청년들의 실업과 빈곤에는 입을 닫고 있다 국민의 원성이 높아질 때에야 겨우 나타나 "안타깝다. 가슴 아프다"는 말만 되풀이하는 대통령을 뽑은 국민의 업보인 듯도 싶었다. 그러나 그것은 시대착오적 사회주의 정책으로 나라 경제를 엉망으로 만들어 놓은 최고책임자 문재인에게 분개하고 책임을 물어야 할 일이다. 문재인이 촛불에 의지해 만들어 놓은 대한민국 경제의 실상이다.

문재인의 성공, 국민의 지옥

폴 콜리어 교수는 대한민국 경제의 악몽을 이야기했다. 그러나 악몽
은 경제에만 국한되는 것이 아니다. 정치의 영역은 보수 궤멸을 공언하
며 야당을 압살하여 대한민국은 왼쪽 날개만으로 날아가는 독재국가가
되었다. 문재인 정권은 인권, 표현의 자유 등 국민의 기본권을 침해하고
훼손하며 70여 년간 어렵게 발전시켜 온 대한민국의 자유민주주의를 현
저하게 후퇴시켰다. 집권 2년 차에 선 보인 신헌법개정안은 자유민주주
의와 사회주의를 구분하는 핵심인 '자유'가 빠지고 '국민'을 북한 헌법식
표현인 '사람'으로 바꿔 놓아 대한민국을 사회주의 국가로 변경시키려는
그들의 의도를 분명하게 드러냈다.

대한민국의 법과 정의와 정체성을 지켜야 할 사법부는 김명수 같은
좌익 성향의 법관들로 요직을 모두 교체하였고, 검찰은 문재인 세력에게
는 손도 대지 못하도록 만들어 놓았다. 그들은 그것을 검찰개혁이라 불
렀다. 그리고 모조리 범죄혐의 투성이인 조국과 추미애와 박범계를 법무
부 장관에 임명하여 그들보다 혐의 숫자가 적은 민주당 사람들의 범죄
는 범죄 같아 보이지도 않게 만들었다. 구린 데가 많은 그들 세력의 구
린내를 감추는 놀라운 기술이었다. 그것으로도 퇴임 후가 불안했던지
공수처라는 철갑옷을 만들어 입더니 퇴임 직전에는 검찰의 수사권까지
없애 버렸다. 문재인의 시대, 대한민국의 정치는 그렇게 망가져 갔다.

문재인은 외교의 영역에서 근대화와 문명화와 선진국화에 성공한 국가들이 모인 자유민주국가 진영은 스스로 멀리하고 명백한 실패로 끝난 사회주의 진영으로 다가가는 대외정책으로 일관했다. 미국을 중심으로 하는 자유진영 우방국이 하는 일에는 늘 명단에서 빠졌고 그래서 북한이 다시 남침을 하면 미국 EU 등의 서방 국가들이 6·25 때처럼 우리를 도와 주기나 할까 싶었다. 북한이 다시 쳐내려 오면 아무도 도와 주지 않도록 만드는 것이 문재인의 외교 정책이자 안보 정책인 듯 보였다.

결과는 즉각적으로 나타났다. 반미적 행보를 노골화하다 백신확보 순서가 뒤로 밀렸고, 워싱턴의 외교가에서는 한국이 그들의 동맹국이 맞는지 의심하였으며, 우리 외교관들은 국제 외교무대에서 푸대접을 받았다. 그리고 죽창가를 부르며 일본을 적대하다 국내에서 급격히 줄어드는 일자리에 대한 돌파구를 일본에서 찾고 있던 청년들의 일본 취업의 길조차 막아 버렸다. 기업들은 청와대의 부인에도 불구하고 수출 수입 관광 등 모든 대일 교역에서 고전했으며 문화의 영역을 비롯한 사회적 교류도 현저하게 줄어들었다. 반면 중국에 대해서는 모욕적인 대접을 받고 욕을 먹고 영해를 침범당하면서도 굴종했다. 중국이 경제적 목적에서 김치와 한복을 빼앗아가도 문재인과 그의 정부는 아무 소리도 하지 않았고, 삼성과 현대가 중국에서 부당하게 시장을 빼앗겨도 노영민 장하성 강경화 문재인 모두가 꿀먹은 벙어리였다. 그들은 공산주의 국가 중국을 형님으로 모시는 듯했다. 외교정책도 북한을 따라가고 있었다.

문재인 자신과 그의 수하들은 남북 간의 관계개선과 평화유지를 확고한 치적인 것처럼 선전했다. 그러나 문빠와 종북주의자 등 그들 집단 이외는 아무도 인정하지 않았다. 문재인 스스로 대통령 취임 100일 기자회견에서 '북한이 ICBM에 핵탄두를 탑재해서 무기화하게 되는 것이 레드라인'이라고 규정했으나 북한은 문재인의 퇴임을 두어 달 남기고 이 레드라인을 넘었다. 이로써 문재인의 말은 다시 한번 하나마나한 것이 되었고 그의 대북정책은 완전한 실패로 끝났다. 남은 것이라곤 문재인이 퇴임을 앞두고 김정은으로부터 그간의 노고를 치하받은 것뿐이다. 문재인의 실패가 김정은의 성공이라는 뜻이고 그래서 김정은은 문재인에게 노고를 치하했을 것이다. 결국 남북관계는 오히려 과거보다 더 악화 되었고 대한민국의 안보는 북한에 더욱 종속되었으며 군사력의 역전은 더 심화되었다. 이것이 문재인이 만들어 놓은 남북관계다.

문재인의 시간에 국민은 왼쪽과 오른쪽, 동쪽과 서쪽, 광화문과 서초동, 남자와 여자, 젊은이와 늙은이, 임대인과 임차인으로 갈라지고 쪼개졌다. 심지어 대통령 자신이 직접 나서서 의사와 간호사까지 쪼개기를 하였다. 그래서 '갈라치기'라는 새로운 언어까지 생겨났다. 이렇게 쪼개진 국민은 맹렬하게 싸웠다. 나라와 국민이 쪼개지는 이유는 늘 문재인이 만들었다. 가족 전체가 하나의 범죄단으로 보이던 조국을 기어이 법무장관에 임명하고, 살아있는 정권의 범죄에 손을 대던 윤석열을 쫓아내기 위해 추미애가 칼춤을 출 때 문재인은 청와대 깊은 곳에서 침묵했다. 그의 침묵으로 국민은 힘을 더 얻은 한 쪽과 화가 더 맹렬해진 다른 쪽으로 분열되어 싸우고 또 싸웠다. 이 확실한 쪼개짐과 상대를 향한 뜨거운 증오심 덕분에 국민은 눈이 멀었고 그래서 40%에 이르는 한 쪽은 '대가리가 깨져도 문재인'을 외쳤다. 그의 집권 후반기에 50%가 넘는 정권 심판의 민심에도, 그래서 결국 적폐세력이라며 궤멸의 지경에까지 몰아 넣었던 우익세력에게 정권을 빼앗기면서도 임기 말까지 40% 내외의 단단한 지지율을 보장받을 수 있었다. 이 40%의 지지율로 자신의 안전을 도모하기 위해 문재인은 그렇게 집권 5년을 거대한 분열의 시대로 만들었고 결국 대한민국은 그의 뜻대로 갈기갈기 찢어졌다.

망가진 경제, 독재 정치, 고립 외교, 위험한 안보, 국민의 분열, 이 모든 것은 문재인에게는 성공이었으나 국민에게는 지옥이었다. 그리고 대한민국 쇠락의 시작이었다. 모두 문재인이 처음부터 계획한 것인 듯 보였다. 쇠락은 문재인이 대한민국을 사회주의화하고 북한화하는 통치에서 이미 예견된 일이었다. 대한민국을 쇠망케하고 국민을 지옥에 빠뜨리는 것이 곧 문재인의 성공이었다는 말은 그런 뜻이다.

대한민국은 없었다

대통령 문재인은 애시당초 대한민국에는 관심이 없는 듯했다. 그의 관심은 온통 북한과 김정은을 향하고 있었다. 그 외의 일은 주사파 참모들이 써준 A4용지나 대신 읽는 것으로 보였다. 북한도 문재인을 욕할 때는 '아랫사람이 써준 것이나 졸졸 읽는 주제'라고 할 정도였으니 그가 대한민국의 경영에 관심이 없었다는 것은 분명하다. 집값이 폭등해도, 일자리가 급격히 줄어도, 나랏빚이 급격히 늘어도, 조국에 분노한 시민이 광화문에 모여 함성을 쏟아내도, 추미애가 윤석열을 쫓아 낸다며 온 나라를 1년간이나 분탕질을 해도, 김정은이 미사일을 펑펑 쏘아대도 그는 관심조차 없는 듯했다. 청와대 깊은 곳에서 입을 닫고 있었으니 그것은 무관심으로 봐야 할 것이다. 비겁함인지도 모르겠다. 무관심이든 비겁함이든 그 주체가 일국의 대통령이라면 국가와 국민에게 불행한 일이기는 마찬가지였다.

코로나가 창궐하여 마스크가 필요한 때에는 마스크가 없었고, 백신이 필요한 때에는 백신이 없었으며, 음압병상이 필요한 때에는 그것도 없었다. 그는 청와대에 앉아 늘 'K방역의 성공'만 말했다. 거듭되는 재창궐에 염치가 없었던지 나중에는 그의 부인이 대신 나서서 방역 성공을 자랑했다. 유조선도 자동차도 반도체도 다 만드는 세계 10대 산업대국에서 이해가 되지 않는 이런 일들이 문재인의 시대에는 태연히 있는 일이었다. 우리 모두가 알고 있지 않은가. 그나마의 방역 성공은 마스크 쓰기와 격리수칙 준수를 공산주의 국가의 인민들보다 더 철저히 지킨 우리 국민들과, 의료진의 헌신과, 식당 사장님들의 희생 덕분이었다는 것을. 결국 그의 임기 두 달여를 남기고는 신규 확진자 수 세계 1위를 기록하는 대참사를 초래했다. 하루 확진자 62만 명을 기록하는 그날 문재인 정부는 '세계가 놀란 K방역'이라고 자화자찬하는 홍보책자를 배포했다. 문재인은 K방역을 자신의 업적인 양 홍보하는 딱 한 가지만 하고 있었다. 국내 병원에 코로나 음압병상은 제대로 늘리지도 않고 대신 K방역 성공을 해외에 홍보하느라 무려 1,200억 원을 썼다(중앙일보, 2020. 12. 13)고 한다. 우리는 이런 대통령 치하에서 5년을 살았다.

문재인은 어쩌다 나라의 미래를 말할 때도 있었다. 그러나 그것은 감당하지 못하는 현실에서 국민의 눈을 돌리려는 수작 정도로 보였다. 국민의 신음과 분노의 소리가 높아지고 지지율이 떨어질 때 그는 10년 후를, 때로는 30년 후를 말했다. 그러나 단 며칠 후에 닥칠 코로나의 재창궐도 예상하지 못한 채 '마지막 고비'와 '2주 후'를 몇 번이나 되풀이하고 '터널의 끝'을 말하고 또 말하는 그의 입에서 나오는 미래는 공허했다.

그의 미래는 처음부터 뿌리도 꼭지도 없는 것이었고 앞과 뒤가 구분되지도 않았다. 그저 아름다운 단어들만 가득 나열되어 있는 그의 미래는 그 자리에서 수명을 다했다. 전문가들이 참여한 세밀한 사전 검토와 준비, 예산확보와 조직안배 등의 실질적 조치는 따르지 않은 채 청와대의 이념가들과 홍보 기술자들이 궁리해 낸 그의 미래는 1년 2년 3년이 지나도록 아무런 결과가 없었다. 일자리 늘이기도, 주택공급 확대도, 연금개혁도, 그린뉴딜도, K반도체 전략도, 조선산업 부흥계획도 모두 그러했다. 문재인이 말하는 미래는 지금 당장의 실정을 덮으려는 의도가 분명한 것이었지만, 어쩌면 자신들의 실정을 모두 전 정권 탓이라고 말하는 그들이 다음 정권의 업적을 자신들의 것이라고 우길 수 있는 씨앗을 뿌려놓는 수작인 듯도 했다. 언론도 처음에는 그게 어떻게 전 정권 책임이며, 이게 어떻게 현 정권의 공이냐고 따졌으나 나중에는 모두 그러려니 하고 더 이상 말하지 않았다. '원래 그런 사람들'로 보는 듯했다.

문재인 정권은 대한민국의 미래는 물론 자식세대의 삶에 대해서도 고민하는 것 같지 않았다. 그들은 국가 예산을 국가와 청년들의 미래 준비에는 쓰지 않은 채 정권연장을 위한 매표정책에만 쏟아 부었다. 돈이 모자라게 되자 나랏빚을 무작정 늘려가며 계속 그렇게 했다. 대한민국 70여 년간 누적된 부채 660조 원은 그들이 통치한 단 5년 만에 1,070조 원을 넘겼고, 2030년이면 2,200조까지 늘어나는 구조를 만들어 놓았다. 나랏빚 뿐이 아니다. 총체적 국가경제의 침체로 가계 자영업자 기업 등의 민간부채도 크게 늘어 문재인이 집권하고 5년이 지나자 GDP 대비 1.8배에서 2.2배로(동아일보, 2022. 4. 4) 늘어났다. 이러한 정부 및 민간 부문의 부채 증가속도는 OECD 국가 중 1등이었다. 경제가 가장 빠르게 성장하던 대한민국은 이제 빚이 가장 빠르게 불어나는 나라가 되었다.

문재인 자신이 속한 부모세대는 곧 은퇴할 것이니 이 빚은 고스란히 청년들이 갚아야 할 것이다. 청년 1인당 겨우 몇 백만 원씩 뿌려진 현금은 그들이 중·장년이 되었을 때 억대의 청구서가 되어 그들의 삶을 짓누를 것이다. 그들이 장년이 되면 1인당 4억 원씩의 빚이 지워질 것이라는 분석도 있다. 현금 살포를 위해 나랏빚을 마구 늘리다 결국 국가파산에 이른 그리스 베네수엘라 아르헨티나 터키의 길을 따라가기로 작정한 듯 보였고, 국가파산이 문재인과 주사파 수하들의 계획인 듯도 했다.

문재인의 퇴임 전 유엔무역개발회의UNCTAD는 대한민국을 선진국 그룹으로 결정했고, 청와대와 민주당은 그것을 자랑했다. 그러나 그것은 문재인 정권이 스스로 신청한 것이라는 사실이 밝혀졌다. 중진국의 혜택을 포기하고 선진국으로서의 여러 가지 의무를 무담해야 하는 실제적 국익 손실을 감수하고 이렇게 한 것은 그들이 만들어 놓은 대한민국의 총체적 쇠퇴를 은폐하기 위해서일 것이다. 문재인이 퇴임할 무렵 대한민국의 쇠퇴는 여러 통계지표와 국가경쟁력 순위 하락으로 분명하게 입증되었다. 문재인이 박근혜 정부를 공격한 4년과 그가 집권한 5년까지 도합 9년 동안 대한민국은 쇠퇴를 거듭했다. 그 영향은 앞으로 수십 년에 걸쳐 더 선명하게 나타날 것이다. 우리 자식들에게 드리워진 먹구름이다. 문재인이 해놓은 일이고 문재인이 만들어놓은 대한민국의 미래다.

문재인과 그의 수하들이 대한민국의 현재와 미래를 위해 한 것은 아무것도 없다. 그의 집권 후반기가 되어 그 자신은 이것저것 열심히 자랑질을 했음에도 "문재인이 잘한 것 있으면 단 하나라도 말해 보라"고 하는 사람이 많았으니 아무것도 없었다고 보는 게 맞을 것이다. 생각나는 것이라고는 모두 북한과 김정은을 위해 애쓴 것 뿐이다. 그가 한 일을 굳이 찾는다면 태양광 풍력 등 재생 에너지 사업을 위해 박정희 때 심어 놓은 나무를 몇 백만 그루나 베어 낸 것과, 세금을 대거 투입하여 그들 세력의 주변을 부양한 일과, 막대한 현금을 뿌려 지지율을 유지한 일과, 사회주의 경제정책으로 국민과 기업과 나라를 가난하게 만든 일이었다. 또 있다. 자신들의 범죄 혐의에 손대지 못하도록 검찰의 수사권을 축소하고, 수사력이 뛰어난 에이스 검사들을 모조리 지방으로 좌천시켜 식물검찰을 만들고, 대법원을 모조리 좌익판사들로 채우고 어용화하여 전국민 앞에서 버젓이 거짓말을 하고도 당선된 경기도지사에게 무죄 판결을 내려 다음 대선의 후보가 될 수 있도록 한 일이다. 문재인은 그런 일만 했다. 그가 하는 일에 대한민국의 현재와 미래는 없었다. 문재인의 시대, 김정은에 대한 충성이 있었다. 그러나 대한민국은 없었다.

3. 조선인민공화국을 위한 남쪽 정권

스스로를 진보세력으로 부르는 문재인 세력은 지식인들이 말하듯 김일성주의자 집단인가. 그들의 정체성에 대한 이 질문은 문재인이 집권한지 채 1년이 되지 않아 열린 동계올림픽에서 이게 대체 평창올림픽인가 아니면 평양올림픽인가 의심하며 해답의 윤곽이 잡혔다. 겨울의 평창에서 시작된 문재인 정권의 봄타령과 평화타령은 그후 1년 이상 세계인의 이목을 집중시키며 수 차례의 남북 및 북미회담으로 이어졌다. 그러나 그 중심에는 김정은이 있었고 대한민국 대통령은 늘 주변에 있었다. 국내에는 족보 없는 경제정책으로 일자리가 계속 줄어들고 집값은 매일 신고가를 찍었으며, 거리에는 빈 점포가 늘어나고 있어도 문재인은 이러한 문제에는 초월한 듯 김정은에게만 매달렸다. 문재인은 자신의 집권 전반의 시간을 오직 북한을 위해서만 보냈다.

북한을 위하여, 김정은을 위하여

문재인과 김정은은 모두 네 번 만났다. 2018년 4월과 5월 연거푸 판문점에서, 2018년 9월에는 문재인이 평양으로 가서, 2019년 7월에는 판문점에서 트럼프가 김정은과 만날 때 끼어들어서, 이렇게 네 번이다. 김정은과 트럼프는 2018년 6월 싱가폴에서, 2019년 2월 베트남에서, 다시 7월에는 판문점에서 만났다. 김정은과 트럼프의 모든 만남은 문재인이 중간에서 거간꾼 노릇을 열심히 한 결과였다. 남북회담이든 북미회담이든 더 설명할 것은 없다. 사진을 남긴 것 외에는 단 한 발자국도 진전된 것이 없기 때문이다. 이 모든 만남은 시간 낭비와 국고 낭비였으며 방송국 전파와 국민 관심의 낭비였다. 그 당시의 각종 자료를 지금 다시 들추어 보면 헛웃음만 난다. 김정은이 핵을 포기할 리 없다는 수많은 국내외 전문가들의 의견을 문재인은 철저히 무시하고 오히려 정반대로 갔다. 그래서 예견된 결과였고 뻔한 결과였다.

2019년 4월 12일 문재인은 갑자기 미국까지 날아가 워싱턴의 트럼프를 찾았다. 외교 대참사라 불린 이 방문은 대한민국의 국익을 위해 무엇을 부탁하러 간 것 같지는 않았다. 북한에 대한 경제제재의 완화를 부탁했거나 아니면 김정은을 다시 만나 달라고 부탁했을 것이다. 트럼프가 문재인을 겨우 10여 분간 만나 준 사실이나 문재인이 말하는 중에 트럼프가 하품을 했다는 참모들의 후일담까지 있으니 아마 그럴 것이다. 그 후 어떤 결과도 없었던 것을 보면 문재인의 부탁은 거절당한 것이 분명하다. 국내외의 많은 전문가들과 연구기관들이 '그것은 실패가 예견된 일이다'라고 말했음에도 문재인은 아랑곳하지 않고 트럼프에 매달렸다. 그러나 트럼프도 디 이상 문재인을 믿는 것 같지는 않았다. 국내의 중요 현안은 모두 뒤로 하고 오직 북한과 김정은을 위해 열심이었던 문재인을 두고 외국 언론은 그를 공산주의자로 의심하기도 하고, 김정은의 대리인으로 부르기도 했다. 그를 북한 사람으로 부르는 국민도 늘어났다.

2021년 4월 21일 보도된 《뉴욕타임즈》와의 인터뷰에서 문재인은 트럼프의 대북정책을 두고 "변죽만 울렸을 뿐 완전한 성공을 거두지 못했다"고 말했다. 북한과의 관계 파탄에 대한 책임을 이미 대통령 직에서 물러난 트럼프에게 돌리려는 의도가 뻔히 보였다. 이에 대해 트럼프는 "북한의 김정은은 결코 단 한 번도 문재인 대통령을 존중한 적이 없었다. (문재인은) 지도자로서도 협상가로서도 약했다"며 즉각적인 반응을 보였다. (동아일보, 2021. 4. 26) 문재인과 트럼프 사이의 이 공방은 김정은을 포함한 그들의 만남이 모두 허사로 돌아갔음을 확인하는 것이었다. 그럼에도 북한과 김정은을 향한 문재인의 충성스런 행보는 멈추 않았다.

김정은에 대한 문재인의 충성심은 2020년 9월 우리 공무원이 서해에서 사살되고 불태워진 사건에서 분명하게 확인되었다. 우리 국민의 생명과 안전에는 전혀 관심이 없는 대통령이라는 사실도 놀라운 일이었지만 북한과 김정은에 대한 그의 태도는 경악스러운 일이었다. 이 사건에 대한 정부의 첫 반응은 국방부가 북한의 만행을 규탄하는 일이었다. 그러나 청와대와 민주당 국회의원들과 어용언론에서 월북을 의심한다는 말이 나오기 시작하더니 수사결과가 나오기도 전에 월북으로 단정되었다.

이 와중에 청와대는 사건 열흘 전 문재인이 김정은에게 보냈다는 친서를 공개했다. "김 위원장님의 생명 존중에 대한 강력한 의지에 경의를 표한다"는 내용이었다. 당시의 상황과 완전히 배치되는 이런 내용의 친서를 공개한 것은 김정은의 잔혹함을 희석시키고 은폐하려는 수작으로 보였다. 이복형과 고모부와 우리 국민을 잔인하게 죽인 김정은에게 '생명 존중에 대한 경의'를 말한 이 사람 문재인, 김정은에 대한 문재인의 충성심은 실로 경이롭고도 경악스러운 것이었다.

문재인은 그의 집권 마지막 1년을 남기고도 북한바라기만 했다. 2021년 여름의 도쿄올림픽을 북미 간, 그리고 남북 간의 대형 이벤트로 삼기 위해 정권 내내 죽창가를 부르며 악화시켜 온 일본과의 관계를 뒤늦게 개선하겠다고 나섰으나 미국도 일본도 더 이상 문재인을 믿지 않았다. 그래서 그것은 성사되지 않았다. 그나마 북한이 올림픽 불참을 결정하자 닭 쫓던 개 지붕 쳐다보는 꼴이 되었다. 문재인의 원맨쇼였다.

이런 부질없는 과성과 허무한 결과는 2022년 2월에 열리는 북경 동계올림픽을 앞두고 다시 한번 반복된다. 북경에서 김정은과 시진핑과 함께 종전선언을 할 수 있도록 애쓴다는 소문이 무성했다. 그러나 이번에도 북한의 불참 선언으로 무산되었다. 또 닭 쫓던 개 꼴이었다. 그러나 문재인은 끈질겼다. 자신은 면담을 요청하는 국내의 야당 대표조차 만나 주지 않는 사람이 새로운 미국 대통령을 향해 "북한과 마주 앉고 중국과 협력하라"고 촉구했다. 외국 정상을 향한 현실성 없는 그의 말은 촉구라기보다 호기나 객기로 보였다. 자신에게 충성을 맹세한 국정원장 박지원을 앞세워 교황의 방북을 추진하기도 했는데 이것도 처음부터 현실성이 없는 일이기는 마찬가지였다. 김일성이라는 유일종교만 있는 북한에 교황의 방북은 처음부터 불가능한 것이었다. 그래서 결과는 당연한 실패였다. 되는 것은 아무것도 없었다. 그럼에도 김정은을 위한 문재인의 충정은 멈추지 않았다.

문재인은 이해할 수 없는 때에 이해할 수 없는 나라를 불쑥불쑥 방문했다. 그러나 무엇을 하고 왔는지 국민과 언론에 제대로 알리지도 않았다. 그의 정체를 좀 아는 사람들은 갖가지 추측을 했다. 그런 방문에 꼭 동행하는 주사파 임종석은 추측의 증거로 자주 들먹여졌다. 추측은 대부분 북한과 김정은에게 무엇을 건네 준 것이 아니냐 하는 점에서 공통적이었다. 그런 추측들은 증거가 나올 때까지 뒤로 제쳐두더라도 대통령 문재인이 대한민국 국민이 낸 세금과 국민이 준 권한과 시간으로 세계 최악의 독재자 김정은을 '정상국가의 정상적 통치자'의 모습으로 국제무대에 등장시켜 주는 데 절대적으로 공헌했다는 사실만은 분명하다. KBS와 MBC가 마치 《조선중앙방송》처럼 김정은을 미화하는 보도를 내놓고 '위인 김정은 맞이'를 준비하는 사람들이 별로 이상하게 보이지 않는 '조선인민공화국의 남쪽'으로 만들어 놓은 것도 김정은을 향한 문재인의 충성이 분명하다. 또한 국민과 세계를 향해 김정은이 비핵화를 약속했다고 전하며 평화 분위기를 띄우고, 경제제재를 풀어 주자며 시선을 돌려 놓는 사이 북한이 핵무기 숫자를 늘리고 단·중·장거리 미사일을 모두 완성할 수 있게 된 것도 시간을 벌어 준 문재인의 공적일 것이다. 그러나 이것은 대한민국에는 반역이다. 명백하다.

2021년 7월 3일 문재인은 그의 페이스북을 통해 김정은이 선물한 풍산개가 낳은 새끼를 공개하고 젖을 먹이는 사진을 함께 올렸다. "(새끼 7마리의) 이름을 짓기 쉽지 않네요"라고 했다. 그는 개 이름을 고민하고 있었다. 폭등하는 집값과 일자리를 찾지 못해 거리를 헤매는 청년들과 장사를 못하여 링겔을 맞으며 버티고 있는 자영업자들은 그의 관심사가 아닌 듯했다. 두 달이 지난 9월 1일에는 다시 이 개들과 함께 한가한 시간을 보내는 사진을 올렸다. 코로나 방역에 혹사를 당하던 간호사들이 파업을 선언해 정부가 막판 협상을 벌이고 있었고, 간호사들의 총파업 예고시간을 불과 12시간 앞둔 때였다. 이 긴박한 시간에도 문재인의 머리 속에는 김정은이 보낸 풍산개만 있었고 대한민국은 없었다.

문재인은 퇴임 후 이 풍산개를 버렸다. 동물애호가들은 물론 대부분의 국민은 그제서야 인간 문재인의 본색을 알게 되었다며 분노했다. 그러나 대통령 문재인이 그의 재임 기간 중에 이미 대한민국 국민을 버렸다는 사실은 모르는 듯했다. 서해 공무원 피살사건은 그런 사례 중 하나일 뿐이다. 문재인은 그의 집권 기간 동안 대한민국 국민은 버리고 북한과 김정은만 바라보고 있었다. 그의 수하들도 다 그런 듯 보였다.

이미 점령된 것인가

2021년 2월 25일 안민석 윤미향 김남국 최강욱 등 여권 국회의원 35명은 성명을 내고 다음 달로 예정된 한미연합훈련의 연기를 촉구했다. 김정은이 반대한다는 것이 이유였다. 북한이 가진 핵과 펑펑 쏘아대는 탄도미사일에는 어떠한 소리도 내지 않는 여당 국회의원들이 우리의 방어훈련인 한미연합훈련의 연기를 주장한 것이다. 군사훈련에 연기라는 개념은 없다. 운동선수가 연습을 하지 않는 것은 연기가 아니라 그냥 연습을 게을리하는 것일 뿐이다. 군사 훈련도 마찬가지다. 훈련하지 않는 군대는 유사시에는 즉각적인 패배로 이어진다. 언제 공격해 올지 알 수 없는 것이 적이며 그래서 국가가 평화시에도 군대를 유지하는 이유다. 그들의 훈련 연기 주장은 그냥 훈련을 하지 말라는 것일 뿐이다.

결국 이 훈련은 '한미연합지휘소훈련'이라는 이름의 컴퓨터 시뮬레이션으로 대체되었다. 훈련이 아니라 컴퓨터 게임이었다. 북한은 우리를 겨냥한 무력증강을 계속하고 있고, 우리를 침공하는 순간 명백한 적군이 된다. 잠재적 적장이 요구한다는 이유로 군사훈련을 하지 말라는 이들 35명과 그들의 수장 문재인은 과연 대한민국 사람일까.

한 달 후인 3월 25일 북한은 탄도미사일을 발사했다. 그러나 국방부는 5일이나 지난 3월 30일의 정례 브리핑에서 이것을 탄도미사일로 확정하지 않고, 아직도 분석 중이라고 했다. 당일 김여정 스스로 탄도미사일이라는 것을 인정했는데도 그렇게 말했다. 문재인의 시대 국방부와 합참은 북한이 미사일을 쏘면 항상 '미상의 발사체'라고 했고, 기자들의 질문에는 '분석 중'이라고 했다. 20대 대선에서 우익 후보의 당선이 확정되고 나서야 탄도미사일이라고 발표했다. 미사일이 제 이름을 찾는 데 무려 5년이라는 시간이 걸렸다. 어이없는 일이다.

2021년 2월 캐나다 외교부가 주도하고 미국이 지지하며 세계 58개 국과 유럽연합이 참가하는 '외국인 구금 반대' 국제행동이 출범했다. 자유민주주의 국가 대부분이 참가한 이 국제연대는 외국인 구금을 정치적 수단으로 활용하는 일부 국가의 '인질외교' 관행을 뿌리 뽑자는 취지다. 하지만 캐나다가 공개한 서명국에 한국은 없었다. (중앙일보, 2021. 2. 17) 같은 달 유엔은 북한에 1969년의 KAL기 납북자 등 강제 실종자 12명에 대한 정보제공을 요청했다. (연합뉴스, 2021. 2. 13) 문재인은 김정은을 여러 번 만나면서도 이미 신원이 확인된 6명의 국민에 대해 어떤 조치도 취하지 않았다. 그러고도 남북 관계가 역대 어느 정권에서보다 최고의 평화 상태라는 자랑질만 계속했다. 문재인이 자랑질만 하고 있을 뿐 국민을 위해 아무것도 하지 않으니 유엔이 대신 나선 것이다.

2021년 4월 민주당의 비례대표 이수진 의원은 5월 1일 '근로자의 날' 명칭을 '노동절'로 바꾸는 법안을 제출했다. 남한과 북한에서 국민과 인민으로 달리 부르듯 근로자와 노동자도 그렇다. 그래서 우리는 근로자의 날로 부르고, 북한은 노동절로 부른다. 우리도 북한이 쓰는 노동절로 바꾸자는 것이다. 같은 해 12월부터 우리의 여권 색상이 남색으로 바뀌었다. 33년간 써오던 녹색을 남색으로 바꾼 것이다. 북한 여권의 색상은 남색이다. 이것은 우연의 일치가 아니다. 북한 여권은 사회주의 국가 39개 국에서만 통용되어 조사 대상 113개 국 중 113위, 대한민국 여권은

192개 국에서 통용되어 세계 2위 (동아일보, 2022. 7. 21) 라는 여권파워 순위에서 알 수 있듯 국제사회에서 남북한의 국가 신용도는 하늘과 땅 차이다. 같은 KOREA 국명을 쓰는 남북이 여권 색상도 같아졌다는 것은 사소하거나 가벼운 일이 아니다. 북한을 위해 일하고 북한을 따라가는 일만 했던 문재인 정권의 수많은 성취 중에 하나이며 그들의 혁명 중의 한 부분일 것이다. 그들은 이런 일만 했다.

"천안함 폭침은 공상과학이고, 개성연락사무소 폭파는 국제사회 제재에 경각심을 준 것이다." 북한정권이 한 말이 아니다. 박원순이 시장으로 있을 때 서울시 통일교육사업의 교육내용이다. "나 진짜 북한 가고 싶다. 갈 사람 손" 경기도교육청이 올린 웹툰 내용 중 일부다. 민주당 정치인 출신으로 교육계의 대표적 좌익인사인 이재정이 교육감으로 있는 경기도교육청은 학교 교실에 걸린 태극기도 친일잔재라는 이유로 철거 대상으로 지목하고 이를 위해 7억 원 이상의 예산을 배정했다. 미래세대를 북한에 우호적으로 만들기 위해 교육 현장에서 벌어지고 있는 대한민국 북한화 사업의 일부다. 태극기가 내려진 빈자리에는 북한 인공기가 올려질까. 그들은 아마 그날을 기다리고 있을 것이다.

2022년 1월 대통령 선거 유세에서 야당 후보 윤석열은 멸공을 말하며 북한의 우리에 대한 공격이 임박했을 경우라는 전제 하에 대북 선제타격론을 말했다. 이에 운동권 출신의 대표 송영길과 민주당 후보 이재명은 윤석열을 거세게 비난했고 북한은 "윤석열은 후보를 사퇴하는 것이 제 살 길을 찾는 일"이라고 위협했다. 북한의 공격이 임박할 경우 선제타격하는 것이 비난받을 일이라면 그냥 앉아서 북한의 폭탄을 받자는 말인가. 그래서 항복하고 나라를 넘겨 주자는 말인가. 윤석열 후보의 선제타격론에 더불어민주당과 북한정권은 한목소리를 내며 그들이 한통속이라는 사실을 감추지 않았다. 문재인과 그의 정권은 이렇게 북한을 따라가며 대한민국을 북한화했다. 어쩌면 대한민국은 이미 북한에 점령되었는지도 모른다. 조선로동당 서울지부처럼 행동하는 더불어민주당과 문재인과 그의 김일성주의자 동지들이 북한을 대신해서 남한을 이미 점령하고 있는 것이 아닐까. 아마 그럴 것이다.

이런 짝사랑 이런 충성

27억 6,000만 원. 2018년 2월 김여정 일행이 평창동계올림픽 참석에 들어간 우리의 세금이다. 우리를 향해 갖가지 욕을 퍼붓고 무력 공격의 의지까지 분명히 한 그 김여정과 그의 일행에게 쓴 국가예산이다. 문재인 정권이 매달리며 초청한 것이니 당연히 우리가 부담했다. 그러나 이때만 해도 북한과의 관계가 이제 진짜 좋아지나보다 생각했던 우리 국민은 이에 대해 시비를 걸지는 않았다. 2018년 9월 문재인이 평양을 방문했고 이때 김정은은 '가까운 시일 내'에 서울을 방문하겠다고 약속했다. 이때부터 남한에 있는 모든 종북집단은 소위 '김정은맞이'에 들썩였다. 개그맨 김제동이 자신이 진행하는 KBS 프로그램에 '김정은위인맞이환영단'의 단장 김수근을 인터뷰하고, 광복회장 김원웅이 위인맞이 행사에 가서 궤변을 풀어놓고, 부부가 한총련 출신으로 통진당 국회의원 후보였던 황선과 그의 남편 윤기진이 종북 학생단체 대진연을 앞세우고 떠들썩하게 벌인 김정은 맞이 준비, 김정은을 계몽군주라 치켜세우며 한

껏 분위기를 잡아간 유시민, 위인 김정은을 맞이한다며 들뜨있던 그때를 회고하면 기억나는 일들이다. 그러나 문재인 정권이 정부 차원에서 어떤 준비를 했는지에 대해서는 아는 것이 없다. 문재인 정권이 끝나고 난 2022년 8월 국정원 고위간부 출신의 한 인사가 그것을 증언했다. 그가 한 언론에 털어놓은 내용은 이렇다.

우선 김정은이 머물 숙소로 쓰기 위해 경기도 파주에 16억짜리 별장을 구입하고 여기에 명품광인 그를 위해 6,000만 원을 들여 탁자를 구입하여 비치했다. 그리고 최소 4대의 요트를 보유하고 있을 정도로 요트 매니아인 김정은의 취향에 맞춰 6~7억 원 상당의 요트를 구입했다. 이 요트는 1년 관리비 4~5천 만을 쓰며 지금도 인천 송도에 정박되어 있다. 이게 다가 아니다. 김정은의 외가 조상의 연고지라는 이유로 제주도에 연회장과 숙소를 짓기 위해 220억 원의 예산을 책정하고, 강원도 고성에도 50억원을 들여 김정은이 머물 수 있는 곳을 새로 짓거나 구입하려고 했다. 당시 청와대 의전비서관으로 있던 탁현민이 2019년 5월 21일 한 언론을 통해 "준비는 다 해놓은 상태"라고 말한 것으로 봐서 이것은 모두 사실일 것이다. (월간조선, 2022년 9월호) 종북단체들의 김정은 맞이가 여론 형성 혹은 분위기 잡기 정도였다면 문재인 정권은 이렇게 국민의 혈세를 들여 구체적으로 준비하고 있었다. 그리고 더 큰 돈을 쓸 계획도 하고 있었다. 그러나 김정은을 위해 돈을 쓰겠다는 그들의 충성심은 이 정도는 별거 아니다.

문재인 정권은 2021년 4월 IOC에 '2032년 서울 평양 공동올림픽 제안서'를 제출했다. 서울시를 통했으나 사실상 정권이 주도한 것이다. 여기에는 28조 8천억 원의 예산이 책정되어 있었는데 이 금액 중 무려 22조 6,615억 원이 북한의 인프라 구축을 위한 것이었다. 평양 도심지역 재개발, 에너지 공급지원, 서울 평양간 차세대 통신망 구축 등을 위한 것이다. (채널A, 2022. 10. 3) 결국 2032년 올림픽 유치는 실패했다. 북한에 대한 인프라 건설 지원이 핵실험과 미사일 발사에 대한 국제적 대북 경제체제를 회피하려는 목적이 있고, 또한 북한과 협의없이 문재인 정권 단독으로 추진했다는 것이 퇴짜의 이유였다. 그래서 선정에 탈락한 것이다. 짝사랑도 이런 짝사랑이, 충성도 이런 충성이 있을까 싶다. 북한정권을 한반도 일부를 점거하고 있는 불법 조직으로 보는 헌법정신에 의하면 이것은 충성의 정도가 아니다. 이적행위이자 국가 반역행위다.

이전의 대북지원이 모두 그랬던 것처럼 북한에 대한 경제적 지원은 김씨 일가의 독재체제를 더욱 공고히 함으로써 통일을 더욱 멀어지게 하는 것은 물론이다. 그리고 에너지, SOC 건설, 통신망 구축은 북한이 우리를 공격할 때 즉시 군사적으로 전용이 가능한 것이다. 그래서 김씨 정권이 남한 점령의 꿈을 포기하지 않는 한 이러한 지원은 곧 이적행위인 동시에 자해행위다. 우리는 지금이라도 문재인과 그의 정권의 정체를 심각하게 의심해야 한다. 문재인은 북한 사람이 아닐까. 간첩이 아닐까.

2
19대 대통령 문재인이 공산주의자인 10가지 이유와 근거

박근혜를 끌어내 감옥으로 보내고 청와대를 장악한 문재인은 이 땅의 사회주의자 공산주의자 김일성주의자 북한주의자들을 모조리 긁어모았다. 그리고 이들과 함께 대한민국을 사회주의화하고 북한화하며 북한을 위한 일을 열심히 했다. 정권을 잡은 후 5년 동안 보여 준 문재인의 국정운영은 그를 공산주의자 혹은 김일성주의자로 단정하기에 모자람이 없었다. 문재인의 정체성과 본색을 탐색한 제 1장에서 대통령이 되기 전의 사실을 위주로 그를 김일성주의자로 규정할 수 있는 이유 10가지를 이미 제시했다. 이에 계속하여 여기서는 대통령이 된 후의 문재인의 통치 5년에서 그를 공산주의자로 확신하는 이유와 근거 10가지를 제시한다. 사례가 너무 많아 10가지로 축약하는 작업은 어려운 일이었다. 하지만 이것으로 문재인을 공산주의자 북한주의자로 확정하기에 충분할 것이다. 문재인의 정체와 그의 좌익본색에 대한 이야기다.

1. 공산당식 기술을 구사하다

단벌신사 문재인

어머니의 사치스런 의상에 국가예산이 들어갔는지를 묻는 국민의 물음은 국가기밀이라는 이유로 모든 자료를 꽁꽁 숨기고 양산으로 내려간 아버지를 위해 대신 나선 그의 딸은 10년 전부터 입었다는 갈옷 사진을 올리고 '단벌신사 문재인'이라는 이름을 붙였다. 스스로 대통령 권한으로 전직 대통령 예우법을 고쳐 연금 등 퇴임 후 자신이 받을 돈의 종류를 늘리고 액수를 대폭 높여 부자가 된 아버지와, 국민의 혈세로 많은 명품 의상과 고가의 장신구까지 챙겼을 것이라는 눈총을 받고 있던 어머니를 감추어 주기 위해 그의 딸이 나서서 갈옷 한 벌로 국가를 희롱하고 국민을 우롱하는 것을 보는 일은 딸의 아버지 치하에서 5년을 견뎌낸 국민으로서 여전히 참담한 일이었다. 딸의 아버지가 대통령으로서 해놓은 수많은 과오는 갈옷 한 벌로 감추어질 수 있는 것이 아니라는 것을 딸은 모르는 듯했다. 딸은 늘 거짓말을 하고 늘 자신만 챙겼던 아버지를, 그래서 욕먹을 일이 많은 아버지를 갈옷 한 벌로 덮으려는 듯했다. 딸은 아버지의 본색을 위장하고 있었다. 거짓말과 위장의 기술에 뛰어난 공산주의 혁명가 아버지와 그런 아버지를 빼닮은 그의 딸이었다. 좌익 혁명가 가족을 보는 듯했다.

공산당의 모든 기술을

"언론이 전하는 것이 언제나 진실은 아니다." 문재인은 퇴임 한 달 후

434

자신의 친 공산진영 외교에서 방향을 급격하게 바꾸는 새로운 정부를 비판하기 위한 듯 특정 서적을 추천하며 이렇게 말했다. 그의 말대로 언론이 전하는 것이 늘 진실인 것은 아니며 특히 그와 한편인 좌익 언론의 경우에는 태반이 진실이 아닐 정도로 심각한 수준이다. 그러나 문재인 자신의 말은 좌익언론보다 더 심각해서 그가 전하는 말에서 진실을 찾는 것은 매우 어려운 일이었다. 김정은이 비핵화를 약속했다고 국민과 세계에 전한 말도 결국 거짓이었고 집값이 안정세로 접어 들었다는 것도, 그의 정부의 경제성과를 기적이라 되풀이해서 말한 것도, 코로나 방역을 성공이라 말한 것도 모두 거짓이었다. 그리고 탈원전을 밀어붙이기 위해 월성 1호기의 경제성을 조작했으며 정권의 실패를 감추기 위해 통계청장을 교체하고 통계 기준을 바꾸고 유리한 통계만 발표한 것도 공산주의자들의 거짓과 조작의 혁명기술이자 통치기술이었다.

조작 위장 은폐의 기술과 함께 선전 선동 혹세무민 역시 공산주의 혁명과 통치의 핵심기술이다. 문재인이 내놓는 정책은 일견 국가 발전을 위한 것으로 보일 때도 있었으나 곧 발전이 아닌 퇴보의 결과를 낳았다. 포장만 그럴 듯했다는 뜻이다. 예외는 없었다. 대신 문재인은 국정의 실패를 감추기 위해 국민에게 '성공한 정부'라는 확신을 가지도록 세뇌하는 수준의 선전 홍보 광고 쇼 자화자찬에 몰두했다. 그것은 좀 모자라거나 인간성에 문제있는 사람의 습관성 자랑질로 보일 때도 있었으나 일관되고 반복되는 자화자찬과 똑같은 말을 되풀이하는 홍보성 멘트는 그들의 의도되고 계획된 혁명기술이라는 사실을 곧 알아차릴 수 있었다.

문재인은 국민으로부터 '이미지 조작에 도통한 잡놈'이라는 평가까지 받았던 탁현민이라는 쇼꾼을 청와대에 앉혀놓고 온갖 쇼질을 하는 일에도 열심이었다. 대한민국 자유민주주의 체제 70년에서 최고의 문화적 성취라는 찬사를 받는 BTS를 이리저리 끌고 다니며 정권의 업적을 선전하고 광고하는 소품으로 써먹는 만행은 선전대를 앞세우고 공산주의 이념을 주입시키는 공산당의 전통적 혁명 수법이었다.

국민을 이쪽과 저쪽, 우리 편과 적으로 선명하게 나누어 갈등을 조장하고 싸움을 붙여 40%의 절대적 지지층을 확보하는 분열정책, 갖가지 명목으로 어마어마한 규모의 현금을 마구 뿌리며 서민층과 중도의 표심을 왜곡시켜 선거에 승리하고 정권을 유지하는 남미 사회주의 국가들의 포퓰리즘 정책, 세금으로 유지되는 공직에 자유민주주의를 신봉하는 우익 인사는 모두 뽑아내고 그 자리에 종북좌파 사람들로 심는 물갈이와 알박기 등은 모두 공산당식 혁명과 통치의 기술이었다. 거짓 조작 선전 선동 분열 포퓰리즘 물갈이 등의 전통적 공산주의 혁명 기술을 구사하며 기존 질서를 뒤엎고 정권을 탈취한 후, 또한 그런 기술을 구사하며 대한민국을 통치하고 장기집권을 도모한 문재인과 그의 더불어민주당 동지들은 공산주의자가 분명할 것이다.

2. 효도하는 정부와 사회주의 국가

나라 만능 바이러스와 큰 정부

대통령 문재인은 2018년 어버이날을 맞아 '효도하는 정부'가 되겠다고 말했다. 다음 해 같은 날에는 '어르신 건강은 국가의 의무'라며 '치매 국가책임제'를 들고 나왔다. 국가는 자식과 부모가 스스로 생계를 해결할 수 있는 시스템과 환경을 만들고, 효도는 자식된 국민 개개인의 몫이라고 알고 있는 국민으로서 정부가 효도하겠다는 그의 말을 덕담 정도로 여겼다. 그러나 그의 말은 진심이었다. 그는 치매까지 국가가 책임지겠다며 '문 케어'라는 이름으로 포퓰리즘적 의료정책을 시행하는 등 실제 정부가 효도를 다하겠다는 듯 요란하게 홍보하고 선전했다.

그러나 그의 말과는 달리 역병이 돌자 확진판정을 받고 요양병원에 수용되었던 부모는 제대로 된 보호나 치료조차 받지 못한 채 대거 사망했고 부모의 마지막을 보지 못한 자식들은 화장장이 전해 주는 유골함을 안고 울어야 했다. 문재인은 결국 자신이 말한 효도하는 정부를 실현하지도 못했고, 치매를 영속적으로 책임지는 국가를 만들지도 못한 채 국가 의료보험 체계만 위험에 빠뜨렸다. 그가 물러날 무렵 4년간 누적된 실손보험 손실액만 9조 원에 달했고 이는 국가재정에 막대한 부담을 지웠다. 이를 계속 유지하면 국가 의료보험 체계가 곧 붕괴될 것이라는 진단도 나왔다. 문재인은 "안전은 국민 삶의 기본이고, 궁극의 책임은 정부가 져야 한다"고 말했고 "백신접종 부작용은 정부가 책임지고 보상한다"고도 말했다. 그러나 백신 접종으로 사망했다고 신고된 2,236명 중 단 6명에게만 보상을 해 준(KBS, 2022. 7. 5) 것은 국민기만이었다. 그의 통치는 늘 이런식이었다. 자신의 양산 사저 앞에서 벌인 백신 피해 유가족의 맹렬한 시위는 문재인 스스로가 한 말을 지켜내지 못한 무책임과 실패한 국가주의와 사회주의 정책이 초래한 것이 자명하다.

사회주의는 국가의 역할을 최대화하는 국가주의와 전체를 개인에 우선하는 전체주의를 지향한다. 국가가 효도까지 책임지겠다는 문재인의 말은 곧 국가의 역할을 최대화하는 국가주의를 말하는 것이다. 그것은 동시에 국가가 인민 생활의 모든 영역을 간섭하는 것을 전제로 한다. 그래서 문재인이 말한 '효도하는 정부'는 그가 이념적으로 사회주의자라는 고백이다. 동시에 대한민국 대통령 문재인이 대한민국을 사회주의 국가로 만들려고 했다는 증거다. 동아일보 박제균 기자는 문재인 정권을 '나라 만능 바이러스'에 걸린 정부로 규정했다. 그것은 곧 문재인이 국가주의와 사회주의를 지향했다는 뜻이다. 문재인 정권이 큰 정부를 지향하고 폭탄 수준의 증세정책을 펼친 것은 결국 대한민국을 사회주의 국가로 만들기 위한 출발이었고 대한민국을 북한화하는 출발이었다.

　문재인은 대한민국이 이미 인구 감소국으로 접어들었음에도 그의 집권 기간 동안 공무원을 13만여 명이나 늘였으며, 기타 공공기관의 인력도 기존의 약 40%에 이르는 10만여 명을 증원했다. 그리고 국가의 모든 세금은 자산세와 소득세, 거래세와 보유세를 불문하고 급격하게 올렸다. 특히 집값을 잡겠다는 그들의 말과는 달리 대책을 내놓을 때마다 주택가격은 크게 올랐으며, 여기다 2020년 11월에는 공시가격 현실화 계획을 발표하고 공시가격마저 급격하게 올렸다. 그들이 처음부터 집값을 잡을 생각이 전혀 없었으며 오히려 집값을 올리고 세율을 높여 세수를 크게 늘리겠다는 증세정책을 분명하게 보여 준 증거다. 무차별적인 증세 정책은 문재인과 그의 정권이 이땅에 국가주의와 사회주의를 실현하기 위해 필요한 재정수입을 대폭 확대하기 위한 것이 분명하다.

그들의 의도는 결국 실현되어 국민은 2022년부터 폭탄 수준의 재산세 고지서를 받게 되었다. 이것은 세계사에 유례가 없는 정도의 높은 상속세와 함께 시행되어 경제 및 조세 전문가와 많은 국민들로부터 '국민약탈적'이라는 비판을 받았다. 문재인의 약탈적 조세정책은 '높은 세금으로 중산층을 압살하라'고 했던 레닌의 교시를 받드는 것이 분명해 보였다. 문재인 정권이 정부의 역할을 강화하기 위해 크고 비대한 정부를 지향하고 공무원을 대폭 늘리면서 세금을 폭탄 수준으로 올렸다는 사실은 그들이 대한민국을 사회주의 국가로 만들려고 했다는 명백한 증거가 될 것이며 문재인을 공산주의자로 규정하는 중요한 근거다.

법치국가에서 인치국가로

정권을 잡은 초기 문재인은 검찰 특수부의 조직과 권한을 강화하며 전 정권 인사들을 공산당의 숙청 수준으로 제거했다. 그러나 그들 세력의 비리와 불법행위가 쌓여가자 검찰개혁이라는 노래를 부르며 검찰을 붕괴의 지경에 이를 정도로 기능을 약화시켰다. 그리고 정권 연장의 실패가 확정되자 검찰의 수사권까지 박탈하고 한정된 사건에 대한 공소권만을 가지는 허수아비로 만들었다. 그 결과 울산시장 선거개입, 라임 옵티머스 초대형 금융사기사건 등 문재인 세력의 범죄혐의와 대장동게이트 등의 이재명의 범죄혐의는 정상적 법치 시스템에서라면 벌써 수사를 통해 진상이 드러나고 단죄되어야 했으나 모두 묻히고 덮혀졌다.

검찰을 비롯한 형사사법기관의 기능 약화는 필연적으로 정부의 범죄

대응능력 약화를 초래했다. 그 결과 개별 범죄사건에 대한 검찰과 경찰의 수사 기일은 크게 지연되고 법원의 재판도 엿가락처럼 늘어났다. 대한민국은 이제 죄를 저지르고도 처벌받지 않는 나쁜 놈들의 천국이 되고 힘없는 자의 지옥이라는 야만의 나라를 걱정하게 되었다. 대장동·백현동·성남FC 사건을 보면 도둑질을 잘하는 사람이 권력자가 되어 더 큰 도둑질을 하는 도둑놈들의 대한민국이 되지 않을까 두렵다.

국가 형사사법기능의 약화는 권력자들이 큰 죄를 짓고도 처벌받지 않는 나라가 되는 동시에 대한민국을 사회주의 국가로 만드는 것이기도 하다. 자유민주주의와 사회주의를 구분 짓는 또 하나의 중요한 기준은 법치주의 vs 인치주의다. 모든 국민에게 평등하게 적용되는 법에 의해 통치되는 자유민주주의와는 달리 사회주의는 권력자의 서열이 부여하는 힘에 의해 통치되는 인치의 질서체계다. 사회주의 국가가 영속적인 법률체계가 아닌 권력자가 내놓는 방침 혹은 지침이나 공산당의 이름으로 그때그때 내놓는 규정과 규칙에 의해 통치되는 것은 법치주의가 아닌 인치주의로서 미리 정해진 법 규정에 의거하여 통치하는 자유민주주의 국가와는 근본적으로 다르다.

문재인 세력은 국가의 법체계를 하찮게 여겼다. 그들은 대한민국 법을 어겨 감옥살이한 과거를 자랑으로 여겼고, 자신들을 감옥으로 보냈던 대한민국의 법치 시스템을 붕괴시키려 했다. 그들은 그때그때 힘있는 사람을 따라가기 위해 자신들의 당헌 당규조차 엿가락 주무르듯 고쳤는데, 왼손잡이를 추대하기 위해 왼손잡이에게 유리하도록 당규를 고쳤고 오른손잡이가 나타나면 또 그렇게 고쳤다. 문재인이 당 대표로 있던

2015년, 보궐선거의 원인을 제공한 경우 후보를 내지 않겠다고 고친 당헌을 그가 대통령이 된 후 이를 뒤집고 서울·부산시장 후보를 낸 것은 그들의 저열한 도덕성을 확인하는 것에 그치는 일이 아니다. 그들이 법과 규칙을 하찮게 여기는 사회주의자라는 사실을 입증하는 것이다.

문재인의 뒤를 이어 더불어민주당을 장악하고 다음 대권을 노리는 사람 이재명은 더 만만치 않다. 이미 전과 4범에다 수많은 범죄혐의를 받고 있던 그는 "공동체의 협의된 룰을 어기며 주장을 세상에 알릴 수 있다... 옳은지 그른지는 각자가 판단하는 것"이라고 했다. 극단적으로 이기적인 인간형으로 보이는 그는 자신을 위해 사회적 규범은 물론 국가의 법치까지 완전히 무시하고 있다. '공동체의 룰을 어기며 옳고 그름을 각자가 판단하는 것'이라고 말하는 그가 대권을 잡는다면 아마 김정은 같은 독재자가 될 것이다. 문재인 이재명 더불어민주당의 그들은 대한민국의 법치주의를 후퇴시키고 법률이 아닌 통치자의 의지와 권력의 크기와 판단기준에 의해 다스려지는 사회주의 국가를 만들려고 했다. 그들은 공산주의자가 분명하다. 확신한다.

3. 북한 정통성의 확정

북한 정통론과 토착 왜구

한반도의 정통성이 대한민국이 아닌 북한 김일성 정권에 있다는 '북한 정통론'은 주체사상을 소유한 자들이 공유하는 핵심적 인식이다. 그들은 친일파가 세운 남쪽과 항일운동을 한 김일성의 북쪽으로 분단되었기 때문에 북한에 정통성이 있다고 주장한다. 김일성은 항일운동을 했던 그 김일성이 아니라 마적단과 소비에트군과 중공 인민군에 소속되어 게릴라 활동을 했던 김성주다. 좌익은 김성주의 사소한 활동을 항일투쟁으로 둔갑시키고, 그가 항일투쟁을 했기 때문에 북한에 정통성이 있다는 것이다. 이것은 좌익세력이 이승만의 길고도 실효적이었던 항일운동을 깡그리 부정하는 것과 같은 맥락이다. 좌익세력은 허구에 기초한 이 북한 정통론을 그대로 수용하고 남한은 미국의 식민지이기 때문에 국가적 정통성이 없다고 주장한다. 엉터리도 이런 엉터리가 없다.

민주당의 주사파 정치인들은 우익진영을 친일파라는 프레임에 가두어 집요하게 공격했다. 그 결과 대한민국은 이제 간첩 빨갱이 종북좌파라는 용어는 시대에 뒤진 몽매한 프레임이 되고, 친일파 혹은 토착 왜구는 그들이 늘 입에 담는 대세적 프레임이 되었다. 그들의 머리 속에 만악의 근원으로 자리잡은 친일은 김일성의 가르침에서 시작된 것이다. 김일성은 일찍이 남한이 쓰고 있는 갓의 양쪽 끈인 미국과 일본, 둘 중 하나만 끊으면 갓을 벗길 수 있다고 하는 이른바 '갓끈 이론'을 제시했다. 남한을 동맹국으로부터 분리한 후 북한이 남한을 점령하기 위한 방안이다. 이후 이 땅의 모든 종북세력은 반일을 합창했다. 문재인의 청와대에서 2인자였던 민정수석 조국이 죽창가를 부르며 반일을 선동하고, 우익진영을 모조리 토착 왜구로 몰아간 어이없었던 선동행위의 뿌리다. 일본과의 관계를 악화시키고 친일 프레임으로 우익진영을 공격하는 것은 북한 정권의 주장과 목적에 봉사하는 것이며 그것은 결국 북한 정통론에 귀결된다. 그들은 항일투쟁이라는 김일성의 위대하고 찬란한 업적에 광택을 입히기 위해 국익의 손실을 감수하고 그렇게도 줄기차게 반일을 외쳤다. 권력을 잡은 문재인 세력이 반일과 토착 왜구를 말하고 또 말한 이유는 자신들의 신념인 북한 정통론을 확정하는데 목적이 있었다. 이것은 그들의 중요한 혁명과업의 하나다.

문재인은 이렇게 했다

문재인은 대통령에 취임하고 단 이틀 만인 2017년 5월 12일 업무지시 2호로 '국정교과서 폐지'와 '임을 위한 행진곡'을 5·18 공식 제창곡으로 지정했다. 1호 지시였던 일자리위원회 설치는 81만 개의 일자리를 창출하고 공공부문의 비정규직 제로를 실현하겠다던 공약과는 달리 상시적 일자리의 대폭 감소와 인국공 같은 극히 일부의 공공기관만 정규직화가 부분적으로 실현되었고, 민간을 포함한 전체적 통계는 오히려 비정규직이 크게 증가하여 명백한 실패, 혹은 새빨간 거짓말로 끝났다. 그러나 실패한 1호 지시와는 달리 2호 지시는 놀라울 정도로 철저히 지켜졌다. 문재인의 통치 5년은 그의 1호 지시와 2호 지시의 실행과정과 결과를 비교하는 것만으로도 간단하고 분명하게 평가된다.

국정교과서 폐지는 이 나라를 좌익의 나라로 만들기 위해 그들의 언어인 '역사투쟁'을 통해 한반도의 북한 정통론을 확립시키려 한 문재인과 주사파 세력에 대항하여 그것을 저지하고 대한민국 정통론을 지키려 했던 박근혜 정부 사이의 한판 승부에서 문재인 세력이 승리했다는 뜻이다. 5·18제창곡 역시 의미는 같다. 이명박 정부는 북한정권이 5·18을 소재로 제작한 영화 〈임을 위한 교향시〉의 배경음악으로 썼다는 사실과 '임'이 김일성이 아니냐는 지식인들의 주장을 반영하여 5·18행사의 제창곡이 아닌 식전행사에서 합창단이 부르는 것으로 변경했다. 그런데 문재인은 취임하자마자 이 노래를 다시 공식 제창곡으로 쓰도록 지시한 것이다. 임을 위한 행진곡은 "김일성은 을지문덕 세종대왕보다 위대한 인물이다"라고 칭송했던 소설가 황석영이 노랫말을 썼다. 많은 사람들이 임을 김일성으로 해석하는 이유다. 또한 북한 정권이 이 노래를 배경으로 쓰며 5·18을 미화하고 찬양하는 영화를 만든 사실은 우익진영 인사들이 북한정권의 5·18 개입을 의심하는 근거 중의 하나이기도 하다.

문재인과 그의 정권은 업무지시 2호 외에도 북한 정통론을 확정하는 많은 일을 했다. 그 중에서도 문 정권에 참여한 대표적 기회주의자라 불렸던 김원웅을 광복회장으로 앞세우고 친일의 우익과 항일의 좌익이라는 프레임을 공고히 했다. 문재인 스스로도 호국의 영웅 백선엽을 홀대하고 북한 인민군 창설과 6·25 남침의 주역인 김원봉을 국군 창설의 뿌리라며 국민을 호도했다. 김원봉 등 우리를 공격하고 북한을 위해 일했던 사람을 민족의 영웅으로 만들려고 했던 문재인의 시도는 국민의 외면으로 결국 실패했다. 그러나 문재인 정권은 이러한 일 외에도 자신들의 권력으로 북한 정통론을 확정하는 많은 일을 했다.

통일운동으로 둔갑한 폭동

2021년 4월 3일 제주 4·3사건 희생자 추념식에 참석한 대통령 문재인은 "완전한 독립을 꿈꾸며 분단을 반대했다는 이유로 국가 권력은 폭동과 반란의 이름으로 무자비하게 탄압했다"고 말했다. 이것은 명백한 북한 정권과 남조선로동당의 시각이자 주장이다. 이 사건은 1948년 4월 남로당 제주지부가 제헌국회의 의원선거를 무산시키고 대한민국 정부의 출범을 저지하기 위해 일으킨 무장폭동이다. 자유민주주의 대한민국의 건국을 막기 위해 공산주의자들이 일으킨 폭동을 군과 경찰이 진압한 역사적 사실을 문재인은 국가 폭력으로 규정했다. 그러나 남로당의 지령을 받은 공산주의자들의 무장폭동에 대해서는 아무 말도 하지 않았고, 그들이 양민을 방패막이로 앞세웠기 때문에 무고한 민간인의 희생이 컸던 사실도 말하지 않았다. 문재인이 남로당 폭도들을 옹호한 것이다.

제주사건 6개월 후에 일으난 여수·순천 폭동과 지리산을 주요 무대로 활동한 빨치산 무장투쟁 역시 남로당과 김일성이 조종하여 대한민국 정부의 출범을 방해했다는 점에서 동일하다. 공산주의자들이 대한민국을 공격한 역사를 통일운동으로 규정하는 것은 북한 정통론에 근거한 것이다. 그들의 무장폭동은 남한까지 공산국가로 만들기 위한 것이었으며, 결국 한반도 전체를 김일성이 통치하는 공산주의 국가로 만들기 위한 것이었다. 공산주의자들이 자유민주주의 대한민국을 공격한 역사를 합리화하는 동시에 북한 정통론을 확정하기 위해 문재인은 역사적 사실의 왜곡과 함께 그의 또 하나의 통치기술이었던 '돈질'을 구사했다.

문재인은 그의 재임기간 동안 제주 여수 순천 거창 노근리 등 해방정국에서 6·25전쟁에 이르기까지 북한과 연계된 공산주의자들이 일으킨 폭동과정에서 희생된 일부 무고한 민간인을 보상한다는 구실을 앞세우고 공산주의의자와 폭동 주동자까지 대부분 포함시켜 총 4조 7천억 원의 보상금을 확정했다. 이 금액은 지급과정에서 최고 6조 원까지 이를 것이라는 문재인 정권 내부 추산도 있었다. 문재인 정권의 현금질에 익숙해진 국민이 그 의미를 제대로 인식하지 못한 사이 대한민국을 공격한 집단에게 보상금을 주는 방법으로 좌익세력의 과거 국가반역행위를 모두 정당화시켜 준 것이다. 이것은 곧 북한 정통론의 확정이기도 했다.

반면 문재인은 공산주의자와 북한군에 의해 학살된 민간인과 인민군에게 희생된 군인과 경찰에 대해서는 진실을 말하지 않았고, 보상에 있어서도 극소수를 제외하고는 대부분 외면했다. 그는 대통령으로서 선거 때 외에는 나라를 지키다 순국한 군인과 경찰을 참배하지 않았고 오히려 그들을 노골적으로 홀대했다. 그와 그의 정권이 대한민국을 지킨 국민이 아니라 대한민국을 공격한 반역자들을 우대하고 보상금을 주고 참배했으며 대한민국을 지키다 희생된 사람은 홀대했다는 사실은 그들의 정체성을 명징하게 증명하는 것이다. 또한 이것은 문재인이 자유민주주의자인지 공산주의자인지, 남한 편인지 북한 편인지, 대한민국 사람인지 북한 사람인지를 묻는 물음에 분명한 대답이 될 것이다.

문재인과 그의 동지들은 집권하기 전에도, 그리고 집권한 후에도 대한민국의 자유민주주의를 사회주의로 변경하고 북한 중심으로 통일된 한반도를 위해 투쟁한 사람들이었고 그 시작은 북한 정통성의 신념이었다. 권력을 잡은 그들은 그들의 신념을 법적으로 확정하기 위해 대한민국을 공격했던 역사를 정당한 것으로 만들려 했고 그 방법의 하나로 공격과 투쟁의 과정에서 희생된 반역자들과 그 유족들에게 거액의 보상금을 주고 명예를 회복시켜 준 것이다. 더불어민주당이 남로당을 계승한 정당이 아니라면, 주사파 권력자들이 북한을 추종한 것이 아니라면, 문재인이 공산주의자가 아니라면 결코 그렇게 하지 않았을 것이다.

4. 국민을 인민으로 만드는 약탈적 경제정책

빈곤한 국민을 만드는 계획

이전에는 살 만했던 대한민국 중산층은 문재인의 통치 5년을 거치며 대부분 가난하게 되었다. 이것은 그의 임기가 끝날 무렵 발표된 각종 통계가 증명하는 사실이다. 2022년 6월 발표된 국제금융협회(IIF) 보고서에 의하면 한국의 가계부채는 GDP대비 104.3%로 세계 주요 36개 국 중 유일하게 GDP를 넘어선 나라가 되었다. 기업부채 역시 GDP를 넘어선 116.8%였고, 국가부채는 그가 정권을 인수하기 전 660조 원에서 1,075조 원이 되었는데 이 수치는 70년 동안 누적된 총액을 그의 집권 단 5년 만에 63%를 폭증시킨 것이다. 문재인 시대의 국가부채 증가 속도는 선진국 평균의 2.5배다. (한국경제신문, 2022. 10. 19). 연금부채 등 각종 국공채까지 포함한 확장부채는 집권 전 1,433조 원에서 2,196조 원으로 763조 원이 늘었다. 2021년 기준 가계부채와 기업부채를 합한 민간부채는 4,540조 원으로 GDP의 220%다. 물론 사상 최대다. (동아일보, 2022. 4. 4) 가계 기업 정부 3대 경제주체의 총 부채규모는 2021년 이미 5,000조 원을 넘어섰다. 문재인이 대한민국을 빚더미에 올려놓았다는 사실은 이렇게 숫자가 생생하게 증명하고 있다.

가계부채와 기업부채를 현재 세대의 짐이라면 국가부채는 미래세대의 짐이다. 문재인은 자식세대의 미래 자산을 모조리 끌어다 쓰고 그들을 빚더미에 올려놓은 채 떠났다. 그는 국민과 기업과 국가를 약탈적으로 통치했고, 그의 시간이 끝난 후 대한민국은 국민 개개인도 기업도 국가도 모두 빚쟁이가 되고 가난하게 되었다. 이것은 문재인과 주사파 운동권 출신이 주축이 된 그의 정권이 처음부터 계획한 것으로 보인다. 근거는 쉽게 찾아 진다.

문재인은 먼저 철저한 반기업 정책을 고수했다. 최저임금의 급격한 인상, 주 52시간제의 강행, 중대재해처벌법, 기업 3법과 노동 3법은 우리 기업의 국제경쟁력을 약화시켰고 기업을 해외로 몰아낸 원인이다. 그의 시대에는 자생력을 갖춘 소수의 대기업을 제외한 모든 중소기업과 소상공인과 자영업자의 붕괴는 중산층의 감소와 저소득 계층의 급격한 확대로 이어졌다. 특히 기업과 소상공인의 붕괴는 일자리의 급격한 감소를 초래했고, 문 정권이 세금으로 만든 알바 등의 단기성 일자리를 대량으로 공급하며 눈속임을 하였지만 서민층의 소득 감소는 필연적이었다. 결국 대부분의 국민은 문재인이 집권하기 전보다 빈곤하게 되었다.

'가난하게 된 서민'은 수치로 입증된다. 소득 하위 20%를 기준으로 한 서민들의 자산은 문재인의 시대에는 단 1% 증가했다. 박근혜 정부에서 69% 증가한 것과 선명하게 대비된다. 반면 소득 상위 20%의 자산은 박근혜 정부에서는 1.5% 감소했으나 문재인의 시대에는 무려 29%증가했다. (조선일보, 2022. 10. 3) 선거 때마다 서민정당이라는 구호를 내걸고 서민의 몰표를 싹쓸이 하는 더불어민주당과 문재인이 만들어놓은 빈부 격차의 심화다. 이것은 사회주의자들의 전통적인 '국민의 빈민화' 정책인 동시에 '국민의 인민화' 정책이 초래한 결과가 분명하다.

국민을 가난하게 만들려고 했다는 문재인 정권의 고의성은 반기업 정책으로 양질의 일자리를 대폭 줄인 것과 함께 부동산 정책에서도 분명하게 확인되었다. 노무현 정부에서 이미 집값을 폭등시키는 정책을 펼쳤던 사회주의 경제학자 김수현은 자신의 저서에서 "서민이 집을 구입하면 집값 하락을 방어하기 위해 보수화가 된다"고 말한 바 있는데, 이것은 이미 백 년 전 "중산층을 무거운 세금과 집값 상승으로 척살하라"고 한 레닌의 교시에 맥이 닿아 있었다. 문재인의 시대에 다시 등장한 김수현이 주도한 집값 정책은 예상한 대로 매우 성공적이어서 집값은 정권 출범 5개월째부터 상승하기 시작하더니 임기 종료 5개월을 남기고서야 멈추기 시작했다. 그들은 늘 집값 안정을 약속했으나 새로운 대책이 나올 때마다 집값은 큰 폭으로 올랐다. 어김없는 공식이었다. 노무현 정부에서 이미 실패한 김수현을 다시 기용하여 부동산 정책을 총괄하게 한 것은 처음부터 집값을 폭등시키겠다는 문재인의 의지였을 것이다. 양질의 일자리는 대폭 줄어들었고 주거비 부담은 치솟았다. 그리고 국민들은 가난하게 되었다. 그들이 계획한 대로 된 것이다.

가난한 인민이 된 국민

공산주의는 가난을 먹고 자란다. 공산주의를 연구한 사람들의 진단이다. '결과의 평등'을 말하는 공산주의 이론은 가난한 사람들의 복음이다. 그래서 공산주의는 가난한 곳에 쉽게 뿌리를 내리고 가난한 자들의 지지를 받으며 성장한다. 그리고 그 지지를 계속 유지하기 위해 인민을 계속 가난하게 하거나 더욱 가난하게 만든다. 결과가 평등한 곳에서는 아무도 힘들여 일하지 않고 아무도 새로운 것을 궁리하지 않는다. 그래서 인민은 저절로 더 가난해지고 공산당의 배급제는 더욱 큰 힘을 발휘한다. 문재인이 통치한 시대가 바로 그러했다.

양질의 일자리를 감소시킨 것은 문재인 정권이 가난한 국민의 숫자를 늘린 첫 번째 원인이다. 문재인 정권은 빈 강의실 불끄기 등 세금으로 만든 초단기 저임의 억지 알바성 일자리를 만들어 통계수치에 분칠을 하고, 2018년 8월과 2022년 2월 두 번에 걸쳐 통계청장을 전격교체하고 통계 산정의 기준을 바꾸며 정권의 모든 실패를 감추려 했다. 그러나 20대 청년들과 30~50대 가장들의 실업과 빈곤은 감추어지지 않았다. 정권 출범 후 2021년까지 4년간 주 36시간 이상 근무하는 풀타임 일자리는 185만 개가 사라졌고 비정규직 근로자는 657만명에서 806만명으로 150만명이 증가했다. (조선일보, 2022. 10. 3)

일자리의 감소를 말하면 문재인과 그의 수하들은 늘 코로나 핑계를 댄다. 그렇다면 코로나 이전에는 괜찮았다는 말일까. 절대 아니다. 정권 출범 후 2019년 10월까지 이미 정규직은 35만명이 감소하고 비정규직은 87만명이 증가했다. (한국경제신문, 2019. 10. 29) 이런 추세는 코로나가 없었다고 해도 계속되었을 것이다. 원인은 코로나가 아니라 가난한 국민을 설계한 정책 때문이었다. 실제 코로나 이전에 이미 국민이 가난해지기 시작했다는 것은 숫자로 확인된다. 2017년 1분기 부터 2019년1분기까지

2년간 하위 10% 가구의 소득은 16.2% 감소했고 특히 근로소득은 40.5%
나 급감했다. (동아일보, 2019.5.27) 원인은 뻔하다. 기업을 적대시하고 기업
인을 잠재적 범죄자로 만드는 법안을 대거 통과시킨 반기업 친노조 정책
으로 기업이 문을 닫거나 해외로 나갔기 때문이다. 기업을 지배하려는
무시무시한 민노총의 횡포 역시 일자리를 줄인 중요한 원인이다.

문재인의 부동산 정책은 많은 국민을 가난하게 만든 두 번째 원인이
다. 서울 지역의 25평 아파트 평균가격은 그의 집권 1년차 8.4억원에서 5
년차에는 15.6억 원이 되어 1년차 대비 무려 90%나 폭등했다. 노무현 정
권에서는 1년차 4.0억원에서 5년차 7.6억 원으로 올랐는데 이 역시 딱
90% 폭등한 수치다. 고의성이 짙게 느껴지는 대목이다. 이명박 정부 7.6
억원에서 6.6억원으로 마이너스 13%, 박근혜 정부 6.6억원에서 8.4억원으
로 27% 상승한 것과 선명하게 대비되는 수치다. (경실련과 SBSbiz의 자료를
통합한 수치임) 결국 폭등한 집값은 서민의 가난을 영속적인 것으로 만들
었고 이것을 탈피하려고 영끌로 집을 산 사람들은 정권이 바뀌고 집값
이 폭락하자 새로운 빈민이 되어 이재명의 기본소득에 혹하거나 문재인
세력의 공산주의를 지지하는 인민의 대열에 합류하게 되었다. 문재인과
그의 사회주의 공산주의 동지들이 통치한 결과이다.

문재인 정권 5년간 펼친 반기업 친노조 정책, 세금으로 만든 단기
성 일자리 공급정책, 집값 폭등 정책, 모든 종류의 세금을 폭탄과 약
탈의 수준으로 올리는 조세정책, 정부가 주도하는 경제운용 등 사회주
의적 경제정책은 결국 가난한 국민의 숫자를 대폭 늘렸다. 그들이 의도
한 그대로 된 것이다. 결국 집권 첫해에 150만명이었던 기초연금 수급자

는 5년이 지난 2022년 232만명이 되었다. 55%가 늘어난 숫자다. (매일경제, 2022. 10. 2) 5년 내내 현금을 퍼주며 국민을 길들인 결과 정부 보조금에 의지하는 82만명의 인민이 더 늘어났다는 뜻이다. 20대 대통령 선거는 24만 7077표 차이로 당락이 갈라졌다. 그래서 82만명은 엄청난 숫자다. 문재인 세력은 이 숫자를 얻기 위해 대한민국 경제를 망쳐놓았을 것이다. 분개하고 통탄할 일이다.

결국 가난하게 된 국민은 선거를 앞두고 집중 살포하는 갖가지 현금성 보조금에 표를 팔았고 문재인과 더불어민주당은 '구입한 표심'으로 획득한 의석수의 힘으로 독단적으로 국정을 운영했다. 공산주의자들의 전형적인 민중 빈민화정책이자 국민의 인민화 통치다. 즉 민중을 빈곤하게 만든 후 배급제를 실시하여 정부 의존적으로 만들고 권력에 순종하게 만드는 바로 그 공산당식 인민화 정책이다. 이것은 문재인 정권 경제정책의 기초였던 소득주도성장론이 재정정책 중심의 경제운용을 합리화하는 이론, 더 쉽게 말하자면 문재인 정권의 무차별적 현금살포를 합리화하는 이론인 동시에 공산주의 국가의 배급제를 뒷받침하는 이론과 유사했다는 점에서도 충분히 입증된다.

"중산층을 세금과 인플레이션의 맷돌로 으깨버려라. 국가 공권력과 구호품에 절대적으로 의존하게 만들어라" 레닌어록에 나와있는 레닌의 교시라고 알려진 말이다. 진위의 논란이 있긴하지만 실제 공산당이 접수한 곳에서는 부르주아 계급을 분쇄하기 위해 높은 세금과 인플레이션과 집값상승을 유도하는 정책을 펼쳤고 무산계급의 지지를 얻기위해 구호품을 배급했다. 칼 마르크스의 이론과 레닌의 교시에 의해 통치된 소련은 인민을 조직화한 성과로 초기 잠시 성공하는 듯 보였으나 곧 생산성의 저하, 자원 배분의 왜곡과 비효율성, 창의성 말살이 원인이 되어 결국 인민과 국가의 빈곤을 초래했다. 그리고 빈곤하게 된 인민은 공산당의 절대권력 유지와 독재체제의 강화에 매우 유용하다는 것을 알게된다. 부유하게 된 인민은 곧 자유와 권리를 요구하지만 배급에 의존하는 가난한 인민은 공산당에 순종한다는 공산주의자들의 신념이 확인된 것이다. 이후 모든 공산당 정권은 권력을 잡고 그것을 유지하기 위해 민중을 가난하게 만드는 빈민화 정책을 전개한다. 참으로 반 문명적이고 반 인간적이며 참으로 사악한 이념이다.

노무현과 문재인 정권의 주축이었던 주사파 운동권 출신과 사회주의 학자 등의 권력자들이 전개한 경제정책은 기본적으로 부유하고 독립적인 국민을 가난하고 정부의존적인 인민으로 만드는 정책이었다. 특히 문재인 정권은 기업을 적대시하는 정책으로 양질의 일자리를 대폭 축소하고 집값을 폭등시켜 국민을 가난하게 만든 후 선거 시즌이 되면 몇 푼의 현금을 살포했다. 그리고 문재인의 뒤를 이어 정권을 잡으려던 이재명이 내놓은 '기본소득'이라는 이름은 더욱 기만적인 것이었다.

문재인의 대통령 임기 마지막인 2022년 2분기의 통계에 의하면 소득하위 20% 국민의 필수생계비는 월 28만원 적자로 나타났다. (동아일보, 2022.8.22. 자료: 통계청) 그런데 이재명이 공약한 기본소득은 년 25만원이다. 월 28만원, 년 336만원이 적자인 저소득 국민의 표를 사기 위해 그는 년 25만원의 현금지급을 약속했다. 그러나 의외로 많은 국민은 기본소득을 월 25만원으로 알고 있었다. 25만원이라는 액수만 강조했기 때문이다. 그래서 기만이라고 하는 것이다. 레닌의 소비에트연맹에서부터 시작된 오래된 공산당의 빈민화 정책이자 민중의 인민화 정책을, 100년 도 넘은 오래 전의 이 사악한 정책을 문재인과 더불어민주당과 이재명 이 다시 들고 나온 것이다. 세계 10대 경제대국이 된 21세기의 대한민국 에 말이다. 참 어이없는 일이다.

우리 편을 찍으면 100% 드립니다

자유시장주의와 자본주의를 기본으로 하는 우익정부의 경제정책은 경쟁에 의한 성장을 중시하며 이 과정에서 소외된 사회적 약자에 대한 복지를 확대하기 위해 사회주의 이념을 보완적으로 도입한다는 것이 21 세기 선진국가에서 보편적으로 수용되는 인식이다. 문재인 정권은 성장 에는 무능했다. 성장에는 관심도 없었다는 것이 정확할 것이다. 문재인 은 자신의 통치가 초래한 경제침체를 '기적 같은 선방'이라는 말을 되풀 이하며 위장하고 은폐했을 뿐 대한민국의 현재와 미래의 성장과 발전을 위한 어떠한 실효적인 일도 하지 않았다. 그것으로 끝이 아니다. 그의 정권은 분배와 복지에는 더욱 무능했다. 그가 통치하는 동안 집값 상승 과 일자리 감소와 비정규직 증가로 인해 부유층과 서민층의 소득은 격 차가 70배까지 벌어진 (매일경제, 2022. 2. 18) 것은 분배에도 실패했음을 입 증하는 것이다. 그런데 집값이 폭등하고 일자리가 줄어든 원인과 과정, 그리고 소득 격차가 더욱 악화된 결과를 들여다보면 그것은 문재인과 수하들의 무능으로 인한 실패가 아니라 계획적 작위로 판단된다.

그들은 경제가 침체한 이유로 늘 역병 창궐을 들먹였는데, 그것으로 인해 침체의 속도가 가속화된 것일뿐 경제실패는 역병이 돌기 전인 정권 출범 초기부터 이미 시작되었다. 그들이 집권하는 동안 속출한 아사자와 일가족 자살, 취준생과 실업자가 증가한다는 뉴스는 일상적이었는데, 이것은 문재인 정권의 계획적인 빈민화 정책의 결과가 분명하다. 그들이 의도한 대로 빈곤하게 된 국민은 몇 푼의 보조금을 받고 표심을 팔았고, 그들은 21대 총선에서 180석을 확보하는 압승을 거두었다. 그리고 그 힘으로 8개월 후 많은 사회주의 법안과 북한을 위한 법안을 통과시킬 수 있었다. 문재인 세력의 빈민화 정책이 완벽하게 성공한 것이다.

20세기 중반 이후에 새로이 공산주의를 수용한 나라는 빈부 격차가 심하거나 심하다고 믿는 곳이었다. 그곳에 발을 붙인 공산당은 정권을 유지하기 위해 인민을 더욱 가난하게 만들고 자유와 인권 등 인류 보편의 가치에 대한 의식의 배양을 방해했으며 인민을 정부에 의존하고 순종하게 만들었다. 문재인 정권은 5년간 대한민국 국민을 바로 그렇게 통치했다. 과정도 결과도 모두 그러했다. 문재인의 통치는 20세기 공산당이 쓰던 방식이었다. 통탄할 일이다.

문재인은 2020년 4·15 총선 보름 전인 3월 30일 전체 가구의 70%인 1,400만 가구에 4인 기준 100만 원씩 재난지원금을 지급한다고 발표했다. 선거 이틀 전인 4월 13일 전대협 출신의 더불어민주당 원내대표 이인영은 청와대에서 문재인 호위를 위해 차출되어 서울 성동을에 출마한 고민정을 지원유세하면서 "고 후보를 당선시켜 주면 100% 국민 모두에게 재난지원금을 드리겠다"고 말했다. 고민정은 당선되었고 그들은 압승했다. 그리고 선거 후 대통령 문재인의 70% 가구에 대한 지급 결정을 뒤집고 이인영이 약속한 대로 지원금은 전국민에게 뿌려졌다. 이게 과연 자유민주주의 문명국에서 일어날 수 있는 일인가. 20세기 남미 사회주의 공산주의 정권에서 있었던 전형적인 정권 획득과 유지의 방식이 아닌가. 문재인은 국민을 빈곤하게 만들었고 빈곤한 국민에게는 나랏돈을 뿌렸으며, 그렇게 지지율을 유지하고 선거를 이기고 정권을 지켰다. 그러면서 북한과 김정은을 위해 열심히 일하고 이 땅을 사회주의 체제로 만들어 갔다. 어찌 그를 공산주의자로 보지 않겠는가.

5. 새로운 계급사회

그들은 잡범이 아니다

"이명박 박근혜 정권 때는 재벌개혁을 목표로 삼성과 현대차를 들여다 봤는데 문 정권 내내 나는 조국 윤미향 등 잡범들만 상대하는 중이다" 한 검찰 인사가 한 말이다. 회계사 김경률은 "문재인 정부의 정의 평등 공정은 탁현민 비서관의 소품 정도로 전락해 버렸다"고 개탄했다. 문재인과 그의 동지들은 정권을 잡고 마치 전쟁에 승리한 군대가 전리품을 챙기듯 공직을 독점하고 국가 예산을 흥청망청 썼다. 그들은 권력의 짜릿한 맛과 자본주의 대한민국 70년 성취의 단맛에 빠져 곳곳에서 구린내와 악취를 풍겼다. 권력의 말단을 차지한 운동권 언저리들부터 그 꼭짓점인 대통령까지 예외는 없었다. 대통령의 친인척과 측근의 비리와 부패를 감시하는 청와대 특별감찰관 자리를 아무도 임명하지 않고 5년 내내 비워 둔 것은 대통령 문재인의 의지였을 것이다. 그들 세력이 처음부터 마음껏 해먹기로 작정했다는 뜻이다. 실제 그들은 게걸스럽게 해먹었는데, 그것은 그들 특유의 윤리의식의 부존재 때문만은 아니었다. 그들은 잡범이 아니다. 그들은 종북좌익의 패거리가 특권을 누리는 새로운 계급사회를 만들고 있었다.

공산주의자들은 착취계급으로 규정하는 부르조아와 피착취 계급인 프롤레타리아 간의 계급투쟁론을 외치며 기존의 질서를 뒤집는 혁명을 감행하고 정권을 잡는다. 그리고 새로운 계급사회를 만든다. 바로 특권 계급과 인민계급으로 구성되는 사회다. 이 새로운 질서는 그들이 자산계급과 무산계급으로 분류한 자본주의 사회보다 더 지독한 착취와 피착취의 관계였다. 그들이 말하는 자본주의 체제의 자산계급과 무산계급은 상호의존적 관계다. 반면 소련의 노멘클라투라, 중국의 태자당, 북한의 1호 동지와 평양 지배층 등의 특권 계급은 절대 다수인 인민계급을 제도적 구조적 일방적으로 착취하고 약탈하는 질서였다. 계급타파를 내세우고 등장한 그들이 인민을 착취하는 특권 계급이 되는 것은 허구와 거짓과 사기로 가득한 공산주의자들의 또 하나의 지독한 모순이다.

공산국가의 특권계급은 인민계급과 상호의존성이 적고 그래서 교류도 적다. 그래서 교류가 존재하는 경우에도 일방적 상하관계다. 특권 계급은 앞문보다 더 넓은 뒷문으로 통행하며 인민이 볼 수 없는 곳에서 온갖 불공정하고 불평등한 특권을 누린다. 권력의 비호를 받으며 불법과 비리행위와 특혜 속에서 인민이 상상할 수 없는 막대한 부를 소유하는 그들은 재산규모를 집계조차 할 수 없으며 서방 언론을 통해 실체를 대

강 짐작할 뿐이다. 그들은 권력투쟁에서 패한 경우가 아니면 세무조사도 받지 않으며 부호 순위에 이름이 노출되지도 않는다. 좌익국가의 이 특권계급이 대한민국에도 등장했다. 놀라운 일이다. 바로 얼마 전 문재인 시대에 있었던 일이다.

좌익이 특권을 가지는 공정

정권을 잡은 문재인과 그의 동지들은 새로운 계급사회를 만들어 갔다. 그들은 자신들의 공산주의 운동을 민주화 운동이라는 기만적 언어로 위장하며 특권계급화를 시도했다. 운동권 출신의 전 국회의원 최민희가 '초엘리트'라는 해괴한 용어를 쓰며 국민을 향해 조국의 온갖 구린내를 감내하라는 메시지를 던진 것은 주사파 운동권이라는 출신성분을 가진 자들이 특권계급이 되어야 한다는 뜻이었다. 김일성 일가의 모든 조상을 '백두혈통'이라는 이름으로 절대적 존재로 만들었듯 강경화 손혜원 김원웅이 자신의 부모 혹은 조부모를 독립운동 유공자로 만들고, 문재인 이해찬 설훈 민병두 등 5·18 당시 광주 근처에도 가지 않았던 사람들이 5·18 민주화유공자가 되고, 더불어민주당 국회의원 자녀 120여 명이 '민주화유공자 자녀 특별전형'이라는 듣도 보도 못한 이름으로 연세대 등의 명문대에 입학하고, 거기다 취업우대 의료혜택 주택자금 대출에 대한 특별대우를 제도화하는 법안까지 발의했다. 이것은 김일성주의 사회주의 공산주의를 실현하기 위해 투쟁한 집단을 특권계급의 자격요건으로 정하여 특권을 제도화하고 세습까지 하려는 의도였다.

더불어민주당 의원들은 2021년 3월 설훈 등 73명의 이름으로 그들의 특권을 '민주유공자법'이라는 이름으로 제도화를 시도했다. 그러나 여론의 거센 비난에 부딪쳤고 결국 다음 해 실시되는 대선을 염려하여 철회한다. 대선이 끝나고 2022년 7월 운동권 출신의 우원식이 다시 총대를 메고 소속의원 169명 중 164명이 동참하여 다시 법제화를 시도한다. 급격하게 악화된 경제환경과 시급한 민생 현안은 그들의 관심사가 아니었다. 언론은 국회 권력을 독점하는 그들이 국가와 국민은 외면하고 자신들의 특권에만 관심이 있다고 비난했다. 이것이 다가 아니다. 그들은 자신들의 특권이 제도적으로 보장되는 새로운 계급사회를 만들어 나갔다. 그것은 곧 대한민국을 사회주의 국가로 만드는 것이었다. 이것이 바로 그들의 혁명이다. 북한화 혁명이라 불러도 틀리지 않을 것이다.

우리가 특권 계급이 되는 우리의 혁명

조국이 자신과 가족의 온갖 비리와 불법에 대해 검찰이 명백한 증거를 제시해도 혐의를 인정하지 않고, 윤미향이 위안부 할머니들을 앵벌이 시키듯 앞세워 국가 예산을 받아내고, 게다가 어린이들의 코묻은 돈까지 기부받아 현금으로 주택을 구입하고 자녀를 미국에 유학 보냈다는 의혹이 불거져도 뻔뻔하게 나오고, 문재인의 아들과 딸의 온갖 특혜와 사위의 비리의혹을 제기하는 언론을 침묵으로 뭉개는 태도까지, 이것을 모두 그들의 단순한 부패행위로만 보는 것은 착오다. 그것은 모두 사회주의자들의 특권계급 의식의 발로였다. 정권의 수장인 대통령 문재인부터 그의 수하들까지 모조리 자신들을 특권 계급으로 여긴 것이 분명하다.

국민은 그것을 불공정 혹은 부패라고 불렀고, 보수세력의 비리에는 모진 비판을 가하면서도 자신들은 더 지독한 비리를 범하고도 뻔뻔하게 둘러대는 그들에게 '내로남불 세력'이라는 새로운 간판을 붙여주었다. 이런 비판에도 개의치 않으며 자신들의 비리행위가 불공정도 불법도 아니라고 우기는 그들은 자신들이 특권을 누리는 것이 곧 공정이라 여기는 듯 보였다. 특권이 인정되는 나라는 자유민주주의 국가가 아니다. 사회주의 공산주의의 좌익의 국가다.

대한민국에 특권 계급이 존재할 수 없는 것은 자유민주주의 국가이기 때문이다. 다만 특별한 대우를 받아야 하는 사람은 존재한다. 6·25 참전군인, 국방의무를 수행하거나 국가를 지키고 사회질서를 지키다 상해를 입은 사람들, 베트남전에 참전하여 자유민주주의를 지키고 외화를 벌어온 사람들이다. 그러나 문재인 정권은 대한민국을 지키려 했던 국가유공자는 철저히 외면했다. 대신 대한민국과 자유민주주의를 공격하고 이적행위를 하고 간첩행위를 했던 자들에게는 민주화 유공자라는 이름을 붙이고 특권계급화를 시도했다. 그들은 자신들이 특별한 계급이기 때문에 특별한 대우를 제도화하려 했고, 비리와 불법적인 행위를 범하고도 처벌받지 않아야 한다고 여기는 듯 했다. 공수처의 설립과 검수완박법 제정의 본질은 그들이 어떤 불법적인 일을 해도 처벌받지 않는 특권계급화의 장치였고, 그것을 제도화하는 것이었다.

문재인과 그의 가족과 동지와 수하들은 새로운 좌익시대의 특권계급이 되려고 시도했다. 그것은 곧 소수의 그들 특권계급과 절대 다수의 인민계급으로 구성되는 새로운 세상을 전제로 하는 것이었다. 바로 사회주의 공산주의 세상이다. 그들은 자신들의 특별한 대우를 위해 대한민국의 공정과 정의와 평등의 가치를 모조리 훼손하고 후퇴시켰다. 그들은 부패와 불법을 범하고도 처벌받지 않도록 하는 자신들의 특권을 제도화하려고 했다. 스스로 특권 계급이 되려고 했던 사람들이 모인 문재인 정권은 공산주의 정권이 맞을 것이다. 특권의 제도화를 시도한 더불어민주당은 공산주의 정당이 맞을 것이다. 퇴임 전 스스로에 대한 많은 특권적 조치를 법제화하고 낙향한 문재인은 공산주의식 계급사회를 꿈꾼 공산주의자가 맞을 것이다. 그들이 범한 것은 불법과 부패가 아니다. 그들은 사회주의 남조선을 만들고 그 사회의 특권계급이 되고자 했다. 그들은 조선인민공화국의 1호동지가 되려고 했는지도 모른다.

6. 저질화와 북한 평준화라는 혁명

이 망국적 저질화의 시작은

김대중은 대한민국 70년의 역사상 유일무이한 노벨상 수상자다. 무려 평화상이다. 그러나 이제 그것을 자랑스럽게 말하는 국민은 없다. 입에 올리는 사람조차 드물다. 김대중이 상을 받은 것은 2000년 12월이었고, 2년 후 특검이 임명되어 조사하고 수사하여 확정한 대북 송금액은 4억 5천만 불, 약 5,000억 원이다. 그 당시부터도 송금액이 이게 전부라고 믿는 국민은 별로 없었다. 송금에 직접 관여했던 현대그룹 총수가 자살하고 김대중의 비서실장 박지원이 구속되는 것으로 더 이상의 진상규명은 멈추었다. 그 막대한 돈이 어디서 나온 것인지는 밝혀지지 않았다. 그리고 잊혀졌다. 남은 것은 노벨상을 받은 김대중 개인의 명예뿐이다. 기업인과 수하를 희생시키며 거액의 나랏돈을 북한으로 보내고, 그 대가로 김정일과의 회담을 성사시키고 그 공으로 상을 받았으니 그를 태양처럼 여기는 호남인도, 그를 위대한 정치인으로 받드는 좌익 정치인들도 그의 노벨상을 다시 꺼내는 것은 눈치없는 짓일 것이다. 우리 자식 세대에게 대한민국 유일의 이 노벨상을 말해주지 않는 것은 그래서이다.

김대중은 대통령 직을 물러나서도 자신을 만나주고 그래서 자신에게 노벨상을 안겨 준 카운터파트 김정일을 비호하고 옹호했다. 서방국가의 여러 정보기관은 북한이 이미 2003년 이전부터 핵무장을 준비한다는 사실을 우리에게 알려 주었다. 그러나 김대중은 그럴 때마다 침묵하거나 혹은 그것을 부인하며 "북한은 핵을 개발한 적도 없고, 개발할 능력도 없다. 만약 북한이 핵을 개발한다면 내가 책임지겠다"고 말했다. 그러나 그의 생전에 북한은 이미 핵실험을 시작하여 1차 핵실험까지 단행했고, 그의 사후에는 결국 핵무장국이 되고 미사일 시스템까지 완성했다. 그의 말은 그의 생전에 이미 거짓말이 되었으나 노쇠한 그에게 책임을 물을 수는 없었다. 그의 사후에는 더욱 그러했다.

그때부터였던 듯하다. 친북 혹은 종북 권력자들이 국민이 볼 수 없는 곳에서 은밀한 짓을 하고, 더 많은 거짓말을 하고, 더 많은 나랏돈을 자신을 위해 쓰고, 북한과 내통하며 북한을 위한 더 큰 이적행위를 하고도 처벌받지 않게 된 것은 그때부터인 듯하다. 종북좌파가 아닌 사람 중에서도 더 큰 도둑질을 일삼는 더 나쁜 인간들이 정치판에 들어와서 권력자가 된 것도 그때부터일 것이다. 이어 그런 정치인들을 일상으로 보며 일반 국민들조차 거짓말과 무고질과 사기행위를 더 많이 더 용감하게 저지르게 되었고, 더 큰 범죄를 더 많이 범한 자일수록 처벌받지 않는 사회가 되어 결국 나라 전체가 저질화되고 위험하게 되고 나쁜 놈들의 천국이 되기 시작한 것은 김대중이 자신의 것이 아닌 어떤 돈으로 노벨상을 받고 자신의 이름을 온 세계에 드높인 그때부터였을 것이다.

어느 시대 어느 나라에서도 거짓말과 도둑질은 존재했다. 그러나 21세기 자유민주주의 국가 중에서 국가원수가 자국의 안보에 큰 위험을 초래하는 그렇게 엄중한 거짓말을 한 사례는 없으며, 그런 일을 하고도 그렇게 큰 상을 받은 사람은 더욱 없을 것이다. 더구나 5,000억 원이라는 큰돈은 김대중 자신의 돈은 아닐 것이며 국민의 세금이거나 기업에 이권을 주고 대가로 받은 것으로 추측되는데, 어느 쪽이든 그것은 도둑질이다. 그렇다면 대한민국은 가장 엄중한 거짓말을 하고 가장 큰 도둑질을 한 대통령을 국가원수의 자리에 두고 21세기를 시작한 것이다. 지금의 대한민국이 거짓말과 모략과 무고와 도둑질의 나라가 된 것은 아마 그때부터일 것이다. 이 국가적 불행의 시작은 그때부터였을 것이다.

그렇게 대한민국은 거짓말과 조작질을 더 잘하고 나랏돈을 더 과감하게 훔치는 담력을 가진 자들이 정권을 잡고 권력자가 되었다. 문재인과 그의 동지들이 바로 그들이다. 이 책에 서술된 문재인과 그의 정권이 대한민국을 사회주의화하고 북한화한 내용은 다른 한편으로는 대한민국을 거짓 모략 무고 도둑질로 저급화 저질화시키는 것이기도 하다. 사회주의 공산주의라는 것이 인간의 본성을 부정하고 도덕성을 파괴하는 것이며, 인류를 궁핍과 빈곤에 빠드려 인간 삶의 질을 최악으로 내모는 것이기 때문에 그것을 감추기 위해 거짓말을 하고 사실을 조작하는 것이다. 문재인 정권 5년 동안 일상적으로 목도한 일이다. 게다가 그런 능력과 기술이 문재인보다 두 배는 더한 듯 보이는 사람이 나타나 대권을 넘보게 되는 지경에까지 이르게 되었는데, 이 두 사람은 그 기원을 찾는다면 1기 좌익 정권인 김대중의 시대일 것이다. 신생국가 대한민국이 어렵게 조금씩 발전시켜온 양식 윤리 도덕 법치 등의 사회규범이 후퇴하고 총체적으로 저질화된 시작은 김대중의 시대가 맞을 것이다.

저질화와 하향 평준화의 시대

기자 양상훈은 대한민국 70년의 흐름을 산업화 민주화 다음으로 '저질화'를 꼽았고 (조선일보, 2022. 9. 1) 언론인 권순활은 문재인 시대의 특징을 '좌경화와 저질화' 두 가지로 규정하며 "저질도 이런 저질이 없다" (PenN뉴스, 2020. 10. 25)고 말했다. 확실히 그랬다. 저급함과 저질스러움은 문재인 세력의 본색이었고 그들은 자신들의 저급함을 대한민국 전체에 확산시켜 국민 모두를 그들처럼 저질로 만들려는 듯 보였다. 그것은 상당한 성취가 있어서 문재인의 시대가 마감될 무렵에는 그들보다 더 저질스러운 후보가 나와 대통령이 될 뻔했을 정도였다. 그들은 궁극적으로 대한민국을 그들이 추종하는 북한의 수준으로 저급화하고 저질화하는 큰 그림을 그리는 듯 보였다. 그것은 그들의 혁명이었다.

문재인의 시대는 대한민국이 총체적으로 저질화되는 시간이었다. 이해찬이 공천한 수준 미달의 여당 국회의원들은 저질의 선동언어를 마구 배설하고 저질스러운 행동을 하며 대한민국을 저질스럽게 만들어 갔다. 민주당 초선의원 김남국은 조국에 대한 국민의 부정적 여론이 60%를 넘을 때에도 조국을 위해 밤마다 기도한다고 말하며 자신이 조국 한 사람을 모시는 똘마니라는 것을 감추지 않았다. 스스로 국민을 대표하는 국회의원이 아니라 조국을 수령으로 모시는 로동당 인민대표와 같은 존재로 여기는 듯했다. 국회의원 문재인의 비서 출신인 초선의원 윤건영은 김여정의 '특등 머저리' 비난에 '과감히 대화하자는 뜻'이라는 해석을 내놓으며 김여정의 말이 틀린 것이 아니었다는 것을 그 자리에서 바로 증명했다. 그는 자신뿐만 아니라 온 국민을 특등 머저리로 만들려는 듯했다. 이런 부류의 시정잡배보다 못한 국회의원들은 문재인 정권에 수두룩했다. 이해찬이 금태섭을 쳐내는 시범을 보이며 김남국 김용민 고민정 같은 앵무새를 공천하고, 저질의 언어를 늘어놓는 동작을의 이수진이나 최강욱 황운하 같은 사람이 새로이 국회의원이 되고, 설훈 안민석 정청래 윤호중 같은 문제적 인간형이 중진 행세를 하는 민주당에 저급화와 저질화는 필연으로 보였다. 이런 사람들을 국회의원으로 만든 민주당은 조선로동당과 윗집 아랫집 정도로 보였다.

정청래가 하는 막말, 최강욱의 저질의 말, 김남국의 앞뒤가 안 맞는 말, 고민정의 무식한 말, 달나라 말을 하는 문재인, 위인지 아래인지 출구를 알 수 없는 기괴한 소리를 마구 내놓는 이재명, 이들의 말은 국민의 의식 수준을 심각하게 낙하시켰다. 저질스러운 그들의 말은 예사롭게 흘릴 일은 아니었다. 이들이 저질의 언어로 대한민국을 저질화했다면 언어가 아닌 행동으로 대한민국을 저질화한 사람도 무수하다.

박원순 오거돈 안희정 민병두 정봉주 박완주 최강욱 등 그들 세력의 타락한 성도덕을 보여 준 정치인은 이름을 다 열거하기도 어려울 정도다. 손혜원 김의겸 조국 윤미향 이상직 김홍걸 박주민 문재인 등 경제적으로 부패하고 타락한 정치인도 부지기수다. 라임 옵티머스 디스커버리 등의 금융사기 사건이 제대로 수사된다는 경제적으로 타락한 좌익 정치인의 명단은 넘칠 것이다. 언어를 희롱하고 오염시키는 정치인들과, 성도덕과 경제적 도덕이 타락한 이들 정치인들은 대한민국 사회의 급속한 저질화를 선도했는데, 그들의 말과 행동을 단순히 그들의 공부하지 않는 무식함과 저열한 수준과 빈약한 자질의 시각으로만 볼 일은 아니다. 국회의원 씩이나 되는 그들의 언행에는 깊은 뜻이 있을 것이다. 그들은 남조선을 저질화하라는 지령을 받았는지도 모른다.

대한민국 사회의 저질화는 이런 저질의 국회의원들과 함께 김어준 같은 사람들이 오피니언 리더 역할을 하며 더욱 심각하게 진행되었다. 전문가를 몰아내고 이념가와 선동가로 그 자리를 메운 문재인의 시대는 잡놈들이 잡설을 풀어놓을 수 있는 천국이었다. 정치학자 역사학자 등의 지식인들이 입을 닫자 개그맨 김제동 강성범이나 음식비평가 황교익 같은 류의 정치학 강의나 제대로 들어 봤을까 싶은 사람들이 판을 치며 대한민국을 저질화시켰다. 사이비 언론인 김어준은 공영방송에서 쌍욕을 내지르고 음모론을 마구 쏟아내며 나라를 저질화시켰다. 더불어민주당 사람들은 늘 이들과 함께 했으며 그들의 여론몰이에 대한 대가로 이들을 모두 부자로 만들어 주었다. 더불어민주당 정치인들과 김어준 등의 저질의 나팔수들은 동업자들이었다.

정권의 고위직도 예외는 아니었다. 본인과 가족 전체가 범죄 혐의에 연루된 조국, 정치자금으로 아들 훈련소 식사비를 내고 딸 식당에서 카드를 긁은 추미애, 세금과 과태료를 체납해 7번이나 차량을 압류당한 박범계, 이런 잡범 수준의 정치인을 법무장관에 앉힌 문재인 정권에서 사회의 저질화는 피할 수 없는 것이었다. 여기에는 대통령 자신도 빠지지 않았다. 문재인의 아들은 예술 분야에 대한 국가의 각종 지원금을 남들보다 빨리 모조리 다 타먹었고, 출가한 딸은 청와대에 얹혀 살았다. 그러고도 뻔뻔하게 재난지원금 기부운동과 착한 임대료 운동을 전개했다. 대통령 아들이 먼저 타먹고 다 타먹는 것을 본 국민이 이런 운동에 참여할 리는 없었다. 그래서 양심적 기부운동은 모두 실패로 끝났다.

그의 재임 기간 내내 곁을 지킨 비서 탁현민은 초장부터 저급한 성적 인식을 드러내 물의를 빚더니 다음 정부가 청와대를 개방하겠다는 계획에 "안 쓸 거면 우리가 쓰면 안 되나"며 이기죽거렸으며, 퇴임 후의 문재인을 걸고 넘어지면 "물어 버리겠다"고 했다. 인간이 아닌 족속임을 스스로 드러낸 이런 사람을 비서관으로 둔 것은 청와대를 개판으로 만들어 놓겠다는 문재인의 의도였을 것이다. 문재인의 시간은 대한민국을 총체적으로 저질화하는 시간이었다. 산업화 민주화 다음으로 저질화의 시대가 온 것이다. 대한민국이 쇠락하고 있다는 뜻이다.

저질화라는 혁명

문재인의 시대는 광고의 시대였고 선전과 자화자찬의 시대였다. 국가

경영의 능력도, 국가를 경영할 의사도 없었던 문재인은 자신의 무능을 감추기 위해 자화자찬에 열중했다. 혹은 이땅을 사회주의 국가로 만들고 북한을 위해 일하는 자신을 감추기 위해 억지 광고를 무리하게 하는 듯 보였다. 기술자 탁현민이 주도한 이 광고에는 BTS와 영화 《기생충》도 소품으로 쓰였다. 이와 함께 영화 《미나리》, 드라마 《오징어 게임》, 손흥민 등이 문재인의 시대에 대한민국의 자존심을 지켜 준 거의 유일한 성취였는데, 모두 문재인 정권의 영향력 밖에 있었다는 공통점이 있다. 문재인 세력의 손을 타지 않았기 때문에 성공할 수 있었다는 뜻이며 그들이 손을 댄 것은 모두 실패하고 저질화되었다는 뜻이다.

문재인 정권이 손댄 모든 것은 쇠퇴하고 추락했다. 예외는 없었다. 인권과 표현의 자유 등 자유민주주의 가치의 후퇴, 경제의 국제경쟁력 하락과 국민 소득 불평등의 심화, 극심한 분열에 따르는 국민 통합력의 저하, 전교조가 장악한 학교 현장의 교육 수준의 심각한 저하, 사회적 공정성과 기회의 평등성 저하 등 국가의 모든 영역에서 광범위한 질적 저하가 현저했다. 정치 경제 사회 교육 외교 안보 등 퇴보와 저하가 없는 영역은 없었다. 모조리 추락했다는 말이다. 문재인은 이러한 총체적 추락을 감추기 위해 선전하고 광고하고 자화자찬에 몰두했을 것이다.

문재인 정권이 대한민국을 의도적으로, 그리고 적극적으로 저급화하고 저질화한 것은 결국 남한의 수준을 북한과 평준화하기 위한 것으로 보였다. 생산적이고 건설적인 일에는 무능한 주사파 운동권 세력은 남한의 수준을 낮추어 북한과 평준화하는 일에는 능숙했고, 그들의 능숙한 솜씨에 의해 남한은 급속히 저질화되고 북한과의 이질성과 격차를 줄여 나갔다. 북한이 남한을 흡수하는 형태의 한반도 통일이 최종목표인 그들은 이에 대비하여 남한의 수준을 북한에 맞추어 평준화를 실현함으로써 남북의 격차와 이질성을 감소시키려 하는 것으로 보였다. 그들은 이것을 그들의 혁명과업으로 여기는 듯했다.

그들을 고발하고 싶은 것은 바로 이 대목이다. 그들은 낙후된 북한이 발전된 남한을 따라오게 하는 상향 평준화가 아니라 남한이 북한을 따라가게 하는 하향 평준화를 선택했다. 그들이 지향하는 통일이 민족을 위한 것이 아니라 북한의 김씨 정권을 위한 것임을 증명하는 지점이다. 저질화라는 문재인의 혁명적 통치의 비극은 여기에 있다. 그들의 혁명은 북한을 따라가는 것이었고 김정은을 위한 것이었다. 우리와 우리 자식들의 터전인 이 대한민국을 위한 것이 아니었다.

북한과 평준화되고 동질화된 남한은 북한에 쉽게 흡수될 것이다. 군사적 방어능력, 경제력, 국민통합력 등 총체적인 국력을 후퇴시키고 정치체제를 독재적으로 만들고 법치주의를 후퇴시킨데 더하여 국가와 국민의 질적 수준을 저급화 저질화하여 북한에 쉽게 흡수될 수 있도록 만들어 놓은 문재인과 그의 동지들은 모두 북한주의자 김일성주의자 공산주의자가 맞을 것이다. 공산주의와 김일성주의에 대한 사상성이 철저하고 충성심이 깊은 그들의 이 혁명은 그들 세력이 소멸되거나 아니면 대한민국이 소멸될 때에야 끝날 것이다.

7. 공산진영으로 이동하는 고립 외교

만절필공

경기도 가평군에 있는 조종암朝宗岩에는 선조 임금이 쓴 만절필동萬折必東을 모본하여 바위에 새겨놓은 글이 있다. 충북 괴산 화양계곡에 있는 중국 명나라 황제를 모시는 사당 만동묘萬東廟는 만절필동에서 따온 이름이다. 사당으로 올라가는 계단은 폭이 좁고 경사를 가파르게 해놓았는데 중국황제를 모신 곳이므로 걷지 말고 기어서 올라가라는 의미라고 한다. 2019년 2월 미국을 방문한 국회의장 문희상은 하원의장 낸시 펠로시를 만나 자신이 쓴 만절필동 휘호를 선물했다. 황하가 만 번을 꺾이며 흘러도 결국 동쪽으로 간다는 의미로 조선시대 사대부들이 중국에 대한 변함 없는 충성을 표시할 때 썼던 이 어휘를 문재인 정권의 의전 서열 2위였던 사람은 왜 미국 권력 서열 3위의 인사에게 써 주었을까. 문재인의 최측근이었던 노영민이 청와대 비서실장이 되기 전 중국대사로 부임해 시진핑 주석을 접견하러 가는 길에 방명록에 이 어휘를 써서 문재인 정권의 정체성을 이미 의심받은 적이 있었는데, 이번에는 문희상이 미국 의회 수장에게 선물한 것이다. 이는 그들의 친중 반미, 친 공산진영, 반 자유진영의 외교정책을 노골화하는 것으로 해석되었다.

문재인 정권은 대한민국을 자유진영에서 이탈시키고 공산진영으로 편입하려는 외교를 펼쳤다. 그들은 만절필공萬折必共, 즉 만 번을 꺾이며 흘러도 결국 공산주의로 가겠다고 말하고 싶었으나 그럴 수 없어 대신 만절필동을 말했을 것이다. 속마음을 감추고 위장하는 것은 좌익 사람들의 본색이자 DNA며 판세를 뒤집을 때 쓰는 기술이 아닌가.

문재인은 그의 재임기간 두 차례에 걸쳐 중국을 방문하여 언론과 국민으로부터 굴욕적 조공외교라는 비판을 받았다. 특히 2017년 12월의 첫 방중은 그의 이념 정체성을 고스란히 보여 주었다. 국빈의 자격으로 방문했다고 했으나 첫날부터 시진핑 주석은 지방행사에 가버려 만나지 못했고, 10끼의 식사 중 8끼나 중국 당국자는 얼굴도 내밀지 않아 혼밥을 했으며 중국 당국자와 함께한 식사는 단 두 끼였다. 우리의 수행기자가 중국 측 경호원에게 폭행을 당하는 그런 박대를 받으면서도 문재인은 베이징대 연설에서 "한국은 작은 나라지만 중국몽을 함께하겠다"고 말했다. 지식인들은 이것을 스스로 속국이 되겠다는 선언으로 해석했다.

그러나 중국은 허리를 굽히며 비굴한 자세로 들어오는 문재인에게 무관심했다. 역사적 배경으로 인해 민란을 가장 경계하는 중국 통치자들의 속성상 민란으로 탄생한 문재인 정권을 그들은 달가워하지 않았다. 그래서 북한처럼 중국을 형님 국가로 모시려 했던 문재인의 의도는 실패했다. 국가원수의 경우 상호 1대 1 방문이라는 외교 관례에 따르면 시진핑이 방한해야 하는 차례임에도 문재인은 2020년 7월 다시 중국을 방문했고, 코로나가 퍼지기 시작할 때 중국과의 문을 걸어 잠근 주변국과는 달리 문재인은 코로나의 습격을 감수하면서 문을 활짝 열고 시진핑을 기다렸다. 그럼에도 그의 임기가 끝날 때까지 시진핑은 오지 않았다. 문재인은 중국을 향해 굴욕적으로 접근했으나 중국은 촛불혁명이라는 민란으로 정권을 잡은 후 허리를 굽히고 들어오는 문재인을 외면했다. 문재인은 공산주의를 추종할뿐 중국에 대해서는 먹통인 듯 했다.

모든 주변국을 속국 아니면 적국으로 나누는 중국은 저자세의 외교로는 대등한 관계를 만들 수 있는 나라가 아니다. 중국은 진시황제의 진秦나라조차 불과 14년 동안 존재했을 정도로 5천 년의 역사가 온통 뒤집기와 피로 점철된 약육강식의 역사였다. 그래서 강한 상대에게는 바로 숙이고 약한 상대는 잔인하게 짓밟아 확실한 서열관계를 확정함으로써 유혈의 상황을 종료하는 것은 중국인의 뼛속 깊이 새겨진 DNA다. 중국이 당당히 고개를 든 베트남은 같은 높이에서 마주 보는 반면 고개를 숙이고 들어오는 문재인을 무시하는 이유다. 중국에 대해 저자세였던 문재인의 대중국 외교는 완벽하게 실패했다. 그러나 대한민국을 공산국가로 만들기 위해 공산주의 국가 중국과 가까워지려 노력하고 공산진영으로 편입되려고 했던 문재인의 의도는 분명하게 확인되었다.

왕따 외교

국제법보다는 한 발 대포의 힘이 더 강한, 철저히 힘의 논리에 의해 작동되는 영역이 국제정치다. 약육강식의 국제정치의 정글에서 자국의 안전과 이익을 목적으로 펼치는 것이 외교다. 그리고 외교란 앞문은 활짝 열고 뒷문은 닫지 않고 하는 것이다. 앞문은 닫지 않고 뒷문을 활짝 열어 두는 것이 진짜 외교라고 말하는 외교관도 있다. 문재인의 시대는 이러한 국제정치와 외교의 공식이 모두 무너진 시간이었다. 문재인은 힘을 기르는 대신 평화타령만 노래했고, 대한민국의 이익에는 반하는 대신 북한의 이익을 쫓는 외교를 펼쳤으며, 북한과 중국에는 문을 활짝 열어 두었으나 미국 등 자유진영 국가에는 앞문 뒷문 모두 꽁꽁 걸어잠그는 폐쇄적인 외교로 일관했다. 우익세력을 궤멸시키는 데 몰두하는 내치와 오직 북한과 중국만 쳐다보는 외교를 펼치며 대한민국을 좌익의 국가로 만드는 일에만 열심인 동안 대한민국은 자유진영 공산진영 가리지 않고 세계로부터 고립되어 갔다. 그래서 문재인 시대의 외교는 고립 외교 혹은 왕따 외교라고 불렸다. 문재인과 그의 수하들이 자초한 것이다.

유일한 군사 동맹국인 미국에 대해서는 주한미군 철수의 메시지를 보내고 다자 안보협의체인 쿼드 참가를 거부하는 등 노골적인 반미 행보를 보였다. 이것은 문재인의 집권 초기부터 워싱턴 정가로부터 자유진영을 벗어나려 한다는 낙인이 찍힌 이유다. 북한을 위해 미국의 대북한 경제재제를 풀려고 했으나 뒷문을 걸어 잠그고 맥을 잡지 못한 운동권 출신들의 솜씨 없는 아마추어 외교와 그들의 종북 정체성을 알아챈 미국의 경계로 아무것도 되는 것이 없었다. 결국 잔뜩 기대하고 있던 북한은 특등 머저리라는 욕을 퍼부었다. 그것은 문재인을 향한 욕인 듯했다.

일본에 대해서는 앞문 뒷문은 물론 아예 사방을 봉쇄하고 청와대에서 죽창가를 부르며 우익진영을 토착 왜구로 몰아붙이는 일에만 몰두했다. 그들은 경제대국이자 자유진영 국가인 일본에 대해서는 국내 우익진영을 공격하고 좌익세력을 결집시키는 소재로만 써먹을 뿐 대한민국의 국익을 위해 일본과 협력할 생각은 처음부터 없는 듯했다.

일본을 향한 문이 닫히자 기업들은 소재 부품 장비를 중국에서 들여와야 했다. 그래서 우리 경제의 중국 의존도는 더욱 높아지고 중국이 횡포를 부릴 때는 더욱 위험하게 되었다. 그러나 문재인은 우리가 스스로 문제를 잘 해결했다며 기뻐했다. 유럽의 발전하고 유서 깊은 나라들은 안보와 경제적 목적을 위한 협력의 파트너가 아니라 부인의 관광코스 정도로 여기는 듯했고 체코 등 북한 대사관이 개설된 나라는 환대를 받지 못하면서도 부지런히 들락거리는 수상한 외교를 펼쳤다.

세계 모든 나라와 교류하고, 모든 발전한 나라와 협력하고 경쟁하며 미래를 준비하는 세계화의 시대에 문재인은 20세기 냉전시대의 진영외교를 선택했다. 그 결과 모든 자유진영 국가는 물론 공산진영 국가들로부터도 외면받고 고립되었다. 통역관 출신의 외교 문외한 강경화를 4년이나 외교부 장관에 앉혀 허수아비로 만들어 놓고 청와대의 주사파들이 20세기의 이념 외교를 펼친 결과는 참혹했다.

북한을 향해서는 굴종을 넘어 옷을 홀랑 벗고 다가가는 듯 했는데, 유엔 미국 등의 국제사회는 그런 문재인을 달래고 옷을 입히며 진정시키는 모양새였다. 그러나 그의 시대가 끝나고 나서 남북관계를 이전 정권보다 나아졌다고 평가하는 사람은 자화자찬이 특기인 문재인 자신 외에는 없었으며, 남북관계가 오히려 더 악화되었다는 사람들만 가득했다. 중국에 대해서는 속국이 되겠다는 듯 스스로 몸을 던졌으나 중국은 문재인의 손을 잡아 주지 않았다. 대신 중국 군함과 어선은 서해를 마음대로 침범했고 전투기는 동해 카디즈를 수시로 드나들었다. 한국 정부를 만만하게 본 중국 정부는 삼성 휴대폰과 현대차와 아모레화장품이 수십 년 동안 개척해 둔 중국 시장을 중국 기업들이 불공정하게 다 뺏어가 버리는 상황을 조장하고 방조했다. 그러나 문재인과 그의 정권과 주사파 수하 권력자들은 그냥 가만히 있었다. 그들의 무능일까, 그들의 계획일까, 아니면 둘 다일까.

문재인 다음의 신 정부는 중국이 두려워 하는 카드를 많이 가질수록 대한민국이 대접받고 우리의 것을 지킬 수 있다는 사실을 아는 듯, 우선적으로 미국 EU 일본 등의 친 자유진영 외교로 전환했다는 점은 참으로 다행스러운 일이다. 그러나 우리는 문재인이 펼친 공산진영으로 접근하는 외교가 대한민국의 안보를 얼마나 위태롭게 하고 대한민국의 국익을 얼마나 해쳤는지를 기억해야 한다. 소비에트 연방이 해산한 이후 현재는 경제력이 크게 쇠퇴한 러시아를 대체하여 공산주의 종주국 역할을 하고 있는 중국에는 진심이었으나 우리의 동맹국인 미국에서는 멀어지려고 했던 문재인의 친 공산진영 반 자유진영 외교는 그가 공산주의자 혹은 김일성주의자라는 또 하나의 증거일 것이다.

중국과 고난을 함께했다고?

문재인은 다급하기라도 한 듯 정권을 잡고 7개월 만에 중국을 방문했다. 혼밥을 하고 우리 기자 2명이 구타를 당하고 시진핑이 북경을 비운 바로 그 굴욕적 방문이다. 그는 북경대에서 300여명의 학생들을 앞에 두고 연설을 했다. "마오쩌둥 주석이 이끈 대장정에도 조선 청년이 함께 했다...중국과 한국은 근대사의 고난을 함께 겪고 극복한 동지다...중국과 한국이 식민제국주의를 함께 이겨낸 것처럼 지금의 동북아에 닥친 위기를 함께 극복해 나가자...중국은 높은 산봉우리...한국은 작은 나라지만 중국의 꿈(중국몽)에 함께 하겠다"고 말한 이 연설에는 그의 이념 정체성이 고스란히 들어있다.

마오쩌둥이 이끈 1930년대의 대행군, 40년대의 국민당과의 치열한 전투는 공산주의 국가 중국을 건국하기 위한 공산혁명의 역사다. 건국 이후의 50년대의 대약진운동과 60년대의 문화대혁명까지를 대장정으로 치는 중국공산당의 사관에 따른다면 이 40여년의 대장정은 6,500만명의 인민을 숙청하거나 아사시키고 공산주의 중국을 완성한 과정이다. 자유민주주의 국가를 건설한 대한민국과 겹치는 것은 아무것도 없다. 그래서 우리와는 하등의 관련이 없다.

문재인은 여기에 함께한 조선 청년으로 김산과 정율성의 이름을 거론했다. 김산은 중국 공산당에 소속되어 공산주의 활동을 하며 자유진영인 국민당의 장제스에 대항하다 결국 공산주의 활동 혐의로 중국 경찰에 체포되어 총살당한 사람이다. 그는 항일투사가 아닌 공산주의 운동가일 뿐이다. 정율성은 중국 인민군의 '해방행진곡'을 작곡했으며 해방 후에는 북한에 들어가 '조선인민군 행진곡'을 작곡했다. 6·25 남침 때 북한군과 중공군은 그가 작곡한 행진곡을 부르며 내려왔다. 이 둘은 북한과 중국이 영웅시하는 청년들이다. 우리의 청년은 아니다.

'근대사의 고난을 함께 극복한 동지'는 중국 공산당과 북한 공산당의 이야기다. 중국에서 활약한 우리의 독립운동가들은 장제스의 국민당과 교류하고 지원을 받았다. 그래서 이것은 북한의 역사일 뿐 결코 우리의 역사는 아니다. 항일 전투를 벌인 것은 주로 국민당이었고 마오쩌둥의 공산당은 국공합작 당시 잠시였을 뿐이다. 김일성은 마적단으로 활동하거나 소련과 중국의 공산군에 소속되어 활동했다. 대한민국 건국의 주류였던 이승만 김구 이시영 이회영 등은 중국 공산당과는 별다른 교류가 없었다. 그래서 공산국가 중국과 근대사의 고난을 함께한 동지는 북한이다. 문재인의 북경대 연설은 북한 정치인이 할 수 있는 내용이지 남한 대통령인 그가 할 수 있는 것은 아니었다. 그가 대한민국 대통령이라면 '고난을 함께'했다는 말은 대만에 가서 해야 마땅한 것이다. 이것은 문재인이 자신의 정체성을 분명하게 드러낸 대목이다.

'중국과 함께 식민제국주의를 이겨낸 것'은 북한이 말하는 '백두혈통의 혁명사' 내용이다. 자유민주주의 대한민국의 역사가 아니다. 우리는 중국과 함께 식민제국주의를 대항하거나 투쟁하거나 이겨낸 적이 없다. 그것은 북한의 역사다. 문재인은 북한의 역사와 남한의 역사를 동일시하고 있다. 남한의 역사를 김일성 일가의 혁명사로 대체하고 북한의 역사에 편입시키려는 종북세력의 전형적인 역사투쟁이다. 그리고 '높은 산봉우리인 중국의 꿈에 함께하겠다'는 말은 소련을 대체하여 공산주의 종주국 역할을 하고 있는 중국을 큰집으로 모시겠다는 말이며 대한민국을 자유민주주의 진영에서 벗어나 공산주의 진영으로 편입시키겠다는 선언이다. 북경대의 이 연설에는 북한주의자 문재인의 정체성이 다 들어 있다. 문재인은 공산주의자 북한주의자 김일성주의자가 분명하다.(문재인의 베이징대 연설에 대한 이상의 견해는 고려대학교 대자보를 전달한 이봉규TV의 내용을 골격으로 함)

8. 조선인민공화국에 충성한 대한민국 대통령

김관진 구속은 북한의 지령이었나

대한민국 육군대장 출신의 김관진은 40년간 현역 군인으로 복무했으며, 전역 후 청와대 등에서 근무한 기간까지 무려 47년간 대한민국의 안보를 위해 헌신한 사람이다. 그는 한때 북한 병사들의 사격연습 표적으로 쓰였다. 북한 정권이 가장 증오하는 남한 인물이라는 뜻이다. 합참의장과 국방부 장관에 이어 박근혜 정부에서 청와대 국가안보실장을 역임하며 대한민국의 안보태세에 철두철미했던 참군인인 그가 북한군의 눈엣가시가 된 것은 이상한 일이 아니다. 그러나 정권을 잡은 문재인 세력이 김관진을 구속시키기 위해 안간힘을 썼던 일은 분명히 이상한 일이다. 집요하고 포기되지 않았던 문재인 정권의 김관진 잡아넣기는 마치 북한으로부터 지령이라도 받은 듯싶었다.

문재인의 청와대는 김관진을 구속시키기 위한 구실을 찾기 위해 집권 3개월째부터 국가안보실 행정관을 국방부로 수 차례 보내 과거 군 사이버 수사기록을 무단으로 열람했다. 법원의 영장이 없는 열람은 위법이었으나 권력을 잡은 그들은 대한민국의 법 체계를 예사로 무시하며 2014년 박근혜 정부 당시의 댓글수사를 다시 들추어 냈다. 이어 군 관계자를 청와대로 불러 그때의 수사기록이 조작이 아니냐며 다그쳤다. 그 말은 곧 과거 기록을 이제 와서 자신들이 조작하겠다는 뜻이었다.

결국 군 사이버사의 댓글활동에 정치적 목적이 있었으며 여기에 김관진이 관여했다는 혐의를 씌워 그를 구속시켰다. 당시의 수사기록에 의하면 정치색이 있는 댓글은 전체의 불과 1%에 지나지 않았는데 문재인의 청와대는 그것을 범죄로 몰아 구속시킨 것이다. 주로 대북문제를 취급하는 국방부의 댓글에 정치색이 있는 것이 단 1%에 지나지 않았다는 사실이 오히려 놀라운 일이었으나 청와대는 이 작은 티끌을 구실로 삼았다. 그러나 과거의 수사에서 김관진은 관여하지 않았다고 이미 결론지어진 것이었다. 북한을 대신하여 보복에 나선 것이 분명했다.

청와대 행정관이 국방부를 다녀간 석 달 후 결국 김관진은 구속되었다. 그러나 열흘 후 구속적부심 심사로 풀려났고 이후 불구속 상태로 재판이 진행되었다. 김관진은 2심에서 징역 2년 4개월을 선고받았다. 그러나 김명수의 대법원은 문재인이 대통령 직에서 물러날 때까지 5년이 되도록 판결을 내리지 않았다. 김관진을 숙청하고 싶었으나 죄를 찾지 못했다는 뜻이다. 문재인과 그의 수하들은 북한이 증오한 대한민국의 참군인 김관진을 구속시키려고 애를 썼으나 결국 실패했다. 그러나 그들의 북한에 대한 변함없는 충성심은 선명하게 확인되었다.

그들은 분명히 북한정권과 같은 패거리일 것이다. 이렇게 생각하지 않고는 대한민국의 안보에 철저했고 그래서 북한군의 사격연습 표적이 된 참군인 김관진을 기어이 구속시키려 했던 문재인 정권을 이해할 수가 없다. 문재인 정권이 대한민국을 위해 일한 것은 찾을 수 없다. 그러나 북한을 위해 일하고 북한에 충성한 사례는 무수하다. 문재인 정권의 모든 국정운영과 통치행위가 북한을 위한 것이었다고 해도 과언은 아니다. 김관진을 구속시키려 한 일 외에도 이런 사례는 무수하다.

이적행위와 자해행위

NLL은 바다에서 남북간의 무력충돌 가능성을 예방하기 위해 1953년에 설정한 해상경계선이다. 그러나 북한은 이를 번번이 침범했다. 문재인은 2018년 9·19남북군사합의를 통해 "북한이 NLL을 인정했다"고 발표했다. 그러나 북한은 이후에도 이 경계선을 침범했고 우리 군이 북한 선박을 쫓아내려 접근하면 북한은 "북측해역에 접근하지 말라"는 통신을 보내왔다. 문재인의 말과 달리 북한은 NLL을 여전히 부정한 것이다. 문재인 시대에 이런 일이 5,000번 있었고 그것은 북한이 NLL을 5.000번 부정했다는 뜻이다. (조선일보.2022년 10월26일) 많은 군사 전문가들은 9·19 남북군사 합의를 두고 우리가 북한에 이용당했다고 평가한다. 문재인이 북한에 이용당한 것일까, 아니면 국민인 우리가 북한과 문재인의 협업에 속은 것은 아닐까, 이렇게 의심하는 수많은 이유 중에 한 가지만 들겠다.

북한은 문재인의 집권한 때부터 NLL을 더욱 빈번하게 침범 했다. 집권 첫 해인 2017년 24회였던 것이 2019년에는 7월까지 이미 392회로 16배가 증가한 상황이었다. 이에 박한기 합창의장은 NLL을 침범한 북한 선박을 나포하도록 지시했고 우리 군은 2017년 7월 실제 북한 어선을 나포했다. 주사파가 장악한 청와대는 발톱을 감추지 않았다. 청와대 민정수석실은 박한기 합참의장을 청와대로 불러 북한 선박 나포의 이유를 추궁하고 조서에 날인까지 하도록 했다. 국군 서열 1위인 합창의장을 청와대 행정관이 4시간 동안이나 수사 수준의 취조를 하고 조서에 날인까지 받은 것이다. 지극히 정상적인 업무지시를 내린 군 최고 지휘관을 청와대로 호출하여 모욕을 주고 NLL을 침범하는 북한 선박을 나포하지 못하도록 한 것이다. 문재인이 가장 높은 자리에 있는 청와대의 사람들은 NLL을 지키고, 우리의 영해를 지키고, 우리의 영토를 지킬 의지가 있는 사람들이었을까. 오히려 북한의 NLL 침범을 방조하는 사람들이 아닌가. 그들은 우리 편인가 아니면 북한 편인가. 그들은 세금을 내고 그들에게 국토 수호를 위탁한 대한민국 국민을 위해 일한 사람들인가. 아니면 북한 정권을 위해 일한 사람들인가. 9·19 합의가 문재인이 북한에 이용당한 것인지 아니면 국민인 우리가 문재인과 북한의 협업에 속은 것인지에 대한 대답은 이미 얻어진 것이 아닌가.

북한 주민 5가구의 탈북을 도운 일이 발각되어 김정은을 비판하는 격문을 내걸고 탈출했다고 주장하는 북한 청년 두 명의 의사를 완벽하게 무시하고 어민 16명을 살해하고 도주했다는 북한 정권의 주장을 제대로 된 조사도 수사도 없이 그대로 확정하고는 대한민국 헌법과 유엔 난민 규약과 인권규약 모두를 위반한 채 총살이 뻔히 예상되는 북한으로 송환한 일은 문재인과 그의 정권 권력자들이 북한과 김정은에 충성하기 위한 일이 분명하지 않는가.

위의 두 사례를 단순히 김정은의 심기를 건드리지 않고 남북관계를 개선하기 위한 것으로 간주하거나 김정은을 남한에 초청하기 위한 것이었다고 믿는 것은 심각한 오류다. 서해 표류 공무원 피살사건도, 합참의 장을 취조한 것도, 북한 청년들을 강제적으로 송환한 것도 문재인 세력이 대한민국 사람들이라면 그렇게 하지 않았을 것이며 그들이 북한에 충성하는 사람들이 아니라면 할 수 없는 일이었다. 문재인 정권은 북한과의 관계를 개선하겠다는 목적으로 그렇게 한 것에 그치지 않고 적극적으로 김정은에게 충성하고 북한의 입장을 옹호하고 북한의 이익을 실현하기 위해 그렇게 했다는 말이다. 정권을 장악한 그들이 대한민국을 위해 일한 것이 아니라 북한을 위해 일했다는 뜻이기도 하다. 김씨 왕조에 충성한 그들은 결코 대한민국 사람으로 보이지 않는다.

문재인은 북한이 국제규약을 무시하고 미사일 시험발사를 수없이 감행했음에도 이를 제지하기 위한 어떤 조치도 취하지 않았다. 북한을 경제적으로 제재하는 국제적 공조에 동참하기는 커녕 오히려 그것을 풀어달라고 미국과 유럽의 정상들을 만나 부탁하고 다녔다. 해외 언론을 비롯한 국제사회가 그런 문재인을 조롱하고 정체를 의심했으나 그는 멈추지 않았다. 문재인은 스스로의 입으로 김정은을 "매우 솔직하고 국제적인 감각도 있다"고 추켜세우며 잔인한 독재자 김정은을 훌륭한 지도자로 이미지를 세탁하고 국제무대에 화려하게 등장시켜 주었다. 그 결과 김정은에 대한 우리 국민의 거부감은 크게 감소했고 한때 그에 대한 국민의 호감도가 30%를 넘은 적도 있었다.

남한의 원전을 경제성까지 조작하며 폐쇄한 것이 북한에 원전을 지어 주기 위한 것이었다는 의혹이 사실이라면, 판문점 도보다리에서 단둘이 대화를 나누며 북한에 원전을 지어 주겠다는 계획을 의논했다면, 그것은 문재인의 수많은 이적행위 중에서도 가장 엄중한 중범죄가 될 것이다. 탈원전은 이적행위인 동시에 세계적 경쟁력을 가진 우리의 원전산업을 단기간에 초토화시킨 행위이다. 그것은 대한민국의 에너지산업 전체에 악영향을 미쳐 국가경제에 막대한 부담을 준 자해행위였다. 대한민국을 망쳐 놓겠다고 작정하지 않았다면 할 수 없는 일이었다.

당신도 간첩인가

쯔엉딘주는 베트남이 공산화되기 전 야당의 대통령 후보였다. 그는 "월

맹과 대화를 통해 얼마든지 협상이 가능하다, 평화적으로 남북문제를 해결하겠다"는 주장을 반복했다. 문재인의 논리와 똑같다. 당시의 베트남도 지금의 우리처럼 남쪽은 자유민주 체제였고, 북쪽은 공산당이 장악하고 있어서 그들에게도 두 체제의 대립은 남북문제였다. 자유 베트남이 점령당하고 통일이 된 후 쯔엉딘주는 북쪽 공산당이 심어놓은 간첩으로 밝혀졌다. 그의 아들도 간첩혐의로 미국에서 체포되었다. 이후 통일된 공산 베트남에서 쯔언딘주는 정부의 고위 자문역으로 여생을 보냈다.

첩자를 심어놓고 적의 핵심 정보를 빼내고 적의 내부를 교란시키는 것은 공산당의 기본 전술이다. 공산당의 모택동과 국민당 장개석의 대결에서 모택동이 승리한 것은 장개석이 참모들과 논의하고 결정한 내용이 다음날 아침 모택동의 책상 위에 보고서로 올라가 있을 정도로 첩자들의 은밀한 활약에 의해 이미 승패는 갈라졌다고 전쟁 전문가들은 말한다. 우리는 어떤가. 병사들에게 훈련을 제대로 시키지 않고, 임기 내내 한미연합 실전훈련을 중지시키고, 북한은 번번이 위반하는 9·19 남북군사합의를 우리는 지킨다며 국군의 손발은 꽁꽁 묶어 놓은 채 오직 종전선언과 평화협정만 말한 문재인은 쯔엉딘주를 닮아 있지 않은가.

1968년 1월 청와대를 습격하기 위해 남파되었다 생포된 후 "박정희 모가지 따러왔수다"라고 했던 김신조 목사는 "남한에 빨갱이가 너무 많다. 대한민국은 김정일의 것이다"라고 말했다. 김정일은 죽고 그의 아들이 북한을 물려 받았으니 김신조의 주장대로라면 대한민국도 김정은이 물려 받았을 것이다. 그래서 지금의 버전으로 '대한민국은 김정은의 것이다'라고 알아들으면 된다. 북한 김씨 정권에 굴종하고 충성한 문재인

과 그의 주사파 수하들은 김신조가 말한 '너무 많은 빨갱이' 중의 일부
는 아닐까. 그들은 대한민국을 완전한 김씨 일가의 것 또는 공산당의 것
으로 만들려 하는 것은 아닐까. 쯔엉딘주처럼 남쪽을 북쪽에 흡수되도
록 활동하는 간첩이 아닐까. 그들을 김일성주의자 혹은 공산주의자로
짐작하는 또 하나의 이유다.

9. 대한민국의 국가체제를 변경하려 한 사람

이래진 씨의 오해

과거 문재인 지지자였다는 서해 피살 공무원의 형 이래진 씨는 문재
인 정부를 향해 "이 정부는 민주주의를 이용한 악질범입니다"라고 말했
다. 그는 대한민국을 자유민주주의로 여기고 그렇게 말했을 것이다. 그
러나 문재인 정권은 자유민주주의자들의 정권이 아니었다. 공산주의 정
권은 추구하는 목적과 이익을 위해 인민의 인권을 제한하고 인민의 생
명을 희생시키는 것을 주저하지 않는다. 국민의 목숨이 위험에 처한 상
황에서도 남북관계 개선이라는 목적을 위해 혹은 김정은에게 충성하기
위해 국민의 희생을 방치한 일은 문재인이 개인의 자유와 인권을 최고
가치로 삼는 자유민주주의자라면 할 수 없는 것이었다. 그러나 그가 공
산주의자라면 별일도 아닌 일이다. 이래진 씨는 문재인을 자유민주주의
자로 오해하고 있었다. 민주화운동가라는 그에게 속은 것인지도 모른다.

수많은 범죄혐의를 가지고도 대통령 후보가 되었던 이재명이 검찰

의 수사를 받을 처지에 놓이자 문재인의 동지였던 전대협 1기 부의장 출신의 민주당 비대위원장 우상호는 "민주주의가 이래선 안 된다"고 했다. 그가 말하는 민주주의는 자유민주주의가 아니다. 서열에 따라 권력을 가지고 높은 서열의 큰 권력자일수록 위법과 불법이 성립되지 않고 처벌받지 않으며, 권력투쟁에서 패배할 때만 단죄되는 것이 인민민주주의다. 법률에 위반되는 범죄의 확정에 의해 단죄되는 자유민주주의와는 근본적으로 다르다. 그들 진영의 대통령 후보로서 진영 내 서열 1위였던 이재명이 아무리 중대한 범죄를 저질렀다 하더라도 처벌을 받는다는 것은 주사파 우상호에게는 이해되지 않는 듯했다. 우상호도 공산주의자이기 때문일 것이다. 국민의 희생에는 무감각하고 불법 혐의를 받는 권력자의 처벌에는 저항하는 문재인도 우상호도 더불어민주당의 동지들도 모두 인민민주주의자가 분명할 것이다. 공산주의자란 뜻이다.

공산주의 체제의 동독에서 젊은 시절 35년을 살았던 메르켈은 철저한 자유민주주의 신봉자가 되어 16년 동안 통일된 독일의 수상으로 오늘의 강대한 독일을 만들었다. 반면 자유민주체제 대한민국에서 젊은 시절을 보낸 문재인과 우상호와 그들의 동지들은 김일성의 주체사상을 수용하고 대한민국을 좌익국가로 만들기 위해 투쟁했다. 그들은 그것을 '민주화'라고 했다. 그것이 '인민민주주의화'였다는 사실은 그들이 정권을 잡고 펼친 독재정치, 법치주의의 훼손, 국민의 자유와 인권 제한, 국민의 빈민화와 배급제 강화, 언론 독립성의 후퇴와 공적 선전역할의 강화 등 그들의 여러 통치행위에 의해 충분히 입증되었다. 공산주의를 직접 경험한 메르켈은 독일의 자유민주주의를 강화했고, 공산주의를 직접 경험하지 못한 채 그 허구적이고 달콤한 김일성 주체사상과 좌익이념에 빠져 있는 문재인 세력은 오래토록 공산주의를 고수했다. 그들은 공산주의를 직접 경험한 메르켈의 생생한 공산주의 경험을 듣고 메르켈의 이념과 정책을 배울 생각이 전혀 없는 듯했다. 그들은 공산주의의 화석이었다.

역병보다 전염성이 더 강한 공산주의의 확장을 방어하기 위해 대부분의 서방 선진국들은 공산주의를 불법화하고 억제하는 '방어적 민주주의'를 채택하고 있다. 그러나 좌익세력이 이미 국가의 모든 영역을 장악한 대한민국은 자유민주주의를 공격하는 공산주의 세력에 대해 무방비 상태다. 민주화운동가라는 이름으로 위장한 공산주의자들에게 속아 그들을 포용한 비극적 결과다. 정권을 잡은 문재인 세력이 이 땅을 인민민주주의 체제로 변경하려 했다는 사실을 알게 되면 이래진 씨의 오해는 바로 풀리며 우상호의 민주주의는 바로 이해된다. 문재인 정권 5년의 궁극적 지향점은 대한민국의 체제를 변경하는 것이었다. 대한민국의 자유민주주의와 시장자본주의를 사회주의, 나아가 북한식 공산주의 체제로 변경하고자 했던 것이 문재인의 국가통치의 기본인 듯했다. 실제 문재인 정권의 모든 정책과 국정운영은 국가 체제의 변경이라는 거대한 지향과 방향성과 목표를 내장하고 있었다.

사회주의 체제로 변경한 증거들

문재인은 박근혜 정부가 추진했던 역사교과서 국정화를 집권하자마자 즉시 폐기했다. 그가 집권하는 동안 나온 대부분의 교과서에는 '자유민주주의' 혹은 '자유'라는 단어가 삭제되고, 그냥 '민주주의'로 대체되었다. 아직은 국민의 거부감과 저항이 예상되어 '인민민주주의'라고 명시하지 못했을 뿐 이것은 사실상 인민민주주의의 길을 활짝 열어놓은 것이다. 고영주 변호사는 "자유를 삭제한 것은 법문 해석상 자유민주주의를 부정하는 것이다. 그것은 곧 인민민주주의를 지칭하는 것이 명백하다"고 설명한다. 그렇다면 우리의 아이들은 이미 자유민주주의가 아닌 인민민주주의를 배우고 있는 것이 분명하다.

초·중·고교에는 막대한 예산을 퍼부은 반면 대학은 구조적 재정난에 허덕이도록 만들어 놓은 것도 체제 변경을 실행하는 그들의 목적이 들어 있다. 주사파 교사들의 집단인 전교조가 장악하여 역사투쟁과 사상투쟁을 펼치는 초 중 고에는 예산을 넘치도록 배정하여 학교 현장에서 더 이상 쓸 곳이 없다고 손사래를 칠 정도였으나 전교조의 영향력이 적고 이미 머리가 야물어 사상투쟁이 먹히지 않는 대학에는 투자에 인색했으며 등록금을 인상하는 것조차 막았다. 대학교육에 엄청난 국가적 사회적 자원을 투입하며 과학과 산업 발전을 선도하는 것은 20세기 이후 자본주의 국가의 공통점이다. 반면 초 중 고는 물론 대학까지도 사회주의적 인간형을 육성하는 이념교육과 사상교육에 집중하는 것은 사회주의 공산주의 국가에서는 공통적이다. 문재인 정권이 이념교육을 강화하기 위해 초 중 고에는 예산을 집중 투자한 반면 이념교육이 먹히지 않는 대학교육은 황폐화시킨 것은 이런 이유일 것이다. 그들이 공산주의 정권이라는 수많은 증거 중의 하나다.

문재인 정권이 전개한 공기업 민영화 반대 등 여러 가지 반기업 정책은 생산시설의 국유화를 주장하는 오래된 공산주의 이론의 실천이다.

노조를 정치세력화한 것 역시 노동자 계급을 혁명의 도구로 쓰고, 혁명 후에는 노조 간부만 특권적 지배계급으로 편입하는 반면, 일반 노동자는 모두 가난한 인민계급으로 만드는 전형적인 공산국가의 정책이다.

문재인 세력은 헌법 전문에 이것저것 넣자고 주장하면서도 공산주의 북한으로부터 자유민주주의를 지키기 위해 가장 많은 희생과 대가를 치른 6·25전쟁의 정신을 넣자는 주장을 한 적은 없다. 자신들은 민주화 운동이라는 이름으로 수많은 반국가 행위를 했음에도 대통령을 비판하는 국민을 고소하고 고발하며 표현의 자유를 제한하고 인권을 탄압했으며, 대통령이 형이라 부르는 사람을 당선시키기 위해 청와대 8개 부문의 권력자들이 총동원되어 선거에 개입하고 표심을 왜곡한 울산시장 선거 부정사건은 이 땅의 민주주의를 근본적으로 파괴하는 것이었다. 큰 정부를 만들기 위해 모든 종류의 세금을 폭발적으로 올리고 공무원 수를 대폭 늘인 정책, 적폐청산이라는 이름으로 자유민주주의자들을 공직에서 쓸어낸 후 대거 좌익이념을 가진 사람들로 교체하고 임기 말의 후안무치한 알박기까지의 대대적인 뽑기와 심기, 현금 뿌리기의 망국적 포퓰리즘과 부정선거의 의혹을 받으며 총선에서 대승을 거두고는 곧 대한민국을 사회주의화하는 법안과 북한의 이익을 위한 법안을 대거 통과시키는 등의 문재인 정권의 모든 통치행위는 대한민국의 자유민주주의 체제를 사회주의 공산주의 체제로 변경하기 위한 것이었다.

명백한 증거 1, 약탈적 조세정책

2021년 12월 대통령 후보 윤석열은 "주체사상을 배운 집단들이 국민을 약탈하고 있다"고 말했다. 국민 약탈, 이게 사실이라면 보통 일이 아니다. 그의 말도 상대 후보 이재명처럼 그냥 마구 던지는 아무말일까. 아니다. 문재인 정권의 국민 약탈은 조세정책에서 분명하게 확인된다. 개인주의를 부정하고 전체주의를 지향하는 좌익정권은 필연적으로 큰 정부를 지향한다. 국가의 역할을 극대화하는 정부 주도형 사회를 유지하기 위해서는 큰 정부조직이 필요하기 때문이다. 그리고 큰 정부를 유지하며 많은 역할을 하기 위해서는 세금을 많이 거두는 것도 필연이다. 문재인정권 5년간 미국 독일 영국 프랑스 일본 등 선진국 G5와 비교해 소득세와 법인세 모두 올린 나라는 한국이 유일한 것 (동아일보, 2022. 5 .12)은 이 때문이다. 문재인은 거의 모든 종류의 세금을 모조리 올리고 폭발적으로 올렸다. 가히 약탈적이었다.

우선 부동산 유가증권 등의 자산에 부과하는 자산세는 문재인 정권 4년만에 OECD 국가 중 11위에서 2위로 급상승했다. 같은 기간 동안 자산세 세수는 51%나 늘었다. (조선일보, 2022. 1. 21) 약탈의 수준이 분명하다. 특히 상속세는 세율이 사실상 세계 최고다. 명목세율은 50%로 일본 55%에 이은 2위지만 실질세율은 60%로 OECD국가 중 1위다. (아세아경제, 2021. 5. 2) 우리가 흔히 상속세가 높다고 알고 있는 미국 40%의 1.5배다. 삼성그룹의 계열사 주식 18조원을 이재용이 상속할 경우 납부해야하는 상속세는 미국에서라면 7조원, 영국 3조6천억, 스웨덴 0원이다. (머니투데이, 2020. 11. 15) 이런 징벌적 혹은 약탈적인 세율구조에서 100년 기업의 성장은 원천적으로 불가능한 일이다.

　실제 문재인 정권이 폭발적으로 올린 상속세 세율로 3대를 거치면 소유권은 없어진다는 진단이 많았다. 이러한 고세율 구조에서 기업을 인수하려는 다른 기업도 없을 것이며 그래서 결국 국유화된다는 뜻이다. 다시 말하지만 삼성의 국유화는 주사파 김경수의 드루킹 여론조작 프로젝트에도 나오는 플랜이다. 문재인 정권은 부동산이나 기업 등의 자산을 국유화하려는 목적으로 자산세와 상속세를 폭증시킨 것이다. 새로 들어선 윤석열 정부가 상속세의 세율을 낮추는 등의 상속 규제의 완화책을 제시했지만 국회 다수 의석을 차지하는 더불어민주당이 부자감세라는 선동언어를 앞세우고 반대하는 것도 같은 목적이 분명하다.

　법인세도 마찬가지다. G5국가들은 모두 법인세를 낮추거나 기존 세율을 유지하며 기업의 경쟁력을 높이고 투자를 촉진하는 정책을 펼치는데도 문재인은 법인세를 22%에서 25%로 올려 기업의 부담을 대폭 늘렸다. 선진국의 '낮은 세율 넓은 세원'의 원칙에 역행하는 법인세 인상은 결국 기업을 해외로 내몰고 일자리를 감소시키며 종국에는 전체적인 세수를 감소시킬 것이다. 그러나 기업의 국유화가 목적인 문재인 세력은 이에는 개의치 않는 듯 했다. 소득세 역시 소득 상위 1%가 50.2%, 상위 10%가 전체 소득세의 86%로 고소득자가 대부분을 부담하는 구조로 만들어 놓았다. 부자들의 재산을 감소시키고 결국 국유화하는 조세정책으로 인해 고소득의 전문인력과 개인과 기업 자산의 해외 유출을 초래할 것이며 장기적으로 우리의 거시 경제는 경쟁력과 활력을 잃게 될 것이다. 문재인 정권이 모든 세금을 올리면서도 소비세만은 올리지 않은 것도 같은 맥락이다.

그들은 늘 북유럽 국가의 복지를 들먹이면서도 스웨덴의 부가세가 25%인 점은 말하지 않았다. 영국 프랑스 이태리의 20%나 독일의 19%도 말하지 않는다. 그리고 10%인 우리의 부가세에는 일절 손을 대지 않았다. 국민과 기업 자산의 국유화와는 무관하기 때문이다. 토지와 생산시설의 공유화 혹은 국유화는 사회주의 공산주의 이론의 기본이다. 토지와 집을 빼앗아 국유화하기 위해 종부세와 양도세와 상속세를 올리고, 생산시설과 기업을 빼앗아 국유화하기 위해 법인세와 상속세를 올리고, 개인과 기업이 재산을 더 늘리는 것을 막기 위해 소득세를 올렸다. 따라서 문재인 정권이 공산주의자들의 정권이라는 사실은 명백하다.

"국민이 집의 노예에서 벗어난 날이다" 2020년 8월 3일 부동산 증세 3법을 통과시킨 국회 법사위원장 윤호중이 했던 말이다. 다주택자는 물론 달랑 집 한 채를 가진 국민에게도 집을 살 때, 팔 때, 그냥 보유하며 거주하고 있을 때를 가리지 않고 세금을 폭탄의 수준으로 올려놓고 왕년의 운동권 출신의 더불어민주당 중진 의원 윤호중은 우리가 집의 노예에서 벗어났다고 말했다. 주사파의 기만적 용어전술다. 그가 앞장서서 날치기로 통과시킨 법으로 국민인 우리는 이제 세금의 노예가 되었다. 그리고 좌익정권의 볼모가 되었다. 종국에는 우리를 김정은의 노예로 만들려고 했을까. 의심이 짙다.

명백한 증거 2. 신헌법개정안

2018년 3월 청와대 민정수석 조국은 직접 마이크를 잡고 신헌법 개정안을 발표했다. 마땅히 법무장관이 잡아야 할 개헌안 발표 마이크를 사회주의자 조국이 잡은 것부터 수상했다. 그리고 그 내용에 대한 국민의 충격과 저항을 의식해서인지 3차례로 나누어 살라미 식으로 부분부분 내놓았다. 이 개정안은 다행히 지식인과 언론과 여론의 거센 비판으로 저지되었다. 그러나 그 내용을 살피면 문재인과 그의 정권이 대한민국을 인민민주주의 체제로 변경하려 했던 의도를 고스란히 그리고 분명하게 담고 있다. 먼저 '자유민주적 기본질서'에서 '자유'를 삭제한 것은 인민민주주의 헌법을 기도한 의도를 명백히 드러낸 것이다. 서울대 법대 교수인 조국이 자유민주주의와 인민민주주의를 구분하는 제 1의 척도가 '자유' 라는 사실을 모를 리 만무하다. 그래서 그가 주도한 신헌법안이 대한민국을 인민민주주의 국가로 변경하기 위한 것임은 명백하다. 이 외에도 개정안 곳곳에는 기존 헌법에 있는 '자유'가 삭제되어 있었다.

기존 헌법의 '국민'이 '사람'으로 바뀌어 있는 것도 마찬가지다. 북한 헌법과 김일성 주체사상에 표기된 '사람'이 '국민'을 대신하여 우리 헌법에 버젓이 등장한 것이다. 우리 헌법은 국가 구성원으로서의 기본적 책임과 의무 준수를 전제로 자유를 보장받는 개인을 의미하는 '국민'의 개념을 쓰고 있다. 그러나 북한의 법체계는 '인민' 혹은 보다 넓은 개념의 '사람'으로 표현한다. 따라서 자유를 삭제한 것과 함께 국민을 사람으로 표기한 것 역시 이 개정안이 인민민주주의 헌법을 지향했다는 분명한 증거가 된다. 북한정권은 인간과 사람을 구분하며 계급투쟁 의식으로 각성된 인간만 '사람'으로 인정한다. 즉 의식화되지 않은 인간은 사람도 아니라는 의미다. 이 외에도 우리가 공산국가와 구분하려는 분명한 의도를 가지고 사용해 온 '근로자' 표현 역시 북한과 중국이 쓰는 '노동자'

로 바뀌어 있다. 또한 기존 헌법의 '양심의 자유'를 '사상의 자유'로 바꾸어 놓은 것도 사회주의와 공산주의를 금지하는 국가보안법의 폐지를 위한 근거를 마련하기 위한 것이었다. 이 헌법개정안은 문재인과 그의 정권이 대한민국의 국가체제를 근본적으로 변경하려 했다는 명백한 증거다. 그들은 대한민국을 인민민주주의 국가 혹은 북한에 편입되는 공산국가로 만들려고 했던 것이 분명하다.

북한 고위직 출신으로 귀순하여 2020년 4월 총선에서 국회에 입성한 태영호 의원은 국회에 몇 번 출석한 뒤 "여기가 북한 최고인민회의인지 대한민국 국회인지 헷갈린다"고 했다. 더불어민주당의 의원으로 있다 탈당한 양향자 의원은 "민주당은 일사불란하게 움직이는 군대 같다"고 말하며 복당 신청을 철회했다. 일사불란하게 움직이는 것은 북한의 인민회의가 원조다. 대한민국의 거대 정당인 더불어민주당이 북한의 조선로동당과 같이 일사불란하게 움직이는 정당이 되었다는 뜻이다. 더불어민주당이 대한민국의 제 1당이라는 사실도 대한민국이 사회주의의 나라가 되었다는 하나의 징표다. 박찬종 등의 원로 정치인들이 위헌적 정당 운영과 활동을 이유로 들며 더불어민주당의 해산을 주장하는 이유다.

민주당의 '처럼회' 의원들은 퇴임한 문재인의 사저를 찾아 사저 앞의 시위를 비판하며 "(김정숙) 여사님 얼굴에 아픔이 가득하다"고 걱정했다. 국회의원으로서 국민의 고통에 대해서는 어떤 걱정을 했는지 기억나는 것이 단 하나도 없는 그들은 문재인과 여사님을 직접 찾아뵙고 시위대에 시달리는 여사님 얼굴을 걱정했다. 그 시각에도 여러 대기업 사옥과 총수의 자택에는 민노총 산하의 노조원들이 '악질' '수괴' 등의 용어가 난무하는 현수막을 내걸고, 꾕과리를 치고, 노래를 부르고, 소주에 삼겹살을 구워 먹으며 시위를 하고 있었다. 대한민국 헌법기관인 그들은 이런 시위는 자신들과 무관한 일로 여기는 듯했다. 그들은 이 나라를 국민의 나라가 아닌 수령님의 나라로 여기는 것일까. 처럼회 의원들과 같이 그 자리에 있었던 문재인은 자신을 남조선의 수령 쯤으로 생각한 것은 아닐까. 문재인이 스스로 수령이 되려고 했는지 아니면 북한에 있는 수령의 대리인이 되려고 했는지는 짐작만 할 뿐이지만 그가 이땅을 좌익의 나라로 변경하려 했던 것은 분명하다. 그가 공산주의자였다는 사실은 더욱 분명하다. 그를 수령인 듯 모시는 민주당 의원들도 마찬가지다.

10. 대한민국의 해체와 소멸이 그의 목표였을까

소멸의 징조

2021년 한국의 합계 출산율은 0.81명으로 세계 198개 국 중 198위였다. 문재인의 집권 후반 3년 동안 연속으로 기록한 세계 꼴찌다. 세계 10대 경제대국이 된 지는 오래며 자력으로 인공위성을 발사한 세계 7번째 국가가 된 대한민국에 드리운 암울한 미래다. 이러한 추세라면 50년 후의 우리 인구는 1,200만 명이 줄어 3,900만 명이 된다는 예측도 있고, 약 80년 후인 2100년에는 2000만명 이하 (TV조선, 2022. 8. 5) 가 된다는 진단도 있다. 일론 머스크도 대한민국의 소멸을 경고할 정도로 심각하다. 인구 감소는 생산력과 소비력에 직접적으로 작용하여 경제력의 위축을 가져오는 동시에 총체적인 국력 저하를 초래하는 요소다. 특히 노령

인구가 급격히 증가하는 구조는 미래세대의 부담을 급격히 높이는 것으로 국가의 존립 자체를 위협하는 것이다.

대한민국이 인구 감소국이 된 원인은 복합적이다. 그러나 좌익세력이 이 땅의 주류가 된 이후 이념교육의 강화로 인한 공교육의 피폐화와 이로 인한 사교육비 부담증가, 젠더갈등을 선거에 악용하는 성별 분열정책 등이 원인이 되어 아이를 낳는 대신 개나 고양이를 안고 다니는 것이 사회 풍조가 된 것도 중요한 원인이다. 그러나 무엇보다 근본적인 원인은 주사파 집단이 권력의 주류가 되기 시작한 노무현 정부에서부터 정권과 전교조 교사들이 합작하여 학교교육을 붕괴시켰고 이것이 사교육비를 급증시켜 젊은층의 출산 기피를 초래한 첫번째 이유다. 그리고 노무현과 문재인의 정권에서 공통적이었던 집값의 급격한 상승으로 인한 청년들의 결혼 기피 역시 인구감소의 주요 원인이 되었다. 이것은 문재인 시대의 서민과 중산층에 대한 총체적 빈민화 정책과 상승작용하며 마침내 세계 최악의 출산율로 나타나게 된 것이다. 대한민국의 인구감소는 좌익정권이 계획한 것이 분명하다. 확신하다.

북한이 남한을 접수하는 형태의 통일을 추구하는 주사파들의 교과서에는 북한의 두 배에 달하는 남한의 인구를 고의적으로 감소시켜 북한에 손쉽게 흡수될 수 있도록 하고, 또 흡수된 후에는 손쉽게 통치될 수 있도록 하는 계획이 들어 있다고 한다. 젊은 시절 운동권에 몸담았다 지금은 열혈 자유민주주의자가 된 저자의 지인이 전해 준 말이다. 진위를 확인할 수는 없으나 좌익세력이 조성하고 좌익정권에서 더 가팔랐던 지금의 출산 기피 풍조의 원인을 생각하면 충분히 수긍되는 주장이다. 더구나 전교조의 교육 현장 장악과 산업 현장에 대한 민노총의 지배력이 더 커진 문재인의 시대에 출산율이 3년 연속 세계 꼴찌가 된 사실은 이 주장이 사실일 수 있다는 것을 입증하기에 충분하다.

2014년부터 2017년 사이 미국으로의 투자이민은 연 116~260건 사이였다. 그러나 2018년 531건, 2019년 695건으로 문재인 정권 하에서 폭증했다. (한국경제신문, 2019. 9. 22 및 미국이민국 2020년 자료) 이 수치는 2020~1년에는 코로나로 축소되었으나 2022년 하반기 들어 한국과 미국 정부의 코로나 방역 완화와 함께 이민 열풍은 다시 불이 붙는다. 미국의 투자이민 하한선이 6억에서 12억으로 두 배 올랐음에도 관련 업계에 문의가 폭주했다. (한국경제신문, 2022. 10. 17) 특히 과거에는 5060이 주류였으나 지금은 3040까지 연령대가 확대된 것도 현저한 추세다. 부자들의 대한민국 엑소더스는 국부의 유출과 함께 저소득 계층의 일자리 감소로 직결된다. 인구와 국부가 감소하고 서민이 더욱 가난하게 된 이 땅이 북한의 공격으로부터 더욱 취약하게 되는 것은 자명하다.

GDP순위에서 우리가 필리핀을 앞선 것은 1970년부터다. 그 이전에는 우리가 필리핀보다 가난했다는 뜻이다. 박정희가 주도한 이 산업화의 성취는 2021년에 이르러서는 한국 10위, 필리핀 38위로 격차가 벌어졌다. 미국 워싱턴대 연구소의 보고서에 의하면 2100년에 이 순위는 필리핀 18위, 한국 20위로 다시 역전될 것으로 전망된다. 2100년에는 2,678만명까지 떨어지는 한국의 인구감소가 주요 이유다. (한국경제, 2022. 8. 19) 80년 후의 이 인구 수치는 지금의 북한 인구 딱 그 정도다. 북한 추종자들의 계획대로 되는 것인가. 또 종북세력 그들이 승리하는 것인가.

명백한 실패, 반복된 자랑질

문재인의 임기 6개월을 앞두고 문 정부가 잘한 일을 묻는 여론조사 (데이터리서치, 2021. 10. 27) 는 1위 없다 37.4%, 2위 코로나 대응 22.5%, 3위 한반도 평화와 국제관계 18.3%라는 결과로 나왔다. 그러나 코로나 대응은 4개월 후 하루 확진자가 최대 62만 명에 이르러 세계 1위를 기록하며 완전한 실패로 뒤집어졌다. 한반도 평화와 국제관계는 김정은이 핵공격을 협박 (2022년 4월) 한 데 이어 중국의 '한반도 전쟁 불길' 언급 (2022년 5월) 을 근거로 구해우 박사가 한반도의 핵전쟁 가능성을 30%라고 진단 (신동아, 2022년 6월호) 함으로써 이 역시 완전한 실패로 규정되었다. 국제사회가 문재인 정권의 외교를 고립 외교라고 손가락질하고 국민도 왕따 외교라고 비판했으니 성공한 국제관계라는 말은 어불성설이다.

코로나 대응도 한반도 평화도 모두 문재인이 반복적으로 '성공'이라 말하며 국민을 세뇌시킨 홍보와 자화자찬과 선전의 성취일 뿐이었고, 그것은 그의 임기가 끝나기도 전부터 이미 신기루였음이 드러났다. 그래서 1위 없다, 2위 코로나, 3위 평화를 모두 실패로 규정하면 78%다. 4위 이후의 것도 모두 반복된 선전과 홍보의 결과일 뿐 실패이긴 마찬가지다. 많은 국민이 '문재인이 잘한 것 있으면 한 가지만 말해 보라'고 했던 아우성만이 진실이다. 문재인은 모조리 실패했고 명백히 실패했다.

문재인은 2021년 11월 19일 '국민과의 대화'라는 이름으로 자리를 마련했다. 대화는 없고 자랑만 있었던 이 자리에서 그는 '세계 톱 10'과 'K-1등'과 '세계가 인정하고 부러워하는 톱 10 국가'를 말하고 또 말하며 자부심을 가져 달라고 했다. 그는 '나의 업적'이라고 드러내고 말하지는 않았으나 모두 그런 뜻으로 들렸다. 촛불혁명과 적폐청산을 구호로 내걸고 시작한 그의 통치를 '톱10 한국'으로 마무리 짓겠다고 마음먹고 나온 듯 보였다. 이미 같은 해 7월에는 스스로 유엔을 찾아 선진국으로 지정해 달라고 신청하고 유엔이 그렇게 해주자 우리도 선진국이 되었다고 열심히 자랑한 것도 같은 이유이고 같은 맥락이다. 중진국의 혜택을 포기하고 선진국의 의무를 부담하겠다고 자청했으니 그것은 우리가 기뻐할 일은 아니었으며 유엔이 우리에게 고마워해야 하는 일이었다. 낯 두꺼운 그의 자랑질은 집요했다. 그러나 그를 무조건적으로 지지했던 그의 팬덤들도 그를 좋아한다고 말하면서도 그의 국정운영 실패를 부정하지는 못했다. 그래도 그는 자랑하고 또 자랑했다.

대한민국의 실패, 문재인의 성공

임기 말 더욱 잦았던 문재인의 자랑질은 그가 양산으로 돌아가자마자 바로 무너졌다. 주가 하락, 환율 상승, IMF 이후 최고의 물가상승은 대외적인 요인도 있었으나 문 정권에 의해 이미 구조적으로 약화된 경제체력을 반영하고 있었다. 탈원전 등 거꾸로 갔던 그의 에너지 정책이 원인이 된 한전과 가스공사의 막대한 적자와 전기료 등 공공요금의 인상요인은 문재인이 다음 정부로 넘긴 폭탄이었다. 문재인이 대한민국 경제에 폭탄을 심어 놓았다는 주장은 가계부채 기업부채 국가부채를 모두 폭발적으로 증가시켜 국민도 기업도 나라도 모두 빚더미에 올려놓은 것에서 간단히 증명된다.

문재인 정권은 많은 통계를 비틀거나 조작했지만 퇴임을 앞두고 권력의 눈치를 보지 않게 되자 현실을 그대로 반영한 많은 통계가 발표되었다. 문재인의 집권 5년을 제대로 반영한 이 통계들은 모두 문재인의 분명한 실패를 말하고 있었다. 개중에는 국가의 먼 미래까지 암담하게 만들어 놓았다는 사실을 말해 주는 내용도 많았다. 한국금융연구원은 우리나라의 잠재 성장률이 문 정권의 마지막 해인 2021년부터 1%대로 떨어졌으며, 10년 후면 1% 미만으로 떨어진다고 예측했다. 이것은 문재인의 시대부터 한국경제가 확실한 침체의 길로 들어섰다는 의미다. 또한 국회예산정책처가 2021년 말에 발표한 내용에 의하면 대한민국의 GDP 대비 국가부채는 2020년 43.8%, 2022년 50.4%에 이어 2024년 57.4%, 2026년 64.5%, 2028년 71.6%, 그리고 2030년에는 78.9%로 폭증하는 구조가 되었다. 심각하고 무서운 구조다. 자식들의 삶이 걱정되는 구조다.

부채 폭증은 현금을 마구 살포한 집권 후반기에서 더 실감난다. 코로나가 시작된 이후부터 문재인의 퇴임까지 우리나라는 국민 1인당 500만원의 빚이 늘어나 가계빚 증가율 세계 1위를 기록했다. (조선일보, 2022. 8. 12) 코로나 상황 이후 국민이 받은 지원금은 아무리 생각해도 국민 1인당 100만원이 넘는 것 같지는 않다. 그런데 1인당 부채가 500만원이 늘었다고 하니 문재인이 나라 살림과 국정운영을 얼마나 엉터리로 했는지 실감나는 수치다. 이것은 물론 문재인 정권이 현금을 마구 살포하는 배급제형 재정정책을 경제운용의 기본으로 삼은 결과다. 각종 지원금의 대폭 인상과 문 케어라 불리는 의료보험 항목의 확대부터 좌익 성향의 시민단체에 마구 퍼준 국가예산까지 국가의 재정능력을 고려하지 않는 갖가지 포퓰리즘성 복지정책을 마구 구사한 결과 국가부채가 결국 나라의 존립까지 위협하는 구조가 된 것이다. 모두 문재인이 대한민국을 통치하는 동안 심어 놓은 경제 폭탄이다.

문재인은 자신의 손으로 이 땅 모든 곳에, 그리고 깊숙하게 심어 놓은 지뢰와 폭탄을 위장하고 은폐하기 위해 그렇게도 많은 자화자찬을 하고 자랑질을 했을 것이다. 그러나 그의 자랑질은 그의 친정 격인 민주당 동지들이 먼저 확실하게 뒤집어 주었다. 21대 대선에 나선 더불어민주당 후보 중에 '문재인의 계승자'를 자처하는 사람은 아무도 없었다. 대신 자신이 대통령이 되는 것은 정권연장이 아니라 '정권 내의 정권교체'라는 궤변을 발명해 내어 문재인과 손절했다. 전임자 문재인과는 다르다는 것을 내세우는 그들의 표변에 의해 문재인의 실패는 확정되었다. 동지들의 등돌림을 보고 문재인은 자신의 실패를 알기나 했을까. 부끄럽고 미안하기는 했을까. 궁금한 일이다.

그렇다면 문재인의 국가 통치가 실패하고 그 결과 대한민국의 현재가 힘겹고 미래가 암담하게 된 것은 문재인과 그의 동지들의 무능에 기인한 것일까, 아니면 그들이 처음부터 계획한 것일까. 우리는 이 물음에 주목해야 한다. 그들 세력을 용서하고 포용하며 공존해야 하는가 아니면 퇴출시키고 소멸시켜야 하는가를 판단하기 위해서다. 결론부터 말하자면 대한민국을 쇠망의 길로 이끈 것은 그들의 무능 때문이 결코 아니다. 그들이 펼친 모든 정책에는 분명한 지향성이 있었고 일관성이 있었다. 이 지향성과 일관성은 무려 70여 년의 뿌리를 가진 것이었다. 이땅의 모든 좌익이 변함없이 지향하고 투쟁해 온 그것이다. 바로 자유민주주의 체제 대한민국의 쇠망이다. 대한민국의 쇠망이 그들이 처음부터 의도하고 계획한 것이라는 의미다. 남한의 실패와 북한의 승리, 남한의 소멸과 북한으로의 통일은 그들이 70년 이상 투쟁해 온 목표가 아닌가. 대한민국의 실패가 그들의 목표였고, 목표를 성취했다고 생각한 문재인은 그래서 퇴임을 앞두고 성공을 자랑하고 또 자랑했을 것이다. 대한민국의 실패가 그의 성공이었다는 뜻이다.

자본주의자 이재용의 점심을 가로챈 공산주의자 문재인

대한민국에서 세금을 가장 많이 내는 기업은 삼성이다. 미국 대통령 바이든은 2021년 반도체의 중요성을 거론하는 자리에서 삼성의 이름을 미국 기업과 나란히 거명하며 "미국에서 72%에 이르는 가정이 삼성전자 제품을 최소 하나씩은 가지고 있다"고 말했다. 그의 말에는 문재인 정권으로부터 탄압받는 세계적인 다국적 기업 삼성을 미국이 품겠다는 의도가 숨어 있는 듯했다. 포브스는 2021년 발표한 세계 58개 국 15만 명의 근무자를 대상으로 조사한 '세계 최고의 고용주' 설문조사 결과 750개 글로벌 기업 중 삼성전자가 1위라고 발표했다. 삼성만이 아니다. 대한민국에는 LG 현대차 SK 롯데 한진 등 세계적 대기업이 수두룩하다. 자유민주주의 대한민국의 70년의 빛나는 성취다. 그러나 문재인과 주사파 권력자들이 주축이 된 그의 정권은 자랑스러운 우리 기업과 기업인들을 집요하고 잔혹하게 괴롭혔다.

문재인 정권은 대한민국에서 가장 많은 고용을 창출하고 가장 많은 세금을 내며, 세계에서도 최고의 고용주로 평가받는 기업인 삼성의 총수 이재용을 두 번이나 감옥에 가두고, 매주 두어 번씩 검찰과 법원에 불려다니게 했다. 그래서 범죄인 신분의 그는 해외 출장조차 제대로 다닐 수 없었다. 롯데 총수도 약 8개월 간 감옥에 가두었고, 한진 총수는 정권이 앞장서서 선동하는 여론의 전방위적 공격을 이겨내지 못하고 결국 타국에서 화병으로 세상을 떠났다. 기업 총수의 부재는 곧 기업의 국제 경쟁력 저하로 이어졌다. 총수가 1년 7개월 간이나 감옥에 있었던 삼성전자의 경우, 세계적 대기업을 대상으로 한 시가총액 순위에서 2021년의 15위에서 2022년에는 22위로 무려 7단계나 급속히 추락했다. 총수 이재용 부재의 영향은 빠른 결정이 핵심 경쟁력인 반도체 분야에서 특히 현저해서 최대 경쟁사인 대만의 TSMC에 크게 뒤지게 되었고, 과거의 반도체 강자인 미국과 일본의 관련 기업이 삼성의 시장을 넘보며 신속하게 투자를 결정하고 도전장을 내밀었다.

문재인은 이재용과 삼성과 한국의 반도체 산업을 이 지경으로 만들어 놓고 미국에 가서 미국 대통령이 대접하는 랍스타 케익 점심을 이재용 대신 얻어먹고 왔다. 삼성전자 공장에 송전선 하나 제대로 연결해 주지 않은 문재인이 이재용의 점심을 대신 먹고 오는 것을 보고 "목구멍에 넘어갔다면 사람이 아니다"라며 분개하는 국민도 있었으나 문재인의 귀에까지 닿은 것 같지는 않았다. 이 점심은 이재용이 먹어야 할 것이 분명했다. 그러나 이재용을 감옥과 법정을 드나들도록 만들어 출국조차 할 수 없도록 해놓고 문재인이 대신 먹는 장면은 이 땅의 질긴 좌·우익의 대결에서 좌익이 승리했음을 보여 주는 상징적인 장면이었다.

좌익이 70여 년간 북한을 추종하며 대한민국을 공격하는 동안 우익은 산업화에 매진하였고 그 결과 미국에 대규모의 반도체 공장을 설립하는 일까지 가능하게 되었다. 미국 대통령 바이든은 감사의 표시로 햄버거를 대접한 일본 수상보다 훨씬 고급의 식사를 문재인에게 대접했다. 그 식사는 당연히 이재용의 것이었다. 그러나 수시로 법정에 출석해야 하고 출입국이 자유롭지 못했던 이재용은 그 자리에 갈 수 없었고 그래서 문재인이 대신 먹은 것이다. 이것은 우익의 성취를 도둑질하는 좌익의 생리와 본색을 압축한 장면이었다. 문재인 세력은 드루킹의 계획대로 삼성을 국유화하는 데는 실패했으나 적어도 문재인이 이재용의 점심 한 끼를 가로채는 데는 완벽하게 성공했다.

자본가를 타도 대상으로 삼고 생산수단을 국유화하는 것은 정통 공산주의 이론의 핵심이며 공산주의자들이 민간기업을 적대시하는 이유다. 그리고 반기업 정책으로 인한 국가 경제력의 쇠퇴와 민중의 빈민화는 공산주의의 필연이다. 반기업 정책, 국가 경제력의 쇠퇴, 빈민화의 통치를 펼친 문재인과 그의 동지들은 공산주의자가 분명하다. 대한민국의 총체적 해체, 혹은 쇠망은 공산주의자들인 문재인과 그의 정권이 처음부터 계획한 것이라는 말과 같은 의미다.

민족 반역

문재인 자신과 그의 정권이 늘 선전하고 홍보하고 습관성 자화자찬에다 쇼까지 곁들이며 말하고 또 말한 결과 국민 중에서도 문재인의 집권 5년을 '성공'으로 생각하는 사람이 적지 않다. 우리 모두가 속은 것이다. 문재인이 수많은 실패와 실정에도 불구하고 임기를 다 채운 것도 순전히 공산당식 선전술의 덕분이다. 문재인의 총체적 실패와 이로 인한 대한민국의 쇠퇴는 그와 그의 동지들이 처음부터 계획한 것이 분명하다. 북한에 한반도의 정통성이 있으며, 그래서 북한이 남한을 흡수하는 형태의 통일을 추구하는 그들은 남한의 자유민주주의와 경제적 번영을 후퇴시키고 사회를 저급화 저질화하여 북한과 평준화 함으로써 대한민국이 북한으로 편입될 수 있도록 준비했을 것이다. 이것을 '계획적인 대한민국 쇠망론'이라 이름 짓는다면 그것은 그들이 대한민국을 사회주의화하고 북한화한 모든 정책과 국정운영과 통치행위에 의해 입증된다. 특히 그들의 일관된 지향성은 그것을 더욱 확신케 해준다.

우익 성향의 국민들 역시 통일을 원한다. 그러나 자유와 인권이 보장되고 경제적으로 부유한 대한민국 체제가 아직 문명국이 되지 못한 북한을 수용하는 형태의 통일을 전제로 한다. 그러기 위해서는 북한 주민의 자유주의적 의식과 경제 수준이 향상되어 남북 간의 이질성과 격차를 줄이는 상향 평준화가 이루어져야 한다. 그리고 무엇보다 북한 정권이 자유민주주의를 받아들여야 한다. 혹은 자유민주주의자들이 북한을 통치해야 한다. 남한의 수준을 북한에 맞추려 한 문재인 세력의 북한평준화, 즉 하향 평준화는 대한민국까지 반문명의 시대로 되돌려 놓는 것이다. 문재인 정권은 대북전단을 금지시켜 북한 주민이 자유와 인권에 눈 뜰 수 있는 그나마의 길마저 막아 버렸다. 대북 확성기 방송과 전단지 발송은 북한정권이 가장 두려워 하는 것이다. 문재인 정권이 이것을 금지하는 것은 김씨 왕조의 독재적이고 폭압적인 통치를 더욱 공고히 하는 데 방조하는 것이었다. 이것은 가난하고 독재적인 공산주의 동독이 부유하고 자유로웠던 서독에 흡수되는 형태의 통일 모델을 우리에게는 그 가능성을 원천적으로 봉쇄해 버리는 것이었다. 이런 점에서 문재인과 그의 주사파 수하들은 민족 반역자다. 오직 북한 김씨 일가에만 충성한 문재인 정권은 대한민국 국민과 북한 동포 모두를 배신한 민족 반역자로 규정해야 마땅하다. 민족반역이라는 말은 이런 때 쓰는 것이다.

문재인은 취임 전인 2017년 정초에 이순신의 재조산하再造山河 정신과 함께 "고종이 이루지 못한 새로운 나라의 꿈"을 말했다. (조선일보, 2017. 1. 3) 나라를 지켜 낸 이순신과 나라를 팔아먹은 고종을 같은 반열에 나란히 올리는 그를 보며 역사에 대한 그의 무지에 혀를 찼다. 그러나 그의 통치를 경험한 지금 그것은 그의 무지가 아니라 그의 큰 의도를 함축하고 있었다는 것을 알게 된다. 문재인 그는 보통의 대한민국 사람인 우리와는 다른 사람으로 보인다. 아무리 봐도 그렇다.

조선일보 박종인 기자가 저서 《매국노 고종》에서 고종을 매국노로 단언했던 것처럼 고종은 조선을 팔아먹은 임금이다. 역사책을 보면 망국의 군주는 대부분 죽임을 당한다. 그러나 고종과 그의 일가는 모두 목숨을 보존했다. 그의 부인인 명성황후의 죽음도 왕실을 지키고 조선을 지키려다 맞은 것이 아니라 시아버지 대원군과의 권력 다툼에서 이기기 위해 러시아를 끌어들이려 했던 것이 직접적 원인이다. 고종은 조선의 산하와 조선의 백성을 모두 일본에 넘겼다. 그리고 그 대가로 일본 천황이 하사한 조선왕의 작위와 돈을 받았다. 자신과 왕가 모두의 생명도 지켰다. 그래서 그는 나라를 팔아먹은 매국노다. 그렇다면 문재인이 말한 '고종의 새로운 나라의 꿈'은 대체 뭔가. 문재인이 고종을 이순신과 같은 반열에 올려놓은 저의는 대체 뭔가. 문재인은 처음부터 고종처럼 이 나라를 팔아먹을 생각이었을까. 고종처럼 대한민국을 팔아먹고 소멸시키려 했던 것일까. 그의 통치 5년을 복기하고 생각해 보면 의심은 더 깊어진다. 문재인이 최종적 목표로 둔 것은 대한민국의 해체이거나 북한에 흡수되는 소멸이었을까. 이 나약한 일개 국민은 대답을 말할 수 없다. 대답은 독자 스스로 찾기 바란다.

그들과 공존할 수 있는가

우리는 김정은 정권과 공존할 수 있을까. 답은 뻔하지만 그래도 고민은 해야 한다. 그가 2,600만의 우리 민족을 인질로 잡고 노예로 부려먹고 있기 때문이다. 그런데 이보다 먼저 답을 찾아야 할 질문이 있다. 대한민국을 남쪽이라 부르는 세력과 공존할 수 있는가 하는 물음이다. 문재인, 문재인의 동지들, 더불어민주당을 장악한 주사파 운동권 출신들, 민노총과 전교조와 MBC와 참여연대를 장악한 주사파들, 언론과 법조계와 문화예술계를 장악한 좌편향의 어용 지식인들, 많은 종북단체들, 우리는 이들과 공존할 수 있는가. 이들은 국민인 우리가 낸 세금으로 자신들의 생계를 해결하며 우리의 대한민국이 아닌 북한과 김정은을 위해 일하고 투쟁하고 있다. 게다가 대한민국이 건국할 때 선택한 국가 정체성인 자유민주주의를 공격하며 인간의 삶을 최악으로 만드는 인민민주주의를 지향한다.

사회주의 공산주의가 인간의 자유와 인권을 억압하고, 인민을 빈곤에 빠뜨린다는 사실은 이미 확인되었다. 그럼에도 이땅의 좌익은 북한이 그것을 선택하고 있다는 이유로 맹목적으로 따라가고 있다. 어이없는 일이다. 대한민국은 그들을 포용했으나 그들은 대한민국을 맹렬하게 공격했다. 그 결과, 이제 대한민국은 안전하지 않다. 우리는 그들을 계속 포용하고 공존해도 되는가. 그들은 우리 내부에 존재하며 마치 기생충처럼 우리의 영양분을 빨아 먹으면서도 북한정권과 같은 목표를 바라보고, 같은 계획을 세우고, 같은 목소리를 내는 세력이다. 우리는 그들과 공존할 수 있는가. 그들과 공존하는 자유민주주의 대한민국은 안전할까.

1절

김정은의 시간

"북한이 이겼다." 문재인이 대통령 직에서 물러나고 해외 언론이 전한 외국 전문가들의 목소리다. 한반도의 비핵화는 실패했으며, 그래서 한 때 세계인의 주목을 받았던 비핵화 주장은 웃음거리가 되었다고 했다. 그러나 2018년 9월 평양을 다녀와 "김정은 위원장은 확고한 비핵화 의지를 거듭 확약했다"고 전했던 퇴임 대통령 문재인은 아무 말도 하지 않았다. 그가 김정은에게 속은 것일까. 아니면 그가 국민과 세계를 속인 것일까. 그가 김정은에게 속은 것이라면 그것은 그의 패배다. 그러나 그가 국민을 속인 것이라면 그것은 국민인 우리의 패배이자 대한민국의 패배다. 어느 쪽이든 간에 분명한 것은 승자는 김정은이라는 사실이다. 결국 김정은이 확고한 주도권을 잡았고 한반도는 김정은의 시간이 되었다.

대 북한 굴종과 자해적 안보, 대한민국이 아닌 북한과 김정은을 위한 외교는 문재인의 정체를 가장 분명하게 드러내는 것이었다. 그것은 대한민국의 국가 체제를 자유민주주의에서 사회주의로 변경시키는 내치와 더불어 문재인 정권 5년 동안 일관된 방향성이었다. 북한을 닮아가고, 북한을 위한 통치를 펼친 결과 그의 임기가 끝날 무렵에는 이전에 비교적 평형을 유지하던 한반도의 주도권은 북한으로 크게 기울어져 있었

다. 김정은을 합리적인 지도자로 이미지를 세탁하여 국제 무대에 등장시
켜 주고 미사일 고도화의 시간까지 충분히 벌어 준 사람이 문재인이다.

그럼에도 북한은 개성과 금강산에 있는 우리의 재산을 폭파하고 무
단으로 철거했으며, 비무장인 우리 국민을 사살하고 우리를 향해 욕설
을 퍼부었다. 그러나 문재인과 그의 수하들은 어떠한 대응도 하지 않았
다. 북한이 미사일을 마음껏 쏘아대도 가만히 있었다. 우리가 당하고도
가만히 있어서 일어나지 않은 충돌을 그들은 평화라고 불렀다. 그들은
이런 평화를 선전하고 광고하는 일에만 몰두했다. 이해되지 않는 그들의
대북정책은 때로는 북한에 대한 충성으로 보였고 때로는 북한과 같은
패거리로 보였다. 그러는 사이 한반도의 주도권은 북한의 것이 되어 있
었다. 문재인의 시대에 한반도에서 북한은 '갑'이고 남한은 '을'이었다. 질
질 끌려다녔다는 뜻이다. 문재인의 시간은 곧 김정은의 시간이었다. 문
재인의 평화와 김정은의 시간을 말하려 한다.

1. 남북 군사력의 역전

군사력 6위라는 거짓말

대한민국 제19대 대통령 문재인의 퇴임을 한 달 반 남긴 2022년 3월
24일 북한은 미국까지 보낼 수 있는 괴물 ICBM을 발사했다. 다음 날 북
한 매체들은 이 발사가 김정은이 직접 명령서를 내린 것이며, "미국과 장
기 대결을 준비하라"고 지시했다는 사실도 전했다. 당 기관지 로동신문

등에도 온통 미국을 향한 메시지 뿐이었고 대한민국을 의식하는 내용은 거의 없었다. 완벽한 대한민국 패싱이었다. 문재인이 5년 동안 만들어 놓은 남북관계의 총결산이었다. 평화타령의 끝장이었다.

김정은이 인민을 굶겨가며 핵탄두의 숫자를 늘이고, 미사일을 뉴욕과 워싱턴에까지 이를 수 있도록 성능 개량에 매달리는 이유는 간단하다. 미국으로 하여금 대한민국에서 손을 떼라는 것이다. 미국이 북한과 협상을 하고 자국의 안전을 위해 주한미군의 철수를 결정하면 모든 것은 간단히 끝난다. 핵을 가진 북한은 남침을 감행할 것이고 핵도 미군도 없는 대한민국은 곧 점령될 것이다. 미군이 떠난 베트남과 미국이 포기한 아프간이 어떻게 되었는지 우리는 이미 생생하게 보았다. 이미 최소한 절반 이상의 좌익화에 성공한 대한민국은 국민 중 최소 3분의 1은 북한의 통치를 수용할 것이므로 우크라이나 국민들과 같은 결사항전도 기대할 수 없을 것이다. 그럼 우리의 군사력이라도 믿을 만할까. 민주당 사람들이 우리의 국방력을 세계 6위라고 말하는 것을 믿고 안심할 수 있을까. 대한민국 국방력 세계 6위, 거짓말이다. 새빨간 거짓말이다.

대통령 문재인은 2020년 7월 23일 창설 50주년을 맞은 국방과학연구소를 찾았다. 그는 이 자리에서 "세계 군사력 평가에서 6위를 차지한 대한민국의 국방력"을 말했다. 2022년 3월, 20대 대통령선거 후보 간 방송 토론에서 민주당의 이재명은 우리의 국방력이 세계 6위라며 사드 추가배치를 공언한 윤석열을 전쟁광으로 몰아붙였다. 문재인도 이재명도 우리의 국방력을 세계 6위라고 말했다. 그리고 이들의 거짓말을 민주당의 두뇌없는 정치인들과 TV시사프로에 출연한 앵무새 패널들은 우리의 국방력이 세계6위이니 북한의 위협은 아무것도 아닌듯 옮겼다. 그러나 군인의 말은 다르다. 예비역 중장 전인범은 "(한국 군사력 세계 6위라는) 이걸 믿는 군필자들은 아무도 없을 겁니다." (중앙일보, 2022. 4. 11) 문재인과 이재명을 필두로 한 더불어민주당 사람들과 국군 예비역 장성의 말이 다르다. 어느 쪽이 맞을까.

GFP(Global Fire Power)는 세계 각국의 군사력 순위를 정하는 미국의 평가기관이다. 세계 138개 국의 군사력 순위를 매긴 2021년도 랭킹 리스트에 한국은 6위, 북한은 28위였다. 종북좌파들은 늘 이 엉터리 순위를 들먹이며 북한의 도발이 위협이 되지 않는다거나 북한이 군사력을 강화하는 것이 별거 아니라고 말하며 북한의 도발을 옹호한다. 명백한 이적행위다. 우리의 군사력이 세계 6위라는 랭킹이 엉터리인 이유는 이렇다.

하나, 남한은 정규군 60만 명에 예비군 310만 명을 더해 총 병력은 370만 명이며, 북한은 정규군 130만 명에 예비군 60만 명을 더해 도합 190만 명이다. 병력에서 우리가 1.6배 더 많다. 310만에 달하는 우리 예비군과 복무기간이 10년인 북한 정규군 130만 명을 똑같은 전투력을 가진 병력으로 계산한 것을 믿으시는가. 3명당 소총 한 자루가 배정된 우리 예비군의 전투력을 어느 정도 믿으시는가. 굶주림은 고대부터 현대까지 침략의 첫번째 동기이며 전투의 제 1의 에너지라고 전쟁 이론가들은 말한다. 굶주린 북한군 병사의 전투력이 두렵지 않으신가. 문재인의 시대에 우리 국군은 정규군조차 복무기간이 18개월로 단축되었고, 훈련다운 훈련을 몇 번도 하지 않은 채, 사격훈련도 몇 번 하지 않은 채 병사들을 제대시켰다. 남북한 병력의 전투력을 1 대 1로 계산한 이 랭킹을 믿을 수 있는가. 이 랭킹이 엉터리인 첫 번째 이유다.

둘, 이 랭킹은 정신적 전력을 전혀 반영하지 않았다. 북한군 병사들이 남한의 영토와 재물을 침범하여 빼앗으려는 공격의지와, 내무반에서 주식투자를 하는 우리 병사들의 방어의지는 똑같은 전투력을 가질 수 없다. 더구나 오랜 좌경화 교육으로 북한을 주적으로 생각하지 않는 병사들도 많은 실정이다. 전투의지가 부족한 군인에게는 최첨단 무기도 쇳덩어리에 지나지 않을 것이다. 또한 국군 기무사가 사라지면서 군대 내에 잠입한 간첩조차 잡지 않게 되었으니 전쟁이 나면 인민군에게 길을 안내하고 아군을 향해 총부리를 들이대는 군인도 적지 않을 것이다. 김정은을 위인으로 모시는 젊은이들도 있으며, 김일성의 손자에게 김일성에 버금가는 충성심을 보이는 사람들이 사회의 주류를 이루고 있다. 남한의 좌익 세력이 만들어 놓은 이러한 안보 환경과 사회적 환경을 반영하지 않은 이 랭킹이 엉터리인 두 번째 이유다.

셋, GFP 랭킹이 엉터리인 결정적 이유는 이것이 핵 전력을 제외한 재래식 전투력, 즉 대칭 전력만 비교했다는 점이다. 전차 전투기 함정 등의 재래식 무기체계는 숫자에서는 북한이 압도적으로 많다. 그러나 국방부가 질적인 측면에서는 우리가 앞선다고 하니 일단 믿기로 하자. 그러나 핵무기를 제외한 군사력의 비교라는 것이 의미가 있는가. 이것을 신뢰할 수 있는가. 2차대전 당시 세계 최강의 해군력을 보유했던 일본은 전쟁 전반을 걸쳐 내내 미국에 앞서다 핵무기의 투하에 바로 항복했다. 단 두 개의 핵폭탄으로 7년을 끌어오며 수천만의 사상자를 낸 태평양전쟁은 간단히 끝났다. 이것이 핵의 힘이다. 핵무기를 제외한 랭킹인 남한의 6위와 북한의 28위를 믿으시는가. 국제정치학자 한스 모겐소Hans Morgenthau는 "핵을 가진 적 앞에서는 굴종 아니면 죽음, 양자 택일뿐이다"라고 말했다. 지구상에 핵보다 더 강한 무기는 아직 없다. 북한은 핵이 있다. 그러나 우리에게는 없다. 종북세력은 핵을 가진 미국과의 군사동맹을 파기할 것을 주장하고 주한미군을 철수하라는 구호를 외친다. 그들의 의도와 목적이 선명하지 않은가.

러시아 출신으로 김일성종합대학에서 유학하고 지금은 국민대 국제학부에 재직 중인 안드레이 란코프 교수는 "북한 핵이 권총이라면 한국의 재래식 무기는 물총이다. 김정은의 남벌 야망은 꿈이 아닌 현실이다. 북한의 핵 공격 위협에 미국은 자국의 안전을 위해 참전을 주저할 수도 있다"고 말했다. (조선일보, 2022. 6. 5) 제3자가 본 우리의 현실이다. 이 경고조차 태극기 학자 혹은 수구꼴통의 안보팔이로 치부하고 귀를 막으시겠는가. 아직도 우리의 군사력이 북한에 우위에 있다고 믿으시는가.

정치학자 박휘락 교수는 2018년 발표한 논문 〈남북한 군사력 비교에서의 북한 핵무기 영향 판단〉을 통해 재래식 군사력 지수는 남한 100 : 북한 97로 대등하지만 핵전력을 포함할 때는 남한 840 : 북한 1,702라고 했다. (문화일보, 2020. 9. 9. 정충신 기자) 핵무기는 그 가공할 파괴력 때문에 1945년 8월 미국에 의해 일본에 투하된 이후 한 번도 사용된 적은 없다. 북한은 이것을 이미 최고 80개까지 보유하고 있으며 계속 숫자를 늘려가고 있다. 북한의 핵무장 성공에는 남한 좌익정부의 수십 년에 걸친 방조와 비호가 있었다. 문재인의 시대에서도 북한은 남한의 어떠한 제지도 받지 않으며 무력증강에 몰두했다. 그 결과 남한 전역에 쏠 수 있는 중·

단거리는 물론 미국 등 세계 모든 곳을 겨냥할 수 있는 15,000km 이상의 장거리 미사일까지 개발한 상태이다. 핵탄두를 장착한 미사일, 서울에서 불과 500km 거리의 우리 머리 위에 있다. 문재인의 시대에 완성된 일이다. 이것도 문재인이 수행한 혁명의 한 부분일 것이다.

거꾸로 간 국방

"자주국방력을 강화하겠습니다." 문재인은 취임사에서 했던 이 약속을 완벽하게 거꾸로 갔다. 문재인의 국방정책은 자해적인 것이었다. 예외는 없었다. 그래서 그의 집권이 끝났을 때 북한의 군사력은 더 강해졌고 우리 국군은 무너졌으며 안보는 위험해졌다. 이것은 문재인의 책임이 분명하다. 더구나 고의성도 확인된다. 북한은 문재인 집권기에 우리의 이전 어느 정권에서보다 압도적으로 많은 횟수로 미사일 시험발사를 감행했다. 사거리는 물론 육지 잠수함 열차 등 발사 기지를 가리지 않는 전방위적인 시험발사였으며, 결국 문재인이 퇴임할 무렵이 되자 북한은 완전한 미사일 시스템을 갖추게 되었다. 그러나 '남쪽 대통령' 문재인은 이에 대해 어떠한 직접적 제동도 가하지 않았고 어떠한 실효적 조치도 취하지 않았다. 이 문제를 두고 미국 EU 일본 등 우방국가들과 협의하거나 공조한 일도 없었다. 오히려 북한에 대한 서방의 제재를 풀어 달라며 외국 정상을 설득하고 다녔고 그래서 국제사회로부터 소외되었다. 그렇게 시간을 번 김정일은 핵과 미사일 체계는 물론 방사포 등 재래식 무기도 크게 증강할 수 있었다.

문재인은 무력증강에 몰두하는 북한을 대외적으로 지원하는 한편 우리 국민에게는 독재자 김정은의 이미지 개선에도 적극적이었다. 고모부와 이복형을 살해할 정도로 잔인한 김정은을 공영방송을 앞세워 도량이 넓은 민주적 지도자로 소개하는 등의 이미지 조작을 해 주었고 이것이 성공하여 한때 김정은에 대한 우리 국민의 호감도가 70%를 넘었다는 여론조사도 있었다. (문화일보 2018. 5. 30) 이 결과, 지속적으로 무력을 강화하는 북한에 대한 국민의 경계심은 무너졌고 주적을 인식하지 못하는 군인들은 군기도 사기도 모두 무너졌으며, 우리는 핵 버튼을 손에 든 김정은도 무섭지 않게 되었다. 문재인의 자해적 대북정책이 초래한 결과다. 김정은의 핵 버튼을 두렵게 생각하지 않는 대한민국 국민, 문재인은 이것을 자신의 통치기간의 업적이라고 생각하지 않을까. 이것이 그의 업적이라면 북한과 김정은을 향한 업적일 것이다. 대한민국을 향한 업적이 아닌 것은 분명하다.

"한미동맹을 강화하겠습니다." 이 취임사 약속도 새빨간 거짓말이었다. 문재인의 외교 안보 책사인 문정인 특보의 입을 통해 한미 동맹의 종식, 주한미군의 철수, 미국에서 벗어나 중국의 핵우산 아래로 들어가는 방안 등의 문재인 정권의 동맹정책이 밖으로 드러났다. 문재인은 반미주의자인 이수혁을 주미대사에 임명하였고 현직의 이 주미대사는 미국에서 열린 6·25 전쟁 70주년 참전기념 행사에서 참전용사에 대한 경례도 거부했다. 이수혁은 국회 국정감사에 나와 '중국을 동맹으로 선택할 수도 있다'는 말을 공공연하게 했다. 문재인 정권의 반미적 동맹정책은 미국이 구상한 미국 한국 일본 인도 호주 5개 국 협의체인 퀸타에 참여하지 않는 것으로 분명하게 나타났고 결국 한국이 빠진 4자 협의체인 쿼드가 출범되는 결과를 낳았다.

　세계 최강의 군사력을 보유한 미국과의 동맹을 약화시키거나 걷어차고 종전선언과 평화협정이라는 문서에 매달린 문재인은 주사파 동지들이 평생을 매달린 혁명과업인 주한미군의 철수와 뒤이은 북한의 남한 흡수를 준비하는 것이 분명했다. 이것은 이제 학자들의 말을 빌리지 않더라도 자명해졌다. 한미군사동맹을 약화시키고 한미연합훈련을 컴퓨터 게임으로 만들며 취임사와는 거꾸로 간 문재인의 자해적 국방은 대남혁명과업의 핵심인 미군 철수의 준비단계로 보였다.

　2018년 9월 평양을 방문한 문재인은 9·19 남북군사합의를 발표했다. 상호 적대적 행위를 일체 중단하자는 내용이었다. 세부내용을 보면 북한에게는 일방적으로 유리하고 우리에게는 불리한 내용들 뿐이다. 예를 들어 군사분계선 상공에 대해 모든 기종들의 비행금지 구역을 설정하였는데, 이것은 선제 무력도발의 가능성이 전무한 우리의 입장에서는 선제도발의 가능성이 상존하는 북한을 감시하는 정찰비행을 원천적으로 금지시키는 조치였다. 그나마 북한은 이 합의를 체결한 이후에도 해안포 공격(2019년 11월), 남측 GP 총격(2020년 5월) 개성연락사무소 폭파, 서해 공무원 피살 등 합의를 깨는 도발을 거듭했다. 그러나 문 정권은 이것이 9·19 합의를 위반한 것이 아니라는 억지를 부렸다. 북한을 변호하는 억지였다. 문재인은 퇴임 후인 2022년 9월 19일 "9·19 남북군사합의는 반드시 이행되어야 한다"고 말했다. 북한은 지키지 않는 이 합의를 우리는 지켜야 한다는 말은 우리 군의 손발을 계속 묶어 놓으려는 의도로 보였다. 대한민국의 안보를 무너뜨리는 것이 그의 임무였을까.

국군의 손발을 묶어놓은 문재인의 자해적 국방정책은 그의 퇴임 후 하나씩 밝혀졌다. 2022년 10월 북한은 군용기 150대를 띄워 무력시위를 했고 우리군도 이에 대응하여 김정은이 가장 두려워 한다는 F-35A 스텔스기를 띄웠다. 그러나 이 최첨단 기종에는 교전이 발생할 경우 필수인 기관포가 장착되지 않았고 대신 교육훈련용 공갈탄이 실렸다. 문재인 정부가 예산을 배정하지 않아 단 1발의 기관포도 구매하지 못했기 때문이다. 이 기종은 박근혜 정부 때인 2015년 도입계약을 체결했고 문재인 정권 때인 2019년부터 순차적으로 모두 40대가 들어왔다. 기관포는 미국 측에서 2018년에 판매 허가가 났으므로 문재인 정권은 이것을 구매했어야 했다. 그러나 예산조차 배정하지 않아 결국 기관포가 단 1문도 없었다. F-35A기는 북한이 우리에게 선제타격을 기도할 경우 감지에서부터 단 30분 내에 핵시설과 김정은을 타격할 수 있어 김정은이 가장 두려워하는 킬 체인이다. (조선일보, 2022.10.12) 그러나 기관포가 없는 이 스텔스기는 무용지물이다. 2021년 적발된 청주 간첩단의 임무 중에는 이 스텔스기의 무력화無力化 방안이 포함되어 있다. 이 임무를 문재인 정권이 이 첨단무기의 핵심 장비인 기관포를 구입하지 않는 방법으로 수행해낸 것이다. 명백한 국방 자해행위다.

자해적 안보정책들

2022년 8월 30일 열린 한미연합훈련에서 지휘부는 혼란했다. 문재인 정권 4년간 한미훈련을 제대로 않았고 그래서 '범정부지휘훈련소'도 없었다. 지휘소 없는 군대는 머리 없는 생물체를 생각하면 된다. 새로운 정부는 문재인 정권이 중단시킨 한미실전훈련을 재개하기로 하고 급히 지휘소를 만들었다. 그러나 4년만에 꾸려진 지휘소는 대원간에 손발이 맞지않아 운영미숙을 드러냈고 그래서 훈련에 참가한 부대는 우왕좌왕했다. 훈련하지 않는 군대가 어떻게 되는지 선명하게 보여주는 장면이었다. 실제 전쟁이 일어났다면 지휘소는 제 기능을 하지 못했을 것이고 그래서 국군은 쉽게 무너졌을 것이다. 6.25남침 그때처럼 말이다. 이것이 문재인이 만들어 놓은 '남쪽'의 군대다. 문재인의 시대에 국군의 무너짐과 방어력의 약화는 곳곳에서 나타났고 그래서 남북군사력의 격차는 더욱 벌어졌다. 우리의 국군과 국방과 안보가 무너진 사례는 무수하다. 그 중에서 이해가 쉽고 당장 우리의 피부에 와닿는 다섯 가지를 들기로 한다.

하나, 문재인 세력은 국방력의 약화를 지적받을 때면 늘 이전 우익 정부와 비교하며 국방예산이 증액되었음을 내세웠다. 그러나 수치상 늘어난 국방예산은 우선 물가인상률을 반영하여 매년 늘어나는 전체 예산과 흐름을 같이하는 것이었고, 그나마 대부분의 국방예산을 급격하게 인상된 병사들의 급여 등 소모성 지출에 집중되었다. 그리고 실제 무력 증강에 배정된 것은 30% 남짓했다. 문재인 정권은 이 예산조차 당장 급한 전투기 구입 예산을 코로나 방역비용으로 전용하기도 했으며, 필요성이 낮다는 평가에도 불구하고 10년 후에나 전력화가 가능한 경항모 건조에 6~10조까지의 막대한 예산을 배정했다. 또한 예비군 3명당 30년 된 소총 한 자루라는 우리 군의 고질적인 장비 부족은 문재인의 시대에 더욱 심화되었다. 반면 북한은 열병식 때마다 매번 새로이 개발한 신무기가 등장했고, 기존의 무기도 개량되고 대형화되어 다시 등장했다. 병사들에게 급여를 지급하지 않는 북한이 적은 국방예산이나마 거의 무기

증강에 쏟아부은 결과다. 그래서 핵무력은 물론 재래식 대칭무력에서도 인민군에 대한 국군의 확실한 우세는 확보되지 않았다. 국방예산이 증액되었으므로 우리의 군사력이 강화되었다는 말은 거짓말이다.

둘, 문재인의 시대 병사들은 주적을 모르게 되었고 북한의 도발에도 정신교육을 받지 않았으며 훈련도 게을리 했다. 대포사격도, 탱크 기동훈련도, 항공기 폭탄투하 연습도 제대로 하지 않았으며 심지어 소총사격 한 번 하지 않고 제대하는 장교도 있었다. 인권을 이유로 암기를 강요하지 않아 군가 '멋진 사나이'를 모르는 병사도 많았다. 훈련하지 않고 군가도 외우지 않아 한가해진 병사들과 지휘관들은 성추행으로 고소 고발하거나 자살하였고, 상급이 부식비를 빼돌려 부실해진 식사를 하급들은 자유로이 사용하게 된 휴대폰으로 찍어 부대 밖으로 내보냈고, 그래서 대통령의 지지율 하락에 대한 문책만 걱정하는 지휘관들은 북한이 쏘는 미사일보다 병사들의 휴대폰을 더 무서워 하게 되었다. 주적을 모르고 존재의 이유를 망각하고 국방의 책무를 잊은 군대의 필연이었다. 매년 우리 측 예산만 1조를 더 들여 유지하고 있는 주한미군조차 연합기동훈련을 하지 않아 안보를 걱정하는 국민이 크게 늘어났다. 문재인의 자해적 국방정책을 말하고 있다.

셋, 무력시위도 가두 퍼레이드도 없어진 대신 연예인의 가무로 대체된 문재인 시대의 '국군의 날'은 국민에게 안보의 중요성을 일깨우는 날도 아니었고, 병사들이 나라를 지킨다는 일에 자부심을 더하는 날도 아니었다. 반국가 행위를 하고 간첩활동을 한 사람들이 민주화 운동가로 둔갑하여 막대한 보상금을 받고 연금을 받는 반면, 전장에서 몸을 다친

상이용사들은 예산부족을 이유로 약값조차 지원해 주지 않은 것도 문재인의 시대였다. 천안함 폭침을 또 조사한다며 막대한 예산이 들어가는 조사특위의 연장을 다시 결정하자 아직 연금조차 받지 못한 천안함 생존 장병들이 "군인 여러분, 국가 위해 희생하지 마세요. 저희처럼 버림받습니다"라고 외쳤다. 우크라이나 대통령이 가지고 싶어했던 우리의 첨단무기도 이렇게 푸대접받고 모욕당하여 사기가 떨어진 병사들에게는 쇳덩이에 불과할 뿐이다. 이것도 문재인이 만든 자해국방이 분명하다.

넷, 문재인은 2012년 대통령 선거에서부터 사병의 복무기간을 18개월로 단축시키겠다는 공약을 내걸었다. 정권을 잡고 나서는 다른 대부분의 공약은 지키지 않으면서도 이 공약만은 기어이 지키고 실행했다. 그러나 몇 손가락 안에 들어가는 이 '지킨 공약'도 다른 지킨 공약처럼 대한민국의 국익에 반하는 것이었다. 2021년 12월에 완성된 18개월 복무제는 즉각적인 병력부족으로 나타났다. "야전부대에서는 부대에 배치된 병력이 부족해 당장 임무를 수행하기도 빠듯하다. 전투함에 배치할 병력이 모자라 지상 근무자를 최대한 줄이고 차출해 채우는 것이 현실이다. 대형 함정과 장비가 늘어난 해군과 공군의 사정은 더욱 어렵다." (중앙일보, 2021. 2. 12) 이 기사는 현역 지휘관의 말을 인용하며 입대 가능한 남성의 절반이 증발했다고 말하고 있다. 입대 가능한 지금의 20대 인구가 크게 감소할 것이라는 사실은 이미 20년 전의 출생률이 예고해 준 것이었다. 그럼에도 문재인은 이미 10년 전부터 복무기간 단축을 공약했고, 그것을 기어이 실행해냈다. 그리고 병력부족은 즉각적인 방위력의 약화로 이어졌다. 우리는 '남쪽'의 군사력을 약화시켜 '북쪽'을 유리하게 한 남쪽 대통령 문재인의 고의성을 의심해야 한다.

다섯, 현대전에서 공군의 전력은 핵심 전력이다. 그러나 전쟁의 시작을 결정하고 전투수행 과정을 총지휘하고 철군의 마무리를 하는 것은 육군이다. 육 해 공 삼군의 군조직은 이것을 전제로 구조가 짜여져 있다. 그러나 문재인 정권은 이런 구조를 와해시키려는 듯 육군을 홀대하고 소외시켰다. 3명의 국방장관 중 초대 송영무는 해군 출신이었고, 다음의 정경두는 공군이었다. 마지막 서욱만이 육군이었다. 합참 국방부 등의 요직에도 육군 홀대와 공군 우대가 현저했다. 육군의 홀대는 군사 전문가들의 예상대로, 혹은 문재인 정권의 의도대로 난맥상을 초래했고 그것은 곧 국군 전체의 전력 약화로 이어졌다. 만약 문재인의 집권 기간 중에 북한이 남침을 감행했다면 육군 홀대가 초래한 국군의 난맥상과 전력 약화는 적나라하게 드러났을 것이다. 이것 역시 남쪽 대통령 문재인이 처음부터 계획했던 자해국방의 그림일 것이다. 다른 이유를 도무지 찾을 수 없어 내린 결론이다.

고개 숙이는 국방장관

주사파가 장악한 청와대로 국가권력을 집중시킨 문재인의 시대에 각 정부 부처 대부분의 장관들은 존재감이 없었다. 그나마 존재감이 있었던 부처라면 조국 추미애 박범계의 법무부와 함께 국방부 정도일 것이다. 법무부가 국가의 법치를 무너뜨린 악역으로 존재를 드러냈다면 국방부는 장관이 끊임없이 고개를 숙이는 일로 존재를 드러냈다. '고개 숙이는 국방장관'은 문재인의 시대에 참으로 익숙한 일이었다. 송영무는 취임 초부터 우리의 영토인 함박도를 문재인 정권이 출범과 동시에 북한에 넘겨준 일을 감추고 우기느라 주목을 받더니 나중에는 자신의 부적절한 처신으로 거듭 고개를 숙였다. 물러나기 직전에는 문재인과 동행한 백두산에서 "해병대 1개 연대를 동원하여 한라산에 헬기장을 만들어 김정은을 모시겠다"고 해서 국민의 비난을 받았다. 그러나 곧 물러나서 이 일로는 고개를 숙이지 않아도 되었다.

정경두는 재임 1년 동안 사과만 모두 10번을 했는데 (중앙일보, 2019. 7. 15) 주로 전·후방을 불문하고 뻥뻥 뚫린 경계 실패 때문이었다. 그는 문재인이 뚫어놓은 국방의 구멍을 대신 사과하기 위해 임명된 '문재인의 사과 상무'라는 조롱까지 받았다. 정경두는 우리의 재래식 무기로 북한의 핵무기에 대응할 수 있다고 말해서 세계 모든 국가들이 국방전략을 전면 수정해야 한다는 군사전문가들의 조롱도 받았다. 서욱은 임명 후 10개월 동안 모두 6번 고개를 숙였는데, 서해 공무원 피격 사망, 공군 중사 성추행 사망과 장성 성추행사건, 청해부대 장병들의 코로나 집단감염과 철수 등이 고개를 숙인 이유였다. 문재인의 시대는 이 나라의 국방장관들이 끊임없이 고개 숙여 사과하는 시간이었다. 대한민국의 국군과 국방과 안보가 총체적으로 무너졌다는 뜻이다. 자해적 안보정책을 펼치는 대통령을 대신하여 국방장관들은 늘 고개를 숙여야 했다. 책임을 수하에게 미루는 고약한 버릇을 가진 문재인을 대통령으로 모시는 고위관료들의 숙명이었다.

맞고 당하는 평화, 우기는 대통령

문재인은 퇴임 직전 손석희와 가진 대담 (JTBC, 2022. 4. 26.) 에서 "연락사무소 폭파 등으로 남북관계가 원위치로 돌아간 것이 아닌가하는 비판이 있다"는 손석희의 질문에 "왜 비판합니까. 뭐가 문젭니까"라고 반문하며 좌파 특유의 막무가내 수법으로 시작했다. 이어 "평화와 안보는 진보정부가 훨씬 잘 지켰다. 노무현 문재인 정부 땐 한 건도 북한과 충돌이 없었다"며 이명박 정부 때의 천안함 폭침과 연평도 사건을 들먹였다. 그러나 그의 재임 기간 있었던 개성공단 연락사무소 폭파로 우리 재산 700억 이상이 날아간 일과 비무장의 우리 국민이 서해에서 사살된 일과, 금강산의 우리 기업 재산 500억 원 이상이 무단으로 철거된 것은 말하지 않았다. 그런 일이 있을 때마다 대통령인 자신은 아무것도 하지 않았다는 사실도 말하지 않았다. 맞고 당하면서도 가만히 있어 피한 충돌을 평화라고 할 수 있는가. 우리집 아이가 불량학생에게 맞으면서도 대항 한번 하지 않은 채 참고 계속 학교를 다니는 상황을 평화라고 말할 수 있는가. 남쪽 대통령 문재인은 그것을 평화라고 우겼다.

북한은 문재인 정권 출범 초기인 2017년 11월에 '국가 핵무력 완성'을 선언했다. 그리고 문재인 임기 종료를 45일 남기고 북한은 미국에까지 도달할 수 있는 ICBM을 완성한 후 '핵무력 강화' 수순에 돌입했다. 김정은이 핵무력 '완성'에 이어 끊임없는 미사일 시험발사로 '강화'의 단계로 돌입한 5년간 문재인은 이에 대한 어떠한 제동도 어떠한 조치도 없이 오직 평화타령에만 매달렸다. 북한의 ICBM 발사로 그의 평화 프로세스가 사망선고를 받자 "강력 규탄" 딱 한마디를 했다. 그리고 그것으로 끝이었다. 남쪽 대통령 문재인이 평화를 지키는 방법이었다.

2022년 4월 25일 저녁에 열린 인민군 창건 90년 열병식에서 김정은은

'대원수' 견장을 차고 등장했다. 역대 최대 규모의 이 심야 무력시위에는 신형 ICBM과 SLBM에 극초음속 미사일까지, 핵탄두를 장착할 수 있는 미사일은 다 나왔다. 김정은은 "우리의 핵이 전쟁방지라는 하나의 사명에만 속박돼 있을 수는 없다. 어떤 세력이든 우리 국가의 근본 이익을 침탈하려 든다면 우리 핵 무력은 둘째 가는 사명을 결단코 결행하지 않을 수 없을 것"이라고 했다. 이를 두고 이화여대 북한학과 박원곤 교수는 "사실상 핵을 선제 사용할 수 있음을 밝힌 것"이라고 했다. (중앙일보, 2022. 4. 27) 앞서 4월 초에 이미 김여정은 "무서운 공격"과 "남조선군은 괴멸, 전멸"을 공언했다. 그러나 김여정의 위협도, 김정은이 직접 참석한 심야 열병식도 걱정하는 국민은 별로 없었다.

며칠이 지나 《조선중앙통신》은 열병식을 지휘한 군 수뇌부를 김정은이 격려하는 자리에서 "적대세력들에 필요하다면 선제적으로 철저히 제압 분쇄하겠다"고 한 말을 보도했다. 선제적 핵공격을 분명히 한 것이다. 이에 대해 문재인과 민주당 사람들은 어떻게 대응했을까. 아무것도 하지 않았고 아무말도 하지 않았다. 윤석열이 후보 시절 "북한이 남한에 미사일 공격을 가할 기미가 보이면 선제타격하겠다"고 한 발언을 두고 벌떼처럼 공격했던 민주당의 북한 추종 의원들도, 윤석열을 전쟁광인 양 몰아붙였던 이재명도 아무런 소리를 내지 않았다. 문재인은 손석희와의 대담에서 윤석열의 선제타격 발언을 "국가 지도자로서 적절치 못하다"고 지적하고, 우리도 핵을 가져야 한다는 우익진영의 주장에 대해서는 "어처구니 없고 기본이 안 된 주장이다"며 매도했다. 이 어처구니 없고 기본이 안 된 사람 문재인이 대통령으로 있었던 남쪽의 5년은 수시로 맞고 당하면서도 아무런 대응도 하지 않고 가만히 있어서 충돌을 피하고 평화가 유지된 시간이었다. 어처구니 없는 시간이었다.

BC 1500년부터 서기 1860년까지 약 3,300년간 지구상에서 영구적 평화 보장을 약속하는 평화조약은 8,700여건이며 이 평화조약의 유효기간은 평균 2년이라고 한다. (전원책TV) 문재인과 김정은은 2018년 4월 27일 판문점에서 만나 회담을 가지고 '판문점 선언'을 발표했다. 여기서 문재인은 "한반도에서 더 이상 전쟁은 없을 것이며 새로운 평화의 시대가 열리고 있음을 함께 선언하였습니다"라고 했다. 이어 9월에는 평양을 방문하고 김정은과 체결한 평양공동선언과 9·19남북군사협의를 발표했다. 이 두 번의 평화선언과 조약은 그 유효기간이 3,300년간 8,700여건의 평균치인 2년은 되었을까. 북한군은 2020년 5월에 비무장지대 내의 우리측 GP에 사격을 가했고 6월에는 개성공단연락사무소를 폭파했으며 9월에는 서해 공무원 피살이 있었다. 그렇다면 문재인의 평화조약은 채 2년이 되지 않는다는 말이다. 그러나 이것도 틀린 말이다.

2022년 공개된 트럼프와 김정은의 27차례에 걸쳐 교환된 서신 가운데 9·19평양공동선언 단 이틀 후인 9월21일에 김정은이 트럼프에게 보낸 서신에서 김정은은 "앞으로 조선반도 비핵화 문제는 남조선 문재인 대통령이 함께하는 게 아닌, 각하와 제가 직접 논의하기를 희망한다. 지금 우리의 문제들에 문 대통령이 보이는 과도한 관심은 불필요하다"고 말했다. 김정은은 전문가들이 말하는 바로 그 베트남 모델을 트럼프에게 말하고 있는 것이다. 자유 베트남을 배제하고 공산월맹이 바로 미국과 협상한 후 상호 적대적 관계를 종식하고 자유 베트남을 월맹이 접수하는 모델 말이다. 우리에게는 최악의 시나리오다.

문재인과 김정은이 '전쟁없는 한반도'와 '한반도 비핵화'를 합의한 지 단 이틀 후 김정은은 미국 대통령에게 이렇게 제안했다. 그렇다면 문재인은 김정은에게 완전히 속은 것이고 완벽히 무시당한 것이다. 그래서 9·19협약의 실질적 유효기간은 9월 20일 단 하루로 봐야 한다. 그러나 문재인과 그의 정권 수하들은 북한이 합의를 깰 때마다 이를 옹호 은폐 부인하며 "합의 정신을 위반하지 않았다"고 우기며 계속 '평화'를 말하고 또 말했다. 이들은 모두 멍청이일까 아니면 지독한 거짓말쟁이들일까. 참으로 허망한 시간이었다. 문재인의 시간을 말하고 있다.

늘 평화만을 말했던 문재인의 의도는 대체 무엇이었을까. 그의 정부에서 여당 원내대표와 통일부장관을 지낸 주사파 이인영은 "포탄이 쏟아지는 전쟁 한복판에서도 평화를 외치는 사람만이 더 정의롭고 정당하다"고 말했다. 김정은이 쳐내려오면 맞서서 싸우거나 저항하지 말고, 포탄을 맞고 죽거나 혹은 죽기 싫으면 항복하자는 말씀이다. 문재인이 말하는 평화의 속뜻도 이인영과 같은 것일까. 아마 그럴 것이다.

그는 아직도 잠꼬대를 하고 있는가

"한반도 평화와 비핵화는 정부가 바뀌어도 이행해야 할 약속이다" 2022년 9월 18일 전직 대통령 문재인이 9·19합의 4주년을 맞아 내놓은 퇴임 후의 첫 공식 메시지다. 북한은 70년 이상 할아버지에서 손자까지 대를 거쳤을 뿐 정부가 바뀐 적은 없으니 '정부가 바뀌어도'라는 말은 북한을 향한 메시지가 아니며 그의 후임 정부에게 하는 것임을 알 수 있다. 이어 "남북군사합의는 하늘과 땅, 바다 어디에서든 군사적 위험을 획기적으로 낮추는 실천적 조치들을 합의했다. 특히 남과 북이 처음으로 비핵화 방안에 합의하여 비핵화로 가는 실질적 로드맵을 제시했다"고 말했다. 이 사람 문재인은 아직도 잠을 깨지 못하고 4년 전의 꿈 속에 그대로 있는가. 그게 아니라면 외국 언론의 말대로 김정은의 대리인이거나 공산주의자일 것이다. 혹시 간첩일지도 모른다.

문재인이 '남북합의는 정부가 바뀌어도 마땅히 이행되어야' 한다며 신정부를 향해 자신과 김정은이 맺은 합의를 준수할 것을 압박하기 딱 열흘 전인 9월8일 김정은은 "핵은 국체(국가체제)다. 절대 먼저 핵포기 비핵화란 없다. 비핵화에 대한 어떤 협상도 흥정물도 없다"고 천명했다. 그리고 자의적 판단에 의한 선제적 핵 공격을 명시한 핵무력 정책을 법령으로 채택한다. 핵 보유국은 통상 핵무기를 적대국에 대한 억지력의 수단으로 보유한다며 방어적 목적을 강조할 뿐 공격을 말하지는 않는다. 그러나 김정은은 '핵 선제타격'을 명시했다. 핵을 쏘고 싶을 때 쏘겠다는 말이다. 전문가들은 이를 '자의적 공개적 핵 사용의 법제화'라고 해석했다. 그럼에도 문재인은 한반도의 비핵화를 주장했다. 김정은이 열흘 전 핵 선제 사용을 법제화하고 해외언론은 '김정은이 이겼다'고 했음에도 문재인은 비핵화를 말했다. 이것은 '북한의 핵은 기정 사실화하고 남한은 핵을 가져서는 안된다'는 말로 해석할 수 밖에 없다. 핵을 억제할 수 있는 것은 핵 뿐이며 김정은이 알아듣는 것은 힘의 논리 뿐이라는 것은 국제정치학자들의 공통된 견해다. 문재인은 북한의 핵 우위를 유지하고 확정하고 고정하기 위해 남한의 비핵화를 주장하고 있는 것이다.

김정은이 핵을 절대 포기하지 못하며 쓰고 싶을 때 쏘겠다고 선언하고 이를 법제화까지 마친 단 열흘 후 문재인은 합의를 깬 김정은을 향해서는 입을 닫은 채 우리 신정부를 향해서는 자신과 김정은이 맺은 합의를 준수하라고 압박했다. 그는 자신과 김정은의 9·19합의가 "과거부터 이뤄낸 남북 합의들의 결집체"라는 말을 덧붙이며 압박의 강도를 높였다. 김정은은 준수하기는 커녕 이미 박살을 낸 합의를 우리 신정부에게는 준수하라고 하는 이 사람은 대한민국 사람이 맞는가. 북한을 추종하는 간첩이 아닐까. "모든 대화의 출발점은 신뢰이고 신뢰는 합의한 약속을 지키는 데서 출발한다"는 지당한 말씀도 우리 정부를 압박하는 말이지 약속을 이미 박살낸 북한이 들으라고 하는 말은 아니었다.

그가 맺은 9·19합의가 과거부터 이뤄낸 남북 합의들의 결집체라는 말씀도 우리 정부를 압박하는 말이기는 마찬가지다. 김대중 김정일의 6·15선언, 노무현 김정일의 10·4합의, 그리고 문재인 김정은의 9·19합의까지 모두 북한의 핵 고도화와 미사일 시스템 완성의 시간을 벌어준 점에서 공통적이다. 그러나 김대중 노무현의 것이 북한에 기만당한 성격이 강하다면 문재인의 것은 뻔히 알고도 맺은 것으로 문재인이 대한민국을 기만한 것에 가깝다. 9·19합의의 내용인 '상호 적대적 행위의 금지'는 김정은 트럼프 간의 서신이 공개됨으로써 김정은이 처음부터 지킬 생각이 전혀 없었다는 것이 드러났다. 그래서 문재인 혹은 국민인 우리가 속은 것이다. 그래서 원천 무효다. 그리고 비핵화 조항은 4년 후 북한의 핵 선제사용의 법제화에 의해 완벽히 무효화 되었다. 이런 결과를 모두 본 후에도 자신이 맺은 합의를, 김정은은 지키지도 않는 합의를 우리의 신정부에게는 준수하라고? 문재인 그는 김정은이 심어 둔 간첩인지도 모른다. 냄새가 너무 짙다.

"지금 또다시 한반도 상황이 매우 불안하다" 노무현의 10·4선언 15주년을 맞아 2022년 10월4일 내놓은 문재인의 퇴임 후 두 번째 공식 메시지다. 이즈음 이틀에 한번 꼴로 미사일을 쏘아대던 북한은 이날도 미사일 발사로 화답했다. 자신의 집권시에는 북한이 아무리 미사일을 쏘아대도 김정은에게 말을 하는 대신 역대 어느 정권에서보다 평화가 달성되었다며 평화선언과 종전협약만 앵무새처럼 되풀이하던 사람이 신정부 하의 미사일에 대해서는 '불안'을 말했다. 그의 시대에 역대 어느 정부에서보다 많았던 미사일 발사는 '평화'였고 새로운 정부 하의 발사는 '불안'이었다. 이것이 퇴임한 남쪽 대통령 문재인의 논리다.

최악의 상황을 대비하고 준비하는 것이 국방이다. 그것이 안보다. 그러나 문재인은 북한은 애시당초 지키지도 않을 합의를 하고, 이 합의를 준수한다는 구실로 우리의 국방을 적극적으로 그리고 모조리 허물었다. 반면 북한이 군사적 위험을 낮추는 초치는 전무했으며 오히려 재래식 무기, 핵과 미사일을 가리지 않고 모든 무력이 크게 증강되었다. 그럼에도 문재인은 집권하는 동안 최악을 대비한 국방력 강화 대신 늘 평화만 선전했다. 퇴임한 그는 여기서 그치지 않고 신정부를 향해 그가 체결한 합의를 준수하라며 자해적 국방정책을 계속하라고 종용하고 있다. 우리의 안보태세를 무너뜨리고 세치 혀로 평화를 희롱한 문재인 그는 대한민국 사람인가, 김정은의 수하인가. 간첩인가. 그에게 물어볼 일은 아닌 듯하다. 불리하거나 욕먹을 일에는 늘 침묵하는 그가 아닌가.

2. 김정은이 쳐내려 오면

7일 전쟁

2015년 새해 벽두, 언론은 김정은이 한반도에서 전쟁을 일으키고 7일 만에 끝내는 속전속결식 작전계획을 새로 세웠다는 보도를 냈다. 탈북한 북한군 고위 인사로부터 입수한 정보를 복수의 군 당국자가 확인해 준 내용이었다. 새로운 작전계획의 주요 내용은 북한이 기습 남침을 개시하거나 국지전이 전면전으로 확전될 경우 미군 증원군이 도착하기 전 7일 이내에 남한 전역을 점령한다는 계획이었다. 국군과 미군의 반격으로 전황이 녹록지 않을 경우라도 최장 15일 내에 전쟁을 끝낸다는 것이다. 김정은의 남침 작전을 잘 정리해준 기자가 있다.

"북한은 먼저 핵 미사일 방사포와 특수전 요원 등의 비대칭 전력을 이용해 초반 공격을 감행하고, 이어 재래식 전력으로 전쟁을 마무리한다는 전략을 결정했으며, 김정은이 직접 핵과 미사일을 작전계획에 포함시키라고 지시했다고 한다. 핵무기 소형화와 미국까지 쏠 수 있는 장거리 미사일 개발 등도 모두 이 새로운 작전계획에 따른 것이라고 군 당국자는 설명하고 김정일 시대 군부대를 경제재건에 투입했던 것과는 달리 김정은이 집권한 이후에는 대규모 군사훈련을 자주 실시하고 군사력을 증강해 왔다는 말도 덧붙였다. 실제 김정은은 2013년 이후 군부대를 반복적으로 방문하여 새로운 작전계획에 따른 훈련 상황을 점검했는데 정보당국의 집계에 따르면 2013년 53회, 2014년 73회였다." (중앙일보, 2015. 1. 8, 정용수 기자)

'7일 전쟁'이라는 제목의 이 새로운 작전계획은 박근혜 정부 3년차에 나온 것으로 두 세대를 거슬러 올라가서 할아버지 김일성이 6·25 전쟁을 일으켰을 때 약 3개월이 되도록 남한 전역을 점령하는 데 실패한 것을 반영하여 단 7일, 최장 15일 만에 점령할 계획을 세웠다는 점이 주목을 받았다. 3대에 걸쳐 중단되지 않은 무서운 남침 계획이다. 핵무기의 소형화와 미국까지 이를 수 있는 장거리 미사일 개발이 그 후 7년 만에 모두 완성되었다는 점까지 생각하면 더욱 무서운 일이다.

할아버지나 아버지보다 더 강력한 선군정치를 실시한 김정은은 2021년 1월 노동당 제 8차 회의에서 '핵 강화 선군정치'를 천명했다. 선군先軍정치란 국가의 여러 영역 중 군사를 우선하는 통치방식으로 북한 김씨 일가가 3대에 걸쳐 일관되게 고수하는 정책이다. 21세기에 펼치는 선군정치도 이미 놀라운 일인데, 거기다 핵 강화까지 붙는 것은 무서운 일이 틀림없다. 문재인과 그의 주사파 수하들이 북한의 핵과 미사일과 모든 무력 증강을 별거 아닌 것처럼 선전하여 정작 북한과 맞대고 있는 우리는 모두 무감각하지만 우리보다 북한에서 더 떨어져 위험이 훨씬 덜한 일본 미국 EU는 신경을 곤두세우는 일이다. 더구나 독재자가 손에 핵 버튼을 쥐고 있는 상황은 한살배기가 회칼을 쥐고 있는 것만큼이나 위험하다. 김정은은 이날 연설에서 '핵'을 36번 말했다. 그리고 '실전 사용이 가능한 전술핵'을 만들 것을 당에 공개적으로 지시했다.

김정은이 핵강화 선군정치를 천명한 2021년 한 해 동안 통일부 장관 이인영은 북한에 보낼 보건 영양물품의 반출을 승인하고 김씨 3대 각각의 생일이 표시된 달력을 준비하고 있었다. "평화가 밥이다. 평화가 포탄을 이긴다"고 했던 그는 이 상황에서 금강산 골프대회도 추진했다. 이상하기는 그의 보스인 대통령도 마찬가지였다. 김정은이 전술핵 개발까지 지시한 2021년 내내 문재인은 종전선언과 평화협정을 말했다. 그것만 했다. 문재인이 쓸모없는 말만 되풀이하고 올림픽에 김정은을 불러 다시쇼를 준비하는 쓸데없는 일에 몰두하는 동안 북한은 김정은의 지시대로 핵무기 여러 개를 한꺼번에 장착한 다탄두 ICBM을 개발하고 있었다. 그리고 마침내 2022년 3월 24일 그것을 선보였고 세계는 경악했다. 이번에도 우리만 놀라지 않았다. 세계를 놀라게 한 것은 김정은이 한 일이고, 우리 국민이 놀라지 않도록 만들어 놓은 것은 문재인과 그의 주사파 수하들이다. 그들의 오랜 위장 은폐 선전 공작의 성취일 것이다.

싸울 것인가, 항복할 것인가

북한이 ICBM을 발사하자 문재인은 NSC를 소집하고 강력규탄을 말했다. 그러나 북한이 이미 미사일 시스템을 완성하고 난 후의 문재인의 규탄은 하나마나한 것이었고, 자신의 책임을 회피하기 위한 제스추어 정도로만 보였다. 세계가 경악할 정도의 강력한 무기를 완성한 후 자신감이 충만하게 된 북한의 반응은 바로 나왔다. 4월 3일 김여정은 "남조선이 우리와 군사적 대결을 선택하는 상황이 온다면 부득이 우리의 핵전투 무력은 자기의 임무를 수행 하게 될 것이다. 이런 상황에까지 간다면 무서운 공격이 가해질 것이며 남조선군은 괴멸 전멸에 가까운 참담한 운명을 감수해야 한다. 이것은 결코 위협이 아니다."라고 말했다. 위협이 아니라고 했으나 그것은 강력한 위협이었다.

이틀 후 김여정은 다시 "우리는 남조선을 무력의 상대로 보지 않는다. 남조선을 겨냥해 총 포탄 한 발도 쏘지 않을 것이다."고 말했다. 이틀 전에 쏘겠다고 한 말보다 이틀 후 쏘지 않겠다고 한 이 말에 화약 샘새가 더 짙게 스며있었다. 김여정의 말을 들어보면 북한이 쳐내려 온다는 가정은 가능성이 낮은 일은 아닐 것이다. 실제 트럼프가 재임하는 동안 김정은과 트럼프는 문재인을 소외시키고 16개월 동안 총 27차례에 걸쳐 서신을 교환했다는 것이 밝혀졌는데, 김정은은 트럼프에게 북한은 미국의 안전을 위협하지 않는 조건으로 남한에서 손을 떼라고 말하려 했을 것이다. 그래서 몰래 서신을 교환했을 것이다. 대부분의 국제정치 전문가들은 주한미군이 철수하면 북한이 바로 대한민국을 침략한다고 단언한다. 미군이 철수하고 김정은이 쳐내려오면 과연 어떻게 될까. 한번이라도 생각해 보셨는가. 아마 이렇게 될 것이다.

하나, 우리 군인들은 열심히 싸우지 않을 것이다. 문재인 세력은 인민군의 사격연습에 표적 사진으로 쓰이는 참군인 김관진은 법정에 불려다니게 하고, 군 내부에 침투한 간첩을 잡는 데 열심이었던 기무사령관 이재수에게는 모욕을 줘서 스스로 목숨을 끊게 했다. 반면 정권에 코드를 맞춘 기회주의적 군인 김병주는 국회의원으로 만들어 주었고, 그는 보은이라도 하듯 "18개월 복무는 잔인하다"며 병력부족을 부채질하고 "예비군에게도 최저임금을 주자"며 문재인의 망국적 포퓰리즘을 군대에까지 끌어들이려 했다. 이렇게 해서 군 지휘부는 자신의 진급이나 민주당 공천에 관심이 있는 정치 군인들로 채워졌고 나라 지키는 일을 본분으로 여기는 참군인들은 대부분 한직을 전전하거나 군복을 벗고 집으로 갔다. 자신의 자리에 연연하며 권력이나 쳐다보는 지휘관의 명령을 병사들이 따를 것 같은가. 러시아 침략군에게 결사항전하는 우크라이나 군의 방어의지를 우리 군인들에게 기대할 수 있겠는가. 문재인이 주적조차 알 수 없도록 만들어 놓은 우리 병사들은 북한에 맞서지 않을 것이다. 목숨을 걸고 북한군에 항전하는 일은 더욱 없을 것이다.

둘, 문재인이 집권하는 동안 우리 군의 전력은 전방위적으로 저하된 반면 북한군은 총체적으로 강해졌다. 무기체계에서 국군은 특별한 증강이 없었으나 인민군은 핵 미사일 방사포 잠수함 등에서 눈부신 전력증강이 있었다. 따라서 박휘락 교수가 2017년까지 남북의 재래식 무기 전력이 대등하다고 했던 것은 문재인 정권 5년을 거치며 역전된 것이 분명하다. 여기다 북한이 핵탄두를 장착한 500km 사거리의 미사일만 꺼내도 우리는 항복해야 할 것이며, 그나마 가진 우리의 재래식 무기도 전투의지가 없는 복지지향형 지휘관들과 사격 연습도 제대로 하지 않는 병사들에게 무슨 소용이 있겠는가.

셋, 북한이 쳐내려오면 주사파 운동권 세력이 최대 파벌이 된 우리 국회는 전쟁을 반대할 것이다. 그들은 북한의 도발에 대해 강력한 대응을 말한 적도 없고, 전쟁이 나면 결사항전해야 한다고 말한 적도 없다. 늘 민족과 통일과 평화를 말하는 것은 곧 북한이 침략해 오면 그냥 항복하자는 말이다. 주사파 정치인들 대부분은 포탄이 떨어져도 평화를 외치겠다고 말하는 이인영과 같은 생각을 가진 사람들이다. 주사파 출신의 구해우 박사는 북한이 베트남 모델을 쫓는다고 말했다. 베트남 전쟁 막판에 미국은 자유 베트남을 배제하고 공산 베트남과 협상하여 서로 간의 적대상태를 종식하기로 합의하고, 이 합의에 따라 미군은 철수했고 북베트남은 바로 쳐내려와 남베트남을 점령했다. 북한이 인민을 굶겨가며 미국에까지 도달할 수 있는 대륙간 탄도미사일을 개발한 것은 미국과 협상하기 위한 것이며, 미국이 자국의 안전을 위해 북한과 손을 잡고 북한의 요구대로 주한미군을 철수하면 김정은은 바로 쳐내려 올 것이다. 구해우는 이렇게 북한이 쳐내려 오면 문재인은 바로 항복할 것이라고 말했다. (월간조선, 2020년 10월호, 하주희 기자) 저자가 반복해서 말하여 널리 알리고 실은 구해우 박사의 말이다. 우린는 그의 말을 경고로 들어야 한다. 그리고 의심이 드는 일이 있다. 포탄 속에서도 평화를 외치겠다고 말한 이인영과 그의 보스 문재인은 이미 북한과 함께 우리가 모르는 어떤 은밀한 합의를 했던 것은 아닐까. 짙은 의심이다.

넷, 북한의 침략을 받으면 우리 국민들끼리도 방어전쟁을 할 것이냐 아니면 항복할 것이냐를 두고 논쟁을 벌일 것이다. 그러나 의견의 일치를 보지는 못할 것이다. 문재인 세력이 거의 완전하게 갈라놓은 국민은 북한의 침략 앞에서도 의견이 갈려 치열하게 싸울 것이다. MBC KBS YTN 한겨레신문은 평화를 말할 것이고, 조·중·동, 채널A, TV조선은 호국을 말할 것이다. 이 갈라진 언론 사이에서 국민은 설왕설래할 것이다. 절반은 목숨을 걸고 나라를 지키고 자유민주주의를 지키자고 할 것이고 다른 절반은 나라를 내주고 목숨과 평화를 지키자고, 김정은 치하면 어떠냐고, 인민민주주의면 어떠냐고 말 할 것이다. 그렇게 결론나지 않는 논쟁을 하는 동안 우리는 점령당할 것이다. 우리가 입씨름을 하고 있는 동안 최소 5만에서 최고 30만이 된다는 간첩과 종북세력들은 이미 성문을 열어주고 인민군을 맞이하고 그들에게 길을 안내할 것이다. 그들은 공산당 완장을 차고 70년 전에 그랬던 것처럼 인민재판을 준비할 것이다. 그리고 새로운 질서를 만들고 새로운 세상을 만들어 나갈 것이다. 그들의 혁명은 그렇게 완성될 것이며, 대한민국은 그렇게 끝날 것이다. 아직 살아있는 사람은 김정은의 인민이 되었다는 의미다.

경제력을 포함한 총체적 국력에서 우리와는 비교가 되지 않을 정도로 크게 뒤지는 북한이 우리를 향해 큰소리 치고 욕하고 무시하고 협박할 수 있는 힘은 무엇일까. 그것은 북한이 핵과 미사일 등 압도적인 무력을 가졌기 때문이며, 어떤 도발을 해도 무조건 방어해 주는 남쪽 더불어민주당의 국회의원들이 있기 때문이며, 남침을 감행할 경우 성문을 열어 주고 길을 안내해 줄 종북세력이 가득하기 때문이다. 거기다 문재인과 주사파가 통치한 5년 동안 나라를 지키겠다는 군인들은 다 좌천시키고 말 잘 듣는 좌익 군인만으로 군 지휘부를 채웠고, 병사들은 훈련 대신 스마트폰으로 군대 밖의 일에 정신이 팔리도록 해놓는 등 정신무장을 완전히 해제시켜 놓았기 때문이다. 국민들도 북한이 적군인지 아군인지, 김정은이 독재자인지 계몽군주인지 헷갈리도록 경계심을 풀어 놓았기 때문이다. 이 모든 것이 좌익세력과 문재인 정권이 만들어 놓은 지금 대한민국의 안보환경이다.

김정은은 이제 미군철수만을 기다리고 있다. 그는 미군철수의 전제조건인 종전선언과 평화협정의 체결에 열심이었던 문재인이 물러나고 다음으로 우익정권이 들어선 것을 통탄하고 있을 것이다. 그러나 문재인이 연막을 쳐주고 시간을 벌어 준 덕분에 국제사회에서 사실상 핵보유국으로 인정받게 되었고, 핵 탄두의 생산을 늘리고 미사일 시스템을 완성한 것만도 어디인가. 김정은이 문재인에게 고마워 해야 할 일이다. 문재인이 만든 대한민국의 자해적 안보, 그래서 문재인은 김정은으로부터 노고를 치하받았을 것이다. 분개할 일이다.

우리는 이길수 있을까

남북이 다시 전쟁을 한다면 어떻게 될까. 과연 우리가 이길 수 있을까. 북한이 쳐내려오고, 다행히 국민인 우리가 제정신인 대통령을 선택하여 제정신인 정부를 가졌다면 그 제정신인 정부는 나라를 지키겠다고 결정할 것이고, 거기다 국민인 우리가 싸우겠다고 나선다면 우리는 북한을 이겨낼 수 있을까. 북한이 쳐내려 왔다면 그것은 곧 세계 최강의 무력을 보유한 미국이 이미 우리를 떠났다는 말이며 그래서 한미군사동맹도 이미 작동하지 않을 것이다. 종북세력이 바라고 주장하는대로 미군이 철수하고, 종북세력이 혐오하는 일본도 우리를 돕지 않는다면 우리는 북한의 침공을 막아낼 수 있을까. 결론부터 말하자면, 아니다. 우리는 절대 이길 수 없다. 이유는 이렇다.

하나. 개인간의 싸움이든 국가간의 전쟁이든 선제공격을 하는 쪽이 일단 유리하다. 북한이나 러시아처럼 최고지도자 1인에게 결정권이 집중된 독재국가와는 달리 자유민주 국가인 우리가 먼저 공격전쟁을 결정할 가능성은 없다. 권력분립의 의사결정 구조 때문이다. 게다가 이미 종북세력의 힘이 자유진영을 압도하는 우리의 정치 지형에서 문재인 정권처럼 북한에 굴종하는 정권이 다시 등장할 가능성은 있어도 북한에 선제공격을 감행하자고 할 정신나간 정부는 없을 것이다.

한국전쟁과 베트남전쟁도 자유를 지키는 방어전쟁이었고 그래서 미국이 지원했다. 우리가 선제공격하는 전쟁에는 미국도 유엔도 참전하지 않을 것이다. 그래서 전쟁이 다시 일어난다면 그것은 북한의 선제공격으로 시작되는 것이 분명하다. 우리가 우리가 먼저 공격을 받고 수세적 상황에서 개전한다는 뜻이다. 더구나 문재인 정권은 전쟁 초기에 북한군이 쉽게 진군할 수 있는 조치도 충분히 해 두었다. 전방 경계초소 GP의 철거, 북한군의 탱크 진입을 저지하기 위해 경기북부지역과 강원도 지역에 설치된 대전차방호벽의 철거, 비무장지대 상공의 공중 정찰활동의 금지 등 북한의 남침을 미리 파악하고 조기 대응할 수 있는 환경과 조건을 삭제하는 많은 자해적 조치를 취해두었다. 그래서 북한 인민군의 선제공격은 매우 순조로을 것이다.

둘. 종북세력은 북한의 군사적 도발을 옹호할 때면 늘 우리의 압도적 첨단무기를 들먹인다. 그렇다면 우리의 첨단무기는 북한의 공격을 충분히 막아낼 수 있을까. 북한은 문재인 정권 초기에 이미 핵전자기, 즉 EMP탄을 개발했다고 알려졌다. 북한이 이것을 한반도 상공 60~70km에서 폭발시킬 경우 우리의 전기 통신시스템이 모두 정지되는 블랙아웃 상태가 된다. 전기 통신 관련 모든 시스템이 마비된다는 뜻이다. 군사시스템은 물론 금융 의료 전력 등 국가의 핵심 시스템은 모두 정지되고 개인의 휴대전화까지 먹통이 된다. 북한의 EMP공격을 요격할 수 있는 유일한 장비는 대공미사일인 스탠다드미사일-3(SM-3)이다. 그러나 문재인 정권은 이것을 구매하지 않았다. (서울경제신문, 2021.11.11) 또 자해안보다.

여기다 북한은 위성항법시스템 GPS교란장비도 2020년에 실전배치했다. 이것은 우리의 군사 장비와 항공기 선박의 GPS장치를 교란시킬 것이다. 북한은 이미 2016년 3~4월 우리의 GPS를 교란시켜 항공기와 선박의 운항에 영향을 주고 전방 우리 군의 장비도 교란하는 등 테스트를 끝냈다. 소리없는 폭탄이라 불리는 EMP탄과 GPS교란장치는 IT강국인 우리에게 치명적으로 작용하여 이 분야의 남북 격차를 단숨에 극복할 것이고 우리는 100년 전의 비문명 상태로 돌아가게 될 것이다. 한번의 화재로 사회적 시스템이 마비되고 큰 혼란을 겪었던 2022년 10월에 발생한 카카오 사태와는 비교할 수 없을 정도의 엄청난 일이 될 것이다. 우리가 압도적 우위를 점한다고 안심하는 첨단무기는 그렇게 무용지물이 되고 주적을 모르는 우리의 병사들은 굶주려 악만 남은 북한 인민군을 소총으로 맞서야 될 것이다. 우리 병사들이 이길 수 있을까.

셋. 북한은 러시아 미국 다음의 세계 3위의 생화학무기 대량 보유국이다. 적은 비용으로 손쉽게 대량생산이 가능한 생화학 무기는 군인과 민간인에게 미치는 치명적이고 극악의 고통을 안겨주는 특성으로 인해 핵보다 더 무서운 살상무기로 불린다. 북한은 이것을 대량 보유하고 있다. 오바마 정부에서 국방부 차관을 지낸 앤드류 웨버Andrew webber는 "북한은 핵보다 생물학적 무기를 사용할 가능성이 훨씬 높다"고 말했다. (한국일보, 2019.11.21) 2022년 11월 북한이 새로운 정부를 길들이기 위해 전투기를 500대 띄웠다고 했을 때 우리는 '종이비행기를 띄웠나?' 라며 조롱했다. 낙후된 전투기에 연료도 부족한 북한이 전쟁을 일으켰다면 첫째는 핵무기를 믿었을 것이고 둘째는 이 생화학무기를 믿고 일으킨 전쟁일 것이다. 그래서 생화학무기는 사용 가능성이 더 높다. 그래서 더위험하다. 북한은 전황이 유리할 때면 종전 후의 노동력 감소와 국제적 비난과 고립을 염려해 가급적 이것을 사용하지 않을 것이다. 그러나 전황이 불리하거나 막다른 골목에 이르면 북한 정권은 이것을 쓸 것이다. 그렇게 되면 이땅은 아수라 지옥이 될 것이다.

북한이 쓸 수 있는 마지막 극악의 카드는 역시 핵무기다. 국제사회는 북한이 이미 40~80개의 핵무기를 보유하고 있다고 하며 100개가 넘을 것이라는 전문가도 있다. 핵무기는 2차대전에서 단 두 방으로 태평양전쟁을 끝낼 정도의 가공할 위력이 확인된 후 다시는 사용되지 않았다. 그러나 이미 전쟁판을 벌인 김정은은 패전의 상황에 몰리게 되면 그것을 쓸 것이다. 종북세력은 북한 주민에게도 피해를 입힐 수 있다는 이유를 대며 북한 정권이 핵을 쓰지 않을 것이라 주장한다. 그렇다면 한반도 남쪽 끝에 터뜨릴 것이다. 이복형을 독살시키고 고모부의 목을 잘라 시신 위에 전시하는 무자비한 김정은에게 남북의 인민들의 생명은 고려사항이 아닐 것이며 남쪽에 있는 우리의 생명은 더욱 그럴 것이다.

핵무기와 생화학무기는 전황이 북한에게 불리할 경우 쓰는 마지막 카드다. 그러나 전쟁 초기에도 쓰일 것이다. 핵을 가진 북한에 대항하는 것은 자살행위이므로 '항복하자'고 주장하는 종북세력의 입에서 핵은 폭발하기도 전에 이미 그 위력을 발휘할 것이다. 전쟁 초기에 핵이 쓰인다는 것은 우리가 항복한다는 뜻이고 전쟁 중에 쓰인다면 죽음을 뜻한다. 그래서 핵은 무섭다. 생화학무기도 마찬가지다.

넷. 전쟁이 시작되면 우리는 우선 앞에 닥친 북한군을 막는데 정신이 집중될 것이다. 그러나 우리의 뒤에도 이미 적이 있고 그래서 뒤통수가 위험하다. 이땅에 존재하는 최소 5만 명에서 최고 수 십만에 이르는 남파간첩과 자생간첩 때문이다. 개인 기업 등 민간은 물론 정부와 군대 내에서도 내부의 적은 외부의 적보다 더 위험하다. 흔히 내부의 적 1은 외부의 적 100의 역할을 한다고 하지 않는가. 그래서 안에서 성문을 열어주고 고구려가 망했듯 종북세력이 득세하는 지금도 그럴 것이다.

김일성이 남한에 간첩을 파견하고 무기와 자금을 보내 설립하고 지원한 모든 지하혁명조직은 전쟁을 개시하기 전에는 남한의 정보를 수집하여 북한으로 보내고 남한 국민을 포섭하는 역할을 한다. 그리고 남침이 시작된 후에는 성문을 열어주고 침공로를 안내하는 임무가 설계되어 있다. 남파간첩이 청와대에 보일러공 배관공으로 침투해 있었다고 하니 청와대의 내부도면은 기습하는 북한군 부대의 손에 이미 들려 있을 것이다. 모든 국가 기간시설의 도면이 다 그럴 것이다.

주사파 운동권 출신의 종북 정치인들은 국회와 더불어민주당에서 방어전쟁을 어떻게든 지연시키거나 방해할 것이고, 정부의 주요 결정 내용을 북한에 바로 알려줄 것이고, 국군의 약점과 허점을 모두 인민군에게 알려줄 것이다. 그리고 군부 내에 침투한 첩자들과 함께 국군의 뒤통수를 칠 전략을 짤 것이다. 뒤통수가 위험한 우리는 앞의 적을 제대로 막지 못할 것이다. 그래서 우리가 패할 것이다.

김정은의 자비에 달린 우리의 운명

북한의 선제공격, EMP탄과 GPS 교란, 생화학무기와 핵무기, 내부의

적, 이 정도만으로도 우리는 이미 절대적으로 불리하다. 그렇다면 우리의 전쟁억지력은 어떤가. 지금 북한의 남침을 억지하는 유일한 힘은 주한미군의 존재다. 그것은 이땅의 종북세력이 미군철수와 한미연합사 해체와 전시작전권 회수를 끊임없이 주장하는 이유이며, 김정은이 트럼프에게 문재인을 빼고 직접 협상하자는 서신을 보낸 이유다. 미군만 철수하면 북한은 바로 남한을 점령한다. 대부분의 군사전문가와 국제정치학자들의 일치된 예측이다. 그렇다면 종북세력과 김정은이 그렇게도 흔들고 있는 주한미군의 존재는 과연 확고한가. 70여년 전 미국은 우리를 그들의 방어선에서 제외했고 그래서 북한이 바로 쳐내려 온 것은 이미 역사는 경험했다. 그 이후는 어떤가.

1950년 1월 미국 국무장관 딘 애치슨은 한국을 미국의 극동방위선 밖으로 선을 그었다. 그리고 북한은 단 6개월 후 침공했고 그래서 6·25전쟁이 일어나 500만명 이상이 사망하고 산업시설과 주거시설은 잿더미가 되었다. 전쟁이 끝나고 한미군사동맹이 체결되었고 미국의 안보 우산 아래서 우리는 경제건설에 집중하여 세계10대 경제대국이 될 수 있었다. 그러나 북한은 미군의 주둔으로 남침이 불가능하게 되자 주사파 등 학생 김일성주의자들의 입을 빌려 반미를 조장하고 주한미군의 철수를 외치게 했다. 남파간첩은 은밀하게 그것을 도모했고 자생간첩들은 '우리민족끼리'를 말하며 공개적으로 투쟁했다. 이것은 정권을 장악한 문재인의 시대에 극에 달했다. 문재인의 외교라인은 미군철수의 분위기를 만들어나갔고 주미대사라는 사람은 국회에서 중국과의 안보동맹을 당당히 말했다. 한미동맹을 종식시키고 미군을 철수케 하자는 뜻이었다. 정권연장에 실패하며 그들의 미군 쫓아내기의 목소리는 일단 잦아들었다. 그렇다고 안심할 수 있는 것은 결코 아니다. 가까운 역사가 말해준다.

1977년 미국의 지미 카터 대통령은 주한 미군의 철수 의사를 밝혔고 주한미군 참모장으로 있던 존 싱글러브 장군은 "반드시 전쟁난다"며 반대하다 본국으로 소환되고 강제전역 당했다. 그의 용기가 아니었다면 미군이 철수하고 박정희 서거의 혼란 속에 북한은 또 쳐내려 왔을 것이다. 2019년 트럼프의 외교 멘토인 린지 그레이엄 상원의원은 "전쟁이 나면 죽는 건 한국인이지 미국인이 아니다"라며 재정부담을 이유로 주한미군의 철수를 저울질 하던 트럼프를 부추겼고 이 기회를 포착한 김정은은 문재인을 빼고 트럼프와의 직접적인 딜을 시도했다. 트럼프가 재선에 성공하고 김정은과 짬짜미를 계속했다면 미군의 철수는 성사되고 김정은은 미군이 없는 남한으로 바로 쳐내려 왔을 것이다.

김정은의 침략에 우리는 어떻게 되었을까. 북한의 선제공격, EMP탄에 의한 우리 무기 체계의 무력화와 국가 시스템의 마비, 북한의 생화학 무기와 핵무기, 우리 내부 적들의 뒤통수 치기, 문재인이 손발을 묶어놓은 우리의 군대, 이러한 상황에서 미국이 참전하지 않는 이땅의 전쟁은 우리의 패배가 자명하다. 그렇다면 우리는 생명이라도 유지하기 위해 무엇을 할 수 있을까. 김정은의 인민이 되어 그의 자비를 기다리는 길 외에 무엇이 또 있을까. 김정은의 자비심, 기대할 수 있기나 하는 것인가.

다시 뒤집기
한 판을

대남혁명노선은 무력에 의한 남한 점령전략인 주한미군 철수와 무혈의 점령전략인 국가보안법 철폐와 연방제 구상으로 나뉜다. 무력에 의한 남한 점령은 세계 최강의 군사력을 보유한 미군이 남한에 주둔하는 한 불가능한 것이다. 종북세력이 늘 미군철수를 외치는 이유다. 피흘리지 않고 남한을 점령하는 전략은 북한이 직접 조종하는 세력, 혹은 북한에 우호적인 세력이 정권을 잡게 하여 흡수통일을 실현하는 방법이다. 북한이 직접 조종하거나 북한에 우호적인 세력이 활동하는 데 가장 큰 장애물은 국가보안법이다. 종북세력이 늘 국보법 철폐를 외치는 이유다.

그렇다면 김일성이 남한을 점령하기 위한 지령으로 내린 대남혁명노선은 성공했을까. 60여 년이 지나 그의 손자에 이른 지금 그것은 어떻게 되어 있을까. 결론부터 말하자면 그것은 대성공이었다. 아직 북한에 점령된 것은 아니지만 북한을 추종하는 세력에 의해 이미 점령된 것은 분명하다. 그렇다면 북한의 김씨 왕조를 따를수 없는 우리 자유민주주의 세력은 좌익에게 점령된 대한민국의 이 상황을 뒤집어야 한다. 좌익이 뒤집어 놓은 것을 다시 뒤집어야 한다. 뒤집어진 대한민국을 다시 뒤집어야 바로 서게된다는 뜻이다. 다시 뒤집기 한 판이 필요한 때다.

1. 우리는 이미 점령된 것인지도 모른다

우선 주한미군 철수는 미국과 남한 우익진영의 반대로 인해 진전이 없다. 트럼프 집권기에 김정은이 많은 비밀서신을 직접 교환하며 성사의 기척이 있었으나 트럼프가 재집권에 실패하며 원점으로 돌아갔다. 연방제는 북한 스스로가 사실상 용도를 폐기한 노선이다. 남한 좌익세력은 최문순의 강원도와 이재명의 경기도 등 좌익의 지방정부 수장이 집권한 곳에서 북한과 직접 연대를 모색하는 등 지방정부 차원에서 사실상의 연방제를 추진했다. 그러나 체제경쟁에서 완전히 패하여 북한 주민이 남한의 발전상을 알게 될까 두려운 북한의 소극적 자세로 실현이 멀어지고 있다. 남한 거리에는 거지가 득실거리고 아파도 병원에 가지 못한다고 지금도 북한 주민에게 선전하고 있는 현실에서 연방제의 실현으로 남북교류가 활성화되면 실상을 알게 된 북한 주민이 북한정권을 먼저 전복시킬 것이다. 북한정권이 더 이상 연방제를 말하지 않는 이유다.

그렇다면 국가보안법의 철폐는 어떤가. 좌익 정부 3기 동안 국보법으로 처벌받은 사람은 대폭 감소했으며, 특히 문재인의 시대에는 사실상 사문화 되었다. 더구나 과거 국보법으로 처벌받은 반국가 사범이 가득한 더불어민주당은 국정원법을 개정하여 국정원의 간첩 잡는 기능을 완전히 없애 버렸다. 이로써 간첩과 종북세력과 반국가행위자들이 이땅을 거의 완전하게 장악하게 되었다. 대한민국이 좌익의 나라가 된 것이다. 국보법의 사문화는 종북세력이 대한민국을 점령할 수 있는 지름길이었다. 어쩌면 대한민국은 이미 북한에 점령되었는지도 모른다. 점령된 근거를 3가지만 말하겠다. 수많은 사례 중 3가지만 골랐다.

박정희가 영웅이 아닌 곳

82달라와 1,647달라. 박정희가 집권한 1961년과 퇴임한 1979년의 1인당 국민소득 수치다. 이 땅의 종북좌파들이 '무자비한 독재자'의 이미지를 단단히 박아놓은 박정희가 이룩한 업적이다. 《네 마리의 작은 용》의 저자인 하버드대 에즈라 보겔Ezra Feivel Vogel 교수는 "박정희가 없었다면 오늘날의 한국은 없다. 그는 국가에 일신을 바친 리더였다"고 했으며, 미래학자 앨빈 토플러는 "민주화는 산업화가 끝난 후에나 가능하다. 이런 인물을 독재자라고 하는 것은 언어도단이다. 박정희는 누가 뭐라고 해도 세계가 본받고 싶어하는 모델이다"라고 말했다. 미국 국무장관을 지낸 정치학자 헨리 키신저는 "19세기와 20세기에 이룬 경제적 혁명은 오직 박정희뿐이다. 나는 박정희를 존경한다."고 했고, 중국을 경제대국으로 만드는 데 기초를 닦은 등소평은 박정희를 자신의 멘토라고 했다. (월간조선, 2018년 11월호) 세계적인 석학과 저명인사들의 박정희에 대한 찬사다.

등소평과 싱가폴의 이광요는 박정희 모델을 모방하여 자국 경제의 발전을 모색했고, 모두 성공했다. 절강성 성장 시절의 시진핑은 방한한 기회에 박정희에 관한 서적은 모조리 수집하여 트럭 한 대 분량을 가져갔다. 아프리카 저재발국이 박정희와 새마을운동을 카피해 성공한 이야기를 하자면 길다. 러시아의 푸틴 역시 "박정희 관련 책은 다 가져와라. 그는 나의 모델이다"라고 했으며, 이 외에도 수많은 세계 정상들은 박정희를 닮고 싶어했다. 생전의 노무현이 "외국에 다녀보니 외국 지도자들이 온통 박정희 대통령 이야기뿐이더라"고 말했을 정도다. 미국 대학의 정치학 경영학 강의에 빠지지 않는 이름이 박정희다. 지도자들의 지도자, 20세기 세계 3대 지도자, 모두 박정희를 두고 하는 말이다. 박정희는 세계 여러 나라에서 위대한 지도자로 존경받고 추앙되고 있다. 그러나 북한은 물론 남한에서도 그는 위대한 지도자가 아니다. 그는 탐욕스럽고 사악한 독재자이며, 그를 추앙한다고 말하면 바로 '수구 꼴통'이 된다. 그래서 우리는 이제 그에 대해서 말하지 않는다. 거의 금기어다.

2022년 9월 동아일보는 문재인 정권 5년간 시가총액 기준 글로벌 1000대 기업 숫자를 발표했다. 한국은 문재인 정권 출범 첫 해인 2017년 25개 기업에서 마지막 해인 2022년에는 12개로 반토막이 났다. 반면 중국은 같은 기간 58개에서 167개로 무려 3배가 늘어났다. (동아일보, 2022.9.19) 코로나와 미중 간의 갈등은 한중 모두에게 해당되므로 문재인 정권이 습관적으로 했던 것처럼 이것을 핑계로 댈 수는 없을 것이다. 등소평 이래 박정희 모델을 경제정책 운용의 기본으로 하는 중국 기업은 이 5년 사이에도 급성장한 반면 박정희의 흔적을 철저히 지우며 사회주의적 경제정책을 선택했던 문재인의 시대 5년은 반토막이 난 것이다. 그래도 문재인은 반성하지 않았고, 오직 대한민국 경제의 '기적 같은 선방'만을 말하고 또 말했다. 어이없는 일이었다.

2018년 10월 26일, 문재인 치하의 박정희 추도식에 구미시장은 참석하지 않았다. 구미시장의 불참은 처음이었다. 시장 장세용은 더불어민주당 소속이다. 박정희와 새마을운동을 적폐로 보는 그는 시 조직에서 새마을과課를 폐지하고 시가 지원하는 행사에서 새마을이라는 단어 자체를 빼도록 했다. 조국의 발전을 위해 헌신하고 조국을 세계 10대 경제대국의 반석에 올려놓은 박정희는 정작 그의 조국에서 항상 푸대접을 받더니, 이제 그의 고향에서조차 흔적을 지우려 하고 있다. 남과 북의 한반도는 세계가 추앙하는 박정희를 푸대접하는 유일한 곳이다. 대한민국이 북한주의자들의 나라가 되었다는 말이다. 공산주의자들에게 점령되었다는 말과 같은 뜻이다. 통탄할 일이다.

노무현이 1위라니

노무현을 모델로 한 영화 《변호인》은 2013년 12월에 개봉하여 1,135만 명의 관객을 모았고, 이순신을 그린 영화 《명량》은 7개월 후인 2014년 7월에 개봉하여 관객 1,761만 명을 모았다. 당시 이 두 영화는 좌우 두 진영 간의 노골적 혹은 은연중의 경쟁구도가 형성되었고, 변호인보다 뒤에 개봉한 명량의 경우 우익진영의 결집으로 한국영화 사상 최대의 관객수를 기록했다. 우선 영화 변호인은 사실과 허구를 교묘히 섞어 저항하는 노무현을 영웅으로 만들었고, 노무현이 저항한 우익정권은 악으로 묘사되어 있었다. 문화예술을 사상혁명의 도구로 이용하는 좌익의 전술이다. 예를 들어 인간 노무현에 반해 세무 관련 소송 건을 물어다 주는 인물은 실제 세무공무원으로 있으면서 독직행위로 징역형을 살았던 노무현의 형 노건평이 실존인물이다. 게다가 아직 노무현과 알기도 전인 문재인까지 해당 공안사건의 변호사로 참여한 것을 암시하기도 했는데 이것도 허구다. 이 영화를 교묘히 조작되었다고 말하는 이유다.

이 조작은 성공했다. 2022년 9월 가장 신뢰하는 전직 대통령을 묻는 한 여론조사에서 1위 노무현 29.8%, 2위 박정희 24.3%, 3위 문재인

15.1%, 4위 김대중 13.5%, 5위 이명박 3.6%였다. (서울경제, 2022. 9. 16, 케이스탯리서치) 좌익정권 대통령 3인의 합이 58.4%로서 압도적이다. 권력의 탈권위화 외에는 업적을 찾을 수 없는 노무현이 1위라는 사실이 놀랍다. 많은 세계 정상들이 존경하는 박정희가 2위라는 사실은 더 놀랍다. 국가를 자해적으로 통치한 문재인이 3위라는 사실은 놀라운 정도가 아니라 경악할 일이다. 교묘히 이미지를 조작하는 좌익의 전술과 끊임없는 여론전과 선전의 결과 대한민국은 이제 좌익의 나라가 되었다는 뜻이다.

2007년 52.7%로 압도적이었던 박정희에 대한 신뢰도가 2015년부터 노무현에 역전당한 것은 영화 변호인과 이 당시 좌익의 리더였던 문재인이 주도한 이미지 전술의 노력이 성공한 결과다. 문재인이 확고한 좌익의 리더였던 이때부터 대한민국의 좌우 대립은 확실한 좌익 우위의 시대가 된 것이다. 문재인은 집권 전에도 집권 후에도 거짓과 조작에 기초한 여론전에만 몰두했다. 특히 대통령이 된 그는 일은 하지 않고 늘 자화자찬과 K를 앞에 붙인 성공을 말하는 한 가지 작업만 했다. 그는 열심히 선전했고 그래서 그의 동업자 노무현은 신뢰받는 대통령 1위가 되었으며 그도 덩달아 3위가 되었다. 문재인은 홍보와 자화자찬과 선전으로 대한민국을 확고한 좌익의 나라로 만들었다.

그런데 김일성을 따르고 박정희를 못 마땅해 하는 좌익 세력은 왜구의 침략을 물리치고 나라를 구한 이순신까지 못 마땅했을까. 그들이 적대시하는 본토 왜구를 물리친 영웅의 이야기를 담은 영화 명량을 국뽕영화라며 부정적 시선을 보냈던 것은 왜일까. 남한이 북한에 흡수된 후 소멸되는 통일을 추구하는 좌익은 400여 년 전 나라를 구했던 이순신까지 못 마땅했을까. 6·25 때 김일성의 침략에 맞섰던 백선엽 장군이 현충원에 안장되는 것을 막으려 했던 그 마음이 아닐까. 신뢰도 1·3·4위를 좌익 대통령이 차지한 것은 좌익이 이 땅의 주류가 되었다는 의미인 동시에 증거다. 나라를 지킨 이순신과 백선엽을 홀대하는 풍조는 자유민주주의 국가 대한민국의 소멸을 기도하는 세력이 주도한 것이다. 대한민국이 이미 좌익의 나라가 되었다는 여러가지 증거 중 하나다.

민노총의 세상

새로운 정부가 들어서고 딱 한 달이 지난 2022년 6월 11일 서울 도심에서는 민노총과 한국진보연대가 주도하는 '전국민중행동'의 집회가 있었다. 20년 전의 효순과 미선을 추모한다는 명분을 앞세웠으나 "주한미군 몰아내자"는 구호에서 그들이 모인 진짜 이유는 바로 드러났다. 이틀 전 김정은은 노동당 회의에서 '강 대 강, 정면 승부' 투쟁을 선포했다. 이것이 그들이 모인 진짜 이유일 것이다. 과거에도 늘 그랬다. 북쪽에서 신호를 보내면 남쪽의 그들은 바로 움직였다. "한미관계를 재정립해야 한다" 는 그들의 주장은 결국 한미동맹을 해체하고 주한미군을 철수시키라는 말이었다. 북한은 말하고 민노총은 행동했다.

이날 집회를 주도한 민노총 위원장 양경수는 이석기가 활동한 주사파의 소굴 경기동부연합 출신이다. 주사파는 민노총 집행부는 물론 산하 노조의 대부분을 장악하고 있다. 양경수는 이날 "20년 전 미국을 반대하며 들었던 촛불을 이제는 횃불로 키워야 한다. 이 땅에 미군이 주둔하는 것은 전쟁기지이기 때문"이라고 했다. 그는 미군의 주둔으로 김정은의 남한 흡수가 불가능하게 된 것을 공격하고 있다 그리고 미군의 주둔으로 확보된 안보 속에 경제발전에 매진하고 있는 대한민국을 공격하고 있다. 그가 이끄는 민노총 화물연대는 같은 시간 "일주일 내에 국가 물류를 마비시키겠다. 이른 시일 내에 전국 자동차 생산 라인을 멈추고 유통 물류체계를 완벽하게 세울 생각이다"라고 선언했다. 그시각 그들은 이미 대한민국의 물류를 정지시키고 있었다. 그들은 대한민국을 멈추기로 작정한 듯 보였다. 그것은 곧 새로이 출범한 자유민주주의 정부에 대한 공격이었다. 이명박의 발목을 잡고 박근혜를 탄핵시킨 것처럼 윤석열을 공격하기 시작한 것이다. 민노총은 그런 일을 하는 조직이다.

이 집회 한 달 전인 8월, 민노총 산하의 공공운수노조 화물연대는 하이트진로 본사를 점거하고 불법파업을 25일간이나 지속했다. 여기에 더불어민주당의 의원들은 잇달아 현장을 방문하고 "노조가 강경하게 가면 원하는 것을 얻어낼 것"이라며 불법 파업을 독려하고 사측엔 노조의 요구를 전면 수용할 것을 압박했다. 이것으로 부족했던 그들은 9월에는 노조의 불법파업에도 소송을 제기하지 못하고 기물 파손 등으로 손해를 입힌 조합원 개인에게 손해배상을 청구하지 못하게 하는 내용의 '노란봉투법'을 발의했다. 이것이 통과되면 이땅은 친북 노조가 지배하는 나라가 되고 무법천지가 될 것이며 기업은 앉아서 도산하거나 살아남기 위해 해외로 나갈 것이고 근로자는 일자리를 잃을 것이다. 베네수엘라가 이를 증명하고 있다. 나라도 국민도 모두 가난하게 되는 것은 필연이다.

민노총은 노동자의 권익향상을 목적으로 하는 노동조합의 역할에서 탈선한 지 오래다. 그들은 공산주의 혁명조직이다. 아직도 이 사실을 눈치 채지 못하고 그들을 그냥 '늘 그렇게 하는 사람들' 정도로 치부하고 방치한다면 새로운 정부도 위험할 것이다. 민노총은 노동조합의 활동을 하고 있는 것이 아니다. 단순한 반정부 투쟁을 하고 있는 것도 아니다. 좌익이 나라의 거의 모든 영역을 장악한 좌익의 나라에 새로 들어선 우익정부를 공격하고 있는 것이다. 대한민국은 이렇게 좌익의 나라가 되었다. 우익정권이 들어섰다고 해도 주도권은 좌익이 가지고 있다. 그들은 이 땅이 완전한 좌익의 나라가 될 때까지 멈추지 않을 것이다.

대한민국의 좌익국가화, 혹은 공산주의 혁명의 역사는 길다. 건국의 역사 70년 꼭 그만큼의 시간이다. 좌익의 역사가 긴 만큼 성취도 크고 깊다. 관심을 가지고 주위를 둘러보면 쉽게 알 수 있다. 그러나 '요즘 시대에 간첩이 어디있느냐'는 좌익의 위장용 문구에 세뇌되고 종북몰이, 빨갱이타령 등 그들이 짜놓은 프레임 언어에 갇힌 우리는 그 실체를 희미하게 느낄 뿐이다. 그 희미함을 선명하게 보여 주는 사례는 무수하다. 국가를 지키다 희생된 애국자들은 홀대를 받고 대한민국을 공격하고 북한 정권을 위해 일했던 반역자들은 죄다 민주화 유공자가 되어 넉넉한 보상금과 연금을 꼬박꼬박 타먹으며 대접을 받는다. 이게 북한에 점령된 것이 아니고 무엇인가.

우리는 민노총이 노동운동이 아니라, 좌익혁명 투쟁을 한다는 이 사실에 무관심하다. 대한민국이 이미 좌익의 나라가 되었다는 사실에도 무관심하다. 각자의 생계에 쫓기는 국민은 그렇다쳐도 지식인 집단인 언론은 왜 관심이 덜 할까. 우익정당의 정치인들조차 내부 권력투쟁에 정신이 팔려 있는 것을 보면 그들 중에도 민노총의 정체와 산업 현장에 대한 폭력적 점거의 속뜻을 아는 것 같지는 않다.

민노총이 산업현장을 점거하고 연이어 가두시위를 벌이던 2022년 8월 우익정당 원내대표 권성동은 "민노총은 한국이 미국의 식민지라 믿는 듯 하다"고 했고 우익정당의 대선 주자로 꼽히는 안철수는 "민노총의 선전 포스터는 북한의 선전매체를 빼닮았다. 민노총은 정치운동 단체인가"라고 말했다. 왜 여당의 지도자급 중진들조차 민노총의 정체를 단정적으로 말하지 못할까. 민노총은 아직도 한국을 미국의 식민지라 주장하는 혁명조직이라고, 북한을 추종하는 주사파들이 장악한 정치조직이라고 왜 자신있게 말하지 못할까. 몰라서인가 아니면 극성스런 좌파들의 공격이 두려워서인가. 지금 대한민국을 사실상 지배하고 있는 세력은 공산주의자들이라는 사실을 그들은 알기나 하는걸까. 결국 이 일도 우리의 일이다. 투표권을 가진 우리의 일이다. 자유민주주의를 신봉하며 세금을 꼬박꼬박 내고 있는 우리, 인민이 아니라 국민인 우리의 일이다.

2. 우리는 그들과 공존할 수 있는가

김정은은 2022년 7월 27일 전승절을 맞아 "윤석열 정권과 그의 군대는 전멸될 것"이라고 했고 한 달 후 그의 동생 김여정은 "남조선 당국 것들도 박멸해 버리겠다"고 했다. 남매가 우리에게 전멸과 박멸을 말했다. 그러나 우리는 걱정하지도 무서워하지도 않았다. 늘 듣던 말이라 그럴 것이다. 이땅은 1592년부터 2022년까지 최근 430여 년간 전쟁을 4번 겪었다. 왜란, 호란, 청일전쟁과 뒤이은 국권상실, 그리고 6·25 남침이다. 평균 108년 마다 한 번 꼴이다. 청일전쟁은 조선 땅에서도 전투가 벌어져 인명 손실이 컸고 국토는 황폐화되었는데, 이미 껍데기 뿐이었던 조선의 국방력으로 인해 외국군이 우리 땅에서 싸우는 데도 구경만 했고 결국 승자인 일본에 흡수되고 나라가 없어졌다는 점에서 한번 싸워보지도 못하고 피해만 막대했던 처음부터 패배한 전쟁이다. 청일전쟁에서 국권 상실까지의 16년을 말하는 것은 지금이 그때와 너무도 닮아서다.

마지막 전쟁인 6·25도 불과 70여 년 전에 있었던 일이다. 강력한 군사력을 보유하고 호전적이기까지 한 북한 러시아 중국과 어깨를 맞대고 있는 우리는 지금도 안보가 가장 위태로운 나라이고 그래서 국방이 가장 중요한 나라다. 북한은 우리에게 전멸과 박멸을 말하는데 우리는 무엇을 해야할까. 우리에게도 전멸과 박멸이 급선무다. 우선 바로 우리 안에 있는 내부의 적이다. 오늘 청와대에서 의논된 주요 내용이 내일 북한에 보고되는 것이 우리의 안보상황이다. 인민군보다 더 위험한 내부의 적인 문재인과 주사파 운동권 세력, 그리고 모든 종북세력을 전멸하고 박멸하는 것이 먼저다. 내부의 적이 자유롭게 설치며 이적행위를 하는 대한민국은 결코 안전하지 않으며 결코 북한을 이길 수도 없다.

끝나지 않은 그들의 혁명

"임기 마지막까지 민족의 대의를 위해 마음 써온 문재인 대통령의 고

뇌와 노고에 대해 높이 평가했다." 2022년 4월 22일 김정은이 문재인에게 보낸 친서의 내용이라며 조선중앙통신이 보도한 것이다. 이 보도는 우선 김정은이 아버지 뻘인 우리의 대통령에게 '노고를 높이 평가'했다는 것부터 불편했다. 윗사람이 아랫사람에게 하는 칭찬의 언어가 아닌가. 문재인을 지지한 것은 아니지만 그는 한국의 국가원수였다. 더구나 북한은 문재인이 통치한 5년간 하루가 멀다 하고 미사일을 발사하고 문재인 스스로 레드라인으로 규정한 대륙간 탄도미사일까지 완성했다. 그래 놓고 문재인에게 노고를 치하한다니 둘은 대체 어떤 사이였으며, 둘은 함께 우리가 모르는 무슨 작당이라도 했던 것일까.

미사일을 펑펑 쏘아대도 아무말도 하지 않고 그것을 제지하는 어떠한 조치도 취하지 않았으며 그래서 마음 편히 쏠 수 있도록 해준 노고인가. 아니면 김정은의 또 다른 어떤 지시를 받고 그것을 충실히 수행하고, 그래서 노고를 치하받은 것일까. 문재인과 김정은이 서로 교환했다는 친서도 대통령 기록물로 지정되어 15년간은 공개되지 않을 것이니 우리는 더 이상의 내막은 알 수 없다. 그러나 문재인의 통치 5년간 그가 대한민국의 국익과 발전을 위해 한 일이라고는 단 하나도 찾을 수 없는 국민으로서 그가 김정은으로부터 노고를 높이 평가받았다니 이게 무슨 일인가 싶다. 그러나 생각해 보면 김정은이 문재인에게 감사한 일은 한두 가지가 아닌 듯 하다. 문재인의 시간은 김정은이 '높이 평가'할 만한 일로 가득했고 그것은 모두 우리에게는 자해적인 것이었다. 이것은 문재인이 스스로 '혁명'이라고 말한 그의 집권 5년의 압축이다.

문재인 정권은 자신들의 집권을 '촛불혁명'이라 부르며 대한민국의 자유민주주의와 법치주의를 크게 후퇴시켰다. 그들은 자유 인권 공정 등 자유민주 체제의 기본가치를 훼손하며 이 나라를 사회주의화하고 북한을 닮은 나라로 만들어 갔다. 그들은 정권연장에 실패하며 그것을 완성할 수는 없었고 그들의 혁명은 일단 멈추게 되었다. 그러나 노무현 사후에 그러했듯이 5년 후를 기약하며 또 다시 뒤집기를 시도하고 진영의 재기를 도모할 것이다. 이명박 정부와 박근혜 정부를 향해서 했던 것과 같은 방식으로 새로 출범한 우익정부의 발목잡기를 시도할 것이다. 문재인의 시대에 체격을 급격하게 불린 그들의 반격은 이전보다 더욱 맹렬할 것이다. 그들의 혁명은 아직 끝나지 않았다.

촛불 국정농단 사법농단 적폐청산 블랙리스트, 모두 그들이 자유민주주의 대한민국을 공격할 때 휘두른 칼이다. 이 칼은 이제 문재인과 그의 주사파 동지들과 모든 종북세력을 향해야 한다. 국민인 우리와 우익정부가 그들을 심판하지 않고 처벌하지 않은 채 방관하고 방치한다면 그들의 반격과 뒤집기가 먼저 성공할 것이다. 그들이 뒤집으려 하는 것은 당장은 우익정부로 보이지만 결국은 대한민국의 자유민주주의이며 궁극적으로는 대한민국 그 자체다. 지난 수십 년에 걸친 그들의 가열찬 반국가 반체제 투쟁은 모두 그것을 위한 것이었다.

거듭 말하지만 그들의 최종적 목표는 남한을 북한에 흡수시켜 한반도 전체를 북한체제로 통일하는 것이다. 문재인의 주사파 수하들과 민주당의 종북 동지들의 오랜 혁명투쟁이 그것을 증명한다. 그러므로 그들이 다시 대한민국의 자유민주주의를 공격하여 정권을 잡고 혁명의 완성을 시도하기 전에 그들의 반국가 반체제 행위를 단죄하고 그들 세력을 소멸시켜야 한다. 이해찬이 우파 궤멸을 말하고 문재인과 민주당의 좌익 국회의원들이 합심하여 자유민주주의 세력을 짓밟고 탄압했던 그 이상의 에너지로 그들을 심판하고 처벌해야 한다. 그들과 공존하는 대한민국은 결코 안전하지 않다. 이미 대한민국의 존립은 위험하다.

인민민주주의도 괜찮으신가

문재인 정권의 총체적 실패를 주사파 집권자들의 미숙함과 무식과 무능에서 이유를 찾던 국민들도 집권 절반을 넘기면서 그들의 고의성을 말하기 시작했다. 그들의 실패가 그들이 계획한 것이 아닌가 하는 의심이었다. 국민의 눈으로는 분명한 실패로 보이는 것을 그들은 성공이라 우겼는데, 그것이 단순한 그들 특유의 떼쓰기는 아닌 듯 보였다. 그들이 지향한 목표는 국민이 기대한 것과는 처음부터 달랐다. 그렇다면 대한민국의 실패가 그들의 목표였을까. 그들은 대한민국을 북한처럼 만들려고 했을까. 쇠망하는 대한민국이 문재인이 말한 촛불혁명이고 그것이 바로 한번도 경험하지 못한 나라였을까. '그렇다'고 믿거나 대답하는 국민의 수는 많았다.

문재인은 그의 퇴임을 약 1년 앞둔 2021년 4월 4·19 민주묘지를 참배하고 나서 말했다. "이 땅의 위대한 민주주의 역사를 기억하면서 더 성숙한 민주주의를 향해 멈추지 않고 나아가야 합니다." '더 성숙한 민주주의'라는 말은 이미 성숙한 민주주의를 전제로 하는 말이다. 집권기간 5년 내내 야당을 철저히 억압하고 소외시키며 사법과 행정권력을 독점하고, 입법독재를 자행하며 민주주의를 후퇴시키고 훼손하고 무너뜨리는 통치로 일관한 사람이 대한민국의 민주주의가 이미 성숙되었다는 것을 전제로 지금보다 더 성숙한 민주주의를 말하다니 이게 대체 무슨 말인가 싶어 뜨악했다. 그러나 문재인의 말은 단순한 정치인의 수사이거나 사회주의자 특유의 언어희롱으로 보이지는 않았다. 4·19 민주묘지를 참배한 후 자신의 SNS에 김수영의 시 '푸른 하늘을'과 함께 이 말을 올린 것으로 보아 그의 진심이 읽혀졌다. 사회주의와 북한이라는 한 방향으로 일관성 있게 펼쳐진 그의 국정운영을 5년 동안 직접 경험한 우리는 그에 대한 인식을 근본적으로 재고해야 한다. 국민인 우리는 문재인을 잘못 알고 있었다. 그는 자유민주주의자가 아니었고 사회주의자 공산주의자였다. 김일성주의자 북한주의자는 더 확실하다.

문재인은 퇴임을 단 20일 앞둔 2022년 4월 20일 이낙연 등 자신의 정권에서 일했던 장관급 인사 50여명을 청와대로 초청해 오찬을 함께 했다. 그는 이 자리에서 "합법적인 정권교체를 이루고 민주주의를 되살렸다는 면에서 (외국 정상들로부터) 극찬을 받았다."고 했다. 그가 실명을 밝히지는 않았으니 대체 어느 정신 나간 외국 정상인지 알 수는 없다. 그러나 그의 통치를 직접 경험한 국민의 입장에서 보면 이 말은 그의 습관성 자화자찬이라기 보다는 습관성 거짓말일 가능성이 더 높다. '합법적인 정권교체라고?' 그의 언어습관으로 보아 합법적인 정권교체가 맞다면 구태여 그것을 말하지는 않았을 것이다. 그는 비합법적인 방법으로 정권을 잡았다는 사실을 은폐하고 위장하고 싶은 것이다.

'민주주의를 되살렸다고?' 이 말도 거짓말일까. 참말일 것이다. 다만 그의 민주주의와 우리의 민주주의는 같은 것이 아니다. 내용물이 다르다. 국민인 우리는 자유민주주의를 말하고 있으나 대통령인 그는 인민민주주의를 말하고 있다. 자유민주주의의 후퇴는 곧 인민민주주의의 발전이다. 그래서 그의 정권이 후퇴시키고 훼손하고 파괴한 대한민국의 자유민주주의가 그의 눈에는 발전한 인민민주주의로 보였을 것이다. 그래서 그는 '더 성숙한 민주주의를 향해 멈추지 말 것'을 말하고, 임기가 다할 때까지 '민주주의를 되살렸다'고 자랑하는 것이다. 그렇다면 그가 말한 촛불혁명은 결국 인민민주주의 혁명이거나 그의 주사파 수하들이 젊은 시절부터 투쟁해 온 그것, 바로 대한민국을 북한화하는 혁명일 것이다.

인민민주주의는 공산당이 인민으로부터 위임받은 권력을 인민의 이름으로 폭력적으로 행사하는 정치체제다. 권력을 폭력적이고 독재적으로 행사하므로 '인민독재'라고 부른다. 북한과 중국을 보면 된다. 그러나 인민의 이름으로 실행하는 통치에 인민은 없다. 인민의 의사는 반영되지 않는다. 모든 통치행위는 1인 혹은 소수의 권력자가 인민의 이름으로 절대권력을 행사한다. 북한의 수령통치는 물론 최근 인민들의 신체적 자유를 대규모적으로 제한했던 중국의 무시무시한 코로나 방역도 인민의 이름으로 절대권력을 실현한 결과다. 문재인의 통치 5년 역시 그 과정과 결과를 관찰하면 많은 곳에서 북한식 혹은 중국식의 인민독재적 통치를 엿볼 수 있다. 임기 종료 직전에 완성한 검수완박을 민주주의의 파괴라고 이해하는 것은 틀린 것이다. 그것은 인민민주주의의 실현이었다.

결국 "더 성숙한 민주주의를 향해 멈추지 않고 나아가야 한다. 민주주의를 되살렸다"고 한 문재인의 말은 민주주의를 인민민주주의로 해석할 때만 이해된다. 이 땅을 인민민주주의 국가로 변경하려 한 그의 노력이 이미 상당한 수준으로 성취되었음을 자평하며 퇴임을 앞두고 그것을 자랑스럽게 말하고 있는 것이다. 그의 말을 가볍게 여긴다면 우리는 결국 사회주의 국가의 인민이거나 김정은의 인민으로 살게 될 것이다.

묻는다. 문재인에게 묻는다. 이 나라의 정치인들에게 묻는다. 대한민국 아무 동네에나 사는 모든 장삼이사에게 묻는다. 특별히 이 땅의 청년들에게 묻는다. 촛불혁명이란 대한민국을 사회주의 국가로 만드는 혁명이 아니었나. 한 번도 경험하지 못한 나라란 북한을 닮아가는 나라가 아닌가. 문재인이 되살렸다고 말한 성숙한 민주주의는 인민민주주의가 아닌가. 자유민주주의와 시장자본주의를 버려도 괜찮으신가. 인민민주주의 체제가 된 남조선도 괜찮으신가. 김정은의 치하도 괜찮으신가.

유령을 무덤으로 돌려 보내야 할 시간

"악이 판을 치는 절망의 세상이 되었다" 박근혜를 청와대에서 끌어낸 탄핵정국과 그 청와대를 차지한 문재인 정권에서 당 대표와 법무장관으로 있었던 추미애가 윤석열 정부 출범 100일이 되어 내놓은 '한 말씀'이다. 그는 촛불이 일렁이던 광장에서 자신이 주연급이 되어 유령의 무도회를 벌이고, 윤석열의 목을 날리기 위해 광녀의 칼춤을 추던 그때를 희망의 세상으로 보는 듯 했다. 그가 춤판을 벌이던 그때는 희망의 시대였나. 그가 광장에서 물러나 칼춤을 추지 못하게 된 시대는 절망의 시대인가. 추미애가 다시 광장으로 돌아와 광녀의 춤을 추는 '추미애의 희망'의 시대가 다시 돌아와도 괜찮을까.

"박근혜 탄핵은 잘못이라고 생각하고 있다" 2022년 10월 4일 윤석열 정부의 경제사회노동위원회 위원장에 임명된 왕년의 주사파 김문수는 기자 간담회에서 이렇게 말했다. 박근혜 탄핵, 국민인 우리의 관심에서 멀어진 일이다. 그다지 오래 전의 일도 아닌 이 일을 김문수는 바로잡고 싶은 것이다. 며칠이 지나 국감장에 나온 김문수는 동지들의 종북주의자 낙인을 지우기 위해 던진 민주당 전용기 의원의 계산되고 의도된 질문에 그는 윤건영은 종북 주사파이고 문재인은 김일성주의자라는 말을 피하지 않았다. 그는 결국 국감장에서 쫓겨났다. 다음날 그는 "박근혜 이명박 대통령을 감옥에 보낸 문재인은 총살감이다"라고 일갈했다. 그는 문재인이라는 한 인간의 총살을 말하는 것이 아니다. 김문수는 한발의 총알로 온전한 자유민주주의 대한민국을 지키자는 말을 하고 있다. 김일성주의자들로부터 이땅을 지키자는 말을 하고 있다.

문재인을 공산주의자로 단정했던 공안검사 출신의 고영주 변호사는 문재인이 대통령이 되기 전에는 "이 사람이 대통령이 되면 우리나라가 적화되는 것은 시간 문제"라며 국민에게 널리 알렸고, 결국 대통령이 된 문재인이 그가 우려한대로 대한민국을 적화하는 것을 지켜보며 "대통령이면 나라를 공산화해도 되는가"라고 물었다. 지금이라도 문재인의 정체를 제대로 깨달으라고 국민인 우리에게 내려치는 죽비였다. 그는 여기서 그치지 않고 아직 문재인 정권의 서슬이 날카롭던 2021년 3월에 정당을 창당하고 이땅의 자유민주주의를 지키기 위해 분투하고 있다.

고영주와 김문수가 이 땅을 공산화하려 했던 문재인의 실체를 알리고 자유민주주의를 지키기 위해 분투하는 것은 팔순을 바라보는 자신들을 위해서는 아닐 것이다. 그들은 후손들이 살아가야 할 대한민국을 걱정해서 그렇게 할 것이다. 그렇다면 국민인 우리는 방관자가 되어 구경만 하고 있어도 괜찮은가. 공산주의자들과 김정은에 의해 이땅이 다시 유린되고 피가 강을 이룬다면 그 고통은 힘있는 정치인들의 몫은 아닐 것이다. 모든 고통은 힘없는 우리, 민초인 우리를 몫이 될 것이 분명하다. 우리가 지금이라도 촛불의 진실을 다시 밝혀내고, 자유민주주의를 지키려 했던 전임 대통령 박근혜 탄핵의 부당함을 바로 잡고, 대한민국의 공산화 북한화를 기도하고 김정은에게 굴종했던 문재인을 심판해야 한다고 목소리를 높여야 하는 이유다.

거짓과 선동에 의한 촛불광란, 뒤이은 탄핵, 그리고 문재인의 정권 장악까지 모두 유령들의 한판 축제였다. 이제 그 많았던 유령들을 모두 무덤으로 되돌려 보내야 한다. 그리고 그 광장은, 대한민국이라는 광장은 자유민주 국가의 국민인 우리가 차지해야 한다. 우리가 이 광장을 차지하기 위해 첫번째로 심판해야 할 유령은 문재인과 그의 더불어민주당 주사파 수하들이다. 이 유령들은 대한민국을 사회주의 국가로 만들려고 했고 북한 김씨 일가에게 복종하는 나라로 만들려고 했다. 이 유령들은 거짓과 조작과 선동의 춤판을 벌여 대한민국을 장악하고 대한민국을 위험에 빠뜨렸다. 이땅의 종북좌익 세력과 한 몸인 이 유령들은 무덤에서 나올 때 공산주의라는 고대의 공룡을 불러내 함께 나왔다. 자유민주주의 지도자들이 앞장서고 국민인 우리의 피와 땀으로 이룬 세계 10대 경제대국 대한민국을 유령의 나라로 만들 수는 없지 않는가.

주사파 김일성주의자들과 문재인 세력과 종북좌익세력을 심판하지 않는다면 우리 후손들은 빈곤만 있고 자유는 없는 사회주의 공산주의 체제에서 살게 되거나 세계 최악의 빈곤과 인권말살이 존재하는 김정은의 치하에서 살게 될 것이다. 아니다. 그것은 생각보다 빨라서 우리세대에서 그렇게 될 지도 모른다. 김정은으로부터 노고를 치하받은 문재인이 통치한 결과 대한민국은 이미 자유민주주의도 경제도 안보도 모두 위험해졌다. 외부 상황의 급변에 의해 이 위험은 하루 아침에 올 것이다. 모든 위험은 하루 아침에 온다. 전쟁은 더욱 그렇다.

김정은이 친서를 보내 대한민국 대통령 문재인에게 노고를 높이 평가했다는 보도가 나오고 열흘 후 문재인은 청와대에서 대한민국을 향해 분탕질을 했던 혐의로 감옥가야 할 수하 20여 명과 중대한 범죄혐의가 수두룩한 그 자신을 위해 대통령의 권한으로 선제적 사면권을 행사한 것으로 비판받는 검수완박법을 공포했다. 그러면서 "새로운 시대를 연 정부로 평가되고 기억되길 바란다"고 말했다. 대한민국 제19대 대통령 문재인은 우리에게 핵무기 사용을 위협하며 적대감과 공격의지를 감추지 않는 '김정은으로부터 노고를 치하받았고' 열흘 후에는 그 스스로 '새 시대를 연 정부'를 말했다. 이것이 그가 만든 새로운 시대다. 여기에 문재인의 정체성과 본색이 다 들어있다. 그는 공산주의자이고 김일성주의자며 북한주의자였다. 그 자신과 그의 주사파 수하들과 그의 좌익 동지들은 여전히 건재하고 있으며, 그들의 사회주의 공산주의 혁명은 아직도 포기되지 않았다. 그들을 막아내고 대한민국의 자유민주주의를 지킬 수 있는 것은 국민인 우리의 자각과 행동과 올바른 투표권의 행사 뿐이다. 이제 국민의 시간이다. 인민이 되기를 거부하는 국민의 시간이다. 우리의 시간이다. 자유민주주의 국가 대한민국을 점령한 유령들을 모두 무덤으로 되돌려 보내야 할 시간이다.

에필로그

　고영주 구해우 조국, 이 책이 나오는 계기를 만들어 준 사람들이다. 저자의 눈에도 문재인은 공산주의자가 분명해 보이는데 공안검사 출신의 고영주는 그것을 말했다는 이유로 거듭 고소 고발되었고 자꾸 법원에 불려나갔다. 그를 응원하고 싶었으나 마땅한 방법이 없었다. 책을 써서 그의 말이 맞다는 것을 증명하면 도움이 좀 될라나 싶었다. 왕년의 주사파 구해우 박사는 김정은이 핵과 미사일로 미국의 안전을 위협하고 미국과 협상하여 남한을 포기하게 한 후 쳐내려 올 것이며, 그때면 문재인은 항복할 것이라고 했다. 그의 말에 크게 공감했고 그의 말이 현실이 되는 것을 막아야겠다는 마음이 급했다. 우선 그의 말을 널리 알리고 싶었다. 법무장관이 된 조국은 자신의 권력으로 '형사사건 공개금지' 규정을 만들어 검찰에 불려 나가는 자기 부인의 얼굴과 범죄혐의를 꽁꽁 감추었다. 이것을 보며 그의 절대 권력과 나의 절대 무기력이 선명하게 비교되었다. 최고학부 형법학자로서의 지식과 장관의 지위를 자신과 가족을 위해 사적으로 마구 휘두르는 그를 보며, 자신과 가족을 위해서라면 이 나라의 공정과 정의가 모조리 무너져도 개의치 않는 듯한 그를 보며, 서울대 교수에서 직위해제되고도 2년 이상 월급을 받아먹는 탐욕과 "그 돈을 탐하지 않았다"고 말하는 그의 철면피를 보며, 말과 행동이 다르고 나와 남에 대한 모든 잣대를 이중적으로 적용하는 그의 지독한 위선을 보며, 인간 자체에 대한 희망을 잃은 나의 영혼은 지독한 독감을 앓기 시작했다. 이 독감을 치유하기 위해 필을 들었다.

그러나 고영주의 일도 구해우의 말도 조국의 독감도 결국은 문재인의 일이었다. 노무현이 사라진 이후 '이쪽'의 중심에는 늘 문재인이 있었으니 이 모든 것은 결국 문재인의 일이 분명하다. 문재인은 그의 대통령 퇴임 직전 손석희와의 인터뷰에서 자신을 반대하는 진영을 '저쪽'이라고 불렀다. 그래서 그의 무리는 '이쪽'이라 불러야 맞을 것이다. 이것이 우리가 한때 국가원수로 여겼던 사람의 머리 속에 들어 있던 '국민'이었다는 사실이 허탈했다. 이 책은 대한민국 국민을 이쪽과 저쪽으로 나눈 제19대 대통령 문재인과 그의 수하들로 이루어진 '이쪽'이 '저쪽'에 있는 대한민국의 자유민주주의를 뒤집어 엎은 이야기다. 그리고 국민을 하나가 아닌 이쪽과 저쪽으로 나눈 문재인을 대한민국 대통령으로 인정할 수 없다고 주장하는 이야기다.

국민이 낸 세금으로 자신의 생계를 해결하고, 어쩌면 부인의 사치스런 옷값까지 해결하며 거기다 권력과 명예까지 누렸던 문재인과는 달리 세금을 내는 국민의 무리에 속해 스스로 생계를 해결해야 하는 저자에게 책 집필은 쉬운 일이 아니었다. 특히 시간 부족이 난제였다. 그러나 어느 때부터 이 시간의 문제는 대통령이 친히 나서서 해결해 주었다. 그의 말에 의하면 그의 시대 나라 경제는 늘 '기적'이어야 했으나 오히려 저자의 거래 기업들은 한가해졌고 덩달아 저자도 한가해졌다. 늘 바빴던 과거와 비교하면 확실히 기적이었다. 그렇게 해서 감당할 수 없을 정도로 널널해진 시간은 문재인과 그의 동지들의 과거와 현재와 그들의 오랜 혁명투쟁을 관찰하는 데 쓰여졌다. 다 문재인 덕분이다.

이 책을 쓰기 위해 노무현의 시대 이후에 보도된 여러 언론의 약 3만여 건의 좌익진영과 관련된 신문기사를 검색했다. 이 과정에서 놀라운 일을 알 수 있었다. 어림잡아 70% 이상이 직·간접적으로 거짓과 조작과 선전 선동 포퓰리즘으로 분류되는 내용이었다. 특히 문재인과 그의 가까운 동지들의 정치적 활동은 대부분 사회주의와 북한이라는 키워드를 내장하고 있었다. 놀라운 일이었다. 그래서 문재인은 공산주의자가 맞는가 하는 물음에서 시작된 고찰은 그의 좌익 동지들에 대한 관심으로 확대되었고 나아가 대한민국을 사회주의 국가화하고 북한화하려는 그들의 혁명투쟁으로 확장되었다. 그래서 결국 넓고 멀고 긴 일이 되었다.

이 책《문재인의 정체》는 문재인이 권력을 잡는 과정과 권력을 잡은 후의 통치를 통해 그와 그의 정치적 동지들의 김일성주의자로서의 정체성을 밝혀 내는 것이 목적이다. 여기에는 권력을 잡기까지의 내용이 더 많은 비중을 차지하는데, 그것이 그의 정체를 알아내기에 더 쉬운 일이기도 하지만 대통령이 된 후 그의 통치는 워낙 꽁꽁 숨긴 것이 많고 수사를 중단시킨 것도 많을 뿐 아니라 언론과 검찰이 밝혀낸 사실과 그들의 말이 워낙 달라 후임 정부에 의해 어느 정도 진상이 확정되기를 기다리고 있다. 문재인이 퇴임한 후 속속 드러나는 것이 많아 흥분하고 있다.

이 책은 국내 여러 언론사의 보도기사, 기고문, 보고서, 단행본 등에 의지해 만들어졌다. 그 중에도 여러 신문사의 부지런하고 날카로운 기자들이 쓴 기사에 절대적으로 의존했다. 정권에 아부하는 좌익성향의 언론인이 출세하고 부자가 되고 득세했던 문재인의 시대에 묵묵히 자신의 신념과 논조를 포기하지 않았던 기자들에게 경의를 표한다. 좌익의 시대였던 20세기 중반의 프랑스에서 좌익 사상가 사르트르와 우익 언론인

레미몽 아롱의 치열했던 이념논쟁은 결국 사르트르의 패배와 아롱의 승리로 끝났다. 결국 자유민주주의가 이긴다. 우리가 이긴다. 끝까지 가자.

그리고 제안 하나

대한민국은 자유민주주의 국가다. 헌법에 그렇게 되어 있다. 그래서 좌익의 사회주의 공산주의적 통치는 모두 위헌이고 불법이다. 우리에게 적대적이고 우리를 공격하는 북한 정권을 옹호하고 그들을 돕는 것은 이적행위다. 위헌과 불법과 이적행위는 처벌되어야 한다. 대통령 기록물은 특별한 경우를 제외하고 비공개 기한이 15년이다. 김대중 노무현의 통치기간은 1998~2008년이었다. 15년 비공개 규정에 따른다면 김대중 정부의 것은 이미 공개가 가능하다. 노무현 정권의 것은 2023년부터 공개할 수 있다. 우익진영은 이 기록물을 샅샅이 면밀히 살펴야 한다. 그리고 좌익정권이 무엇을 했는지와 어떻게 했는지를 밝히고 국민에게 알려야 한다. 그리고 문재인의 것도 때가 오면 또 그렇게 해야 한다. 문재인은 감춘 것이 많아서 밝혀야 할 것도 많을 것이다. 좌익정권 그들이 얼마나 많은 반국가 행위와 이적행위를 했는지를 밝혀내고 그것으로 그들을 단죄해야 한다. 반격하지 않으면 결국 그들이 대한민국을 완전히 점령할 것이다. 그들은 우파 궤멸과 100년 집권을 공언하고 북한을 위해 일했던 사람들이다. 이들을 정리하고 박멸시키는 정도의 수고로움과 부지런함도 없이 대한민국을 말하거나 애국을 말해서는 안 된다. 대한민국은 이미 위험하다.